손에 잡히는
공매 투자의 **정석**

손에 잡히는
공매 투자의 **정석**

개정판 1쇄 | 2018년 10월 5일
초 판 1쇄 | 2016년 11월 15일
3쇄 | 2017년 12월 15일

지은이 | 김동희
펴낸곳 | (주)채움과 사람들
판매처 (주)채움과 사람들 Chaeum and People, Inc.

출판등록 | 2016년 08월 08일(제 2016-000170호)
주　　소 | 서울시 서초구 사평대로 52길 1, 3층(서초동)
전화번호 | 02-534-4112~3
팩스번호 | 02-534-4117

이 책의 저작권은 저자와 출판사에 있습니다.
서면에 의한 저자와 출판사의 허락 없이
책의 전부 또는 일부 내용을 사용할 수 없습니다.

ISBN 979-11-88541-09-6-13320

저자와의 협의에 의해 인지는 붙이지 않습니다.
잘못 만들어진 책은 구입처나 본사에서 교환해 드립니다.

손에 잡히는
공매 투자의 정석

| 김동희 지음 |

채움과
사람들

머리말

한 권으로 끝내는 공매 투자의 정석으로 통한다!

한국자산관리공사의 온비드 인터넷공매뿐만 아니라 신탁재산 공매, 그리고 공기관 등의 직접공매까지 한권으로 공매를 완전하게 정복할 수 있도록 기술했다. 특히 독자 분들이 공매 투자를 쉽게 이해 할 수 있도록 필자가 낙찰 받은 사례를 가지고 설명한 것이 장점이다.

이 책은 『한 권으로 끝내는 공매 투자의 정석』이 독자 분들의 성원에 힘이어 완판 됨에 따라 『손에 잡히는 공매 투자의 정석』으로 제목을 일부 수정하고, 2018년 법 개정에 따른 최신판으로 본문 내용도 개정한 것이다. 공매에서 꼭 알고 있어야할 내용과 실전투자 사례로 교과서처럼 빠짐없이 기술한 책이다.

당신이 몰랐던 공매만의 매력, 남들 경매할 때 나는 공매한다.

필자는 부동산중개업을 하던 시기에 경매를 알게 되어 새로운 시장을 개척할 수 있었다. 그 후 공매를 알게 되었고 경매보다 경쟁률도 낮아 더 많은 투자수익을 얻을 수 있었다. 어느 날 신탁회사에서 낙찰 받았던 공매 투자는 필자에게 인생역전의 기회를 만들어 주었다. 그러한 경험을 통해서 2010년도 2월에 "실전공매 완전정복", 2012년 1월에 "남들 경매할 때 나는 공매한다", 2014년 11월에 "연봉 2배 올리는 공매 투자 이야기"를 펴낸 바 있다.

그러한 공로를 인정 받아서 2016년 5월엔 교육부와 한국직업능력개발원이 주관하는 NCS 국가직무능력 표준 공매전문 집필위원으로 선정되어 공매 분야를 알기 쉽게 표준화 시켜 기술했었다.

NCS 공매전문 집필위원으로 공매 분야을 집필하는 과정에서 2016년 1월 1일부터 공매절차를 규정하는 국세징수법의 개정과 새롭게 바뀐 온비드 화면으로 새로운 공매 책이 필요하다는 생각을 갖게 되었다.

그래서 필자는 새롭게 바뀐 온비드 화면과 개정된 국세징수법에 따른 매각절차에서 입찰할 공매물건을 찾는 방법과 권리분석 후에 입찰서를 작성해서 제출하는 방법(본인이, 대리인이, 공동으로 입찰) 등 실전투자에서 꼭 알고 있어야할 내용 등을 집대성해서 "한 권으로 끝내는 공매 투자의 정석"을 출간하게 되었다.

이 책은 요즘 필자를 비롯해 많은 분들이 높은 투자수익을 올리고 있는 신탁재산 공매 분야를 전문적으로 다루고 있는 것이 장점이다. 14장은 신탁재산에 기본적인 내용을 다루고, 15장은 신탁재산 공매물건을 온비드에서 낙찰 받아 성공한 사례, 16장에서는 신탁기관에서 현장공매로 낙찰 받아 성공한 사례를 기술해 놓았다. 독자 분들이 이러한 시장을 알게 되면 필자와 같이 공매 투자에서 성공할 수 있을 것이라 확신한다.

공매의 완성도를 높이기 위해 "신탁공매 투자의 비밀"도 출간했다!

필사는 2017년 11월 공내의 완싱도를 높이기 위해 "신딕공매 투자의 비밀"을 출간한바 있다.

신탁공매 시장은 얼마 전까지만 해도 소수만이 알고 투자해서 고수익을 올리던 부동산 재테크 시장이었다. 그런데 2017년부터는 신탁공매가 뜨고 있다. 아마도 경매보다 나은 공매, 그중에서도 신탁공매가 더 높은 수익을 가져다주기 때문일 것이다. 그래서 필자가 낙찰 받은 사례를 가지고 독자들이 신탁공매를 이해하고 투자하는데 많은 도움을 줄 수 있다고 기술했다. 이 책도 함께 보면 공매 틈새 시장에서 도움이 될 거라 믿고 소개하고자 한다.

30년 전에도 재테크의 성공은 부동산으로 시작한다고 했다.

그런데 엊그제 어느 세미나에서 30년 전에 들었던 똑같은 말을 들었다. 세상이 변해도 안전성이 높은 부동산에서 재테크로 성공하려는 생각은 변하지 않는 듯 했다.

그중에서도 공매와 경매는 남다른 성공을 가져다주곤 한다.

재테크 시장은 투자하는 그 순간부터 이익을 확보할 수 있다.

그래서 안정적인 투자 수익을 가져다주는 매력적인 시장으로 통하고 있다. 공매나 경매투자는 부동산중개업소에서 일반 매매로 구입하는 것보다 싼 가격으로 부동산을 취득할 수 있다.

시장이 좋으면 좋은 대로 나쁘면 나쁜 대로 그 시세보다 싸게 살 수 있어서 투자하는 그 순간부터 이익을 확보할 수 있다. 그러나 이런 시장을 알고 있다고 누구나 투자에 성공하는 것은 아니다. 제대로 알고 투자하는 습관이 필요하다. 공매나 경매투자로 성공하려면 한번 제대로 배워서 평생 써 먹을 수 있는 기술로 만들어야 한다. 그래서 필자는 얼마 전 『한 권으로 끝내는 경매투자의 정석』을 통해서 경매를 체계적으로 공부하면서 완전정복 할 수 있도록 기술한 바 있다. 경매현장에서 가장 많이 듣는 이야기가 있다. "경매 관련서적 100권 이상을 정독했는데도 경매를 잘 모르겠다."는 것이다. 그도 그럴 것이 경매 서적의 대부분이 독자들에게 필요한 책이 아니라 책을 팔기 위한 공급자의 눈높이에서 흥미위주로 기술되었기 때문이다. 이 책은 필자가 그런 내용을 바로 잡고자 그동안의 경험과 지식을 집대성해서 한 권으로 경매를 끝낼 수 있도록 경매에서 꼭 알아야할 내용 등을 빠짐 없이 기술한 것이 특징이다.

이번엔 그 양대 산맥으로 통하는 공매 투자에서 체계적으로 공부할 수 있도록 『손에 잡히는 공매 투자의 정석』을 집필하게 되었다. 이 두 가지 재테크 방법은 독자분들의 성공을 가져다줄 수 있을 것이라 확신한다.

공매는 어떠한 장점이 있기에 재테크로 각광을 받고 있나?

- 공매는 경매보다 입찰경쟁률이 낮다

공매는 경매보다 입찰경쟁률이 적어서 낮은 가격으로 물건취득이 가능하다는 것이 장점이다. 그로 인해 낮은 가격으로 낙찰 받아 높은 수익을 얻을 수 있다.

- 현장입찰이 아니라 인터넷으로 공매 입찰참여가 가능하다

공매는 경매와 같이 현장 입찰참여 방법이 아니라 인터넷으로 입찰참여 하기 때문에 시간이 부족한 직장인들에게 회사업무에 방해가 되지 않는 시간 즉 월요일 10:00에서 수요일 17:00 까지 24시간 입찰참여가 가능하다.

- 매각절차가 신속하게 진행된다.

경매에서 매각물건이 입찰자가 없어서 유찰되면 1개월마다 진행되지만, 공매는 대부분이 1주일 단위로 진행되어 신속하게 매수를 희망하는 물건을 낙찰 받을 수 있다.

- 대금 납부기한과 납부최고기한에 지연이자가 없다

공매는 압류재산 공매의 경우 30일에서 최장 40일(30일 대금 납부기한과 추가로 10일 간의 납부최고기한이 지연이자 없이 주어짐)의 기간동안 지연이자 없이 납부가 가능하다.

- 공매물건은 다양하고, 매각공매와 임대(대부)공매도 있다.

공매물건에는 부동산, 자동차, 기계, 유가증권, 회원권, 불용품, 동식물, 골동품 및 미술품 등의 많고 다양한 물건 등이 공매로 매각되거나 임대(대부)절차가 진행되고 있다.

이러한 이유로 공매입찰에 있어서 먼저 판단해야 될 부분이 나는 어떤 공매 물건을 선택할 것인가와 그 대상이 선정된다면 그 분야에 대해서 오랜 기간 동안 실무경험과 연구를 통해서 기본적인 전문지식을 습득해야만 성공할 수 있는 투자를 계속적으로 할 수 있다.

『손에 잡히는 공매 투자의 정석』은 어떤 내용을 담고 있나?

1장에서 공매로 낙찰 받아 성공한 사례와 실패한 이야기로, 어떻게 투자해야 성공하는가를 알려주고 있다. 2장에서는 공매와 경매의 차이점, 그리고 동시에 진행될

때 대응방법 등으로 공매에 대한 기본적인 내용을 담고 있다.

3장은 새롭게 바뀐 온비드 화면과 2018년도 개정된 국세징수법에 따른 매각절차에서 입찰할 공매물건을 찾는 방법과 권리분석 후에 입찰서를 작성해서 제출하는 방법(본인이, 대리인이, 공동으로 입찰), 낙찰 받고 나서 대금납부와 소유권이전등기까지 실전투자에서 꼭 알고 있어야할 내용 등을 실제 온비드 화면을 통해서 알기 쉽게 설명해 놓았다. 온비드에서 입찰하는 방법을 따라만 하면 될 수 있도록 기술한 것이 장점이다.

4장에서 6장은 공매 입찰할 때 체계적으로 권리를 분석할 수 있도록 기술해 놓았다. 주택과 상가건물임차인, 등기된 근저당권과 가압류 등의 채권, 조세와 공과금 등의 압류채권에 대해서 정확하게 분석할 수 있도록 체계적으로 기술했다.

7장은 공매에서 채권자들의 순위가 충돌할 때 우선순위에 따라 배분하는 방법에 대해서 분석해 놓았다. 그리고 8장에서는 공매물건을 찾아서 권리분석과 수익분석 후 입찰에 참여하는 방법으로 공매 실전투자 현장 학습능력을 향상 시키는 장으로 이해하면 된다.

9장은 압류재산 공매가 어떠한 절차로 진행되나? 그 과정에서 하자가 발생할 때 대처방법을 다루고 있다. 그리고 10장에서는 필자가 낙찰 받았던 사례 중에서 공매 실전투자에서 도움이 될 수 있는 15가지 사례를 뽑아 수록했다. 공매에서 실전투자 능력을 향상할 수 있도록 기술한 것이다.

11장은 수탁재산과 유입자산 공매에 관한 이야기로 그 절차와 입찰방법에 대해서, 12장은 국유재산 매각공매와 임대공매에 관해서 그 절차와 입찰방법, 그리고 실제 입찰사례를 기술해 놓았다. 13장은 다양한 이용기관재산 공매에서 실전투자는 어떻게 해야 하나? 그리고 실제 입찰사례를 기술해 놓았다.

14장은 부동산 신탁재산과 기타 공기관재산 등의 공매에 관한 내용이다. 요즘 새롭게 뜨고 있는 신탁재산 공매분야에서 필자를 비롯해 많은 분들이 높은 투자수익을 올리고 있다. 그래서 15장에서는 신탁재산 공매물건을 온비드에서 낙찰 받아 성공한 사례, 16장은 신탁기관에서 현장공매로 낙찰 받아 성공한 사례를 기술해 놓은 것이 이 책의 장점이다. 그리고 공매로 낙찰 받으면 법원경매와 같이 인도명령제도가 없다고 명도를 고민하는 분들을 위해서 마지막으로 17장에 공매로 낙찰 받고 명도는 이렇게 해라! 를 기술하는 것으로 이 책을 마무리 했다.

필자는 독자 분들이 이 공매 투자의 정석으로 재테크에 성공할 수 있기를 진심으로 바란다. 마지막으로 이 책을 세상에 출간할 수 있도록 도움 주신 많은 분들께 감사를 표한다.

2018. 10. 5.
저자 김 동 희

목차

Chapter 1 공매로 낙찰 받아 성공한 사례와 함정에 빠져 실패한 이야기

01 단독주택 2분의 1지분은 공매로, 2분의 1은 경매로 동시에 매각되는 경우 … 036
- 일산 단독주택의 사진과 주변 현황도 … 036
- 일산 단독주택의 2분의 1 온비드공매 입찰정보 내역 … 037
- 2분의 1 지분공매와 2분의 1 지분경매 물건정보 내역 … 038
- 물건에 대한 분석 및 배분표 작성 … 038
- 김 선생이 낙찰 받고 나서 대응한 방법은? … 039

02 전철역 주변 다가구주택을 공매로 취득해서 원룸으로 리모델링하기 … 040
- 다가구주택의 온비드공매 입찰정보 내역 … 040
- 왜 다가구주택을 입찰대상으로 선정하게 되었을까? … 041
- 물건분석과 권리분석은 어떻게 하면 되나? … 043
- 투자대비 임대수익률은 어떻게 되겠는가? … 045
- 입찰에 참여해서 2대 1의 경쟁률을 뚫고 낙찰 받았다 … 046
- 매수 이후 대응방법 … 047

03 지상에 다세대주택 14세대가 있는 토지만 공매로 낙찰 받았다 … 050
- 토지만 공매가 진행된 입찰대상 물건분석표 … 050
- 토지만 공매가 진행된 물건에 대한 권리분석과 배분표 작성 … 051
- 공매물건의 주변현황과 사진 … 053
- 토지만 매수 시 분양자격과 낙찰받고 난 이후의 대응방법 … 054

04 토지가 지분공매로 진행되고 그 지상에 법정지상권이 성립하는 건물이 존재하는 경우 … 057
- 토지 지분공매 입찰대상 물건분석표 … 057
- 토지 지분공매 절차에서 공매물건의 위치와 주변 현황도 … 058
- 토지 지분공매에 대한 권리분석과 배분표 작성 … 058
- 전 소유자의 가압류와 압류채권자의 처분금지 효력과 다른 채권 간의 우선순위 … 060

05 전 경매에서 배당요구한 선순위임차인이 공매에서도 배당요구해 손해볼 뻔한 사례에서 탈출! … 061
- 선순위 임차인이 선행된 경매절차에서 배당요구를 했었다 … 061
- 공매입찰물건 내역과 입찰결과 … 062
- 잘못 낙찰 받게된 사연과 그 상황에서 탈출한 방법 … 063

06 조세채권을 몰라서 3번씩 입찰보증금을 포기하게 된 사례 … 065
- 채권 상호간의 우선순위 … 065
- 조세채권과 저당권부 채권이 혼재 시 우선순위 결정방법 … 066
- 극동아파트의 온비드공매 입찰정보 내역 … 067
- 입찰대상물건에 대한 분석과 실패한 낙찰 … 069
- 정확한 배분표 작성과 어떻게 해야 성공적인 낙찰자가 되는가? … 070

07 소액임차인으로 잘못 판단해서 낙찰자가 인수할 뻔 했다가 탈출한 사례 … 072
- 입찰대상 물건정보와 입찰결과 내역 … 072
- 매수인의 잘못된 판단으로 보증금을 인수할 뻔한 사례 … 073
- 이러한 상황에서 어떻게 탈출할 수 있었을까? … 074

08 선순위보증금 1억원을 낙찰자가 인수하게 돼 실패한 사례	075
◇ 오피스텔 사진과 주변 현황도	076
◇ 오피스텔 온비드 입찰정보 내역	077
◇ 이 오피스텔은 어떻게 권리분석하고 입찰해야 하나?	078
◇ 단독으로 오피스텔을 1억2,300만원에 낙찰 받았다	080
◇ 매수인이 잔금 납부하고 어떻게 탈출할 수 있었나?	080

09 집합건물의 대지 일부지분을 낙찰 받았으나 무효가 돼 실패한 사례	081

Chapter 2 공매와 경매의 차이점과 동시에 진행될 때 대응방법

01 공매물건은 어떠한 것이 있나?	084
◇ KAMCO 공매대상물건과 매각방법	084
◇ 이용기관 등의 공매대상물건과 매각방법	085
◇ 금융기관, 신탁회사, 기업 등의 비업무용 재산 등의 공매	086

02 공매와 경매는 어떠한 차이가 있나?	087
◇ 공매는 무엇을 의미하나?	087
◇ 경매는 어떻게 진행되나?	088
◇ 공매와 경매는 이런 차이가 있다	088
◇ 공매와 경매에서 물건 선정 후 낙찰 받아 배당까지 마무리하는 과정	089

03 압류재산공매와 법원경매가 동시에 진행되는 경우 대응방법	090
◇ 압류재산 공매와 법원경매가 동시에 경합 시 우선권?	090
◇ 국세징수법상 공매절차와 민사집행법상 경매절차가 동시에 진행되면?	090
◇ 경매기입등기 ⇨ 임차인 전입 ⇨ 공매공고등기 순에서 소액임차인 판단기준은?	091
◇ 공매와 경매가 동시에 진행될 때 배당요구 방법과 누가 소유권을 취득하나?	092

| Chapter 3 | 온비드화면에서 공매물건을 찾아 입찰하는 절차와 소유권이전등기 |

01 한국자산관리공사(KAMCO)의 공매대행업무 … 094

02 KAMCO 온비드(Onbid)에서 어떤 일을 하고 있나? … 095

03 온비드에서 입찰할 공매 물건을 찾는 비법! … 096
- 온비드 회원가입 및 공인인증서 등록절차 … 096
- 온비드 홈페이지에서 로그인 후 공매물건을 종류별로 검색하는 방법 … 098

04 온비드에서 입찰대상물건을 찾아 권리분석하는 방법 … 107
- 공매는 진행하는 기관마다 매각조건과 권리분석을 다르게 해야 한다 … 107
- 입찰할 아파트의 온비드 입찰정보 내역 … 109
- 온비드 물건정보 내역에서 돈 되는 우량한 물건을 찾는 것이 먼저다 … 111
- 말소기준권리를 찾고 인수할 권리가 있는지를 확인해라! … 113
- 이 공매물건 권리분석에서 어떤 점을 유의해야 하나! … 117
- 예상배분표 작성으로 임차인이 배당받는 금액을 확인 … 118
- 지금까지 조사한 자료를 통해 수익분석 후 입찰가를 결정해라! … 118
- 마지막으로 매각조건을 공매공고문과 공매재산명세서로 확인하고 입찰해라! … 119

05 입찰할 공매물건에서 입찰서 제출과 입찰보증금 납부 … 119
- 온비드 입찰정보 내역에서 입찰에 참여하는 방법 … 119
- 본인이 입찰서를 작성하는 방법과 대리인 또는 공동으로 입찰하는 방법 … 120
- 전자서명과 입찰서 제출 확인 … 126
- 입찰서 제출 완료 내역과 입찰보증금 납부를 확인하는 방법 … 127

06 온비드에서 입찰결과와 매각결정서 교부 및 대금 납부기한 … 130
- 이번엔 입찰결과를 확인하는 방법이다 … 130
- 공유자우선매수신고와 차순위매수신고를 하는 방법 … 134
- 온비드에서 매각결정 여부를 확인하고 매각결정서와 입찰보증금 영수증 교부받는 방법 … 134

| 07 | 공매종류별로 매수대금 납부와 소유권이전등기 방법 | 137 |

- 압류재산 공매로 낙찰 받아 매수대금 납부와 소유권이전등기 촉탁 … 137
- 국유재산매각 및 임대 공매로 낙찰 받아 매수대금 납부와 소유권이전등기 … 142
- 수탁재산·유입자산·유동화자산 공매로 낙찰 받아 소유권이전등기 하기 … 144
- 이용기관 등의 재산 공매로 낙찰 받아 소유권이전등기 하기 … 144

Chapter 4 공매에서 기본적인 권리분석 방법과 하자가 발생 시 대응은?

| 01 | 공매에서 권리분석은 어떻게 하나? | 146 |

- 공매에서 권리분석이란? … 146
- 말소기준이 되는 채권과 그 원리를 알면 권리분석의 절반은 성공이다 … 146
- 말소기준권리를 찾아서 기본적으로 권리분석하는 방법 … 148

| 02 | 물권과 채권의 종류와 이들 상호 간 우선순위 | 151 |

- 물권의 종류와 물권 상호 간의 우선순위 … 151
- 채권의 종류와 채권 상호 간 우선순위 … 153
- 물권과 채권 상호 간의 우선순위 … 153
- 물권과 일반채권이 섞여 있는 기본적인 사례에서 배분 분석 … 154
- 광의의 채권 분류와 이들 상호 간의 우선순위는? … 156

| 03 | 공매에서 채권 상호 간의 우선순위는 어떻게 결정하나? | 160 |

| 04 | 공매절차상에서 하자발생시 낙찰자의 대응방안 | 163 |

- 매각결정 전(① 기간)에 또는 매각결정 후(② 기간)에 대위변제로 1순위저당권이 말소된 경우 … 163
- 선순위가등기권자가 ③ 기간 동안에 본등기를 한 경우 … 164
- 배분기일 이후에 발생한 경우에 대처하는 방법은? … 164
- 공매의 취소가능성에 대비해라! … 165

Chapter 5 주택과 상가임차인들은 어떠한 권리를 가지고 있나?

01 주택임차인의 대항력과 우선변제권은 어떻게 발생하나? 168
- 주택임대차보호법의 적용을 받을 수 있는 건물은? 168
- 주택임차인의 대항력이 발생하려면? 168
- 공매나 경매절차에서 임차인의 우선변제권은? 169
- 임차인의 대항력·우선변제권, 다른 물권과의 우선순위 173
- 임차인의 최우선변제금과 확정일자 우선변제금, 다른 채권자 등과 배분연습 175
- 주택임차인이 알고 있어야할 권리 176

02 상가건물 임차인은 어떠한 권리를 가지고 있나? 180
- 상가건물임대차보호법의 적용대상 건물 180
- 상임법으로 보호받을 수 있는 임차인은? 180
- 상가임차인의 대항력은 언제 어떻게 발생하나? 181
- 상가임차인이 최우선변제금을 받으려면 어떻게 해야? 182
- 확정일자부 우선변제권의 성립요건과 우선변제권은? 184
- 상가임차인의 권리분석과 배분은 어떻게 하면 되나? 185
- 상가임차인이 알고 있어야 할 권리 190

03 특별법으로 보호받지 못하는 민법상 일반임차인은 어떻게 해야 하나? 193
- 일반 거래로 소유자가 변경되면 대항력이 없다 193
- 임차부동산이 경매로 매각되면 대항력과 우선변제권도 없다 193
- 민법상 일반임차인이 대항력을 가지려면 이렇게 하면 된다 193

Chapter 6 등기부에 등기된 물권과 채권을 공부하는 시간

01 근저당권의 효력과 실전 배당에서 우선순위 196
- 근저당권은 어떠한 권리를 가지게 되나? 196
- 저당권의 효력이 미치는 목적물의 범위는? 198

차례 **017**

- 근저당권과 다른 채권자와 우선순위 결정 방법은? … 199
- 근저당권과 다른 채권자 간의 권리분석과 배당방법 … 201

02 전세권은 어떠한 권리가 있고, 주임법상 임차권과의 차이점은? … 206

- 전세권자는 어떠한 권리인가? … 206
- 전세권에 의한 경매신청 방법과 우선변제권은? … 207
- 선순위전세권과 후순위전세권의 대항력과 소멸? … 208
- 전세권이 선순위와 후순위인 사례를 통해서 분석하기 … 210

03 가압류와 압류의 차이와 다른 채권과의 우선순위 … 211

- 가압류란? … 211
- 압류란? … 212
- 가압류채권과 타 권리등과의 우선순위에 따른 배당방법 … 212
- 전소유자의 가압류(압류)와 다른 채권자 상호간의 권리관계 … 215

Chapter 7 조세·공과금·임금채권 완전정복, 그리고 순위가 충돌할 때 배분 특강

제1강 조세채권 간의 우선순위와 다른 채권과의 우선순위 … 218

- 조세채권의 우선특권은? … 218
- 조세채권은 동순위가 원칙이지만 예외가 있다 … 219
- 조세채권과 근저당권이 혼재 시 배분방법은? … 219
- 조세채권과 임금채권, 공과금, 일반채권 간의 우선순위 … 220

제2강 공과금 상호 간의 우선순위와 다른 채권과의 우선순위 … 220

- 공과금 상호 간에는 동순위가 원칙이다 … 220
- 공과금과 근저당권 간의 우선순위 … 221
- 공과금과 임금채권, 조세채권, 일반채권간의 우선순위 … 221

제3강 임금채권 상호 간의 우선순위와 다른 채권 간의 우선순위 … 221

- 근로자의 임금채권 중 최우선변제금 … 221
- 임금채권 상호 간에는 동순위가 원칙 … 222

- 임금채권(최우선변제금제외)과 저당권채권과의 우선순위 222
- 임금채권, 조세채권, 공과금채권, 일반채권 간의 우선순위 222

제4강 조세·공과금·임금채권과 다른 채권이 혼재 시 배분방법 223

- 병 당해세 ⇨ 갑 근저당 ⇨ 을 임차인 순에서 배분특강 223
- 갑 근저당 ⇨ 을 임차인 ⇨ 정 조세채권 ⇨ 병 임차인 순에서 배분특강 224
- 갑 임금채권 ⇨ 정 당해세 ⇨ 갑 조세채권 ⇨ 병 공과금채권 순에서 배분특강 224

제5강 조세채권으로 순위가 상호모순관계(A=B, B>C, C>A)에 놓일 때 순환흡수배분한 사례 225

제6강 다가구주택에서 현행법상 소액임차인 때문에 순환흡수배분한 사례 228

제7강 공매물건별로 집행비용은 어떻게 계산하면 되나? 231

- 압류재산 공매 집행비용 계산방법 231
- 수탁재산 공매 매각수수료 234
- 이용기관회원 온비드 이용약관 제23조(이용기관 수수료) 234
- 국유재산 공매 매각수수료 234

Chapter 8 공매물건을 찾아 권리분석과 수익분석 후 입찰에 참여하는 방법

01 공매는 집행하는 기관마다 매각조건과 권리분석을 다르게 해야 한다 236

- 압류재산 공매에서 권리분석 방법 236
- 국유재산 공매에서 권리분석 방법 236
- 수탁재산 공매에서 권리분석 방법 237
- 유입자산 공매에서 권리분석 방법 237
- 이용기관재산 등의 공매에서 권리분석 방법 237
- 금융기관, 신탁회사, 기업 등의 직접 공매에서 권리분석 방법 238

02 온비드 공매물건정보 내용을 가지고 1차적으로 권리를 분석하는 방법은? 239

- 김 선생이 KAMCO 온비드에서 입찰대상 아파트를 찾고 있다 239

- ◇ 이 영민이 입찰할 아파트의 온비드 물건정보 내역 — 242
- ◇ 온비드 물건정보 내역에서 1차적으로 물건을 분석하는 방법 — 244

03 등기부 등의 공적장부와 현장답사를 통한 2차적인 물건분석 — 255
- ◇ 등기부 등의 공적장부를 통한 분석 방법은? — 255
- ◇ 현장답사를 통한 물건분석 방법은? — 259

04 지금까지 조사한 자료로 수익분석 후 입찰참가와 낙찰 받아 소유권을 이전하는 방법 — 263
- ◇ 수익분석 후 입찰가를 결정하는 방법 — 263
- ◇ 마지막으로 매각조건을 공매공고문과 공매재산명세서에서 확인하고 입찰에 참여해라! — 270
- ◇ 온비드 입찰정보 내역에서 입찰에 참여하는 방법 — 271
- ◇ 이 영민 부부가 아파트에 입찰해서 3대 1의 경쟁을 뚫고 낙찰 받았다 — 271

05 자동차공매물건 찾는 방법과 입찰참여시 유의사항과 입찰참가 이후의 절차 — 272
- ◇ 자동차 공매물건을 검색하는 방법 — 272
- ◇ 중고자동차매매 시세조사와 공매자동차 보관장소 방문 자동차상태 확인과 점검방법 — 273
- ◇ 입찰참여 방법 및 입찰참가 이후의 소유권을 취득하는 방법 — 275

Chapter 9 압류재산 공매는 어떠한 절차로 진행되고 있나?

01 과세관청 등의 체납처분은 어떻게 진행하게 되나? — 278

02 KAMCO의 공매대행 업무와 그에 따른 공매 매각절차 — 279
- ◇ 세무서 등의 공매 실익분석 의뢰와 KAMCO에 공매대행 의뢰 — 279
- ◇ KAMCO의 공매대행 업무 — 280
- ◇ KAMCO의 공매대행에 따른 공매 매각절차 — 280

03 공매대행통지서에 대한 이해와 체납자 등에 공매대행의 통지 — 282
- ◇ 체납자와 이해관계인 등에 대한 공매대행의 통지 — 282
- ◇ 공매 대행통지서에 대한 이해 — 283
- ◇ 실제 송달되었던 공매 대행통지서 — 283

04 공매 가능 여부에 대한 권리분석　　　　　285

- ◇ 공매 가능여부에 대한 기본적인 권리분석 후 실익이 있는 경우　　285
- ◇ 공매 가능여부에 대한 기본적인 권리분석 후 실익이 없는 경우　　285

05 압류재산 공매 준비절차는 어떻게?　　　　　286

- ◇ 공매물건 감정평가와 매각예정가격 결정　　286
- ◇ 공매대상 재산에 대한 현황조사(징수법 제62조의2)　　287
- ◇ 배분요구종기 결정과 이해관계인 등에 통지　　287

06 공매공고와 공매공고 등기제도　　　　　288

- ◇ 공매공고 절차 및 시기　　288
- ◇ 공매공고 등기제도 도입(징수법67조의2)　　289
- ◇ 공매공고와 임차인 등의 권리관계　　289

07 공매의 통지 대상과 공매통지서에 기재되어 있는 내용　　290

- ◇ 공매의 통지　　290
- ◇ 공매통지서에 기재되어 있는 내용　　291
- ◇ 공매통지서 양식(실제 공매통지서가 송달되었던 내용)　　291

08 공매재산명세서의 작성 및 비치 등　　　　　293

- ◇ 공매재산명세서의 작성　　293
- ◇ 공매물건에 대한 기본정보 제공　　293

09 공매진행의 취소 및 중지의 요건　　　　　294

- ◇ 공매의 취소 및 공고(징수법 제69조)　　294
- ◇ 공매의 중지(국세징수법 71조)　　294
- ◇ 압류해제의 요건(국세징수법 제53조)　　295

10 공매 입찰 시 입찰자격의 제한　　　　　295

- ◇ 매수인의 제한(징수법66조)　　295
- ◇ 공매참가의 제한(징수법72조)　　295

11 온비드에서 공매물건 입찰방법 종합정리　　　　　296

- ◇ 온비드 홈페이지에서 로그인 후 공매물건을 종류별로 검색하는 방법　　296

- ◇ 본인이 입찰서를 작성하는 방법과 대리인 또는 공동으로 입찰하는 방법 ... 299
- ◇ 입찰참여 방법과 입찰 회수 ... 300
- ◇ 공매 입찰보증금(징수법 제65조) ... 301
- ◇ 공매물건의 첫공매와 유찰된 물건의 새공매 ... 302
- ◇ 입찰의 마감 및 개찰과 입찰보증금 반환 ... 304

12 매각허부결정과 매각결정취소, 그리고 공매보증금 처리 ... 304

- ◇ 매각결정의 효력과 교부방법 ... 304
- ◇ 공유자우선매수신고와 차순위매수신고를 하는 방법 ... 305
- ◇ 매각불허가결정과 매각결정취소, 그리고 공매보증금 반환은? ... 306

13 매수대금 납부기한과 소유권이전 등기 ... 308

- ◇ 매각결정과 매수대금 납부기한과 재공매 ... 308
- ◇ 공매에서의 소유권이전절차 ... 309

14 공매에서 배분절차는 어떻게 진행되나? ... 310

- ◇ 공매절차에서 배분이란 ... 310
- ◇ 권리신고 및 배분요구 방법 ... 310
- ◇ 공매 배분기일 지정 및 통보(징수법 제80조의2) ... 311
- ◇ 배분계산서 작성 및 비치·열람 ... 311
- ◇ 배분금의 지급방법과 배분계산서에 대한 이의 ... 312
- ◇ 배분금 지급절차 및 그에 종합적인 설명 ... 313

Chapter 10 압류재산 공매로 성공한 15사례를 통해 실전능력을 향상하기

01 대림아파트를 압류재산 공매로 낙찰 받아 비과세로 팔았던 사례 ... 316

- ◇ 대림아파트의 사진과 내부 및 주변 현황도 ... 316
- ◇ 입찰할 대림아파트의 온비드 입찰정보 ... 317
- ◇ 아파트를 낙찰 받으면 인수할 권리가 없이 안전할까? ... 320
- ◇ 정 소령이 2대1의 경쟁률을 뚫고 아파트를 낙찰 받았다 ... 321

| 02 | 상도동 다세대주택을 전세보증금으로 마련하다 | 323 |

- ◇ 비발디캐슬 다세대주택의 사진과 내부 및 주변 현황도 — 323
- ◇ 비발디캐슬 다세대주택의 입찰정보 내역 — 325
- ◇ 박 영민 부부가 4대 1의 경쟁을 뚫고 공매로 낙찰 받았다 — 328

| 03 | 다가구주택을 전세금으로 내집 마련과 월세소득 올리기 | 330 |

- ◇ 다가구주택의 사진과 내부 및 주변 현황도 — 331
- ◇ 다가구주택의 입찰정보 내역 — 332
- ◇ 박 선생이 다가구주택을 단독으로 낙찰 받고 기뻐하고 있다 — 337

| 04 | 재건축대상 아파트를 낙찰 받아 분양권자의 지위를 승계해 수익을 올린 사례 | 337 |

- ◇ 재건축대상 아파트에 입찰할 때 알고 있어야할 내용은? — 337
- ◇ 신흥주공아파트의 사진과 주변 현황도 — 339
- ◇ 입찰할 신흥주공아파트의 온비드 입찰정보 — 340
- ◇ 아파트를 낙찰 받으면 인수할 권리가 없이 안전할까? — 341
- ◇ 지인이 14대 1의 경쟁률을 뚫고 아파트를 낙찰 받았다 — 342

| 05 | 재개발구역 상가주택 2분의 1을 공매로 낙찰 받아 성공한 사례 | 343 |

- ◇ 토지 지분공매 절차에서 공매물건의 사진과 주변 현황도 — 343
- ◇ 상가주택 2분의 1 지분 온비드공매 입찰정보 내역 — 344
- ◇ 지분공매 물건에 대한 권리분석과 배분표 작성 — 345
- ◇ 지분공매에서 2대 1의 경쟁률을 뚫고 상가주택을 낙찰 받았다 — 346
- ◇ 매수 이후의 대응 현황 — 347

| 06 | 봉천동의 연립주택 2분의 1을 공매로 낙찰 받고 탈출하는 방법은? | 347 |

- ◇ 토지 지분공매 절차에서 공매물건의 사진과 주변 현황도 — 348
- ◇ 연립주택 2분의 1 지분 온비드공매 입찰정보 내역 — 348
- ◇ 지분공매 물건에 대한 권리분석 — 349
- ◇ 필자가 연립주택을 6대 1의 경쟁률을 뚫고 낙찰 받았다 — 350
- ◇ 매수 이후의 대응 현황 — 350

| 07 | 대항력 있는 임차인 미배분금 인수할 때 양도 시 취득가액으로 인정받으려면? | 351 |

- ◇ 일신건영아파트의 사진과 주변 현황도 — 352

- ◇ 공매 입찰대상 물건분석 내역 353
- ◇ 공매물건에 대한 분석 및 배분표 작성 353
- ◇ 건영 아파트에 입찰해서 단독으로 낙찰 받았다 354
- ◇ 낙찰자의 인수금액 확인절차와 양도세 신고 시 취득가액에 포함하기 위한 조건 355

08 매각결정 확정 전에 공유자우선매수신청으로 차순위매수신고인이 된 사례 358
- ◇ 신정동 다가구주택의 사진과 주변 현황도 358
- ◇ 신정동 다가구주택의 온비드공매 입찰정보 내역 359
- ◇ 이 다가구주택은 필자가 3대 1의 경쟁을 뚫고 낙찰 받았다 360
- ◇ 최고액입찰자지위포기신고서를 제출한 사례 361

09 공매로 낙찰 받고 나서 채무자 요청으로 매각결정 취하에 동의해 준 사례 362
- ◇ 목동 아파트의 사진과 주변 현황도 362
- ◇ 공매 입찰대상 물건분석표 363
- ◇ 공매물건에 대한 분석 및 배분표 작성 363
- ◇ 이 아파트를 필자가 단독으로 낙찰 받았다 364

10 농지가 공매와 경매로 경합되는 사례에서 어떻게 하면 되나? 365
- ◇ 농지가 공매로 매각되는 경우 365
- ◇ 농지가 경매로 매각되는 경우 368
- ◇ 농지의 의의와 농지취득자격증명이란 370

11 건물 전부와 대지 2분의 1을 공매로 낙찰 받아 성공한 사례 372
- ◇ 다가구주택 공매물건의 사진과 주변 현황도 372
- ◇ 다가구주택 건물전부와 대지 2분의 1지분 온비드 입찰정보 내역 374
- ◇ 건물전부와 대지 2분의 1 지분공매 물건에 대한 권리분석 375
- ◇ 이 주택은 법정지상권이 성립한다. 그런데도 낙찰 받은 이유는? 376
- ◇ 필자가 다가구주택을 단독으로 받았다 377
- ◇ 매수 이후의 대응 현황 377

12 경매가 진행되고 있는 것을 공매낙찰자가 먼저 대금 납부하여 소유권을 취득한 사례 378
- ◇ 아파트의 사진과 지도 및 주변 현황도 378
- ◇ 경남아파트 공매물건 분석표 379
- ◇ 공매물건에 대한 분석 및 배분표 작성 379

13 지상에 다세대주택이 있는 대지지분이 공매로 매각된 경우 　　　　381
- 한국자산관리공사의 지분공매 입찰정보 내역 　　　　381
- 재개발구역 내의 토지 지분공매 입찰대상 물건분석표 　　　　382
- 토지 지분공매 물건의 현황도와 제시 외 지상의 다세대주택 사진 　　　　383
- 이 지분공매 물건에서 배분표를 작성하면 다음과 같다 　　　　383
- 공매물건을 낙찰 받는 경우 대응방법을 분석해 보자! 　　　　383

14 압류당시 대지사용권이 성립하지 않아 분리처분이 가능한 사례 　　　　385
- 이 사건에 대한 기본적인 사실관계 　　　　385
- 원고의 건물철거, 토지인도 및 부당이득반환에 대한 판단 　　　　386
- 법정지상권이 성립한다는 주장에 대한 법원의 판단 　　　　387
- 공매로 매수한 대지 지분이 또 다시 경매로 매각되고 있다 　　　　388

15 집합건물의 대지 일부지분을 낙찰 받았으나 무효가 돼 실패한 사례 　　　　390
- 대지 지분을 공매로 낙찰 받았던 공매 입찰대상물건 내역 　　　　390
- 공매낙찰자들은 다음과 같이 토지사용료 청구소송을 진행했다 　　　　391
- 대지 지분을 낙찰 받아 소송을 진행했지만 무효가 되는 사례들 　　　　392

Chapter 11　수탁재산과 유입자산 공매는 어떻게 찾아서 입찰하면 되나?

01 금융기관과 공공기관 등의 수탁재산 공매 　　　　394
- 수탁재산 공매란? 　　　　394
- 수탁재산의 매각 흐름도 　　　　395
- 금융기관과 공공기관 등의 수탁재산 매각방법 　　　　395
- 낙찰자 결정과 계약체결 방법 　　　　397
- 매각대금 납부기한과 대금완납 전 점유사용 및 소유권이전 　　　　397
- 낙찰 받고 나서 소유권을 취득하는 방법 　　　　400
- 수탁재산을 구입할 때 알고 있어야할 내용 핵심체크 　　　　401

02 양도세 감면대상 물건에 대한 수탁공매　　402

- ◇ 매각 위임대상주택　　402
- ◇ 매각의뢰 접수 시 구비서류　　404
- ◇ 양도세 감면대상 수탁재산 매각 흐름도　　404
- ◇ 양도세 감면대상 수탁재산 매각방법　　405
- ◇ 낙찰자 결정과 계약체결 방법　　406
- ◇ 매각대금 납부와 소유권이전등기, 그리고 명도책임은?　　407

03 한국자산관리공사의 유입자산 공매　　407

- ◇ 유입자산 공매란?　　407
- ◇ 유입자산의 매각방법　　408
- ◇ 낙찰자 결정과 계약체결 방법　　410
- ◇ 매각대금 납부기한과 대금완납 전 점유사용 및 소유권이전　　410
- ◇ 낙찰 받고 나서 소유권을 취득하는 방법　　412

04 수탁재산과 유입자산 공매 입찰대상물건 검색방법　　414

- ◇ 온비드 홈페이지에서 로그인 후 공매물건을 종류별로 검색하는 방법　　414

05 에너지관리공단의 수탁재산 공매물건에 입찰하기　　417

- ◇ 온비드 입찰정보 내역　　417
- ◇ 이 오피스텔을 입찰대상으로 선정하게 된 이유는?　　418
- ◇ 2014년 제6회 수탁재산 공매공고문과 매각조건 확인하기　　420
- ◇ 이 오피스텔은 5대 1의 경쟁을 뚫고 홍길동이 낙찰 받았다　　424

06 국방기술품질원의 수탁재산 공매물건에 입찰하기　　425

- ◇ 럭키아파트 온비드 입찰정보 내역　　425
- ◇ 이 아파트를 입찰대상으로 선정하게 된 이유는?　　427
- ◇ 2014년 제3회 수탁재산 공매공고문과 매각조건 확인하기　　428
- ◇ 이 아파트는 2대 1의 경쟁을 뚫고 이순신이 낙찰 받았다　　428

07 상봉1동 새마을금고가 매각을 의뢰한 수탁재산 공매　　429

- ◇ 아파트의 사진과 내부 및 주변 현황도　　429
- ◇ 입찰자가 없어서 공고 후 재매각 되는 온비드 입찰정보　　430

- 유찰계약(수의계약) 체결이 가능한 시기는 언제? 431

08 양도세 감면대상 우남아파트 수탁재산 공매에 입찰하기 432
- 우남아파트 온비드 입찰정보 내역 432
- 우남아파트의 사진과 주변현황도 433
- 수탁재산 공매가 유찰 되었다가 재매각 시 유찰계약을 할 수 있는 시기 434
- 이 아파트를 입찰대상으로 선정하게 된 이유는? 435
- 2013년 제4회 수탁재산 공매공고문과 매각조건 확인하기 435
- 이 아파트를 단독으로 강감찬이 낙찰 받았다 436

Chapter 12 국유재산 매각공매와 임대공매에서 성공적인 투자비법!

01 국유재산 매각공매는 어떻게 진행되고 있나? 438
- 국유재산 관리 438
- 매수신청과 국유재산 관리계획 수립과 매각결정 439
- 국유재산 매각공매절차 흐름도 440
- 국유재산 매각공매 방법 441
- 낙찰자 결정과 계약체결 방법 443
- 잔금납부기한과 국유재산 소유권이전 443

02 국유재산 대부(임대)공매에 관해서 알아보는 시간이다 445
- 국유재산 대부공매란? 445
- 국유재산 대부(임대)공매절차 흐름도 445
- 국유재산 대부(임대)공매 방법 445
- 낙찰자 결정과 잔금납부 449
- 잔금납부 후 대부계약 체결과 사용방법 449
- 대금 미납 시에 연체료와 대부계약의 해지 450
- 대부(임대) 계약 중 유의사항 451

03 국유재산 유가증권 공매 절차는 어떻게 진행 되나? 451
- 국세물납이란? 451

- ◇ 국세물납 유가증권의 종류 452
- ◇ 국세물납 유가증권 관리기관 452
- ◇ 국세물납 증권 관리·처분 흐름도 453
- ◇ 국세물납증권 매각방법 453
- ◇ 비상장증권 매각절차와 준비서류 454
- ◇ 잔대금납부 및 증권 교부 454

04 국유재산 매각공매와 임대공매 입찰대상물건 검색방법   455
- ◇ 온비드 홈페이지에서 로그인 후 공매물건을 종류별로 검색하는 방법   455

05 영종주공아파트를 국유재산 공매로 낙찰 받아 성공한 사례   458
- ◇ 영종주공아파트의 입찰정보 내역 458
- ◇ 아파트의 사진과 지도 및 주변 현황도 460
- ◇ 2014년 제21회 국유재산 매각공고문과 매각조건 확인하기 461
- ◇ 박 사장이 주공아파트를 단독으로 낙찰 받아서 축하하고 있다 465

06 김 사장이 국유재산 공매로 현대아파트를 낙찰 받아 성공한 사례   466
- ◇ 현대아파트의 입찰정보 내역 466
- ◇ 아파트의 사진과 주변 현황도 468
- ◇ 2014년 제21회 국유재산 매각공고문과 매각조건 확인하기 469
- ◇ 김 사장이 주공아파트를 9대 1의 경쟁률을 뚫고 낙찰 받았다 470

07 정 사장이 국유재산 공매로 토지를 낙찰 받아 건물을 신축하려 한다   471
- ◇ 봉천동 토지의 입찰정보 내역 471
- ◇ 아파트의 사진과 주변 현황도 473
- ◇ 정 사장이 봉천동 토지를 단독으로 낙찰 받아서 기뻐하고 있다 476

08 민기가 대부공매로 아파트를 낙찰 받아 신혼집을 마련하다   476
- ◇ 대부(임대)공매 아파트의 입찰정보 내역 477
- ◇ 대부(임대)아파트의 사진과 지도 및 주변 현황도 478
- ◇ 2014년 제12회 국유재산 대부 입찰 공고문과 대부조건 확인하기 479
- ◇ 민기가 아파트를 대부공매로 낙찰 받아 기뻐하고 있다 483

| 09 | 단독주택을 대부공매로 2,300만원에 낙찰 받아 부모님을 모시다 | **484** |

- 대부(임대)공매 단독주택의 사진과 주변 현황도 485
- 대부(임대)공매 단독주택의 입찰정보 내역 485
- 2014년 제11회 국유재산 대부 입찰 공고문과 대부조건 확인하기 487
- 박 사장이 단독주택을 대부공매로 낙찰 받아 기뻐하고 있다 487

| 10 | 이 과장은 한강맨션을 대부공매로 2,100만원에 낙찰 받았다 | **489** |

- 대부(임대)공매 한강맨션의 사진과 주변 현황도 490
- 대부(임대)공매 한강맨션의 입찰정보 내역 490
- 2014년 제2회 국유재산 대부 입찰 공고문과 대부조건 확인하기 491
- 이 과장이 한강맨션을 대부공매로 낙찰 받았다 492

Chapter 13 다양한 이용기관재산 공매에서 실전투자는 어떻게 해야 하나?

| 01 | 이용기관재산 공매는 어떻게 진행되고 있나? | **494** |

- 이용기관 등은 어떠한 기관 등이 있나? 494
- 이용기관재산 등에 대한 매각 또는 대부(임대)공매 방법 495

| 02 | 이용기관재산의 매각공매 | **496** |

- 이용기관재산 등의 매각공매 흐름도 497
- 이용기관재산 매각공매 방법 498
- 입찰기간, 개찰일시 및 개찰장소 499
- 낙찰자 결정과 입찰보증금 납부 방법 500
- 계약체결 방법과 대금납부 후 소유권이전 방법 500

| 03 | 이용기관재산 등의 대부(임대)공매 | **502** |

- 이용기관재산 등의 대부(임대)공매 절차 503
- 이용기관재산 등의 대부(임대)공매 방법 503
- 입찰기간, 개찰일시 및 개찰장소 505
- 낙찰자 결정과 입찰보증금 납부 방법 506

◆ 계약체결(사용허가 신청)방법과 대금 납부 후 임대 개시	506

04 이용기관재산 매각공매와 임대공매 입찰대상물건 찾기 — 507

◆ 온비드 홈페이지에서 로그인 후 공매물건을 종류별로 검색하는 방법	507

05 한국감정원의 소유 아파트가 이용기관 매각공매로 진행되고 있다 — 510

◆ 상계주공아파트가 이용기관 공매로 매각되고 있다	510
◆ 박 사장이 상계주공아파트를 단독으로 낙찰 받았다	515

06 이용기관 공매로 김 선생이 부천시 소유 토지를 낙찰 받은 사례 — 516

◆ 온비드 입찰물건 정보 내역	516
◆ 부천시 소유 토지 사진 및 지적도	518
◆ 부천시 소유 토지 공매물건 분석	518

07 잠실고등학교 매점이 임대공매로 진행되고 있다 — 521

◆ 잠실고등학교 학교매점이 임대공매 되고 있다	521
◆ 학교매점 임대공매 물건분석	524
◆ 정 사장이 학교매점을 13대 1의 경쟁을 뚫고 낙찰 받았다	525

Chapter 14 부동산 신탁재산과 기타 공기관재산 공매 실전투자 방법은?

01 부동산 신탁기관의 업무와 어떠한 신탁회사 등이 있나? — 528

◆ 신탁의 정의	528
◆ 신탁회사 등의 업무와 어떠한 기관 등이 있나?	528

02 공매대상 부동산 신탁재산은? — 529

◆ 부동산 담보신탁이란?	529
◆ 분양관리신탁과 토지신탁으로 계약을 하면 어떤 장점이 있나?	531
◆ 부동산 처분신탁이란?	532

03 부동산 신탁신청과 정산 방법, 그리고 공매 실행과정 — 533
- 부동산 담보신탁 신청과 신탁재산의 반환, 또는 우선수익자의 환가요청 — 533
- 분양관리신탁 절차와 분양관리 후에 PF대출금 상환 및 사업정산 — 535
- 처분신탁 절차와 수탁사가 매각 후 매매대금으로 수익교부 — 536

04 부동산 신탁재산과 기타 공기관재산 등의 공매 진행절차 — 536
- 신탁재산 등의 공매 흐름도 — 537
- 신탁재산 등의 공매에 입찰할 때 알고 있어야할 내용은? — 538
- 낙찰자 결정과 계약체결 방법 — 546
- 부동산 실거래신고와 대금납부 후 소유권이전 방법 — 547

05 신탁재산 등의 공매에서 권리분석 방법은? — 548
- 신탁재산 공매에서 입찰할 때 유의할 내용은? — 548
- 신탁재산 등의 공매에서 권리분석은 어떻게 하면 되나? — 550
- 신탁재산 공매 매각대금에서 배당 우선순위 결정 방법 — 552
- 신탁등기 된 주택 등에서 임대차계약서 작성 방법과 유의사항 — 556
- 부동산 담보신탁계약서 원부 — 559

06 기타 공기관 등의 현장공매 — 564
- 예금보험공사(공적자금운영)(www.kdic.or.kr) — 564
- 정리금융공사(www.rfc.or.kr) — 565
- 나라신용정보(www.naracredit.com) — 565
- 농협자산관리공사(www.acamco.co.kr) — 566
- 산림청의 공매 — 566
- 각 금융기관보유 부실재산 정리를 위한 직접공매 — 567
- 개인기업 등의 비업무용자산을 정리하기 위한 직접공매 — 567

| Chapter 15 | 신탁재산 공매물건을 온비드에서 낙찰 받아 성공한 사례 | |

01 신탁재산 공매물건을 온비드 화면에서 찾는 방법 — 570
- 온비드에서 신탁재산 공매는 어떻게 진행되나? — 570
- 온비드 홈페이지에서 로그인하면 다음 화면을 확인할 수 있다 — 570
- 온비드 화면을 검색해서 신탁재산 공매물건을 찾는 방법 — 571

02 신탁공매로 분당 아파트를 낙찰 받아 내집 마련에 성공한 사례 — 572
- 분당 청솔마을아파트의 사진과 주변 현황도 — 573
- 공매 입찰정보내역 물건분석 — 573
- 신탁기관 등이 온비드로 공매절차를 진행하는 입찰공고 내용 — 574
- 이 신탁기관 아파트공매에서 권리분석은 어떻게 하면 되나? — 577
- 신탁재산 공매 매각대금에서 배당 우선순위 결정 방법 — 581
- 임영신이 4대 1의 경쟁률을 뚫고 청솔마을아파트를 낙찰 받다 — 583

03 벽산아파트를 신탁공매로 낙찰 받아 재테크로 성공한 사례 — 584
- 도봉구 벽산아파트의 주변 현황도 — 584
- 공매 입찰정보내역 물건분석 — 585
- 신탁기관 등이 온비드로 공매절차를 진행하는 입찰공고 내용 — 586
- 이 신탁기관 아파트공매에서 권리분석은 어떻게 하면 되나? — 587
- 신탁재산 공매 매각대금에서 배당 우선순위 결정 방법 — 591
- 박해정이 5대 1의 경쟁률을 뚫고 벽산아파트를 낙찰 받다 — 591

| Chapter 16 | 신탁기관에서 현장공매로 낙찰 받아 성공한 사례 |  |

01 신탁기관 홈페이지에서 현장공매물건을 찾는 방법 — 594
- 신탁재산 현장공매는 어떻게 진행되고 있나? — 594
- 신탁기관재산 공매물건은 어떻게 찾으면 되나? — 595

02	한국토지신탁 홈페이지에서 입찰할 다세대주택을 찾는 방법	595
	◇ 한국토지신탁 홈페이지를 검색하면 다음 화면을 확인할 수 있다	595

03	한국토지신탁에서 현장공매로 낙찰받고 매매해서 성공한 이야기	598
	◇ 한국토지신탁 다세대주택 공매공고	598
	◇ 입찰대상 공매물건 정리와 권리분석 및 배당표 작성	600
	◇ 공매낙찰 후 5일 이내에 공매부동산 매매계약서 작성	601

04	한국자산신탁의 현장공매에서 1층 상가점포를 낙찰받아 임대한 사례	603
	◇ 마포 상가 109호의 사진과 주변 현황도	603
	◇ 신탁기관 등이 온비드로 공매절차를 진행하는 입찰공고 내용	604
	◇ 이 신탁기관 다세대주택에서 권리분석은 어떻게 하면 되나?	606
	◇ 신탁재산 공매 매각대금에서 배당 우선순위 결정 방법	607
	◇ 낙찰받고 나서 어떻게 대응했나?	607

Chapter 17　공매로 낙찰 받고 명도는 이렇게 해야 성공한다

01	건물 명도도 전략이 필요하다	610

02	점유자가 없거나 있어도 문을 열어주지도 않으면 어떻게 하나?	612

03	협의가 이루어져 명도합의각서를 작성하는 방법	614

04	반드시 이사비용을 지급하거나 강제집행을 하는 것은 아니다	615

05	협의가 안 될때 법적으로 어떻게 하면 되나?	616
	◇ 경매에서 부동산의 인도명령 신청	617
	◇ 공매에서 건물명도청구 소송	617
	◇ 점유이전금지가처분이란?	618

손에 잡히는
공매 투자의 정석

공매로 낙찰 받아 성공한 사례와 함정에 빠져 실패한 이야기

01 단독주택 2분의 1지분은 공매로, 2분의 1은 경매로 동시에 매각되는 경우

 공매에서 성공투자 비법

공매로 2분의 1지분과 경매로 2분의 1지분이 동시에 매각되고 있다면?

① 한국자산관리공사 압류공매[관리번호 2005-21048-001] 이철민의 2분의 1지분과 ② 법원경매[고양지원 2005타경25898] 이철수 2분의 1지분이 동시에 매각되는 경우인데, … 등기부를 열람해 보면 알 수 있듯이 주식회사 에임피앤디가 시행하여 아파트 부지로 개발 중인 지역으로 먼저 공매로 2분의 1 매수하고 나서, 고양지원의 경매절차에서 공유자우선매수를 신청한 사례로 경매와 공매가 동시에 진행될 때 입찰에 성공한 좋은 사례입니다.

◆ **일산 단독주택의 사진과 주변 현황도**

◇ 일산 단독주택의 2분의 1 온비드공매 입찰정보 내역

캠코공매물건

상담전화 : 1588-5321

[물건명/소재지] : 경기 고양시 일산서구 일산동 655-119

기본정보

물건종류	부동산
처분방식	매각
물건상태	낙찰
조회수	584

기관정보

- 입찰집행기관 : 한국자산관리공사
- 담당자 : 조세정리1부 / 김자경
- 연락처 : 02-3420-5174 /

물건정보

소재지(지번)	경기 고양시 일산서구 일산동 655-119		
소재지(도로명)			
물건관리번호	2005-21048-001	재산종류	압류재산
위임기관	인천광역시		
물건용도/세부용도	단독주택	입찰방식	일반경쟁
면적	대지 61㎡ 지분(총면적:122.000㎡), 건물 22.025㎡ 지분(총면적:44.050㎡)		
배분요구종기		최초공고일자	2006/01/18

감정정보

감정평가금액	183,000,000 원	감정평가일자	2006/01/03	감정평가기관	코리아감정평가법인
위치 및 부근현황	일산구 일산동 소재 "일산역".				
이용현황	주거용(폐가옥)으로 이용중임.				

임대차정보

임대차내용	이 름	보증금	차임(월세)	환산보증금	확정(설정)일	전입일
감정서상 표시내용 또는 신고된 내용이 없습니다.						

등기사항증명서 주요 정보

순번	권리종류	권리자명	등기일	설정액(원)
1	통류사	최재춘	2003/05/15	0 원
2	근저당권	농협(중앙회)	2004/12/31	80,089,956 원
3	가압류	농업협동조합중앙회	2006/02/24	0 원
4	압류	의정부세무서		미표시

입찰이력정보

입찰번호	처분방식	물건관리번호	개찰일시	최저입찰가	낙찰가	낙찰율	입찰결과	입찰상세
200521048001	매각	2005-21048-001	2006/03/22 11:00	109,800,000	125,090,000	113.9%	낙찰	보기

◆ 2분의 1 지분공매와 2분의 1 지분경매 물건정보 내역

주 소	면 적	공매가 진행과정	1) 임차인조사내역 2) 기타청구	등기부상의 관리관계
경기도 고양시 일산서구 일산동 ○○○ 이철수 지분 강제 경매신청 : 신희경 (고양지원2005-25898) 이철민 지분 압류공매 : 인천광역시 (2005 -21048 -001)	대지 122㎡중 이철민지분 61㎡ 건물 44.05㎡중 이철민 지분 22.025㎡	감정가 183,000,000원 최저가 1차 183,000,000원 유찰 1 2차(10% 저감) 164,700,000원 유찰 3차(10% 저감) 146,400,000원 유찰 4차(10% 저감) 128,100,000원 유찰 5차(10% 저감) 109,800,000원 낙찰 125,090,000원 〈2006.3.22〉	1) 임차인 주변일대가 재개발을 위하여 폐가옥 상태임 따라서 임차인 없음 2) 기타청구 ① 인천광역시 취득세 (법정 04.11.30) 2,850만원 ② 의정부세무서 상속세 (법정 05.3.30) 1,450만원 ③ 북인천세무서 재산세 (법정 05.7.10) 64만원 ④ 부천세무서 재산세 (법정 05.7.10) 25만원 〈①~④는 당해세가 아닌 일반 조세채권임〉	공유자 지분의 1/2 이철수 610140-1*** 공유자 지분의 1/2 이철민 590430-1*** • 근저당 농업협동조합 2004.12.31. 104,000,000원 • 이철민지분압류 인천광역시 2005.4.6. • 이철민지분압류 의정부세무서 2005.5.23. • 이철민지분압류 북인천세무서 2005.10.31. • 이철수지분 강제경매 신청 신희경 2005.10.31. • 이철민 지분압류공매 : 인천광역시 청구 2,850만원 〈공매공고 06.1.18〉

◆ 물건에 대한 분석 및 배분표 작성

이 공매사건에서 말소기준권리는 전체 지분에 설정된 농업협동조합 근저당권이다.

그런데 압류공매는 이철민 지분 1/2이고, 나머지 1/2지분권자인 이철수 지분은 강제 경매가 진행되고 있는 것을 알 수 있다. 이러한 경우 농협은 근저당권을 각 지분권자에 대하여 공동저당권자와 같이 볼 수 있어서, 선순위로 진행된 매각절차(선행된 공매 또는 경매절차)에서 전액 우선 변제받고, 그 매각대상 지분공매 후순위채권자 등은 나머지 지분매각절차에서 동시매각 시 배당받을 수 있었던 금액을 한도로 하여 이철수 지분 경매절차에서 민법 제368조 제2항에 따라 선순위 농협저당권을 대위행사(농협저당권 52,000,000원에 대하여)하여 후순위저당권자 등의 채권을 만족시킬 수 있다.

이 공매사례를 가지고 배분표를 작성하면, 배분액이 123,340,000원이므로 1순위 : 인천광역시 28,500,000원(우선변제 1)

2순위 : 농협근저당 94,840,000원(우선변제 2)으로 배분이 종결된다.

◇ 김 선생이 낙찰 받고 나서 대응한 방법은?

상세입찰결과

물건관리번호	2005-21048-001		
재산구분	압류재산(캠코)	담당부점	조세정리1부
물건명	경기 고양시 일산서구 일산동 655-119		
공고번호	200601-00232-00	회차 / 차수	021 / 001
처분방식	매각	입찰방식/경쟁방식	최고가방식 / 일반경쟁
입찰기간	2006-03-20 10:00 ~ 2006-03-21 17:00	총액/단가	총액
개찰시작일시	-	집행완료일시	2006-03-22 11:30
입찰자수	유효 2명 / 무효 0명(인터넷)		
입찰금액	125,090,000원/ 109,800,000원		
개찰결과	낙찰	낙찰금액	125,090,000원
감정가 (최초 최저입찰가)	183,000,000원	최저입찰가	109,800,000원
낙찰가율 (감정가 대비)	68.36%	낙찰가율 (최저입찰가 대비)	113.93%

대금납부 및 배분기일 정보

대금납부기한	2006-05-21	납부여부	납부
납부최고기한	-	배분기일	2006-05-02

 지분압류공매로 이철민지분 소유자가 된 대산투자(필자 투자법인)는 나머지 지분권자 이철수지분 강제경매절차에서 공유자우선매수를 신청하였고, 나머지 지분까지 매수하고 근생건물을 신축할 예정이었는데, 이 지역 재개발시행자인 ㈜에임피앤디가 계속적으로 매수 요청이 들어와 필자도 부동산을 하는 입장에서 더 이상 거절해서는 안 되겠다고 생각해 대산투자지분 1/2지분을 ㈜에임피앤디에 높은 가격에 매각했습니다. ㈜에임피앤디가 나머지 지분을 매수해 재개발사업을 하였는데, 이러한 지분공매나 지분경매는 권리분석과 매수가격을 잘 결정해서 입찰에 참여하면 이 사례와 같이 성공적인 결과를 가져올 수 있게 됩니다.

 그렇군요. 배움이란 끝이 없습니다.

저도 느낀 바가 많아요. 이 사례는 연구를 더 해봐야겠어요.

02 전철역 주변 다가구주택을 공매로 취득해서 원룸으로 리모델링하기

◇ **다가구주택의 온비드공매 입찰정보 내역**

040 손에 잡히는 공매 투자의 정석

◇ **왜 다가구주택을 입찰대상으로 선정하게 되었을까?**

온비드 입찰정보내역 화면 중간부분에서 물건정보와 감정평가서, 매각물건의 사진정보, 위치도 및 지도를 다음과 같이 분석해서 내가 사고자하는 목적에 맞으면서도 돈이 되는 물건을 찾아야 한다.

(1) 이 다가구주택의 사진과 내부 및 평면도

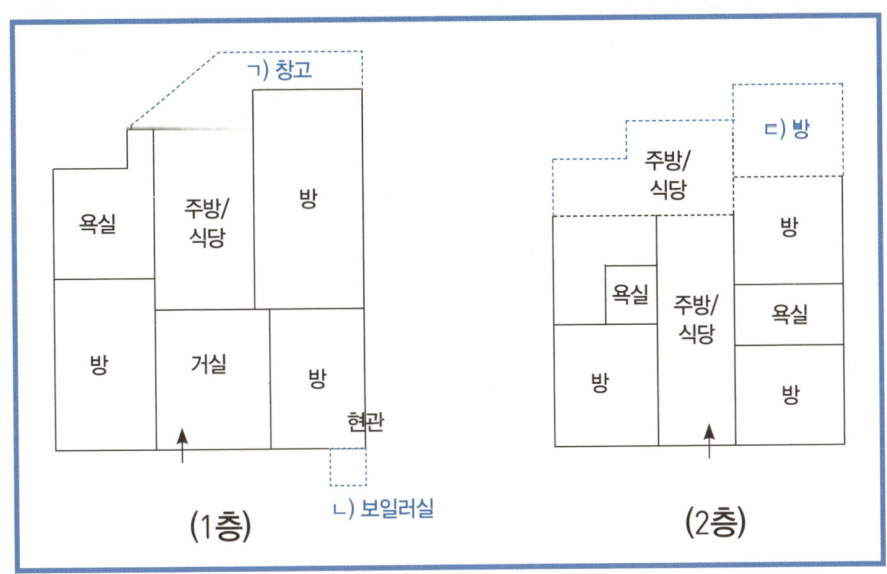

(2) 다가구주택 주변 현황도

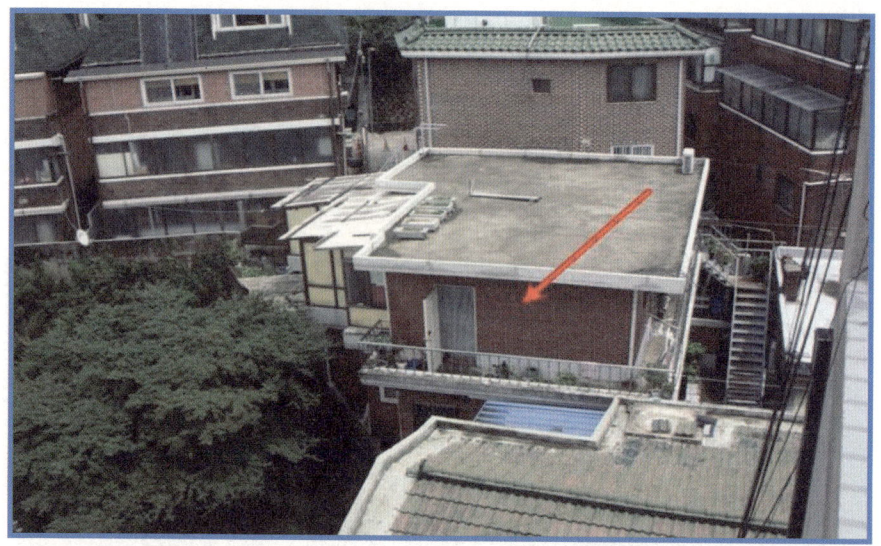

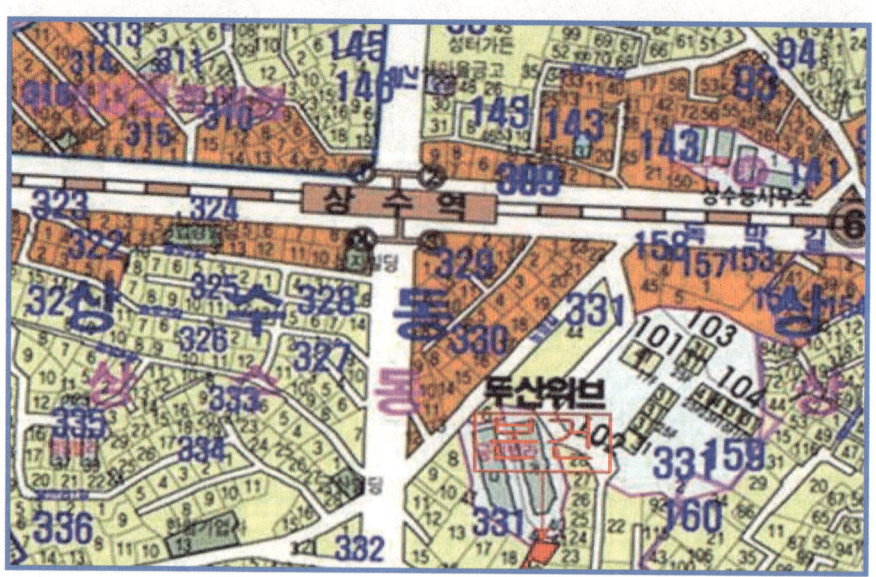

이 공매물건은 상수동 주택가에 위치하고, 6호선 지하철 상수역이 3분 거리에 위치하고 있어서 대중교통이 편리하고 초등학교와 중학교 등의 학군이 우수하여 입주자 등이 선호하는 지역으로 낙찰 받고 임대 또는 매도하기가 쉬운 지역이므로 입찰대상물건으로 선정하고 다음과 같이 권리분석 후에 현장답사를 나갔었다.

◇ 물건분석과 권리분석은 어떻게 하면 되나?

(1) 물건분석 및 주변현황

이 공매물건은 서울시 마포구 상수동 소재 6호선 상수역 3번 출구에서 3~4분 거리에 위치하고 있어서 다가구주택을 1층 3개 호수와 2층 3개 호수로 총 6개 호수의 원룸으로 리모델링하면 각 보증금 1,000만원에 월 50만원씩 임대수익이 예상되어 보증금 6,000만원에 매월 300만원의 임대소득이 예상되는 우량한 다가구주택이다.

인근에 홍익대학교와 서강대 그리고 신촌이 가까이에 위치하고 있어서 대학생과 직장인이 선호하는 지역으로 원룸 임대 수요가 많다는 것을 주변부동산 중개업소에서 알 수 있었다. 따라서 원룸으로 리모델링하면 계속적인 임대소득이 예상되는 지역이다.

그리고 주변 가까이에 있는 주택단지가 삼성래미안을 시공사로 선정하여 대단지 재개발사업이 진행 중인데, 2012년 초부터 이주계획이 잡혀 있어서 주택수요는 더욱 부족하게 되므로 이는 임대수익률의 증가로 이어질 전망이다.

(2) 다가구주택의 임대차 정보와 등기부 상의 권리내역

① 다가구주택의 임대차정보

임대차 정보 (감정평가서 및 신고된 임대차 기준)

임대차내용	성명	보증금(원)	차임(월세)(원)	환산보증금(원)	확정(설정)일	전입일
전입세대주	이강민	0원	0원	0원	-	1995-06-30
전입세대주	박미희	25,000,000원	0원	25,000,000원	2009-09-11	2009-09-11
전입세대주	서순향	60,000,000원	0원	60,000,000원	2010-10-18	2010-10-18

② 등기부상의 권리내역

순번	권리종류	권리자 및 기타사항	등기일	설정액(원)
1	소유자	이한구	1995년 3월 28일	
2	근저당권	북부천 새마을금고	2010년 5월 26일	481,000,000원(배분요구 374,368,180원)
3	근저당권	안미순	2010년 5월 27일	90,000,000원(배분요구 90,000,000원)
4	압류	마포세무서	2010년 6월 30일(법정기일 2009년 12월 3일)	체납세액 32,800,000원
5	임의경매개시결정	북부천 새마을금고	2011년 8월 19일(서부지원 2011타경 13637)	청구 374,368,180원
6	가압류	여철민	2011년 9월 21일	50,000,000원

(3) 권리분석과 배분 계산서 작성

 이 공매물건은 한국자산관리공사의 압류공매와 북부천 새마을금고의 임의경매가 중복하여 진행중인 물건이다. 이 물건에서 유의할 점은 전입세대원 중 이강민(전입 95.06.30.)과 박미희(전입 09.09.11)는 말소기준권리인 북부천 새마을금고의 2010년 5월 26일 근저당권보다 먼저 대항요건을 갖추고 있어서 서류상으로는 대항력이 있었다. 주민센터를 방문해서 조사해본 결과도 체납자겸 소유자인 이한구와 관련도 없었다.

 그런데 이강민의 전입일자가 이한구 소유자와 같은 날짜이고, 대항력 있는 임차인이 있는 데도 북부천 새마을금고의 대출이 이루어 졌다는 점에서 임차인이 아닐 것이라는 판단을 하게 되었다. 그래서 등기부상에 기재된 채권자 등을 통해서 원인분석을 하게 되었고, 그 과정에서 임의경매를 신청한 북부천 새마을금고를 통해서 이강민이 체납자의 아들이고, 대출할 때 무상거주확인서를 제출한 사실까지 확인할 수 있었다.

 특히 현장을 방문하여 물건을 조사하는 중에 이 물건이 중개업소에 6개월 전에 6억 7,000만원 매물로 나온 적이 있었고, 그 매물을 내 놓은 사람이 1층에 살고 있는 아들이라는 말과 2층에 살고 있는 임차인 등은 두 명으로 6,000만원과 2,500만원에 임차하여 거주하고 있다는 사실을 확인할 수 있었다. 이러한 정황을 분석해본 결과 이강민은 대항력 있는 임차인으로 볼 수 없었고, 선순위 박미희 임차인은 보증금이 2,500만원으로 배분계산서 전까지 배분요구하면 배분에 참여할 수 있고, 배분요구를 하지 않는다면 2,500만원을 낙찰가 인수하면 되었다.

그리고 시세를 조사해본 결과 시세는 평당 2,000만원에 형성되어 있었으나 거래는 어려운 실정이었다. 그러나 주변부동산 중개업소에서 6억5,000만원 정도이면 거래가 가능할 것이라는 말과 원룸수요가 많은 지역으로 주택을 원룸으로 리모델링하면 높은 임대수익을 얻을 수 있다는 말을 함께 들을 수 있었다.

이 공매물건을 420,700,800원에 입찰하면 어떻게 배분될까?

420,700,800원에서 공매비용 12,880,800원을 공제하면 배분금액은 407,820,000원이다. 소액임차인 여부와 임차인이 배분요구가 없어서 이들을 제외하고 배분계산서를 작성했으나 공매절차에서는 2011년 12월 31일까지는 배분계산서 작성 전까지 배분요구하면 되므로 낙찰 받고 나서 배분요구하도록 할 수 있다.

그러나 <u>이 제도는 2012. 01. 01. 부터 첫 매각기일 이전에 배분요구종기 제도가 시행되므로, 2011년 말까지만 최초 공매공고한 물건만 가능한 제도</u>이다.

1순위 마포세무서 32,800,000원(우선변제금 1등)

2순위 북부천 새마을금고 375,020,000원(우선변제금 2등)

북부천 새마을금고는 청구채권액이 374,368,180원이지만 법원경매신청비용과 지연이자 등을 포함하여 배분잔여금 375,020,000원 전액 배분될 것으로 예상된다. 공매와 경매로 중복해서 매각절차가 진행되는 경우에 먼저 대금을 납부한 매수인이 소유권을 취득하고 그 상대방의 매각절차는 취소된다.

◆ 투자대비 임대수익률은 어떻게 되겠는가?

낙찰금액이 420,700,800원이고 필요제경비 포함 취득비용이 11,899,200원이라면 총 취득가는 4억3,260만원이다. 낙찰금액에서 70%를 연 6% 이자로 대출받았다면 현금투자는 1억3,860만원이다. 그리고 다가구주택을 1층 3개 호수와 2층 3개 호수로 총 6개 호수의 원룸으로 리모델링하기 위해서 든 공사비가 3,000만원이면 총 현금투자는 1억6,860만원이다. 그래서 각 호수를 보증금 1,000만원에 월 50만원씩 임대하면 총 보증금 6,000만원에 매월 300만원의 임대소득이 예상된다.

이 금액을 가지고 현금투자대비 임대수익금액과 수익률을 계산하면 연간 임대수익금액 = 3,600만원-1,764만원(2억9,400만원×6%)(연대출이자) = 1,836만원이다. 총 현금투자 = 1억6,860만원-6,000만원(보증금의 합계) = 1억860만원이 된다.

따라서 총 현금투자대비 임대수익률은 1,836만원/1억860만원으로 16.90%로 높은 투자수익을 볼 수 있다.

◆ 입찰에 참여해서 2대 1의 경쟁률을 뚫고 낙찰 받았다

앞에서 분석한 방법과 같이 계산한 예상수익금액을 바탕으로 입찰가를 결정해서 420,700,800원으로 입찰해서 다음과 같이 2대 1의 경쟁률을 뚫고 낙찰 받았다.

상세입찰결과

물건관리번호	2011-05061-003		
재산구분	압류재산(캠코)	담당부점	조세정리부
물건명	서울 마포구 상수동 OOO-OO		
공고번호	201107-01568-00	회차 / 차수	040 / 001
처분방식	매각	입찰방식/경쟁방식	최고가방식 / 일반경쟁
입찰기간	2011-10-17 10:00 ~ 2011-10-19 17:00	총액/단가	총액
개찰시작일시	2011-10-20 11:01	집행완료일시	2011-10-20 11:33
입찰자수	유효 2명 / 무효 0명(인터넷)		
입찰금액	420,700,800원/ 377,700,000원		
개찰결과	낙찰(매각결정(낙찰자))	낙찰금액	420,700,800 원
감정가 (최초 최저입찰가)	753,207,500원	최저입찰가	376,604,000 원
낙찰가율 (감정가 대비)	55.85%	낙찰가율 (최저입찰가 대비)	111.71%

대금납부 및 배분기일 정보

대금납부기한	2011-12-20	납부여부	납부
납부최고기한	-	배분기일	2011-12-22

◆ 매수 이후 대응방법

다가구주택을 2011년 10월 20일 낙찰 받고, 다음날 10월 21일 14:00에 매각결정서를 온비드에서 발급 받았다(현재는 3일 후인 월요일 10시 정각에 매각결정으로 변경). 그리고 10월 22일 낙찰 받은 주택을 방문하여 체납자겸 소유자와 임차인 등을 만날 수 있었다. 이 과정에서 임차인 등은 법원경매절차에서는 배당요구를 하였는데, 이 경우 공매절차에서도 배분절차에 참여하는 것으로 오해를 하고 있었다. 필자는 이러한 오해를 풀어주는데 오랜 시간을 설명했고, 금년 말 까지는 배분계산서 작성 전까지만 배분요구하면 배분 받을 수 있다는 사실과 배분요구 방법 등에 대해서 알려 주고 돌아 왔다. 필자가 낙찰 받은 주택을 방문해서 이강민은 체납자겸 소유자의 아들인 사실과 임대차 내역은 다음 도표와 같음을 확인 할 수 있었다.

임대차 정보 (감정평가서 및 신고된 임대차 기준)

임대차내용	성명	보증금(원)	차임(월세)(원)	환산보증금(원)	확정(설정)일	전입일
전입세대주	이강민	0원	0원	0원	-	1995-06-30
전입세대주	박미희	25,000,000원	0원	25,000,000원	2009-09-11	2009-09-11
전입세대주	서순향	60,000,000원	0원	60,000,000원	2010-10-18	2010-10-18

필자가 낙찰 받은 주택을 신속히 방문하게 된 이유는 입찰 전의 권리분석과 실제 상황의 일치 여부, 그리고 배분요구하지 않은 임차인으로 하여금 배분요구하도록 하여 대항력 있는 박미희 임차인의 인수 금액을 줄이고, 대항력 없는 서순향 임차인은 최우선변제금 이라도 받도록 하여 주택명도를 쉽게 하기 위해서였다. 이 같은 노력으로 박미희와 서순향 임차인 등은 배분요구하게 되었고, 그에 따라 배분계산서는 다음과 같이 작성되었다.

실제 배분금액은 407,820,000원이므로 1순위 ① 박미희 2,000만원 + ② 서순향 2,000만원(소액임차인 결정기준은 북부천 새마을금고로 서울의 경우 6,000만원 이하의 소액임차인은 2,000만원을 최우선변제금으로 우선변제받을 수 있다)
2순위 박미희 500만원(확정일자 우선변제금 1)

그런데 다음이 문제가 된다. 3순위에서 순위가 충돌되는 경우로 배분잔여금을 가지고 순환배분을 하게 된다는 점이다. 배당을 모르는 분들은 임차인이 최우선변제금으로 2,000만원만 받고 종결되는 것으로 생각하지만 이는 잘못된 판단이다.

① 마포세무서 3,280만원, ② 북부천새마을금고 근저당 374,368,180원, ③ 안미순 근저당 9,000만원, ④ 서순향 500만원(배분 시점을 기준으로 한 최우선변제금) 상호간의 우선순위는 다음과 같이 분석해야 한다.

①은 ②와 ③보다 선순위이지만 ④보다는 후순위가 된다.
②는 ③과 ④보다는 선순위이지만 ①보다는 후순위가 된다.
③은 ④보다는 선순위이지만 ①과 ②보다는 후순위가 된다.
④는 ①보다는 선순위 이지만 ②와 ③보다는 후순위가 된다.

따라서 1차로 안분배분하고 2차로 흡수절차를 진행하는 순환배분을 하게 된다.

1차 안분배분
① 마포세무서 = 3억6,782만원 × 3,280만원/502,168,180원 = 24,024,812원
② 북부천 근저당 = 3억6,782만원 × 374,368,180원/502,168,180원 = 274,211,130원
③ 안미순 근저당 = 3억6,782만원 × 9,000만원/502,168,180원 = 65,921,739원
④ 서순향 최우선변제금 = 3억6,782만원 × 500만원/502,168,180원 = 3,662,319원

2차 흡수절차
① 마포세무서 = 24,024,812원(1차안분액) + 8,775,188원(③를 흡수) − 1,337,681원(④에 흡수당함) = 31,462,319원(종결)
② 북부천 = 274,211,130원(1차안분액) + 3,662,319원(④를 흡수) + 57,146,551원

(③을 흡수) = 335,020,000원(종결)

③ 안미순 = 65,921,739원(1차안분액) − 8,775,188원원(①에 흡수당함) − 57,146,551원(②에 흡수당함) + 0원(④을 흡수)=0원(종결)

④ 서순향 = 3,662,319원(1차안분액) − 3,662,319원(②에 흡수당함) + 1,337,681원(①을 흡수) = 1,337,681원(종결)

따라서 총 배분금액은 가) 박미희 = 25,000,000원, 나) 서순향 = 21,337,681원, 다) 마포세무서 = 31,462,319원, 라) 북부천 새마을금고 = 335,020,000원, 마) 안미순 = 0원이다.

대항력 있는 임차인 박미희가 전액 배분 받게 되어 매수인의 인수 금액은 없었다. 그리고 여철민 가압류권자는 배분절차에서 배제되었는데, 그 이유는 2011년 12월 31일 까지는 압류공매절차에서는 담보물권보다 후순위인 가압류채권자 등은 배분에 참여할 수가 없었기 때문이다. 그러나 2012년 1월 1일부터는 국세징수법이 개정되어 가압류권자는 물론이고 집행권원으로 배분 요구한 일반채권자까지 배분절차에 참여할 수 있도록 변경되어 현재 시행중에 있다.

03. 지상에 다세대주택 14세대가 있는 토지만 공매로 낙찰 받았다

이 공매물건은 필자가 인천시 부평구 산곡동의 산곡재개발 6구역 내에 있는 토지만 낙찰받은 사례인데 그 지상에 14세대의 다세대주택이 존재하고 있었습니다.

캠코공매물건

상담전화 : 1588-5321

[물건명/소재지] : 인천 부평구 산곡동 77-41

기본정보

물건종류	부동산
처분방식	매각
물건상태	낙찰
조회수	706

기관정보

- 입찰집행기관 : 한국자산관리공사
- 담당자 : 인천지역본부 / 조세정리팀
- 연락처 : 032-509-1577 /

물건정보

소재지(지번)	인천 부평구 산곡동 77-41
소재지(도로명)	인천광역시 부평구 산청로17번길 43-10 (산곡동)
물건관리번호	2010-05491-001
위임기관	북인천세무서
물건용도/세부용도	대지
면적	대지 646㎡
배분요구종기	
재산종류	압류재산
입찰방식	일반경쟁
최초공고일자	2010/06/30

감정정보

입찰이력정보

입찰번호	처분방식	물건관리번호	개찰일시	최저입찰가	낙찰가	낙찰율	입찰결과	입찰상세

◆ 토지만 공매가 진행된 입찰대상 물건분석표

KAMCO의 입찰정보내역과 감정평가서, 등기부등본, 건축물대장, 전입세대열람 등을 통해서 물건분석표를 작성하면 다음과 같다.

주 소	면 적	공매가 진행과정	1) 임차인내역 2) 기타청구	등기부상의 권리관계
인천시 부평구 산곡동 00-0 체납자 겸 소유자 : 지선미 토지만 압류공매 공매위임 관서 : 북인천세무서 공매집행 기관 : 자산관리공사 (관리번호: 2010-05491-001) 압류공매 : 북인천세무서 청구 18,385만원 〈공매공고 10.12.22〉	대지 646㎡ (195.415평) 토지만 압류공매 (지상에 14세대의 다세대주택 이존재) 이 물건은 산곡동에 소재한 물건으로 마곡초등학교 남동측 인근에 위치 산곡재개발 6구역 내에 위치하고 있어서 재개발이 진행되는 경우 분양자격이 예상되는 물건이다.)	감정가 729,980,000원 (2010.06.07) 최저가 1차 729,980,000원 유찰(10%저감) 2차 656,982,000원 유찰 3차(10% 저감) 583,984,000원 유찰 4차 510,986,000원 유찰 5차 437,988,000원 유찰 6차 364,990,000원 낙찰 411,690,800원 (2011.03.31.) (입찰자수 3명)	1) 임차인 토지만 매각된 경우로 임차인 없음 2) 기타청구 ① 북인천세무서 상속세 체납세액 183,850,000원 93.08.16. ② 부평구청 재산세 355만원 (법정 96~2011년분) 취득세 및 기타세금 4,800만원 96.07.20. ③ 남인천세무서 소득세 3,780만원 98.05.31. ④ 인천광역시 연수구청 취득세 3,580만원 02.07.31. ⑤ 국민건강보험 480만원 (납부기한 01~03년분)	소유권이전 박경미(가명) 92.07.02. 압류 북인천세무서 93.05.17. 근저당 북인천세무서 2,600,000,000원 공동담보목록 제411호 93.07.09. 근저당 최형식 25,000,000원 공동담보목록 제606호 96.09.11. 가압류 (주)서울은행 1억원 97.08.11. 압류 남인천세무서 99.07.09. 압류 연수구청 03.01.17. 압류 국민건강 인천남부지 04.03.18. 압류 부평구청 97.01.15. 토지전체 면적을 대지권으로 14세대에14분의 1씩 공유 지분등. 2009.05.13. 대지권 지분에 대한 가처분 채권자 방민기 외 10명

3) 지상건물내역
지상에 존재하는 다세대주택은 미등기 상태로 있다가 채권자 임미정의 강제경매신청(인천지법2009-31415)으로 미등기 집합건물이 2009년 9월 18일에 각 구분소유자별로 보존등기되고 강제경매개시결정 기입등기가 촉탁으로 등기되었다.

4) 대지권으로 공유지분등기 내역
이진기(101호), 김현기(102호), 임인기(103호), 김윤기(104호),김화기(201호),엄시기(202호), 김미기(203호), 심자기(204호), 김인기(301호), 김영기(302호),김단기(303호), 이문기(304호), 박지기(제비01호), 백남기(제비02호)의 대지권등기

◈ 토지만 공매가 진행된 물건에 대한 권리분석과 배분표 작성

이 공매물건은 인천시 부평구 산곡동의 산곡재개발 6구역 내에 위치하고 있는 물건으로 그 지상에 14세대의 다세대주택이 존재하고 있는 물건이다.

그런데 중요한 것은 토지에 압류나 근저당권 설정 당시에 건물이 미등기 상태로 되

어 있던 점 등을 고려할 때 관습법상 법정지상권이 성립된다고 봐야 한다.

그리고 토지에 압류나 근저당권 설정 당시에 미등기 건물이 존재했으므로 건물의 임차인 등은 토지만의 매각절차에서도 구분소유권의 대지지분이 매각되는 부분에 대해서는 소액보증금 중 일정액과 확정일자 우선변제금으로 배당요구가 가능할 것으로 판단할 수 있는데 배분요구한 임차인 등이 없고 대부분 소유자가 점유하고 있다는 점에서 임차인에 대한 고려 없이 배분표를 작성하였다(임차인이 몰라도 한참 몰랐다).

그리고 임차인이 있다고 하더라도 배분요구 하지 않으면 배분 절차에서 배제되고 토지만의 매각절차이므로 매수인에게는 부담이 되지 않고, 그 문제는 임차인의 권리의 문제이며 집합건물의 구분소유자들의 문제이다.

배분표를 작성하면 다음과 같다

매각대금이 411,690,800원이고 공매비용이 12,350,700원이면 실제 배분금은 399,340,100원이 된다.

1순위 : 북인천세무서 183,850,000원(상속세 우선변제 1)

2순위 : 부평구청 3,550,000원(재산세 우선변제 2)

1~2순위는 당해세에 해당되지만 동순위로 하지 않은 것은 다른 세금과의 관계에서는 압류하지 않은 경우도 당해세가 당연히 우선하지만 같은 당해세 간에 압류를 한 경우라면 압류선착주의에 따라 압류를 먼저 한 당해세가 우선해야 한다고 보기 때문이다.

3순위 : 부평구청 취득세 4,800만원(우선변제 3), 3순위에서 북인천세무서의 근저당권을 배분하지 않은 것은 26억원은 공동담보목록 제411호에 의해서 공동담보된 채권이고 북인천세무서가 1억8,385만원만 교부청구한 것은 다른 공동담보물건의 매각절차에서 회수가 이루어지고 교부청구된 체납세액만 남아 있기 때문이다.

4순위 : 최형식 2,500만원(우선변제 4)

5순위 : 남인천세무서 3,780만원(우선변제 5)

6순위 : 연수구청 3,580만원(우선변제 6)

7순위 : 국민건강보험480만원(우선변제 7)

배분잔여금이 60,540,100원이 있어서 후순위 채권자가 있다면 배분참여가 가능하나 주식회사 서울은행의 가압류채권 등과 같은 일반채권은 국세징수법상 진행되는 공매절차에서는 배분참여가 불가하다.

다만 저당권 등의 담보물권보다 선순위이거나 동순위인 경우만 배분참여가 가능하므로 이 공매사건에서는 배제될 수밖에 없다.

배분잔여금 60,540,100원은 체납자 겸 소유자에게 배분하게 된다.

그러나 2011. 04. 04. 국세징수법의 개정으로 2012. 01. 01.부터 가압류채권자와 집행권원을 가지고 배분요구한 모든 채권자가 배분절차에 참여 가능하도록 개정되어 시행하게 되었으므로 앞의 규정은 2011. 12. 31. 까지 적용되고 2012년부터는 경매와 같이 가압류채권자와 강제경매신청채권자 집행권원을 가지고 배분요구한 채권자 모두 배분절차에 참여가 가능해 졌다.

◆ 공매물건의 주변현황과 사진

◆ 토지만 매수 시 분양자격과 낙찰받고 난 이후의 대응방법

(1) 토지를 공매로 낙찰 받는 경우 분양대상자가 될 수 있을까?

인천지역은 구역지정공람공고일 이전에 분할된 토지로 재개발구역 내에서 90㎡ 이상이면 분양대상자가 될 수 있는데 매수면적이 646㎡(195.415평)이므로 종전자산의 권리가액으로 대형 평형의 조합원입주권을 분양받고서도 상당 부분의 초과부분이 발생되어(종전 자산의 가치와 신축건물의 가치의 차액은 현금으로 청산되기 때문이다) 나머지 부분은 현금으로 청산 받을 수 있다.

(2) 낙찰 받고 난 다음 대응방법

① 관습법상 법정지상권이 성립되므로 각 구분소유자에게 대지사용부분에 해당하는 지료를 청구할 수 있는데 각 구분소유자의 전유면적 비율로 안분해서 지료를 산정하면 된다.

지료는 나대지 상태에서 계산하게 되므로 공매감정보다 높게 감정될 수 있다. 왜냐하면 공매감정은 건물이 존재하는 사유 등을 감안해서 저감해서 감정하는 경우가 대부분이고 실제 현장을 방문하여 중개업소를 통한 시세조사에서도 600만원 대를 형성하고 있다는 점을 고려할 때 감정가는 10억 정도로 예상하고 지료 청구소송에서 7%의 지료를 청구하면 높은 지료수익을 얻을 수 있다.

물론 지료청구는 7% 정도 청구하겠지만 법원이 감정평가를 통해서 판단하는 과정에서 5~6%의 지료가 결정될 가능성이 높다(이 당시 지료가 6% 정도였으나 현재는 4% 정도임).

10억에 대해서 연 6%의 지료를 받을 수 있다면 6,000만원이고 이는 실제 투자금액이 낙찰금액 411,690,800원과 필요제경비 2,100만원을 합해서 432,690,800원으로 계산해도 연 기대수익률(6,000만원/432,690,800원)은 13.86%이 돼 높은 수익률이 발생한다.

② ①의 방법으로 계산된 지료를 지급하지 않으면 지료 청구소송으로 득한 집행권원으로 강제경매를 신청할 수 있다.

이를 위해서 매수인 잔금납부 즉시 지료 청구소송을 제기해서 판결문을 받아 놓아야 한다.

③ 집합건물의 구분소유자들은 대지사용권이 없어도 분양자격을 획득하는 데에는 영향을 받지 않는다. 이는 건물소유자는 분양대상자가 되는데 인천지역은 구역지정공람공고일 이전에 분할된 토지와 건물은 토지와 별도로 분양자격이 주어진다. 그렇다고 하더라도 종전자산의 가치가 적어서 그 재개발지역의 최소 평형보다 종전자산의 권리가액이 적은 경우라면 현금정산도 가능하다는 점도 고려해야 된다.

그러나 이 재개발구역은 조합원이 적어서 그러한 문제는 발생되지 않겠지만 종전자산의 권리가액(건물평가액)이 적어서 소형 평형을 배정받을 것이 예상된다.

따라서 집합건물 구분소유자들은 대지지분을 매수하여 집합건물의 대지권으로 합체하여 주택에서 완전한 권리를 행사함(재개발사업 전의 온전한 재산권행사)과 동시에 종전자산의 권리가액을 높여서 대형 평형을 받을 수 있는 권리와 지료지급에 대비(대지지분을 매수했으므로 지료지급이 발생되지 않는다)하고자 할 것이다.

이때 적당한 가격으로 대지지분을 매도하면 된다.

④ 집합건물에 임차인 등이 있다면 건물에서만 권리가 있어서 임차보증금을 회수

하는 문제점 등으로 집합건물에 대해서 전세보증금 반환청구소송으로 판결문을 득해 강제경매신청을 할 것이 예상되는데 이 과정에서 건물구분소유권을 낙찰 받아서 대지권을 등기한 후 제3자에게 매각하면 높은 수익을 얻을 수 있다.

⑤ 이 집합건물의 구분소유권은 건물만으로도 분양대상자가 되므로 ②의 사례와 ④의 사례 등에서 구분소유권을 매수할 수만 있다면 대지권을 등기하여 온전한 주택을 만들어 제3자에게 매각하면 재개발구역이므로 조합원입주권을 희망하는 수요자에게 높은 가격으로 매각할 수 있다. 그리고 재개발까지 고려하지 않아도 그동안 대지권이 없어서 저평가되었던 집합건물을 대지권까지 등기해 매각한다면 현 건물만의 가격보다 상대적으로 높은 가격으로 매도할 수 있다.

필자가 이 다세대주택 부지로 사용하고 있는 대지를 낙찰 받고 나서 14개 구분호수 현관에다 "이 다세대주택 부지 전체가 매각되었으므로 거주하시는 분들에게 알리게 되었습니다. 따라서 소유자분들과 임차인분들은 이로 인해서 손해가 발생하지 않도록 대비하셔야 합니다. 궁금한 사항이나 협의하실 상황이 있으시면 010-3735-0000로 연락바랍니다" 라고 공고문을 붙였더니, 구분소유자들이 떼고를 몇번 반복하더니 건물구분소유자 대표자들이 강남으로 찾아와 협의를 하였고, 그 과정에서 협의가 이루어져 대지 지분을 구분소유자들에게 팔고 높은 수익을 올릴 수 있었던 사례입니다. 독자 분들도 이러한 방법으로 투자하면 좋겠다고 생각되어 기술해 놓은 것입니다.

04 토지가 지분공매로 진행되고 그 지상에 법정지상권이 성립하는 건물이 존재하는 경우

◆ 토지 지분공매 입찰대상 물건분석표

KAMCO의 입찰정보내역과 감정평가서, 등기부등본, 건축물대장, 전입세대열람 등을 통해서 물건분석표를 작성하면 다음과 같다.

주 소	면 적	공매가 진행과정	1) 임차인내역 2) 기타청구	등기부 상의 관리관계
경기도 수원시 팔달구 매산로 3가 27-○번지 체납자 겸 소유자 : 박선미 지분압류공매 공매위임 관서 : 성북세무서 공매집행 기관 : 자산관리공사 (관리번호: 2009-15024 -004) 이 물건은 필자가 낙찰 받았으나 공유자우선 매수 신청으로 공유자에게 매각결정됨.	대지 393㎡ 중 353.7㎡ 박선미 지분 압류공매 (10분의 9) 주변은 대로변 상가지대 로서 북동측 으로 "수원 세무서", 남 서측 으로는 "매산 동사무소" 가 위치 하는 등 제반 환경은 보통 임	감정가 1,061,100,000원 최저가 1차 1,061,100,000원 유찰 (10%저감) (공매는 최초 감정가에서 10% 씩 계속 저감한다) 2차(10% 저감) : 6차 530,550,000원 유찰 (총 6회의 매각절 차 를 최초공고 시 일 괄 공고하고 유찰 시 2~3개월 이내에 재공고 후 재공매.) 7차 530,550,000원 : 12차(10% 저감) 265,275,000원 낙찰 285,110,000원 (2011.03.31.)	1) 임차인 토지만 매각된 경우로 임차인 없음 2) 기타청구 ① 성북세무서 (납세담보) 상속세와 양도 소득세 체납세액 117억원 (가장 빠른 법정기일 1996. 03. 16.) 성북세무서의 압류는 전 소유자의 압류로 당해세를 포함 다른 조세보다 우선변제받는다. 이 밖에도 납세담보로 당해세를 제외하고 우선변제받게 되나 전 소유자의 압류에 해당되어 당해세보다 도 우선변제 받음. 따라서 다른 조세채권의 법정기일과 체납 세액은 생략함.	박선미 지분 9/10 정기만 지분 1/10 박선미 지분 압류 성북세무서 96.04.08. 박선미 지분이전 박민기 96.05.28. 박민기 지분 가등기 김대기 96.06.11. 박민기 지분 가압류 조인기 43,000,000원 96.07.05. 박민기 지분 강제경매 윤영미 97.01.06 바민기 지분 가압류 안미희 180,000,000원 98.12.07. 박민기 지분 압류 옥천군 99.01.12. 박민기 지분 압류 군산세무서 99.11.29. 박민기 지분 압류 권선구청 외 15개 기관에서 압류 되어있음. 나머지 압류는 생략. 압류공매 : 성북세무서 청구 117억원 〈공매공고 2010.12.22〉

◇ **토지 지분공매 절차에서 공매물건의 위치와 주변 현황도**

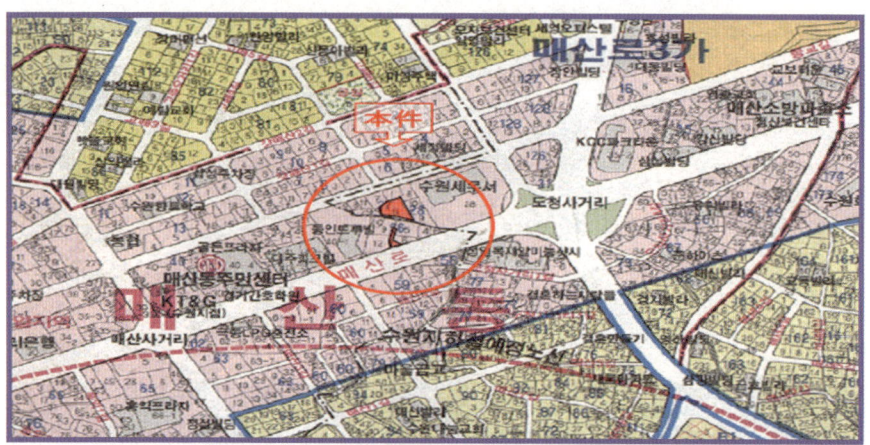

◇ **토지 지분공매에 대한 권리분석과 배분표 작성**

　이 공매물건은 토지 지분 중 10분의 9 지분만이 매각되는 공매로 그 지상에 다중주택이 존재하고 있는데 그 건물은 2인이 공유로 소유하고 있고 법정지상권이 성립한다.

　따라서 낙찰자는 지상권존속기간인 30년 동안 지료청구만 가능하고 지료를 2기 이상 지급하지 아니한 경우만 법정지상권 소멸청구가 가능하다. 그러나 입찰 전에 확인해 본 결과 건물에서 임대소득이 많은 관계로 건물을 매도할 의사가 전혀 없고 지료만을 지급하겠다는 의사를 전달받았다.

지료를 예상해 보니 감정가 1,061,100,000원 대비 5.5%만 계산해도 58,360,500원으로

낙찰가 299,365,500원 + 14,255,500원(필요제경비) = 313,621,000원에 매수한다면 매수가 대비 지료를 통한 임대수익률은 58,360,500원/313,621,000원으로 18.60%가 기대되므로 지료청구만으로도 많은 투자수익이 발생되는 물건이다.

건물주들이 지료지급을 원하는 데에는 임대호수가 38호수로, 건물임대수익이 월별 650만원, 연 78,000,000원이 발생된다는 점을 그 이유로 들고 있었다. 따라서 지료를 지급하고도 수익이 발생된다고 보고, 수원세무서 인근에 위치하고 주변이 상업지역과 업무중심지역으로 임대수요가 계속적으로 발생이 예정되는 곳이기도 하다.

어쨌든 이는 매수 전의 이야기로 매수 후의 사정은 변경될 수 있다는 점을 고려해 보아도 토지를 시세의 4분의 1 가격으로 매수한다면 어떠한 경우도 상당한 수익이 예상되는 물건이다.

그러나 이 공매물건은 입찰자가 3명으로 최고액입찰가는 299,365,500원이었는데 10분의 1 지분공유자 정기만이 공유자우선매수신청을 하게 됨에 따라 공유자에게 매각결정을 하게 된 공매물건이다. 이 경우 당초 낙찰자는 차순위매수신고인의 지위에 놓이게 되고 매수인이 대금납부 전까지 입찰보증금을 반환받지 못하거나 공유자에게 매각결정 전까지 최고액입찰자지위 포기신청서를 공매집행기관에 제출하면 차순위매수신고인의 지위를 벗어나고 입찰보증금을 즉시 반환받게 된다.

이 공매물건의 배분표를 작성해 보면 매각대금이 299,365,500원이고 공매비용이 8,980,965원이면 배분금액은 290,384,535원이 된다.

1순위 : 성북세무서 290,384,535원(전 소유자의 압류로 다른 조세 및 일반채권자에 우선하여 변제받게 된다. 1)

◇ **전 소유자의 가압류와 압류채권자의 처분금지 효력과 다른 채권 간의 우선순위**

성북세무서의 압류는 전 소유자의 압류로 당해세를 포함한 다른 조세보다 우선변제 받을 수 있다.

전 소유자의 압류는 처분금지 효력으로 압류 이후 제3취득자는 무효인데 우리나라는 절대적 무효가 아니라 개별상대적 무효(개별상대효)를 적용하고 있어서 압류채권금액에 대해서만 무효이고 나머지 부분에 대해서 제3취득자의 소유권이전은 유효하다고 보고 있다.

따라서 현 소유자의 채권자들은 제3취득자의 권리 위에 존재하는 작은 권리로 제3취득자가 대항할 수 없는 전 소유자의 압류에 대해서 그 채권이 소액임차인, 근로자의 최우선변제금, 당해세 등의 특별우선채권인 경우도 마찬가지로 우선변제 받지 못한다는 것이 대법원 판례의 입장이다.

이 밖에도 이 공매물건은 납세담보된 물건이므로 당해세를 제외하고 우선변제 받게 되나 앞에서 설명한 것과 같이 전 소유자의 압류에 해당되어 당해세보다도 우선변제 받을 수 있다.

따라서 다른 조세채권 등이 많았지만 이들은 배당절차에 참여할 수가 없어서 체납세액과 압류일자, 법정기일 등을 생략하였다.

05 전 경매에서 배당요구한 선순위임차인이 공매에서도 배당요구해 손해볼 뻔한 사례에서 탈출!

공매의 덫에서 탈출

선행된 경매절차에서 배당요구한 선순위 임차인은 대항력만 있고 배당요구할 수 있는 권리가 없는데도 공매절차에서도 권리신고 및 배분요구를 해서 두 번에 걸쳐 낙찰자들이 보증금을 포기하는 상황이 발생했다. 그러나 마지막에 낙찰 받은 매수인은 필자의 도움으로 공매를 해제하고 보증금을 반환받을 수 있었던 사례이다.

◆ 선순위 임차인이 선행된 경매절차에서 배당요구를 했었다

서울 북부지원 98타경51787호와 99타경51787호가 중복해서 경매가 진행되었고 그 과정에서 선순위 임차인 윤정수가 4,200만원으로 배당요구 했으나 확정일자가 늦어서 미배당금 4,200만원이 발생했다.

서울 북부지원 경매1계 98타경00000호					
소재지	서울시 도봉구 도봉동 575-15 석천하이츠빌라000호 도로명주소				
경매구분		경매신청자	국민은행	매각기일	
용도	다세대	채무/소유자	박OO	다음예정	미정
감정가	76,000,000 (...)	청구액	25,250,000	경매개시일	98.11.02
최저가	0 (0%)	토지총면적	0㎡ (0평)	배당종기일	
우편번호및주소/감정서	물건번호/면적(㎡)	감정가/최저가/과정	입차조사	등기권리
132-010 서울시 도봉구 도봉동 575-15 석천하이츠빌라 000호 ●감정평가서정리 - 벽돌조슬래브지붕 - 가든APT낭측200m - 버스(정)도보5-6분 - 도시가스보일러 - 남측6m도로접함 - 지하주차장설비 12.20 제일감정	물건번호: 단독물건 대 30.69/213.1 (9.28평) - 건 51.78(20평형) (15.7평-방3) 3층-96.02.22보존	감정가 76,000,000 ●경매진행과정 (1) 유찰 1999-04-03 (2) 유찰 1999-05-10 (3) 유찰 1999-06-07 (4) 유찰 1999-07-05 (5) 유찰 1999-08-02 (6) 유찰 1999-08-30 (7) 유찰 1999-09-27 낙찰 1999-10-25 16,250,000 (8) 유찰 2000-01-24 (9) 유찰 2000-02-21 낙찰 2000-03-20 10,203,000	●법원임차조사 윤정수 전입 1996.01.22 배당요구 1998.11.23 확정 1996.11.11 보증금 4,200만원 총보증금: 4,200만원 ●지지옥션세대조사 96.01.22 윤정수 주민센터확인:99.01.09	저당권 국민은행 길음동 1996.05.29 36,000,000 저당권 소몽농협 1996.09.13 120,000,000 가압류 수협중앙 1998.08.14 6,380,000 임 의 국민은행 1998.11.04 채권총액 162,380,000원

◇ 공매입찰물건 내역과 입찰결과

그러나 낙찰자 역시 해결하지 않고 방치하고 있어서 계속적으로 매수인에게 대항력을 주장하고 있었는데 10년 후 다음과 같이 공매절차가 진행돼 권리신고 및 배분요구를 또 다시 하게 되었다.

등기사항증명서 주요정보

번호	권리종류	권리자명	설정일자	설정금액(원)
1	위임기관	도봉세무서	-	미표시
2	가압류	남건우	2002-02-25	66,808,900
3	가압류	김영수	2002-03-11	25,000,000
4	압류	중구청(교통지도과)	2009-05-29	미표시
5	압류	도봉구청(징수과)	2012-04-03	미표시
6	근저당권	이규창	2012-04-10	50,000,000
7	압류	강북구청	2012-04-25	미표시

■ 공매재산에 대하여 등기된 권리 또는 가처분으로서 매각으로 효력을 잃지 아니하는 것

■ 공매재산의 매수인으로서 일정한 자격을 필요로 하는 경우 그 사실

■ 유의사항
권리신고및배분요구한임차인은대항력이있는임차인으로서낙찰자가인수하는조건이오니입찰시유의하여참가하시기바랍니다.

■ 권리분석 기초정보 (권리분석 기초자료는 입찰시작 7일전부터 제공됩니다)   권리분석 기초정보 인쇄

• 배분요구 및 채권신고현황 (배분요구서를 기준으로 작성하였으며, 신고된 채권액은 변동될 수 있습니다.)

번호	권리종류	권리자명	설정일	설정금액(원)	배분요구일	배분요구채권액(원)	말소가능 여부	기타
			:	<이하 내용은 지면상 생략했음>	:			

| 물건 세부 정보 | 압류재산 정보 | **입찰 정보** | 시세 및 낙찰 통계 | 물건 문의 | 부가정보 |

■ 회차별 입찰 정보

입찰번호	회차/차수	구분	대금납부/납부기한	입찰기간	개찰일시	개찰장소	매각결정일시	최저입찰가(원)
2201202948001	004/001	인터넷	일시불/낙찰금액별구분	2013-01-21 10:00~ 2013-01-23 17:00	2013-01-24 11:00	전자자산처분시스템(www.onbid.co.kr) 공매재산명세	2013-01-28 10:00	75,000,000

임차인이 배분 요구한 사실만 가지고 최우선변제금 2,500만원과 확정일자에 의한 우선변제금으로 배분받을 수 있다는 판단 하에 낙찰 받았다가 다음과 같이 날출하게 된 사례이다.

◆ 잘못 낙찰 받게된 사연과 그 상황에서 탈출한 방법

이 공매물건에서 유의사항을 보면 "권리신고 및 배분 요구한 임차인은 대항력이 있는 임차인으로 낙찰자가 인수하는 조건이오니 입찰시 유의하시기 바랍니다"로 기재돼 낙찰자는 임차보증금 4,200만원을 인수해야 한다. 왜냐하면 2000년 9월 21일 경매절차에서 배당요구해서 미배당금 4,200만원은 대항력만 주장할 수 있고

배분요구할 수 있는 권리는 소멸되었기 때문이다. 그런데도 윤정수 임차인이 권리신고 및 배분요구해서 두 번에 걸쳐 공매로 낙찰 받은 사람들이 입찰보증금을 포기하게 되는 사례가 발생하게 되었다. 이러한 현상을 공매재산명세서만 제대로 보고 입찰했더라면 알 수 있었을 텐데 임차인이 배분요구 했으니 당연히 배분 받고 소멸될 것이라는 일반적인 상식에서 실패한 요인이 된 것이다.

이 문제는 필자와 지인이 이렇게 해결했다.

우선 입찰보증금이 몰수되면 경매법원은 배당재단에 포함돼 채권자들에게 배당할 때 까지 공탁하게 되어 경매가 취소되면 매수인들이 몰수당한 보증금을 반환받을 수 있다. 그러나 공매절차에서는 위약금의 성격이 있어서 몰수된 보증금은 1순위로 체납처분비에 충당하고 ▷ 2순위는 공매 위임관서의 압류금액에 충당 ▷ 그래도 잔여금이 있다면 체납자에게 돌아가게 되는 것이지 채권자들에게 배분되는 것이 아니다. 그런데 체납자의 체납세금이 500만원 정도이고, 전 매수인의 몰수된 보증금으로 체납처분비와 공매 위임관서의 압류금액을 공제하니 부족한 금액은 120만원 정도로 체납자만 협력해 준다면 공매를 취소할 수 있는 상황이었다. 그래서 체납자를 설득해서 체납액 120만원을 대신 지급하고 공매를 취소할 수 있었고, 그에 따라 보증금을 돌려받을 수 있어서 보증금 전액 몰수당하는 것에서 120만원 만 손해를 보고 늪에서 벗어날 수 있었다. 상식대로 권리분석하지 말고 메뉴얼화해서 입찰자가 놓치는 권리의 사각지대가 없어야 한다는 사실을 일깨워준 사례라 기술하게 되었다.

06 조세채권을 몰라서 3번씩 입찰보증금을 포기하게 된 사례

 공매의 덫에서 탈출

공매나 경매에서 입찰자가 간과하기 제일 쉬운 부분이 세금 분야다.

　이 사례는 공매로 3번에 거쳐 낙찰 받았으나 낙찰자들이 잔금납부를 못하고 입찰보증금을 떼이게 된 사례다. 서류상으로는 대항력 있는 임차인이 1등으로 배당받을 것 같았지만 조세채권의 법정기일이 빨라서 1순위와 2순위로 배당받고, 3순위로 임차인에게 배당될 금액이 없었고 그에 따라 낙찰자가 임차보증금 5,000만원 정도를 인수하게 되는 상황이 발생했기 때문이다. 이러한 상황은 앞으로도 계속적으로 몇 명이나 더 나올지 몰라서 기술하게 된 사례이다. 우리들이 몰라서 그렇지 이러한 사례는 경매에서 더 취약하다는 사실이다.

◇ 채권 상호간의 우선순위

(1) 특별우선채권인 경우 물권에 우선해서 변제받는다.

　1순위 필요비·유익비 상환청구권, 2순위 임차인과 근로자의 최우선변제금, 3순위 당해세 등은 물권과 채권에 우선해서 변제받는다.

(2) 담보물권과 저당권부 채권 간의 우선순위

　담보물권인 근저당권, 전세권은 저당권부 채권인 담보가등기, 임대차등기, 확정일자부 임차권과의 우선순위에서 등기된 저당권부 채권과는 등기된 순위에 따라, 확정일자부 임차권과는 그 효력발생 시기를 기준으로 우선순위가 정해진다.

(3) 조세채권과 저당권부 채권 간의 우선순위

　당해세가 아닌 일반조세채권은 법정기일을 기준으로 저당권부 채권 등과 우선순위를 정한다. 그러나 조세채권은 공과금과 일반채권에는 항상 우선한다.

(4) 공과금채권과 저당권부 채권 간의 우선순위

공과금채권(4대보험료)은 납부기한을 기준으로 저당권부 채권 등과 우선순위를 정한다. 이러한 공과금은 조세채권에 항상 후순위가 되지만 일반채권에는 항상 우선한다.

(5) 일반임금채권과 저당권부 채권 간의 우선순위

일반임금채권(최우선변제금 제외)은 저당권부 채권 등(근저당권, 전세권, 담보가등기, 임대차등기, 확정일자부 임차권)보다는 언제나 후순위 이지만, 조세(당해세 포함), 공과금, 일반채권에 우선한다. 다만 저당권부 채권 등에 우선하는 조세(당해세 포함)·공과금에 대해서는 우선하지 못하고 후순위가 된다.

(6) 우선변제권이 없는 가압류 등의 일반채권

우선변제권이 없는 일반채권(가압류, 강제경매신청채권, 집행권원 등으로 배분요구한 일반채권)은 위 (1)과 (3) ~ (5) 채권에 항상 후순위가 된다. 그리고 물권우선주의에 따라 (2)에 대해서도 후순위가 되는 것이 원칙이지만 (2)의 담보물권과 저당권부 채권보다 먼저 등기된 일반채권(가압류나 압류, 강제경매신청채권)이라면 후순위의 (2)의 담보물권 등과 동순위가 되어 안분배당하게 된다.

(7) 일반채권 상호 간의 우선순위

원칙적으로 채권의 평등의 원칙에 따라서 우열이 없이 그 채권의 성립시기를 불문하고 동순위로서 안분배당(=평등배당)하게 된다.

◆ 조세채권과 저당권부 채권이 혼재 시 우선순위 결정방법

1차적으로 1순위 필요비·유익비, 2순위 임차인과 근로자의 최우선변제금, 3순위로 당해세 등의 특별우선채권을 배당하고 나서, 2차적으로 저당권부 채권(근저당, 담보가등기, 전세권, 확정일자부 임차권, 등기한 임차권)보다 법정기일이 빠른 조세채권

⇨ 저당권부 채권 ⇨ 저당권부 채권보다 법정기일이 늦은 조세채권 순으로 배당하고, 3차적으로 조세채권 중에서 2차에서 법정기일에 따라 배분받은 조세채권 합계 금액에서 1등으로 납세담보된 조세채권이 흡수하고(납세담보된 채권은 압류된 채권보다 우선하여 변제받게 되기 때문) ⇨ 납세담보된 조세채권을 배당하고 남은 배분금을 가지고 압류선착주의를 적용하여 압류한 조세채권이 흡수하고 ⇨ 최초압류권자에 흡수되고 남은 배분금을 가지고, ① 법원경매는 참가압류권자와 교부청구권자가 동순위로 안분배분 받게 됨으로 배분절차가 종결하면 된다(국세기본법 제36조). ② KAMCO 압류재산공매는 참가압류권자에게 우선배분하고 교부청구권자간에는 동순위로 안분하게 된다.

◆ 극동아파트의 온비드공매 입찰정보 내역

임대차 정보

임대차내용	성명	보증금(원)	차임(월세)(원)	환산보증금(원)	확정(설정)일	전입일
임차인	고정민	70,000,000	0	70,000,000	2011-03-07	2011-03-07

등기사항증명서 주요정보

번호	권리종류	권리자명	설정일자	설정금액(원)
1	위임기관	도봉세무서	-	미표시
2	압류	강북구청	2011-08-09	미표시

■ 공매재산에 대하여 등기된 권리 또는 가처분으로서 매각으로 효력을 잃지 아니하는 것

■ 공매재산의 매수인으로서 일정한 자격을 필요로 하는 경우 그 사실

■ 유의사항
　본건은 권리신고한 임차인의 서류에 의하여 대항력 있는 임차인이 있을 수 있으므로 사전조사 후 입찰바람

■ 권리분석 기초정보 (권리분석 기초자료는 입찰시작 7일전부터 제공됩니다)　　　권리분석 기초정보 인쇄
　▪ 배분요구 및 채권신고현황 (배분요구서를 기준으로 작성하였으며, 신고된 채권액은 변동될 수 있습니다.)

번호	권리종류	권리자명	설정일	설정금액(원)	배분요구일	배분요구채권액(원)	말소가능 여부	기타
		:	:	<이하 내용은 지면상 생략했음>	:	:		

물건 세부 정보	압류재산 정보	**입찰 정보**	시세 및 낙찰 통계	물건 문의	부가정보

회차별 입찰 정보

입찰번호	회차/차수	구분	대금납부/납부기한	입찰기간	개찰일시	개찰장소	매각결정일시	최저입찰가(원)
2201122794001	050/001	인터넷	일시불/낙찰금액별 구분	2013-12-16 10:00~ 2013-12-18 17:00	2013-12-19 11:00	전자자산처분시스템(w ww.onbid.co.kr) 공매재산명세	2013-12-23 10:00	62,500,000

입찰이력정보

10줄씩 보기　정렬

회차/차수	입찰번호	처분방식	개찰일시	최저입찰가	입찰결과	낙찰가/낙찰율	상세입찰결과
050/001	2201122794001	매각	2013-12-19 11:00	62,500,000원	낙찰	62,510,000원 <재매각절차에서 낙찰받음>	상세이동
016/001	2201122794001	매각	2013-04-18 11:00	75,000,000원	낙찰	81,000,000원 <잔금미납으로 보증금 몰수>	상세이동
048/001	2201122794001	매각	2012-12-13 11:00	75,000,000원	낙찰	85,699,000원 <잔금미납으로 보증금 몰수>	상세이동
030/001	2201122794001	매각	2012-08-09 11:00	75,000,000원	낙찰	83,400,000원 <잔금미납으로 보증금 몰수>	상세이동

◇ 입찰대상물건에 대한 분석과 실패한 낙찰

이 공매물건에서 3명씩이나 낙찰 받고 나서 잔금을 납부하지 않고 입찰보증금을 포기했다. 그러한 연유는 기본적인 권리분석과 공매재산명세서를 확인하지 않고 아파트가 절반 이하로 떨어졌으니 낙찰만 받으면 돈을 벌수 있다는 생각에 치우쳐 제대로 된 분석을 하지 못 해서 였다. 아무리 그래도 공매를 입찰할 정도 수준이라면 그러한 실수를 할까 하시는 독자 분들도 있겠지만 이러한 상황에 부딪치면 아마도 함정에 빠지지 않기가 쉽지 않을 것이다.

그러면 왜 이러한 실수를 하게 되었는가를 분석해 보기로 하자!

첫 번째로 공매입찰정보내역을 살펴보면 임차인은 말소기준권리인 도봉세무서의 2011. 06. 03. 압류 이전에 대항요건을 갖추고 있어서 임차인이 미배분금이 발생하면 낙찰자가 인수해야 한다.

둘째로 공매재산명세서로 예상 배분표를 작성해 보면 다음과 같다.

2013년 4월 18일에 8,100만원에 낙찰 받고 공매비용 240만원 빼고 나면 실제로 배분할 금액은 7,860만원이 된다.

간단하게 공매재산명세서를 보고 배분하면 1순위 의정부시 당해세 201,160원, 2순위 고정민 임차인 확정일자부 우선변제금 7,000만원을 배분받고 공매위임관서인 도봉구청이 8,398,840원을 압류선착주의로 강북구청 보다 우선변제 받을 수 있어서 임차인이 전액 배분받고 낙찰자 인수금액 없다고 판단하고 3번씩이나 낙찰 받았던 것으로 예상된다.

그나마 잔금납부 전에 알아서 다행이지, 잔금까지 납부하고 그러한 사실을 알게 되었다면 어쩔 수 없이 임차보증금 7,000만원을 인수해야 한다. 이러한 이유는 도봉구청 조세채권을 압류날짜로 계산해서 임차인의 확정일자와 우선순위로 배분순위를 예상한 결과다. 그러나 조세채권은 압류하든 하지 않든 법정기일에 따라 계산하게 된다는 점을 알고 있어야 하는 이유가 여기에 있다.

◆ **정확한 배분표 작성과 어떻게 해야 성공적인 낙찰자가 되는가?**

압류재산 공매재산 명세

처분청	도봉세무서	관리번호	2011-0000-001
공매공고일	2013-10-10	배분요구의 종기	2012-04-09
압류재산의 표시	경기도 의정부시 신곡동 669 극동아파트105동 2층 000호 대 지분 26.09㎡ 건물 47.88㎡		
대간매경가격/입찰기간/개찰일자/매각결정기일		온비드 입찰정부 참조	
공매보증금		입찰가격의 100분의 10 이상	

■ 점유관계   [조사일자: 2012-02-21 /정보출처: 현황조사서 및 감정평가서]

점유관계	성명	계약일자	전입신고일자 (사업자등록신청일자)	확정일자	보증금	차임	임차부분
임차인	고정민		2011-03-07		70,000,000	0	

■ 임차인 신고현황

번호	성명	권리신고일	전입신고일자 (사업자등록신청일자)	확정일자	보증금	차임	임차부분
1	고정민	2012-02-22	2011-03-07	2011-03-07	70,000,000	0	

■ 배분요구 및 채권신고 현황

번호	권리관계	성명	설정일자	설정금액	배분요구채권액	배분요구일
1	임차인	고정민	2011-03-07	0	70,000,000	2012-02-22
2	압류	강북구청	2011-08-09	1,764,430	1,764,430	2012-0.-16
3	교부청구	국민건강보험공단 강북지사		0	6,322,730	2013-10-14
4	물건지지방자치단체	의정부시청		0	201,160	2013-09-13
5	위임기관	도봉세무서	2011-00-03	0	70,140,030	2011-1_-23

(1) 종전 낙찰자들이 인수해야할 임차보증금

임차인의 확정일자 효력발생일시 보다 빠른 도봉 세무서 조세채권(법정기일 2009. 07. 25.)이 5,600만원이고 나머지 14,140,030은 임차인의 확정일자 보다 법정기일이 늦다. 그래서 배분절차에서 공매비용을 빼고 나서 7,860만원을 가지고 1순위로 당해세 201,160원 ⇨ 2순위 도봉세무서 5,600만원 ⇨ 3순위로 임차인 22,398,840원이 된다.

그래서 종전 낙찰자들은 임차보증금 47,601,160원을 인수해야 했다.

(2) 이 물건을 또 6,251만원에 낙찰 받았는데 성공했을까?

3번씩이나 잔금을 납부하지 않았던 이 물건을 2013. 12. 19. 에 6,251만원에 단독으로 낙찰 받았는데 이 낙찰자는 성공했을까?

배분절차에서 공매비용 241만원을 빼고 나서 6,010만원을 가지고 1순위로 최우선변제금 2,700만원을 배분받게 된다(∵ 2014. 01. 01. 부터 과밀억제권역은 8,000만원 이하인 임차인이 최우선변제금 2,700만원을 받을 수 있도록 개정되었기 때문이다. 담보물권이 없다면 소액임차인을 결정하는 시기는 채권이 소멸되는 시점이 배분 시점으로 봐야 한다), 2순위 당해세 201,160원 ⇨ 3순위 도봉구청 32,898,840원으로 종결된다. 따라서 낙찰자는 임차인의 미배분금 4,300만원을 인수해야하므로 총 취득금액은 낙찰금액 6,251만원 + 인수금액 4,300만원으로 1억551만원이 된다. 독자분들이 이 금액이 비싸다고 생각하면 그다음 5,625만원 아니면 그 다음번 5,000만원에 낙찰 받는 것을 생각해 봐야 투자수익을 올릴 수 있는 것이지 앞에서 3번씩이나 낙찰 받았다가 입찰보증금을 몰수당한 사람들 같이 준비되지 않은 사람에 의해 성공적인 투자수익을 올릴 수 있는 것은 아니다.

이러한 이유로 공매에서 조세채권에 대한 연구가 필요한 이유이다. 왜냐하면 공매의 대부분이 세금 체납에 의해 체납자의 재산을 압류해서 KAMCO가 공매를 진행하고 있기 때문이다.

07 소액임차인으로 잘못 판단해서 낙찰자가 인수할 뻔 했다가 탈출한 사례

 경매의 덫에서 탈출

상가임차인을 주택과 같이 생각해서 확정일자가 없는데도 소액임차인으로 전액 배당받는 것으로 오인해서 낙찰 받았으나 환산보증금으로 계산하니 소액임차인이 아니어서 낙찰자가 인수할 뻔 했던 사례이다. 다행히도 증액 전에 확정일자가 있어서 필자가 배당기일 하루 전에 정정 배당요구하게 해 인수에서 탈출하게 해준 사례이다.

◇ 입찰대상 물건정보와 입찰결과 내역

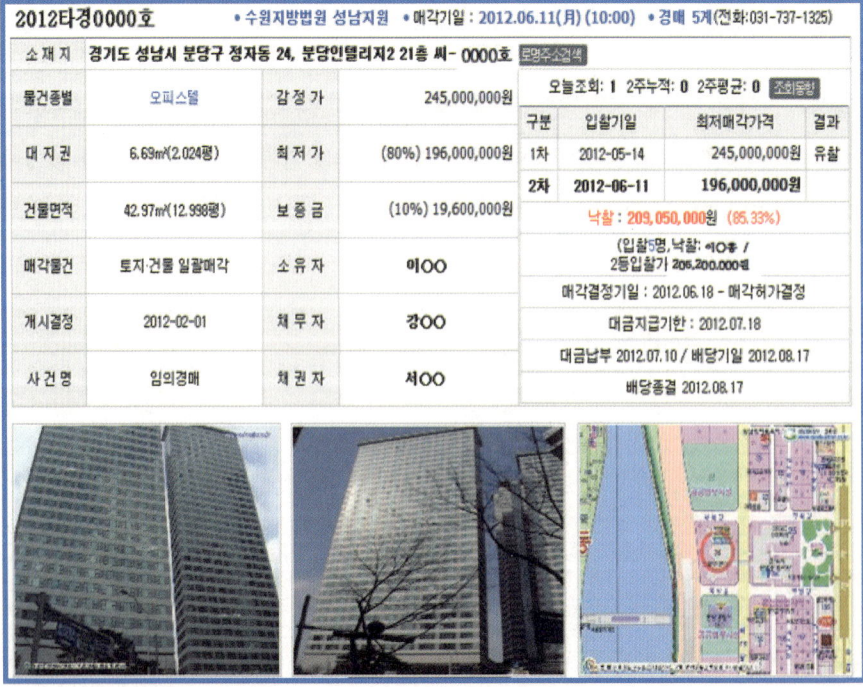

사진	건물등기	감정평가서	현황조사서	매각물건명세서	부동산표시목록	기일내역	문건/송달내역
사건내역	전자지도	전자지적도	로드뷰	온나라지도+			

● 매각물건현황(감정원 : 수람감정평가 / 가격시점 : 2012.02.10 / 보존등기일 : 2005.02.03)

목록	구분	사용승인	면적	이용상태	감정가격	기타
건물	35층중 21층	04.12.24	42.97㎡ (13평)	오피스텔	171,500,000원	* 열병합 지역난방
토지	대지권		7784.5㎡ 중 6.69㎡		73,500,000원	

● 매각물건현황(감정원 : 수람감정평가 / 가격시점 : 2012.02.10 / 보존등기일 : 2005.02.03)

목록	구분	사용승인	면적	이용상태	감정가격	기타
건물	35층중 21층	04.12.24	42.97㎡ (13평)	오피스텔	171,500,000원	* 열병합 지역난방
토지	대지권		7784.5㎡ 중 6.69㎡		73,500,000원	
현황위치	・ "정자역" 서측 인근에 위치하며, 주위는 오피스텔, 상업용 및 업무용 빌딩, 근린생활시설 등이 혼재하는 지역임 ・ 차량접근 가능하며, 대중교통사정은 정류장까지의 거리 및 운행빈도 등으로 보아 보통임 ・ 인접지와 등고 평탄한 사다리형의 토지로서 오피스텔 건부지로 이용중임 ・ 동측으로 노폭 약 20미터 남측으로 노폭 약80터의 포장도로와 각각 접하며, 서측으로 분당수서간고속화도로와 접함					

● 임차인현황 (말소기준권리 : 2008.07.04 / 배당요구종기일 : 2012.04.09)

임차인	점유부분	전입/확정/배당	보증금/차임	대항력	배당예상금액	기타
(주)이○○	점포	사업자등록: 2005.01.01 확 정 일: 미상 배당요구일: 2012.03.05	보10,000,000원 월730,000원 환산8,300만원	있음	전액낙찰자인수	현황조사서상 확:200 7.8.23

● 등기부현황 (채권액합계 : 308,000,000원)

No	접수	권리종류	권리자	채권금액	비고	소멸여부
1	2005.03.07	공유자전원지분전부이전	이○○		매매	
2	2008.07.04	근저당	우리은행 (분당파크타운지점)	108,000,000원	말소기준등기	소멸
3	2011.10.14	근저당	서○○	200,000,000원		소멸
4	2012.02.01	임의경매	서○○	청구금액: 203,484,931원	2012타경0000호	소멸

◇ 매수인의 잘못된 판단으로 보증금을 인수할 뻔한 사례

성남시 분당구에 있는 오피스텔로 2~3분 거리에 정자역이 있어서 임대수요가 높은 곳이다. 그래서 매수인이 감정가 2억4,500만원 인데 2억905만원에 낙찰받았다. 낙찰받고 매각허가결정이 나서 현재 거주하고 있는 임차인 (주)이○○를 만나게 되었는데 경매기록과 다른 점이 없었고 재 임대하게 해달라는 말을 들어 그렇게 하라고 편하게 말을 하고 돌아 왔다고 한다. 잔금을 납부하고 배당기일 3일 전에 배당표가 작성돼 경매계장의 도움을 받아 배당표 원안을 확인해 보니 예상하지 않았던 일이 발생했고 매수인이 놀라서 필자에게 전화를 걸어왔다.

그 내용은 임차인에게 배당된 금액이 없다는 내용이었다. 임차인이 최우선변제금으로 1,000만원 전액 배당받았어야 하는데 배당금이 없다니 이럴 때 어떻게 대처하면 되느냐는 것이다.

그 말을 듣고 경매사건을 조회해본 결과 임차인이 상가 임차인으로 환산보증금이 8,300만원으로 소액임차인이 아니어서 최우선변제 대상이 아니고 확정일자도 없어서 배당에 참여하지 못하고 매수인이 보증금 1,000만원을 인수해야 한다고 말을 건네니 당황했다.

◇ 이러한 상황에서 어떻게 탈출할 수 있었을까?

이 내용을 기술하게 된 동기는 독자 분들도 알아두면 좋을 듯 한 지식이기 때문이다. 알아두면 돈을 벌수 있는 틈새시장이기도 하다.

필자가 고민하다가 이상한 점을 발견했다. 정상적인 임차인이라면 사업자등록과 점유를 하면서 계약서에 확정일자를 부여받아 두는 것이 보통인데 이 상가임차인은 2년 후 재계약하면서 확정일자를 받아 놓지 않은 이유가 있을 것 같아서 매수인에게 임차인에게 전화를 걸어 최초 계약당시 계약서에 확정일자를 부여받았는가를 확인하라고 했다. 다행히도 최초 계약당시에 계약서에 확정일자를 부여받아둔 것이 있어서 배당기일 하루 전에 최초 계약당시 확정일자로 정정해서 배당요구를 했고 임차인은 1,000만원 전액 배당받고 매수인은 인수에서 탈출하게 되었다.

 김선생의 특강

임차인이 배당요구를 잘못했다면 매수인과 임차인이 알고 있어야할 내용

첫 번째로 배당요구종기 전까지 배당요구한 임차인이 배당요구를 잘 못했다면 배당기일 전까지 정정해서 배당요구할 수 있는 권리가 있다.

두 번째로 임차인은 배당요구할 때 최초 임차권(대항력 있는 임차권)과 증액한 임차권(대항력 없는 임차권)을 함께 배당요구할 수도 있고, 분리해서 배당요구할 수도 있어서 위 사례와 같이 임차인이 미배당금이 발생하면 매수인의 부담으로 남게 된다는 사실이다.

세 번째로 전입신고 또는 사업자등록이 2년 전으로 빠른데 확정일자가 2년 후로 늦게 되어 있다면 기본적으로 매수인은 대항력 있는 임차인을 인수하게 된다. 그러나 입찰 전에 또는 낙찰받고 나서 임차인이 최초 계약서에도 확정일자를 부여받은 사실을 알았다면 배당기일까지 배당 요구하도록 해서 배당에 참여하게 하는 방법만으로 매수인의 인수금액을 줄일 수 있고 그 만큼 다른 경쟁자 보다 높은 수익을 올릴 수 있는 틈새가 될 수 있다. 이러한 상황이 발생하는 것은 임차인이 배당요구시 최초 계약서와 증액한 계약서 모두를 가지고 배당요구해야 하는데 증액한 계약서만 가지고 배당요구했기 때문이다.

08 선순위보증금 1억원을 낙찰자가 인수하게 돼 실패한 사례

서울시 구로구 구로동에 위치하고 있는 로제리움2차 오피스텔을 최초 매각예정가 1억2,000원인데 1차에서 단독으로 1억2,300만원으로 낙찰 받아서 잔금까지 납부했다. 왜냐하면 2호선 대림역과 7호선 대림역이 교차하는 더블역세권으로 실수요자가 많기 때문에 거래되는 가격이 1억4,000만원 정도 형성되어 있었기 때문이다. 그래서 매수인은 임대수익을 목적으로 낙찰 받았다고 한다.

그런데 낙찰 받고 나서 잔금까지 납부한 상태로 오피스텔을 인도 받는 과정에서 임차보증금 1억원을 인수해야 한다는 청전병력과도 같은 이야기를 듣게 된 것이다. 이러한 상황은 낙찰자가 잔금을 납부하지 않은 상황이었다면 입찰보증금 1,200만원만 손해 보면 될 것을 잔금까지 납부한 상태에서 명도를 위해서 임차인은 만나는 과정에서 알게 되었으니… 그래서 잔금을 납부하기 전에 반드시 명도대상 건물을 방문해서 점유 현황을 분석하고 이상이 없을 때만 잔금을 납부해야 된다. 권리분석에 자신이 있는 분들도 자만하지 말고 99%는 입찰 전에 했다고 생각하고, 1%는 명도까지 마친 상태에서 마무리가 된다는 생각을 갖고 입찰해야 한다.

어쨌든 이 오피스텔의 사진과 위치 그리고 매각절차가 진행되는 온비드 입찰정보 내역은 다음과 같다.

◇ 오피스텔 사진과 주변 현황도

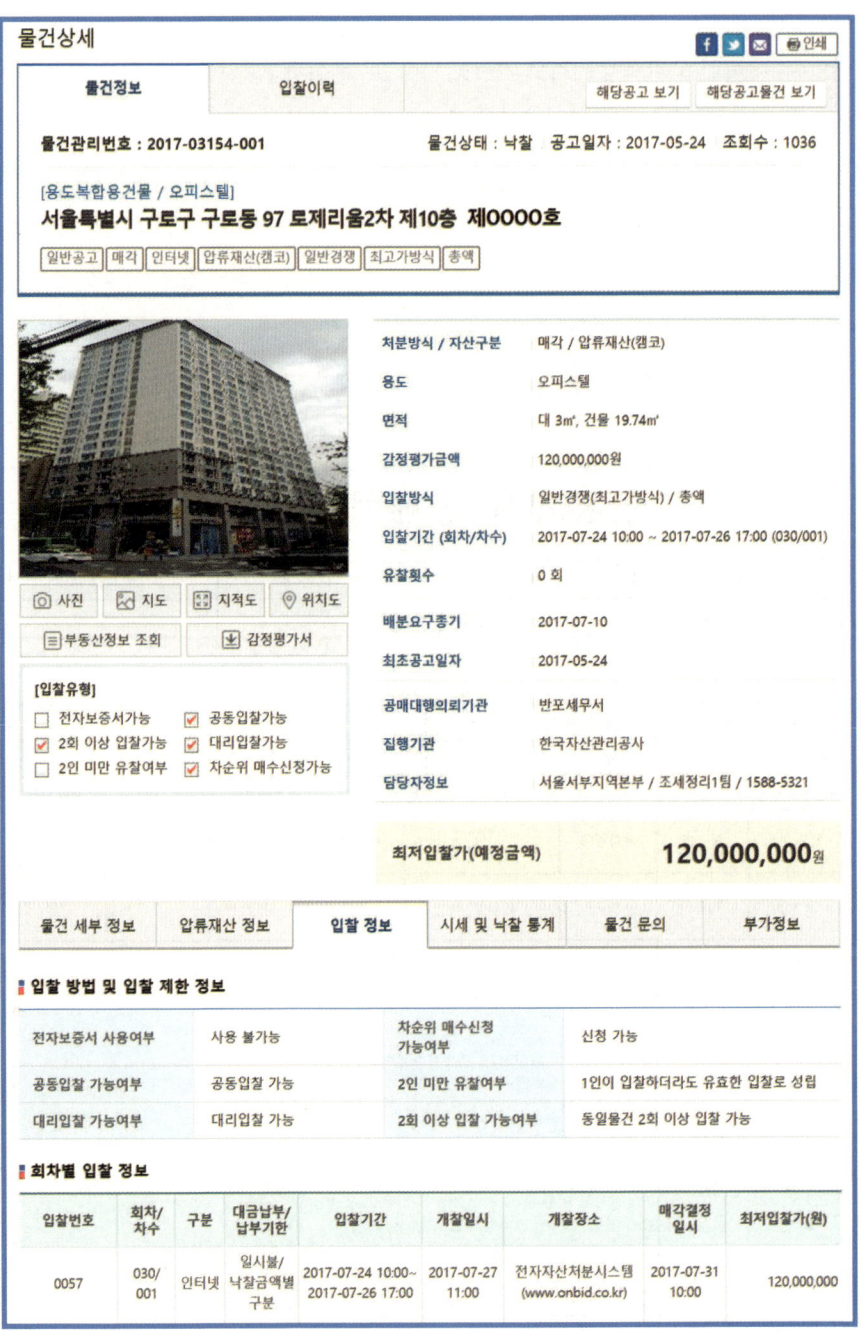

◆ 이 오피스텔은 어떻게 권리분석하고 입찰해야 하나?

　온비드 입찰정보 내역과 주변 현황 등을 분석하면 겉으로는 권리에 하자가 없는 듯하다. 왜냐하면 오피스텔 위치로 봐서는 지하철 2호선과 7호선이 교차하는 더블역세권으로 우수한 입지조건이다. 이러한 물건은 실수요들이 좋아하는 곳으로 계속적인 임대수요가 발생하게 될 것이다. 그리고 입찰정보 내역만 보면 1차 1억2,000만원에 매각되고 시세가 1억4,000만원이면 입찰해도 괜찮은 물건이다. 그러나 권리분석에 하자가 있는 가를 분석해 봐야 한다. 권리에 하자가 발생한다는 것은 내가 입찰한 금액보다 총취득가가 증가되는 것을 말한다. 공매에서 인수할 권리가 있는 가 등은 공매공고문과 다음에 첨부된 압류재산 공매재산 명세서를 확인해야 한다.

압류재산 공매재산 명세

처 분 청	반포세무서	관 리 번 호	2017-03154-001
공매공고일	2017-05-24	배분요구의 종기	2017-07-10
압류재산의 표시	서울특별시 구로구 구로동 97 로제리움2차 제10층 제OOOO호 대 지분 3 ㎡ 건물 19.74 ㎡		
매각예정가격/입찰기간/개찰일자/매각결정기일		온비드 입찰정보 참조	
공 매 보 증 금		매각예정가격의 100분의 10	

■ 점유관계　　　　　　[조사일시: 2017-05-18　　/정보출처 : 현황조사서 및 감정평가서]

점유관계	성 명	계약일자	전입일자 (사업자등록신청일자)	확정일자	보증금(원)	차임(원)	임차부분
임차인	김 O O	미상	2014-07-01	미상	100000000	미상	미상

공매재산의 현황 이용현황(감정평가서)	오피스텔
위치 및 부근현황 (감정평가서) 공매재산기타	1. 본건 개요 및 현황 - 본건 서울특별시 구로구 구로동 소재 "동구로초등학교" 북서측 인근에 위치하는 부동산으로 확인됨. 2. 관공서 열람내역 - 삼전동 주민센터 : 전입세대열람 내역상 "김OO" 등록됨. 3. 점유관계 현황 - 본건 1회차 방문당시 폐문부재 됨. (2017.05.16) - 본건 2회차 방문당시 폐문부재 됨. (2017.05.18) - 문 앞에 임차인 안내문, 채권신고 및 배분요구서 부착하였음. - 점유자라고 밝히는 "김민섭" 전화받아 문의한 바, 전세보증금 1억원의 임대차 계약관계 존재한다고 구두 진술함. - 본건 공매내용 설명 하였으며 공매 안내문, 채권신고 및 배분요구서 수령 확인하였음. - 본건 점유관계 및 임대차 내역은 임차인 "김OO"의 구두 진술사항으로 정확한 임대차 내역 및 점유관계는 입찰자 책임하에 재확인 후 입찰 요함.

■ 배분요구 및 채권신고 현황

번호	권리관계	성명	압류/설정 (등기)일자	설정금액(원)	배분요구채권액(원)	배분요구일
1	위임기관	반포세무서	2016-06-10	0	28,009,750	2017-03-29
2	물건지지방자 치단체	구로구청		0	200,390	
3	교부청구	성동구청		0	27,810	2017-07-03
4	교부청구	국민건강보험공단 성동지사		0	1,757,230	2017-05-26

　이 공매재산 명세서를 분석해 보면 알 수 있는데, 보았다고 분석하는 방법을 모르면 그것도 하자가 발생하는 이유가 될 수밖에 없다. 공매재산 명세서는 첫 번째로 공매위임관서와 관리번호, 공매공고일, 배분요구종기일 등이 표시된다. 두 번째로 점유관계는 현황조사관이 공매대상 건물에서 조사한 임대차 등의 정보 내역이고, 네 번째는 임차인 등이 직접 권리를 신고한 내역이다. 이렇게 네 번째로 권리를 신고한 임차인 등이라도 다섯 번째로 배분요구종기일까지 배분요구를 하지 않았다면 배분에 참여하지 못한다. 그래서 선순위임차인은 낙찰자가 인수하게 되고, 후순위임차인은 배분에 참여하지 못하고 소멸되는 임차인으로 낙찰자에게 대항할 수 없다.

　필자가 설명한 내용을 가지고 공매재산 명세서를 분석해보면 말소기준권리는 2016년 6월 10일 반포세무서 압류일자가 되는데 임차인은 2014년 7월 1일 대항요건을 갖추고 있고 보증금은 1억이라고 권리 신고한 내용을 확인할 수 있다. 그리고 다섯 번째 항목에서 배분 요구한 내역을 찾아볼 수가 없다. 임차인이 권리신고는 했지만 배분요구를 하지 않고 대항력을 주장하는 것으로 임차기간동안 더 거주하겠다는 의사표시이다. 그러니 낙찰자는 남은 임대차 기간과 임차보증금 1억원을 인수한다는 분석을 하고 그 1억만큼 싸게 낙찰 받아야 한다.

◆ 단독으로 오피스텔을 1억 2,300만원에 낙찰 받았다

상세입찰결과

물건관리번호	2017-03154-001		
재산구분	압류재산(캠코)	담당부점	서울서부지역본부
물건명	서울특별시 구로구 구로동 97 로제리움2차 제10층 제○○○○호		
공고번호	201705-17976-00	회차 / 차수	030 / 001
처분방식	매각	입찰방식/경쟁방식	최고가방식 / 일반경쟁
입찰기간	2017-07-24 10:00 ~ 2017-07-26 17:00	총액/단가	총액
개찰시작일시	2017-07-27 11:00	집행완료일시	2017-07-27 11:15
입찰자수	유효 1명 / 무효 0명(인터넷)		
입찰금액	123,000,000원		
개찰결과	낙찰	낙찰금액	123,000,000원
감정가 (최초 최저입찰가)	120,000,000원	최저입찰가	120,000,000원
낙찰가율 (감정가 대비)	102.5%	낙찰가율 (최저입찰가 대비)	102.5%

대금납부 및 배분기일 정보

대금납부기한	2017-08-30	납부여부	납부
납부최고기한	-	배분기일	2017-09-06

◆ 매수인이 잔금 납부하고 어떻게 탈출할 수 있었나?

이 사례는 지인이 오피스텔 소유자인데 어쩌다 보니 공매 당하게 된 사례이다. 어느 날 지인으로부터 전화가 왔다. 본의 아니게 공매 당하게 되었는데 매수인이 임차인을 인수하는 것을 간과하고 낙찰 받아 잔금까지 납부해서 예상하지 못했던 배분금 8,000만원을 받게 되었다는 말을 했다. 그러면 잘된 것이 아니냐고 했더니 낙찰자가 모르고 했으니 배분금을 돌려주면 안 되느냐고 떼를 쓴다고 어쩌면 좋겠냐? 하면서 걱정을 했다. 돈이란 들어오면 쓰고 싶은 것이고 체납자겸 소유자 과실 없이 낙찰자 실수로 비싸게 입찰한 것이니 체납자겸 소유자의 잘못은 없었다. 그래서 필자는 어차피 예상하지 못했던 돈이니 절반에 해당하는 4,000만원은 돌려주고 합의하는 방법을 제안했다. 그래서 체납자와 낙찰자간에 합의서를 작성하고 4,000만원을 반환하는 방법으로 낙찰자도 손해를 줄일 수 있었던 사례이다. 만일 지인이 그나마 4,000만원을 돌려주지 않았다면 8,000만원을 손해 보는 어처구니없는 사례가 된다. 그래서 독자 분들도 이러한 사례에 대비하기 위해서라도 권리분석에 자만하지 말고 99%는 입찰 전에 했다고 생각하고, 1%는 명도까지 마친 상태에서 마무리가 된다는 생각을 갖고 점유자를 만나보고 이상이 없을 때 잔금을 납부하는 지혜가 필요하다.

09 집합건물의 대지 일부지분을 낙찰 받았으나 무효가 돼 실패한 사례

(1) 대지 지분을 공매로 낙찰 받았던 공매 입찰대상물건 내역

(2) 공매낙찰자들은 다음과 같이 토지사용료 청구소송을 진행했다

이 내용은 Chapter 10의 15번(387쪽)에 기술되어 있는 내용을 참고하면 되므로 생략했다.

이 공매절차에서 2008. 11. 20. 이 사건 지분 소유권을 취득하고, 원고 김소령 앞으로 13/265.5 지분, 선정자 이소령, 박소령 앞으로 각 101.77/265.50 지분소유권 이전등기를 마쳤다.

〈대지 지분을 낙찰 받아 소송을 진행했지만 무효가 된 사례〉

이 공매낙찰자들이 집합건물소유자들을 상대로 토지사용료 청구소송을 진행했으나 공매로 대지 지분을 취득한 자체가 전유분분과 분리처분하는 것을 위반한 것(집합건물법 제20조에 의한 분리처분 금지)에 해당되어 무효가 된 사례이다(대법원 2013다33577 판결).

손에 잡히는
공매 투자의 정석

공매와 경매의 차이점과 동시에 진행될 때 대응방법

01 공매물건은 어떠한 것이 있나?

◇ KAMCO 공매대상물건과 매각방법

부동산, 차량, 불용품, 유가증권, 회원권 등의 다양한 물건이 공매대상이 되고 있다. 이들 물건을 위임을 받아 KAMCO(한국자산관리공사)가 매각절차를 대행하는 압류재산공매, 국유재산공매, 수탁재산공매와 KAMCO 소유인 유입자산공매가 있다. 매각 또는 임대(대부)를 경쟁 입찰방식으로 공매를 진행하게 되는 것이 원칙이나 일정 이하로 저감되면 유찰계약(=수의계약)으로 매각하는 절차를 병행하기도 한다.

(1) 압류재산 공매(공개경쟁입찰원칙)

세무서장, 지방자치단체장, 공과금기관장(국민건강보험, 국민연금보험, 고용 및 산재보험 기관장) 등이 기한 내 납부되지 아니한 세금이나 공과금을 강제징수하기 위해 체납자 소유의 재산을 압류한 후 KAMCO(한국자산관리공사)에 매각대행 의뢰한 재산을 압류재산 공매라 한다. 그러한 물건을 평가해서 공고 후 배분절차까지 전과정을 KAMCO가 공개경쟁 입찰방식으로 매각하고 있다.

(2) 수탁재산 공매(공개경쟁입찰+유찰(수의)계약)

수탁재산에는 비업무용 재산에 대한 공매와 양도세 감면대상 물건에 대한 공매가 있다.

① 비업무용 재산에 대한 공매 – 금융기관이 연체대출금을 회수하기 위하여 법원 경매를 통해 금융기관 명의로 유입한 후 KAMCO(한국자산관리공사)에 매각 의뢰된 재산과 공공기관이 소유하고 있는 비업무용재산으로 KAMCO에 매각 의뢰된 재산, 즉, 금융기관소유 비업무용 재산과 공공기관소유 비업무용 재산 등을 금융기관 또는 공공기관으로부터 매각이 위임된 재산을 KAMCO가 수탁을 받아 일반인에게 공개

경쟁 입찰방식으로 매각하는 부동산을 수탁재산 공매라 한다.

② 양도세감면대상 물건에 대한 공매 – KAMCO에 매각을 의뢰하면 양도한 것과 동일하게 인정되어 양도세의 비과세 또는 중과세 제외혜택을 받을 수 있다.

(3) 국유재산 공매(공개경쟁입찰+유찰(수의)계약)

국가 소유 잡종재산의 관리와 처분을 위임받아 일반인에게 매각 또는 임대(대부)하는 재산을 말한다. 즉 국가기관 등으로부터 매각이 위임된 재산을 KAMCO가 수탁을 받아 일반인에게 공개경쟁 입찰방식으로 매각하는 부동산을 국유재산 공매라 한다.

(4) 유입자산 공매(공개경쟁입찰+유찰(수의)계약)

부실채권정리기금으로 인수한 금융기관 부실채권을 회수하는 과정에서 법원경매를 통해 KAMCO(한국자산관리공사) 명의로 유입한 재산으로 KAMCO가 소유자로 일반인에게 공개경쟁 입찰방식으로 공매절차를 진행하게 된다.

(5) 고정자산 공매(공개경쟁입찰+유찰(수의)계약)

KAMCO(한국자산관리공사)가 금융구조조정과정에서 정리금융기관(퇴출금융기관 등) 등으로부터 취득한 자산으로 사옥·점포·연수원, 비업무용자산 등을 일반인에게 공개경쟁 입찰방식으로 매각하는 부동산을 고정자산 공매라 한다.

◇ 이용기관 등의 공매대상물건과 매각방법

이용기관 등은 국가기관(국유재산), 지방자치단체(시·군·구유재산), 국가 또는 지방자치단체가 출자·출연한 기관과 기타의 공공기관 등(공유재산)이 있으며 이들 이용기관 등을 보면 행정자치부, 기획예산처, 정보통신부, 국방부, 경찰청 등의 중앙행정기관과 서울특별시 등의 지방자치단체 및 교육기관, 한국전력공사 등의 이용기관 등이 있다.

(1) 이용기관재산에 대한 매각 또는 임대(대부)방법

이용기관 등이 매각이나 임대(대부)를 KAMCO(한국자산관리공사) 온비드 사이트에 이용기관 회원 가입 후 온비드사이트의 전자처분시스템을 이용하여 KAMCO에 입찰등록하고(입찰등록수수료 면제), 낙찰수수료(낙찰금액에 낙찰수수료 부과기준을 적용하여 산정한 금액)를 지급하고 매각 또는 임대(대부)하는 이용기관 공매가 있다.

① 이용기관재산의 입찰 또는 유찰계약 공개경쟁 입찰방식에 의한 매각방식을 원칙으로 하고 있지만 각 기관별로 정한 방법에 따라서 일정횟수 이상 유찰되는 경우 유찰계약(수의계약)방식으로도 매각할 수 있다. 특히 이용기관 매각방식 등은 이용기관별로 다소 차이가 있으므로 이용기관 매각 공고문 등을 참조하여 입찰에 참여해야 한다.

② 온비드 사이트를 이용한 매각 이후의 진행절차 이용기관 등이 온비드사이트의 전자자산처분시스템을 이용하여 매각 또는 임대(대부)로 매각되면 그 이후의 모든 절차 즉 계약체결에서 대금납부 후 소유권이전등기절차까지 직접 이용기관 등이 진행하게 된다. 앞의 KAMCO 공매대상물건과 매각방법은 온비드사이트의 전자처분시스템을 통한 전자입찰방식에 의해서 모든 절차가 이루어져서 대금납부 후 소유권이전등기 및 배분절차까지 KAMCO가 대행하게 된다. 그러나 이용기관재산 등의 공매절차는 온비드사이트의 전자처분시스템을 이용수수료를 지급하고 매각절차까지만 이용하고 그 이후의 모든 절차는 이용기관 등이 직접 진행하게 된다는 차이점이 있다.

(2) 공매대상물건

이용기관 등의 매각 또는 임대(대부) 재산은 아파트, 토지, 자동차, 기계, 골프회원권, 유가증권, 기타불용품, 지하철상가, 학교매점운영권, 주차장운영권 등의 다양한 물건이 그 대상이 되고 있다.

◆ 금융기관, 신탁회사, 기업 등의 비업무용 재산 등의 공매

은행 및 금고·신탁회사·기업 등이 감정평가기관의 평가금액을 기초로 하여 최초 매각예정금액으로 정하고 이를 신문에 공고하여 공개입찰방식으로 직접 매각한다.

이들은 공개입찰방식으로 매각을 진행했으나 유찰된 경우에는 유찰되기 전 최저 금액 이상으로 유찰계약(수의계약)으로도 매각할 수 있다.

앞의 사례들이 온비드에서 찾아볼 수 있는 공매물건인데 반해서 이 공매물건은 각 은행 및 금고·신탁회사·기업의 홈페이지를 방문해서 찾아보는 방법과 신문 광고문을 확인해서 찾는 방법이 있다. 그래서 이러한 물건은 정보가 빠른 사람들만 접근할 수 있고 그렇지 못한 사람들이 접근하기가 어려워서 경매나 온비드 공매보다 싸게 살 수 있다는 장점이 있다. 단점으로는 물건이 많지 않아서 입찰자의 입맛에 맞는 물건을 고르기가 쉽지 않다. 그러나 실수요자가 아니고 재테크로만 본다면 분명 다음 공매물건들은 희망적인 분야이다.

(1) 예금보험공사(공적자금운영)(www.kdic.or.kr) 공매
(2) 정리금융공사(www.rfc.or.kr) 공매
(3) 나라신용정보(www.naracredit.com) 공매
(4) 농협자산관리공사(www.acamco.co.kr) 공매
(5) 산림청의 공매
(6) 신탁기관의 온비드 인터넷공매와 현장공매
(7) 각 금융기관보유 부실재산 정리를 위한 직접공매
(8) 개인기업 등의 비업무용자산을 정리를 위한 직접공매 등이 있다.

02 공매와 경매는 어떠한 차이가 있나?

◇ 공매는 무엇을 의미하나?

공매란 앞에서 설명한 바와 같이 KAMCO(한국자산관리공사)가 공매를 대행하는 물건으로 국유재산 공매, 수탁재산 공매, 압류재산 공매 등이 있고, KAMCO 소유

자산을 매각하는 유입자산 공매가 있다. 그리고 이용기관 등이 이용기관 등의 재산을 KAMCO 온비드사이트의 전자처분시스템을 이용하여 매각하는 이용기관 재산의 공매, 이밖에도 금융기관 또는 신탁회사, 기업 등의 비업무용 재산 등을 자체적으로 공개경쟁입찰로 직접 매각하는 공매가 있다.

◇ 경매는 어떻게 진행되나?

법원경매는 담보물권자와 일반채권의 채권회수방법으로 담보물권자(근저당권자, 담보가등기권자, 전세권자 등)나 집행권원이 있는 채권자 등이 변제기가 도래했음에도 채무자 등이 채무변제의 의무를 이행하지 아니할 경우 변제받고자 하는 채권자가 관할법원에 채무자 등(물상보증인 또는 연대보증인)의 소유부동산을 강제로 매각하여 줄 것을 신청하는 절차이다. 그래서 담보물권자가 경매 신청하는 임의경매가 있고, 채권자가 집행권원에 의해 채무자 소유 부동산에 경매를 신청하는 강제경매가 있는데, 이들 모두 공매와 같이 경쟁입찰방식을 통해 일반인에게 매각하고 그 매각대금을 통해서 채권자들이 채권을 회수하면서 경매절차가 종료되는 것이다.

◇ 공매와 경매는 이런 차이가 있다

① 공매는 공공기관 등의 공공목적을 가진 채권(조세채권, 공과금채권 등)과 비업무용재산을 국세징수법 등의 매각절차로 진행되고 그 집행기관도 법원에서 매각하는 것이 아니라 공공기관에서 매각하게 되는데 공매의 대부분을 KAMCO(한국자산관리공사)가 진행하고 있다.

② 경매는 개인채권자(담보물권자, 일반채권자)가 민사집행법의 매각절차로 진행되고 그 매각기관은 부동산 소재지 관할 법원에서 매각절차를 진행하게 된다. 그러므로 개인채권에 의해 법원에서 매각하는 것을 경매로 이해하면 되고, 공채권 등으로 KAMCO 등의 공공기관에서 매각하는 것을 공매로 이해하면 된다.

◇ 공매와 경매에서 물건 선정 후 낙찰 받아 배당까지 마무리하는 과정

(1) 공매물건 낙찰 받고 잔금납부 및 배분까지 마무리 되는 과정

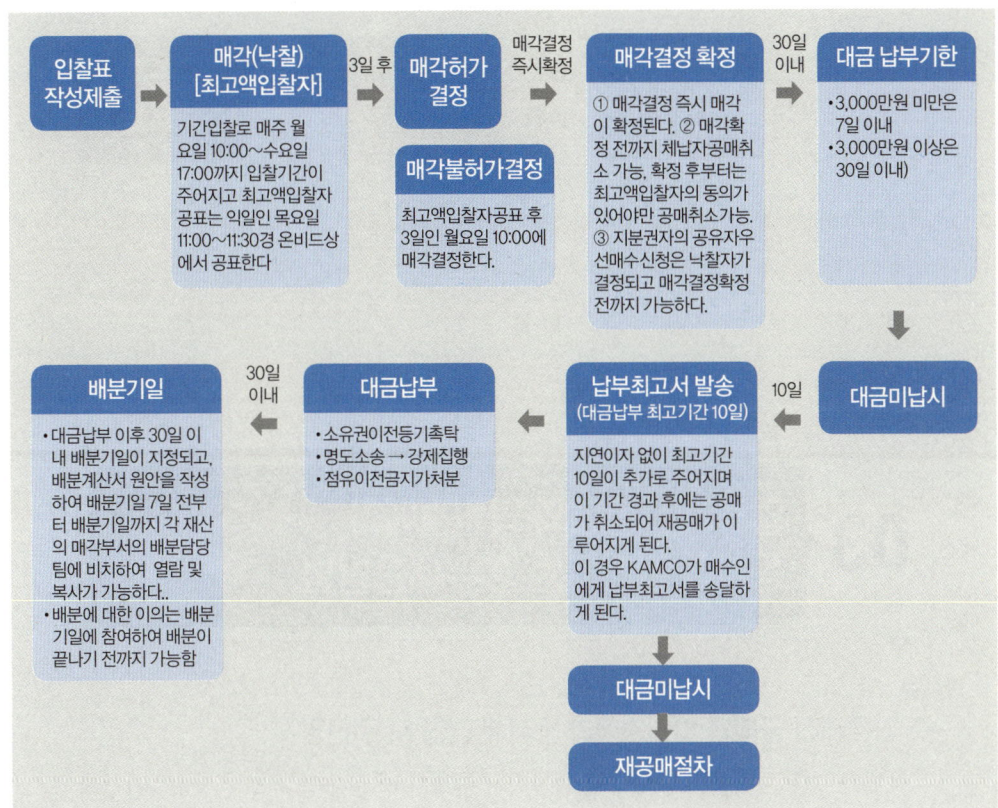

(2) 경매물건 낙찰 받고 공매와 같이 마무리 되는 과정

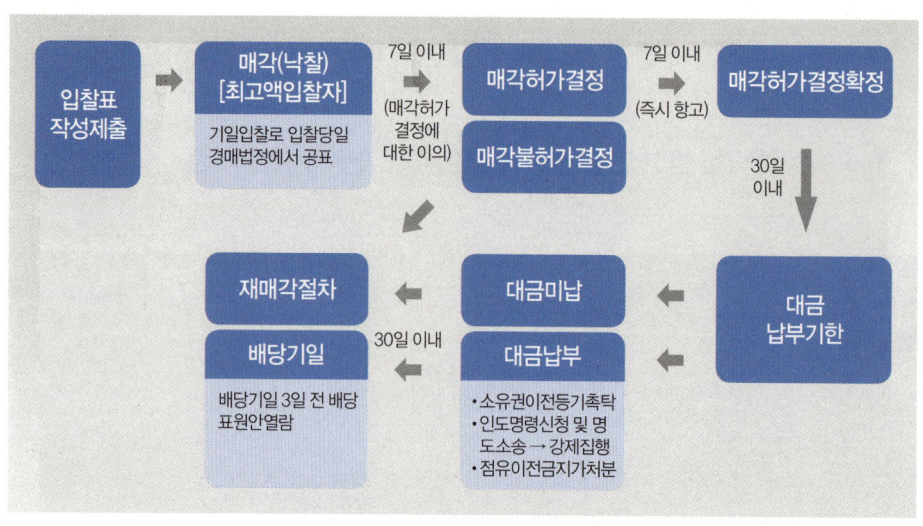

03 압류재산공매와 법원경매가 동시에 진행되는 경우 대응방법

◆ 압류재산 공매와 법원경매가 동시에 경합 시 우선권?

공매와 경매는 법률이 다르고 존재목적이 다르기 때문에 양 제도는 상호불간섭에 의해 동시에 진행될 수 있고 먼저 종료된 절차가 우선하게 된다. 따라서 공매와 경매에 낙찰된 경우 양쪽 낙찰자중 먼저 대금 납부한 낙찰자가 우선하여 소유권을 취득한다.

◆ 국세징수법상 공매절차와 민사집행법상 경매절차가 동시에 진행되면?

국세징수법상 진행되는 공매절차와 민사집행법상 진행되는 경매절차는 별개의 절차로서 그 절차상호 간의 관계를 조정하는 법률의 규정이 없으므로 어느 한 쪽이 다른 한 쪽의 진행절차에 관여할 수가 없다. 따라서 국세징수법상 공매절차가 진행되는 과정에도 법원은 그 부동산에 대하여 강제경매나 임의경매절차를 진행할 수 있고, 이와 반대로 경매절차가 진행되는 과정에서도 국세징수법상 공매절차가 진행될 수도 있다. 이러한 경우 각 채권자 등은 서로 다른 절차에서 정한 매각방법이나 배당요구 등의 기준에 따라 참여할 수밖에 없고 동시에 진행되는 절차라면 두 절차 모두에 대하여 그 절차에서 규정한 기준에 따라 이해관계인으로서 권리주장 및 배당요구를 각각 하여야 한다.

◈ 경매기입등기 ⇨ 임차인 전입 ⇨ 공매공고등기 순에서 소액임차인 판단기준은?

소액임차인은 경매개시결정기입등기 또는 공매공고 기입등기 이전에 대항요건을 갖추고 있어야 한다. 그러나 경매와 공매가 중복해서 진행되는 경우에는 어떻게 해야 하나?

공매와 경매가 경합한 상태에서 공매로 매각된 경우에도 소액임차인은 경매기입등기 전에 대항요건을 구비해야 하는지(대법원 2003다65940 판결), 경매기입등기 후에 주택임대차보호법 제3조 제1항의 대항요건을 갖춘 임차인은 최우선변제금 대상이 아니다. 경매사건이 경매로 매각된 것이 아니라 공매로 매각된 경우에도 경매등기 후에 대항요건을 갖춘 자는 대상에서 배제된다.

번호	등기목적	접수일	채권자	금액(만원)
1	근저당권	2012. 01. 30	국민은행	3억6,000
2	압류	2013. 03. 13.	마포세무서	
3	임차인(전입/확정일자)	2014. 02. 12.	홍성수	7,500
4	임의경매개시결정등기	2015. 05. 15.	국민은행	청구: 3억6,000
5	임차인(전입/확정일자)	2015. 07. 10.	이정민	7,000
3-1	공매공고 기입등기	2015. 10. 20.	마포세무서	청구 5,350
6	공매로 낙찰받음	2016. 04. 13.	박영수	금액: 0,000

이 도표에서 소액임차인을 판단하기 위해서 예상배분표를 작성해 보기로 하자!

주택은 서울에 소재하면서 배분할 금액은 5억원, 그리고 마포세무서 조세채권은 당해세가 500만원이고 나머지는 부가세로 법정기일이 2012. 04. 25. 이다.

배분순서는 1순위 : 홍성수 2,500만원(최우선변제금 1), 2순위 : 마포세무서 500만원(당해세 우선변제금), 3순위 : 국민은행 근저당권 3억6,000만원, 4순위 : 홍성수 900만원(최우선변제금 2) – 배분시점으로 소액임차인(1억원 이하/3,400만원), 5순위 : 마포세무서 4,850만원(조세채권 우선변제금), 6순위 : 홍성수 4,100만원(확정일자부 우선변제금), 7순위 : 이정민 1,150만원(확정일자부 우선변제금)으로 배분절차가 종결하게 된다. 이러한 이유는 이정민이 국민은행 설정당시에 해당하는 소액임차인이더라도 대항요건을 경매기입등기 이후에 갖추었기 때문이다. 이렇게 경매로 매각된 것이 아니라 공매로 매각된 경우에도 선순위 경매나 공매개시결정기입등기가 있으면 그 선순위 기입등기를 기준으로 해야 한다는 것이 대법원 판단이다.

◇ 공매와 경매가 동시에 진행될 때 배당요구 방법과 누가 소유권을 취득하나?

공매와 경매가 동시에 진행되는 경우에 권리신고 및 배당요구를 각각 해야 모든 배당절차에 참여가 가능하다. 그리고 공매나 경매 어떤 집행기관의 매각절차에서도 낙찰자가 발생할 수 있으나 이들의 소유권취득은 대금을 먼저 납부한 낙찰자가 소유권을 취득하게 된다. 이때 그 상대방이 경매인 경우는 공매집행기관에서 경매법원에 경매중지요청서를 보내게 되고, 이로 인해서 임의경매개시결정을 기각처리하면서 경매절차가 종결되고 임의경매개시결정기입등기는 공매절차에서 촉탁으로 말소되게 된다. 그러나 그 상대방이 공매인 경우 또한 경매절차와 같은 절차가 진행되는 데 공매절차에서는 공매가 해제된 것으로 표시되고 공매절차가 종결된다.

온비드화면에서 공매물건을 찾아 입찰하는 절차와 소유권이전등기

01 한국자산관리공사(KAMCO)의 공매대행업무

　세무서장, 지방자치단체장, 각종 공과금 징수기관의 장 등은 압류재산을 환가할 때 이를 공매에 붙이며(국세징수법 제61조 제5항, 지방세징수법 제71조 제5항) 공매는 원칙적으로 입찰방법에 의하고 유찰된 이후 공매물건에 따라서 수의계약으로도 진행할 수 있다. 이때 수의계약금액은 전(前) 입찰가의 최저가 이상의 금액이면 체결가능하다. 국세징수법 제61조 5항 단서에 의하여 한국자산관리공사가 위 관계기관의 위임을 받아 공매를 대행할 수 있다. 이러한 공매대행업무에 관한 공매대상물건은

① 압류재산공매
② 수탁재산공매 절차공매
③ 국유재산관리매각절차 및 대부(임대)
④ 유입자산공매 등이 있다.

　이중에서도 가장 많은 공매물건을 차지하고 있는 공매분야가 압류재산공매로 다음과 같은 매각절차로 진행되고 있다.

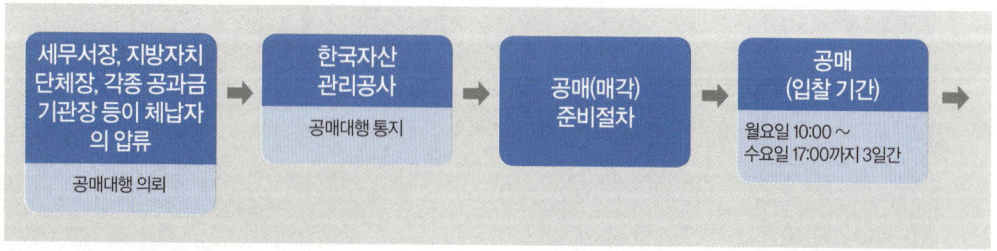

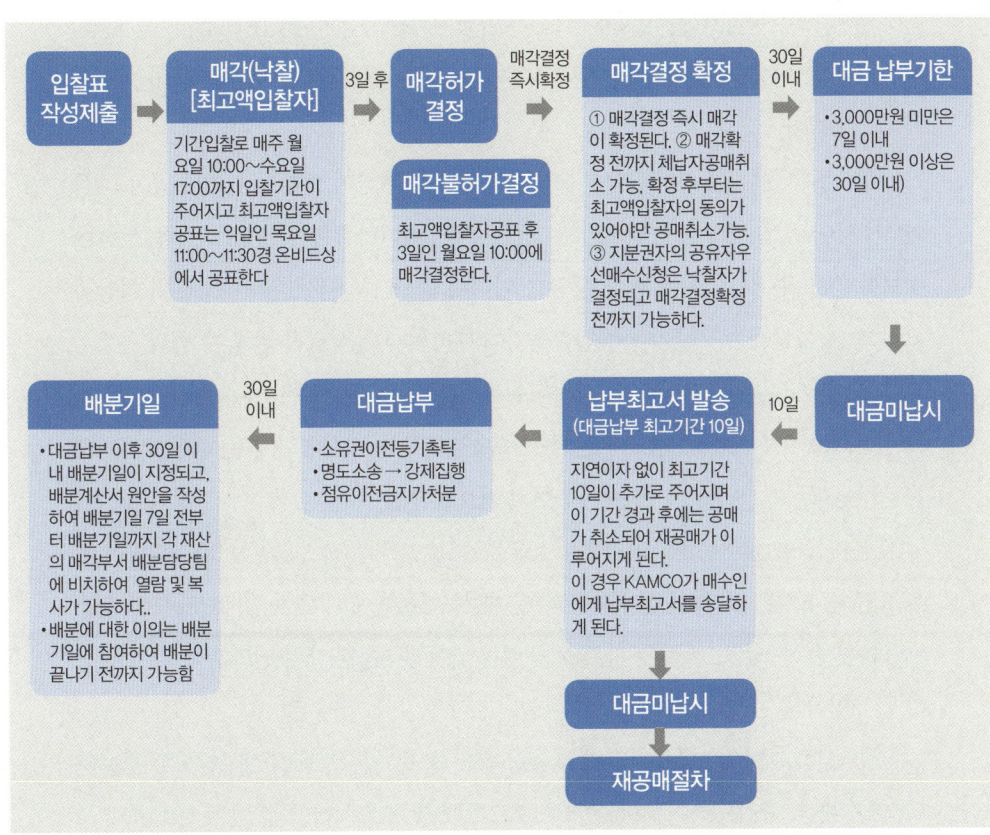

02 KAMCO 온비드(Onbid)에서 어떤 일을 하고 있나?

① KAMCO(한국자산관리공사)의 공매물건에 관한 정보는 기획재정부장관이 지정정보처리장치로 고시한 onbid(www. onbid.co.kr 사이트)에서 확인할 수 있다. 여기서 온비드란 on-Line bidding의 약자로 온라인입찰 또는 온라인이 가능한 모든 입찰거래를 의미한다.

② 온비드는 국가기관, 지자체, 교육기관[집행기관(이용기관)] 등 모든 공공기관의 자산처분 시 이용할 정보처리장치로 지정·고시 받은 전자정부구현에 부응하는 안전한 시스템이다.

③ KAMCO에서는 공매입찰물건의 정보제공을 위하여 물건정보, 입찰공고 등을 인터넷사이트(온비드)에서 열람할 수 있을 뿐만 아니라 일간신문공고 등을 통하여 정보를 얻을 수 있고, 이에 관한 상담을 위해서 공사자체 콜센터를 운영하여 입찰하고자 하는 사람들 누구나가 공매입찰물건에 대하여 전문상담을 받을 수 있다.

④ 공매공고는 일간지 신문에 공고하는데 보통 유입자산·수탁재산은 중앙일간지에 공고하고, 압류재산의 경우에 본사는 주요경제지에, 지사인 경우는 해당지역 지방신문에 공고하게 되므로 신문을 통하여서 정보를 얻을 수 있다.

⑤ 온비드 콜센터 운영 : 전화번호 1588-5321, 상담시간 : 평일 9:30~17:30까지 (토요일, 공휴일은 제외) 콜센터를 통하여 해당공매물건에 대하여 공매담당자와 전문상담을 받을 수 있고, 이를 통한 정보와 부동산등기부등본상의 권리분석, 부동산상의 권리(임차인 등)를 종합적으로 하는 권리분석을 할 수 있게 된다.

⑥ KAMCO가 모든 공공기관의 부동산 등의 공고, 입찰정보를 실시간으로 제공하고 입찰·계약·등기 등의 절차를 인터넷으로 원스톱으로 처리할 수 있는 시스템이다.

03 온비드에서 입찰할 공매 물건을 찾는 비법!

◆ **온비드 회원가입 및 공인인증서 등록절차**

KAMCO 온비드사이트를 이용하기 위해서는 온비드에 회원가입후 ⇨ 거래은행에서 인터넷뱅킹 신청과 공인인증기관에서 범용으로 공인인증서를 범용으로 발급받고 자신의 PC 또는 휴대용 Usb에 저장한 다음 ⇨ 온비드에서 공인인증서 등록 절차를 마치면, 언제든지 온비드사이트를 방문하여 열람하거나 입찰참여가 가능하다. 기존에 범용으로 공인인증서를 가지고 있으면 또다시 발급받을 필요 없이 그것으로도 온비드에 등록해서 사용하면 된다.

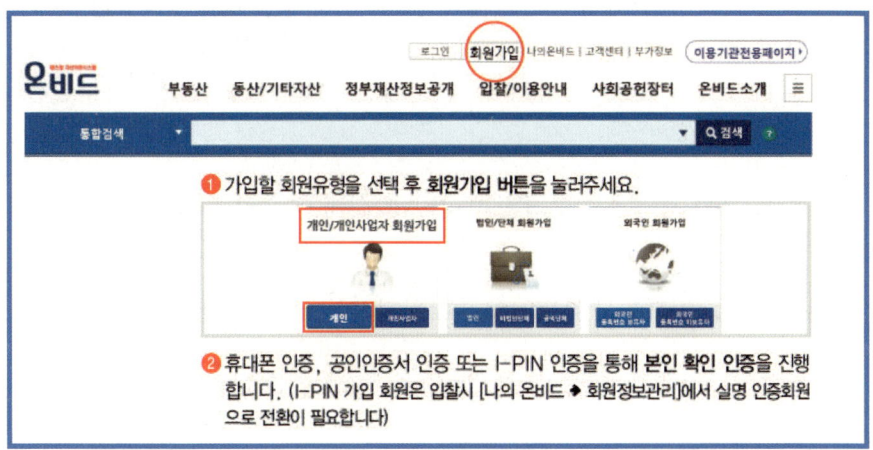

그리고 회원가입과 공인인증서 등록 방법을 알기 쉽게 도표로 그려 봤으니 참고하면 된다.

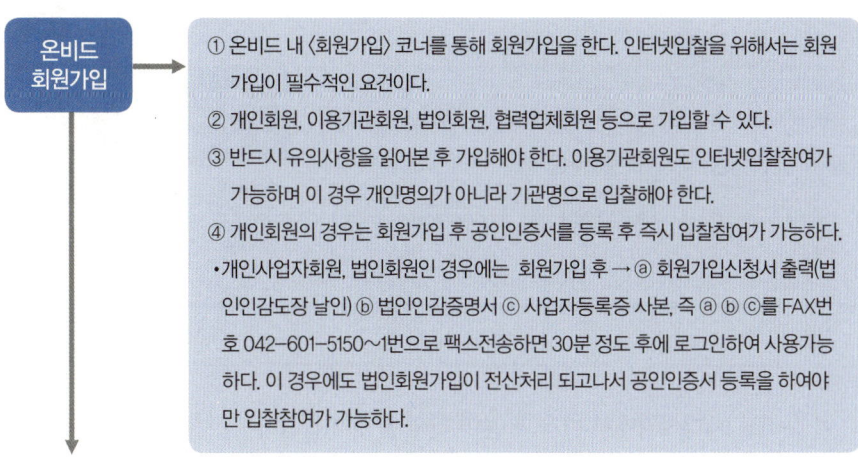

Chapter 3 온비드화면에서 공매물건을 찾아 입찰하는 절차와 소유권이전등기 **097**

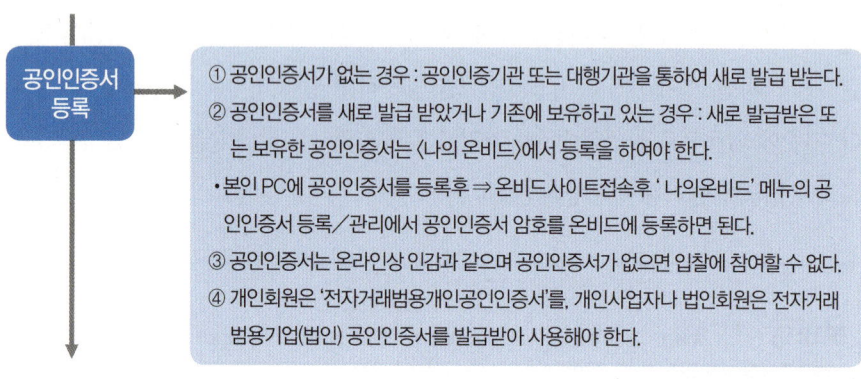

◆ 온비드 홈페이지에서 로그인 후 공매물건을 종류별로 검색하는 방법

(1) 온비드 홈페이지에서 로그인하면 다음과 같은 화면을 확인할 수 있다

이 온비드 홈페이지에서 다음과 같이 다양한 공매물건 검색 방법을 확인할 수 있다.

이 온비드 화면에서 ① 통합검색 방법과 ② 용도별 검색, ③ 기관별 물건검색 방법 등으로 입찰하고자 하는 공매물건을 검색할 수 있다. 이 중에서 ① 통합검색 방법과 ② 용도별 검색 방법이 자주 이용하는 방법이므로 독자분들도 이 방법으로 공매물건을 찾으면 될 것이다.

(2) 온비드 화면에서 통합검색 방법을 통한 공매물건 검색하는 방법

통합검색란에서 •물건지 소재지, •관리번호, 물건명, •기관명 등을 입력해서 다음과 같이 공매물건을 검색할 수 있다.

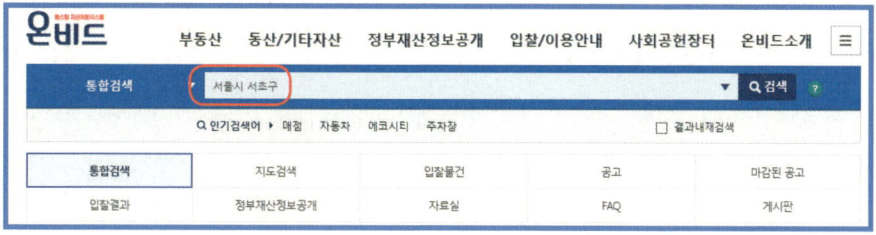

이 화면 하단 입찰물건(21개)와 공고(5건) 등의 물건정보 내용을 검색해서 입찰에 참여할 공매물건을 선정하면 된다. 그래서 서울시 서초구 반포동 산 60-1 근린생활시설을 임대공매로 선택해서 입찰에 참여하고자 한다.

(3) 온비드 화면에서 용도별검색 방법으로 공매물건을 검색하는 방법

가) 용도별검색에서 부동산 공매물건을 검색하는 방법

온비드 홈페이지 상단 부동산 또는 동산/기타자산[자동차와 운송장비, 물품(기계), 물품(기타)] 등의 메뉴에서 용도를 부동산 을 선택해서 검색하면 ⇨ 좌측메뉴에 부동산 HOME이 나타나는데 이 타이틀에는 ⇨ 물건, 공고, 테마물건, 입찰결과 등이 나타난다. 여기서 물건을 선택하면 ⇨ 물건검색, 신규물건, 캠코 국유재산 전용관, 캠코 압류재산 전용관, 캠코 수탁·유입자산 전용관, 수의계약 가능물건 등의 세부항목을 확인할 수 있다. ⇨ 이 세부항목에서 물건검색을 선택해서 상세조건검색을 검색하면 다음과 같은 화면이 나타난다.

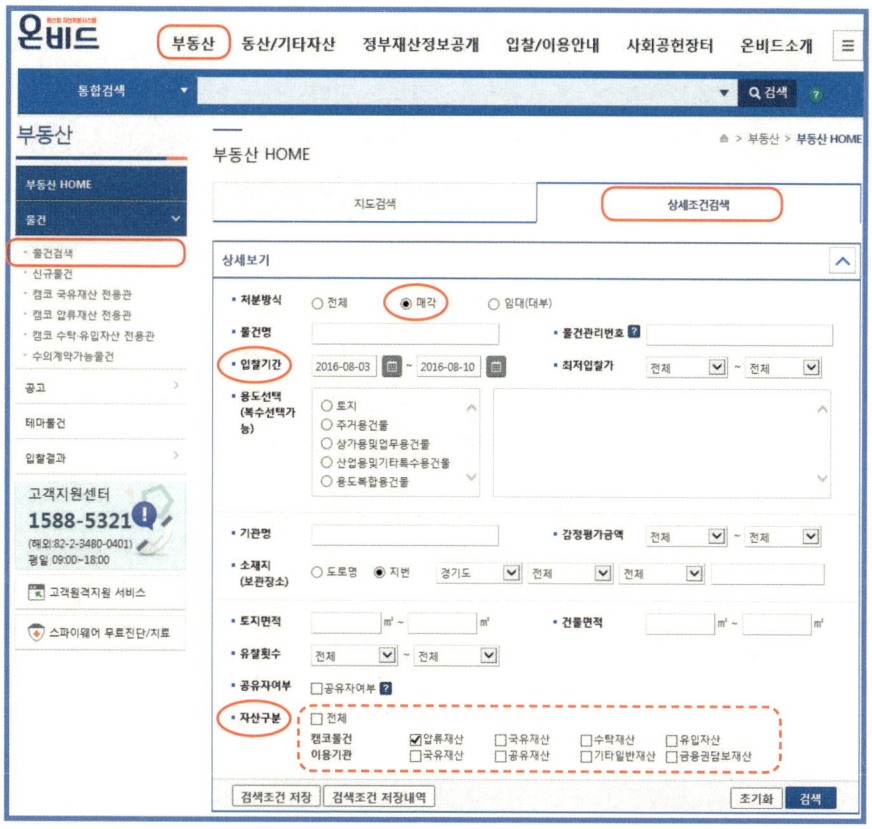

　이 화면에서 찾고자하는 물건명이나 물건관리번호, 입찰기간, 최저입찰가, 용도선택, 기관명, 감정평가금액, 물건소재지, 면적, 자산구분 등을 입력하거나 선택하면 입찰대상 공매물건이 나타난다. 이 공매물건검색 방법에서는 ① 처분방식과 ② 입찰기간, ③ 소재지(서울시, 경기도, 인천광역시… 등), ④ 자산구분(•캠코물건 – 압류재산, 국유재산, 수탁재산, 유입자산과 •이용기관 – 국유재산, 공유재산, 기타일반재산, 금융권담보재산)을 선택해서 찾는 방법이 가장 많이 이용하는 방법이다.

온비드 화면에서 공매물건을 종류별로 검색하는 방법

 자산구분에서 ① 캠코물건으로 압류재산, 국유재산, 수탁재산, 유입자산과 ② 이용기관으로 국유재산, 공유재산, 기타일반재산, 금융권담보재산이 있다. 이 물건에서 찾고자하는 물건을 선택하면 된다.

〈캠코 공매물건〉

● 압류재산 공매 – 세무서장, 지방자치단체장, 공과금기관장세무서장 등으로부터 KAMCO가 매각대행 의뢰한 재산을 압류재산 공매라 한다.

● 국유재산 공매 – 국가 소유 일반재산의 관리와 처분을 위임받아 일반인에게 매각 또는 임대하는 재산을 말한다.

● 수탁재산 공매 – 금융기관 등의 비업무용 재산에 대한 공매와 양도세 감면대상 물건에 대한 공매가 있다.

● 유입재산 공매 – 부실채권을 회수하는 과정에서 법원경매를 통해 한국자산관리공사 명의로 유입한 재산을 일반인에게 공개경쟁 입찰방식으로 매각하는 공매이다.

〈이용기관 공매물건〉

 이용기관의 매각 물건의 분류는 기본적으로 국유재산, 공유재산, 기타일반재산, 금융권담보재산 이상 4가지로 분류하며, 매각 물건에 대한 실질적인 분류 결정은 공고를 등록하는 이용기관에서 결정하게 된다.

● 국유재산 공매 – 국가기관(국유재산), 지방자치단체(시·군·구·읍·면·주민센터 등의 재산) 등이 소유하고 있는 비업무용 재산 등을 온비드에 이용기관으로 회원가입해서 직접 매각하는 것을 말한다.

● 공유재산 공매 – 국가 또는 지방자치단체가 출자·출연한 기관과 기타의 공공기관 등이 있으며 이들 이용기관 등을 보면 행정자치부, 기획예산처, 정보통신부, 국방부, 경찰청 등의 중앙행정기관과 서울특별시 등의 지방자치단체 및 교육기관, 한국전력공사, 서울메트로, 한국철도공사, 한국가스공사 등의 이용기관 등이 있다. 이들 공공기관 등의 비업무용재산을 이용기관으로 회원가입해서 직접 매각하는 것을 말한다.

- 기타일반재산 공매 – 이용기관이 보유하고 있던 불용품(업무용 자동차, OA 기기, 사무용 가구 등) 및 불용품을 제외한 모든 기타재산(동산)을 온비드에 이용기관으로 회원가입해서 직접 매각하는 절차를 말한다. 신탁회사 공매물건도 기타일반재산으로 등록해서 공매를 진행하고 있다.

- 금융권담보재산 – 금융기관 소유의 동산 및 양도담보재산 등으로 금융기관이 담보로 잡은 물건 중 온비드에 이용기관으로 회원가입해서 직접 매각하는 것을 말한다(보통 중장비, 공장기계설비 등).

따라서 위 온비드 화면에서와 같이 처분방식과 입찰기간, 그리고 소재지, 자산구분을 선택하면 다음과 같은 공매 입찰대상물건목록 화면을 확인할 수 있다.

① 경기도에 소재하는 압류재산을 선택해서 확인한 입찰대상물건목록 화면

온비드 홈페이지 상단 메뉴에서 용도를 부동산을 검색하고 ➪ 좌측메뉴에서 물건을 선택해서 물건검색 타이틀을 검색 후 ➪ •처분방식을 매각, •입찰기간, •소재지는 경기도, 자산구분은 압류재산 등으로 선택하면 아래 화면을 확인할 수 있다.

	물건정보	입찰기간	최저입찰가(원) 감정가-최초예정가(원) 최저입찰가율(%)	물건상태 유찰횟수	조회수	공고/상세
캠코 [지도보기]	2016-05568-005 경기도 용인시 수지구 상현동 032 신한미롤금호메스티빌 제252동 제17층 제00 00호 [주거용건물 / 아파트] [토지 62.81㎡] [건물 135.554㎡] [지분] [매각] [일반경쟁]	남은시간 : 0일1시간 2016-08-01 10:00 ~ 2016-08-03 17:00	387,900,000 431,000,000 (90%)	인터넷입찰 진행중 유찰 1 회	235	[공고이동] [상세이동]
캠코 [지도보기]	2016-05538-001 경기도 용인시 기흥구 신갈동000 제가동 제지하층 제1호 [주거용건물 / 다세대주택] [토지 29.3㎡] [건물 59.88㎡] [지분] [매각] [일반경쟁]	남은시간 : 0일1시간 2016-08-01 10:00 ~ 2016-08-03 17:00	81,000,000 90,000,000 (90%)	인터넷입찰 진행중 유찰 1 회	74	[공고이동] [상세이동]

이 압류재산 공매물건 목록에서 입찰할 경기도 용인시 수지구 상현동 832 상현마을금호베스트빌 제252동 제○○○○호를 찾아서 권리분석과 수익분석 후 입찰가를 결정해서 입찰에 참여하면 된다.

② 서울시에 소재하는 국유재산을 선택해서 확인한 입찰대상물건목록 화면

온비드 홈페이지 상단 메뉴에서 용도를 부동산을 검색하고 ⇨ 좌측메뉴에서 물건을 선택해서 물건검색 타이틀을 검색 후 ⇨ •처분방식을 매각, •입찰기간, •소재지는 서울특별시, 자산구분은 국유재산 등으로 선택하면 아래 화면을 확인할 수 있다.

이 국유재산 공매물건 목록에서 입찰할 서울시 강서구 등촌동 669-1, 서울시니어스 강서타워 OOO호를 찾아서 권리분석과 수익분석 후 입찰가를 결정해서 입찰에 참여하면 된다.

③ 서울시에 소재하는 기타일반재산을 선택해서 확인한 입찰대상물건목록 화면

온비드 홈페이지 상단 메뉴에서 용도를 부동산을 검색하고 ⇨ 좌측메뉴에서 물건을 선택해서 물건검색 타이틀을 검색 후 ⇨ •처분방식을 매각, •입찰기간, •소재지는 서울특별시, 자산구분은 기타일반재산 등으로 선택하면 아래 화면을 확인할 수 있다.

이 기타일반재산 공매물건 목록에서 입찰할 서울시 은평구 구산동 372-2, OOO호 다세대주택을 찾아서 권리분석과 수익분석 후 입찰가를 결정해서 입찰에 참여하면 된다.

이러한 과정으로 ① 캠코물건으로 압류재산, 국유재산, 수탁재산, 유입자산과 ② 이용기관으로 국유재산, 공유재산, 기타일반재산, 금융권담보재산 공매물건 등을 확인하면 되므로 나머지 검색 방법은 지면상 생략하기로 한다.

나) 용도별검색에서 동산 및 기타재산 공매물건을 검색하는 방법
온비드 홈페이지 상단 부동산 또는 동산/기타자산[자동차와 운송장비, 물품(기계), 물품(기타)] 등의 메뉴에서 용도를 동산/기타자산 을 선택해서 검색하면 ⇨ 좌측메뉴에 동산/기타자산 HOME이 나타나는데 이 타이틀에는 ⇨ 물건, 공고, 테마물건, 입찰결과 등이 나타난다. 여기서 물건을 선택하면 ⇨ 물건검색, 신규물건, 금융권담보재산 전용관 전용관, 캠코 국유증권 전용관, 캠코 압류재산 전용관, 수의계약 가능물건 등의 세부항목을 확인할 수 있다. ⇨ 이 세부항목 중에서 물건검색을 선택 후 상세조건검색 방법으로 ① 자동차와 운송장비, ② 물품(기계), ③ 물품(기타) 등을 확인할 수 있다.

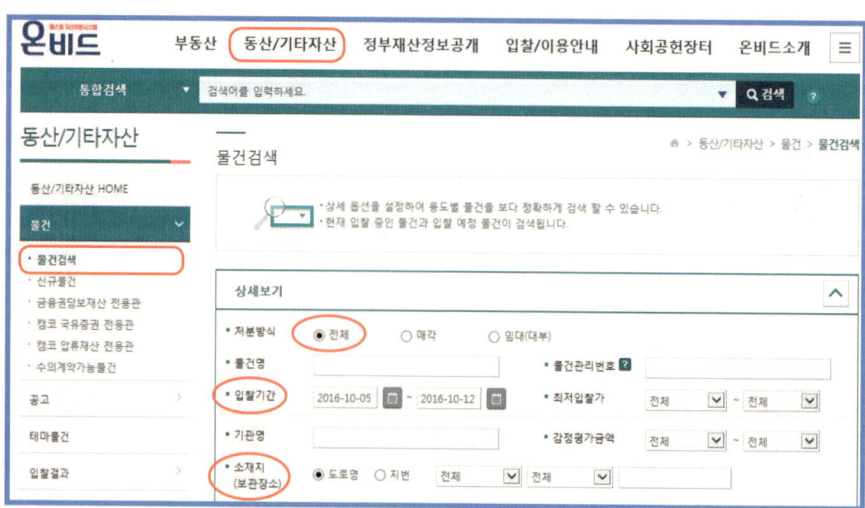

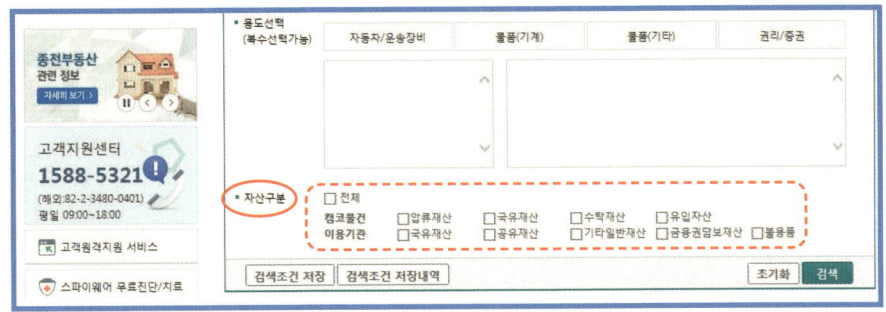

온비드화면에서 확인하는 방법은 앞에서 용도별검색에서 부동산을 검색하는 방법과 같이 확인하면 되므로 지면상 생략했다.

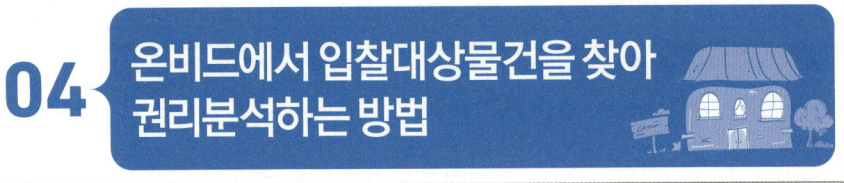

04 온비드에서 입찰대상물건을 찾아 권리분석하는 방법

◆ 공매는 진행하는 기관마다 매각조건과 권리분석을 다르게 해야 한다

공매는 다양한 공매가 있어서 매각하는 기관에 따라 매각조건이 다를 수 있으므로, 그에 따라 권리분석 방법도 다르게 해야 한다.

첫 번째로 압류재산 공매는 KAMCO가 세무관서 등으로부터 공매대행을 의뢰 받아 체납자의 부동산을 강제로 매각하는 절차로, 경매와 같은 매각결정방식으로 말소기준권리를 기준으로 소멸주의를 택하고 있다. 그리고 매각대금을 가지고 공매를 위임한 세무관서와 그 밖에 등기부에 등기된 채권, 등기되어 있지 않지만 배분받을 권리가 있는 채권자에게 배분하는 절차로 마무리가 된다. 그러므로 말소기준권리를 기준으로 선순위권리는 인수하고, 후순위권리나 채권은 소멸하게 되므로 인수할 권리가 있는 가를 자세히 확인하고 입찰해야 한다. 그리고 유의할 점은 국세징수법에서 정한 법정매각조건을 확인하기 위해서 공매공고문을, 특별매각조건을 확인하기 위해서 공매재산명세서를 확인하는 것을 잊지 말아야 한다. 압류재산 공매물건으로 권리분석하는 방법과 입찰하는 방법은 다음 경기도 용인시 수지구 상현동 832 상현마을 금호베스트빌 제252동 제OOOO호를 참고하면 된다.

두 번째로 국유재산 공매는 국가 소유재산의 관리와 처분을 위임받아 일반인에게 매각 또는 임대(대부)하는 재산을 말한다. 즉 국가기관 등으로부터 매각이 위임된 재산을 KAMCO가 수탁을 받아 일반인에게 공개경쟁 입찰방식으로 매각하게 되니 매각조건만 공매공고문과 공매담당자를 통해 확인하면 압류재산공매 처럼 예측하지 못한 손실은 발생하지 않게 돼 안전하다.

세 번째로 수탁재산 공매는 두 가지가 있는데 하나는 금융기관과 공공기관소유 비업무용 재산 등을 금융기관 또는 공공기관으로부터 매각을 위임받아 KAMCO가 일반인에게 공개경쟁 입찰방식과 다른 하나는 양도세 감면대상 물건을 위임받아 KAMCO가 일반인에게 공개경쟁 입찰방식이 있다. 이렇게 KAMCO가 수탁을 받아 일반인에게 공개경쟁 입찰방식으로 매각하게 되니 매각조건만 공매공고문과 공매담당자에게 확인하고 낙찰 받으면 인수할 권리 없이 안전하게 소유권을 취득할 수 있다.

네 번째로 유입자산 공매는 부실채권을 회수하는 과정에서 법원경매를 통해 KAMCO(한국자산관리공사) 명의로 유입한 재산으로 소유자 KAMCO가 일반인에게 공개경쟁 입찰방식으로 매각절차를 진행하게 되니 일반 부동산중개업소에서 파는 것과 같이 안전하다고 볼 수 있지만, KAMCO가 소유자로 매각하니 앞에서 설명한 것처럼 매각조건을 공매공고문과 공매담당자를 통해서 확인하고 입찰에 참여해야 한다.

다섯 번째로 이용기관 등의 공매는 이용기관 등이 매각이나 임대(대부)를 KAMCO(한국자산관리공사) 온비드 사이트에 이용기관 회원 가입 후 온비드사이트의 전자처분시스템을 통해서 이용기관 등이 직접 매각절차를 진행하게 되니 이 공매 물건 역시 앞에서와 같이 매각조건을 확인하고 입찰에 참여하면 안전하다.

여섯 번째로 금융기관, 신탁회사, 기업 등의 직접 공매는 은행 및 금고·신탁회사·기업 등이 감정평가기관의 평가금액을 기초로 하여 최초 매각예정금액으로 정하고 이를 신문에 공고하여 공개입찰방식으로 금융기관 등이 직접 매각절차를 진행하게 되니 매각조건만 확인하고 낙찰 받으면 안전하다.

입찰할 물건을 앞에서와 같은 방법으로 찾았다면 다음과 같은 순서로 분석해야 합니다.

◇ **입찰할 아파트의 온비드 입찰정보 내역**

| 물건 세부 정보 | 압류재산 정보 | 입찰 정보 | 시세 및 낙찰 통계 | 물건 문의 | 부가정보 |

■ 면적 정보

번호	종별(지목)	면적	지분	비고
1	토지 > 대	62.81㎡	-	지분(총면적 30,793.1㎡)
2	건물 > 건물	135.554㎡	-	

■ 위치 및 이용현황

소재지	지번	경기도 용인시 수지구 상현동 832 금호베스트빌2차아파트 상현마을금호베스트빌 제252동 제17층 제OOOO호
	도로명	경기도 용인시 수지구 상현로 58 상현마을금호베스트빌 제252동 제17층 제OOOO호 (상현동, 금호베스트빌2차아파트)
위치 및 부근현황		경기도 용인시 수지구 상현동 "서원초등학교" 남동측 인근에 위치하며 인근에 아파트단지, 근린생활시설, 학교 등이 소재하는 등 제반 주위환경은 보통시됨.
이용현황		아파트로 이용중임(전유면적: 135.554㎡, 침실4, 욕실2, 거실, 주방 및 식당, 발코니 등).
기타사항		해당사항 없음.

■ 감정평가정보

감정평가기관	평가일	평가금액(원)	감정평가서
(주)알비감정평가법인	2016-06-01	431,000,000	⬇ 감정평가서

■ 명도이전책임

명도책임	매수인

| 물건 세부 정보 | 압류재산 정보 | 입찰 정보 | 시세 및 낙찰 통계 | 물건 문의 | 부가정보 |

■ 임대차 정보

임대차내용	성명	보증금(원)	차임(월세)(원)	환산보증금(원)	확정(설정)일	전입일
임차인	신OO	200,000,000	0	200,000,000	2013-02-04	2013-02-25

■ 등기사항증명서 주요정보

번호	권리종류	권리자명	설정일자	설정금액(원)
1	위임기관	역삼세무서	-	미표시
2	근저당권	주식회사신한은행	2006-06-12	88,800,000
3	압류	서울특별시	-	미표시
4	압류	수지구청	-	미표시

■ 공매재산에 대하여 등기된 권리 또는 가처분으로서 매각으로 효력을 잃지 아니하는 것

■ 공매재산의 매수인으로서 일정한 자격을 필요로 하는 경우 그 사실

■ 유의사항

■ 권리분석 기초정보 (권리분석 기초자료는 입찰시작 7일전부터 제공됩니다)   🖨 권리분석 기초정보 인쇄

배분요구 및 채권신고현황 (배분요구서를 기준으로 작성하였으며, 신고된 채권액은 변동될 수 있습니다.)

번호	권리종류	권리자명	설정일	설정금액(원)	배분요구일	배분요구채권액(원)	말소가능여부	기타
1	임차인	신OO	2013-02-25	0	2016-06-16	200,000,000	-	-
2	근저당권	주식회사신한은행	2006-06-12	88,800,000	배분요구없음	0	-	-
3	압류	서울특별시	2014-03-07	0	배분요구없음	193,809,530	-	-
4	압류	수지구청	2015-02-06	0	2016-05-30	1,651,360	-	-
5	교부청구	국민건강보험공단 강남서부지사	-	0	2016-06-16	698,010	-	-
6	교부청구	강남구청	-	0	2016-06-21	11,479,560	-	-
7	위임기관	역삼세무서	2013-04-15	0	2016-04-21	2,154,690,750	-	-

점유관계

점유관계	성명	계약일자	전입일자 (사업자등록신청일자)	확정일자	보증금(원)	차임(원)	임차부분
undefined	신OO	미상	2013-02-25	미상	0	0	미상

| 물건 세부 정보 | 압류재산 정보 | **입찰 정보** | 시세 및 낙찰 통계 | 물건 문의 | 부가정보 |

입찰 방법 및 입찰 제한 정보

전자보증서 사용여부	사용 불가능	차순위 매수신청 가능여부	신청 가능
공동입찰 가능여부	공동입찰 가능	2인 미만 유찰여부	1인이 입찰하더라도 유효한 입찰로 성립
대리입찰 가능여부	대리입찰 가능	2회 이상 입찰 가능여부	동일물건 2회 이상 입찰 가능

회차별 입찰 정보

입찰번호	회차/차수	구분	대금납부/납부기한	입찰기간	개찰일시	개찰장소	매각결정일시	최저입찰가(원)
0028	031/001	인터넷	일시불/낙찰금액별 구분	2016-08-08 10:00~ 2016-08-10 17.00	2016-08-11 11.00	전자자산처분시스템 (www.onbid.co.kr) **공매재산명세**	2016-08-16 10.00	344,800,000

◆ 온비드 물건정보 내역에서 돈 되는 우량한 물건을 찾는 것이 먼저다

온비드 입찰물건정보내역 화면에서 물건정보와 매각물건의 사진정보, 지도, 지적도, 위치도, 감정평가서, 그리고 화면 하단의 물건세부정보, 압류재산정보, 입찰정보 등을 분석해서,

첫 번째로 물건정보와 감정평가서에서 토지와 건물 전체가 매각되는 것으로 감정평가가 이루어 졌는지, 일부 지분(1/2지분, 1/3지분)만 매각되는 것으로 평가가 되었는지, 토지만 매각 또는 건물만 매각으로 평가되었는지, 제시외 건물이 있는 경우에

감정평가된 경우와 평가되지 않은 경우를 확인하고, 두 번째로 매각물건의 사진과 위치도 및 지도, 그리고 감정평가서를 분석해서 내가 사고자하는 목적에 맞으면서도 돈이 되는 물건을 찾아야 하는데, 그 이유는 공매의 왕도는 돈이 될 수 있는 물건을 찾는 것이 제일 중요하기 때문이다.

① 아파트의 사진

② 아파트 내부 평면도와 주변 현황도

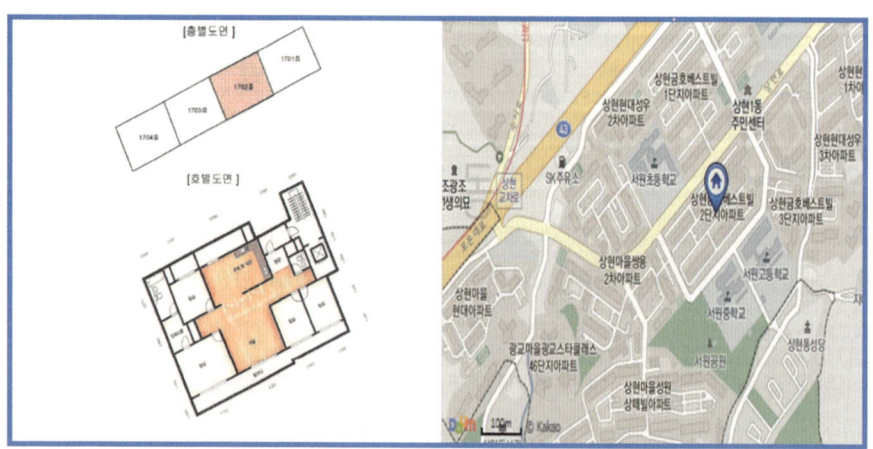

온비드 입찰정보 내역에서 아파트의 사진과 내부 및 평면도, 그리고 아파트 주변 현황도를 보면 알 수 있듯이 이 아파트는 경기도 용인시 수지구 상현동에 위치하고 있는 아파트로 주변은 대단지 아파트와 상가 등이 발달한 상업지대입니다. 그리고 주변에 버스 등의 대중교통이 발달해 있고, 특히 신분당선이 근접해 있어서 높은 미래가치가 있다는 판단 하에 이 아파트에 관심을 갖게 되었습니다. 그런데 아파트가 대형평형이라 선호하는 아파트는 아닐지라도 시세가 4억1,000만원을 호가하고 있는 데 반해서 3억4,400만원으로 떨어져서 매각절차가 진행되고 있어서 마음에 들었고, 그래서 3억5,407만원 정도에 입찰해서 낙찰 받아 2년 거주후 비과세로 팔게 되면 양도세도 비과세 되고 그로 인해서 시세 차익도 5,000만원이 발생할 수 있다는 계산을 하고 입찰에 참여하기로 결심했습니다.

입찰하기 전에 아파트를 낙찰 받으면 인수할 권리나 금액은 없는지를 확인해야 하는데, 그 이유는 인수할 금액이 있다면 입찰한 금액과 별도로 추가되는 취득비용이 발생하기 때문입니다. 권리분석 방법은 압류정보 내역과 입찰정보의 공매재산명세서, 그리고 등기부 등의 공부를 발급 받아서 확인하고, 부족한 내용은 공매담당자에게 문의해서 확인하는 절차로 진행해 보겠습니다."

◆ 말소기준권리를 찾고 인수할 권리가 있는지를 확인해라!

온비드 물건정보내역 화면에서 1차적으로 압류재산정보 내용과 입력정보에서 공매재산명세서를 확인해서 인수할 권리가 있는 지를 확인해야 한다. 그리고 2차적으로 등기사항증명서와 건축물대장 등을 직접 발급 받아 말소기준권리를 찾고, 인수할 권리가 있는가를 다시 확인한다.

(1) 온비드 물건정보내역에서 기본적으로 분석하는 방법

온비드 물건정보내역 화면에서 1차적으로 압류재산정보에서 임대차정보와 등기사항증명서 주요정보, 기타매수인이 인수할 권리, 그리고 권리분석 기초정보내역에서 배분요구 및 채권신고내역 등을 확인하고, 입력정보에서 공매재산명세서를 검색해서 압류재산정보에서 확인했던 내용과 비교해서 분석해야 한다.

(2) 공매재산명세서를 통한 분석

① 공매재산명세서에 어떠한 내용이 기재되어 있나?

KAMCO는 처분청(공매위임관서), 관리번호, 공매공고일, 배분요구의 종기, 압류재산의 표시, 부동산의 점유관계(공매 현황조사관이 조사한 점유자의 권리관계가 기재되어 있음), 임차인 신고현황, 채권자의 배분요구 및 채권신고 현황, 매각으로 그 효력을 잃지 아니하는 것, 매각에 따라 설정된 것으로 보게 되는 지상권의 개요, 기타 유의사항 등을 기재한 공매재산명세서를 작성하고, 감정평가서도 함께 매각기일 1주일 전부터 매각절차가 종료될 때까지 온비드에 비치하고 있어서 입찰희망자들은 언제든지 확인할 수 있다. 이는 입찰자에게 공매부동산의 물적 부담상태, 취득할 종물, 종된 권리의 범위 등과 최저매각가격 산출의 기초가 되는 사실을 공시하여 신중한 판단을 거쳐 입찰에 참여하도록 하기위해 마련된 제도이다.

압류재산 공매재산 명세

처 분 청	역삼세무서	관 리 번 호	2016-05568-005
공매공고일	2016-06-15	배분요구의 종기	2016-07-11
압류재산의 표시	경기도 용인시 수지구 상현동 832 상현마을금호베스트빌 제252동 제17층 제0000호 대 지분 62.81 ㎡ 건물 135.554 ㎡		
매각예정가격/입찰기간/개찰일자/매각결정기일		온비드 입찰정보 참조	
공 매 보 증 금		매각예정가격의 100분의 10 이상	

■ 점유관계   [조사일시: 2016-06-02   /정보출처: 현황조사서 및 감정평가서]

점유관계	성 명	계약일자	전입일자 (사업자등록신청일자)	확정일자	보증금(원)	차임(원)	임차부분
	신OO	미상	2013-02-25	미상	0	0	미상

이용현황(감정평가서)	아파트
위치 및 부근현황 (감정평가서)	1) 본건 개요 및 현황 - 본건은 경기도 용인시 수지구 상현동 소재, 현황 "아파트"로 이용중이므로 정확한 용도 및 이용상태는 별도 재확인을 요함. 2) 관공서 열람내역 - 우만2동 주민센터: ①전입세대주 신OO가 등록됨(전입일자; 2013.02.25) 3) 점유관계 현황 - 본건 방문시 이해관계인의 폐문부재로 조사안내문 및 배분요구서를 출입문에 부착함. - 본건은 방문시, 이해관계인의 폐문부재로 관할 주민센터에 주민등록 전입된 세대를 등록 하였는바, 정확한 점유관계 및 임차내역은 별도 재확인을 요함.

■ 임차인 신고현황

번호	성명	권리신고자	전입신고일자 (사업자등록신청일자)	확정일자	보증금	차임	임차부분
1	임차인	신OO	2013-02-25	2013-02-04	2억원	0	

■ 임차인 신고현황

번호	성명	권리신고일	전입신고일자 (사업자등록신청일자)	확정일자	보증금	차임	임차부분
1	임차인	신OO	2013-02-25	2013-02-04	2억원	0	

■ 배분요구 및 채권신고 현황

번호	권리관계	권리자명	법정기일 (납부기한) (2018년 1월부터 시행)	설정일자	설정금액(원)	배분요구채권액(원)	배분요구일
1	임차인	신OO		2013-02-25		200,000,000	2016-06-16
2	근저당권	주식회사신한은행 (채-김주완)		2006-06-12	88,800,000	0	배분요구없음
3	압류	서울특별시		2014-03-07	0	193,809,530	배분요구없음
4	압류	수지구청		2015-02-06	0	1,651,360	2016-05-30
5	교부청구	국민건강보험공단 강남서부지사			0	698,010	2016-06-16
6	교부청구	강남구청			0	11,479,560	2016-06-21
7	위임기관	역삼세무서		2013-04-15	0	2,154,690,750	2016-04-21

* 채권신고 및 배분요구현황은 배분요구서를 기준으로 작성하였으며 신고된 채권액은 변동될 수 있습니다.
* 배분요구채권액 중 체납액(위임기관, 압류, 교부청구)은 담보채권자와 우선순위를 비교하는 법정기일을 표시하지 않으므로 입찰 전 별도로 확인하셔야 합니다.

■ 공매재산에 대하여 등기된 권리 또는 가처분으로서 매각으로 그 효력을 잃지 아니하는 것

■ 매각에 따라 설정된 것으로 보게 되는 지상권의 개요

■ 기타 유의 사항

2016. 07. 22
한국자산관리공사 경기지역본부

② 공매재산명세서에서 유의해서 확인할 사항

㉠ 채권자의 배분요구 및 채권신고 현황에서 등기부에서 가장 먼저 등기된 채권이 말소기준권리다(말소기준권리와 그밖의 권리를 확인하기 위해 등기부와 함께 분석하는 것을 잊지 말아야 한다).

㉡ 공매위임관서(처분청)의 배분요구채권액과 그 우선순위를 확인하는 것이 중요한데 우선순위는 압류일자로 결정되는 것이 아니라, 1순위로 최우선변제금이 배분 받고, 2순위로 당해세, 그리고 3순위로 조세채권의 법정기일(2018년 1월부터 공매재산명세서에 법정기일을 기재하고 있음)과 저당권부 채권 간의 우선순위에 따라 배분하게 되므로 대항력 있는 임차인의 확정일자부 우선변제권이 조세채권의 법정기일보다 늦은 경우 낙찰자가 임차보증금을 인수하게 되는 경우가 발생할 수 있다는 사실에 유의

해서 분석해야 한다.

(3) 등기사항증명서와 건축물대장 등을 열람 확인 방법

① 인터넷 대법원등기소(www.iros.go.kr)를 검색하면 다음과 같은 화면이 나타나게 된다.

이 화면에서 발급받고자하는 주택의 주소를 선택해서 등기사항증명서를 열람하거나 발급받아서 분석하면 된다. 입찰정보 내역과 다른 내용이 있는 가를 확인하고 분석해야 한다.

② 건축물대장 등을 열람해서 확인하는 방법

건축물대장과 등기사항증명서에 등기된 내용이 다를 때, 소유권에 관한 사항은 등기부가 우선하지만, 등기사항증명서의 표제부에 기재되는 지번·구조·용도·면적 등은 대장이 우선하므로, 임차인이 전입신고를 할때 대장과 일치한 주소로 전입신고를 해야 한다.

김선생의 조언

건축물대장에 불법건축물이 표시되어 있는 가를 확인해라!

　시·군·구청의 단속이나 민원에 의해 불법건축물로 단속이 되면 몇 차례의 계고와 시정명령을 하고 그래도 시정하지 않으면 건축물대장 갑구에 위반건축물과 그 위반에 해당하는 부분 및 면적 등을 기재하게 되는데, 이러한 경우에도 철거하고 증빙자료를 시·군·구청에 제출하면 건축물대장에서 위반건축물이라는 표시를 삭제하게 되지만 철거가 이루어 질 때까지 불법건축물로 표시되고 이행강제금을 건축소유자(낙찰자의 부담으로 남게 된다)에게 부과하게 된다.

◇ 이 공매물건 권리분석에서 어떤 점을 유의해야 하나!

① 말소기준권리와 기준일자는 어떻게 되는가!

이 공매물건은 한국자산관리공사가 역삼세무서로부터 공매를 위임받아 매각한 공매물건으로 말소기준권리는 2006. 06. 12. 신한은행 근저당권 8,880만원(채권최고액)이다.

② 점유자의 권리신고 및 배분요구와 대항력 유무

이 주택에 임차인 신OO가 보증금 2억원으로 2013. 02. 25. 전입신고와 2013. 02. 04. 확정일자를 갖추고 있으나 말소기준일 보다 후순위로 소멸되는 임차인이므로 매수인에게 대항력이 없는 임차인이다.

③ 그 밖에 인수할 권리 여부는 없다.

잠깐만, 이런 내용을 확인하는 것을 잊지 말아야 한다.

❶ 배분요구 및 채권신고 내역에서는 공매위임관서의 압류일자와 배분요구채권액만 기재되어 있다(압류 2013. 04. 15. 배분요구 채권액2,154,690,750원). 그래서 조세채권이 당해세인지, 일반 세금인지를 구분할 수 없고, 법정기일도 알 수가 없다. 이러한 내용은 온비드 입찰정보내역 중간부분 우측에 있는 공매담당자에게 문의해서 예상배분표를 작성하고 인수할 금액이 있는가를 판단해서 입찰해야 한다.

　<u>확인해 본 결과 2013. 05. 01.부터 부과된 양도소득세로 본세가 13억6,0000만원이고 나머지는 가산세에 해당되는 세금이다.</u>

❷ 서울특별시 역시 압류일자와 체납세액만 기재되어 있어서 문의해 본 결과 체납세액 193,809,530원은 양도세액의 10%에 해당하는 지방소득세(=구 주민세)로 가산세가 포함된 금액이다. 그래서 본세 법정기일과 가산세 법정기일이 다르지만 제일 빠른 법정기일은 2013. 07. 01. 이다.

❸ 수지구청 역시 압류일자와 체납세액만 기재되어 있어서 문의해 본 결과 체납세액 1,651,360원은 재산세로 당해세에 해당하는 세금이다.

❹ 교부청구한 강남구청 체납세금 11,479,560원 역시 배분 요구일만 있어서 확인해 보니 법정기일 2013. 07. 10.로 상가건물 재산세로 당해세가 아니라 일반세금이다.

어쨌든 이 아파트에서는 대항력이 있는 권리가 없어서 확인하는 것이 의미는 없지만 다른 물건에 입찰할 때 이와 같이 알고 입찰해야 한다.

❺ 2018년 1월 1일부터 법정기일(납부기한)은 공매재산명세서에 기재하고 있으니 참고하면 되지만, 자세한 내용은 다시 확인해야 한다.

◇ 예상배분표 작성으로 임차인이 배당받는 금액을 확인

매각대금을 가지고 배분표를 작성하고 인수할 권리에 대해 분석

매각금액이 3억5,407만원 + 매각대금이자 205,200원이고 공매비용이 10,976,170원으로 배분금은 343,299,030원이 된다.

1순위 : 용인시 수지구청 재산세 1,651,360원(당해세 우선변제금)

2순위 : 신한은행 근저당 8,880만원(근저당권 우선변제금)

3순위 : 신○○ 임차인 2억원(확정일자부 우선변제금)

4순위 : 역삼세무서 양도소득세 52,847,670원(조세채권 중에서 역삼세무서의 압류가 제일 빨라서 압류선착주의로 우선해서 배분받게 됨)으로 배분이 종결되고 낙찰자가 인수할 권리나 금액이 없게 된다. 그리고 신○○ 임차인이 전액 배분 받았으므로 명도는 추가 비용 없이 무혈입성이다.

◇ 지금까지 조사한 자료를 통해 수익분석 후 입찰가를 결정해라!

입찰가는 지금까지 조사한 모든 자료 등을 종합 분석하여 기대수익을 계산해서 입찰 참가 하루 전까지 입찰가를 결정하여 입찰에 참여하는 것이 좋다.

그래서 필자도 기대수익을 앞에서와 같이 분석하여 입찰가를 3억5,407만원으로 결정한 것이다.

◆ 마지막으로 매각조건을 공매공고문과 공매재산명세서로 확인하고 입찰해라!

입찰가가 결정되었다면 마지막으로 국세징수법에서 정한 법정매각조건을 확인하기 위해서 공매공고문(온비드화면 우측상단 "해당공고 보기"를 클릭해서)을, 특별매각조건을 확인하기 위해서 공매재산명세서(온비드화면 중간의 입찰정보에서 "공매재산명세서"를 클릭해서)를 확인하고 입찰에 참여하면 된다. 왜냐하면 공매는 매각절차를 진행하는 기관마다 다른 매각조건으로 매각할 수 있기 때문이다. 특히 압류재산 공매의 경우 매각결정방식으로 말소기준권리 이후의 권리가 소멸되는 소멸주의를 택하고 있지만 그밖의 공매는 특별매각조건으로 인수주의로 매각되는 사례가 많기 때문이다.

◆ 온비드 입찰정보 내역에서 입찰에 참여하는 방법

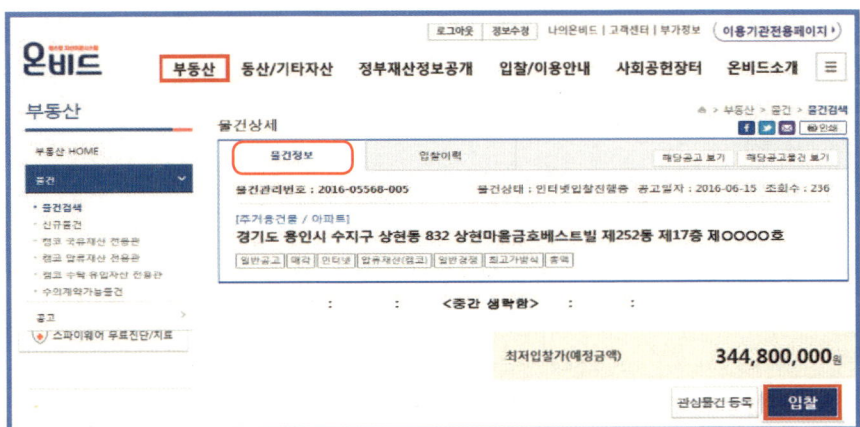

앞의 4번 입찰할 아파트의 온비드 입찰정보 내역에서 위와 같이 입찰참가를 클릭하면 공매물건에 입찰할 수 있는 인터넷입찰서 작성 화면이 나타난다.

◆ 본인이 입찰서를 작성하는 방법과 대리인 또는 공동으로 입찰하는 방법

(1) 입찰정보 확인 및 준수규칙 동의하는 화면

이 화면에서 입찰자정보 내용을 확인하고 이상이 없으면 "수정사항을 개인정보에 반영합니다." 에 체크하고 ⇨ 공고내용을 확인하고 "위 내용을 확인하였습니다." 에 체크하고 ⇨ 입찰참가준수규칙에 "동의합니다." 에 체크하고 ⇨ "모든 주의사항...동의합니다." 에 체크하고 ⇨ 다음단계를 클릭하면 입찰서 작성 및 제출 화면으로 이동한다.

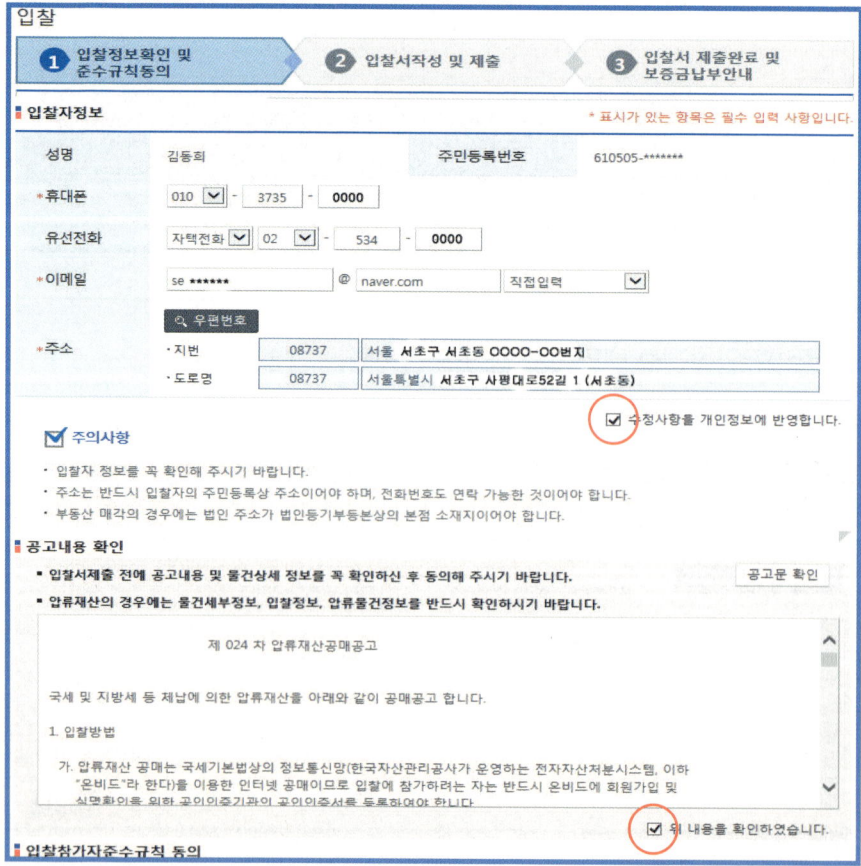

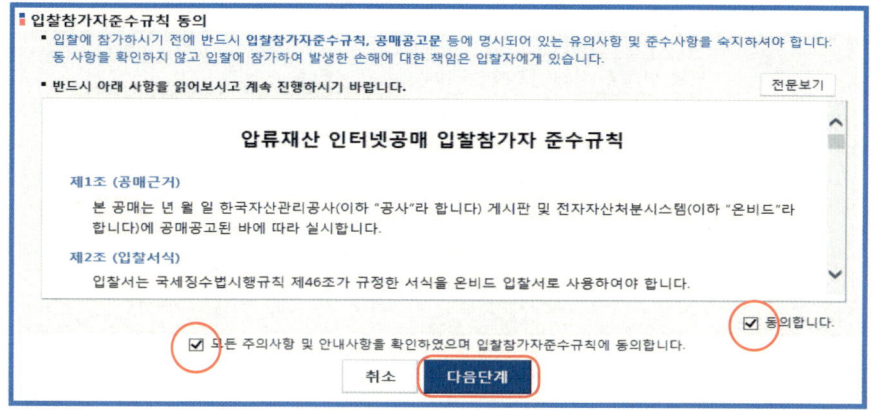

다음 입찰서 작성 및 제출 화면에서 입찰방법은 ① 본인, ② 대리입찰(서류제출방식), ③ 공동입찰(전자서명방식, 서류제출방식)이 있습니다. 여기서 본인 또는 대리입찰, 그리고 공동입찰을 선택해서 다음과 같이 입찰서를 작성해서 제출하면 됩니다.

(2) 본인이 입찰서를 작성하여 제출하는 방법

입찰서 작성 및 제출 화면에서 ① 입찰방법 •본인, •대리입찰(서류제출방식), •공동입찰(전자서명방식, 서류제출방식)에서 〈본인〉을 체크하고 ⇨ ② 최저입찰가 입력 ⇨ ③ 입찰금액 입력 ⇨ ④ 보증금계산을 클릭하면 자동으로 보증금이 입력된다. ⇨ ⑤ 납부총액확인을 클릭하면 자동으로 납부총액이 입력된다. ⇨ ⑥ 입찰보증금을 납부를 현금 또는 전자보증서 납부를 선택 ⇨ ⑦ 보증금 납부계좌은행 선택(입찰에 참가하고 나면 입찰내역과 입찰보증금 납부 가상계좌가 나타나는데 이때 가상계좌은행을 선택하는 것임) ⇨ ⑧ 환불계좌 입력(낙찰 받지 못한 경우 보증금을 환불 받을 은행계좌) ⇨ ⑨ 잔대금 납부계좌 은행을 선택 ⇨ ⑩ 매각결정통지서와 잔대금 영수증 수령방법을 선택(온비드 직접 교부 또는 현장 수령) ⇨ ⑪ 각 항목의 모든 주의사항을... 동의합니다에 체크하고 ⇨ 입찰서 제출을 클릭하면 된다.

■ 입찰금액 및 보증금 납부 방식 선택

입찰방법	☑ 본인입찰　☐ 대리입찰(서류제출방식)　☐ 공동입찰 　　　　　　　　　　　　　　　　○ 전자서명방식　○ 서류제출방식
최저입찰가	344,800,000원
입찰금액	354,070,000 원 (금 삼억오천사백칠만원)　　[보증금계산] · 입력하신 금액은 최저입찰가의 **102.69%**입니다.
보증금액	· 보증금액은 '최저입찰가X입찰보증금율(최저입찰금액의 10%)' 로 계산됩니다. 34,480,000 원 (금 삼천사백사십팔만원)　　[납부총액확인]
납부총액	**34,480,000원** (금 삼천사백사십팔만원) · 입찰을 위해 납부하실 보증금총액입니다
보증금 납부방식	● 현금　　○ 전자보증서　[선택　　　▼]
보증금 납부계좌 은행선택 ?	[신한은행]　BNK 부산은행　우리은행　하나은행
환불계좌 ?	신한 110033447782　▼　[환불계좌추가]
잔대금 납부계좌 은행선택 ?	[신한은행]　하나은행
매각결정통지서/ 잔대금영수증 수령방법	● 전자송달(온비드 직접 교부)　○ 현장수령

■ 주의사항

· 주의사항을 꼭 모두 읽어보시고 진행해 주시기 바랍니다.　　　[전문보기]

● 보증금 납부계좌 발급은행관련 주의사항 발급받은 납부계좌로 입찰보증금 납부가 불가능한 경우 은행별로 1회에 한하여 타 은행의 입찰보증금 납부계좌 추가 발급 가능합니다. 10억 이상의 입찰보증금을 타행으로 지준이체 시 이체가 지연될 수 있으니 입찰마감 전까지 발급받은 납부계좌로 입금완료될 수 있도록 주의가 필요합니다.

● 환불계좌 주의사항 입찰참여 후 낙찰 받지 못한 경우(유찰 혹은 취소) 납부한 입찰보증금을 등록하신 환불계좌로 돌려드립니다. 환불 시 보증금 입금 은행과 환불 은행이 일치하지 않을 경우 은행에서 부과하는 타행이체수수료가 발생할 수 있습니다. 이 경우 이체수수료를 제외한 금액이 입금됩니다. 입찰보증금이 10억 이상인 경우, 입금은행과 환불은행이 다르면 은행간 계좌이체 한도 제한으로 환불처리가 안될 수 있으니 가급적 환불계좌는 입금은행의 계좌와 동일하게 사용하기를 권장드립니다. 환불계좌는 입찰보증금이 자동 인출되는 계좌가 아닙니다. 환불계좌는 정정/변경이 불가하며, 계좌번호 착오로 인한 책임은 입찰자 부담입니다. 선택하신 환불계좌가 정상적인 거래가 가능한지 여부를 확인해 주십시오.

　　　　　　：　　　：　　〈중간 생략함〉　　：　　　：

☑ 각 항목의 모든 주의사항을 숙지하였으며, 입찰서를 최종 제출하는 것에 동의합니다.

　　　　　　　　　　　[취소]　　[**입찰서 제출**]

(3) 대리인이 입찰서를 작성하여 제출하는 방법

입찰서 작성 및 제출 화면에서 ① 입찰방법 •본인, •대리입찰(서류제출방식), •공동입찰(전자서명방식, 서류제출방식)에서 〈대리입찰〉을 체크하고 ⇨ 입찰자정보등록

하단의 "입찰자조회" 또는 입찰자정보 직접입력" 버튼을 클릭하여 입찰자(위임자)의 정보를 입력한다. ⇨ 이후 나머지 입찰서를 작성하는 방법은 본인이 입찰서를 작성하는 방법으로 다음과 같이 작성하면 된다.

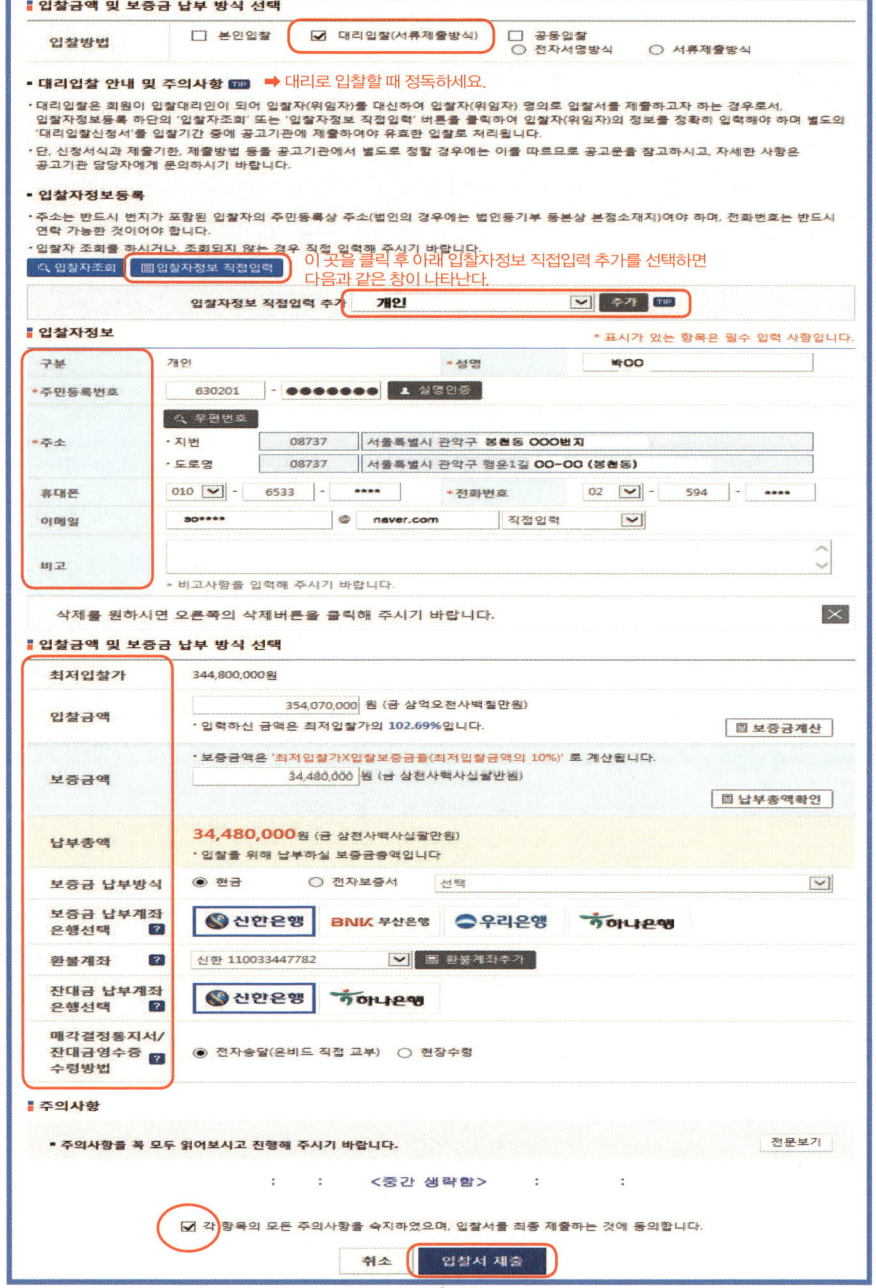

Chapter 3 온비드화면에서 공매물건을 찾아 입찰하는 절차와 소유권이전등기 **123**

김선생의 핵심 요약정리

대리입찰방법은 다음과 같은 순서로 해야 합니다.

　1. 앞에서와 같이 입찰서작성단계에서 대리입찰을 선택해서 입찰서를 작성 제출하면 된다(대리행위는 개인이 개인 또는 법인을, 법인이 개인또는 법인을 대리하는 것도 가능하다).

　2. 입찰서 제출과 입찰보증금을 납부했다면 ⇨ 개인의 경우 대리입찰신청서와 인감증명서를 첨부해서 공매담당자에게 공매 마감시간인 수요일 17:00까지 직접방문해서 전달하거나 등기우편으로 송달해야 한다.

　3. 직접 방문할 때도 공매담당자에게 공매 마감시간인 수요일 17:00까지 제출해야 하고, 대리로 제출할 때에는 위임용인감증명서와 인감도장이 날인된 위임장이 필요하다. 그리고 등기우편으로 송달할 때에는 공매 마감시간까지 도착할 수 있게 해야 한다.

(4) 공동으로 입찰서를 작성하여 제출하는 방법

　입찰서 작성 및 제출 화면에서 ① 입찰방법 •본인, •대리입찰(서류제출방식), •공동입찰(전자서명방식, 서류제출방식)에서 〈공동입찰〉을 체크하고 ⇨ ② 입찰자정보등록 하단의 "입찰자조회" 또는 입찰자정보 직접입력" 버튼을 클릭하여 입찰자(위임자)의 정보를 입력한다. ⇨ 이후 나머지 입찰서를 작성하는 방법은 본인이 입찰서를 작성하는 방법으로 다음과 같이 작성하면 된다.

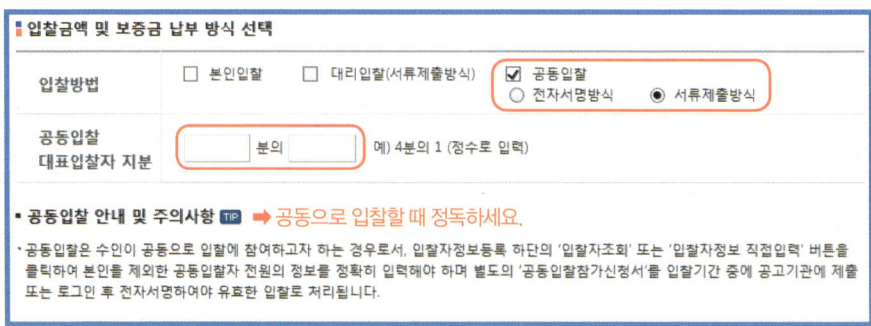

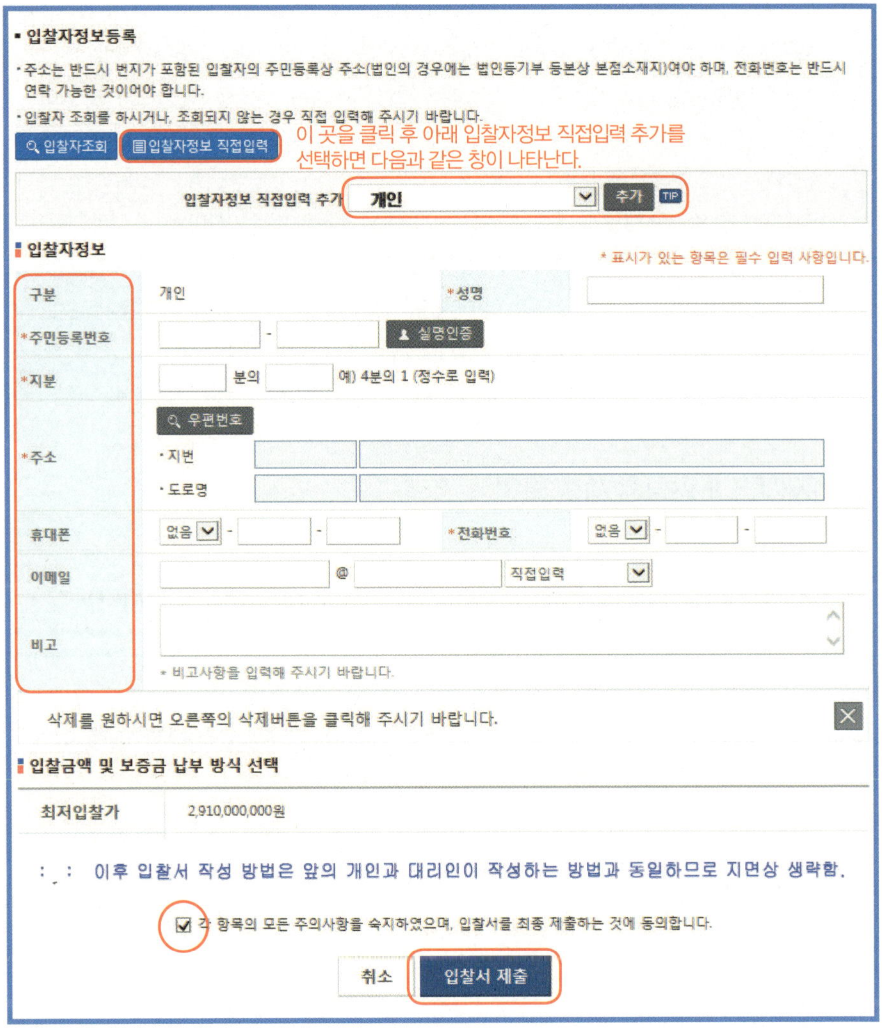

▪ 입찰자정보등록

· 주소는 반드시 번지가 포함된 입찰자의 주민등록상 주소(법인의 경우에는 법인등기부 등본상 본점소재지)여야 하며, 전화번호는 반드시 연락 가능한 것이어야 합니다.
· 입찰자 조회를 하시거나, 조회되지 않는 경우 직접 입력해 주시기 바랍니다.

이 곳을 클릭 후 아래 입찰자정보 직접입력 추가를 선택하면 다음과 같은 창이 나타난다.

| 입찰자정보 직접입력 추가 | 개인 ▼ | 추가 TIP |

▍입찰자정보

* 표시가 있는 항목은 필수 입력 사항입니다.

구분	개인	*성명	
*주민등록번호	-	실명인증	
*지분	분의	예) 4분의 1 (정수로 입력)	
*주소	우편번호 · 지번 · 도로명		
휴대폰	없음 ▼ - -	*전화번호	없음 ▼ - -
이메일	@	직접입력 ▼	
비고	* 비고사항을 입력해 주시기 바랍니다.		

삭제를 원하시면 오른쪽의 삭제버튼을 클릭해 주시기 바랍니다.   ✕

▍입찰금액 및 보증금 납부 방식 선택

| 최저입찰가 | 2,910,000,000원 |

: : 이후 입찰서 작성 방법은 앞의 개인과 대리인이 작성하는 방법과 동일하므로 지면상 생략함.

☑ 각 항목의 모든 주의사항을 숙지하였으며, 입찰서를 최종 제출하는 것에 동의합니다.

취소   입찰서 제출

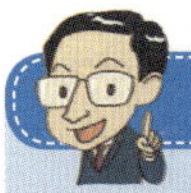

김선생의 핵심 요약정리

공동입찰방법은 다음과 같은 순서로 해야 합니다.

1. 앞에서와 같이 입찰서작성단계에서 공동입찰을 선택해서 입찰서를 작성 제출해야 한다.
2. 공동입찰서를 제출했다면 올바른 입찰이 되기 위해선 〈전자서명방식〉 또는 〈서류제출방식〉을 선택해야한다.

❶ 전자서명방식은 공동입찰자 전부 온비드회원가입과 공인인증서를 등록하고 있을 때 사용하는 방법으로 먼저 대표입찰자가 온비드에 로그인해서 공동입찰서를 제출하고 나서 나머지 공동입찰자들은 나의온비드➡나의입찰내역에서 공동입찰을 선택하고 전자서명하면 된다. 이때에는 별도 서류제출이 필요하지 않는다.

❷ 서류제출 방식은 대표입찰자만 회원이고 나머지는 비회원일 때 입찰방법이다. 이때 먼저 대표입찰자가 온비드에 로그인해서 공동입찰서를 제출하고 나서 나머지 공동입찰자들은 입찰마감 시간인 수요일 17:00까지 인감도장이 날인된 공동입찰서와 인감증명서를 등기우편으로 송달해서 도착하게 하거나 직접 방문해서 제출하면 된다.

◇ 전자서명과 입찰서 제출 확인

(1) 전자서명 정보 확인과 전자서명(아래의 문서에 전자서명을 합니다)

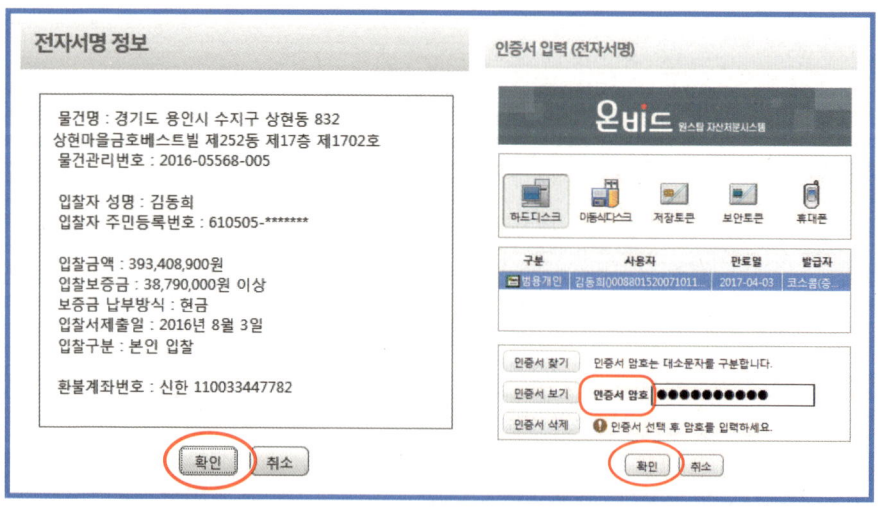

이 화면에서 서명에 사용할 공인인증서를 선택 후 인증서암호를 등록하여 확인을 클릭하면 ▷ "입찰서가 제출되었습니다" 창이 나타나는데 여기서 확인을 클릭하면 입찰서를 제출한 것이다. 이렇게 절차가 마무리가 되면, 다음 입찰서 제출완료사항 및 입찰내역과 입찰보증금 확인 온비드화면 창이 나타난다.

◆ 입찰서 제출 완료 내역과 입찰보증금 납부를 확인하는 방법

(1) 입찰서 제출 완료 내역

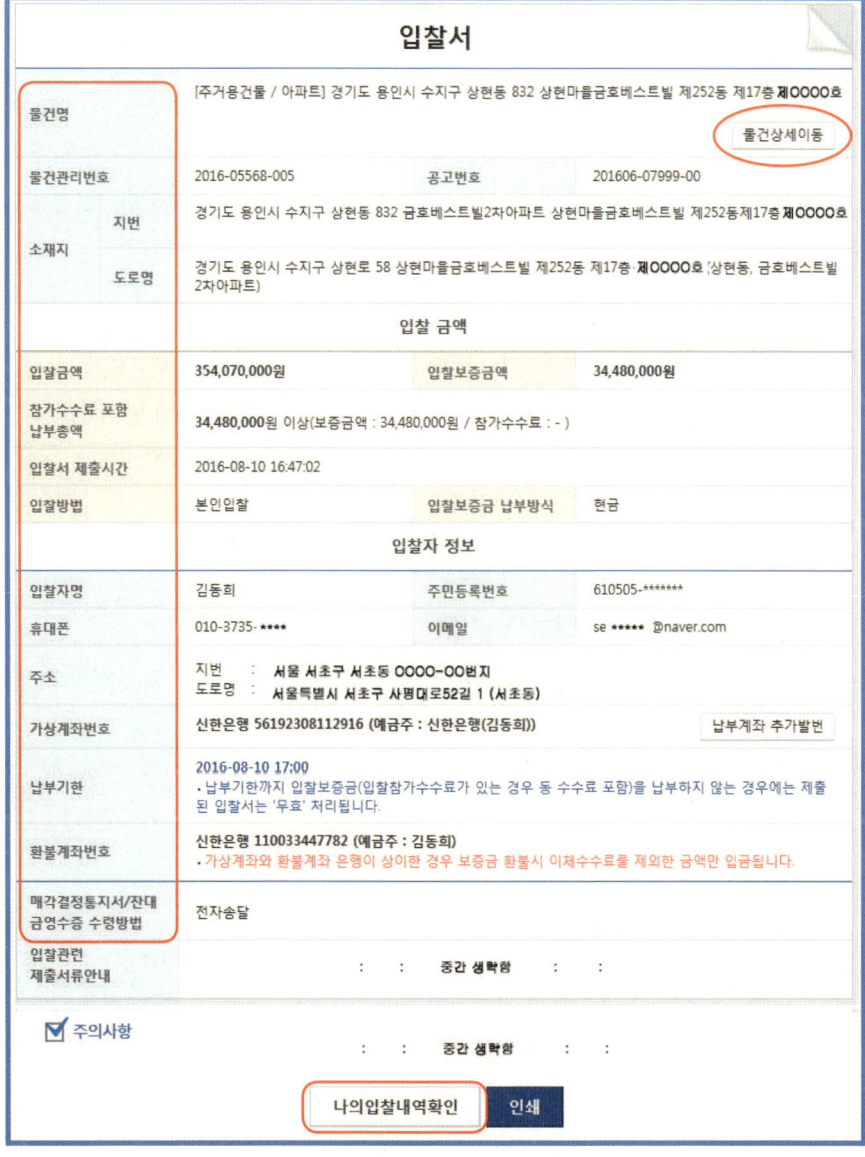

① 입찰한 물건에 대한 입찰서 내용을 최종적으로 확인한다.

② 입찰자가 납부해야할 입찰보증금액 및 입찰참가수수료 등을 확인하고, 입찰보증금 납부 가상계좌번호와 납부기한(납부시간)을 확인한다. 입찰서를 제출한 경우에도 입찰보증금을 입찰보증금 납부기한(시간)까지 입금하여야 유효한 입찰이 된다.

③ 참고로 압류재산 공매 입찰은 2회 이상 입찰이 가능하다는 사실을 알고 있어야 한다. 그래서 입찰서만 제출한 경우 또는 입찰서 제출 후 보증금까지 납부한 경우라도 2회 이상 입찰이 가능한데, 보증금을 납부한 경우라면 높은 가격으로 입찰한 것만 유효하고, 낮은 가격으로 입찰한 것은 다른 유찰자와 같이 환불계좌에 자동이체 된다.

④ 이밖에도 유찰 또는 취소 시 입찰보증금 환불계좌번호가 정확히 입력되었는가를 확인한다.

⑤ 매각결정통지서/잔대금영수증 수령 방법에서 전자송달을 선택한 것은 월요일 10:00에 매각결정이 나면 온비드에서 직접 교부하겠다는 내용을 기재한 것이다.

⑥ 주의사항을 확인하고 이상이 없으면 우측 하단에서 나의입찰내역확인을 클릭해서 입찰보증금 미납을 확인하고 ⇨ 입찰서를 인쇄해서 입찰보증금을 가상계좌로 입금할 때 참고하면 된다.

(2) 입찰보증금 납부를 확인하는 방법

① 입찰보증금을 납부하기 전에는 "나의입찰내역"을 클릭해서 미납된 상태를 확인

입찰서 제출 완료 내역 화면에서 "나의 입찰내역"을 클릭하거나 온비드 홈페이지 상단 "나의온비드"를 검색 후 "나의입찰내역"을 클릭하면 다음과 같이 입찰보증금이 미납된 상태를 확인할 수 있다.

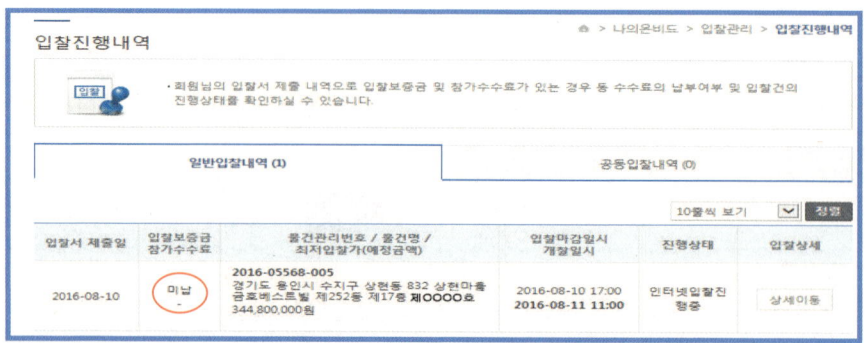

이 화면에서와 같이 입찰서를 제출하고 입찰보증금을 납부하기 전까지는 미납으로 나타난다.

② 입찰보증금 납부하고, "나의 입찰내역"을 클릭해서 '완납'을 확인해야 한다.

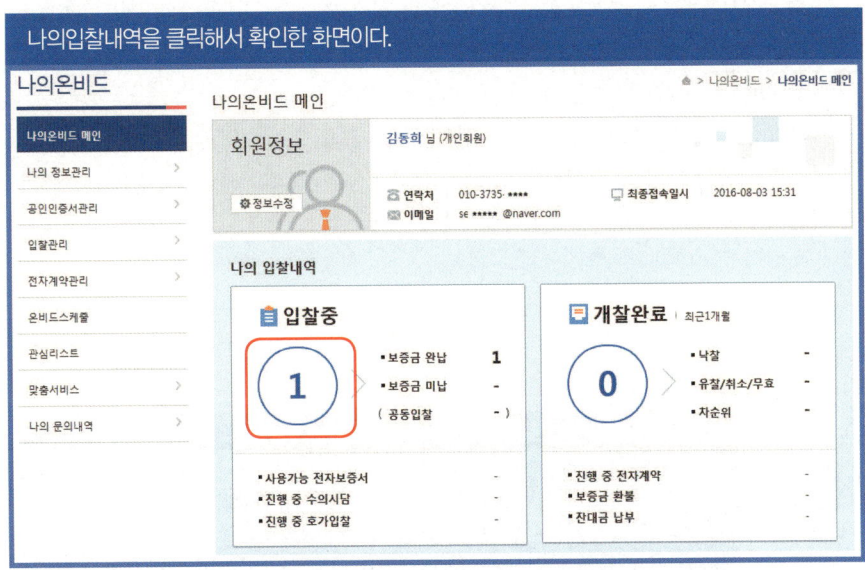

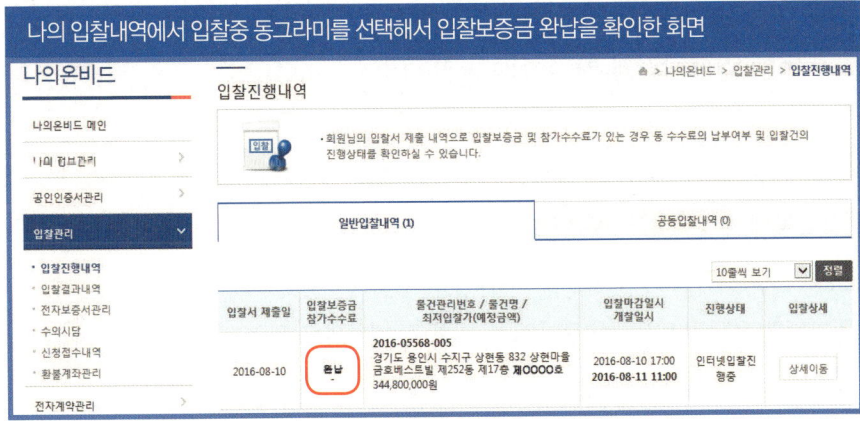

입찰보증금을 가상계좌로 입금하고 ➪ 나의온비드를 검색하면 ➪ 나의 입찰내역이 위와 같이 나타난다. 이 화면에서 입찰 중 동그라미를 클릭해서 일반입찰내역(또는 공동입찰내역)에서 입찰서 제출일, 입찰보증금과 참가수수료, 그리고 입찰보증금 완

납이 표시된 내용을 확인하면 된다.

> **〈입찰보증금 납부 방법 알아 두기〉**
>
> ❶ 입찰서 제출 시 납부계좌를 선택한 신한은행, 하나은행, 우리은행의 가상계좌로 입찰보증금을 납부해야 유효한 입찰이 성립된다(보증금입금계좌는 "입찰서 제출완료 내역"을 프린트한 내용의 가상계좌로 납부).
>
> ❷ 입찰보증금이 1,000만원 이하이면 일시 입금만 가능하고, 1,000만원을 초과하는 경우에는 여러 번으로 나누어 입금하여도 그 합계금액이 입찰보증금액이 되면 된다(본인에게만 주어진 가상계좌이므로 입금자가 입찰자와 달라도 괜찮다).

06 온비드에서 입찰결과와 매각결정서 교부 및 대금 납부기한

◇ **이번엔 입찰결과를 확인하는 방법이다**

(1) 입찰에 참가한 본인이 입찰결과를 확인하는 방법

압류재산의 경우에는 목요일 오전 11:00에 입찰결과를 공표하고 있다. 입찰자가 입찰결과를 확인하는 방법은 온비드 홈페이지 상단 "나의온비드" 메뉴를 선택 후 ▷ 나의 입찰내역이 나타나면 이 중에서 ▷ 입찰중, 개찰완료 등을 선택하면 되는데 ▷ 입찰이 완료되었으므로 개찰완료를 선택하면 된다.

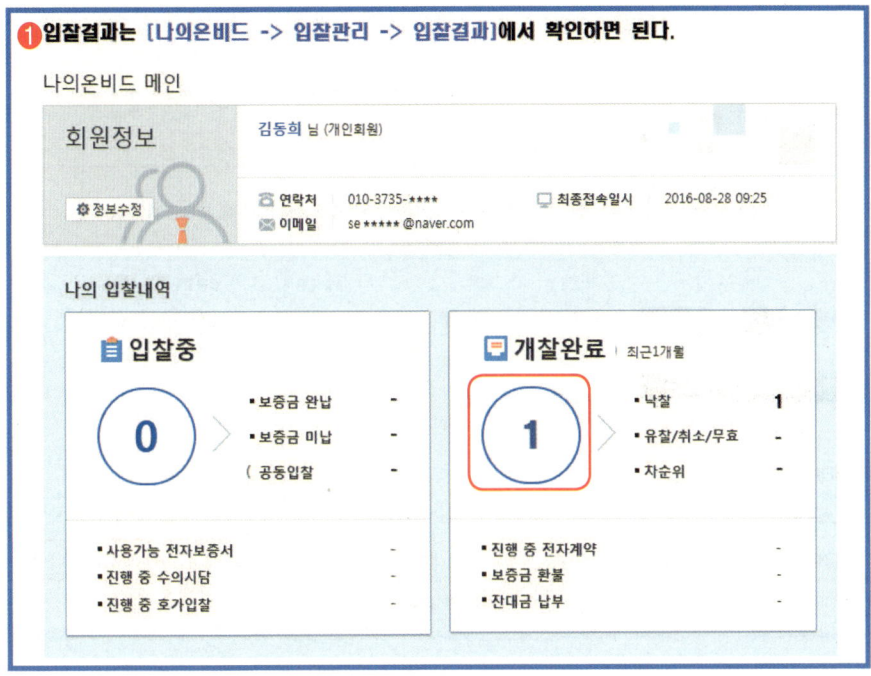

이 화면에서 동그라미를 선택하면 ⇨ 다음 ②와 같이 나의 입찰결과(낙찰, 유찰)를 확인할 수 있다.

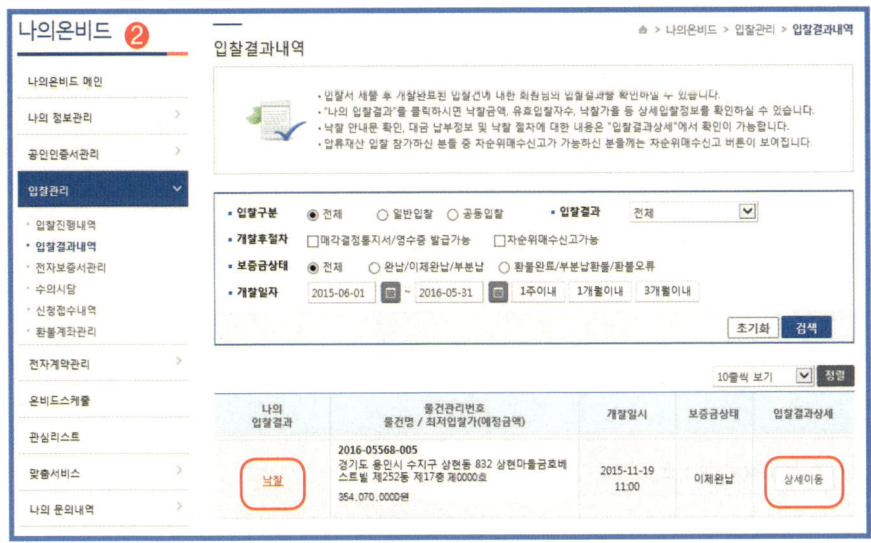

이 화면 우측 하단부분 상세이동을 클릭하면 다음과 같은 화면을 확인할 수 있다.

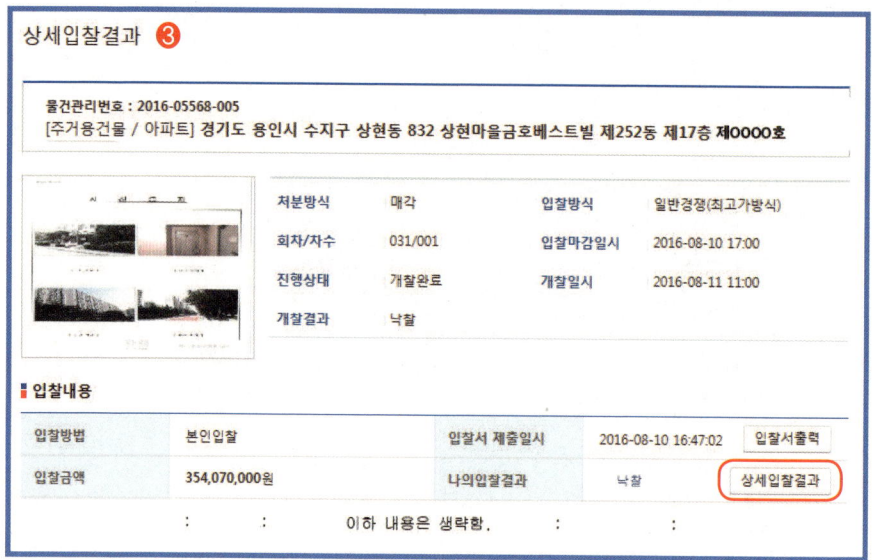

이 화면에서 상세입찰결과를 검색하면 다음과 같은 상세입찰결과를 확인할 수 있다.

상세입찰결과 ④

물건관리번호	2016-05568-005		
재산구분	압류재산(캠코)	담당부점	경기지역본부
물건명	경기도 용인시 수지구 상현동 832 상현마을금호베스트빌 제252동 제17층 제OOOO호		
공고번호	201606-07999-00	회차 / 차수	031 / 001
처분방식	매각	입찰방식/경쟁방식	최고가방식 / 일반경쟁
입찰기간	2016-08-08 10:00 ~ 2016-08-10 17:00	총액/단가	총액
개찰시작일시	2016-08-11 11:02	집행완료일시	2016-08-11 11:18
입찰자수	유효 14명 / 무효 2명(인터넷)		
입찰금액	354,070,000원 / 353,690,000원 / 347,900,000원 / 347,000,000원 / 338,210,000원 / 332,380,000원 ....이하 생략.		
개찰결과	낙찰	낙찰금액	380,360,000원
감정가 (최초 최저입찰가)	431,000,000원	최저입찰가	344,800,000원
낙찰가율 (감정가 대비)	88.25%	낙찰가율 (최저입찰가 대비)	110.31%

대금납부 및 배분기일 정보

대금납부기한	2016-09-15	납부여부	납부
납부최고기한	-	배분기일	2016-09-23

이 화면을 통해서 입찰자수와 입찰금액 조회수 등을 분석하여 유찰된 원인 등을 점검하고, 다음 공매물건 입찰에서 입찰가격 등을 결정하는 데 주요한 분석 자료로도 활용할 수 있다.

(2) 입찰에 참가하지 않은 사람이 입찰결과를 확인하는 방법

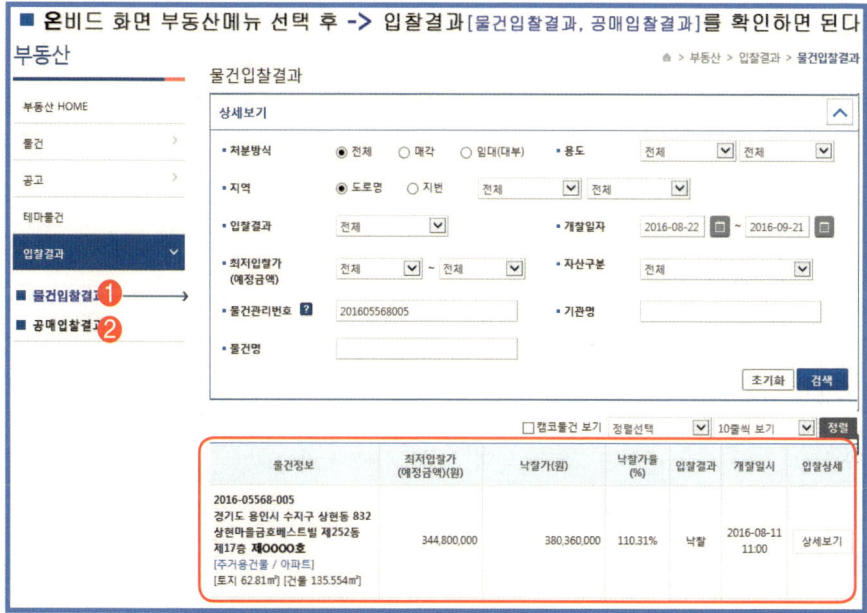

이 화면에서 ① 물건입찰결과를 검색 ▷ 소재시나 자산구분, 또는 관리번호 등을 입력해서 입찰결과를 확인할 수 있다. 그리고 ② 공매입찰결과를 검색 ▷ 공고기관별로 진행되는 입찰결과를 확인할 수도 있다. 어쨌든 이렇게 확인해서 위와 같은 화면이 나타나면 우측 하단부분 상세보기를 클릭하여 상세입찰결과를 검색하면 ➡ 앞에서와 같이 상세입찰결과 화면을 확인할 수 있다. 이 화면은 중복을 피하기 위해서 생략했다.

◇ 공유자우선매수신고와 차순위매수신고를 하는 방법

(1) 공유자우선매수신고 방법

2015. 12. 31. 이전 최초공매공고분은 낙찰자가 결정되고 나서 매각결정기일 전까지만 가능하다. 그러나 2016. 1. 1. 이후 최초공매공고분 부터는 유찰 시에는 종전 매각예정금액으로 할 수 있고, 낙찰된 경우에는 낙찰가격으로 공유자우선매수신고를 다운받아 작성하고, 통장사본, 주민등록등본. 등기부등본을 지참해서 매각기일 전까지(월요일 오전 10:00 매각결정 전까지) 공매담당자에게 제출하면 된다.

(2) 차순위매수신고 방법

차순위매수신고를 할 수 있는 사람은 최고액입찰가격(낙찰가격) - 공매보증금 이상으로 입찰한 자가 차순위매수신고를 할 수 있다. 그 시기는 목요일 11:00 경에 최고액입찰자고 공표되고 나서 월요일 10:00 매각결정기일 전까지 공매보증금을 제공하고 차순위매수신고를 하면 된다. 이러한 과정을 공매담당자를 통해서 전화로 차순위매수신고 가능 여부를 확인하고, 온비드 자료실에서 차순위매수신고서를 다운받아 작성하고와 신분증, 통장사본을 가지고 공매담당자에게 매각결정기일 전까지 제출하면 된다.

◇ 온비드에서 매각결정 여부를 확인하고 매각결정서와 입찰보증금 영수증 교부받는 방법

(1) 온비드에서 매각결정 여부를 확인하는 방법

입찰결과를 확인해서 최고액입찰자가 되었더라도 3일 이후인 월요일 10:00에 본인에게 매각결정 또는 매각결정이 취소되었는지, 공유자에게 매각결정(공유자가 우선매수신청 시) 등을 확인해야한다. 이러한 매각결정 여부를 확인하는 방법은 온비드사이트에서 로그인하고 ⇨ 상단메뉴에서 나의온비드 검색하면 ⇨ 나의 입찰내역(입찰 중, 개찰완료)이 나타난다.

이 화면에서 개찰완료를 선택 후 동그라미를 클릭하여 ▷ 공인인증서 확인절차를 거쳐서 ▷ 입찰내역 중 입찰결과목록을 검색하여 입찰결과 목록에서 매각결정 여부를 확인하면 된다. 이후 실제 온비드 화면에서 확인하는 방법은 앞에서 본인이 입찰결과를 확인하는 방법과 같으므로 중복을 피하기 위해서 생략했다.

(2) 매각결정서 및 입찰보증금 영수증 교부와 대금 납부기한 확인

본인에게 매각결정이 내려졌다면 매각결정과 동시에 확정의 효력이 발생하게 되므로 잔금 납부기한과 납부최고기간 등이 기재되어 있는 매각결정서와 입찰보증금 영수증을 온비드에서 교부 받아야 한다. 이 매각결정서와 입찰보증금 영수증은 추후 대금납부하고 나서 소유권이전등기 시 첨부할 서류가 되므로 보관하고 있어야 한다. 매각결정이 확정되고 나서는 낙찰자의 동의가 없이 공매를 취소할 수 없다. 매각결정이 확정되기 전까지 체납자는 체납액을 상환하고 공매를 취소 신청할 수 있고, 공유자는 공유자우선매수를 신청할 수가 있다. 그래서 낙찰 받았다고 하더라도 매각결정이 낙찰자에게 반드시 나게 되는 것이 아니라 월요일 10:00에 매각결정이 취소 또는 공유자에게 매각결정이 되기도 한다는 사실을 알고 있어야 한다.

① 매각결정통지서(실제 발급받았던 양식임)

관리번호 : 2015-0000-001 입금은행 : 신한은행
위임기관 : 강서세무서 입금계좌번호 : 000-00-40553991

매 각 결 정 통 지 서

체납자	성 명	박○○	주민(법인)등록번호 (사업자등록번호)	000000-0000000
	주소 (사업자)	서울 강서구 ○○동 ○○번지 ○○아파트 ○○○동 ○○○호		
매수인	성 명	김○○	주민(법인)등록번호 (사업자등록번호)	000000-0000000
	주소 (사업자)	서울 서초구 ○○동 ○○번지 ○○○아파트 ○○○동 ○○○호		
매각 재산의 표시		서울특별시 강서구 등촌동 ○○번지 ○○○아파트 ○○○동 제10층 제1003호 대지 ○○㎡ 지분(총면적 1,776.1㎡) 건물 ○○㎡		
매각금액		금 000,000,000원 (보증금 : 금 000,000,000원, 잔대금 : 금 00,000,000원)		
매객결정기일		2015년 11월 30일 10:00		
매수대금납부기한		2015년 12월 30일	매각대금 납부최고기한	2016년 01월 11일

　　국세징수법 제75조 제3항의 규정에 의하여 위와 같이 통지하오니 매수대금을 납부하시고 공매재산을 취득하시기 바랍니다. 다만, 매수대금 납부 전에 체납자가 매수인의 동의를 얻어 체납액을 완납하는 경우 매각 결정 취소가 가능하오니 참고하시기 바랍니다.

2015 년 ○○월 ○○일

한국자산관리공사 서울지역본부장 

○○○ 귀하

② 입찰보증금 영수증(실제 발급받았던 양식임)

영 수 증		
금	원정	(₩)
체 납 자	강서세무서 (2015-0000-001) 박○○	
매각물건	서울특별시 강서구 등촌동 ○○번지 ○○○아파트 ○○동 제10층 제1003호	
내 역	매각대금중 보증금	

위 공매물건 대금을 정히 영수함.   입금은행 : 신한은행
                                  입금계좌번호 : ○○○-○○-40553991

2015년 ○○월 ○○일

한국자산관리공사 조세정리부장 (인)

○○○ 귀하

(매수자교부용)

이 매각결정서와 입찰보증금 영수증은 필자가 다른 공매물건을 낙찰 받았을 때 발급받은 내용을 첨부한 것이다.

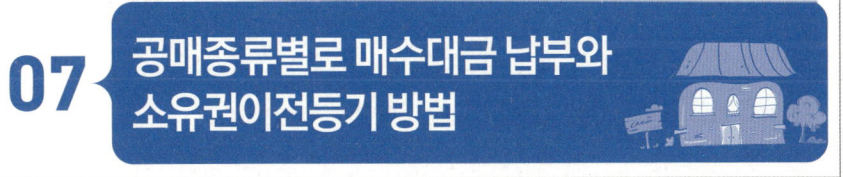

07 공매종류별로 매수대금 납부와 소유권이전등기 방법

◆ 압류재산 공매로 낙찰 받아 매수대금 납부와 소유권이전등기 촉탁

매각결정통지서에 기재된 매매잔대금 입금은행 계좌로 잔대금을 납부하고, 공매담당자와 유선통화 후 온비드에 접속하여 잔대금납부 영수증을 다음과 같이 발급받을 수 있다.

(1) 매매잔대금 영수증(실제 발급 받았던 양식임)

		영 수 증	
금		원정	(₩)
체 납 자	박○○ (2015-0000-001)		강서세무서
매각물건	서울특별시 강서구 등촌동 ○○번지 ○○○아파트 ○○동 제10층 제1003호		
내 역	매각 잔대금		

위 공매물건 대금을 정히 영수함.　　입금은행 : 신한은행
　　　　　　　　　　　　　　　　　입금계좌번호 : ○○○-○○-40553991

2015년 ○○월 ○○일

한국자산관리공사 서울지역본부장　(인)

○○○ 귀하

(매수자교부용)

이 매각대금 완납 영수증은 필자가 다른 공매물건을 낙찰 받았을 때 발급받은 내용을 첨부한 것이니 참고하면 된다.

(2) 압류재산 공매에서의 소유권이전등기 절차와 소유권이전등기할 때 준비서류

가) 압류재산 공매에서의 소유권이전등기 절차

한국자산관리공사는 매수인이 매각대금을 완납하고, 그 증명서와 소유권이전에 필요한 서류를 첨부하여 소유권이전등기를 청구해 오면 ① 관할등기소 등에 소유권이전 및 매수인이 인수하지 아니한 제권리(말소기준권리 이후의 권리) 등의 말소 등을 촉탁하게 된다. ② 등기소의 촉탁방법으로는 등기우편으로 촉탁하는 데 3~4일이 소요된다. 금융기관 등의 잔금대출이나 긴급을 요할 경우 등의 사유로 당일 접수해야 하는 경우 당일 특급우편제도를 이용하게 되는데 이 경우 오전 12시 이전에 소유권

이전등기신청에 관한 모든 절차가 마무리되어서 신청해야만 가능하다. ③ 매수인 또는 대리인이 신청서 제출 시 등기필증수령 요청서를 함께 제출하면 등기필증이 발급되면 수령요청서에 기재된 장소에서 수령할 수 있다.

알아두면 좋은 내용

부동산거래에서 부동산 실거래신고 대상과 실거래신고가 면제되는 경우

1. 공인중개사의 업무 및 부동산 실거래신고에 관한법률 제27조
   거래당사자(매도인 및 매수인), 중개업자는 계약체결일로부터 60일 이내에 부동산 소재지 관할 시장·군수·구청장에게 공동으로 신고해야 한다(중개업자의 중개거래인 경우 반드시 중개업자가 신고). 미신고시 취득세의 3배 또는 500만원 이하 과태료 부과 된다.

2. 주택투기과열지구 내에 있는 주택은 15일 이내에 실거래신고를 하여야 하는데 이 지역에서 15일 이내에 신고대상이 되는 주택은 아파트에 한정된다. 나머지는 60일 이내에 신고하면 된다.

3. 주택거래신고지역 내 주택인 경우에도 신고대상이 아닌 사례
   〈국토해양부 2009-719호〉
   ① 법원경매로 취득하는 경우 ② 압류재산 공매로 취득하는 경우만 면제대상이다.
   그러니 압류재산 공매 이외에 국유재산 공매이나 수탁재산 공매, 유입자산 공매, 신탁재산 공매 등은 부동산 실거래신고 대상이고 그 지역이 주택투기과열지구 내에 있다면 주택거래신고대상이 된다.

나) 압류재산 공매 소유권이전등기할 때 준비서류와 그 절차

이는 압류재산공매뿐만 아니라 국유재산, 수탁재산, 유입·유동화재산 등의 소유권이전준비서류 및 절차에서도 약간의 차이가 있겠지만 같은 순서로 이루어짐으로 대표적으로 압류재산 소유권이전 방법만을 기재하였다.

1. 한국자산관리공사
(온비드에서 발급)

(1) 매각결정통지서(원본) 1부. (2) 보증금납입영수증(원본) 1부.
(3) 잔대금 납입영수증(원본) 1부.
→ 무통장입금 후 무통장입금증 지참(예금주 : 한국자산관리공사)

2. 등기소
(인터넷등기소 포함)

(1) 토지, 건물등기전부사항증명서 각 2통
→ 대법원인터넷등기소에서 제출용으로 출력 후 제출가능

3. 관할 시·군·구청 세무 및 재무과

(1) 토지(임야)·건축물대장 각 1통(공유자연명부 포함) ⋄ 민원 24 제출용으로 출력)
(2) 취득세 및 등록면허세 영수증 발급
- 등기소보관용으로 제출.
- 발급시 지참서류 : ·매각결정서, ·보증금과 잔대금 납입영수증 사본 각1부,
- 취득세 영수증에 과세시가표준액을 기재받을 것(국민주택 채권 매입액 계산 시 필요함)
- 등록면허세 산정기준(등기사항전부증명서상 말소건수 × 7,200원) → 등록세 6,000원과 교육세 1,200원임.
- 대토(환토)인 경우 취록세 감면혜택이 있으므로 사전조사 후 납부 바람.

4. 시·구·읍(면) 사무소

(1) 매수자 주민등록초본 1통 → 주민센터 또는 민원 24에서 발급 가능.
(2) 농지(전/답/과수원)인 경우 → 농지취득자격증명(물건소재 시·구·(읍)면)
- 소재지 시·구·읍(면)사무소에 확인 후 농지취득증명이 필요 없는 경우에는 농지취득자격증명 반려문 또는 토지이용계획확인서 제출 → 농지원부가 있는 농민이 농지를 매수한 경우에도 농지취득자격증명은 필요함

5. 하나, 우리, 농협, 신한은행, 기업은행

(1) 국민주택채권 매입필증영수증 원본으로 제출
→ 취득세납부고지서상의 시가표준금액을 기준으로 매입함(토지 500만원 이상, 기타부동산 1,000만원 이상, 주택 2,000만원 이상인 경우만 매입).
- 농민이 농지 취득한 경우 면제(농지원부 제출) → 국민주택채권 매입기준표
(2) 등기신청 수수료 납부영수증 원본으로 제출
- 등기사항전부증명서상 제권리(압류, 가압류, 근저당 등)말소용 → 소유권 이전 필지 당 기본 15,000원, 말소 등록 건당 × 3,000원.
예시) 토지 2필지, 건물1, 총말소건수 5건인 경우(15,000원 × 3 + 3,000원 × 5 = 60,000원)

6. 한국자산관리공사 제출

(1) 위에서 준비된 모든 서류와 등기청구서 및 등기완료통지서수령요청서 작성 제출[등기청구서 및 등기완료통지서수령요청서 발급화면 : 온비드 ⇨ 입찰/이용안내 ⇨ 자료실 ⇨ 서식자료 ⇨ 압류재산]
(2) 등기소 및 등기완료통지서 발송용 우표 제출 (우체국에서 해당 금액만큼 우표 구매)
- 등기완료통지서 공사에서 직접 수령시 → 우편 1개(빠른등기: 2,400원)
- 등기완료통지서 우편수령시 → 우편 2개(빠른등기: 2,400원, 배달증명 3,600원)
- 등기필증을 직접 교부시 → 본인도장 지참, 대리인인 경우는 본인의 인감증명서와 위임장을 지참하여 방문하면 된다.

〈공매로 소유권이전등기 촉탁신청할 때 알고 있어야할 내용〉

- 소유권이전에 필요한 구비서류의 발급비용은 매수자 부담이다.
- 상기 서류가 모두 구비되면 공사에 방문 또는 우편으로 접수하시고, 공사는 촉탁서를 작성하여 등기소로 송부한다. → 본인 접수시에는 신분증 및 도장 지참, 대리인 접수시에는 위임장(인감 날인)과 인감증명서 지참.
- 발급서류는 1개월 안에 발급 받은 원본서류로 준비하여야 합니다.(사본, 팩스본, 양면인쇄본 접수 불가)
- 법무사에게 위임하고자 하는 경우에는 대한법무사협회(www.kjaa.or.kr) 참고.
- 소유권이전 서류 접수 후 촉탁등기 진행절차 및 소요기간
  구비서류 확인 및 촉탁서 작성 → 촉탁서 발송(구비서류 접수일로부터 7일 이내) ⇒ 등기소 등기절차 진행 및 등기완료통지서 발송(촉탁서 접수일로부터 14일이내) → 등기완료통지서 접수(공사) ⇒ 등기완료통지서 발송(직접수령 가능)
- 압류재산의 권리이전절차(소유권이전)은 공사의 등기촉탁으로만 가능한 업무로서, **매수자가 직접 등기소를 방문하여 촉탁서 접수 및 등기완료통지서 수령이 불가하다.**

    압류재산 공매로 낙찰받아 소유권이전등기하는 방법에 대해서 자세한 내용은 온비드 화면에서 ▷ 입찰/이용안내를 검색해서 낙찰 후 절차안내를 선택해서 확인하고 ▷ 낙찰 후 절차 안내를 다운로드해서 확인하면 된다.

◆ 국유재산매각 및 임대 공매로 낙찰 받아 매수대금 납부와 소유권이전 등기

국유재산매각 및 임대 공매로 낙찰받아 소유권이전등기 또는 임대하는 방법에 대해서 자세한 내용은 온비드 화면에서 ▷ 입찰/이용안내를 검색해서 낙찰 후 절차안내를 선택해서 확인하고 ▷ 낙찰 후 절차 안내를 다운로드해서 확인하면 된다.

(1) 국유재산매각 공매로 낙찰 이후의 절차

(2) 국유재산임대 공매로 낙찰 이후의 절차

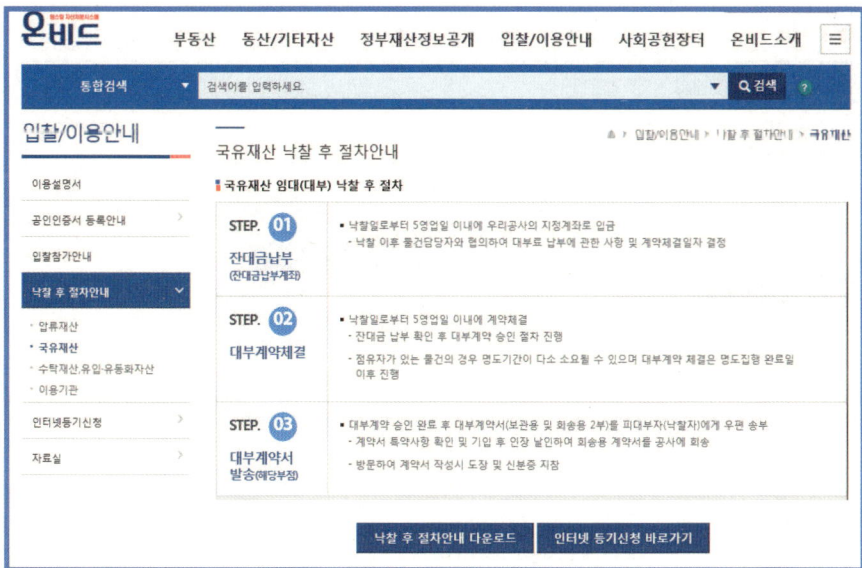

◆ 수탁재산·유입자산·유동화자산 공매로 낙찰 받아 소유권이전등기 하기

◆ 이용기관 등의 재산 공매로 낙찰 받아 소유권이전등기 하기

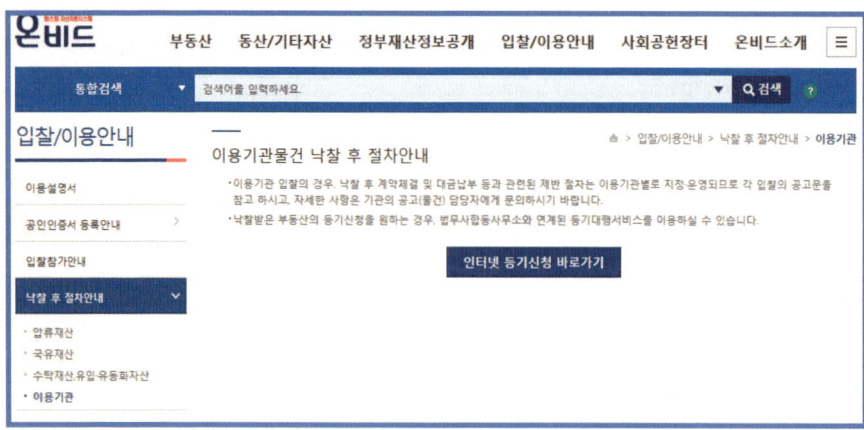

Chapter 4

공매에서 기본적인 권리분석 방법과 하자가 발생 시 대응은?

01 공매에서 권리분석은 어떻게 하나?

◆ **공매에서 권리분석이란?**

공매로 물건을 취득하기 위해서는 입찰에 참여해서 낙찰을 받으면 된다. 이렇게 낙찰을 받았을 경우에 내가 입찰서에 기재한 매수희망가격 이외에 추가로 인수하게 되는 권리나 금액 등이 있는 가 등을 분석하는 것이다. 그래서 인수할 권리 등이 없다면 매수희망가가 취득가가 되지만, 있다면 그만큼 부담을 안고 사게 된다는 사실을 이해하고 매수희망가를 정해야 한다.

◆ **말소기준이 되는 채권과 그 원리를 알면 권리분석의 절반은 성공이다**

(1) 말소기준권리란

(근)저당권, 가압류, 압류, 담보가등기, 전세권(집합건물인 경우 예외적으로 인정), 강제경매기입등기 중에서 제일 먼저 등기사항전부증명서에 기재된 권리가 말소기준권리가 된다.

전세권이 예외적으로 말소기준권리로 인정되는 경우는 집합건물(아파트, 다세대, 연립 등)에서 최선순위 전세권이 경매를 신청하였거나 제3자의 공매나 경매절차에서 배분(또는 배당)요구한 경우에는 매각으로 소멸하면서 말소기준권리가 될 수 있다. 그러나 배분(또는 배당)요구를 하지 않았다면 대항력이 있어서 매수인이 인수해야 한다.

☞ **말소기준권리는 다음과 같은 성립요건이 필요하다**
① 등기부상에서 가장 먼저 등기된 채권이고, ② 돈 받고 소멸되는 채권이면서,
③ 매각대상물 전체에 효력을 미치는 채권이어야 한다. 이러한 권리가 없으면
④ 경매개시결정기입등기가 말소기준권리가 된다.

(2) 말소기준권리가 인수하는 권리와 소멸하는 권리를 판단하는 기준점이 된다.

① 말소기준권리로 가압류, 압류, 근저당, 담보가등기, 집합건물전세권, 강제경매개시기입등기 등이 있다면, 이들 선순위채권을 보호하기 위해서 이 보다 후순위의 채권이나 권리를 소멸시키는 것이 원칙이다. 왜냐하면 후순위채권이나 권리가 소멸되지 않고 낙찰자가 인수하게 된다면 그만큼 낮은 가격으로 매각될 테고 그로 인해 선순위채권이 보호받지 못하게 되기 때문이다.

> ☞ **국세징수법 기본통칙**
> 79-77…1 [매각에 수반하여 소멸되는 권리]영 제77조에서 "매각에 수반하여 소멸되는 권리"에는 다음의 것이 있으며, 이들 권리는 매수인이 매수대금을 납한 때에 소멸하는 것으로 한다. 〈번호개정 2004.02.19〉
> 1. 매각재산사에 설정된 저당권 등의 담보물권
> 2. 전호의 소멸하는 담보물권 등에 대항할 수 없는 용익물권, 등기된 임차권
> 3. 기타 압류에 대항할 수 없는 권리

② 말소기준권리보다 선순위인 부동산상의 권리나 선순위로 부동산에 등기된 권리가 있다면 소멸되지 않고 매수인이 인수하게 된다.

<u>부동산 상의 권리로 인수하는 권리는</u> •대항력 있는 임차인, •유치권, •법정지상권, •분묘기지권, •지역권 등이 있는데, 그중 대표적인 권리가 주택이나 상가임차인으로 말소기준권리 보다 먼저 대항요건을 갖춘 경우 대항력이 있어서 인수해야 한다.

<u>등기부상의 권리로 인수하는 권리는</u> 말소기준권리 이전에 등기되어 있는 •가등기, •가처분, •전세권, •지상권, •환매등기, •임대차등기(민법 제621조)), •예고등기 등이 있다(민집법 제91조 4항).

③ 말소기준권리보다 선순위인 경우로 말소되는 권리는 •임차권등기명령에 의한 임차권등기(주임법 제3조의2, 상임법 제6조), •가등기가 담보가등기인 경우와 저당권 설정 등의 가등기인 경우, •전세권자가 경매를 신청했거나 배당요구를 한 경우, •대항력 있는 임차인과 임대차등기권자(민법 제621조)가 대항력을 포기하고 배당요구를 했다면 배당받고 소멸하는 것이 원칙이지만 미배당금이 발생하면 매수인이 인수해야 한다.

④ 이 밖에도 말소기준권리보다 선순위이든 후순위이든 간에 소멸되지 않고 매수인에게 인수되는 권리로 법정지상권, 분묘기지권, 유치권, 가처분(건물철거 및 토지인도청구권 보전을 위한 가처분) 등이 있다. 그리고 소유권 다툼에 관한 가처분이 후순위인 경우에는 공매나 경매절차에서 소멸되지만, 그 권리가 갖는 효력 즉 본안소송에서 가처분권자가 승소하게 되면 말소된 가처분이 회복되고 그에 따라 매수인이 소유권까지 잃을 수 있으니 주의해야 한다.

(3) 한눈으로 분석해 본 소제주의와 인수주의

소제주의는 낙찰로 인하여 소멸되는 권리이고, 인수주의는 낙찰자에게 인수되는 권리이다.

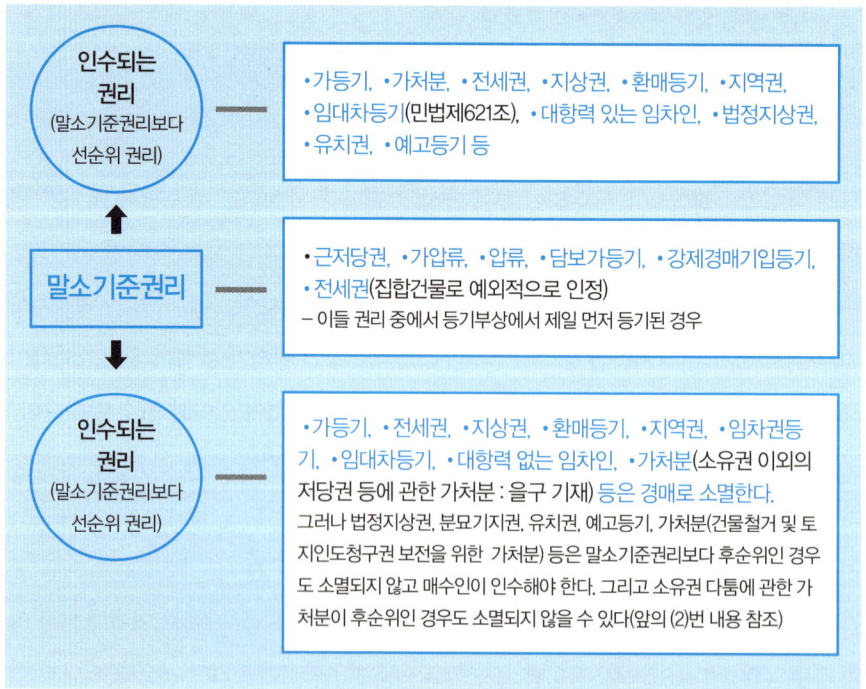

◇ 말소기준권리를 찾아서 기본적으로 권리분석하는 방법

(1) 근저당권이 말소기준권리인 경우

> 갑 근저당 ⇨ 을 세금압류 ⇨ 병 임차인 ⇨ 을의 공매신청
> : 이 사례에서 매수인이 인수할 권리가 없다.

(2) 가압류채권이 말소기준권리인 경우

> 갑 가압류 ⇨ 을 임차인 ⇨ 병 세금압류 ⇨ 병의 공매신청
> : 이 사례는 말소기준권리가 갑 가압류이므로 매수인이 인수할 권리가 없다. 그러나 을 임차인이 갑의 채권액을 대위변제하면 갑 가압류등기가 말소되고 을 임차인은 대항력이 발생된다. 이때 말소기준권리는 병 세금압류가 된다.

홍길동 소유자 ⇨ 갑 가압류(또는 압류) ⇨ 이순신 소유권이전 ⇨ 을 임차인 ⇨ 병 근저당 ⇨ 정 세금 압류 ⇨ 정의 공매신청

: 전소유자의 가압류가 인수된다는 특별매각조건으로 매각하지 않는 한(공매재산명세서 참조) 소멸되는 채권으로 말소기준 권리가 돼 인수권리가 없다.

배분에서는 전소유자의 가압류(전소유자의 압류)는 처분금지효력 때문에 현소유자와 계약한 임차인의 최우선변제금 보다 먼저 1순위로 배당받고, 2순위 임차인 최우선변제금, 3순위 당해세 순으로 배문한다.

(3) 세금 또는 공과금 압류가 말소기준권리인 경우

> 갑 세금압류 ⇨ 을 임차인 ⇨ 병 근저당권 ⇨ 갑의 공매신청
> : 이 사례는 말소기준권리가 갑 세금압류이므로 매수인이 인수할 권리가 없다. 그러나 을 임차인이 갑의 채권액을 대위변제하면 갑 압류등기가 말소되고 을 임차인은 대항력이 발생된다. 이때 말소기준권리는 병 근저당권이 된다. 이 경우 을 임차인이 배분받지 못한 금액은 낙찰자가 인수해야 된다.

(4) 강제경매기입등기가 말소기준권리인 경우

> 갑 임차인 전입 ⇨ 을 임차인 전입 ⇨ 병 임차인 전입 ⇨ 갑의 강제경매신청
> : 인수권리(갑, 을, 병)

이는 갑이 전세보증금 반환청구소송으로 판결문을 득하고 이 판결문을 갖고 대지 및 주택전체에 대하여 강제경매 신청한 경우이다.

(5) 담보가등기가 말소기준권리인 경우

> ① 갑 담보가등기 ⇨ 을 임차인 ⇨ 병 세금압류 ⇨ 병의 공매신청
> : 인수권리 없음
> ② 갑 소유권보전가등기 ⇨ 을 임차인 ⇨ 병 세금압류 ⇨ 병의 공매신
> : 갑 보전가등기 인수

등기부만 보아서는 가등기가 담보가등기인지, 보전가등기인지가 구분하기 어렵다. 왜냐하면 등기된 형식은 소유권청구권보전가등기로 되어 있기 때문에, 가등기권자가 법원의 최고에 의해서 채권계산서를 제출했다면 담보가등기로 판단하면 되고, 그렇지 않다면 소유권청구권보전가등기로 이해하고 낙찰자가 인수한다는 생각을 가지고 입찰에 참여해야 한다.

(6) 전세권이 말소기준권리가 되는 사례와 될 수 없는 사례

① 집합건물(아파트, 연립, 다세대 등)에 최선순위로 설정된 전세권이라면 대항력이 있어서 낙찰자가 인수하는 것이 원칙이다. 그러나 최선순위 전세권자가 직접 경매를 신청했든가, 제3자의 경매절차에서 배분요구를 했다면 전세권은 소멸되는 채권으로 말소기준권리가 된다.

> **갑 전세권(집합건물)** ⇨ **을 저당권** ⇨ **병 세금압류** ⇨ **병의 공매신청**
> : 인수권리 없음

전세권 스스로 용익권을 포기하고 우선변제권만을 주장하게 된 것으로 대항력은 없고 우선변제권만 남게 돼 설령 공매절차에서 미배분금이 발생해도 낙찰자가 인수하는 것이 아니라 소멸되는 전세권에 불과하다.

② 단독·다가구주택인 경우는 전세권이 배당요구하여 배당받을 수 있는데 배당금은 건물의 매각대금에 대해서만 우선하여 배당받을 수 있다. 이 경우 말소기준권리가 될 수 없고 임의경매신청권도 없다.

> **갑 전세권(단독주택)** ⇨ **을 임차인 전입/확정** ⇨ **병 세금압류** ⇨ **병의 공매신청**
> : 인수권리(갑·을 임차인)

∵ 단독주택 전세권은 주택의 일부에만 전세권이 설정된 것이기 때문이다. 따라서 경매신청을 위해서는 전세 보증금 반환청구소송을 제기한 후 판결문을 득해서 강제경매를 신청할 수밖에 없다.

02 물권과 채권의 종류와 이들 상호 간 우선순위

◆ 물권의 종류와 물권 상호 간의 우선순위

(1) 물권의 정의와 종류

물권이란 특정물건을 직접적, 배타적으로 지배하여 이익을 얻을 수 있는 권리(사용, 수익, 처분할 수 있는 권리)로서 지배권이며, 대물권이다. 모든 사람에게 주장이 가능한 절대권이기 때문에 대부분 등기부에 공시된다. 물권은 설정계약에 의해서 성립되지만 법률 또는 관습법에 의해서도 발생한다. 이런 물권의 종류는 물건을 사용, 수익, 처분권을 모두 가지고 있는 소유권과 물건을 사실상 점유할 수 있는 점유권, 소유권을 제한할 수 있는 제한물권으로 담보물권과 용익물권이 있다. 담보물권에는 유치권, 질권, 저당권 등이 있으며, 용익물권에는 지상권, 지역권, 전세권 등이 있다. 이밖에도 관습상의 물권으로 분묘기지권과 관습법상의 법정지상권 등이 있다. 이 밖에도 물권은 아니지만 물권적 효력을 갖는 저당권부 채권으로 담보가등기, 확정일자부 임차권, 주택과 상가건물의 임대차등기 등이 있다.

(2) 동일한 물권 상호 간의 우선순위(일물 일권주의)

먼저 성립된 물권이 이후에 성립된 권리보다 우선하지 못하는 일물 일권주의의 원칙상 하나의 물건 상에 2개 이상의 물권이 성립되지 못한다. 즉 1개의 물건 위에 2개의 소유권·전세권·지상권 등이 중복해서 성립할 수 없다. 일물 일권주의는 한 개의 물건위에 그 내용이 양립될 수 없는 물권은 하나만 존재할 수 있고, 물건의 일부에 관하여는 물권이 존재할 수 없으며, 수개의 물건 위에는 하나의 물권이 있을 수 없으나, 두 개 이상 양립이 가능한 물권은 한 개의 물건 위에 성립할 수 있다. 따라서 서로 용납하는 지배를 내용으로 하는 물권(종류, 성질, 범위 등을 달리하는 물권)이 동시에 두 개 이상 성립함은 일물 일권주의에 반하는 것이 아니다.

(3) 동일한 물권이 아닌 경우에 우선순위

① 소유권과 제한물권(담보물권, 용익물권)이 동일 물건 위에 존재하는 경우 시간의 선후에 관계없이 항상 제한물권이 우선한다.

(예) 이도령 소유 ⇨ 국민은행 근저당권 ⇨ 춘향이로 소유권이 이전되는 경우, 근저당권은 이도령이 소유자로 있을 때나 춘향이로 소유자가 변경돼도 우선한다.

② 제한물권(담보물권과 용익물권) 상호 간의 우선순위는 먼저 등기된 담보물권이 우선한다. 같은 날짜에 설정된 것은 접수번호에 따라 선후가 정해진다.

③ 저당권부 채권 상호 간 우선순위는 등기일자와 효력발생 일시에 따라 우선순위가 정해진다.

(4) 물권우선주의

하나의 물건 위에 물권과 채권이 함께 존재하는 경우 그 성립의 선후와 관계없이 물권이 채권에 우선하는 것이 원칙이다. 그러나 이 원칙에도 예외가 있다. 그 예외는 다음 채권설명에서 다루어 보겠다.

◆ 채권의 종류와 채권 상호 간 우선순위

(1) 채권의 정의와 종류

채권이란, 특정인(채권자)이 특정인(채무자)에 대하여 일정한 행위(=급부)를 청구할 수 있는 권리로서 상대적이고 비배타적인 권리이다. 채권은 채무자에게만 주장할 수 있는 대인적 권리로서 채무자의 행위에 의하여 권리내용이 실행되는 권리이다. 채권은 특정한 사람에게만 주장이 가능한 상대권으로 대부분 등기부에 공시되지 않는다. 이러한 채권은 계약(청약과 승낙)에 의해서 성립된다. 그리고 채무자가 임의로 그 행위를 하지 않을 경우 채권자는 법원에 청구하여 강제집행을 청구할 수 있다. 채권의 종류는 우선특권이 있는 채권으로 특별우선채권(1순위 필요비와 유익비, 2순위로 최우선변제금, 당해세)과 일반우선채권(소세, 공과금, 임금채권)이 있고, 우선특권이 없는 일반채권으로 배당요구가 가능한 채권(가압류, 강제경매신청채권, 집행권원에 의한 배당요구채권, 우선특권 없는 공과금채권)과 불가능한 채권(집행권원이 없는 차용증 등을 소지한 채권자, 확정일자 없는 주택임차인(소액임차인의 소액보증금 중 일정액은 제외)으로 나눌 수 있다.

(2) 채권 상호 간의 우선순위

원칙적으로 채권자 평등의 원칙에 따라서 우열이 없이 그 채권의 성립시기, 효력발생 시기를 불문하고 동순위로서 안분배분하게 된다. 그러나 채권이 특별우선채권과 일반우선채권, 일반채권 간에는 동순위가 되는 것이 아니라, 항상 특별우선채권이 우선하고, 그 다음 일반우선채권, 일반채권 순이 된다.

◆ 물권과 채권 상호 간의 우선순위

(1) 물권우선주의가 원칙

　민법에서는 물권이 채권에 우선한다는 물권우선주의 원칙을 택하고 있다. 그래서 '매매는 임대차를 깬다.' 라는 말이 태어난 것이다. 이 말은 채권과 물권이 충돌하면 물권이 우선한다는 것으로 주택임대차보호법이 탄생하기 전 임차인이 대항력이 없던 시기로, 임차주택이 매매로 소유자가 변경되면 새로운 소유자에게 대항할 수 없었다. 새로운 소유자는 소유권이전등기로 물권을 취득했는데 반해서 임대차는 채권이기 때문이다. 그러나 주택임대차보호법 등이 제정되면서 임차인이 대항요건을 갖추고 있으면 다음날 오전 0시부터 대항력이 있어서 물권에 대해서 대항할 수 있게 되었다.

(2) 물권우선주의의 예외

　채권은 물권과 같이 등기부에 등기 되지 않아서 등기부에 등기된 물권에 우선할 수 없는 것이 대부분이다. 그러나 등기되지 않은 채권도 특별우선채권과 일반우선채권이라면 우선특권이 있어서 물권과의 관계에서 우선할 수도 있고, 우선특권이 없는 채권이라도 등기된 일반채권(가압류등기, 압류등기, 강제경매신청기입등기)이라면 물권과 선후 등기순위에 따라 일반채권이 선순위인 경우 처분금지효력이 물권에 미치게 되어 후순위 물권과 동순위로 안분 배당한다. 그러나 후순위 가압류등기에는 물권이 우선하게 된다.

◆ 물권과 일반채권이 섞여 있는 기본적인 사례에서 배분 분석

　- 임차인의 최우선변제금은 고려하지 않고, 단지 물권과 채권 간에 우선순위에 대해서만 이해하는 시간이다. 그래서 조세와 공과금채권에 대해서도 언급하지 않았다.

> (1) 갑 근저당권 ▷ 을 가압류 ▷ 병 임차인 전입/확정일자 (최우선변제금은 계산하지 아니함)

1순위: 갑 근저당권, 2순위: 을 가압류=병 임차인(확정일자 임차인)이므로 동순위로서 안분 배분한다.

> (2) 갑 임차인 전입/확정일자 ▷ 을 가압류 ▷ 병 강제경매 신청 ▷ 정 가압류 ▷ 을의 강제경매 신청

배당순위: 1순위: 갑 임차인의 확정일자 우선변제권, 2순위: 을 가압류=병 강제경매신청=정 가압류는 동순위로서 안분 배당한다.

> (3) 갑 가압류 ▷ 을 근저당권 ▷ 병 임차인 전입/확정 ▷ 을의 임의경매

물권은 일반채권에 우선하고 물권은 우선변제권이 있으나 우선변제권은 물권보다 후순위로 등기된 물권과 가압류 등의 일반채권에 대해서만 발생한다. 그래서 선순위로 등기된 가압류 등의 채권에 대해선 가압류의 처분금지 효력 때문에 우선하지 못하고 동순위로 안분 배분하게 된다. 배분순위: 1차 갑=을이고, 갑=병이므로 동순위로 1차 안분배분: ① 갑, ② 을, ③ 병을 안분배분하고, 2차 흡수배분: 을은 병보다 우선순위로 을은 병의 1차 안문액 한노 내에서 을의 채권이 만쪽할 때까시(안문부속액을) 흡수하는 절차를 거치게 된다.

> (4) 그러나 전소유자의 가압류채권은 현소유자의 채권에 우선한다.
> 갑 소유자 ▷ 을 가압류 3,000만원 ▷ 병 소유권이전 ▷ 정 근저당 1억2,000만원 2014. 1. 14. ▷ 무 임차인(9,500만원) 전입/확정 ▷ 정의 임의경매 2014.9.20. ▷ 기 재산세(당해세) 100만원 교부청구 순 일때 배당순위(주택은 서울 소재)

1순위 : 을 가압류 3,000만원(가압류의 처분금지효로 우선변제 1)

2순위 : 무 임차인 3,200만원(최우선변제금 1)

3순위 : 기 재산세 100만원(우선변제금 2) ... 순으로 배당된다.

가압류가 되고 나서 소유자가 변경되면 가압류된 채권금액에 대해서 소유권이전등기가 무효가 되므로 배당금에 대해서 현소유자의 채권자(임차인의 최우선변제금, 당해세 등)보다 우선해서 변제받게 된다. 이러한 이유는 가압류의 처분금지효력 때문이다.

◇ 광의의 채권 분류와 이들 상호 간의 우선순위는?

(1) 광의의 채권(물권과 채권 포함) 분류

채권은 광의적으로 해석하면 담보물권, 저당권부 채권(담보물권적 효력이 있는 채권), 무담보 채권이 있다. 무담보 채권에는 우선특권이 있는 채권으로 특별우선채권과 일반우선채권이 있고, 우선특권이 없는 일반채권으로 배분요구가 가능한 채권과 불가능한 채권으로 나눌 수 있다. 이렇게 분류할 수 있어야 채권 상호 간에 우선순위에 따른 배분을 쉽게 정리할 수 있다.

가) 특별우선채권

① 필요비·유익비 상환청구권

② 주임법상(상임법상) 소액보증금 중 일정액(최우선변제금)

③ 근로자의 임금채권 중 최종 3월분 임금과 최종 3년분 퇴직금, 재해보상금(최우선변제금)

④ 국세, 지방세 중 당해세로 인정되는 조세채권

나) 담보물권

근저당권, 전세권 등

다) 저당권부 채권

담보가등기(채권을 담보로 가등기한 채권), 확정일자부 임차권(대항요건과 확정일자를 갖춘 임차인, 등기된 임차권(임차권등기명령에 의한 임차권등기와 임대차등기).

라) 우선특권이 있는 채권

조세채권(당해세 제외), 공과금(국민건강·국민연금보험, 고용·산재보험 등), 근로자의 임금채권(최우선변제금 제외).

마) 일반채권

① 배분에 참여할 수 있는 채권 : 가압류, 강제경매신청채권, 집행권원에 의한 배분요구채권, 우선특권 없는 공과금채권.

② 배분에 참여할 수 없는 채권 : 집행권원이 없는 차용증 등을 소지한 채권자, 확정일자 없는 주택임차인(소액보증금 중 일정액은 제외), 주임법 및 상임법상 보호대상이 아닌 상가 또는 토지 임차인 등은 경매목적 부동산에 가압류등기를 하지 아니하거나 보증금에 대한 채권원인증서만으로는 배분요구가 불가하다.

(2) 광의의 채권 상호간의 우선순위 결정방법

이들 상호간의 우선순위를 설명할 때 담보물권(근저당권, 전세권)과 저당권부 채권은 동일한 담보물권적 효력을 가지고 있기 때문에 앞으로는 저당권부 채권으로 묶어서 설명하기로 한다.

가) 특별우선채권의 우선순위

이들 상호간의 우선순위는 1순위 필요비·유익비 상환청구권 ⇨ 2순위 임차인과 근로자의 최우선변제금이 동순위로 배분받고 ⇨ 3순위로 당해세가 된다. 그리고 이들 특별우선채권들은 다음에 기술되어 있는 저당권부 채권, 우선특권이 있는 채권, 일반채권과는 그 성립시기와 상관없이 우선한다. 다만 임차인의 최우선변제금 만큼은 저당권부 채권(근저당권, 전세권, 담보가등기, 확정일자부 임차권, 등기된 임차권)에 대항할 수 있는 소액임차인이어야 하고, 주택가액(매각대금에서 공매비용을 공제한 금액)의 2분의 1 범위 내에서만 우선한다는 예외규정을 알고 있어야 한다.

나) 저당권부 채권(근저당권, 전세권, 담보가등기, 확정일자부 임차권, 등기된 임차권) 간의 우선순위

① 근저당권과 전세권, 담보가등기권 상호간에는 등기일자를 기준으로 우선순위를 정하고, 같은 날에 발생한 경우라면 접수번호에 의해 우선순위가 정해진다.

② 앞의 ①과 확정일자부 임차권 및 등기된 임차권과는 등기일자와 확정일자부 임차권과 등기된 임차권의 효력발생 시기를 기준으로 그 우선순위를 정한다.

③ 위의 특별우선채권과는 저당권부 채권은 후순위이다.

다) 조세채권 상호간과 다른 채권 상호간의 우선순위

① 조세채권 상호간에는 0순위 체납처분비 ⇨ 1순위 당해세 ⇨ 2순위 납세담보물권 ⇨ 3순위 압류선착주의 ⇨ 4순위 참가압류권자와 교부청구권자가 동순위로 안분배분하는 순서로 배분한다.

② 조세채권 중 당해세를 제외한 일반조세채권과 저당권부 채권과의 우선순위는 저당권부 채권의 등기일자 또는 효력발생일시와 조세채권의 법정기일을 비교해서 우선순위를 정하게 되는 것이지, 조세채권의 압류일자를 기준으로 하는 것이 아니다. 같은 때에 효력이 발생하면 조세채권이 우선한다.

③ 일반조세채권은 공과금채권과 일반채권에 대해서는 그 성립 시기와 상관없이 항상 우선한다.

라) 공과금채권 상호간과 다른 채권 상호간의 우선순위

① 공과금채권 상호간에는 동순위 원칙이고, 조세채권과 같이 압류선착주의가 적용되지 않는다.

② 공과금채권과 저당권부 채권과의 우선순위는 저당권부 채권의 등기일자 또는 효력발생일시와 공과금채권의 납부기한을 비교해서 우선순위를 정하게 되는 것이지, 공과금채권의 압류일자를 기준으로 하는 것이 아니다. 같은 때에 효력이 발생하면 공과금채권이 우선한다.

③ 공과금채권은 조세채권에 항상 후순위가 되지만, 일반채권에 대해서는 그 성립 시기와 상관없이 항상 우선한다.

마) 일반임금채권과 조세·공과금·저당권부 채권 상호간의 우선순위는?

① 일반임금채권(=최우선변제금을 제외한 임금) 상호간에는 동순위 원칙이다.

② 일반임금채권과 저당권부 채권과 상호간에는 임금채권의 성립 시기와 상관없이 저당권부 채권이 우선한다.

③ 일반임금채권이 조세와 공과금채권, 일반채권과의 관계에서는 일반임금채권은 조세채권(당해세 포함), 공과금, 일반채권에 우선한다. 다만 저당권부 채권에 우선하는 조세(당해세 포함)와 공과금채권에 대해서는 그러하지 않고 후순위가 된다. 저당

권부 채권에 우선하는 당해세, 일반조세, 공과금만이 우선하지 저당권부 채권이 없는 경우에는 일반임금채권이 당해세를 포함해서 우선한다. 그러나 일반채권에 대해선 항상 우선한다.

바) 저당권부 채권과 일반채권 상호간의 우선순위

① 저당권부 채권과 일반채권(가압류, 집행권원에 의한 배당요구채권자, 강제경매신청채권자) 상호간에는 저당권부 채권이 일반채권보다 선순위로 등기 또는 선순위로 효력이 발생하면 우선변제권이 있어서 후순위 일반채권보다 우선한다.

② 그러나 일반채권자가 저당권부 채권보다 선순위로 가압류나 압류를 했다면 후순위 저당권부 채권 등에 처분금지효력이 미치게 되어 동순위로 안분 배분해야 한다.

따라서 갑 가압류 ➪ 을 근저당권 ➪ 병 강제경매신청채권순인 경우는 1차적으로 안분배분하고 2차적으로 을 근저당권이 병 일반채권을 흡수하는 배분절차를 진행하면 된다.

알아두면 좋은 내용

왜 필자는 물권과 채권을 이렇게 분석하고 있을까?

물권과 채권 간의 우선순위와 주택과 상가에서 소액임차인을 결정하는 기준을 쉽게 이해할 수 있도록 분석한 것이다.

소액임차인을 결정하는 기준은 원칙적으로 배분 시점으로 현행법상 소액임차인이면 일정액을 최우선변제금으로 배분 받을 수 있다.

그런데 예외적으로 주임법 시행령 부칙 제4조(소액보증금 보호에 관한 적용례) 이 영 시행 전에 임차주택에 대하여 담보물권을 취득한 자에 대해서는 종전의 규정에 따른다. 즉 현행법이 개정되기 전에 설정된 담보물권이 있을 때 개정 후 소액임차인은 그 담보물권에 우선하지 못한다. 이 규정에 해당하는 담보물권은 근저당과 전세권, 담보가등기, 확정일자부 임차권, 등기된 임차권 등을 의미한다. 그러니 이들을 제외한 특별우선채권 중 당해세, 우선특권이 있는 조세·공과금·임금채권, 그리고 일반채권(가압류, 압류)에 대해서는 현행법상 소액임차보증금 중 일정액에 항상 후순위가 된다. 이런 이유로 순위가 충돌하게 되고, 순환흡수배분 사례도 발생한다.

03 공매에서 채권 상호 간의 우선순위는 어떻게 결정하나?

공매로 매각되면 그 **매각대금에서 공매집행비용을 0순위로 공제**하고 나면 채권자에게 실제 배분할 금액이 되는데 그 배분금을 가지고 채권자에게 다음 배분 순으로 배분하게 된다.

(1) 1순위 [필요비, 유익비](민법 제367조)

저당물의 제3취득자나 임차권, 점유권, 유치권자가 그 부동산에 보존개량을 위하여 필요비, 유익비를 지불한 경우 매각대금에서 우선 변제한다.

(2) 2순위 [주택 및 상가임차인과 근로자의 최우선변제금]

① 주택임차인의 소액임차보증금 중 일정액(주임법 제8조 1항)
② 상가임차인의 소액임차보증금 중 일정액(상임법 제14조 1항)
③ 근로자의 최종 3개월분 임금, 최종 3년간 퇴직금, 재해보상금

위 ①+②+③은 동순위이며 배당금이 부족하면 안분배당하게 된다.

(3) 3순위 [당해세]

그 부동산에 대하여 부과된 국세나 지방세를 말한다.

① 국세 중 당해세의 종류는 상속세, 증여세, 종합부동산세를 말한다(국세기본법 제35조 5항). 여기서 상속세·증여세의 당해세 요건은 상당히 제한적이다. 즉 상속, 증여세의 경우 담보권 설정당시 설정자(채무자)에게 납세의무가 있는 상속세, 증여세만 당해세가 될 수 있다. 즉 저당권 설정 전에 증여를 원인으로 부과된 증여세는 그 부동산자체에 대하여 부과된 것으로서 당해세이다(대법 2000다47972). 그러나 저당권이 설정되고 나서 상속·증여 등으로 소유자가 변경되었고 새로운 소유자에게 부과

된 상속·증여세는 당해세가 아니다.

② 지방세 중 당해세는 그 부동산에 부과된 지방세로 재산세, 자동차세, 도시계획세, 공동시설세, 지방교육세(재산세와 자동차세에만 해당된다) 등이 있다(지방세법 시행령 제14조의4). 지방세 중 재산세(재산세와 도시계획세 통합)·자동차세(자동차 소유에 대한 자동차세만 해당한다)·지역자원시설세(특정부동산에 대한 지역자원시설세만 해당한다)(공동시설세와 지역개발세통합) 및 지방교육세(재산세와 자동차세에 부가되는 지방교육세만 해당한다)를 말한다(지방세기본법 제71조 제5항)(2017.3.28.시행).

(4) 4순위 [일반조세채권](당해세를 제외한 세금)

저당권부 채권보다 일반조세채권의 법정기일이 빠른 경우

(5) 5순위 [공과금(국민건강, 국민연금, 고용보험, 산재보험]

저당권부 채권보다 공과금의 납부기한이 빠른 경우

따라서 공과금의 납부기한이 근저당권설정등기일 보다 빠르고 근저당권이 일반조세채권의 법정기일이 빠르다면 순환관계가 발생된다.

예) 공과금 납부기한(2월 10일) ⇨ 근저당권설정등기일(3월 10일) ⇨ 일반조세채권의 법정기일(4월 10일) 순이면 공과금>근저당권이고, 근저당권>일반조세이고, 일반조세>공과금이므로 순환흡수배분절차에 의해서 배분하게 된다.

(6) 6순위 [저당권부채권] 근저당권, 전세권, 담보등기, 확정일자부 임차권, 등기된 임차권(민법621조)]

① 담보물권(근저당권, 전세권, 담보가등기) 상호간의 순위는 설정등기 된 순위이다. 즉 접수일자가 빠른 담보물권이 우선하고 접수일자가 같은 경우 접수번호에 따라 우선순위가 정해진다.

② 확정일자부 임차권은 대항요건(주택의 인도와 주민등록)을 먼저 갖추고 나서 임대차계약서에 확정일자를 받으면 그 당일 주간에 우선변제권이 발생한다. 그러나 대항요건과 확정일자를 같은 날에 부여받았다면 익일 오전 0시에 확정일자부 우선변제

권이 발생한다(∵ 대항력이 대항요건을 갖춘 날 익일 오전 0시에 발생하기 때문이다).

③ 조세채권 확정일은 그 조세의 법정기일 및 납부기일이다.

④ 등기된 임차권은 등기일자가 아니라 그 전의 대항요건과 확정일자를 갖춘 시기이다. 그러나 대항요건을 갖추기 전에 민법제621조에 의해 임대차등기가 이루어졌다면 임대차등기일자에 대항력과 확정일자부 우선변제권이 발생된다.

(7) 7순위 [일반임금채권(최우선변제금을 제외한 임금·퇴직금)]

일반임금채권은 6순위의 저당권부채권에는 항상 후순위가 되지만, 조세(당해세 포함), 공과금, 일반채권에 대해서는 우선한다. 그러나 6순위의 저당권부채권 보다 우선하는 조세나 공과금에 대해서는 일반임금이 우선하지 못하기 때문에 배당에서 위와 같이 4순위에서 7순위로 정해지게 된다(근로기준법 제38조 제1항과 근로자 퇴직급여 보장법 제11조).

(8) 8순위 [일반조세채권]

저당권부 채권보다 일반조세채권의 법정기일이 늦은 경우

(9) 9순위 [공과금(국민건강, 국민연금, 고용보험, 산재보험]

저당권부 채권보다 공과금의 납부기한이 늦은 경우

(10) 10순위 [일반채권자]

가압류채권, 강제경매신청채권, 집행권원이 있는 채권(확정된 판결문, 공증된 약속어음 등), 재산형, 과태료 및 국유재산법상의 사용료, 대부금 등이 모두 배분요구가 가능하며 배분절차에서 이들 순위는 모두 동순위로 안분배분하게 된다.

04 공매절차상에서 하자발생시 낙찰자의 대응방안

— 매각기일(최고액입찰자가 되고나서) 이후 권리변동(대위변제, 가등기권자의 본등기, 기타 권리변동 등)에 대한 대응방안

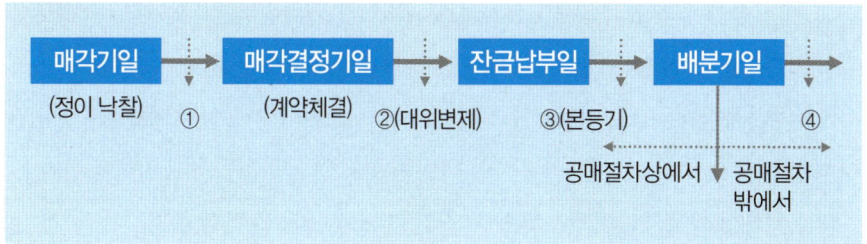

◆ **매각결정 전(① 기간)에 또는 매각결정 후(② 기간)에 대위변제로 1순위 저당권이 말소된 경우**

> 갑 근저당권(1차말소기준) ⇨ 을 임차인 ⇨ 병 조세채권압류(2차말소기준) ⇨ 병 압류공매 의뢰 ⇨ 정 낙찰 : 인수권리 없음.

(1) 여기서, 임차인 을이 갑 근저당권 채권액을 대위변제한 경우라면 상황이 달라진다. 말소기준권리가 병 조세채권압류가 되므로 을 임차인은 대항력이 있어서(순위상승의 원칙) 낙찰자는 을 임차인을 인수해야 한다. 대위변제로 을 임차인이 대항력이 발생되는 경우 : ① 기간 동안에 대위변제 시에는 매각불허가 신청 또는 ② 기간 동안에 대위변제 시에는 매각결정 취소신청을 할 수 있다. 따라서 말소기준권리의 채권액이 소액인 경우 낙찰자는 항상 대위변제를 대비해야 한다. 대위변제는 공매낙찰자가 잔금 납부하기 전까지 가능하므로 선순위저당권이 소액인 경우는 물론 소액이 아니더라도 최소한 대금납부 전에 등기부등본 열람과 공매실행기관 등에 확인하여 대위

변제 사실 등을 확인하고 매각잔금을 납부해야 한다.

◇ 선순위가등기권자가 ③ 기간 동안에 본등기를 한 경우

> 갑 가등기 ⇨ 을 근저당권 ⇨ 병 세금압류 ⇨ 병의 압류공매 의뢰 ⇨ 정 낙찰자 ⇨ 대금납부 ⇨ 갑이 본등기(③) ⇨ 배분기일

③ 기간 동안에 가등기권자가 본등기로 낙찰자가 대금완납 하였음에도 소유권을 상실한 경우 ⇨ 낙찰자는 매매계약 해제 및 공매대금 반환청구를 할 수 있다.

배분계산서원안은 배분기일 7일 전에 작성되므로 이 기간동안에 배분계산서원안에 대한 열람 및 교부 신청 등을 통하여 대위변제나 기타 변수 등을 확인해야 한다.

이때 문제가 발생시 매매계약해제와 대금반환청구 소송을 해야 한다.

◇ 배분기일 이후에 발생한 경우에 대처하는 방법은?

공매절차 밖에서 ④ 기간 동안에 가처분의 말소회복소송으로 등기가 말소된 경우

민법 제578조 경매와 매도인의 담보책임(이 규정은 공매에서도 똑 같이 적용이 가능한 규정임) ㉠ 채무자에게 청구하거나, ㉡ 배분받은 채권자를 상대로 별도의 소송, 즉 부당이득 반환청구 소송을 제기할 수 있다.

① 낙찰자가 소유권을 상실하게 될 경우 민법 제578조(=경매와 매도인의 담보책임) 규정에 의해 채무자에게 계약해제를 요청할 수 있다. 그러나 대부분 채무자가 자력이 없기 때문에 배분 받은 채권자를 상대로 부당이득반환을 청구하면 될 것이다.

② 선순위 갑 근저당권의 채권액이 없는 경우에 형식적 말소기준권리가 되기 때문에 말소기준권리가 될 수 없어서 후순위 을 가처분은 공매절차상에서 소멸되었으나 공매절차 밖에서 이를 회복시켜주어야 한다. 따라서 대금납부 전 또는 배분기일 전까지는 최소한 등기부등본이나 공매 기록 등을 점검해야 한다.

민법 제578조 경매와 매도인의 담보책임에 의해서 (1) 채무자에게 청구하거나, (2) 배분받은 채권자를 상대로 별도의 소송, 즉 부당이득 반환청구 소송을 제기할 수 있다.

◆ 공매의 취소가능성에 대비해라!

부동산 가격에 비해 공매 신청자의 채권액이 적은 경우에는 매각 후에도 매각대금 납부일까지 체납자 또는 소유자가 변제할 가능성이 크다. 이때 체납자의 공매취소신청방법으로 (1) 낙찰자에게 매각결정 전까지는 낙찰자 동의 없이 체납세액을 상환 후 취소신청이 가능하다. (2) 낙찰자에게 매각결정이 확정되고 나서는 낙찰자의 동의가 있어야만 공매취소가 가능하다(압류재산공매는 매각결정 즉시 확정된다). 이 경우 공매는 취소된다. (3) 선순위채권이 많아서 공매신청채권자의 실익이 없게 되면(공매신청자에게 배분여력이 없는 경우) 공매가 취소될 수 있다.

손에 잡히는
공매 투자의 정석

Chapter 5

주택과 상가임차인들은 어떠한 권리를 가지고 있나?

01 주택임차인의 대항력과 우선변제권은 어떻게 발생하나?

◆ **주택임대차보호법의 적용을 받을 수 있는 건물은?**

이 법은 주거용건물의 전부 또는 일부의 임대차에 관하여 이를 적용되는데, 그 임차주택의 일부가 주거 목적 외의 목적으로 사용되는 경우도 마찬가지로 보호받게 됩니다. 이러한 적용대상의 주택에는 공동주택, 단독주택, 기타 주거로 인정되는 건물로 등기된 것이나 미등기건물, 무허가건물 등도 실제 거주의 목적으로 일상적인 생활을 하고 있으면 주택임대차 보호를 받을 수 있습니다.

◆ **주택임차인의 대항력이 발생하려면?**

(1) 일반거래로 소유자가 바뀌는 경우 대항력은

임차인이 주택의 인도와 주민등록이라는 대항요건을 모두 갖추면 다음날 오전 0시에 대항력이 발생하게 돼(대법 2001다30902) 소유자가 바뀌어도 새로운 소유자에게 임대차기간동안 주택을 사용·수익할 수 있고, 종료 시에 주택인도와 동시에 보증금반환을 청구할 권리를 갖게 된다. 일반거래는 매매, 상속, 증여 등으로 소유자가 변경되는 것을 말한다.

(2) 공매나 경매절차에서는 조금 다르게 적용되고 있다

임차인이 말소기준권리 이전에 대항요건을 갖추고 있는 경우 대항력이 있어서 대항력을 주장할 수도 있고, 배분요구해서 우선 변제받을 수 있는데 전액 배분받지 않는 한 소멸되지 않고 낙찰자가 인수하게 된다. 그러나 말소기준권리 보다 후순위임차인은 대항력이 없어서 소멸되므로 미배분금이 발생하면 임차인이 손실을 보게 된다.

◇ **공매나 경매절차에서 임차인의 우선변제권은?**

일반거래로 소유자가 달라지는 경우에는 오로지 새로운 소유자에게 대항력을 주장하고 계약기간이 종료되면 보증금반환청구를 해서 계약관계가 종료되는 것이지 우선변제권이란 용어를 사용할 수 없습니다.

우선변제권이란 공매나 경매절차에서 그 권리를 주장할 수 있는 것으로 소액임차인인 경우 소액임차보증금중 일정액을 최우선변제금으로 우선변제 받고, 소액임차인이 아닌 경우는 확정일자부 우선변제금으로 우선변제 받게 되므로, 소액임차인이 확정일자를 받아 두었다면 소액임차인은 두 개의 권리를 동시에 가지고 있어서 1차적으로 최우선변제금, 2차적으로 확정일자에 의한 우선변제금으로 우선변제 받을 수 있게 되는 것입니다.

(1) 임차인이 최우선변제에 관한 사항과 적용대상범위?

임차인이 대항요건인 주민등록과 주택의 인도를 경매개시기입등기 전에 갖추고 있으면서 소액임차인에 해당되면 보증금 중 일정액에 대하여 주택가액(대지가액을 포함한다)의 2분의 1 범위 안에서 다른 담보물권과 일반채권보다 우선해서 변제받을 수 있는 권리가 있다. 임차인이 소액임차인으로 최우선변제금을 받으려면 다음 각 구간에 해당되는 보증금의 범위 내에 있어야 한다.

① 주택임차인의 소액보증금과 최우선변제금 기간별 지역별 변천사

담보물권설정일	주택소액임차인 최우선변제금		
	지 역	보증금 범위	최우선변제액
생략:	생략:	생략:	생략:
90.02.19.~ 95.10.18.	특별시, 직할시	2,000만원 이하	700만원까지
	그 밖의 지역	1,500만원 이하	500만원까지
95.10.19.~ 2001.09.14.	특별시, 광역시, 군지역 제외	3,000만원 이하	1,200만원까지
	그 밖의 지역	2,000만원 이하	800만원까지

주택소액임차인 최우선변제금			
담보물권설정일	지 역	보증금 범위	최우선변제액
2001.09.15.~ 2008.08.20.	수도권 과밀억제권역	4,000만원 이하	1,600만원까지
	광역시(인천광역시, 군지역 제외)	3,500만원 이하	1,400만원까지
	그 밖의 지역	3,000만원 이하	1,200만원까지
2008.08.21.~ 2010.07.25.	수도권 과밀억제권역	6,000만원 이하	2,000만원까지
	광역시(인천광역시, 군지역 제외)	5,000만원 이하	1,700만원까지
	그 밖의 지역	4,000만원 이하	1,400만원까지
2010.07.26.~ 2013.12.31.	① 서울특별시	7,500만원 이하	2,500만원까지
	② 수도권 과밀억제권역(서울시 제외)	6,500만원 이하	2,200만원까지
	③ 광역시(과밀억제권역, 군지역은 제외), 안산시, 용인시, 김포시, 광주시(경기)	5,500만원 이하	1,900만원까지
	④ 그 밖의 지역	4,000만원 이하	1,400만원까지
2014.01.01.~ 2016.03.30.	① 서울특별시	9,500만원 이하	3,200만원까지
	② 수도권 과밀억제권역(서울시 제외)	8,000만원 이하	2,700만원까지
	③ 광역시(과밀억제권역, 군지역은 제외), 안산시, 용인시, 김포시, 광주시(경기)	6,000만원 이하	2,000만원까지
	④ 그 밖의 지역	4,500만원 이하	1,500만원까지
2016.03.31.~ 2018.9.17.	① 서울특별시	1억원 이하	3,400만원까지
	② 수도권 과밀억제권역(서울시 제외)	8,000만원 이하	2,700만원까지
	③ 광역시(과밀억제권역, 군지역은 제외), 세종특별시, 안산시, 용인시, 김포시, 광주시(경기)	6,000만원 이하	2,000만원까지
	④ 그 밖의 지역	5,000만원 이하	1,700만원까지
2018.9.18.~ 현재	① 서울특별시	1억 1,000만원 이하	3,700만원까지
	② 수도권 과밀억제권역(서울시 제외), 세종시, 용인시, 화성시	1억원 이하	3,400만원까지
	③ 광역시(과밀억제권역, 군지역은 제외), 안산시, 김포시, 경기 광주시, 파주시	6,000만원 이하	2,000만원까지
	④ 그 밖의 지역	5,000만원 이하	1,700만원까지

② 현행법상 소액임차인이면 최우선변제금을 받는 것이 원칙이다.

주임법 제8조 1항에서 임차인은 보증금 중 일정액을 다른 담보물권자 보다 우선하여 변제받을 권리가 있다. 따라서 소액임차인에 해당되면 2분의 1범위 내에서 최우선변제금을 받을 수 있는 것이 원칙이다.

소액임차인을 결정하는 방법은 이렇게 생각해라!

담보물권자가 예측하지 못하는 손실을 막고자 ① 주임법 부칙 제4항(소액보증금의 보호에 관한 경과조치) 제8조의 개정규정은 이 법 시행 전에 임차주택에 대하여 담보물권을 취득한 자에 대하여는 이를 적용하지 아니한다. ② 주임법 시행령 부칙 제4조 (소액보증금의 범위변경에 따른 경과조치) 이 영 시행 전에 임차주택에 대하여 담보물권을 취득한 자에 대하여는 종전의 규정을 적용한다는 예외 조항을 두었기 때문이다.

그래서 이 예외조항에 근거해서 우리의 귀에 익숙한 소액임차인의 결정기준이 탄생하게 되었다. 담보물권자를 보호하기 위해 담보물권이 설정된 시기에 해당하는 소액임차인만 담보물권 보다 우선해서 변제받을 수 있지만 그 구간에서 소액임차인에 해당하지 못하면 담보물권보다 우선하지 못하게 된 것이다(대법원 2001다84824 판결, 92다49539판결 참조). 예를 들어 서울의 경우 2008. 08. 21. ~ 2010. 07. 25. 까지 설정된 근저당권이 있다면 소액임차인이 되기 위해서는 임차보증금이 6,000만원 이하여야 하고, 이 경우 일정액 2,000만원을 최우선변제금으로 담보물권보다 우선해서 배당 받을 수 있다. 따라서 2018. 9. 18. 이후 현행법상 소액임차인(1억 1,000만원 이하)이더라도 앞의 구간에 설정된 담보권에 우선할 수 없다. 이때 현행법상 소액임차인에 대해서 예외조항을 둔 담보물권은 근저당권, 담보가등기, 전세권임에는 분명하다. 그리고 확정일자도 포함 시켜야하는 가에 대해서 공매절차를 주관하는 한국자산관리공사는 확정일자부 임차권을 소액임차인결정기준으로 삼고 배분하고 있고, 법원경매 역시 서울중앙지방법원 사법보좌관 및 실무자분들을 통해서 확인해 본결과 배당실무에서도 소액임차인결정기준에 확정일자도 포함해서 계산하고 있다는 사실을 확인할 수 있었다. 이렇게 확정일자가 소액임차인 결정기준이 된다면 확정일자와 동일한 효력을 갖게 되는 등기된 임자권(임대자등기와 임자권등기) 역시 포함돼야 하기 때문에 <u>주임법 시행령 부칙 제4조에서 정하고 있는 담보물권은 근저당권, 담보가등기, 전세권, 확정일자부 임차권, 등기된 임차권</u>으로 이해하고 소액임차인을 결정하는 기준으로 삼으면 된다.

따라서 담보물권이 있으면 그 <u>담보물권이 설정된 시기에 소액임차인이면</u> 소액임차임이 1순위로 최우선변제금을 받고 그다음 담보물권 순으로, <u>담보물권에 소액임차인에 해당하지 못하면</u> 1순위로 담보물권이 배분받고 2순위로 그다음 담보물권을 기준으로 소액임차인을 결정하고 더 이상 담보물권이 없다면 배분 시점으로 소액임차인에 해당하는 가를 판단해서 소액임차인이면 최우선변제금이 다른 채권보다 우선해서 변제받게 된다고 생각해라!

(2) 확정일자에 의한 우선변제권은 어떻게 되는 가!
① 확정일자부 우선변제권
주택임대차보호법 제3조제1항의 대항요건인 주택의 인도(점유)와 주민등록(전입신고)을 갖춘 임차인이 확정일자를 갖추었다면 주택이 공매나 경매로 매각되는 과정에서 후순위 채권자들에 우선하며 보증금을 변제받을 수 있는 우선변제권을 갖는다.

여기서 확정일자에 의한 우선변제권 효력은 반드시 대항요건을 갖추고 나서 대항력이 발생해야만 다음 ②번과 같이 그 효력이 발생하게 됩니다.

② 대항력과 확정일자 우선변제 효력발생일시 계산방법
㉠ 05. 01. 전입신고와 주택인도 ⇨ 05. 10. 계약서에 확정일자 :
대항력은 05월 02일 오전 0시, 우선변제권은 05월10일 주간.
(주간의 의미: 주민센터 근무 시간으로 09:00 ~ 18:00)

㉡ 05. 01. 계약서에 확정일자 ⇨ 05. 10. 전입신고와 주택인도 :
대항력과 우선변제권은 05월 11일 오전 0시

㉢ 05. 01. 전입신고와 주택인도 ⇨ 05. 01. 계약서에 확정일자 :
대항력과 우선변제권은 05월 02일 오전 0시에 발생한다.

㉣ 05. 01. 전입신고와 계약서에 확정일자 ⇨ 05. 10. 주택인도 :
대항력과 우선변제권은 05월 11일 오전 0시에 발생한다.

(3) 임차인의 최우선변제권요건과 확정일자에 의한 우선변제요건
① 주택임대차보호법상의 소액보증금 중 최우선변제요건
㉠ 배분요구의 종기까지 배분요구를 하였을 것
㉡ 보증금의 액수가 소액보증금에 해당할 것
㉢ 공매공고등기 이전, 첫 경매개시 이전에 대항요건을 갖출 것
㉣ 배분요구의 종기까지 대항력을 유지할 것

② 확정일자를 갖춘 임차보증금채권의 우선변제요건

㉠ 대항요건을 갖추고 계약서에 확정일자를 받아야 한다.
㉡ 배분요구종기까지 배분요구를 하였을 것
㉢ 배분요구종기까지 대항력을 유지할 것
㉣ 이러한 확정일자를 갖춘 임차인이 배당을 받기 위해서는 첫 경매개시결정기입

등기 전에 대항요건을 갖춰야 하는가에 대하여는 소액보증금 중 최우선변제권의 경우와는 달리 첫 경매개시등기 이후에 대항력을 갖추고 확정일자를 받아도 된다는 것이 판례와 다수설의 입장이다(대법 2004다26133 판결).

◇ 임차인의 대항력·우선변제권, 다른 물권과의 우선순위

이번에는 임차인의 대항력과 확정일자부 우선변제금만 가지고 근저당권, 조세채권 간의 우선순위에 따라 배분하면서 인수할 권리가 있는 가에 대해서 알아보는 시간이므로 임차인의 최우선변제금과 공매집행비용은 계산하지 않고 분석하는 시간입니다.

(1) 근저당권 설정 ▷ 임차인이 전입 ▷ 세금압류로 공매가 진행된 사례

갑 근저당권(2015.01.10.) ▷ 을 (전입 및 확정일자)(2015.01.10.) ▷ 병 세금(압류일자 2015.10.10.)(법정기일 2015.01.10.) ▷ 병 공매신청

① 병 세금 우선변제권 효력발생 일시(법정기일 기준) : 15. 01. 10. 주간
② 갑 근저당권 우선변제권 효력발생 일시 : 15. 01. 10. 주간
③ 을 임차인 대항력 발생 시기 : 15. 01. 11. 오전 0시 ▷ 확정일자에 의한 우선변제권 효력발생 일시 : 15. 01. 11. 오전 0시

따라서 배분순위는 1순위로 병 세금이 먼저 배분받고(세금은 저당권부 채권과는 법정기일이 빠르거나 같을 때에는 우선하지만 늦은 경우에는 후순위가 되기 때문이다),

2순위로 갑 저당권, 3순위로 을 임차인 확정일자 순으로 배분받게 되지만 임차인이 대항력이 없어서 낙찰자가 인수해야할 금액이 없다.

(2) 임차인이 전입 ⇨ 근저당권 설정 ⇨ 세금압류로 공매가 진행된 사례

> 갑 임차인(전입 및 확정일자)(15.05.10) ⇨ 을 근저당권(15.05.11) ⇨ 병 세금(압류일자 2015.10.10.)(법정기일 2015.05.10.) ⇨ 병 공매신청

① 병 세금 우선변제권 효력발생 일시(법정기일 기준) : 15. 05. 10. 주간
② 갑 임차인 대항력 발생 일시 : 15. 05. 11 오전 0시 ⇨ 확정일자에 의한 우선변제권 효력발생 일시 : 15. 05. 11. 오전 0시
③ 을 근저당권 우선변제권 효력발생 일시 : 15. 05. 11. 주간

따라서 배분순위는 1순위로 병 세금, 2순위로 갑 임차인, 3순위로 을 근저당권이 배분받게 되는데 갑 임차인은 대항력이 있어서 미배분금액이 있으면 낙찰자가 인수해야 한다.

(3) 근저당권 설정 ⇨ 을 임차인 확정일자 후에 전입하고 같은 날 병 세금압류가 진행된 사례

> 갑 근저당권(15.05.9) ⇨ 을 임차인(확정일자)(15.05.10) ⇨ 을 전입(15.05.11) ⇨ 병 세금(압류일자 2015.10.10.)(법정기일 2015.05.11.) ⇨ 병 공매신청

① 갑 근저당권의 우선변제권 효력발생 일시 : 2015 05. 09. 주간
② 병 세금 우선변제권 효력발생 일시(법정기일 기준) : 15. 05. 11. 주간
③ 을 임차인의 대항력 발생 일시 : 2015. 05. 12. 오전 0시 ⇨ 확정일자 우선변제권 효력발생 일시 : 2015. 05. 12. 오전 0시

따라서 배분순위는 1순위로 갑 근저당권, 2순위로 병 세금, 3순위로 을 임차인이

배분 받게 되는데 임차인은 대항력이 없어서 낙찰자가 인수할 금액은 없다.

◇ **임차인의 최우선변제금과 확정일자 우선변제금, 다른 채권자 등과 배분연습**

이번에는 임차인의 우선변제금(최우선변제금과 확정일자부 우선변제금 포함)을 가지고 근저당권, 조세채권, 가압류채권 간의 우선순위에 따라 배분하는 방법에 대해서 알아보는 시간입니다.

배분금액이 3억5,100만원(공매비용 10,512천원 제외)이고, 서울시 영등포구 대방동에 위치하고 있다.

① 2008. 05. 19. **국민은행 근저당권 5,000만원**
② 2009. 10. 20. **이기동 임차인(전입/확정일자)(7,000만원)**
③ 2011. 06. 25. **김기수 근저당권 1억원**
④ 2013. 03. 20. **김철민(전입/확정일자)(보증금 6,500만원)**
⑤ 2014. 08. 30. **마포세무서 3,500만원(소득세로 2013. 05. 31. 이 법정기일임)**
⑥ 2014. 09. 20. **황해성(전입/확정일자)(보증금 6,000만원)**
⑦ 2015. 09. 15. **마포세무서가 KAMCO에 공매의뢰**
⑧ 2016. 02. 10. **낙찰 361,512,000원** ⇨ 2016. 02. 14. **매각결정확정**
⇨ 2016. 03. 14. **잔금납부** ⇨ 2016. 04. 15. **배분기일**

이 사건에 대해서 배분할 금액 3억5,100만원(공매비용 10,512천원 제외)을 가지고 배분표를 작성하면 다음과 같다.

1순위 : 국민은행 5,000만원(근저당권 우선변제금) - 국민은행에 우선하는 소액임차인은 4,000만원 이하 이어야하는 데 소액 임차인이 없어서 국민은행이 우선해서 배분받았다.

2순위 : 황해성 임차인 2,000만원(최우선변제금) - 1차적 소액임차인 결정기준 : 2009. 10. 20. 이기동 확정일자(6천만원 이하/2천만원).

3순위 : 이기동 임차인 7,000만원(확정일자부 우선변제금)

4순위 : ① 황해성 임차인 500만원(법개정에 따른 소액보증금중 일정액 증가분) +

② 김철민 임차인 2,500만원(최우선변제금) - 2차적 소액임차인 결정기준 : 김기수 근저당권과 김철민 확정일자(7,500만원 이하/2,500만원).

5순위 : 김기수 근저당권자 1억원(근저당권 우선변제금)

6순위 : 김철민 임차인 4,000만원(확정일자부 우선변제금)

7순위 : 황해성 임차인 900만원(법개정에 따른 소액보증금중 일정액 증가분)(최우선변제금) - 3차적 현행 주택임대차보호법상 소액임차인(2016.03.31. ~ 현재, 1억원 이하/3,400만원).

8순위 : 마포세무서 3,200만원(조세채권 우선변제금)으로 배분절차가 마무리 된다.

이 주택에서 대항력 있는 임차인이나 권리 등이 없어서 매수인이 추가로 인수할 권리 등은 없다.

◆ 주택임차인이 알고 있어야할 권리

(1) 임대차계약기간(주임법 제6조)

① 기간의 정함이 없거나 기간을 2년 미만으로 정한 임대차는 그 기간을 2년으로 본다. 다만 임차인은 2년 미만으로 정한 기간이 유효함을 주장할 수 있다

② 임대차기간이 끝난 경우에도 임차인이 보증금을 반환받을 때까지는 임대차관계가 존속되는 것으로 본다.

(2) 계약의 갱신과 묵시적갱신

① 임대인이 임대차기간 만료 전 6월부터 1월까지 임차인에 대하여 갱신거절의 통지 또는 조건을 변경하지 아니하면 갱신하지 아니한다는 뜻의 통지를 하지 아니한 경우에는 그 기간이 만료된 때에 전임대차와 동일한 조건으로 다시 임대차한 것으로 본다. 임차인이 임대차기간 만료 전 1월까지 통지하지 아니한 때에도 또한 같다.

② 제1항의 경우 임대차의 존속기간은 2년으로 본다.

③ 2기(期)의 차임액(借賃額)에 달하도록 연체하거나 그 밖에 임차인으로서의 의무를 현저히 위반한 임차인에 대하여는 제1항을 적용하지 아니한다.

(3) 묵시적 갱신의 경우의 임대기간과 계약해지 방법

① 임차인은 언제든지 임대인에 대하여 계약해지의 통지를 할 수 있다(주임법제6조 1항).

② 제1항의 규정에 의한 해지는 임대인이 그 통지를 받은 날부터 3월이 경과하면 그 효력이 발생한다.

③ 묵시적 갱신이 된 경우 임차인은 언제든지 계약해지 통보를 할 수 있고 계약해지 통보 후 3개월 후에 임대인은 보증금을 반환하여야 한다.

④ 묵시적 갱신에 따른 임대차 존속기간을 주택은 2년, 상가는 1년으로 못 박은 관련법률 개정안이 2009.4.21. 국회를 통과하여 시행하게 되었다. 따라서 묵시적 갱신으로 계약이 연장되는 경우 임대인은 주택은 2년, 상가는 1년간 계약을 해지할 수 없지만 임차인은 언제든지 해지할 수 있고 해지 통보 후 3개월 후에는 보증금을 반환받을 수 있다.

(4) 임차권 등기명령제도 및 등기한 임차권에서 알아야 할 것

주택임대차보호법에서 임대차기간이 만료되면 임대인의 동의 없이 단독으로 신청하는 임차권등기명령제도와 민법에서 임대차계약 당시 또는 임대차기간 동안에 임대인의 동의를 얻어서 등기하는 임대차등기는 다음과 차이가 있습니다.

가) 임차권등기명령제도(주임법 제3조의3)

① 임대차가 종료된 후 보증금을 반환받지 못한 임차인은 임차주택의 소재지를 관할하는 지방법원 또는 시·군법원에 임차권등기명령을 임대인의 동의 없이 단독으로 신청할 수 있다.

② 임차인은 임차권등기명령의 집행에 의해 임차권등기가 경료 되면 임차인이 임차권등기 이전에 이미 대항력이나 우선변제권을 취득한 경우에는 그 대항력이나 우선변제권은 그대로 유지되며, 임차권등기 이후에는 대항요건을 상실하더라도 이미 취득한 대항력이나 우선변제권을 상실하지 아니한다(제5항).여기서 임차권등기명령의 효과는

신청서 제출 시기가 아니라 임차권등기가 마쳐진 시점부터 발생한다는 점이다.

③ 임차권등기명령의 집행에 따른 임차권등기가 끝난 주택을 그 이후에 임차한 임차인은 소액임차인이라도 최우선변제권이 인정되지 아니한다(제6항). 소액임차인이라도 임차권등기가 경료 되면 등기범위 안에서 최우선변제를 받을 수 없다.

④ 임차권 등기명령의 신청절차 – 임대차 기간이 종료되었으나 임차보증금을 반환받지 못한 임차인이 신청할 수 있다. 따라서 계약기간이 남아 있는 경우는 신청할 수 없다. 그리고 보증금 일부를 반환받지 못할 경우도 신청할 수 있다. 그러나 계약해지 사유가 발생하면 소유자가 변경되거나 공매나 경매가 진행되면 임차권등기를 신청할 수 있다.

⑤ 임차권등기와 관련하여 발생된 소송비용은 임대인에게 청구할 수 있다.

나) 민법에 따른 주택임대차등기의 효력(주임법 3조의4)

민법 제621조에 따른 주택임대차등기의 효력에 관하여는 제3조의3 제5항 및 제6항을 준용하게(1항) 되므로 주임법 3조의4 제2항에 따라 임대인의 협력을 얻어 주택임대차등기를 마친 경우에는 임대차등기 시점에 대항력과 우선변제권이 발생하고, 그 이전에 대항요건과 확정일자를 갖춘 경우에는 그 시점을 기준으로 대항력과 우선변제권이 발생하게 되는데 임대차등기 이후에 대항요건을 상실하더라도 이미 취득한 대항력이나 우선변제권을 상실하지 아니한다.

(5) 임대차의 양도와 전대차에서 주의할 점

임차권 양도·양수 계약은 임차인이 임차권을 팔아서 임차인의 지위에서 벗어나고 양수인이 새로운 임차인이 되지만, …

전대차계약은 임차인의 지위는 그대로 유지하면서 임차인이 전대하는 것으로 임차인이 전대인이 되고, 전대인에게 주택을 인도받아 주택을 이용하는 사람을 전차인이라 하는데, …

주임법 제3조 제1항에 의한 대항력을 갖춘 주택임차인이 임대인의 동의를 얻어 적법하게 임차권을 양도하거나 전대한 경우에 있어서 양수인이나 전차인이 임차인의 주민등록 퇴거일로부터 주민등록법상의 전입신고기간 내(14일 이내)에 전입신고를 마치면 종전 대항력과 우선변제권이 그대로 유지하게 됩니다.

따라서 입찰할 때 기업은행 근저당권 ⇨ 홍길동 임차인 전입신고 ⇨ 서초세무서 세금압류로 공매신청 ⇨ 공매절차에서 임차인이 배분요구를 하지 않았다면, .. 임차권 양도나 전대차계약에 의한 대항력이 있을 수 있으니 조심해야 합니다. 왜냐하면 임차권양도인과 전대인이 말소기준 이전에 대항력을 갖추었다가 퇴거 후 14일 이내에 새로운 양수인이나 전차인이 대항요건을 갖추었다면 대항력이 있어 낙찰자가 인수해야 되기 때문입니다.

(6) 전세를 월세로 전환 시 적용되는 이자율 상한선 하향조정

전세보증금을 월세로 전환 시 적용되는 산정률이 대통령령으로 정하는 비율인 연 1할 즉 10%와 한국은행 기준금리인 1.5%(2017년11월30일 기준)의 4배인 6%를 비교하여 더 낮은 것으로 정하도록 변경된 사실도 알고 있어야 합니다.

(7) 임차인 홀로 임차주택에 거주하다가 사망하면?

첫 번째로 사망 이전에 상속지분권자가 동일세대원으로 대항요건을 갖춘 경우 종전임차권은 상속지분권자 명의로 승계취득하게 되므로 송전임자권에 기한 대항력과 확정일자부 우선변제권이 상속지분권자에게 그대로 존속된다.

두 번째로 사망 이전에 상속지분권자가 동일세대원으로 대항요건을 갖추지 못한 경우 종전임차권의 효력은 소멸되고 새롭게 상속지분권자 명의로 대항요건을 갖춘 시점에 임차권이 대항력이 생기고, 만일 대항요건을 갖추기 이전에 제3자로 소유권이 변경되거나 경매로 매각된다면 종전임차권은 일반채권자의 지위에 놓이게 되어 주임법상 대항력과 우선변제권이 상실될 수도 있다. 경매실무에서도 아버지가 홀로 사시다가 사망한 상태에서 1년 동안 상속지분권자들인 자녀들의 협의가 이루어지지 못한 상태에서 그 임차주택이 경매가 진행돼 전세금을 잃게 된 사례가 있다.

02 상가건물 임차인은 어떠한 권리를 가지고 있나?

◇ 상가건물임대차보호법의 적용대상 건물

　상가건물임대차보호법도 주택임대차보호법의 적용대상 건물처럼 임대차 목적물의 전부 또는 일부를 건물로 사용하는 경우에도 적용 대상이다. 영업용으로 사용하고 있는 건물이 영업용 건물로 등기가 되었든, 미등기든, 무허가 건물이든, 비영업용 건물의 일부를 영업용 건물로 이용하든 사업자등록을 할 수 있는 건물이면 모두 적용대상이 되는데 그 영업용 건물의 용도로 사용하는 판단 시점은 임대차계약체결 시점으로 판단해서 상임법의 적용을 받게 된다.

◇ 상임법으로 보호받을 수 있는 임차인은?

　① 상가건물임대차보호법의 보호를 받으려면 사업자등록을 할 수 있는 건물에서 대항요건(사업자등록+건물인도)을 갖추고, 대통령이 정하는 환산보증금(보증금＋월세×100)이 상임법 적용대상 범위 내에 있어야 했다(상임법 제2조 1항). 즉 기존에는 대통령이 정하는 환산보증금 기준(2014년 1월 1일부터 현재)으로 4개의 권역으로 나누어 •서울특별시는 4억원, •수도권 과밀억제권역은 3억원, •광역시는 2억4천만원, •그 밖의 지역은 1억8천만원을 범위 내에 있는 임차인만 보호대상이고, 초과하는 임차인은 보호대상이 아니어서 대항력이 없었다. 그래서 건물주가 바뀌면 기존 임대차계약을 주장할 수 없고, 강제 퇴거당하는 사례가 빈번 했었다.

　② 그런데 2015. 05. 13. 부터 상임법 개정(상임법 제2조 3항)에 따라 ①항의 환산보증금(보증금＋월세×100)을 초과하는 상가임차인에게도 상가건물 소유자가 변경 돼도 새로운 소유자에게 임대인의 지위를 승계하도록 대항력을 인정했고, 최소 5년간 계약갱신요구권도 보장 받을 수 있게 되었다. 다만 백화점과 대형마트 등 유통산업발전법에서 규정한 대규모 점포는 적용대상에서 제외 된다. 그리고 이 법은

2015년 05월 13일 이후 새로 계약하거나 갱신된 임대차부터 적용한다. 이젠 환산보증금에 관계없이 모든 상가 임차인들이 적법한 대항요건(사업자등록과 건물인도)만 갖추고 있으면 소유자가 변경돼도 대항력과 5년간 계약갱신요구권으로 보호를 받을 수 있게 되었다.

◇ 상가임차인의 대항력은 언제 어떻게 발생하나?

(1) 상가임차인의 대항요건과 대항력(상임법 제3조)

① 임대차는 그 등기가 없는 경우에도 임차인이 건물의 인도와 사업자등록을 신청하면 그 다음 날부터 제3자에 대하여 효력이 생긴다.

② 임차건물의 양수인(그 밖에 임대할 권리를 승계한 자를 포함한다)은 임대인의 지위를 승계한 것으로 본다.

③ 이 법에 따라 임대차의 목적이 된 건물이 매매 또는 경매의 목적물이 된 경우에는 민법 제575조 제1항·제3항 및 제578조를 준용한다.

(2) 일반거래로 소유자가 바뀌는 경우 대항력은?

상가임차인이 상임법상 대항요건(사업자등록과 건물인도)을 모두 갖춘 다음 날 오전 0시부터 대항력이 발생하므로, 그 후에 소유자가 바뀌어도 새로운 소유자에게 임대차기간 동안 주택을 사용·수익할 수 있고, 종료 시에 주택인도와 동시에 보증금반환을 청구할 권리를 갖게 된다. 일반거래는 매매, 상속, 증여 등으로 소유자가 변경되는 것을 말한다.

(3) 경매나 공매로 소유자가 바뀌는 경우 대항력은?

경매·공매절차에서는 조금 다르게 적용되고 있다.

말소기준권리 이전에 대항요건을 갖춘 경우만 대항력이 있고 이후에 대항요건을 갖춘 경우에는 대항력이 없다. 상가임차인의 대항력만 가지고 판단할 때에 •환산보증금(보증금＋월세×100)이 상임법 적용대상 범위 내(상임법 제2조 1항)에 있는 임차인과 초과하는 임차인이 차이가 없어 보인다. 그러나 유의할 점은 ① 환산보증금의 범위 내에 있는 임차인이 •선순위인 경우 대항력과 우선변제권(최우선변제금과 확정일자부 우선변제금)중 선택할 수 있고, •후순위인 경우 대항력이 없어서 우선변제권으로 배당 받고 소멸된다. ② 환산보증금을 초과하는 임차인이 •선순위인 경우에는 대항력만 인정되고 배당요구해서 우선변제 받을 수 있는 권리는 없다. 그래서 •후순위인 경우에는 심각해 진다. 대항력이 없어서 소멸되는 임차권에 불과한데, 배당요구해서 우선변제 받을 수 있는 권리(최우선변제금과 확정일자부 우선변제금)가 없어서, 일반채권자로 채권가압류 후 배당요구종기 전까지 배당요구해야 배당참여가 가능하다.

◇ 상가임차인이 최우선변제금을 받으려면 어떻게 해야?

(1) 소액임차인으로 최우선변제금을 받으려면?

임차인은 보증금 중 일정액을 다른 담보권자보다 우선하여 변제받을 권리가 있다. 이 경우 임차인은 건물에 대한 공매 공고등기 전에 또는 경매기입등기 전에 상임법 제3조 제1항의 대항요건(사업자등록과 건물인도)을 갖추어야 한다(상임법 제14조 1항). 공매 공고등기 전에 대항요건을 갖춘 상가임차인은 전세의 경우 보증금을, 월세일 경우 보증금+(월세×100)으로 환산하여 그 보증금액이 다음 **소액보증금과 최우선변제금 기간별 지역별 변천사**의 보증금 범위 내에 있는 경우는 일정액을 담보물권자보다 우선하여 변제받을 수 있다. 이때 유의할 점은 보증금중 일정액의 합산 액이 상가건물(대지포함)의 가액의 2분의 1(2014. 01. 01.부터 개정됨, 개정 전 2013. 12. 31. 까지는 3분의 1)을 초과하는 경우에는 각 임차인의 보증금중 일정액의 비율로 그 상가건물의 가액의 2분의 1에 해당하는 금액을 분할한 금액을 각 임차인의 보증금중 일정액으로 본다. 최우선변제금액은 아래 ①, ②, ③, ④권역에서 환산보증금이 소액보증금액에 해당할 때에 소액보증금 중 일정액을 우선하여 변제받을 수 있는 금액이다.

개정 전			개정 후					
권역별	2002.11.1.부터~2010.7.25.까지		권역별	1차개정 2010.7.26.~2013.12.31.		2차 개정 2014.1.1.~이후부터 현재까지		
	보증금	최우선변제금		보증금	최우선변제금	보증금	최우선변제금	
① 서울특별시	4,500만원	1,350만원	① 서울특별시	5,000만원	1,500만원	6,500만원	2,200만원	
② 수도권 과밀억제권역(서울 제외)	3,900만원	1,170만원	② 수도권 과밀억제권역(서울 제외) *2018.1.26. 부터 부산광역시 포함됨.	4,500만원	1,350만원	5,500만원	1,900만원	
③ 광역시(인천 군 지역 제외)	3,000만원	900만원	③ 광역시(수도권과밀억제권역과 군지역은 제외), 안산,용인, 김포,광주(경기) *2018.1.26. 부터 세종시 파주, 화성시 포함됨.	3,000만원	900만원	3,800만원	1,300만원	
④ 그 밖의 지역	2,500만원	750만원	④ 그 밖의 지역	2,500만원	750만원	3,000만원	1,000만원	
환산보증금			환산보증금					

 김선생 한마디

환산보증금 계산법 : 임대보증금+(월세×100)

2차 개정 이후인 2014.1.1. 이후부터 현재까지를 기준으로 계산하면,

① 서울소재 보증금 1,000만원에 월세 50만원이라면

1,000만원+(50만원×100)5,000만원=6,000만원으로 소액임차인에 해당되어 저당권 등에 우선하여 최우선변제금 2,200만원을 받을 수 있다.

② 보증금 3,000만원에 월세 40만원이라면

3,000만원+(40만원×100)4,000만원=7,000만원으로 소액임차인에 해당되지 못함으로 최우선변제 대상이 아니다.

(2) 현행법상 소액임차인이면 누구나 최우선변제금을 받을 수 있나?

첫 번째로 매각물건에 등기된 담보물건이 없다면 현행법에 따라 서울의 경우 6,500만원 이하인 임차인이 상가건물가액의 2분의 1 범위 내에서 2,200만원을 1순위로 배분 받을 수 있다.

두 번째로 담보물권(근저당권, 담보가등기, 전세권, 확정일자부 임차권, 등기된 임차

권)이 있고 그 담보물권이 상임법 시행일 이전에 설정되었다면 상임법 적용대상이 아니어서 최우선변제권이 인정되지 않으므로 1순위로 담보물권이 배분 받게 되고, 2순위로 최우선변제금 순으로 배분받게 된다.

세 번째로 담보물권이 상임법 시행일 이후에 설정되었다면, 소액보증금이 각 지역별에 해당되는 금액 이하인 경우만 최우선변제금을 받을 수 있다. 그런데 유의할 점은 현행상임법상 환산보증금이 소액임차인에 해당되어도, 그 이전에 담보물권이 설정되어 있다면 그 담보물권 설정당시에 해당하는 구간에 소액임차보증금이어야 그 담보물권보다 우선해서 최우선변제금을 받을 수 있다. 담보물권자가 예측하지 못하는 손실을 막고자 상임법 시행령 부칙 제4조(소액보증금 보호에 관한 적용례) 이 영 시행 전에 담보물권(근저당권, 담보가등기, 전세권, 확정일자부 임차권, 등기된 임차권)을 취득한 자에 대해서는 종전의 규정에 따른다는 예외 조항을 두었기 때문이다.

◆ 확정일자부 우선변제권의 성립요건과 우선변제권은?

(1) 확정일자부 우선변제권은 어떠한 요건을 갖추고 있어야?

상임법 제5조제2항 상가임차인이 제3조제1항의 대항요건을 갖추고 관할세무서장으로부터 임대차 계약서상 확정일자를 받으면 경매에서 임차건물(임대인소유의 대지를 포함)의 매각대금에서 후순위권리 그 밖의 채권자보다 우선하여 임차보증금을 변제 받을 권리가 있다.

① 상가임대차보호법의 적용대상은 어떻게 되는가!

상가임대차는 영세상인을 보호하기 위한 것이므로 다음 ②번과 같이 4개의 권역별 기간별에 해당하는 환산보증금 이하인 임차인만 대항요건과 확정일자를 갖춘 경우 확정일자에 의해 후순위채권자 보다 우선해서 변제 받을 수 있다. 그러나 환산보증금이 법 적용 기준금액을 초과하면 대항력과 5년 계약갱신요구권만 인정되고, 우선변제권(최우선변제금과 확정일자부 우선변제금)이 없어서 배당요구가 불가하다(자세한 내용은 183~185쪽 참조)

② 상임법 적용대상 환산보증금의 권역별 기간별 변천사

권역별	2002.11.1.~2008.8.20.	2008.8.21.~2010.7.25.	권역별	2010.7.26.~2013.12.31.	2014.1.1.~2018.1.25	2018.1.26.~현재
① 서울특별시	2억4천만원 이하	2억6천만원 이하	① 서울특별시	3억원 이하	4억원 이하	6억1천만원 이하
② 수도권 과밀억제권역(서울시 제외)	1억9천만원 이하	2억1천만원 이하	② 수도권 과밀억제권역(서울 제외) *2018.1.26.부터 부산광역시 포함됨	2억5천만원 이하	3억원 이하	5억원 이하
③ 광역시 (인천, 군 지역 제외)	1억5천만원 이하	1억6천만원 이하	③ 광역시(수도권 과밀억제권역과 군 지역은 제외), 안산, 용인,김포,광주(경기) *2018.1.26.부터 세종시, 파주시, 화성시 포함됨.	1억8천만원 이하	2억4천만원 이하	3억9천만원 이하
④ 그 밖의 지역	1억4천만원 이하	1억5천만원 이하	④ 그 밖의 지역	1억5천만원 이하	1억8천만원 이하	2억7천만원 이하
비 고	환산보증금	환산보증금		환산보증금		

(2) 상가임차인이 대항요건과 확정일자를 받았다면 그 효력은?

상가 임차인에 대한 대항력과 우선변제권은 이렇게 알고 있으면 된다.

① 상임법 시행 전인 2002년 05월 10일 사업자등록/건물인도 ⇨ 2002년 11월 01일 확정일자를 받았다면 : 대항력과 확정일자 우선변제권은 2002년 11월 02일 오전 0시에 발생(기존임대차는 상임법 시행 후에 상임법적용대상이 되므로 그때 비로소 대항요건을 갖춘 것)

② 상가임차인이 2015년 05월 01일 사업자등록/건물인도 ⇨ 5월 10일 확정일자를 받았다면 : 대항력은 5월 02일 오전 0시, 확정일자부 우선변제권은 05월 10일 당일 주간에 발생하게 된다.

③ 상가임차인이 2015년 05월 01일 확정일자를 받고 ⇨ 05월 10일 사업자등록/건물인도를 받았다면 : 대항력은 05월 11일 오전 0시, 확정일자부 우선변제권은 05월 11일 오전 0시에 발생.

④ 상가임차인이 2015년 05월 01일 사업자등록/건물인도와 확정일자를 받았다면 : 대항력과 우선변제권은 05월 02일 오전 0시에 발생하게 된다.

◇ 상가임차인의 권리분석과 배분은 어떻게 하면 되나?

(1) 상가건물은 주택에서 임차인의 권리를 공부한 것과 차이가 있다

주택임차인은 월세와 상관없이 보증금만을 가지고 계산하고 임차보증금의 상한선도 없어서 모두가 주임법의 보호대상이 되지만, 상가임차인은 임차보증금의 상한선이 있는데 중요한 점은 주택임차인과 다르게 월세도 보증금으로 환산해서 적용하여 4개의 권역별로 각기 다르게 환산보증금을 적용하고 있다.

(2) 상임법상 환산보증금을 초과하는 상가임차인은 대항력이 없었다

종전에는 환산보증금을 초과하는 상가임차인은 상임법의 보호대상이 아니어서 대항력과 우선변제권(경매나 공매절차에서 배당요구해서 최우선변제금과 확정일자부 우선변제권으로 배당받을 수 있는 권리)이 없는 일반채권자에 불과 했었다.

그러나 2015년 5월 13일부터 개정된 법률에 따라 환산보증금을 초과하는 임차인도 대항력을 인정하게 되었다.

이들 간의 차이점은 ① 상임법상 보호대상인 환산보증금 범위 내에 있는 임차인은 대항력과 우선변제권을 인정하고 있지만, ② 초과하는 임차인은 대항력(5년 계약갱신요구권까지 인정)만 있고, 우선변제권(최우선변제권과 확정일자부 우선변제권)이 없어서 경매나 공매절차에서 배당요구할 수 없다. 그래서 상가건물이 일반 매매로 소유자가 바뀌면 대항력으로 보호받을 수 있게 되었다(5년 동안 계약갱신요구권까지 포함). 그러나 경매나 공매로 소유자가 변경되면 말소기준권리 이전에 대항요건을 갖춘 임차인은 대항력으로 보장받을 수 있지만, 이후에 갖춘 후순위임차인은 대항력도 없고, 배당요구할 수 있는 우선변제권도 없는 일반채권자에 불과하다. 이러한 임차인이 배당요구를 하기 위해서는 배당요구종기 전까지 임차보증금반환 채권을 원인으로 경매대상부동산에 채권가압류해 배당요구를 하면 되나 우선변제권이 없는 일반채권자에 불과해서 임차보증금을 손해볼 수밖에 없다.

(3) 현행 상가건물임대차보호법으로 보호받는 환산보증금의 범위 내에 있더라도 다음과 같은 사항에 유의해야 한다

첫째, 말소기준권리가 누구가 되고, 말소기준권리가 되는 근저당권 등이 상임법 시행일 전인가, 이후인가를 계산해서, 담보물권(근저당권, 전세권, 담보가등기) 등이 시행일 이전에 설정되었다면 이 법의 적용대상이 아니어서 상가임차인 보다 우선해서 변제받게 된다(환산보증금을 초과하는 임차인 역시 마찬가지다).

둘째, 담보물권 등이 시행일 이후에 등기된 경우, 상가임차인이 최우선 변제받을 수 있는 소액임차보증금의 범위 내에 있는 지와 있는 경우에도 개정 전(소액보증금 4,500만원)이냐, 1차 개정~2차 개정 전(소액보증금 5,000만원), 2차 개정 이후(소액보증금 6,500만원)이냐로 구분해서 담보물권을 기준으로 소액임차인을 판단해 최우선변제금을 계산해야 한다. 이때도 유의해야할 사항은 2013. 12. 31. 이전에 설정된 담보물권에 대해선 소액보증금중 일정액(최우선변제금)의 합계가 상가건물가액의 3분의 1범위 내에서만 우선변제 받고, 2014. 01. 01. 이후에 설정된 담보물권에 대해선 상가건물가액의 2분의 1(2014. 1. 1.부터 현재) 범위나 담보물권보다 우선해서 배분받을 수 있다는 사실이다.

셋째, 상임법으로 보호받을 수 있는 환산보증금 적용대상 범위 내에 있는 임차인이 소액임차인이 아니면, 또는 소액임차인으로 최우선변제금을 제외한 나머지 금액은 확정일자부 우선변제권으로 배당받을 수 있는데 이때도 다음과 같은 내용에 유의해야 한다.

상임법의 적용기준도 개정 전이나(서울기준 환산보증금 2억4천만원), 1차 개정 이후(2억6천만원), 2차 개정 이후(3억원), 3차 개정 이후(4억원), 4차 개정 이후(6억1천만원)에 따라 적용대상금액이 달라지고, 상임법적용기준 이하인 경우만 대항요건을 갖추고 계약서에 확정일자를 부여받고 있으면 확정일자에 의해 후순위 채권자보다 우선해서 변제받을 권리가 있다는 사실에 입각해서 권리분석과 배분계산서를 작성하면 된다.

(4) 서울시 신정동 상가건물에서 임차인과 다른 채권자 간의 배분한 사례

이 물건은 상가건물이므로 상임법 시행 전, 시행 후의 근저당권이 있는 경우와 소액보증금 합계가 낙찰가의 2분의 1(2014.1.1.부터 현재)(개정 전 2013. 12. 31. 까지는 3분의 1)을 초과하는 경우에 어떻게 권리분석과 배분계산서를 작성하는 지를 분석해야 한다.

주 소	면 적	경매가 진행과정	법원임차조사내역	등기부상 권리관계
서울시 양천구 신정동 ○○○ 번지	대지 195㎡ (58.98평) 상가건물 1층 98㎡ 2층 98㎡ 3층 84㎡ 지층 64㎡	감정가 5억2,000만원 공매진행과정 최저가 1차 5억2,000만원 유찰 2차 4억6,800만원 유찰 3차 4억1,600만원 낙찰 (4억1,800만원)	① 김연민 2,000/20만원 사업자등록 02.11.01. 확정일자 02.12.10. 배당요구 14.03.20. ② 장효조 5,000/50만원 사업자등록 10.12.10. 확정일자 10.12.10. 배당요구 14.03.16. ③ 이기준 2,500/20만원 사업자등록 11.07.10. 배당요구 14.03.20. ④ 성동수 1억/300만원 사업자등록 12.10.10. 확정일자 14.03.10 배당요구 14.03.10. ⑤ 문정식 4,000/10만원 사업자등록 12.03.10. 확정일자 12.08.15. 배당요구 14.03.15.	소유권자 김정숙 2001.10.01. 근저당권 신한은행 2001.12.10. (6,000만원) 근저당권 기술신협 2008.05.10. (7,200만원) 가압류 박정희 2011. 05.25 (3,500만원) 압류 영등포구청 2013.10.05. (취득세 1,500만원) (법정기일 12.04.10) 공매공고등기 영등포구청 2014. 01. 15. (교부 청구금액은 1,500만원)

가) 등기부상의 권리와 부동산상의 권리를 분석해 보자

첫째, 말소기준권리인 신한은행 근저당권의 등기일이 2001. 12. 10. 이므로, 상임법 시행일 2002. 11. 1. 전에 설정되어 이 법에 의해 대항력 등은 적용되지 않는다.

둘째, 최우선 변제받을 수 있는 임차보증금의 범위 내에 있는 경우 즉 보증금이 4,500만원(개정전)이냐, 1차 개정후 ~ 2차 개정전(5,000만원), 2차 개정후(6,500만원)이냐로 구분해 소액임차인을 판단해서 최우선변제금을 계산해야 한다. 유의할 점은 주택과 달리 보증금 + 월세 × 100으로 하는 환산보증금이 소액임차보증금 범위 내에 있어야 한다.

셋째, 소액임차인이 아니면, 상임법의 적용대상에 해당되는 환산보증금이어야 상임법상 대항력과 우선변제권이 인정되지, 초과하면 선순위임차인만 대항력이 인정되고, 후순위는 대항력과 우선변제권이 없는 일반채권자에 불과하다.

이때 상임법의 적용기준도 개정 전이냐, 1차 개정 후냐, 2차 개정 후냐에 따라 적용대상금액이 달라지는데, 상임법적용기준 이하인 경우만 상임법을 적용받을 수 있어서 대항요건을 갖추고 확정일자를 받으면 확정일자에 의해 후순위채권자보다 우선변제권이 발생한다.

나) 배분순서와 금액은 다음과 같이 계산하면 된다

매각금액 4억1,800만원-공매비용 1,260만원으로 배분금액은 4억540만원이므로,

1순위 : 신한은행 6,000만원(근저당권 우선변제금) - 상임법 시행이전.

2순위 : ① 김연민 1,350만원[환산보증금:2,000+(20×100)=4,000만원] + ② 이기준 1,350만원[환산보증금:2,500+(20×100)=4,500만원] (최우선변제금) - 1차적 소액임차인 결정기준 : 김연민 확정일자, 기술신협 근저당권(4,500만원 이하/1,350만원).

3순위 : 김연민 650만원(확정일자부 우선변제금)- 대항요건이 2002. 11. 01.이 되므로 대항력은 2002. 11. 02. 오전 0시에 발생하고, 확정일자 효력 발생일시는 02. 12. 10. 당일 주간에 발생한다.

4순위 : 기술신협 7,200만원(근저당권 우선변제금)

5순위 : ① 이기준 150만원(소액임차보증금 증가분) + ② 문정식 1,500만원(최우선변제금 2) - 2차적 소액임차인 결정기준 : 장효조 확정일자, 문정식 확정일자(5,000만원 이하/1,500만원).

6순위 : 장효조 5,000만원(확정일자부 우선변제금)

7순위 : ① 이기준 700만원(소액임차보증금 증가분) + ② 문정식 700만원(소액임차보증금 증가분) - 3차적 현행 상가건물임대차보호법상 소액임차인(6,500만원 이하/2,200만원)을 계산하고 한도도 3분의 1이 아닌 2분의 1(2014년부터 개정됨)로 배당해야 한다.

8순위 : 영등포구청 1,500만원(조세채권 우선변제금)

9순위에서는 배당잔여금 1억4,440만원을 가지고 ① 박정희 가압류 3,500원 ▷ ② 문정식 1,800만원(확정일자) ▷ ③ 성동수 1억(확정일자)이므로 동순위로 1차 안분배당하고 2차로 문정식 확정일자부 우선변제권이 후순위 성동수 1차 안분배당금을 흡수하면 된다.

1차 안분배분

① 가압류 = 1억4,440만원 × 3,500/15,300 = 33,032,679.73 = 33,032,680(종결)

② 문정식 = 1억4,440만원 × 1,800/15,300 = 16,988,235.29 = 16,988,235원

③ 성동수 = 1억4,440만원 × 10,000/15,300 = 94,379,084.96 = 94,379,085원

2차 흡수배분 절차

② 문정식 = 16,988,235원(1차안분액) + 1,011,765원(③을 흡수)

= 1,800만원(종결)

③ 성동수 = 94,379,085원(1차안분액) − 1,011,765원(②에 흡수당함)

= 93,367,320원(종결)으로 배분이 종결된다.

그리고 대항력 있는 임차인 등이 없어서 낙찰자 인수금액이 없다.

성동수 임차인을 제외하고 모두 전액 배분 받는다. 성동수만 보증금의 일부가 손실이 발생했지만 배분금 93,367,320원을 받으려면 낙찰자의 명도확인서가 필요하기 때문에 명도에 어려움은 없을 것으로 예상된다.

◇ 상가임차인이 알고 있어야할 권리

(1) 상임법의 적용을 받는 임차인의 최단 계약기간

상임법 제9조 1항은 기간이 정함이 없거나, 기간을 1년 미만으로 정한 임대차는 그 기간을 1년으로 본다. 다만, 임차인은 1년 미만으로 정한 기간이 유효함을 주장할 수 있다. 이와 같이 임대차의 최단 존속기간을 1년으로 규정하고 있으나 최대 5년까지 계약갱신요구권을 보장하여 실질에 있어서는 5년간의 임대차기간을 보장하고 있다.

그러나 2018.9.20.에 계약갱신요구권 행사기관이 10년으로 연장되어 시행 후 계약하거나 존속중인 임대차를 갱신하는 경우 10년동안 보장받게 되었다.

(2) 상가임차인의 계약갱신 요구권과 임대인의 계약갱신 거절

상임법 제10조 1항에서 임대인은 임차인이 임대차기간 만료 전 6월부터 1월 사이에 행하는 계약갱신요구에 대하여 정당한 사유 없이 이를 거절하지 못한다. 임차인은 계약만료 전 6월에서 1월 사이에 계약갱신을 전체임대기간 10년 내의 범위 내에서 요구할 수 있다. 그러나 임차권이 차임액을 3기 이상 연체한 사실이 있는 경우와 임대인의

동의 없이 목적건물 전부 또는 일부를 전대한 경우와 임차인의 중대한 과실이 있는 경우는 임대인은 계약갱신을 거절할 수 있다.

(3) 임차권등기명령 제도와 민법 제621조에 기한 임대차등기

상가건물임대차보호법 제6조 1항 임대차가 종료된 후 보증금을 반환받지 못한 경우 임차인은 임차건물의 소재지를 관할하는 지방법원, 지방법원 지원 또는 시, 군 법원에 임차권등기명령을 임차인 단독으로 신청할 수 있는 임차권등기명령 제도를 두고 있다.

이에 비해서 민법 제621조에 의한 상가임대차등기는 계약서 작성당시 임대인의 동의를 거쳐 임대차등기를 하는 것으로 상임법의 적용범위 내의 임차인은 대항력과 우선변제권을 가지게 된다는 사실은 이미 주임법에서 임차권등기명령 설명 시 기술한 바 있다.

(4) 임대차의 양도와 전대차의 준용

임차권의 양도와 전대차에 관한 권리는 주임법을 준용하기 때문에 주택임차권의 양도와 전대차를 참조하면 된다.

(5) 차임 등의 증감청구와 월차임 전환 시 산정률

① 차임 등 증액청구의 기준 등(상임법 시행령 제4조)

차임 또는 보증금의 증액청구는 약정한 차임의 100분의 5(5%)의 금액을 초과할 수 없다.

② 전세를 월세로 전환 시 적용되는 이자율 상한선 하향조정

전세보증금을 월세로 전환 시 적용되는 산정율이 대통령령으로 정하는 비율인 연 12%와 한국은행 기준금리인 1.5%(2017년 11월 30일 기준)의 4.5배인 6.75%를 비교하여 낮은 비율인 6.75%가 월세 전환율이다(상임법 시행령 제5조).

(6) 임차인의 권리금 회수기회 보호와 손해배상청구권(상임법 제10조의4)

이 규정은 2015년 5월 13일에 시행했지만 이 당시 존속중인 임대차부터 적용된다. 따라서 상임법으로 적법한 대항요건을 갖추고 있으면 대항력이 있어서 환산보증금이 상임법 보호대상 범위에 있는 임차인은 물론, 초과하는 임차인도 모두 보호를 받을 수 있다.

① 임대인은 임대차 계약기간이 끝나기 3개월 전부터 종료 시까지 다음 각 호에 해당하는 행위를 함으로써 권리금 계약에 따라 임차인이 주선한 신규임차인에게 권리금을 지급 받는 것을 방해하여서는 안 된다(1항). 2018년 9월 20일 개정안이 국회통과로 시행후부터 계약기간이 끝나기 6개월 전부터 종료시까지 하면된다.

> 1. 임차인이 주선한 신규임차인에게 건물주가 직접 권리금을 요구 또는 수수하는 행위, 2. 임차인이 주선한 신규임차인에게 권리금을 지급하지 못하게 하는 행위, 3. 임차인이 주선한 신규임차인에게 현저히 높은 보증금과 차임을 요구하여 계약에 이르지 못하게 하는 행위, 4. 그밖에 정당한 사유 없이 새 임차인과 계약 맺기를 거절하는 행위를 금지하고 있다.

② 임대인이 1항을 위반하여 임차인에게 손해를 발생하게 한 때에는 그 손해를 배상할 책임이 있다. 이 경우 손해배상액은 새로운 임차인이 주기로 했던 권리금과 국토교통부가 고시한 기준에 따라 산정한 계약 만료 시점의 권리금중 낮은 금액을 넘을 수 없으며, 이때 임차인은 임대인의 방해 행위를 직접 입증해야 한다(3항).

③ 3항에 따라 임대인에게 손해배상을 청구할 권리는 임대차가 종료한 날부터 3년 이내에 행사하지 아니하면 시효의 완성으로 소멸한다(4항).

03 특별법으로 보호받지 못하는 민법상 일반임차인은 어떻게 해야 하나?

◇ 일반 거래로 소유자가 변경되면 대항력이 없다

특별법의 보호를 받지 못하는 건물 임차인 또는 토지 임차인 등은 임차부동산이 매매 등으로 인하여 소유자가 바뀌면 새로운 소유자에게 대항력이 없어서 전소유자와의 임대차를 주장할 수 없게 되어 전세금의 손실이 예상된다.

◇ 임차부동산이 경매로 매각되면 대항력과 우선변제권도 없다

임차부동산이 경매당하면 일반임차인은 더 황당해진다. 대항력이 없으므로 당연히 우선변제권도 없어서 경매절차에서 배당요구해서 우선변제 받을 권리가 없기 때문에 임차보증금을 손해볼 수밖에 없다. 일반임차인이 배당요구하기 위해서는 임차보증금 반환채권을 가지고 배당요구종기 전까지 채권가압류를 해서 배당요구하면 되지만, 순위가 늦어서 배당 받기란 어렵다고 봐야한다.

◇ 민법상 일반임차인이 대항력을 가지려면 이렇게 하면 된다

특별법의 보호대상은 아니지만, 약성지상권설성등기, 선세권설성등기, 임대차등기(민법 제621조) 등을 하면 대항력이 제3취득자에게 대항력이 발생하게 되지만, 특별법의 보호를 받는 주택이나 상가임차인 처럼 등기하지 않고서도 민법 제622조와 농지법 제24조의2에 의해 일반임차인에게 대항력을 인정해 주고 있는 제도가 있다.

① 민법제622조 제1항을 차지권의 대항력이라고 하는데 토지에 등기하지 않고서도 토지소유자와 토지상에 건물 신축을 위한 토지임대차계약을 하고 임차인이 건물을 보존등기하면 토지소유자가 변경되어도 그 새로운 소유자에게 대항력이 있어서 임차권이 당연히 승계된다. 그러니 토지가 공매되는 과정에서 지상건물이 제3자의 소유라면 법정지상권만 판단할 것이 아니라 차지권의 대항력 유무까지 분석하고 입

찰해야 한다.

② 농지법 제24조의2 개정으로 농지임대차계약을 체결하고, 임차인이 농지소재지를 관할하는 시·구·읍·면의 장의 확인을 받고(관공서에서는 대장에 그 내용을 기록해 둔다), 해당 농지를 인도 받은 경우에는 그 다음 날부터 제3자에 대하여 효력이 생긴다(대항요건: 관공서의 확인과 농지인도). 대항력이 발생하고 나서는 농지소유자의 변경이 되어도 임대차기간을 보호받을 수 있다. 그러나 공매로 매각될 때는 말소기준을 가지고 선순위로 대항요건을 갖추고 있는 경우만 보호대상이고, 후순위는 소멸한다는 것은 ①과 ② 모두 똑 같이 적용된다는 사실이다. 그러니 공매 입찰하기 전에 이러한 사실을 ①번은 건물등기부를 확인해서, ②번은 공매정보지 등을 가지고 농지 관할 읍면 사무소를 방문해서 확인하고 입찰에 참여해야 한다. 대항력이 있으면 그만큼 낙찰자의 부담으로 남게 되기 때문이다.

Chapter 6

등기부에 등기된 물권과 채권을 공부하는 시간

01 근저당권의 효력과 실전 배당에서 우선순위

◇ 근저당권은 어떠한 권리를 가지게 되나?

근저당권은 계속적 거래관계로 부터 생기는 다수의 불특정채권을 장래의 결산기에서 일정한 한도액까지 담보할 목적으로 설정된 근저당권을 말하는데, 법적성질은 장래의 증감, 변동하는 불특정채권을 말하고 근저당권은 피담보채권의 소멸에 관한 부종성의 예외로서 피담보채권액이 일시감소하거나 없어지게 되더라도 근저당권의 존속자체에는 아무런 영향이 없는 부종성에 대한 예외가 인정된다.

① 근저당은 장래 증감, 변동하는 불특정채무를 채권최고액의 한도 내에서 보장한다.

② 근저당은 원 채무가 모두 변제되거나 일부변제가 된 경우라도 계약당사자가 근저당권 설정계약을 해지하지 않는 한 말소되지 않기 때문에 언제든지 추가대출을 받아서 사용할 수 있다. 이때 추가 대출금은 채권최고액까지 별도의 근저당 설정등기 없이 증가시킬 수 있으며 이 경우 임차인이나 기타 후순위 채권자들이 추후로 대출받아 증가시킨 것을 이유로 무효임을 주장할 수 없다. 채권최고액의 범위 내에서는 최초 등기 시점을 기준으로 우선변제권을 갖게 된다.

③ 매각대금으로 저당권의 원금, 이자, 위약금, 손해배상금, 실행비용 등을 만족시킬 수 없을 때에는 실행비용 ⇨ 손해배상금 ⇨ 위약금 ⇨ 이자 ⇨ 원금 순서로 충당한다(민법479조).

④ 근저당권의 소멸은 피담보채권이 확정되는 때에 채권이 존재하지 아니하거나, 채권이 있더라도 변제로 소멸한 때, 근저당권자가 경매신청으로 경매절차가 종료되면 근저당권자는 배당을 받고 소멸된다. 피담보채권이 확정되기 전에도 채권이 변제 등으로 소멸하거나 채무자가 거래의 계속을 원하지 아니하는 경우는 근저당 설정계약을 해지하고 설정등기의 말소를 청구할 수 있다(대법원 66다 68, 65다1617 판결).

⑤ 피담보채권액의 확정은 근저당권자가 임의경매신청자인 경우 경매신청 시에 그

피담보채권이 확정된다. 그러나 후순위근저당권자가 경매신청 시에 선순위근저당권자의 피담보채권은 그 근저당권이 소멸하는 때 즉 매수인이 매각대금을 완납하는 때 확정된다.

⑥ <u>소유자가 채무자인 경우에는</u> 채권최고액 뿐만 아니라 실제의 채무액을 모두 변제하여야만 근저당권을 말소 청구할 수 있다. 이러한 법리에 따라 근저당 설정자와 채무자가 동일하고 배당받을 채권자나 제3취득자가 없는 경우에는 근저당권자가 채권최고액을 초과하는 금액으로 채권계산서를 제출했더라도 그 초과하는 금액에 대해서 채무자에게 반환할 것이 아니고 근저당권자의 채권최고액을 초과하는 채무의 변제에 충당해야 한다(대법2008다4001판결).

⑦ <u>제3취득자, 물상보증인 등이 변제하는 경우는</u> 채권최고액까지만 변제하고 근저당권 말소를 청구할 수 있다. 이러한 법리에 따라 근저당권의 채권최고액을 초과한 근저당권자가 있고 후순위로 일반채권자와 제3취득자가 있는 경우, 또는 물상보증인 소유부동산이 매각되는 사례에서는 근저당권의 채권최고액을 초과부분까지 채권계산서를 제출했더라도 채권최고액까지만 배분하고, 나머지 배분잔여금은 후순위채권자와 제3취득자, 또는 물상보증인에게 배분해야 한다. 후순위채권자가 가압류 등의 일반채권자였더라도 경매신청이나 채권계산서 제출만으로는 안 되고 별도로 민사집행법에 의한 적법한 배분요구(가압류 등)를 하거나 그 밖에 달리 배분받을 수 있는 채권으로서 필요한 요건을 갖추어 배분요구종기까지 배분요구를 해야 일반채권자와 동순위로 배분 받을 수 있다.

⑧ 일부대위변제자에 의한 근저당권 일부 이전등기를 경료한 경우

본래의 근저당권 채권자는 일부대위변제자 보다 채권최고액의 범위 내에서 우선변제권을 갖는다. 그러나 저당권자가 일부 양도한 경우는 지분비율 만큼 동순위로 안분배당 받는다.

⑨ 포괄근저당권이란 채권의 기초가 되는 계속적 거래계약에 의하여 발생하는 채권뿐만 아니라 당사자 사이에 발생하는 현재 및 장래의 일체의 채권을 일정한도액까지 담보하기 위하여 설정된 근저당을 말한다. 이처럼 근저당과 구별되는 점은 기본계약이 여러 개 즉 증권신탁계약, 당좌대월계약, 어음계약 등을 담보로 하여 설정되는

계약으로 법률의 규정은 없으나 학설과 판례가 인정하고 있었다.

◆ 저당권의 효력이 미치는 목적물의 범위는?

(1) 제시 외 건물에 대한 설명과 저당권의 효력이 미치는 범위

제시 외 건물이란 공매나 경매신청 채권자가 매각할 부동산란에 기재하지 아니하였고 감정평가의뢰서에도 기재하지 아니 하였으나 감정평가사가 현장을 방문 감정평가하는 과정에서 새롭게 발견된 건물이다. 이때 감정인은 제시 외 건물이라고 기재한다. 이러한 제시 외 건물은 공매절차에서 당연히 매각대상에 포함되는 부합물이나 종물일 수도 있고 매각에서 제외되는 독립된 건물이 있을 수 있다. 매각대상에 포함되는 제시 외 건물인 부합물, 종물 등은 감정인이 감정평가하고 이는 저당권의 효력이 당연히 미치게 된다. 그러나 매각에서 제외되는 독립건물이라면 감정평가 되지 않고 매각물건명세서에도 공매 외, 경매 외, 입찰 외, 매각 외 등으로 표시된다. 이러한 대상은 공매대상물건이 아니고, 제3자 소유로 낙찰자의 소유가 될 수 없고 법정지상권이 성립될 수 있으니 주의해야 한다.

(2) 저당권의 효력의 범위(민법 제358조)

저당권의 효력은 저당부동산에 부합된 물건과 종물에 미친다. 그러나 법률에 특별한 규정 또는 설정 행위에 다른 약정이 있으면 그러하지 아니한다.

① 대법원 85타카246 판결은 민법 제358조 규정에 따라서 부합물·종물인 제시 외 건물에는 토지 및 그 주된 건물에 대한 저당권의 효력이 미치는 것이 원칙이고, 이는 제시 외 건물이 저당권 설정당시 부터 있었던 경우는 물론이고, 저당권 설정 이후에 새로이 부합되거나 종물이 된 경우에도 효력이 미친다고 판결하였다.

② 대법 87다카600 판결은 주건물에 분리해서는 독립된 건물로서의 가치가 없고 주건물의 사용 편익에 제공될 뿐이면 부합물이다.

(3) 부합물의 경우(민법 제256조)

　부동산의 소유자는 그 부동산의 부합물건의 소유권을 취득한다. 그러나 타인의 권원에 의해 부속된 것은 그러하지 아니한다. 이와 같이 공매나 경매신청 채권자가 공매나 경매의 목적물에 기재하지 않는 경우에도 부합물은 민법 제256조 규정에 따라 당연히 매각대상이 되고 저당권의 효력이 미친다.

(4) 종물의 경우(민법 제100조)

　물건의 소유자가 그 물건의 상용에 공하기 위하여 자기 소유인 다른 물건을 이에 부속한 때에는 그 부속물은 종물이다(제1항). 종물은 주물의 처분에 따른다(제2항). 종물의 경우에도 공매나 경매신청 채권자가 경매목적물에 기재하지 않은 경우에도 종물은 민법 제100조에 의하여 당연히 매각대상이 되고 저당권의 효력이 미친다.

◆ 근저당권과 다른 채권자와 우선순위 결정 방법은?

(1) 특별우선채권과의 우선순위

　① 필요비·유익비 상환청구권
　② 주임법상(상임법상) 소액보증금 중 일정액(최우선변제금)
　③ 근로자의 임금채권 중 최종 3월분 임금과 최종 3년분 퇴직금, 재해보상금(최우선변제금)
　④ 국세, 지방세 중 당해세로 인정되는 조세채권, 이들과의 우선순위에서는 근저당권 등(근저당권, 전세권, 담보가등기, 확정일자부 임차권, 등기된 임차권)은 그 성립시기와 상관없이 후순위가 된다.

(2) 근저당권의 우선변제권은?

　채무불이행이 있으면 근저당권은 처분(경매신청)하여 후순위권리자 보다 우선하여 변제받을 권리가 있다(우선변제권). 근저당권자들 간에는 등기일자를 기준으로 우선순위가 정해지는데, 같은 날에 발생한 경우라면 접수번호에 의해 우선순위를 정한다.

(3) 저당권부 채권(근저당권, 전세권, 담보가등기, 확정일자부 임차권, 등기된 임차권) 간의 우선순위

① 근저당권과 전세권, 담보가등기권 간의 우선순위는 등기부의 설정일자를 기준으로 한다. 단, 같은 날에 발생한 경우는 접수번호에 의하여 순위가 정해진다.

② 근저당권과 확정일자부 임차권, 임대차등기권자와는 확정일자부 임차권과 임대차등기권자의 효력발생시기와 근저당권의 등기일자를 비교해서 우선순위를 정하게 된다.

(4) 근저당권과 조세채권 및 공과금 간의 우선순위는?

① 당해세가 아닌 일반조세채권은 압류한 조세채권과 배분요구종기일까지 교부청구한 조세채권이 있는데 이들은 그 조세채권의 법정기일과 근저당권설정등기일을 기준으로 우선순위를 정하게 된다.

② 공과금(국민건강보험, 국민연금, 고용보험, 산재보험)과의 관계에 있어서는 공과금의 납부기한과 근저당권설정등기일을 기준으로 하는 것이지 압류일자를 기준으로 하는 것이 아니다. 조세채권과 공과금 등의 법정기일(납부기한 등)이 저당권과 같은 날일 경우는 조세·공과금채권이 우선한다.

③ 일반조세채권과 공과금과의 관계에 있어서는 조세채권이 항상 우선한다.

(5) 근저당권과 일반임금채권(최우선변제권 있는 임금 제외)간의 우선순위

① 근저당권과 일반임금채권 간에는 임금채권의 성립 시기를 따지지 아니하고 항상 선순위가 된다.

② 조세채권·공과금과의 관계에서는 일반임금채권(최우선변제대상 아닌 임금)은 조세채권(당해세 포함), 공과금, 일반채권에 우선한다. 다만 근저당권에 우선하는 조세채권, 공과금에 대하여는 그러하지 아니한다. 저당권에 우선하는 조세(당해세 포함), 공과금만이 우선하지 저당권부채권이 없는 경우 항상 이들에 우선하게 된다.

(6) 근저당권과 일반채권 간의 우선순위

① 근저당권과 일반채권(가압류, 집행권원에 의한 배당요구채권자, 강제경매신청채권자) 간에는 근저당권이 일반채권보다 선순위로 등기돼 있으면 우선변제권이 있어서 후순위 일반채권보다 우선변제 받는다.

② 근저당권이 일반채권보다 후순위이면 선순위채권에 대해서 우선변제권을 가지지 못해서 동순위로 안분배분하게 된다.

갑 가압류 ⇨ 을 근저당권 ⇨ 병 강제경매신청채권순인 경우는 1차적으로 안분배분하고 2차적으로 을 근저당권이 병 일반채권을 흡수하는 배분절차를 진행하면 된다.

◆ 근저당권과 다른 채권자 간의 권리분석과 배당방법

EXERCISE 01 공매에서 근저당권과 다른 우선변제권 순위가 충돌하고 있어서 순환흡수배분한 사례

주 소	면 적	공매가 진행과정	법원임차인 조사내역	등기부상 권리관계
서울시 구로구 시흥동 ○○○번지 단독주택 체납자겸 소유자 : 김정미 압류공매 위임관서 : 근로복지공단 관악지사 압류공매 집행기관 : 자산관리공사	대지 215㎡ (65평) 건물 1층 110㎡ 2층 105㎡	감정가 550,000,000원 최저가 1차 550,000,000원 유찰 2차(10% 저감) 495,000,000원 유찰 3차(10% 저감) 440,000,000원 낙찰 456,706,000원 2016.07.30. 낙찰자 이한기	① 김철수 전입 2013.06.10. 확정 2013.06.10. 배분 2016.04.10. (보) 70,000,000원 ② 이미숙 전입 2014.07.05. 확정 2014.07.05. 배분 2016.04.15. (보) 75,000,000원 ① 구로구청 교부청구 (법정기일 2014.07.01) 당해세 4,575,000원 ② 구로구청 교부청구 (법정기일 2014.08.10) 주민세 184,570원 ③ 구로구청 교부청구 (법정기일 2014.08.30) 취득세 10,864,900원 ④ 임금채권(선정당사자) 우선명 최우선임금채권 51,494,540원 배분요구일자 2016.04.30.	소유자 김정미 2012.05.30. 근저당 국민은행 2012.05.30. 130,000,000원 근저당 기업은행 2013.05.10. 120,000,000원 압류 근로복지관리 공단 관악지사 2014.06.30. 가압류 국민은행 2014.07.10. 18,370,000원 가압류 김이숙 2014.08.10. 33,745,000원 압류공매 근로복지 관리공단 관악지사 산재보험료청구 29,500,520원 (납부기한 14.06.30) 〈공매의뢰 : 16.01.30〉 〈공매공고 : 16.02.20〉

상기 공매절차에서 배분표를 작성하면 다음과 같다.

이 주택에서 말소기준권리는 국민은행의 2012. 05. 30. 근저당권이므로 대항력 있는 임차인이나 소멸되지 않는 권리가 없고 모두가 소멸대상이다. 근로복지관리공단 산재보험료는 압류일자가 납부기한과 같다고 가정하고, 배분계산서를 우선순위에 따라 작성해 보면 다음과 같다.

배분금액은 442,749,000원[456,706,000원−13,957,000원(공매집행비용)]=

1순위 : ① 김철수 25,000,000원+이미숙 25,000,000원(최우선변제금 1)② 임금채권(선정당사자)우선명 : 51,494,540원(최우선변제금 1)

2순위 : 구로구청 4,575,000원(당해세 우선변제금)

3순위 : 국민은행 130,000,000원(근저당권 우선변제금)

4순위 : 기업은행 120,000,000원(근저당권 우선변제금)

5순위 : 김철수 45,000,000원(확정일자부 우선변제금)

6순위 : 이미숙 9,000,000원(최우선변제금 2)

7순위 : ① 근로복지관리공단(29,500,520원) > ② 이미숙 확정일자 우선변제권(41,000,000원)이고, ② 이미숙 > ③ 구로구청 주민세와 취득세(11,049,470원)이고, ③ 구로구청 주민세와 취득세 > ① 복지관리공단인 관계로 서로 순환관계에 있어서 1차적으로 안분배분하고 2차적으로 흡수배분절차를 진행해야 한다.

1차적 안분배분

① 근로복지관리공단 = $32{,}679{,}460원 \times \dfrac{29{,}500{,}520원}{81{,}549{,}990원}$ = 11,821,718.96 = 11,821,719원

② 이미숙 = $32{,}679{,}460원 \times \dfrac{41{,}000{,}000원}{81{,}549{,}990원}$ = 16,429,896.06 = 16,429,896원

③ 구로구청 = $32{,}679{,}460원 \times \dfrac{11{,}049{,}470원}{81{,}549{,}990원}$ = 4,427,844.86 = 4,427,845원

2차적으로 순환흡수배분하면 다음과 같다.

① 근로복지관리공단 = 11,821,719(1차안분액)+16,429,896(② 이미숙 흡수)−6,621,625(③에 흡수당함) = 21,629,990원

② 이미숙 = 16,429,896(1차안분액)−16,429,896(①에 흡수당함)+4,427,845(③ 구로구청 흡수) = 4,427,845원

③ 구로구청 = 4,427,845(1차안분액)−4,427,845(②에 흡수당함)+6,621,625(① 복지관리공단 흡수) = 6,621,625원

따라서 최종적으로 배분결과는

가) 김철수 = 25,000,000(1)+45,000,000(5) = 70,000,000원

나) 임금채권(선정당사자)우선명 = 51,494,540원(1)

다) 국민은행 = 130,000,000원(3) 라) 기업은행 = 120,000,000원(4)

마) 근로복지관리공단 = 21,629,990원(7-1)

바) 이미숙 = 25,000,000(1)+9,000,000(6)+4,427,845(7-1) = 38,427,845원

사) 구로구청 = 4,575,000(2)+6,621,625(7-1) = 11,196,625원

EXERCISE 02 연립주택 공매에서 토지와 건물의 권리가 다를 때 배분한 사례

주 소	면 적	경매가 진행과정	1) 임차인내역 2) 기타청구	등기부상 권리관계
서울시 강서구 화곡동 ○○○번지 삼성연립 4층 401호	대지 368분의 36.8 건물 84.72㎡	감정가 320,000,000원 대지 165,000,000원 (51.5625%) 〈토지별도등기있음〉 건물 155,000,000원 (48.4375%) 최저가 1차 320,000,000원 유찰 2차 288,000,000원 낙찰 291,100,000원 낙찰자 이재명 〈2015.01.15.〉	1) 임차인 ① 이영민 전입 2013.02.01. 확정 2013.02.01. 배당 2014.09.10. 보증금 1억원 (401호 점유 방3개) ② 정소영 전입 2014.03.10. 확정 2014.03.10. 배당 2014.09.15. 보증금 3,000만원 (401호 점유 방1개) 2) 기타청구 ① 압류 강남구 취득세 (법정 2013.07.31.) 3,250,000원 ② 교부청구 서초세무서 부가세 (법정 2013.04.25.) 350만원	소유자 박정희 2013.02.10. 근저당 기업은행 2013.02.10. 1억 2,000만원 가압류 이승민 2013.05.10. 75,000,000원 근저당 유시민 2014.01.20. 30,000,000원 압류 서울시 강남구청 2014.02.10. 공매공고등기 강남구청 교부청구금액 6,750,000원 (2014.05.25.) (집합건물등기부등본) 소유자 박정희 2008.05.20. 근저당 외환은행 2008.10.10. 36,000,000원 근저당 외환은행 2010.02.17. 48,000,000원 근저당 이철승 2012.05.10. 150,000,000원 (토지등기부등본)

(1) 토지별도등기 말소여부와 임차인의 대항력을 판단하는 기준은?

이 공매사건은 토지별도등기가 있는 것으로 집합건축물등기부등본과 토지등기부등본을 열람하여 분석한 결과 소유자 박정희가 소유하고 있던 토지에 다세대주택을 건립 후 각 세대별로 대지권을 분할한 경우이다. 그런데 박정희가 소유 당시 근저당권 채무액과 건물 신축하기 위해 자금을 차용한 금액 등의 근저당 채무액이 상환되지 않고 그대로 남아 있어서 집합건물등기부에 토지별도등기가 있음으로 표시 되어 있다. 이 사건에서 공매기록을 확인한 결과 토지저당권자 모두가 채권계산서를 제출해서 배분 받고 소멸한다.

그리고 임차인 이영민은 대항력이 있어서 미배분금이 발생하면 낙찰자가 인수해야 한다. 이때 임차인의 대항력 유무를 판단하는 기준은 토지가 아니라 건물의 말소기준권리를 가지고 판단해야 한다.

(2) 이 공매물건에 대한 권리분석과 배분계산서 작성방법

① 토지저당권자 모두가 자신의 채권액 전액을 배분요구한 것이 아니고, 토지전체 저당채권액에서 공매대상전유부분의 대지권 지분비율만큼(10분의 1) 배분요구하고, 그 지분만큼은 근저당권 일부를 포기하기로 한 경우이다. 따라서 배분금액이 2억 8,250만원(매각대금 2억9,110만원－공매집행비용 860만원)이므로 아래와 같이 배분을 할 수 있다. 여기서 중요한 점은 토지와 건물의 저당권자가 다른 경우의 배당절차이므로 1차적으로 토지와 건물 감정가액 비율을 계산하고 이를 배분할 금액에 곱하여 토지배분금과 건물배분금을 계산한다. 토지배분금에서 토지별도등기채권금액을 공제하고 난 토지 배분잔여금과 건물배분금을 가지고 다시 비율을 정하여 후순위 임차인, 근저당권자들에게 순위에 따라 다음과 같이 배분하면 된다.

감정가액이 320,000,000원, 토지 165,000,000원(51.5625%)이고 건물 155,000,000원(48.4375%)이다.

순위	채권자 및 배분금액	건물배분액 136,835,938 (48.4375%)	토지배분액 145,664,062 (51.5625%)
1	외환은행 3,600,000원 4,800,000원	0 0	3,600,000원 4,800,000원
2	이철승 15,000,000원 (1, 2는 대지권비율 만큼만 배분요구함)	0	15,000,000원
배분 잔여금	259,100,000원	136,835,938 (52.812018%)	122,264,062 (47.187982%)
3 4 5	정소영(최우선변제금) 25,000,000원 이영민 100,000,000원 기업은행 120,000,000원	13,203,005원 52,812,018원 63,374,422원	11,796,995원 47,187,982원 56,625,578원
6	정소영 (최우선변제금) 5,000,000원	2,640,601원	2,359,399원
6	강남구청 3,250,000원 강남구청 3,250,000원	1,716,391원 조세채권은 일반채권에 항상 우선하고, 압류된 조세채권은 교부된 조세에 우선한다(서초세무서보다 우선. 압류선착주의가 적용된 사례).	1,533,609원
7	서초세무서 3,500,000원	1,848,421원	1,651,579원
8	① 가압류 이승민 7,500만원=② 근저당 유시민 3,000만원이 동순위로 안분배분한다. 배분잔여금이 건물 1,241,080원+토지 1,108,920원=2,350,000원이다. ① 가압류 이승민=2,350,000원×7,500만원/10,500만원=1,678,571원 ② 유시민=2,350,000원×3,000만원/10,500만원=671,429원		
	따라서 ① 가압류 이승민 1,678,571원 ② 유시민 671,429원	886,486원 354,594원	792,085원 316,835원

이와 같이 배분이 종결되고 대항력 있는 임차인 이영민이 전액 배분받고, 토지 채권자들은 배분요구를 해서 모두가 소멸대상이 된다. 따라서 매수인은 인수할 권리 없이 토지·건물 모두에서 완전하게 소유권을 취득하게 된다. 현재 대법원 판례에서는 토지별도등기채권자 등에 대해서 배당받고 소멸하는 채권으로 소멸주의를 택하고 있어서 특별매각조건으로 토지별도를 인수조건으로 매각하지 않는 한 소멸된다고 이해하면 된다.

> **알아두면 좋은 내용**
>
> **대지와 주택에 설정된 권리가 상이할 경우에 주택임차인 등의 대항력과 배당 방법**
>
> ① 주택에 설정된 말소기준권리를 갖고 대항력으로 인수냐! 소멸이냐!
>
> ② 토지에 근저당설정 후에 건물이 신축 되었다가 토지근저당 실행으로 건물과 일괄 경매 되었다면 임차인들은 토지에 대하여 소액보증금 중 일정액을 주장할 수 없고 1순위 저당권자(나대지 상태에서 설정된 근저당권자) 배당 후에 소액보증금 중 일정액과 확정일자에 의한 우선변제권을 행사할 수 있다.
>
> ③ 그러나 토지와 건물이 공동 저당되었다가 건물이 멸실되고 신축하였거나, 토지에 근저당 설정당시에 무허가 건물이나 미등기 건물이 존재하였는데 이들을 멸실하고 신축한 경우 또는 저당권 설정당시 주택이 건축 중에 있었던 경우도 마찬가지로 토지근저당권자는 충분히 이에 대한 영향을 사전에 알 수 있었기 때문에 소액보증금 중 일정액(최우선변제금)을 주장할 수 있다는 것이 대법원 판례이다.

02 전세권은 어떠한 권리가 있고, 주임법상 임차권과의 차이점은?

◆ 전세권자는 어떠한 권리인가?

전세권은 전세목적물을 전세 기간 동안 사용·수익할 수 있는 용익물권이면서 전세권 기간이 만료 시에는 소유자가 전세금을 반환해주지 아니할 경우 전세권을 처분(임의경매신청)하여 그 매각대금으로부터 우선 변제받을 수 있는 담보물권적 성격을 가지고 있는 권리이다.

주택임대차보호법이 태동하기 전에 임차인의 권리는 매우 불안정한 지위에 있었기 때문에 임차인이 권리를 지키기 위해 가장 많이 이용하는 방법이 전세권 제도 였죠. 이러한 전세권은 전세기간 동안 사용·수익은 물론 기간 만료 후 전세금을 반환 받지 못하는 경우 다음과 같이 경매를 신청해서 우선 변제받을 권리도 함께 가지고 있습니다.

◆ 전세권에 의한 경매신청 방법과 우선변제권은?

(1) 임의경매신청(아파트·다세대·연립 등의 집합건물)

　아파트, 다세대, 연립주택, 오피스텔 등의 집합건물에 설정된 전세권은 집합건물 소유 및 관리에 관한 법률에서 구분 소유자의 대지 사용권과 전유부분을 분리하여 처분할 수 없고, 공유부분에 대한 지분은 전유부분의 처분에 따른다고 규정하고 있으므로 임의경매진행이 가능하며 경매신청 시 또는 제3자의 경매신청에서 전세권자는 건물부분과 토지부분 모두에서 배당받는다. 그리고 전세권자가 선순위인 경우에는 말소기준권리도 될 수 있다.

(2) 강제경매신청(단독·다가구와 같은 주택)

　단독주택, 다가구주택과 같이 건물의 일부에 전세권을 설정한 경우 전세권은 건물 일부에 대해서만 미치고 토지에는 그 효력이 미치지 못하므로 최선순위전세권 이라도 말소기준권리가 될 수 없다. 그리고 아파트 등에 설정된 전세권처럼 임의경매신청도 할 수 없다. 이렇게 건물일부에 설정된 전세권자는 소유자를 상대로 전세금 반환청구소송 또는 지급명령신청을 통해 판결문 등의 집행권원을 얻어 토지와 건물 전부를 강제경매 신청할 수밖에 없다. 그리고 건물 전체 매각대금에 대해서 전세권으로 우선변제를 받을 수 있지만, 토지매각대금에 대해서는 우선변제권이 없는 강제경매신청채권자로서 일반채권자와 농순위로서 안문배낭 받게 된나.

　그러나 전세권과 함께 주임법상 대항요건과 확정일자를 갖춘 경우라면 상황이 달라진다.

　전세권으로 배당요구할 권리와 주임법상 배당요구할 권리를 동시에 갖게 돼 함께 배당요구할 수도 있고, 분리해서 배당요구할 수 도 있게 돼 임차인의 권리를 안전하게 보호할 수 있다. 그리고 임차인이 전입신고만 갖추고 확정일자를 받지 못한 경우도 전세권 설정등기가 이루어지면 전세권 설정등기일을 확정일자가 갖춘 것으로 봐 주임법상 확정일자에 의한 우선변제를 받을 수 있다. 이런 점이 전세권만 갖추지 말고 주임법상 대항요건도 함께 갖추고 있어야 하는 이유다.

◇ 선순위전세권과 후순위전세권의 대항력과 소멸?

기본적으로 말소기준권리보다 선순위의 전세권·지상권·지역권·등기된 임차권 등은 매각으로 소멸되지 아니하고 매수인이 인수한다(민사집행법 제91조4항). 다만 이 용익권 중 전세권의 경우에는 전세권자가 민집법 제88조에 따라 배당요구를 하면 매각으로 소멸한다. 이러한 최선순위전세권은 실제 존속기간이 지났는지, 지나지 않았는지 상관없이 오로지 전세권자의 배당요구에 의해서만 매각으로 소멸되므로 첫 경매개시결정등기 전에 등기되어 있더라도 자동 배당되는 것이 아니고 반드시 배당요구가 필요하다.

왜냐하면 배당요구가 없으면 낙찰자가 인수해야 되므로 배당절차에 참여할 수 없다. 즉 최선순위전세권은 목적물이 건물인지 토지인지 상관없이 오로지 배당요구에 의해서 소멸되지만 배당요구를 하지 아니하면 매수인(낙찰자)의 인수가 된다.

(1) 선순위 전세권(말소기준권리보다 먼저 등기된 전세권) 등

① 선순위전세권자가 배분요구를 하지 않은 경우

배분요구를 하지 않으면 공매절차상에서 소멸되지 않고 낙찰자가 인수해야 되므로 ㉠ 존속기간이 남아 있는 경우에는 매수인은 전세권의 존속기간과 전세금 전액을 인수해야 한다.

㉡ 존속기간이 지난 경우에는 전세권이 법정갱신된 것으로 본다. 이 경우 존속기간을 정하지 않은 것으로 보아 그 존속기간은 1년으로 의제되어 매수인은 언제든지 전세권의 소멸을 통고할 수 있고, 전세권 소멸통고를 받은 날로부터 6월이 지나면 전세권이 소멸된다.

② 선순위전세권자가 배분요구한 경우

후순위채권자 등의 공매절차에서 배분요구를 하였다면 선순위전세권자는 공매절차에서 매각으로 소멸된다.

전세권은 용익물권이면서 담보권적인 두 가지 성질을 가지고 있어서 용익물권적인 성질로서 최선순위전세권자는 대항력이 인정되어 매수자가 원칙적으로 전세권의 존속기간과 전세보증금을 인수해야 된다. 그러나 최선순위전세권자가 배분요구를 하였다면 배분받고 소멸되는 것이 원칙이다. 즉 최선순위 전세권자가 스스로 소멸을 원하여 배분을 요구하면 그 전세권을 매각으로 소멸시키고 전세금을 공매절차에서 배분하게 된다.

㉠ 주임법상 대항요건을 갖추지 아니한 최선순위전세권자의 배분요구 시

전세권자가 전세보증금을 전액 배분받지 못하여 부족액이 있더라도 낙찰자가 인수하지 아니하고 소멸되고 오로지 임대인(채무자)에게만 그 권리를 주장할 수밖에 없어 손실이 예상된다.

김선생이 도움을 주는 얘기

배분요구한 전세권자는 다른 채권자의 배분요구내역을 확인해라!

혹시 여러분이 앞에서와 같은 상황이라면 다른 채권자의 배분요구한 내역을 확인해서 전세권으로 배분금이 충족되는가를 예상배분표로 확인하고, 부족하게 된다면 배분요구종기 전까지 배분요구를 철회해서 선순위전세권으로 대항력을 주장해라!

㉡ 주임법상 대항요건을 갖춘 최선순위전세권자의 배분요구 시

선순위전세권과 주택임대차보호법상 임차인으로서의 지위를 함께 가지고 있는 임차인은 선순위전세권자의 지위로서는 우선변제 받고(전세금 부족분이 있어도) 소멸되지만, 주택임대차보호법상 임차인으로서의 지위로서는 대항력이 있어서 선액 배분받지 못한 경우 미배분금을 매수인(낙찰자)이 인수하게 된다. 전세권은 배분요구하면 매각으로 소멸되지만 주임법상의 대항력이 있는 임차권은 보증금이 전액 변제되지 않으면 소멸되지 않기 때문이다.

그리고 <u>주택임대차보호법상 임차인으로서의 지위와 전세권자로서의 지위를 함께 가지고 있는 자</u>가 그 중 주임법상 임차인으로서의 지위에 기하여 공매집행기관에 배분요구를 하였다면 배분요구를 하지 아니한 전세권에 관하여는 배분요구가 있는 것으로 볼 수 없어서 대항력이 유지된다. 뿐만 아니라 최선순위 전세권등기 이후 그 지위를 강화하기 위해 주임법상 임차인으로서 지위를 갖춘 경우에도 최선순위 전세권

에 기한 배분요구를 하였다 해도 주임법상의 지위를 상실하는 것이 아니라 주임법상의 권리를 주장할 수가 있어서 미배분금은 매수인의 부담으로 남게 된다(이러한 법리는 후순위임차권을 소멸하지 않더라도 선순위전세권이 손해를 보는 것이 아니라 이익을 볼 수 있기 때문이다).

(2) 후순위 전세권(말소기준권리보다 후순위로 설정된 전세권) 등

후순위전세권이 공매공고등기 이전에 등기되었다면 매각으로 소멸되는 대신 별도의 배분요구를 하지 않더라도 당연히 순위에 따라 배분 받을 수 있다. ∵ 부동산등기부에 전세금액 등이 표시되어 있기 때문이다. 그러나 공매공고등기 이후에 등기되었다면 배분요구종기일 까지 배분요구를 하여야 하며 배분요구를 하지 않으면 배분절차에 참여하지 못하고 소멸하게 된다.

◆ 전세권이 선순위와 후순위인 사례를 통해서 분석하기

(1) 전세권설정등기가 최선순위인 경우

> 갑 전세권설정등기 ⇨ 을 근저당권 ⇨ 병 공과금채권압류(납부기한이 을 저당권보다 늦은 경우) ⇨ 병이 공매신청 ⇨ 정이 낙찰

① 아파트와 다세대주택 등의 집합건물인 경우
㉠ 갑 전세권이 배분요구하지 않았다면 낙찰자 정이 갑 전세권을 인수해야 되고 이때 말소기준권리는 을 근저당권이다.
㉡ 갑 전세권이 배분요구했다면 갑은 배분받고 소멸되며 갑이 말소기준권리가 될 수 있다. 이 경우에는 낙찰자 정은 인수금액이 없게 된다.
② 단독·다가구주택과 같은 일반 건물인 경우
갑 전세권이 배분요구하지 아니 하였다면 낙찰자 병이 갑 전세권을 인수해야 한다. 유의할 점은 건물일부에 설정된 전세권은 건물매각대금에 대해서만 우선변제권이

있고, 토지매각대금에 대해서는 우선변제권이 없다. 그리고 배분요구를 하였던, 하지 아니 하였던 간에 말소기준권리가 될 수 없다.

(2) 전세권설정등기가 후순위인 경우

> 갑 근저당권 ⇨ 을 전세권 ⇨ 병 일반세금압류(법정기일이 을 전세권보다 늦은 경우) ⇨ 병이 공매신청 ⇨ 정이 낙찰받은 경우

을 전세권이 집합건물이든, 단독주택이든 간에 구분하지 아니하고 모두가 말소기준권리 갑 근저당권보다 후순위로서 대항력이 없어 소멸대상이 된다.

03 가압류와 압류의 차이와 다른 채권과의 우선순위

◆ 가압류란?

① 가압류는 채권이 확정되지 않은 상태에서 채무자가 재산을 처분하지 못하도록 보전을 목적으로 채권자의 일방적인 청구에 의해서 이루어진다. 본안소송에서 채권이 확정되면 압류를 할 수 있는 집행권원(판결문 등)을 얻게 된다.

② 가압류는 물권이 아닌 채권으로 우선변제권이 없고 채권자평등주의에 위해 채권자 상호 간에 동순위로 안분배분하게 된다.

③ 가압류가 최선순위로 등기된 때에는 말소기준권리가 될 수 있다.

④ 가압류가 공매공고등기 이전에 등기된 경우에는 공매절차에서 별도 배당요구가 없어도 자동 배분되나, 공매공고등기 이후의 가압류권자는 배분요구종기까지 배분요구를 해야 배분참여가 가능하다. 그렇다고 하더라도 가압류는 확정된 채권이 아니

므로 그 배분금은 본안소송에서 채권이 확정되기 전까지는 공매위임관서에서 보관하게 된다(경매는 법원에 공탁한다).

⑤ 가압류가 본압류로 이행되어 강제집행이 이루어진 경우 당초부터 본집행이 있었던 것과 같은 효력이 있는지 여부(적극)(대법2010다48455)

⑥ 가압류의 처분금지효력이 미치는 객관적인 범위는 가압류결정에 표시된 청구금액에 한정되므로 채권의 원금만 가압류했다면 원금채권 이외에 이자 또는 지연손해금채권이 있다해도 가압류금액을 초과하는 부분에 대해서는 처분금지의 효력을 주장할 수 없다.

◇ 압류란?

압류는 확정된 채권을 가지고 채무자가 재산을 처분하지 못하도록 보전처분하는 것을 말하고, 압류 이후에는 처분금지효가 발생되어 무효가 된다. 그런데 압류든, 가압류든, 처분금지효력이 미치는 범위가 압류 이후의 권리자에게는 가압류 또는 압류금액에 대해서만 효력이 미치게 되는 것이지, 초과되는 금액에 대해서는 미치지 못한다.

김선생의 핵심정리

압류의 종류에는 간단하게 설명하면 다음과 같은 것이 있다.

① 국세체납처분의 1단계로서 체납자(조세, 공과금 등의 체납이 있을 때)의 재산처분을 금지하기 위해 체납자의 재산을 세무서장과 지방자치단체장 등이 압류하는 것, ② 개인이 일반 채권자로 가압류 이후 본안 소송으로 집행권원(판결문)을 얻었다면 그 집행권원으로 채무자의 재산을 압류할 수 있다. 그런데 개인이 집행권원으로 압류할 수 있는 것은 채권과 유체동산 등에 한하고, 부동산에 대해서는 인정하지 않고 있다. 그래서 부동산은 집행권원 또는 근저당권 등으로 강제경매 또는 임의경매를 신청해서 경매기입 등기를 해야 압류 효력이 발생한다.

◇ 가압류채권과 타 권리등과의 우선순위에 따른 배당방법

(1) 이철민 가압류 ⇨ 이기자 근저당권순인 경우

선순위 이철민 가압류채권자는 우선변제청구권을 가지는 권리가 아니므로 채권자끼리는 발생 시기와 상관없이 동순위로서 평등주의를 원칙으로 한다. 따라서 가압류채권자보다 후순위의 가압류채권이나 후순위의 저당권 등의 담보물권에 우선변제권을 주장할 수가 없으므로 이들은 동순위로 보게 되는 것이다. 즉 후순위의 물권은 선순위가압류권자에 대하여 가압류의 처분금지효력 때문에 우선변제권을 주장할 수 없고, 가압류권자 역시 우선변제청구권이 없는 채권이므로 동순위로 안분 배분받게 된다.

(2) A 가압류 5,000만원 ⇨ B 근저당 3,000만원 ⇨ C 가압류 2,000만원 ⇨ C 강제경매 신청시

이 사례는 A는 A=B, A=C인 관계에 있고, B는 B=A B>C인 관계에 있어서, 선순위 A에서 보면 모두가 동순위(A=B=C)로 1차적으로 안분배당하고, 2차적으로 B는 후순위 C를 흡수하게 된다.

이 사례는 A는 A=B, A=C인 관계에 있고, B는 B=A B>C인 관계에 있어서, 선순위 A에서 보면 모두가 동순위(A=B=C)로 1차적으로 안분배당하고, 2차적으로 B는 후순위 C를 흡수하게 된다.

배당금액 6,000만원을 가지고 1차적으로 동순위로 안분배당하고

A=6,000만×5,000만원/(5,000+3,000+2,000)1억원=3,000만원(종결)

B=6,000만×3,000만원/1억원=1,800만원

C=6,000만×2,000만원/1억원=1,200만원

2차적으로 흡수절차는 B는 C보다 선순위이므로 B의 부족한 채권만큼 C의 1차 안분배당액에서 흡수하게 된다.

따라서 B=1,800만원+1,200만원(C에서 흡수)=3,000만원

C=1,200만원(1차안분액)−1,200만원(B에 흡수당함)=0원

(3) A 가압류 ⇨ B 임차인 ⇨ C 조세압류는 항상 압류〉가압류?

A 가압류 4,000만원(2010년 1월) ⇨ B 임차인 전입/확정일자 8,200만원(2011년 5월) ⇨ C 조세압류 3,000만원(압류 2013년 5월. 법정기일 2012년 6월, 당해세 아님) ⇨ 2016년 4월 10일 C의 압류공매신청(주택은 서울소재)

이 사례에서 B 임차인의 확정일자가 C 세금법정기일보다 빠르고, 배분금액이 1억2,200만원인 경우 배분순위는 1순위 : B 임차인 3,400만원(최우선변제금 1) – 소액임차인에 우선하는 담보물권 등이 없기 때문에 배분 시점으로 현행법상 소액보증금중 일정액(1억원 이하/3,400만원)을 적용하게 된다. 2순위에서는 A 가압류=B 확정일자, A<C 조세채권인 관계에 있고, B>C이고, B=A인 관계에 있고. C>A이고, C<B인 관계에 있다. 따라서 A와 B, C는 순위가 서로 상호모순관계에 있어서 순환흡수배분 절차를 진행해야 한다.

1차안분하면 다음과 같다.

A 가압류 $= 8,800만원 \times \dfrac{4,000만원}{1억1,800만원} = 29,830,509원$

B 확정일자 $= 8,800만원 \times \dfrac{4,800만원}{1억1,800만원} = 35,796,610원$

C 조세채권 $= 8,800만원 \times \dfrac{3,000만원}{1억1,800만원} = 22,372,881원$

2차 흡수절차

흡수는 제일 선순위자가 먼저 흡수하고, 흡수당하는 순서는 제일 열후한 지위에 있는 자부터 먼저 흡수당한다. 이때 선순위채권자가 흡수할 수 있는 금액은 제일 열후한 채권자의 1차 안분 받은 금액을 한도로 흡수하고, 부족 시 그 다음 열후한 순위의 채권자의 1차 안분금액을 한도로 흡수하게 된다. 여기서 A는 흡수할 수 있는 지위에 있지 못하고 흡수만 당하는 지위에 있으므로, 제일 선순위자 B가 먼저 흡수할 수 있는데 흡수할 수 있는 후순위자는 C이므로 C를 흡수한다.

　B 확정일자 = 35,796,610원(1차안분액)+12,203,390원(C에서 흡수) = 4,800만원(종결)

　C 조세채권 = 22,372,881원(1차안분액)-12,203,390원(B에 흡수당함)+7,627,119원(A에서 흡수) = 17,796,610원(종결)

　A 가압류 = 29,830,509원(1차안분액)-7,627,119원(C에 흡수당함) = 22,203,390원(종결)

◆ 전소유자의 가압류(압류)와 다른 채권자 상호간의 권리관계

(1) 전소유자의 가압류(압류)와 다른 채권자 간에 배분하는 방법

　선생님. 전소유자의 가압류(압류)와 다른 채권자 간에 배분은 어떤 식으로 이루어지는 거죠?

　음, 민기군, 좋은 질문이네! 가압류는 금전채권에 대한 보전처분으로 매각으로 인하여 소멸되는 것이 원칙이므로, 전소유자의 가압류채권자는 공매절차에서 배분받고 소멸시키는 매각조건으로 하는 경우가 대부분인데, 이 경우 가압류는 말소되며 최선순위인 경우에는 말소기준권리가 될 수 있어. 그러나 전 소유자의 가압류를 낙찰자에게 인수시키는 것을 전제로 하여 매각하는 경우 가압류의 효력이 소멸되지 않고, 낙찰자의 부담으로 남게 되지. 그러니 매수인의 부담으로 매각되지 않는 한 즉 공매재산명세서에 매수인의 인수조건이라는 매각조건 없이 매각절차가 진행되었다면 배분받고 소멸된다고 이해하면 됩니다.

　그리고 전소유자의 가압류채권자에 대한 배분방법에 대해 대법원은 부동산에 가압류 집행 후 소유권이 제3자에게 이전된 경우 가압류 처분금지적 효력이 미치는 것은 가압류 결정 당시의 청구금액한도 안에서 가압류 목적물의 교환가치이고 위와 같은 처분금지적 효력은 가압류채권자와 제3취득자 사이에서만 있는 것이므로 가압류채권자가 우선적인 권리를 행사할 수 있고 제3취득자의 채권자들은 이를 수인해야 하므로 가압류채권자는 그 매각 절차에서 당해 가압류목적물의 매각대금에서 가압류결정 당시 청구금액을 한도로 하여 배분받을 수 있고 청구금액을 넘어서는 이자와 소송비용 채권을 받을 수 없고. 제3취득자 채권자들은 위 매각대금 중 가압류의 처분금지적 효력이 미치는 범위에 대해서는 배분받을 수 없습니다(대법원 2006다19986 판결).

　전소유자의 가압류채권자는 현소유자에 대해서 처분금지효를 주장할 수가 있어서 현소유자의 채권자보다 우선해서 배분받게 된다는 것이지요.

 그렇다면 현소유자의 소액임차인의 최우선변제금보다도 우선하게 되겠군요.

맞습니다. 다음은 전소유자의 가압류채권자와 다른 채권자 간의 배분사례를 가지고 설명해 보겠습니다.

(2) 전소유자의 가압류 등과 타 권리 등과의 우선순위에 따른 권리분석

A 가압류 ⇨ B 소유권이전 ⇨ C 근저당권 ⇨ D 공과금압류 ⇨ D의 공매신청

이 사건에서는 A 가압류=C 근저당 동순위이고, A<D로 보아서 순환흡수절차를 거쳐서는 안 되고, 전 소유자 가압류권자에게 전액 우선 변제하고 잔액이 있을 때 현 소유자의 채권자에게 배분하면 됩니다. 이때 전 소유자 가압류채권이 말소기준 권리가 됩니다.

조세·공과금·임금채권 완전 정복, 그리고 순위가 충돌할 때 배분 특강

제1강 조세채권 간의 우선순위와 다른 채권과의 우선순위

◆ 조세채권의 우선특권은?

조세채권은 원칙적으로 납세자의 총재산에 대하여 다른 공과금 기타 채권에 우선하여 징수하게 되는데, 여기서 기타의 채권이란 사법상 금전채권을 말하므로 특정물의 급부를 목적으로 하는 저당권부 채권 등은 해당하지 않습니다. 따라서 사채권이 저당권부 채권이면 조세채권의 법정기일과 담보물권 등의 설정등기일, 임차인의 확정일자부 우선변제권의 효력발생일 시를 비교해서 그 우열을 정하게 되는데 같은 날이면 동순위가 아니라 조세가 우선하게 됩니다. 그러나 공과금채권과 무담보채권과는 조세채권이 항상 우선한다는 사실도 알고 있어야 합니다.

김선생의 알아두면 좋은 내용

1. 법정기일 – 가. 과세표준과 세액의 신고에 의하여 납세의무가 확정되는 세액에 대해서는 그 신고일. 나. 과세표준과 세액을 세무서나 지방자치단체가 결정·경정 또는 수시부과 결정하는 세액에 대해서는 납세고지서의 발송일. 다. 이들 가산금이나 중가산금 등은 그 가산금을 가산하는 고지세액의 납부기한이 지난 날이다(국세기본법 제35조, 지방세기본법 제71조. 시행 시기는 국세는 2015.1.1부터, 지방세는 2016.1.1부터 시행). 여기서 납부기한은 보통 ① 고지서 발송하는 경우, 소득세의 경우 30일 이내, 재산세 15일 이내의 납부기간이 주어지고, ② 자진신고 납부하는 경우 세금을 납부하지 않으면, 국가가 본세에 가산세를 포함해서 고지서를 발송할 때 납부기한 30일 주어서 납부하도록 통지한다. 따라서 이 납부기한 이내에 납부하지 않으면 30일 지난 다음날 첫 달은 100분의 3의 가산금, 그 다음달부터 60개월 동안은 1000분의 12의 중가산금이 부과된다(총 100분의 75%). 이러한 가산금과 60개월 동안의 중가산금 법정기일은 최초 가산금의 법정기일로 소급해서 정하도록 국세기본법이 개정됨(즉 본세 법정기일이 5월 31일이고, 납부기한이 30일이면 가산금과 중가산금의 법정기일은 7월 1일이다.

2. 무잉여에 관한 판단 – 국세징수법 제85조와 지방세 제104조 제2항를 근거로 체납처분비와 해당 채권금액에 충당하고 남을 여지가 없을 때에도 체납처분을 중지해야 한다. 다만, 체납처분의 목적물인 재산에 대하여 제56조에 따른 교부청구 또는 제57조에 따른 참가압류가 있는 경우 세무서장은 체납처분을 중지하지 아니할 수 있다(공매위임관서에 대해서 무잉여가 발생한다고 해도 다른 세무관서 등에 조세채권이 있다면 전체를 가지고 무잉여를 판단한다).

3. 체납자가 사망한 후 체납자 명의의 재산에 대하여 한 압류는 그 재산을 상속한 상속인에 대하여 한 것으로 본다(국세징수법 제37조, 지방세징수법 제47조). 따라서 체납자가 사망하거나 체납자인 법인이 소멸되었을 때에도 상속등기 없이 그 재산에 대한 체납처분(공매)은 계속 진행해야 한다.

◇ 조세채권은 동순위가 원칙이지만 예외가 있다

　조세채권 상호 간에는 동순위가 원칙이지만, 조세채권 상호 간에도 예외적으로 체납처분비 우선의 원칙(비용우선원칙), 당해세 우선의 원칙, 납세담보우선의 원칙, 압류선착주의가 적용되어 공매나 경매집행비용을 제외한 매각대금에서 1순위로 당해세, 2순위로 납세담보, 3순위로 압류선착주의, 4순위로 참가압류와 교부청구한 조세채권 상호 간에는 법정기일의 우선과는 상관없이 항상 동순위로 안분배분하게 됩니다.

　이 순서에서 유의할 점은 당해세와 납세담보된 채권을 제외한 조세채권 간에는 법정기일의 선후는 의미가 없으며 단지 압류 여부에 따라 압류선착주의가 적용되고 압류하지 아니한 조세채권 상호 간에는 동순위로 안분 배분받게 되는데, 압류선착주의에 적용을 받게 되는 압류권자는 최초압류권자에 한하고 참가압류권자는 교부청구한 조세채권자와 동순위로 안분배분하게 된다는 점에 유의해야 합니다.

◇ 조세채권과 근저당권이 혼재 시 배분방법은?

　1차적으로 1순위로 당해세를 배분하고, 2차적으로 담보물권보다 법정기일이 빠른 조세채권 ▷ 저당권부 채권(근저당권, 담보가등기, 전세권, 확정일자부 임차권, 등기된 임차권) ▷ 저당권부 채권보다 법정기일이 늦은 조세채권 순으로 배분하고, 3차적으로 조세채권 중에서 2차에서 법정기일에 따라 배분받은 조세채권 합계금액에서 1등으로 납세담보된 조세채권이 흡수하고(납세담보된 채권은 압류된 채권 보다 우선하여 변제받게 되기 때문) ▷ 납세담보된 조세채권을 배분하고 남은 배분금을 가지고 압류선착주의를 적용하여 압류한 조세채권이 흡수하고 ▷ 최초압류권자에 흡수되고 남은 배분금을 가지고 참가압류권자와 교부청구권자가 동순위로 안분 배분받게 됩니다. 그런데 유의할 점은 경매가 그러하다는 것이고, 공매절차에서는 압류선착주의가 참가압류권자에게도 확대해서 실시하고 있다. 그래서 공매에서는 ▷ 최초압류권자에 흡수되고 남은 배분금을 가지고 ▷ 참가압류권자들이 압류한 순서에 따라 흡수하고 나머지 배분금은 교부청구권자들이 동순위로 안분 배분받게 됩니다.

◇ 조세채권과 임금채권, 공과금, 일반채권 간의 우선순위

조세채권은 원칙적으로 임금채권과의 관계에서 후순위가 되나 예외적으로 조세가 저당권부 채권(근저당권, 담보가등기, 전세권, 확정일자부 우선변제권, 등기된 임차권)에 우선하는 경우만 임금채권보다 우선해서 배분받게 됩니다. 이는 임금채권(최우선변제금제외)이 항상 저당권부 채권에 후순위가 되기 때문에 이보다 선순위가 되는 당해세나 법정기일이 빠른 조세가 있고 그 다음 저당권부 채권이 있다면 임금채권이 이러한 조세채권에 후순위가 될 수밖에 없게 되는 것입니다. 그러나 공과금과 일반채권에 대해서는 조세채권이 항상 우선순위로 배분 받게 됩니다. 이러한 이유로 배분에서 순위가 충돌하고 그에 따라 순환흡수배분절차를 진행하게 되는 원인이 되곤 합니다.

제2강 공과금 상호 간의 우선순위와 다른 채권과의 우선순위

공과금이란 조세채권 이외에 국가 또는 공공단체에 대한 공적부담금으로 국세징수법상 체납처분 또는 국세징수의 예에 따라 징수할 수 있는 채권을 말하는데, 이러한 공과금이 미납된 경우 국세징수법상의 체납처분 예에 따라서 압류·참가압류·교부청구가 가능합니다. 다만, 공과금에는 법률상우선순위에 정함이 있는 공과금과 법률상우선순위에 정함이 없는 공과금으로 나누어져 있습니다.

◇ 공과금 상호 간에는 동순위가 원칙이다

법률상우선순위에 정함이 없는(4대보험) 공과금끼리만 있는 경우 공과금의 납부기한의 우선순위는 무시되고 동순위로 안분배분하게 됩니다.

◇ **공과금과 근저당권 간의 우선순위**

이들 간에는 공과금의 납부기한과 근저당권의 설정등기일은 기준으로 우선순위가 정해지므로, ...

> **국민연금**(납부기한 2014. 05. 10.) ⇨ **근저당**(2014. 06. 15.) ⇨ **국민건강보험**(납부기한 2014. 07. 10.) ⇨ **고용산재보험**(납부기한 2014. 09. 30.) ⇨ **국민연금의 공매신청**

배분순위는 근저당권보다 납부기한이 빠른 국민연금 1순위로 배분받고, 2순위 근저당, 3순위에서는 국민건강보험과 고용산재보험이 동순위로 안분배분하면 됩니다.

◇ **공과금과 임금채권, 조세채권, 일반채권간의 우선순위**

공과금은 임금채권과 조세채권과는 후순위가 되는 것이 원칙이지만, 임금채권과는 예외적으로 공과금이 저당권부 채권보다 선순위인 경우에 한해서 임금채권보다 우선할 수 있지만, 조세채권과는 항상 후순위가 됩니다. 그러나 일반채권에 대해서는 항상 선순위로 배분 받게 되는 것입니다.

제3강 | 임금채권 상호 간의 우선순위와 다른 채권 간의 우선순위

◇ **근로자의 임금채권 중 최우선변제금**

근로자의 임금채권 중 최종 3월분의 임금·최종 3년간의 퇴직금·재해보상금 등의 최우선변제금은 사용자의 총재산에 대하여 질권·저당권 등에 따라 담보된 채권, 조세·공과금 및 다른 채권에 우선하여 변제받을 수 있습니다. 그러나 사용자가 재산을 취득하기 전에 설정된 담보권은 즉 전소유자를 채무자로 설정된 근저당권에 대해서 현소유자를 사용인으로 하는 최우선변제금이 우선하지 못한다(2002다65905 판결)는 것입니다.

◇ 임금채권 상호 간에는 동순위가 원칙

최우선변제금이 1순위로 배분받고 일반임금채권 상호간에는 동순위가 됩니다.

◇ 임금채권(최우선변제금제외)과 저당권채권과의 우선순위

임금채권은 저당권부 채권(근저당, 담보가등기, 전세권, 확정일자부 우선변제권, 임차권등기)보다 항상 후순위가 됩니다.

◇ 임금채권, 조세채권, 공과금채권, 일반채권 간의 우선순위

조세채권(당해세포함)과 공과금채권은 임금채권(최우선변제대상을 제외)에 뒤지는 것이 원칙이나 그 법정기일 등이 저당권부 채권(저당권, 전세권, 담보가등기, 확정일자 임차권, 임차권등기)보다 앞서는 경우나 같은 경우에는 조세채권과 공과금채권이 우선순위가 됩니다. 그리고 조세와 공과금 상호 간에는 항상 조세채권이 우선하고, 일반채권에 대해서는 조세나 공과금채권이 항상 선순위가 됩니다.

그리고 유의할 점은 임금자체에 대해서만 우선변제권이 인정되지만, 임금 등의 지연손해금에 대해서 우선변제권이 없으므로 임금채권자 등이 집행력 있는 정본에 의하여 배분요구하는 경우 임금원금만 우선 배분하고 지연손해금은 일반채권자들과 동순위로서 안분 배분받게 된다는 사실입니다.

이렇게 종합적으로 조세채권과 공과금채권, 임금채권 등을 종합적으로 분석해 보았는데 이제 조금 이해 하셨죠? 〈김 선생을 뚫어져라 쳐다보며 조용하기만 하던 수강생들이 일제히 소리쳤다.〉 "네!"

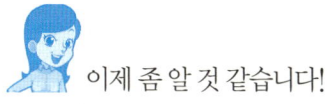 이제 좀 알 것 같습니다!

"자! 그럼 각 채권별로 예를 들어 배분연습을 하겠습니다."

제4강 조세·공과금·임금채권과 다른 채권이 혼재 시 배분방법

◆ 병 당해세 ⇨ 갑 근저당 ⇨ 을 임차인 순에서 배분특강

갑 근저당권 5,000만원(16. 04. 10.) ⇨ 을 임차인 1억원(전입/확정 16. 05. 10.) ⇨ 병 조세채권(당해세) 300만원(압류 16. 06. 10.)(법정15. 03. 15.) ⇨ 병의 공매신청 (16. 09. 10.)

배분금 1억2,000만원이고 주택이 서울소재라면

1순위 : 을 3,400만원(최우선변제금 1),

2순위 : 병 300만원(당해세 우선변제금),

3순위 : 갑 5,000만원(근저당권 우선변제금),

4순위 : 을 3,300만원(확정일자 우선변제금)이 된다. 을은 대항력이 없어서 낙찰자가 인수할 금액이 없다.

◇ 갑 근저당 ⇨ 을 임차인 ⇨ 정 조세채권 ⇨ 병 임차인 순에서 배분특강

> 갑 근저당권 3,000만원(2010. 02. 10.) ⇨ 을 임차인 7,000만원(전입/확정 12. 03. 10.) ⇨ 병 임차인 6,000만원(전입/확정 13. 10. 10.) ⇨ 정 일반조세채권 2,000만원(압류 2014. 02. 30.)(법정 13. 08. 20.) ⇨ 정의 공매신청(2016. 05. 20.)

배분금이 1억5천원이고 주택이 서울 소재시

1순위 : 병 2,000만원(최우선변제금 1) - 소액임차인결정기준 : 갑 근저당권(6,000/2,000만원).

2순위 : 갑 3,000만원(근저당권 우선변제금)

3순위 : ① 을 2,500만원 +② 병 500만원(최우선변제금 2) - 소액임차인결정기준 :을 확정일자와 병 확정일자(7,500/2,500만원)

4순위 : 을 4,500만원(확정일자부 우선변제금)

5순위 : 병 900만원(최우선변제금 1) - 소액임차인결정기준 : 현행임대차보호법상 소액보증금 중 일정액(1억원/3,400만원)을 지급하더라도 이에 우선하는 담보물권자 등이 없기 때문에 배분시점을 기준으로 소액임차인을 결정하게 된다.

6순위 : 정 1,600만원(조세채권 우선변제금)으로 배분이 종결.

◇ 갑 임금채권 ⇨ 정 당해세 ⇨ 갑 조세채권 ⇨ 병 공과금채권 순에서 배분특강

> 갑 일반조세채권 2,000만원(압류 15. 02. 10)(법정13. 08. 10) ⇨ 을 임금채권(일반임금채권) 2,500만원(가압류 15. 05. 10) ⇨ 병 건강보험료 500만원(압류 15. 07. 10)(납부기한 14. 03. 10) ⇨ 갑이 공매신청(15. 12. 10) ⇨ 정 당해세 교부청구 300만원(법정기일 16. 03. 01)

배분금이 5,000만원인 경우 배분절차는

1순위 : 을 2,500만원(임금채권 우선변제금).

2순위 : 정 300만원(당해세 우선변제금)

3순위 : 갑 2,000만원(조세채권 우선변제금 3)

4순위 : 병 200만원(공과금 우선변제금 4)

일반임금채권은 조세채권(당해세 포함)보다 우선하고, 조세채권끼리는 당해세가 우선하고, 조세채권은 공과금 및 기타 일반채권에 우선한다.

제5강 조세채권으로 순위가 상호모순 관계(A=B, B〉C, C〉A)에 놓일 때 순환흡수배분한 사례

> 갑 가압류(2,500만원)(13.02.20.) ⇨ 을 근저당(6,500만원)(13.04.10.) ⇨ 병 조세압류(3,000만원)(압류 14.01.10. 법정기일 13.07.10. 당해세가 아님) ⇨ 정 가압류(4,500만원)(2014.03.10.) ⇨ 병 압류공매 신청(3,000만원)(2015.01.30.) – 매각대금 1억2,350만원, 주택은 서울에 소재한다.

이러한 경우에는 갑은 을·정과는 동순위이고, 병보다는 후순위이다. 을은 갑과는 동순위이나 병과 정보다는 우선한다. 병은 을보다는 후순위이나 갑과 정보다는 우선하므로 순위가 상호모순관계에 있다. 이러한 경우 배분은 1차 동순위로 각 채권자의 채권액을 비례하여 안분배분하고, 2차로 후순위채권자의 1차 안분배분액을 자기채권이 만족할 때까지 흡수하면 된다.

배분할 금액 1억1,950만원(매각대금 1억2,350만원 – 공매비용 400만원)을 가지고, 1차로 동순위로 각자의 채권액 비례해서 안분배분하게 된다(채권 합계금액은 1억6,500만원이다).

1차 동순위로 안분배분

① 갑 가압류 = 1억1,950만원 × $\dfrac{2{,}500만원}{1억6{,}500만원}$ = 18,106,061원

② 을 근저당 = 1억1,950만원 × $\dfrac{6{,}500만원}{1억6{,}500만원}$ = 47,075,757원

③ 병 조세 = 1억1,950만원 × $\dfrac{3{,}000만원}{1억6{,}500만원}$ = 21,727,273원

④ 정 가압류 = 1억1,950만원 × $\dfrac{4{,}500만원}{1억6{,}500만원}$ = 32,590,909원

2차 흡수배분 절차

갑 가압류는 흡수할 수 있는 지위에 있지 못하는 채권이므로, 흡수할 수 있는 지위에 있는 채권자 중에서 선순위인 을은 병보다 선순위이므로 을이 먼저 흡수하고 나서 병이 흡수한다. 흡수금액은 1차 안분배분에서 배당 받지 못한 금액 내에서 후순위자들의 1차 안분배분금 내에서만 흡수하면 된다.

② 을 근저당 = 47,075,757원(1차안분액)+17,924,243원(④에서 흡수) = 6,500만원(종결)

3차 흡수배분 절차

병 조세채권이 흡수하는 방법에도 두 가지로 나누어 볼 수 있다.

첫 번째로 갑과 정이 동순위관계에 있지만 ① 갑 가압류가 ② 을 근저당권에 대해서 처분금지효력이 있어서 동순위관계에 있고, ② 을 근저당권보다 후순위인 ④ 정 가압류는 갑보다 열후하다. 따라서 정이 먼저 흡수당하고, 그다음 갑이 흡수당하는 순서로 진행하는 방법이다.

③ 병 조세 = 21,727,273원(1차안분액)+8,272,727원(④를 흡수함) = 3,000만원(종결)

따라서 ④ 정 가압류 = 32,590,909원(1차안분액)−17,924,243원(을에 흡수당함)

-8,272,727원(병에 흡수당함) = 6,393,939원(종결).

① 갑 가압류 = 18,106,061원(1차안분액)-0원(병에 흡수당함) = 18,106,061원(종결)

두 번째로 갑과 정이 동순위 관계에 있으므로 다음과 같이 안분흡수하는 방법이다.

③ 병 조세 = 21,727,273원(1차안분액)+8,272,727원(①4,570,462원+④3,702,265원을 흡수함) = 3,000만원(종결)

〈갑과 정이 병에게 흡수당하는 금액 계산방법〉

안분할 때 정하는 비율은 갑은 1차안분액, 정은 1차안분액에서 을에 흡수당한 금액을 공제하고 계산해야 한다.

갑 = 8,272,727원(흡수당할 금액) × $\frac{18,106,062원}{32,772,727원}$ = 4,570,462원

정 = 8,272,727원(흡수당할 금액) × $\frac{14,666,666원}{32,772,727원}$ = 3,702,265원

① 갑 가압류 = 18,106,061원(1차안분액)-4,570,462원(병에 흡수당함) = 13,535,599원

④ 정 가압류 = 32,590,909원(1차안분액)-17,924,243원(을에 흡수당함)-3,702,265원(병에 흡수당함) = 10,964,401원(종결)으로 배분이 종결된다.

이 사례에서도 첫 번째 방법을 선택해서 배분하는 방법이 무난하다는 것이 사견이다. 왜냐하면 갑 가압류의 처분금지효가 후순위 가압류권자에게 미치지 않는다고 하더라도 후순위채권보다 우선변제권 있는 근저당권에 미치고 있는 한 분명 ④ 정 가압류채권은 열후하다고 판단할 수 있기 때문이다.

제6강 다가구주택에서 현행법상 소액임차인 때문에 순환흡수배분한 사례

국민은행 근저당(9,600만원) 2010. 01. 10. ⇨ 이정희 임차인(5,000만원) 2010. 03. 10. 전입 ⇨ 김석기 임차인(1억원) 2010. 08. 22. 전입/확정일자 ⇨ 서천새마을금고 근저당(8,400만원) 2011. 10. 30. ⇨ 이철수 임차인(1억1,000만원) 2012. 08. 10. 전입/확정일자 ⇨ 마포세무서 일반세금 압류(7,800만원) 2013. 01. 30(법정기일 12. 07. 25. 당해세 아님) ⇨ 구수민 임차인(7,000만원) 2013. 02. 10. 전입/확정일자 ⇨ 박기영 임차인(4,000만원) 2013. 05. 10. 전입/확정일자 ⇨ 2016년 05월 10일 마포세무서 압류재산공매 신청

― 이 주택 소재는 서울이고 배당금액은 4억인 경우

배분에서는 1순위로 최우선변제금, 2순위로 당해세, 3순위로 순위배분을 하게 되는데, 담보물권(주임법 시행령 부칙 제4조에서 의미하는 담보물권은 근저당권, 전세권, 담보가등기, 확정일자부 임차권, 등기된 임차권)이 있다면, 1순위로 현행법상 소액임차인(2016. 03. 31. ~ 현재, 서울기준임)에 해당되더라도 주임법이 개정되기 전에 설정된 담보물권이 있다면 그 담보물권에 소액임차인을 주장할 수 없어서 다음과 같은 방법으로 배분해야 한다. 제일 먼저 설정된 국민은행 근저당권에 우선하는 소액임차인(최우선변제금)이 있는 가를 분석해야 되는 데 근저당권이 2010. 01. 10. 에 설정등기가 이루어졌으므로 이 기간(2008. 08. 21. ~ 2010. 07. 25)에 소액임차인 되려면 6,000만원 이하인 임차인이 2,000만원을 최우선변제금으로 국민은행 근저당권 보다 먼저 배분 받을 수 있다. 그래서 1순위로 이정희와 박기영이 최우선변제금을 배분받고, 2순위로 국민은행이 배분 받게 된다. 그러면 매각대금에서 공매비용을 빼고 실제 배분할 금액이 4억3,000만원이므로 다음과 같이 배분하면 된다.

1순위 : ① 이정희 2,000만원 + ② 박기영 2,000만원(최우선변제금 1) – 1차적 소액임차인 결정기준 : 국민은행 (6,000만원/2,000만원)

2순위 : 국민은행 9,600만원 (근저당권 우선변제금)

3순위 : ① 이정희 500만원 + ② 박기영 500만원(법 개정에 따른 소액보증금 중 일정액 증가분) + ③ 구수민 2,500만원 (최우선변제금 2) – 2차적 소액임차인 결정기준 : 김석기 확정일자, 서천새마을금고 근저당권, 이철수 확정일자, 구수민 확정일자, 박기영 확정일자(7,500만원/2,500만원)

4순위 : 김석기 임차인 1억원 (확정일자부 우선변제금)

5순위 : 서천 새마을 8,400만원 (근저당권 우선변제금)

6순위에서는 ① 마포세무서 7,800만원 ⇨ ② 이철수 임차인 1억1,000만원 ⇨ ③ 구수민 임차인 4,500만원 ⇨ ④ 박기영 임차인 1,500만원 순이기 때문에 배당잔여금이 7,500만원을 마포세무서가 전액 배당받고 마무리하면 될 것이라고 판단해선 안된다. 왜냐하면 현행법상 소액임차인(2016. 03. 31. ~ 현재 서울기준은 1억 이하/3,400만원)은 항상 조세채권에 우선하기 때문에 ⇨ 세금은 확정일자를 이기고, 확정일자는 최우선변제금을 이기고, 최우선변제금은 조세채권을 이기는 관계에 있다. 이렇게 순위가 충돌하면 순환흡수배분 절차를 진행해야 한다.

① 마포세무서 7,800만원	
② 이철수 확정일자 1억1,000만원	
③ 구수민 확정일자 3,600만원	하나의 확정일자로 묶어서 순환배당하고 그 배당금을 가지고 구수민이 먼저 배당받으면 된다.
④ 박기영 확정일자 600만원	
⑤ 이정희 최우선변제금 900만원	이들은 동순위이므로 2,700만원을 하나의 최우선변제금으로 묶어서 순환배당하고, 그 배당 받은 금액을 안분하면 된다.
⑥ 구수민 최우선변제금 900만원	
⑦ 박기영 최우선변제금 900만원	

1차 동순위로 안분배분하면

① 마포세무서 = 7,500만원(배당잔액)×7,800만원/2억5,700만원 = 22,762,646원

② 이철수 확정일자 = 7,500만원(배당잔액)×1억1,000만원/2억5,700만원 = 32,101,167원

③ 확정일자(합계) = 7,500만원(배당잔액)×4,200만원/2억5,700만원 =

12,256,809원

④ 최우선변제금(합계) = 7,500만원(배당잔액)×2,700만원/2억5,700만원 = 7,879,378원

2차 흡수배분절차는 다음과 같이 한다.

흡수절차는 선순위채권자가 먼저하고, 흡수당하는 순서는 제일열후한 채권자가 흡수당하는 순서로 진행하게 되는데 ①·②·③·④ 딱히 선순위가 없다. 이때 어떤 채권자로 먼저흡수절차를 진행해도 모두 같은 결과가 나오게 된다.

① 마포세무서 = 22,762,646원(1차안분액) + 44,357,976(③12,256,809원+② 32,101,167원을 흡수함) − 19,120,622원(④에 흡수당함) = 48,000,000원(종결)

② 이철수 확정일자 = 32,101,167원(1차안분액) − 32,101,167원(①에 흡수당함) + 7,879,378원(④7,879,378원을 흡수함) = 7,879,378원(종결).

③ 확정일자(합계) = 12,256,809원(1차안분액) − 12,256,809원(①에 흡수당함) + 0원(④를 흡수함) = 0원(종결).

④ 최우선변제금(합계) = 7,879,378원(1차안분액) − 7,879,378원(②에 흡수당함) + 19,120,622원((①을 흡수함) = 19,120,622원(종결)

따라서 6순위에서 다음과 같이 배분금을 정리하면 된다.

① 마포세무서 = 48,000,000원, ② 이철수 확정일자 = 7,879,378원, ③ 이정희 최우선변제금 6,373,541원, ④ 구수민 최우선변제금 6,373,541원, ⑤ 박기영 최우선변제금 6,373,540원.

이렇게 모든 배분절차를 마무리하면 되므로 낙찰자의 인수사항은 없고, 이정희는 확정일자가 없어서 최우선변제만 받고 소멸한다.

제7강 공매물건별로 집행비용은 어떻게 계산하면 되나?

공매집행비용을 알고 있어야 입찰하기 전에 매각대금에서 공매비용을 제외하고 배분할 금액을 정할 수 있습니다.

◆ 압류재산 공매 집행비용 계산방법

국세징수법 시행규칙 제41조의5(공매대행수수료 등) 제1항 영 제68조의5에 따른 수수료는 다음 각 호의 구분에 따른 금액을 기준으로 산정하되, 기준금액이 12억원을 초과하는 경우에는 12억원으로 한다(개정개정 2014.3.14.).

제2항 영 제68조의5에 따른 수수료는 제1항 각 호의 구분에 따른 기준금액에 다음 표의 구분에 따른 공매진행 단계 등에 따른 수수료율을 곱하여 계산한 금액과 공매진행 단계 등에 따른 최저수수료 중 큰 금액으로 한다.

구분	공매진행 단계	수수료율	최저수수료
완납수수료	공매공고 전	0.6%	12만원
	공매공고 후 매각결정 전	0.9%	18만원
	매각결정 후 대금납부 전	1.2%	24만원
해제수수료	공매공고 전	0.6%	12만원
	공매공고 후 매각결정 전	0.9%	18만원
	매각결정 후 대금납부 전	1.2%	24만원
매각수수료	-	3.0%	30만원
매각결정취소수수료	-	1.2%	24만원

비고
1. 위 표에서 "공매공고"란 법 제67조제2항에 따른 공매공고를 말한다.
2. 위 표에서 "매각결정"이란 법 제75조제1항에 따른 매각결정을 말한다.
3. 위 표에서 "대금납부"란 법 제77조제1항에 따른 매수인의 매수대금 납부를 말한다.

① 매각수수료 계산 = 매각대금 × 3%(매각수수료하한선 300,000원)

② 압류재산 공매에서 국세 및 지방세(세무서장 등)로 공매공고등기를 할 때에는 등기비용이 면제된다. 그리고 국민건강보험 등의 공과금 등으로 공매공고등기를 할 때에도 전자등록을 촉탁할 때 등록면허세 1,000원의 수수료만 부과되고 있다. 그래서 경매와 같이 경매개시결정기입등기할 때 소요되는 인지대 5,000원(신청서인지첨부), 등기신청수수료(=증지대) 3,000원, 등록면허세(채권금액의 2/1,000), 지방교육세(등록면허세의 20/100) 등이 발생하지 않으며, 유찰할 때마다 부담하는 유찰수수료도 없다.

③ 부동산현황조사료 70,000원

실비를 가지고 하므로 경매 현황조사 수수료인 70,000원으로 계산해 본 것이다.

④ 송달료 100,000원

공매에서는 이해관계인에게 송달하는 실비용으로 계산하는 것으로 정확한 계산은 송달상황에 따라 달라질 수 있다. 이 사례는 필자가 10만원으로 계산해 본 것이다.

⑤ 신문공고료 220,000원

공매신문공고료는 실제 광고비용으로 하는 것이나 경매비용을 참고해서 계산한 것임.

⑥ 감정평가비용=(다음 감정평가금액×요율로 계산한다)

㉠ 토지, 일반건물(아파트제외), 선박(광업권, 어업권 등) 등 일반감정의 경우

기준금액 (개별공시지가, 시가표준액)	A. 감정평가수수료	B. 실비	C. 부가가치세 10%	
140,909,090원 까지	240,000원	48,000원	(A+B)×0.1	A. 감정평가수수료 (2억5천만원 ×0.0011+ 145,000원) ×0.7= 294,000원 B. 실비 88,000원 C. 부가가치세 382,000원× 0.1= 38,200원 합계금액= 420,200원
140,909,090원 초과 2억원까지	(기준금액×0.0011+145,000원)×0.8	48,000원	(A+B)×0.1	
2억원 초과 5억원까지	(기준금액×0.0011+145,000원)×0.8	88,000원	(A+B)×0.1	
5억원 초과 10억원까지	(기준금액×0.0009+245,000원)×0.8	88,000원	(A+B)×0.1	
10억원 초과 50억원까지	(기준금액×0.0008+345,000원)×0.8	88,000원	(A+B)×0.1	
50억원 초과 9,507,142,857원 까지	(기준금액×0.0007+845,000원)×0.8	88,000원	(A+B)×0.1	
9,507,142,857원 초과	6,000,000원	88,000원	(A+B)×0.1	

㉡ 아파트 감정의 경우

기준금액 (시가표준액)	A. 감정평가수수료	B. 실비	C. 부가가치세 10%
179,870,129원 까지	240,000원	48,000원	(A+B)×0.1
179,870,129원 초과 2억원까지	(기준금액×0.0011+145,000원)×0.7	48,000원	(A+B)×0.1
2억원 초과 5억원까지	(기준금액×0.0011+145,000원)×0.7	88,000원	(A+B)×0.1
5억원 초과 10억원까지	(기준금액×0.0009+245,000원)×0.7	88,000원	(A+B)×0.1
10억원 초과 50억원까지	(기준금액×0.0008+345,000원)×0.7	88,000원	(A+B)×0.1
50억원 초과 11,037,755,102원 까지	(기준금액×0.0007+845,000원)×0.7	88,000원	(A+B)×0.1
11,037,755,102원 초과	6,000,000원	88,000원	(A+B)×0.1

〈공매집행비용을 계산하는 방법〉

아파트 감정평가금액이 3억인 경우이고, 2억5,000만원에 공매로 매각되었다면,

① 감정평가금액 = ◆ 감정평가수수료 332,500원[(3억원×0.0011)+145,000원]×0.7 + ◆ 실비 88,000원 + ◆ 부가세 42,050원(감정수수료와 실비 10%) = 462,550원

② 매각수수료 = 2억5,000만원×3%=7,500,000원

③ 신문공고료 = 220,000원

④ 부동산현황조사수수료=70,000원

⑤ 송달료 = 100,000원

공매집행비용 합계 =8,352,550원이다. 그러나 공매는 실비계산으로 하기 때문에 다소 차이가 발생할 수 있다. 따라서 공매집행수수료는 대략 3.2~3.4% 정도로 알고 있으면 된다.

◆ **수탁재산 공매 매각수수료**

　수탁재산 공매는 금융기관 및 공공기관 등의 비업무용 재산을 한국자산관리공사가 수탁 받아 공매를 진행하는 물건과 양도소득세 감면대상물건을 수탁 받아 공매를 진행하는 물건이 있다. 그리고 수탁재산 공매로 매각되면 5일 이내에 계약을 체결하고, 금융기관 및 공공기관 등의 비업무용 재산은 6개월 이내에, 양도소득세 감면대상물건은 3개월 이내에 잔금을 납부해야 한다. 이러한 수탁재산매각 수수료는 총 1%이고 납부방법은 계약할 때 0.5%, 잔금 지급 시에 0.5%를 납부하는 방식으로 진행된다.

◆ **이용기관회원 온비드 이용약관 제23조(이용기관 수수료)**

　과거 이용기관 공매시 공매수수료 산정방법은 감정평가금액이 3억인 경우이고, 2억5,000만원에 공매로 매각되었다면 다음과 같이 계산했다가

전자입찰수	입찰결과	낙찰금액	입찰등록수수료	낙찰수수료	수수료합계
1건	낙찰	250,000,000원	10,000원	240,000원	250,000원

　현재에는 입찰등록수수료와 낙찰수수료 등을 구분하지 않고 단순히 아래와 같은 낙찰수수료만 부과하고 있다.

　따라서 2억5,000만원에 매각되었다면 (2억5,000만원−1억원)×0.05% + 650,000원으로 수수료가 725,000원이 된다.

◆ **국유재산 공매 매각수수료**

　국유재산공매는 국가재산을 처분하는 행위로 국가가 심의해서 실비만을 한국자산관리공사에 지급하고 있다.

자! 이것으로 오늘 특강은 모두 마치겠습니다.

선생님 수고하셨습니다.

Chapter 8

공매물건을 찾아 권리분석과 수익분석 후 입찰에 참여하는 방법

01 공매는 집행하는 기관마다 매각조건과 권리분석을 다르게 해야 한다

공매는 다양한 공매가 있어서 매각하는 기관에 따라 매각조건이 다를 수 있고, 그에 따라 권리분석 방법도 다르게 해야 한다. 이러한 공매는 온비드 화면에서 찾아볼 수 있는 ① 캠코물건으로 압류재산, 국유재산, 수탁재산, 유입자산과 ② 이용기관으로 국유재산, 공유재산, 기타일반재산, 금융권담보재산이 있다. 그리고 찾아볼 수 없는 ③ 금융기관, 신탁회사, 기업 등의 직접 공매가 있다.

◆ 압류재산 공매에서 권리분석 방법

KAMCO가 세무관서 등으로부터 공매대행을 의뢰 받아 체납자의 부동산을 강제로 매각하는 절차로, 경매와 같이 매각결정방식으로 말소기준권리를 기준으로 소멸주의를 택하고 있다. 그리고 매각대금을 가지고 공매를 위임한 세무관서와 그 밖에 등기부에 등기된 채권, 등기되어 있지 않지만 배분받을 권리가 있는 채권자에게 배분하는 절차로 마무리가 된다. 그러므로 말소기준권리를 기준으로 선순위권리는 인수하고, 후순위권리나 채권은 소멸하게 되므로 인수할 권리가 있는 가를 자세히 확인하고 입찰에 참여해야 한다.

<u>그리고 유의할 점은</u> 국세징수법에서 정한 법정매각조건을 확인하기 위해서 공매공고문을, 특별매각조건을 확인하기 위해서 공매재산명세서를 확인하는 것을 잊지 말아야 한다. 압류재산 공매물건으로 권리분석하는 방법과 입찰하는 방법은 다음 경기도 용인시 수지구 상현동 832 상현마을금호베스트빌 제252동 제○○○○호를 참고하면 된다.

◆ 국유재산 공매에서 권리분석 방법

국가 소유재산의 관리와 처분을 위임받아 일반인에게 매각 또는 임대(대부)하는 재산을 말한다. 즉 국가기관 등으로부터 매각이 위임된 재산을 KAMCO가 수탁을 받아 일반인에게 공개경쟁 입찰방식으로 매각하게 되니 매각조건만 공매공고문과 공매담당자를 통해 확인하면 압류재산공매 처럼 예측하지 못한 손실은 발생하지 않게 돼 안전하다.

◆ 수탁재산 공매에서 권리분석 방법

수탁재산 공매는 두 가지가 있는데 하나는 금융기관과 공공기관소유 비업무용 재산 등을 금융기관 또는 공공기관으로부터 매각을 위임받아 KAMCO가 일반인에게 공개경쟁 입찰방식, 다른 하나는 양도세 감면대상 물건을 위임받아 KAMCO가 일반인에게 공개경쟁 입찰방식이 있다. 이렇게 KAMCO가 수탁을 받아 일반인에게 공개경쟁 입찰방식으로 매각하게 되니 매각조건만 공매공고문과 공매담당자에게 확인하고 낙찰 받으면 인수할 권리 없이 안전하게 소유권을 취득할 수 있다.

◆ 유입자산 공매에서 권리분석 방법

부실채권을 회수하는 과정에서 법원경매를 통해 KAMCO(한국자산관리공사) 명의로 유입한 재산으로 소유자 KAMCO가 일반인에게 공개경쟁 입찰방식으로 매각절차를 진행하게 되니 일반 부동산중개업소에서 파는 것과 같이 안전하다고 볼 수 있지만, KAMCO가 소유자로 매각하니 앞에서 설명한 것처럼 매각조건을 공매공고문과 공매담당자를 통해서 확인하고 입찰에 참여해야 한다.

◆ 이용기관재산 등의 공매에서 권리분석 방법

이용기관의 매각 물건의 분류는 기본적으로 국유재산, 공유재산, 기타일반재산, 금융권담보재산 이상 4가지로 분류하며, 매각 물건에 대한 실질적인 분류 결정은 공고를 등록하는 이용기관에서 결정하게 된다. 이러한 이용기관재산 등의 매각공매와 임대(대부)공매는 KAMCO(한국자산관리공사) 온비드 사이트에 이용기관 회원 가입 후 온비드사이트의 전자처분시스템을 통해서 이용기관 등이 직접 매각절차를 진행하게 되니 이 공매물건 역시 앞에서와 같이 매각조건을 확인하고 입찰에 참여하면 안전하다.

◇ 금융기관, 신탁회사, 기업 등의 직접 공매에서 권리분석 방법

은행 및 금고·신탁회사·기업 등이 감정평가기관의 평가금액을 기초로 하여 최초 매각예정금액으로 정하고 이를 신문에 공고하여 공개입찰방식으로 금융기관 등이 직접 매각절차를 진행하게 되니 매각조건만 확인하고 낙찰 받으면 안전하다.

> **왜! 압류재산 공매만을 권리분석하는 방법으로 다루고 있나?**
>
> 압류재산 공매가 공매물건 중에서 85% 차지하고 있고, 나머지 공매들은 앞의 내용과 같이 대부분 국가소유나 공공기관 소유물건을 매각하기 위해 KAMCO에 매각을 의뢰하는 것이므로 매각조건 즉 공매공고 내용과 공매담당자를 통해서 잘 확인하고(어떠한 조건으로 매각하는 것인가를 알고 입찰에 참여해야 함), 낙찰 받으면 예측하지 못한 손실을 보게 되는 사례는 발생하지 않기 때문이다. 그래서 압류재산공매를 제외하고 공매가 안전하다는 말이 나온 것이다.

아하! 그래서 공매가 안전하다는 풍문이 나오게 된 거군요.

그렇습니다. 그러나 공매 중에서 대부분을 차지하고 있는 압류재산 공매는 경매와 같이 철저한 권리분석이 필요합니다. 그래서 다음 02번에서 04번까지 입찰할 물건을 찾아서 권리분석과 수익분석 후 입찰에 참여하는 방법을 기술한 것입니다.

02 온비드 공매물건정보 내용을 가지고 1차적으로 권리를 분석하는 방법은?

"선생님 안녕하세요. 저의 집사람 이현정입니다." "안녕하세요" "두 분을 만나서 반갑습니다. 먼저 공매로 내 집 마련할 주택을 온비드 화면에서 찾아보기로 하겠습니다. 그런데 자금은 얼마나 가지고 있는지요." "현재 살고 있는 전세금 1억5,000만원과 그동안 저축한 3,000만원이 전부예요. 이 돈으로도 가능하겠어요?" "부족한 자금은 금융기관에서 3% 대의 금리로 대출받으면 됩니다."

◆ **김 선생이 KAMCO 온비드에서 입찰대상 아파트를 찾고 있다**

온비드 홈페이지 상단 부동산 또는 동산/기타자산[자동차와 운송장비, 물품(기계), 물품(기타)] 등의 메뉴에서 용도를 부동산 을 선택해서 검색하면 ⇨ 좌측메뉴에 부동산 HOME이 나타나는데 이 타이틀에는 ⇨ 물건, 공고, 테마물건, 입찰결과 등이 나타난다.

여기서 물건을 선택하면 ⇨ 물건검색, 신규물건, 캠코 국유재산 전용관, 캠코 압류재산 전용관, 캠코 수탁·유입자산 전용관, 수의계약 가능물건 등의 세부항목을 확인할 수 있다. ⇨ 이 세부항목에서 물건검색을 선택해서 상세조건검색을 검색하면 다음과 같은 화면이 나타난다.

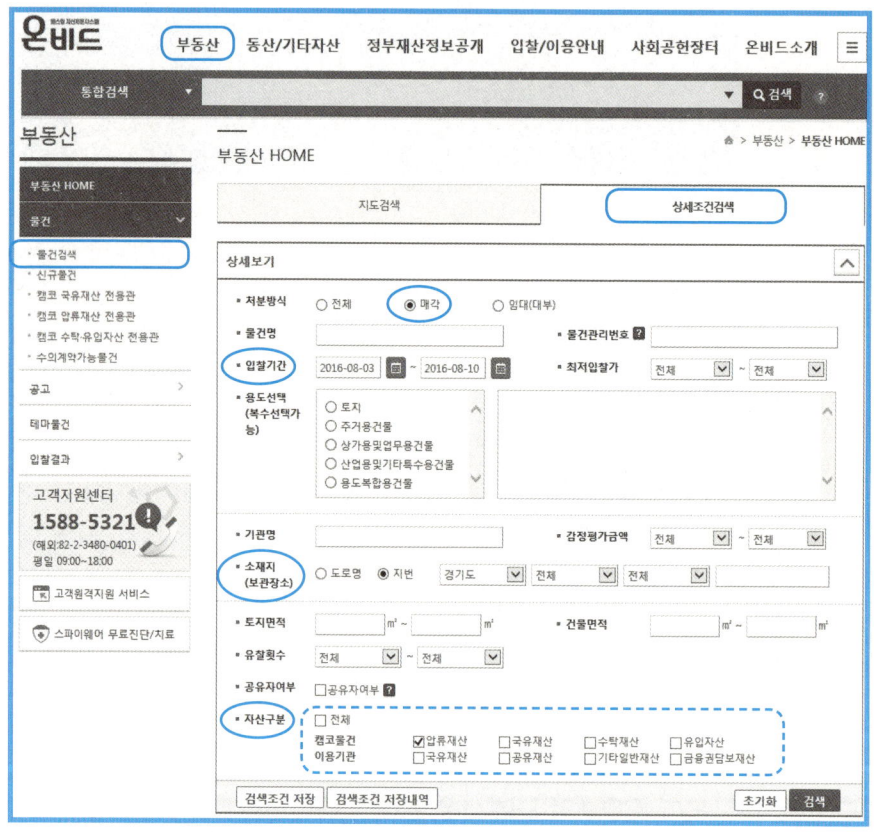

　이 화면에서 찾고자하는 물건명이나 물건관리번호, 입찰기간, 최저입찰가, 용도선택, 기관명, 감정평가금액, 물건소재지, 면적, 자산구분 등을 입력하거나 선택하면 입찰대상 공매물건이 나타난다. 이 공매물건검색 방법에서는 ① 처분방식과 ② 입찰기간, ③ 소재지(서울시, 경기도, 인천광역시... 등), ④ 자산구분(•캠코물건 – 압류재산, 국유재산, 수탁재산, 유입자산과 •이용기관 – 국유재산, 공유재산, 기타일반재산, 금융권담보재산)을 선택해서 찾는 방법이 가장 많이 이용하는 방법이다.

찾아보니 도봉구 창동에 있는 수산트리필 아파트가 좋겠어요. 아파트 시세가 3억2,000만원인데 2억5,600만원까지 저감되어 매각절차가 진행되니 두 분의 자금 1억8,000만원에다 부족한 돈 8,000만원 정도는 금융기관에서 빌리면 되고, 가까운 거리에 수송초등학교가 있고 주택가라 어린이들이 학교에 다니기에 안전한 지역이고, 이영민 씨의 직장도 가깝고, 그리고 뭐니 뭐니 해도 아파트 내부 사진을 보면 알 수 있듯이 주택이 깨끗한 것이 장점입니다.

"공매로 내집 마련하려면 물건조사와 권리분석을 잘해야 된다고 들었습니다. 분석은 어떻게 하면 되나요?"

"공매물건을 조사하는 경우에는 1차적으로 온비드에서 입찰대상물건에 대한 공매물건정보 내용을 가지고 분석하고, 2차적으로 등기부등본과 건축물대장, 토지이용계획확인원 등의 공적장부을 발급 받아 분석하고, 부동산이 위치하고 있는 현장을 방문해 공매정보 내용과 공적장부 등으로 확인할 수 없었던 상황을 확인해야 합니다. 부동산이 공부상 기록된 사실과 현장 상황의 일치여부, 주변 환경, 교통, 교육여건, 편익시설과 개발가능성, 기타 제한사항 등이 있는가 여부와 주변 부동산중개업소 3~4곳을 방문해 정확한 부동산 시세를 판단하는 것이 기본입니다."

"아! 그렇군요." "다음과 같은 순서로 물건을 조사하고 분석하면 됩니다."

◇ 이 영민이 입찰할 아파트의 온비드 물건정보 내역

| 물건 세부 정보 | **압류재산 정보** | 입찰 정보 | 시세 및 낙찰 통계 | 물건 문의 | 부가정보 |

■ 임대차 정보

임대차내용	성명	보증금(원)	차임(월세)(원)	환산보증금(원)	확정(설정)일	전입일
임차인	임차인	-	-	-	-	-
전입세대주	이소령	-	-	-	-	2004-08-16

■ 등기사항증명서 주요정보

번호	권리종류	권리자명	설정일자	설정금액(원)
1	위임기관	노원세무서	-	미표시
2	가압류	이병장	2011-06-02	400,000,000
3	압류	도봉구청	-	미표시

■ 공매재산에 대하여 등기된 권리 또는 가처분으로서 매각으로 효력을 잃지 아니하는 것

■ 공매재산의 매수인으로서 일정한 자격을 필요로 하는 경우 그 사실

■ 유의사항

유치권(금400,000,000원)이 2014.05.27자로 신고되었으니 사전조사후 입찰바랍니다.

■ 권리분석 기초정보 (권리분석 기초자료는 입찰시작 7일전부터 제공됩니다)

■ 배분요구 및 채권신고 현황 (배분요구서를 기준으로 작성하였으며, 신고한 채권액은 변동될 수 있습니다.)

번호	권리관계	성명	압류/설정(등기)일자	설정금액	배분요구채권액	배분요구일
1	임차인	임차인		0	0	
2	압류	도봉구청	2012-05-10	0	217,840	2014-01-20
3	교부청구	서울특별시		36,648,470	36,648,470	2014-03-31
4	가압류	이길주	2011-06-02	400,000,000	0	
5	위임기관	노원세무서	2011-05-20	0	352,143,570	2011-11-30

| 물건 세부 정보 | 압류재산 정보 | **입찰 정보** | 시세 및 낙찰 통계 | 물건 문의 | 부가정보 |

■ 입찰 방법 및 입찰 제한 정보

전자보증서 사용여부	사용 불가능	차순위 매수신청 가능여부	신청 불가능
공동입찰 가능여부	공동입찰 가능	2인 미만 유찰여부	1인이 입찰하더라도 유효한 입찰로 성립
대리입찰 가능여부	대리입찰 불가능	2회 이상 입찰 가능여부	동일물건 2회 이상 입찰 가능

■ 회차별 입찰 정보

입찰번호	회차/차수	구분	대금납부/납부기한	입찰기간	개찰일시	개찰장소	매각결정일시	최저입찰가(원)
2201123577001	032/001	인터넷	일시불/낙찰금액별 구분	2014-08-18 10:00~ 2014-08-20 17:00	2014-08-21 11:00	전자자산처분시스템(www.onbid.co.kr)	2014-08-25 10:00	256,000,000

◆ 온비드 물건정보 내역에서 1차적으로 물건을 분석하는 방법

(1) 매각물건의 현황분석으로 돈 되는 우량한 물건을 찾는 것이 먼저다

 온비드 입찰물건정보내역 화면에서 물건정보와 매각물건의 사진정보, 지도, 지적도, 위치도, 감정평가서, 그리고 화면 하단의 물건세부정보, 압류재산정보, 입찰정보 등을 분석해서,

 첫 번째로 물건정보와 감정평가서에서 토지와 건물 전체가 매각되는 것으로 감정평가가 이루어 졌는지, 일부 지분(1/2지분, 1/3지분)만 매각되는 것으로 평가가 되었는지, 토지만 매각 또는 건물만 매각으로 평가되었는지, 제시외 건물이 있는 경우에 감정평가된 경우와 평가되지 않은 경우를 확인하고,

공 부(公簿)(의뢰)		사 정		감 정 평 가 액	
종 별	면적 또는 수량(㎡)	종 별	면적 또는 수량(㎡)	단 가	금 액
건물	84.89	건물	84.89	-	320,000,000
대	3,657.3y 37.5559/3,657.3	대	37.5559		
합 계					₩320,000,000

 두 번째로 매각물건의 사진과 위치도 및 지도, 그리고 감정평가서를 분석해서 내가 사고자하는 목적에 맞으면서도 돈이 되는 물건을 찾아야 하는데, 그 이유는 공매의 왕도는 돈이 될 수 있는 물건을 찾는 것이 제일 중요하기 때문이다.

 ① 아파트의 사진과 내부 및 평면도

② 아파트 주변 현황도

"그렇군요. 마음에 들어요. 이 아파트는 저희들도 잘 알고 있어요. 지금 사는 주택과 가깝거든요." "돈이 부족해서 사려고 해도 못 샀는데 공매로 싸게 사는 방법도 있다니 도전해 보겠어요."

앞으로 부동산 시장이 살아나면서 아파트 가격도 올라갈 조짐을 보이고 있습니다. 사서 거주하다가 팔면 양도세도 비과세 되고 가격도 오르면 내집 마련과 보너스로 돈을 버는 방법이 됩니다.

"그렇군요. 그런데 경매나 공매로 사면 권리분석을 잘해야 한다던데 문제가 없겠어요." "선생님이 분석해 주시면 안전하니 그 부분은 걱정하지 말아요."

"그래도 분석을 잘해야 하니 지금부터 함께 낙찰 받고 인수할 권리가 있나를 분석해 보겠습니다. 권리분석 방법은 압류정보 내역과 입찰정보의 공매재산명세서, 그리고 등기부 등의 공부를 발급 받아서 확인하고, 부족한 내용은 공매담당자에게 문의해서 확인하는 절차로 진행해 보겠습니다."

(2) 말소기준권리를 찾고 인수할 권리가 있는지를 확인해라

온비드 물건정보내역 화면 중간 압류재산정보에서 임대차정보와 등기사항증명서 주요정보, 기타매수인이 인수할 권리, 그리고 권리분석 기초정보내역에서 배분요구 및 채권신고내역 등을 확인하고, 입력정보에서 공매재산명세서와 등기사항증명서 등을 직접 발급 받아 말소기준권리를 찾고, 인수할 권리가 있는가를 다음과 같이 확인해야 한다.

첫 번째로 말소기준권리보다 먼저 등기된 권리(가등기, 가처분, 전세권, 임대차등기 등)와 전입신고와 확정일자를 갖춘 임차인 등이 있는지를 확인해 인수할 권리가 있는지, 없는지를 분석해야 한다. 선순위로 등기된 권리가 없고 임차인만 있다면 선순위로 대항력이 있는지, 없는지를 분석하면 된다. 분석할 때 꼭 확인해야할 내용이 공매재산명세와 임대차 정보내역(온비드 물건정보와 주민센터에서 전입세대 직접 열람을 통한 분석), 그리고 등기사항증명서 등을 발급 받아 확인해야 한다.

① 공매재산명세서에는 어떠한 내용이 기재되어 있나?

KAMCO는 처분청(공매위임관서), 관리번호, 공매공고일, 배분요구의 종기, 압류재산의 표시, 부동산의 점유관계(공매 현황조사관이 조사한 점유자의 권리관계가 기재되어 있음), 임차인 신고현황, 채권자의 배분요구 및 채권신고 현황, 매각으로 그 효력을 잃지 아니하는 것, 매각에 따라 설정된 것으로 보게 되는 지상권의 개요, 기타 유의사항 등을 기재한 공매재산명세서를 작성하고, 감정평가서도 함께 매각기일 1주일 전부터 매각절차가 종료될 때까지 온비드에 비치하고 있어서 입찰희망자들은 언제든지 확인할 수 있다. 이는 입찰자에게 공매부동산의 물적 부담상태, 취득할 종물, 종된 권리의 범위 등과 최저매각가격 산출의 기초가 되는 사실을 공시하여 신중한 판단을 거쳐 입찰에 참여하도록 하기위해 마련된 제도이다.

압류재산 공매재산 명세

처 분 청	노원세무서	관 리 번 호	2011-23577-001
공매공고일	2014-06-05	배분요구의 종기	2014-04-28
압류재산의 표시	서울특별시 도봉구 창동 817 외 1필지 수산트리플아파트101동 12층 제0000호 대 지분 37.5559 ㎡ 건물 84.89 ㎡		
매각예정가격/입찰기간/개찰일자/매각결정기일		온비드 입찰정보 참조	
공 매 보 증 금		입찰가격의 100분의 10 이상	

■ 점유관계   [조사일시:2014-03-07 / 정보출처 : 현황조사평가서]

점유관계	성 명	계약일자	전입신고일자 (사업자등록신청일자)	확정일자	보증금	차임	임차부분
체납자	이소령		2004-08-16		0	0	101동 1201호

공매재산의 현황	아파트
공매재산 기타	1.본건개요 및 현황 -.서울시 도봉구 창동 소재 "수송 초등학교" 북동측 인근에 위치하며, 현황 아파트로 이용중임. 2.관공서 열람내역 -.창제2동 주민센터:"이용국"등록됨. 3.점유관계 현황 -.체납자 이용국 대면한바 임대관계 없이 자가로 이용중이라고 구두 진술함. -.체납자의 구두 진술에 의해 등록 하였으므로 정확한 임차내역은 별도 재 확인을 요함.

■ 임차인 신고현황

번호	성명	권리신고일	전입신고일자 (사업자등록신청일자)	확정일자	보증금	차임	임차부분
1	임차인				0	0	

■ 배분요구 및 채권신고 현황

번호	권리관계	성명	압류/설정(등기)일자	법정기일(납부기한) (2018년 1월부터시행)	설정금액	배분요구채권액	배분요구일
1	임차인	임차인			0	0	
2	압류	도봉구청	2012-05-10		0	217,840	2014-01-20
3	교부청구	서울특별시			36,648,470	36,648,470	2014-03-31
4	가압류	이길주	2011-06-02		400,000,000	0	
5	위임기관	노원세무서	2011-05-20		0	352,143,570	2011-11-30

* 채권신고 및 배분요구현황은 배분요구서를 기준으로 작성하였으며 신고된 채권금액은 변동될 수 있습니다.

■ 공매재산에 대하여 등기된 권리 또는 가처분으로서 매각으로 그 효력을 잃지 아니하는 것

■ 매각에 따라 설정된 것으로 보게 되는 지상권의 개요

■ 기타 유의 사항

기타 (유치권(금400,000,000원)이 2014.05.27자로 신고되었으니 사전조사후 입찰바랍니다.)

2014. 08. 14
한국자산관리공사 조세정리부

② 공매재산명세서에서 유의해서 확인할 사항

㉠ 채권자의 배분요구 및 채권신고 현황에서 등기부에서 가장 먼저 등기된 채권이 말소기준권리다(말소기준권리와 그밖의 권리를 확인하기 위해 등기부와 함께 분석하는 것을 잊지 말아야 한다).

㉡ 공매위임관서(처분청)의 배분요구채권액과 그 우선순위를 확인하는 것이 중요한데 우선순위는 압류일자로 결정되는 것이 아니라, 1순위로 최우선변제금이 배분 받고, 2순위로 당해세, 그리고 3순위로 조세채권의 법정기일과 저당권부 채권 간의 우선순위에 따라 배분하게 되므로 대항력 있는 임차인의 확정일자부 우선변제권이 조세채권의 법정기일보다 늦은 경우 낙찰자가 임차보증금을 인수하게 되는 경우가 발생할 수 있다는 사실에 유의해서 분석해야 한다.

잠깐만 이러한 내용을 확인하는 것을 잊지 마세요.

❶ 배분요구 및 채권신고 내역에서는 공매위임관서의 압류일자와 배분요구채권액만 기재되어 있다(압류 2011. 05. 20. 배분요구 채권액352,143,570원). 그래서 조세채권이 당해세인지, 일반 세금인지를 구분할 수 없고, 법정기일도 알 수가 없다. 이러한 내용은 온비드 물건정보내역 중간부분 좌측에 있는 1588-5321 유선전화로 공매담당자에게 문의해서 예상배분표를 작성하고 인수할 금액이 있는가를 판단해서 입찰해야 한다.
❷ 위임관서가 순위가 늦어 배분금이 없게 되면 무잉여가 돼 공매가 취소될 수도 있다.
❸ 2018년 1월 1일부터 법정기일(납부기한)을 공매재산명세서에 기재되어 있으니 참고하면 되지만, 자세한 내용은 공매담당자에게 확인해야 한다.

ⓒ 공매공고일자와 동시에 공매공고등기를 촉탁하게 되는데, 이 공매공고등기일을 이전에 대항요건을 갖춘 임차인만 소액임차인으로 최우선변제금을 받을 수 있다.

ⓔ 배분요구를 해야 배분에 참여할 수 있는 채권자는 반드시 배분요구의 종기일까지 배분요구 해야만 배분참여가 가능하다.

<u>선순위전세권자나 대항력 있는 임차인은 배분요구를 해야 배분참여가 가능하다. 그런데 배분요구 했더라도 배분요구종기일 이후에 했다면 배분요구의 효력이 없어서 낙찰자가 인수하게 되고 그로 인해서 입찰보증금을 포기할 수밖에 없는 사례가 발생</u>하니 유의해야 한다.

ⓜ 부동산의 점유관계(공매 현황조사관이 조사한 점유자의 권리관계가 기재되어 있음)를 확인해서 누가 점유하고 있는 가를 판단.

ⓑ 임차인의 권리신고 내용이 게재되어 있다. 간혹 권리신고만 하고 그 하단에 배분요구를 하지 않은 사례가 발생할 수 있다. 이러한 사례는 임차인이 대항력을 주장하는 것으로 매수인이 인수해야 하므로 그만큼 낙찰금액 이외에 인수금액이 증가하게 된다. 그리고 임차인이 권리신고한 내용과 공매 현황조사관이 조사한 점유관계와 다른 경우가 있는데 이때 임차인이 권리신고한 내용이 우선한다.

ⓢ 채권자의 배분요구 및 채권신고 현황을 확인해서 우선순위에 따라 예상배분표를 작성해서 인수할 금액이 있는 가를 판단하고 명도에 대한 준비를 해야 한다.

◎ 매각으로 그 효력을 잃지 않는 권리가 있는가(선순위가등가와 가처분, 선순위전세권과 임대차등기 등), 특별매각조건으로 인수하는 조건과 기타유의사항이 있는지(토지별도등기, 대지권미등기 등으로 대지권 성립여부가 불분명하므로 대지권등기는 매수인 책임, 법정지상권 성립 여부, 유치권이 신고 되어 있음 등) 등을 확인하고 이상이 없다고 판단되면 입찰에 참여해야 한다.

이 사례에서도 기타 유의사항란을 보면 "유치권이 2014. 05. 27. 자로 금 4억원이 신고되어 있으니 사전 조사후 입찰하기 바랍니다."가 기재되어 있다. 잘 못하다간 낙찰 받고 4억을 인수할 수도 있으니 유치권에 대한 정확한 분석이 필요하다.

<u>두 번째로</u> 말소기준권리가 담보물권(근저당권, 담보가등기, 전세권)이냐 무담보채권(가압류, 압류, 강제경매신청)이냐를 구분해서 담보물권이면 소액임차인을 결정하는 기준으로 삼고, 무담보채권이 말소기준이면 현행법상 소액임차인의 최우선변제금에 후순위가 된다는 판단을 해야 한다.

김 선생의 도움말

이 공매물건은 자산관리공사가 서울시로부터 공매를 위임받아 매각한 공매물건으로 말소기준권리는 노원세무서의 압류로 2011. 05. 20.입니다. 이 날짜가 다음 임차인의 대항력을 판단하는 기준입니다.

(3) 임차인이 있는 경우 대항력 유무와 배분요구 여부를 먼저 판단해라!

① <u>임차인이 대항력이 있는 경우</u>에는 배분요구를 하지 않았는지(낙찰자 인수)와 배분요구를 했는가, 배분요구를 했다면 전액 배분받는지, 미 배분금이 발생하는지(미 배분금은 낙찰자 인수금액이다.)

② <u>대항력이 없으면 경매로 소멸되는 권리지만</u> 그렇다고 하더라도 우선변제권이 있으니 예상배분표를 작성해서 배분받을 금액이 있는지를 파악하라.

③ <u>임차인이 배분요구 했다면 이렇게 생각해라!</u>

대항력 있든 없든 간에 우선변제권이 있는데, 그 우선변제권은 소액임차인 최우선변제금과 확정일자부 우선변제금이 있고, 소액임차인 아니면 확정일자부 우선변제금으로 우선해서 변제받을 권리가 있다. 따라서 임차인이 배분요구 했다면 소액임차인이면 최우선변제금을 먼저 배분하고 나머지 금액에 대해서는 확정일자와 다른 채권자들과 우선순위를 따져서 순위배분하면 된다(대항력이 없더라도 최우선변제금이라도 받아야 명도가 쉬워진다).

 **김 선생의 한마디**

이 아파트에서 점유자의 권리신고 및 배분요구와 대항력 유무

체납자겸 소유자 이외에 다른 임차인이 거주하지 않으므로 낙찰자가 인수할 임차인은 없다. 그러나 체납자가 아니라 임차인이 거주하는 경우였다면 말소기준권리보다 먼저 대항요건을 갖추고 있어서 낙찰자가 인수해야 한다.

(4) 조세나 공과금채권이 있다면 당해세 유무, 체납세액, 법정기일 등을 확인

① **등기된 조세채권이나 공과금채권이 있다면 이렇게 대응하면 된다.**

조세채권이 있다면 1차적으로 당해세가 있는 가를 확인해서 최우선변제금 다음 순으로 우선 배분하고, 당해세를 제외하고 또는 당해세가 없으면 일반세금은 법정기일을 가지고 저당권부 채권과 우선순위에 따라 순위배분하게 된다. 공과금채권이 있다면 임차인의 최우선변제금과 조세채권에 대해서는 항상 후순위가 되겠지만 저당권부 채권과는 공과금의 납부기한을 기준으로 우선순위에 따라 배분하게 된다.

② **등기부에 등기되지 않은 조세나 공과금채권에 대해서 유의해라!**

조세채권과 공과금채권은 등기부에 등기되어 있는 경우는 물론이고, 등기되어 있지 않은 경우에도 배분요구종기 시 까지만 교부청구하면 배분에 참여할 수 있는데, 이러한 조세채권 등은 당해세가 될 수도 있고, 법정기일이 수개월 전 또는 1~2년 전이 될 수도 있기 때문에 이로 인해 임차인은 임차보증금을 손해 보게 되는 경우가 발생하는데, 대항력 있는 선순위임차인의 미배분금의 발생한다면 낙찰자가 인수하게 되므로 입찰 전에 공매담당자에게 당해세 유무, 체납세액, 세목과 법정기일 등을 확인하고, 임차인과 우선순위를 비교해서 인수하게 되는 권리가 있는지를 확인해야 한다.

③ 조세나 공과금에 대한 체납세액 등은 공매재산명세서에 기재되어 있으니 확인

하면 되지만 당해세 여부, 법정기일 등은 기재되어 있지 않으므로 공매담당자에게 확인해야 알 수 있다.

> **〈☎ 공매담당자에게 확인해 본 결과〉**
>
> 공매위임관서 노원세무서의 압류한 세금은 양도소득세로 법정기일은 2011. 04. 18. 체납세액은 352,143,570원이라는 사실을 확인했고, 서울시가 교부청구한 세금은 양도세와 주민세로 법정기일은 2011. 05. 31. 이고 체납세액은 36,648,470원이다. 그리고 도봉구청 압류세액 217,840원은 재산세로 당해세였다.
>
> 그런데 간혹 국세징수법 제81조에 비밀유지 조항을 들어 체납세액과 법정기일 등을 알려주지 않는 담당자가 있어서 고민을 하는 사례가 있는데, 이럴 때 목소리를 높일 필요가 있다. 괜히 힘없는 부하직원들에게 언성을 높이지 말고 그 힘을 모아 "임차인이 대항력이 있어서 인수하게 되므로 임차인보다 선순위의 조세채권액만 확인해 달라고 모르면서 어떻게 입찰할 수 있냐고… 그 정도는 국세징수법 제81조에 위반되지 않는다고 주장을 해보세요. 필자도 가끔 이러한 내용으로 다투지만 이렇게 해서 해결 하곤 합니다.", "경매에서도 이렇게 하세요. 참지 말고 이러한 일을 해결할 사람은 아무리 뒤를 돌아봐도 당신 밖에 없습니다."

(5) 매각대금을 가지고 예상배분표를 작성해 보자

매각금액이 283,100,000원+매각대금이자 179,500원이고 공매비용이 7,545,800원으로 배분금은 275,733,700원이 된다.

1순위 : 서울시 도봉구 재산세 217,840원(당해세우선변제 1)

2순위 : 서울시 노원세무서 양도소득세 275,515,860원(조세채권의 우선변제 2)

조세채권 상호간에서는 0순위로 체납처분비, 1순위로 당해세, 2순위로 납세담보(이 물건에서는 없음), 3순위로 압류선착주의(최초압류권자인 노원세무서), 4순위 참가압류한 조세채권 순으로 배분하고, 5순위로 교부청구한 조세채권 상호 간은 법정기일 선·후와 관계없이 동순위로 배분하고 있다(경매배당과 다르게). 그래서 위 1순위와 2순위와 같이 배분한 것이다.

김 선생의 알고 있으면 좋은 내용

참가압류한 조세채권과 교부청구한 조세채권 간의 우선순위

위 사례가 경매였다면 국세징수법 정하고 있는 기준에 따라 4순위 참가압류한 조세채권과 교부청구한 조세채권은 동순위로 안분배당하게 된다. 그러나 공매에서는 한국자산관리공사 관례로 참가압류권까지 압류선착주의를 적용시켜 위 사례와 같이 경매와 다르게 배분하고 있다.

〈공매에서 배분하는 순서 핵심 요약정리〉

공매 매각대금에서 0순위로 공매비용이 변제받고, 나머지 금액이 실제로 채권자에게 배분할 금액이다. 이 배분금으로 1순위로 필요비·유익비 상환청구권, 2순위가 소액임차인과 근로자의 최우선변제금, 3순위가 당해세가 배분 받는다. 따라서 압류 및 교부청구한 조세채권이 있다면 당해세 유무를 확인하고 당해세만 3순위로 먼저 배분하고 나머지 일반세금은 법정기일을 가지고 4순위부터 저당권부 채권(근저당권, 담보가등기, 전세권, 확정일자부 우선변제권, 등기된 임차권) 등과 우선순위에 따라 다음 순서로 배분하면 된다.

4순위 [일반조세채권] – 담보권보다 법정기일이 빠른 경우
5순위 [공과금] – 담보권보다 공과금의 납부기한이 빠른 경우
6순위 [담보권(저당권, 전세권, 담보가등기, 확정일자 임차권, 등기된 임차권)]
7순위 [일반임금채권]
8순위 [일반조세채권 – 담보권보다 법정기일이 늦은 경우]
9순위 [공과금 – 담보권보다 공과금의 납부기한이 늦은 경우]
10순위 [우선변제권이 없는 일반채권]

(6) 인수할 권리나 금액이 있는 가를 확인해라

체납자가 거주하고 있어서 대항력이 있는 임차인이 없으나 4억원의 유치채권액이 신고되어 있다. 만일 이 유치채권이 인정된다면 낙찰자는 4억을 인수해야 아파트를 인도받을 수 있다. 그래서 다음과 같이 유치권자에 대한 권리분석을 해서 유치권을 낙찰자가 인수하게 되는지 아닌지에 대한 판단을 하고 입찰여부를 결정해야 한다.

이 아파트에서 신고된 유치채권액 금 4억원은 공매공고등기(2014. 03. 17.) 이전에 공매대상물건에서 발생된 채권이고 공매공고등기 전부터 유치권자로 점유를 하고 있었다면 낙찰자에게 대항력이 있어서 낙찰자가 인수해야 합니다. 그러나 이 공매물건은 2004년 08월 13일에 지어진 아파트 이고, 그 당시부터 체납자겸 소유자인 이소령이 계속 거주하고 있어서 설령 공매공고등기 이전에 발생한 공사대금 채권이 있다고 하더라도 체납자에 대한 일반채권에 불과한 것이지 낙찰자에 대항력을 갖는 유치권채권은 아니지요. 왜냐하면 매수인에 대항력 있는 유치채권이 되려면 점유를 하고 있어야 하는데 체납자가 점유하거나 임차인이 점유하고 있는 경우에는 인정되지 못하기 때문에 이 아파트에서는 낙찰자가 추가로 부담할 권리나 금액이 없어서 낙찰받은 금액으로 소유권을 완전하게 취득하게 됩니다.

(7) 남을 가망이 없거나 대위변제 등으로 공매취소 가능성에 검토

① 후순위조세채권자가 공매를 신청한 경우 매각부동산이 저감됨에 따라 무잉여(남을 가망이 없게 되면)로 공매가 취소되니 예상배분표를 작성해 보고 대비해야 한다.

② 공매신청자가 채권금액이 소액이면 채무변제로 공매가 취소될 수 있고, 선순위채권자의 채권이 소액이면 후순위권리자의 대위변제 등으로 대항력 있는 권리를 인수하게 될 수 있으니 이러한 사실을 알고 입찰에 참여하고 잔금납부 전에 꼭 확인해야 한다.

이 물건은 2순위 공매위임관서의 조세채권이 352,143,570원이라 채무변제나 대위변제를 할 수 없을 것입니다.

(8) 주택명도 입찰하기 전부터 대응전략이 필요하다

명도문제에 대해서 생각해 보자!

대항력 있는 임차인이 배분요구를 하지 않았다면 낙찰자는 전소유자와의 임대차계약을 인수해야 하지만, 배분요구해서 전액 배분받는 임차인이라면 배분기일을 기준으로 임차인이 명도해줄 의무가 발생해 무혈입성하게 된다. 그러나 미배분금이 발생하면 낙찰자가 지불하면서 명도를 구해야 한다. 대항력 없는 임차인 전액 배분받거나 최우선변제금이라도 배분받게 된다면 명도비용 없이 주택을 명도 받을 수 있지만, 이 주택과 같이 체납자가 점유하고 있는 경우나 임차인이 보증금의 상당부분을 배분받지 못하게 되면 명도 하는데 어려움이 발생하게 되므로 강제집행 또는 이사비용 등으로 낙찰가의 1% 정도 예상하고 입찰가를 결정해야 한다. 왜냐하면 공매는 인도명령제도가 없어서 대항력이 없는 임차인과 체납자겸 소유자는 낙찰자가 잔금납부하면서 건물인도(명도)청구소송을 진행해 그 판결문을 가지고 강제집행을 할 수밖에 없기 때문이다.

입찰대상물건을 선정해서 분석하는 방법은 이제 공부했으니 지금부터는 2차적으로 등기부와 대장 등의 공적장부를 열람해서 분석하는 방법과 현장답사를 통해서 물건을 분석하고, 그에 따른 수익분석을 해서 입찰가를 결정하는 방법까지 알아보겠습니다.

03 등기부 등의 공적장부와 현장답사를 통한 2차적인 물건분석

◆ 등기부 등의 공적장부를 통한 분석 방법은?

(1) 등기사항증명서 열람과 권리를 분석하는 방법

첫 번째로 등기부를 열람하는 방법에 대해서 공부하겠습니다. 인터넷에서 대법원인터넷등기소(www.iros.go.kr)를 검색하면 다음과 같은 화면이 나옵니다.

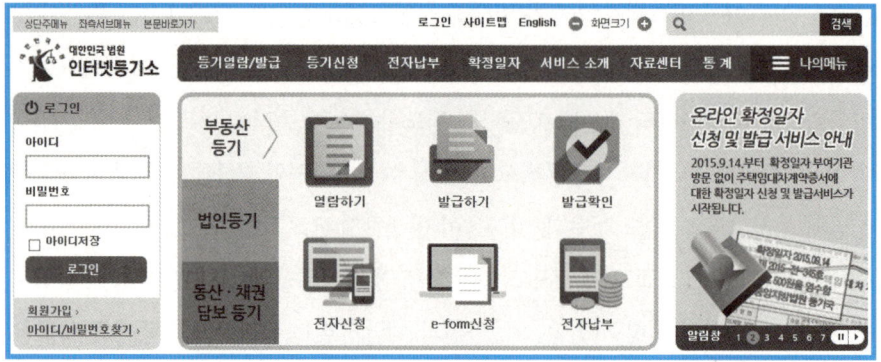

　이 화면에서 부동산을 열람 또는 발급을 선택해서 등기사항증명서를 전부증명서로 발급 받을 수 있는데, 열람용은 공식서류(소유권이전등기나 근저당권을 설정할 때)로서 사용할 수 없지만 등기된 내용을 확인하고 권리분석하는 데에는 전혀 문제가 없다. 발급용은 1,000원인데 반해 열람용은 700원으로 비용도 저렴하다.

　이러한 등기사항증명서의 종류는 ① 토지등기사항증명서, ② 건물등기사항증명서, ③ 집합건물등기사항증명서로 나뉘지고, 이 등기부는 기본적으로 ① 표제부, ② 갑구, ③ 을구의 3부분으로 구성되어 있는데, 토지만 있는 경우(전·답·임야·나대지 등의 경우) 토지등기사항증명서만 확인하면 되겠지만, 일반건물(토지와 건물이 별개 부동산인 다가구주택이나 상가건물 등)의 경우는 토지등기사항증명서와 건물등기사항증명서를 동시에 열람하여 토지와 건물의 설정된 권리 등이 일치하는지 여부 등을 분석해야 합니다.

　그리고 아파트·다세대·연립·상가·오피스텔 등의 집합건물 처럼 토지와 건물에 대한 사항이 하나의 등기사항증명서에 일체로 표시되어 있는 형태의 집합건물등기사항증명서가 있는데, …원래의 토지등기사항증명서가 별도로 존재하지만 집합건물이 보존등기(신축)가 되고 대지권의 지분정리가 모두 이루어지면 우선 토지등기부의 갑구 소유권에 관한 사항란에 "소유권 대지권"으로 대지 지분별로 공유등기가 되고, 집합건물등기부 두 번째 표제부에 대지권으로 등기가 되는데, 이렇게 대지권으로 등기가 되고 나서는 집합건물등기부와 별도로 토지등기부에서 거래행위(소유권이전등기나 근저당권설정등기 등)가 이루어질 수 없다.

어쨌든 등기부등기사항증명서에서 우선순위는 같은 구(=갑구 상호간, 을구 상호간), 또는 다른 구(갑구와 을구 상호간)에 등기된 권리자 중에서 등기일자가 빠른 권리자(접수일자가 빠른 권리자)가 우선하게 되는데 같은 날짜에 등기된 권리자라면 접수번호에 의해서 우선순위(순위번호가 아니고)가 정해지므로 다음과 같이 순위가 정해진다.

① 같은 날짜에 같은 구에 등기된 경우 우선순위

[을 구] (소유권 이외의 권리에 관한 사항)				
순위번호	등기목적	접수	등기원인	권리자 및 기타사항
1	근저당권 설정	2007년 1월 10일 제5481호	2007년 1월 10일 설정계약	채권최고액 1억 2,000만원 채무자 이도령 근저당권자 신한은행 110111-0012809 서울시 중구 태평로2가 120 (도곡지점)
2	근저당권 설정	2007년 1월 10일 제5482호	2007년 1월 10일 설정계약	채권최고액 8,000만원 채무자 ○○○ 근저당권자 새마을금고 서울시 은평구 응암동 120

배분순위는 1순위 : 신한은행 1억 2,000만원, 2순위 : 새마을금고 8,000만원이다.

② 같은 날짜에 다른 구에 경우에 등기된 경우 우선순위

[갑 구] (소유권에 관한 사항)				
순위번호	등기목적	접수	등기원인	권리자 및 기타사항
1	가압류	2007년 2월 10일 제5451호	2007년 2월 6일 서울중앙지법 가압류 결(2007 가단 14321호)	청구금액 3,000만원 채권자 홍길동 서울시 강서구 화곡동 ○○○

[을 구] (소유권 이외의 권리에 관한 사항)				
순위번호	등기목적	접수	등기원인	권리자 및 기타사항
1	근저당권 설정	2007년 2월 10일 제5452호	2007년 2월 5일 설정계약	채권최고액 1억 2,000만원 채무자 이도령 근저당권자 신한은행 110111-0012809 서울시 중구 태평로2가 120 (도곡지점)

배분순위 : 1순위배당은 홍길동 가압류가 선순위이고, 신한은행 근저당권이 후순위이지만, 홍길동은 채권이고 신한은행은 물권이므로 동순위가 되어 안분 배분한다.

(2) 토지대장과 건축물대장에 대한 분석

등기부와 대장상의 기재사항이 일치하지 아니한 경우 등기부의 표제부에 기재되는 지번·구조·용도·면적 등은 대장이 우선하고, 소유권 등의 권리관계(갑구, 을구 기재사항)는 등기부가 우선하게 된다는 점을 유의해야 한다.

 김선생의 조언

건축물대장에 불법건축물이 표시되어 있는 가를 확인해라

시·군·구청의 단속이나 민원에 의해 불법건축물로 단속이 되면 몇 차례의 계고와 시정명령을 하고 그래도 시정하지 않으면 건축물대장 갑구에 위반건축물과 그 위반에 해당하는 부분 및 면적 등을 기재하게 되는데, 이러한 경우에도 철거하고 증빙자료를 시·군·구청에 제출하면 건축물대장에서 위반건축물이라는 표시를 삭제하게 되지만 철거가 이루어 질 때까지 불법건축물로 표시되고 이행강제금을 건축소유자에게 부과하게 된다. 낙찰자도 소유권을 취득하게 되면 그때부터 이행강제금을 부담할 수밖에 없다는 진실! 이러한 이행강제금은 지자체 주택과 또는 건축과 담당자에게 문의해서 확인할 수 있다.

(3) 지적도, 임야도(시·군·구청에서 발급가능)에 대한 분석

토지의 소재, 지번, 지목, 경계, 도면의 색인도, 도면의 제명 및 축척, 도곽선 및 도곽선 수치, 좌표에 의하여 계산된 경계점간의 거리, 삼각점 및 지적측량, 기준점의 위치, 건축물 및 구조 등의 위치 등이 기재되어 있으므로 발급받아서 확인해 봐야 한다.

(4) 토지이용계획확인원에 대한 분석

토지이용계획확인원을 통하여 건축제한 등의 여부와 재개발·재건축 등, 도로수용 여부, 근처에 도로개설여부, 각종 제한사항 등이 있는가를 점검하면 된다.

◇ 현장답사를 통한 물건분석 방법은?

(1) 현장조사를 통해서 우량한 아파트 고르기

① 1,000세대 이상이면 대형세대이고, 500세대 이상이면 중대형세대로 일단 500세대 이상인 것이 좋다. 왜냐하면 세대가 많으면 많을수록 생활 편의시설이 잘 갖추어져 있기 때문에 수요가 많다.

② 전철역이나 버스 등의 대중교통이 근접해 있으면 주변이 함께 발전할 수 있어서 부동산의 미래가치가 높다.

③ 교육여건이 좋은 곳이라면 아파트의 가치를 증가시킬 수 있다.
초·중·고등학교의 학군이 우수하거나 주변에 우수한 학원 등이 있는 경우에는 높은 수요가 예상되고 이에 따라 추후 발생되는 가격상승요인이 된다.

④ 재래시장, 대형마트, 금융기관, 공공기관 등의 생활편의시설이 접해 있으면 편리한 측면이 많아 실수요자들이 선호한다.

⑤ 주거의 쾌적성(주변에 산과 강과 같이 비용을 들이지 않고서도 여가를 즐길 수 있는 자연공간), 주차 공간 확보, 저평가된 아파트 등의 조건을 본다.

⑥ 관리비 미납여부 등을 관리사무소를 통해서 확인해야 한다.

⑦ 아파트가 재건축대상인 경우와 리모델링 대상이 되는 경우
건축연도가 20~30년 이상 되었고 저밀도 아파트로서 대지지분과 건축용적률이 높고 수변 편의시설 능이 우량한 지역이라면 재건축대상 또는 리모델링 대상으로 관심을 가져볼만 하다.

(2) 현장조사를 통해서 우량한 단독주택, 다가구주택 고르기

대부분 입찰자들은 손쉽게 정리되고 환금성이 좋은 아파트에 관심이 집중돼 있다. 그러나 단독·다가구주택에서도 잘만하면 높은 수익을 올릴 수 있다. 주택을 고를 때에는 주변 편의시설, 학군, 교통수단의 근접성 등을 검토하고 주변지역이 개발가능성까지 예상할 수 있는 지역을 선택한다면 아파트에서 얻을 수 없는 고수익을 올릴 수 있다.

김 선생의 알고 있으면 좋은 내용

현장에서 주택을 확인할 때 이러한 문제가 발생할 수도 있다.

간혹 등기부상에서는 20년 된 건물인데 현장에서 확인한 건물은 신축한지 10년 미만으로 보이고 건물 층수의 높이가 다르다면, 등기부상의 건물을 멸실하고 신축한 건물이 될 수 있으므로 낙찰자는 신축한 건물의 소유권을 취득하지 못하게 된다. 왜냐하면 구건물에 등기부에 채권에 의해서 경매가 진행되었다면 그 매각효력은 무효가 되므로 건물소유권은 취득할 수 없다.

(3) 연립주택, 다세대주택인 경우

적은 자본을 투자하여 수익성을 올릴 수 있는 기회가 될 수 있다.

특히 연립·다세대가 건축연도가 오래되었고, 세대수가 많고, 대지지분과 용적률 등이 높으면 재건축시 미래가치를 증가시킬 수 있는 투자분야가 될 수 있다.

(4) 상가건물

상가는 활성화될 때 그만큼 수익성 있는 부동산이 없다. 그러나 활성화에 실패하였을 경우 그 가치 하락폭은 엄청나다. 투자 전에 입지분석에 보다 신중해야 한다. 반드시 임대수요와 임대료 수준, 입지 등을 분석해서 매수를 결정해야 한다.

(5) 농지를 공매로 투자 시 유의사항

① 토지거래허가는 면제되지만 농지취득자격증명이 필요하다. 공매는 경매와 같이 매각결정당시에 첨부해야 하는 것이 아니라 잔금 납부 후 등기할 때 첨부해야만 등기가 가능하고, 첨부하지 못하면 등기를 할 수 없으므로 입찰하기 전에 농지취득자격증명을 발급 받을 수 있는 지를 확인하고 입찰해야 한다. 반면에 경매는 낙찰 받고 나서 7일 이내 매각허가결정기일까지 법원에 제출하여야 한다. 미제출 시에는 입찰보증금을 몰수당한다.

② 현장 확인을 통해 시세를 정확히 조사해야지 감정평가서만 가지고 판단하면 안 된다. 시세와 동떨어진 감정평가도 많고 부동산 시세변화는 항상 유동적이기 때문이다.

③ 농지의 경계를 꼭 확인해야 한다. 농지의 현황이 지적도 등의 공부와 다를 경우가 많다.

④ 진입로 확보여부 - 진입로가 없는 맹지가 많은데 이러한 농지는 낮은 가격에 낙찰 받았다 해도 진입로를 개설하는 데 많은 돈이 들어가고, 그대로 매각하면 맹지로 높은 가격을 받을 수 없다.

⑤ 농지를 경매로 입찰할 때에는 시·군·구청에 가서 토지이용계획확인원, 지적도, 토지대장 등을 확인하고 도시계획과에 가서 도시계획확인과 개발제한 등을 확인해야 할 것이다. 주변 중개업소 3~4군데를 방문하여 부동산시세 및 주변개발계획 등이 있는지 여부 등을 분석하여 투자하라.

⑥ 대항력 있는 농지 임차인에 대한 조사가 필수다.

농지법 제24조의2 개정으로 농지임대차계약을 체결하고, 임차인이 농지소재지를 관할하는 시·구·읍·면의 장의 확인을 받고(관공서에서는 대장에 그 내용을 기록해 둔다), 해당 농지를 인도받은 경우에는 그 다음 날부터 제삼자에 대하여 대항력이 발생한다. 대항력이 발생하고 나서는 농지소유자의 변경이 있어도 임차인은 임대차기간을 보호받을 수 있다. 그러나 경매로 매각되는 경우에는 말소기준 이전에 대항요건을 갖춘 임차인만 낙찰자의 부담으로 남게 되는 것이지, 후순위 임차인은 소멸된다. 그러니 공매 입찰하기 전에 공매정보지 등을 가지고 농지 관할 읍면 사무소를 방문해서 확인하고 입찰에 참여해야 한다. 대항력이 있으면 그만큼 낙찰자의 부담으로 남게 되기 때문이다.

(6) 아파트 등의 집합건물에서 관리비 연체에 대한 조사

현재 판례는 공유부분은 낙찰자가 전유부분의 관리비는 사용자가 부담해야 된다는 입장이다(대법2001다8677). 이러한 공유관리비 중에서도 원금 이외에 연체료는 승계대상이 되는 공유부분 관리비에 포함되지 아니하고, 관리비채권에 대한 소멸시효가 3년이므로 3년 초과분은 지급하지 않아도 되므로 매수인이 부담하게 되는 관리비는 공유부분의 관리비로 3년분의 원금만 부담하면 됩니다. 이와 같은 관리비 및 제세공과금 등은 관리사무소를 방문하여 체납사실 및 연체금액을 확인할 수 있습니다.

(7) 임대차관계조사(전입세대 열람)

주민센터를 방문하여 공매대상 물건지 주소에 전입하고 있는 전입세대열람을 다음과 같이 발급받아 확인해야 되는데, 여기서 주의할 점은 최초전입자와 세대주명이 다른 경우 최초전입자가 주임법상 주민등록상 전입일이 되는데, 이러한 경우 세대주 사정상 가족구성원 일부가 먼저 전입한 경우가 되고, 이 경우는 가족구성원 중 최초전입자가 대항력유무의 기준일이 된다.

전 입 세 대 열 람

행정기관 : 서울특별시 광진구 중곡 3동 작업일시 : 2011년 5월 28일
페 이 지 :
주소 : 서울특별시 광진구 중곡동 (일반+산) ○○○-○

순번	세대주 성명	전입일자	거주상태	최초전입자	전입일자	거주상태	동거인수
			주 소				
1	○○○	1996-09-05	거주자	○○○	1996-09-05	거주자	
	서울특별시 광진구 중곡동 191-4 (19/9)						
2	○○○	2007-06-13	거주자	○○○	2007-06-13	거주자	
	서울특별시 광진구 중곡동 191-4 (19/9)						
3	○○○	1994-10-25	거주자	○○○	1994-10-25	거주자	
	서울특별시 광진구 중곡동 191-4 (19/9)						

공매 입찰정보내역에도 전입세대를 열람해서 비치하고 있지만 현장답사에서 또다시 조사해야만 공매후 점유자의 변동 상황을 파악할 수 있고 그래야만 정확한 점유자를 판단해서 건물명도소송과 점유이전금지가처분을 정확하게 할 수 있습니다.

04 지금까지 조사한 자료로 수익분석 후 입찰참가와 낙찰 받아 소유권을 이전하는 방법

입찰가는 지금까지 조사한 모든 자료 등을 종합 분석하여 입찰 참가 하루 전까지 입찰가를 결정하여 입찰에 참여하는 것이 좋습니다. 입찰당일 입찰하기 전까지 결정하지 못하는 경우가 많은데 이는 올바른 투자자 입장이 아니죠. 경쟁률이 높다고 하여서 수익성이 떨어지는 높은 가격으로 응찰해서는 안 되고, 기대이익의 확보되는 수준으로 입찰가를 결정해야 되는데, 그 결정은 다음과 같이 수익분석 후에 입찰가를 결정하고 입찰에 참여해야 합니다.

◆ 수익분석 후 입찰가를 결정하는 방법

(1) 부동산 취득할 때와 매도 시에 소요되는 비용 계산방법

가) 부동산 취득 시 소요되는 취득세, 교육세, 농특세 계산법은?

2014년부터는 지방세 개편으로 취득세와 등록세가 통합되어 취득 후 60일 이내에 취득세만 한 번에 납부하면 된다.

부동산취득의 종류			지방세(시·군·구청)		국세(국세청)	세율 합계
			취득세	지방교육세	농어촌특별세	
주택	6억 이하 주택	전용면적 85㎡ 이하	1%	0.1%	–	1.1%
		전용면적 85㎡ 초과	1%	0.1%	0.2%	1.3%
	6억 초과 ~9억 이하	전용면적 85㎡ 이하	2%	0.2%	–	2.2%
		전용면적 85㎡ 초과	2%	0.2%	0.2%	2.4%
	9억 초과 주택	전용면적 85㎡ 이하	3%	0.3%	–	3.3%
		전용면적 85㎡ 초과	3%	0.3%	0.2%	3.5%
주택 및 농지외 상가, 오피스텔, 공장, 토지			4%	0.4%	0.2%	4.6%
신축(소유권보존)			2.8%	0.16%	0.2%	3.16%
상속(농지외)			2.8%	0.16%	0.2%	3.16%
무상취득(증여)			3.5%	0.3%	0.2%	4%
농지	매매		3%	0.2%	0.2%	3.4%
	2년자경		1.5%	0.1%	비과세	1.6%
	상속		2.3%	0.06%	0.2%	2.56%

나) 부동산 취득 시 취득세 이외에 추가되는 비용은?

① 주택채권매입 및 매도 할인율

시가표준액이 2,000만원~5,000만원 미만시 → 서울시 및 광역시 13/1,000 그 밖의 지역 동일
시가표준액이 5,000만원~1억원 미만시 → 서울시 및 광역시 19/1,000 그 밖의 지역 14/1,000
시가표준액이 1억원~1억6천만원 미만시 → 서울시 및 광역시 21/1,000 그 밖의 지역 16/1,000
시가표준액이 1억6천만원~2억6천만원 미만시 → 서울시 및 광역시 23/1,000 그 밖의 지역 18/1,000
시가표준액이 2억6천만원~6억원 미만시 → 서울시 및 광역시 26/1,000 그 밖의 지역 21/1,000
시가표준액이 6억원 이상인 경우 → 서울시 및 광역시는 시가표준액의 31/1,000 그 밖의 지역 26/1,000

매도단가란 제1종 국민주택채권의 신고시장단가(신고시장수익율)로서 고객이 매도할 때 적용되는 단가를 말한다. 예를 들어 서울에서 주택채권 매입 및 채권할인금액을 계산하면, 주택공시가격이 283,100,000원인 경우에 채권매입은 283,100,000원

×26／1,000=7,360,600원이다. 이 금액에서 만원단위 이하를 절사해 채권할인율 2015년 04월 01일 기준 1.7069%(단, 채권할인율은 당일마다 변동하므로 은행에서 할인율 확인요망)를 곱하여 계산하면 736만원 × 1.7069%=125,627원으로 채권할인금액이 된다.

② 부동산소유권이전에 관한 증서의 기재금액별 인지 세액

① 1,000만원 초과~3천만원 이하 20,000원	④ 1억 초과~10억 이하 150,000원
② 3,000만원 초과~5천만원 이하 40,000원	⑤ 10억 초과시 인지세액 350,000원
③ 5천만원 초과~1억원 이하 70,000원	

㉠ 일반매매로 취득 시 – 경매나 공매 취득 시 보다 인지 세액이 추가되고 부동산 중개수수료가 추가 된다. 인지세법 제6조(비과세문서) – 주택의 소유권이전에 관한 증서로서 기재금액이 1억 이하인 것과 주택의 전세권에 관한 증서는 비과세이다.

㉡ 경매나 공매 취득 시 – 일반 매매와 같이 인지 대금이나 부동산중개수수료는 추가되지 않는다. 그러나 낙찰 받아 소유권이전등기 후에는 명도(인도명령 또는 건물 인도청구소송비용과 강제집행비용)비용 등이 추가적으로 발생하게 된다.

③ 법무사대행 수수료 계산방법

㉠ 기본료 70,000원+누진료(   )+신청서대행료 30,000원+등록세대행료 30,000원 이내+교통비(일당 30,000원~60,000원 실비정산이 보통)

㉡ 누진료 계산법

- 1억원 조과~3억원 이하시 : (신고가격-1억원)×0.08%+85,000원
- 3억원 초과~5억원 이하시 : (신고가격-3억원)×0.07%+245,000원
- 5억원 초과~7억원 이하시 : (신고가격-5억원)×0.06%+385,000원
- 부가세 : 법무사보수(기본료 70,000원+누진료(   )+신청서 대행료 30,000원+교통비 30,000원)의 10% 부가세
- 여기서 신청서대행료나 등록세대행료는 요구하지 않는 곳도 많이 있다.

다) 부동산 취득 시 취득세 이외에 추가되는 비용은?

① 중개수수료는 어떻게 계산하면 되나?

■ 주택(주택의 부속토지, 주택분양권 포함)의 중개수수료 요율

거래 내용	거래금액	상한요율	한도액	중개수수료 요율 결정	거래금액 산정
매매 교환	5천만원 미만	1천분의 6	25만원	중개수수료는 거래금액 × 상한요율 이내에서 결정 (단, 이 때 계산된 금액은 한도액을 초과할 수 없음)	매매:매매가격 교환:교환대상 중 가격이 큰 중개대상물 가격
	5천만원이상 ~ 2억원미만	1천분의 5	80만원		
	2억원이상 ~ 6억원미만	1천분의 4	없음		
	6억원이상 ~ 9억원미만	1천분의 5	없음		
	9억원이상	1천분의 ( ) 이내에서 협의		상한요율 1천분의 9 이내에서 개업공인중개사가 정한 좌측의 상한요율 이하에서 중개의뢰인과 개업공인중개사가 협의하여 결정함.	
임대차 등	5천만원미만	1천분의 5	20만원	중개수수료는 거래금액 × 상한요율 이내에서 결정 (단, 이 때 계산된 금액은 한도액을 초과할 수 없음)	전세:전세금 월세: 보증금 + (월 차임×100). 단, 이 때 계산된 금액이 5천만원 미만일 경우 : 보증금+(월 차임액 × 70)
	5천만원이상 ~1억원미만	1천분의 4	30만원		
	1억원이상 ~ 3억원미만	1천분의 3	없음		
	3억원이상 ~ 6억원미만	1천분의 4	없음		
	6억원이상	1천분의 ( ) 이내에서 협의		상한요율 1천분의 8 이내에서 개업공인중개사가 정한 좌측의 상한요율 이하에서 중개의뢰인과 개업공인중개사가 협의하여 결정함.	

※ 분양권의 거래금액 계산 : [거래당시까지 불입한 금액(융자포함)+프리미엄] × 상한요율

■ 오피스텔 중개수수료 요율

적용대상	구 분	상한요율	중개수수료 요율 결정
전용면적 85㎡이하, 전용입식부엌, 전용수세식 화장식, 목욕시설 등을 모두 갖춘 경우	매매·교환	1천분의 5	『주택』과 같음
	임대차 등	1천분의 4	
위 외의 경우	매매·교환 임대차	1천분의 ( ) 이내에서 협의	상한요율 1천분의 9 이내에서 개업공인중개사가 정한 좌측의 상한요율 이하에서 중개의뢰인과 개업공인중개사가 협의하여 결정함.

■ 주택, 오피스텔 이외 상가와 토지 중개수수료 요율.

거래 내용	상한요율	중개수수료 요율 결정	거래금액 산정
매매/교환, 임대차 등	거래금액의 1천분의 ( ) 이내	상한요율 1천분의 9 이내에서 개업공인중개사가 정한 좌측의 상한요율 이하에서 중개의뢰인과 개업공인중개사가 협의하여 결정함.	『주택』과 같음

② 양도소득세 세율과 장기보유특별공제 요약정리

(1) 주택은 1년 미만 단기 양도시 40%의 양도세율
(2) 주택 이외 일반부동산은 1년 미만은 50%, 1년 이상~2년 미만은 40%의 양도세율

	과세구간(2018. 1. 1 이후)	변경세율	누진공제
(3) 주택은 1년 이상 보유 후 양도 시에 일반부동산은 2년 이상 보유 후 양도 시에 일반 세율 6~40%를 적용함	1,200만원 이하	6%	0
	1,200만원 초과~4,600만원 이하	15%	108만원
	4,600만원 초과~8,800만원 이하	24%	522만원
	8,800만원 초과~1억 5,000만원 이하	35%	1,490만원
	1억 5,000만원 초과~3억원 이하	38%	1,940만원
	3억원 초과~5억원 이하	40%	2,540만원
	5억원 초과	42%	3,540만원
(4) 주택 양도세 비과세 혜택(조정대상지역 2년 거주해야 함)	1가구 1주택자가 2년 이상 보유 후 양도시 9억까지 비과세(조정대상지역을 제외하고는 거주 요건 폐지)(일시적 2주택시 기존 주택을 3년 이내에 양도시 1주택으로 보고 비과세)		
(5) 다주택자 양도세 중과제도 (조정대상지역 내에서만) ※ 조정대상지역 밖에서는 2주택자, 3주택자라도 중과되지 않는다.	① 조정대상지역 내에서 1주택자가 2년 보유와 거주요건을 모두 갖추고 있어야 비과세 혜택을 볼 수 있다(2017년 8월 3일 취득분부터 시행). ② 1가구 2주택자(일시적2주택자 제외)는 기본세율(1년 미만 40%, 1년 이상은 6~40%)에 추가세율 10%의 중과와 장기보유특별공제가 배제된다(2018년 4월부터 시행예정). ③ 1가구 3주택 이상 소유자는 기본세율에 추가세율 20%의 중과와 장기보유특별공제가 배제된다(2018년 4월부터 시행예정). ④ 투기지역 내에서 1가구 3주택 이상 소유자는 기본세율에 추가세율 10%의 중과와 장기보유특별공제가 배제된다(2017년 8월 3일부터 시행되다가 2018년 4월부터는 위 ③에 따라 기본세율에 20%가 중과예정). ⑤ 조정대상지역에서 분양권 전매시 보유기간과 관계없이 양도소득세율 50% 적용 - 2018년 1월 1일 양도하는 분양권부터 시행		

● 장기보유특별공제 조건표

보유기간	1세대 1주택 (고가주택)	1세대 1주택을 제외의 주택 또는 자산
3년 이상 4년 미만	24%	10%
4년 이상 5년 미만	32%	12%
5년 이상 6년 미만	40%	15%
6년 이상 7년 미만	48%	18%
7년 이상 8년 미만	56%	21%
8년 이상 9년 미만	68%	24%
9년 이상 10년 미만	72%	27%
10년 이상은 동일	80%	30%
	〈3년 이상 보유시 연 8%씩, 10년 이상 보유시 최대 80%까지 공제〉	〈3년 이상 보유시 연 3%씩, 10년 이상 보유시 최대 30%까지 공제〉

③ 양도소득세와 지방소득세(=주민세)를 계산하는 방법

> A 양도가액-B 취득금액-C 필요경비(등기제비용+중개수수료등)= D 양도차익-E 장기보유특별공제= F 양도소득금액-G 기본공제= H 과세표준액 × 양도소득세율(%) - 0원(누진공제 없음) = I 양도소득산출세액
> 따라서 양도소득산출세액과 지방소득세(양도소득세액의 10%)를 납부하면 된다.

(2) 이 아파트를 무주택자가 낙찰 받아 2년 거주 후 매각하면 수익은 얼마?

감정가격이 3억2,000만원 이지만 시세가 3억4,000만원인 아파트를 283,100,000원에 낙찰 받아 2년 거주하고 나서 양도세가 비과세되는 방법으로 3억5,000만원(2년 후에 상승분 1,000만원 포함)에 매각할 때 기대수익금액과 수익률은 어떻게 될까?

① 283,100,000원에 낙찰을 받은 경우 소유권이전 시까지 총비용

낙찰가격 283,100,000원(아파트전용면적 85㎡ 미만 시) + 소유권이전제비용 3,975,609[4,125,609원(일반매매의 경우) - 150,000원(경매·공매취득시 인지세가 면제된다)]

> ㉠ 지방세 3,114,100원(취득세 1% + 교육세 0.1% + 농어촌특별세 0%)
> + ㉡ 수입증지 14,000원(아파트와 같은 공동주택 14,000원, 단독·다가구처럼 대지건물이 나누어졌으면 14,000원×2=28,000원, 말소할 증지 1건당 3,000원)
> + ㉢ 인지 150,000원(1억 초과에서 10억 이하까지 150,000원)
> + ㉣ 채권할인금액 436,719원[주택공시가격이 283,100,000원인 경우 ⇨ 채권매입은 283,100,000원×23/1,000=6,511,300원(이 금액에서 만원단위 이하를 절사해서 채권할인율 2014. 01. 01. 기준 6.7069%를 곱해서 계산 = 651만원 × 6.7069%. 단, 채권할인율은 당일마다 변동하므로 은행에서 할인율 확인요망)]
> + ㉤ 법무사수수료 373,450원(기본료 70,000원+누진료(108,450원+85,000원)+신청서대행료 3만원+ 등록세대행료 30,000원+교통비, 일당(실비정산) 50,000원)
> + ㉥ 법무사 부가세 37,340원(그러나 대체로 1억일 때 28만원, 2억일 때 36만원, 3억일 때 44만원 정도 받는다)
>
> 합계 =   4,125,609원(인지세 포함 금액)

따라서 소유권이전 시까지 총비용은=287,075,609원

② 매도후 예상수익 계산

낙찰가격 283,100,000원 + 소유권이전제비용 3,975,609원[4,125,609원(일반매매의 경우) - 150,000원(경매·공매 취득시 인지세가 면제된다)] + 명도비 200만원 + 매도시 중개수수료 140만원 + 양도소득세 와 주민세 0원(양도세 비과세)으로 취득해서 매도할 때 까지 들어간 자금은 290,475,609원이 된다. 그런데 아파트를 취득할 때 자금이 부족해서 1억1,000만원을 금융기관에서 3.4%로 대출받았으므로 대출이자 748만원(1억1천만원×3.4%×2년)을 포함하니 아파트를 구입해서 팔 때까지 소요금액은 289,075,609원(낙찰가격 283,100,000원+소유권이전제비용 3,975,609원+명도비 200만원)이 되지만, 대출금액 1억1천만원을 제외하면 현금 179,075,609원 투자해서 5,950만원을 번 셈이다. 현금 투자대비 수익률은 33.23%가 되니 성공적인 투자다.

(3) 이 아파트를 공매로 낙찰 받아 1년 보유후 매각하면 수익은 얼마?

감정가격이 3억2,000만원이지만 시세가 3억4,000만원인 아파트를 283,100,000원에 낙찰 받아 1년 이후에 3억3,000만원에 매각할 때 기대수익금액과 수익률은 어떻게 될까?

낙찰가격 283,100,000원 + 소유권이전제비용 3,975,609원[4,125,609원(일반매매의 경우) - 150,000원(경매·공매 취득시 인지세가 면제된다)] + 명도비 200만원 + 매도시 중개수수료 140만원 + 양도소득세 와 주민세 7,203,430원으로 취득해서 매도할 때 까지 들어간 자금은 297,679,039원이 된다.

> A 양도가액 3억4천만원 - B 취득가액 2억8,310만원 - C 필요경비 5,375,609원(중개수수료 136만원포함, 명도비 200만원은 제외한 금액임) = D 양도차익 51,524,391원 - E 장기보유특별공제(0)= F 양도소득금액 51,524,391원 - G 기본공제 250만원 = H 과표표준액 49,024,391원 × 세율 24% -522만원(누진공제) = I 양도소득세액 6,545,850원 + 지방소득세 654,580원

그런데 아파트를 취득할 때 자금이 부족해서 1억1,000만원을 금융기관에서 3.4%로 대출받았으므로 대출이자 374만원(1억1천만원×3.4%×1년)을 포함하니 아파트를 구입해서 팔 때까지 소요금액은 301,419,039원이 되지만, 대출금액 1억1천만원을 제외하면 현금 179,075,609원(낙찰가격283,100,000원+소유권이전제비용3,975,609원+명도비200만원-대출금1억1,000만원) 투자해서 3,858만원(매도가격 3억4,000만원-총소요금액301,419,039원)을 번 셈이니 연봉으로 나누면 1년에 3,858만원이 되고, 월봉으로 나누면 매달 3,215천원 씩 1년 동안 벌어들인 셈이다. 그리고 현금 투자 대비 수익률은 21.54%가 된다.

앞의 사례에서 2년 보유후 비과세로 판 사례보다 이익이 적어졌다는 사실을 알 수 있다. 그래도 1년 보유후 매도한 것과 2년 보유후 매각한 것으로는 많은 차이가 발생하지 않게 된 사연은 주택에서 양도세가 개정되어 1년 이상만 보유해도 일반세율인 6~38%가 적용되기 때문이다. 그래서 주택을 낙찰 받고 비과세 요건을 갖추지 못했더라도 최소한 1년 이상은 보유하다가 파는 전략이 세금절세를 통한 투자이익을 증가시킬 수 있는 전략이다. 그리고 이 비교에서 간과하지 말아야할 부분이 있는데 부동산 가격이 상승되어 양도차익이 많아질 수 있다는 점도 고려해야하므로 특별한 사정이 없다면 처음과 같이 비과세 전략이 내 집 마련을 통한 재테크로 성공할 수 있어야 하며, 이러한 문제에서 일시적인 2주택을 잘 활용만 하게 된다면 비과세 투자전략이 성공적인 투자가 될 수 있다.

◆ 마지막으로 매각조건을 공매공고문과 공매재산명세서로 확인하고 입찰에 참여해라!

입찰가가 결정되었다면 마지막으로 국세징수법에서 정한 법정매각조건을 확인하기 위해서 공매공고문(온비드화면 우측상단 "해당공고 보기"를 클릭해서)을, 특별매각조건을 확인하기 위해서 공매재산명세서(온비드화면 중간의 입찰정보에서 "공매재산명세서"를 클릭해서)를 확인하고 입찰에 참여하면 된다. 왜냐하면 공매는 매각절차를 진행하는 기관마다 다른 매각조건으로 매각할 수 있기 때문이다. 특히 압류재산공매의 경우 매각결정방식이므로 말소기준권리 이후의 권리가 소멸되는 소멸주의를 택하고 있지만 그밖의 공매는 특별매각조건으로 인수주의로 매각되는 사례가 많기 때문이다.

◈ 온비드 입찰정보 내역에서 입찰에 참여하는 방법

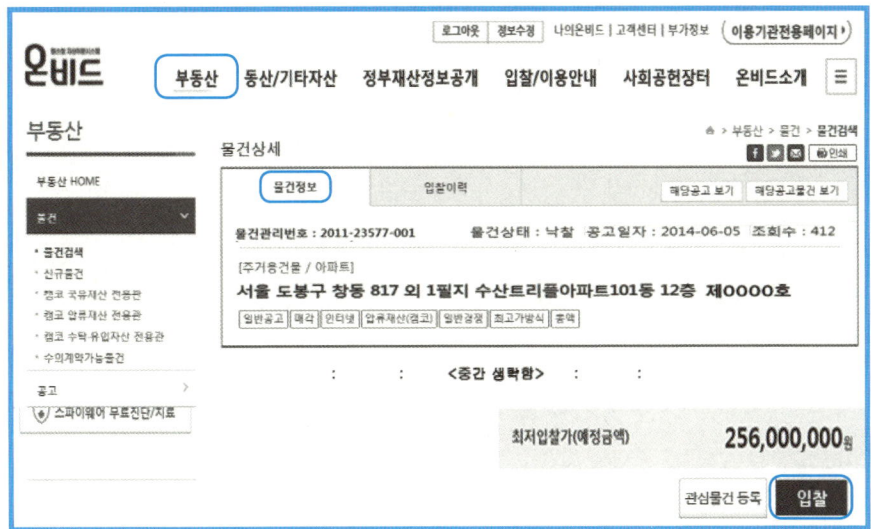

앞의 '◈' 이 영민이 입찰할 주택의 온비드 물건정보 내역에서 위와 같이 입찰참가를 클릭하면 공매물건에 입찰할 수 있는 인터넷입찰서 작성 화면이 나타난다. 이 화면에서 Chapter 3의 05. 입찰할 공매물건에서 입찰서 제출과 입찰보증금 납부(119쪽)를 참고해서 입찰에 참여하면 된다.

◈ 이 영민 부부가 아파트에 입찰해서 3대 1의 경쟁을 뚫고 낙찰 받았다

앞에서 분석한 방법과 같이 계산한 예상수익금액을 바탕으로 입찰가를 결정하고 입찰에 참여하면 됩니다. 공매란 입찰하기 전에 모든 수익분석을 완료할 수는 없지만 사전에 앞에서와 같은 변화를 예측하고 입찰에 참여하느냐, 아니냐에 따라 공매 투자의 승패가 좌우될 수 있음을 잊어서는 안 됩니다.

"네 알겠습니다. 앞에서 수익분석을 통해 정한 입찰가 283,100,000원으로 입찰서를 제출하겠습니다."

입찰결과			
물건관리번호	2011-23577-001	조회수	364
물건명	서울 도봉구 창동 817 외 1필지 수산트리플아파트101동 12층 제○○○○호		
입찰자수	유효 3명 / 무효 1명 (인터넷)		
입찰금액	283,100,000원, 267,860,000원, 258,100,000원		
개찰결과	낙찰	낙찰금액	283,100,000원
물건누적상태	유찰 4회 / 취소 4회 입찰이력보기		
감정가격 (최초 최저입찰가)	320,000,000원	낙찰가율 (감정가격 대비)	88.5%
최저입찰가	256,000,000원	낙찰가율 (최저입찰가 대비)	110.6%

〈이 영민 부부가 입찰에 참여 했고 다음과 같이 3대 1의 경쟁을 뚫고 낙찰 받았다. 그리고 그 소식을 김 선생에 전했고 그날 저녁 식사를 함께하면서 축배를 올렸다.〉

05 자동차공매물건 찾는 방법과 입찰참여시 유의사항과 입찰참가 이후의 절차

◆ 자동차 공매물건을 검색하는 방법

온비드 홈페이지 상단 부동산 또는 동산/기타자산 [자동차와 운송장비, 물품(기계), 물품(기타)] 등의 메뉴에서 용도를 동산/기타자산 을 선택해서 검색하면 ⇨ 좌측메뉴에 동산/기타자산 HOME이 나타나는데 이 타이틀에는 ⇨ 물건, 공고, 테마물건, 입찰결과 등이 나타난다. 여기서 물건을 선택하면 ⇨ 물건검색, 신규물건, 금융권담보재산 전용관 전용관, 캠코 국유증권 전용관, 캠코 압류재산 전용관, 수의계약

가능물건 등의 세부항목을 확인할 수 있다. ➪ 이 세부항목 중에서 물건검색을 선택 후 상세조건검색 방법으로 ① 자동차와 운송장비, ② 물품(기계), ③ 물품(기타) 등을 확인할 수 있다.

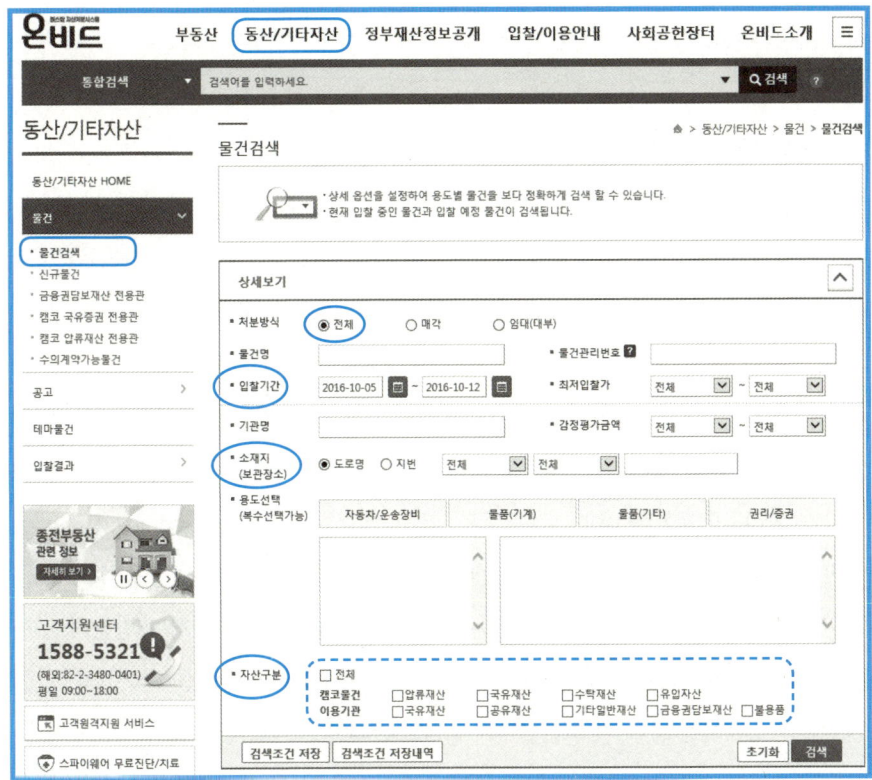

◆ 중고자동차매매 시세조사와 공매자동차 보관장소 방문 자동차상태 확인과 점검방법

(1) 중고자동차매매 시세조사 방법

중고자동차를 구입하기 전에 정확한 시세파악은 중요하다. 따라서 중고자동차 매매 시세를 파악하기 위해서는 중고매매사이트 등을 활용하여 거래시세 등을 파악하는 방법이 좋은데 이러한 사이트에는 다음과 같은 사이트가 있다. ① SK엔카(www.

encar.com), ② 보배드림(www.bobaedream.co.kr) ③ GS카넷(www.gscarnet.com), ④ 스피드메이트(www.speedmate.com) ⑤ 오토인사이드(www.autoinside.co.kr), ⑥ 카마트(www.carmart.to) 보다 정확한 정보를 위해서 자동차중고매매회사 등을 방문 실제 구입하고자 하는 자동차 등이 어느 정도 시세에 거래 되는가 등을 파악하면 정확한 정보를 취득할 수 있다.

(2) 공매대상자동차를 보관장소에서 확인과 점검방법

압류관서 및 이용기관 등의 자동차공매절차에서는 위와 같은 기본적인 조사와 시세조사 이외에 자동차 보관 장소를 방문하여 자동차의 상태와 사고유무·주행킬로수·몇 년식 자동차인가 등을 점검하고 나서 이상이 없으면 입찰에 참여하여야 될 것이다. 공매나 경매로 매각되는 경우 자동차에 대하여 권리분석은 어려움이 없으나 중고자동차 가격을 정확히 파악하기란 쉽지 않다. 따라서 중고차의 시세 등을 (1)과 같이 인터넷 상에서 검색하든가 중고매매센터 등에 문의하여 시세파악을 정확히 하는 것이 무엇보다 중요하다.

자동차가 몇 년식인가, 몇 km를 주행했는가, 차종 등을 선택하여 동종의 차종 등에 대한 가격을 위와 같이 확인하고 투자수익이 있다고 평가되면 현장에 방문하여 차량상태를 보고 판단한다. 자동차공매물건은 압류관서나 이용기관 등이 보관하고, 법원 자동차경매물건 등은 법원 인근주차장에 보관되어 있으므로 그 보관 장소를 방문 열쇠를 받아서 시동을 걸어본다든가, 사고흔적이 있는가, 차량상태는 어떤가, 몇 km 주행인가, 몇년식인가, 제반옵션 등이 있는 가 등을 점검하고 추가로 수리비 등이 예상되면 수리비용, 자동차등록이전비 등을 잘 계산하여 입찰가를 정하여 입찰에 참여하면 된다. 특히 소유목적이 아니라 즉시 매매하여 시세차익을 올리기 위한 방안으로 입찰 시에는 중고차종의 환가성이 좋은가!, 매도 시 받을 수 있는 가격 등을 분석하여 입찰가를 정하여야 한다. 그리고 소유목적이라도 반드시 자동차를 인도 받은 후 전반적인 점검을 받아 운행하여야 한다. 왜냐하면 장시간 정차되어 있던 관계로 자동차 성능에 문제가 있을 수 있어서 매수인의 안전을 해칠 수 있기 때문이다.

◆ **입찰참여 방법 및 입찰참가 이후의 소유권을 취득하는 방법**

　앞에서와 같이 물건분석과 권리분석·수익분석 등을 통하여 입찰가를 결정하고 입찰에 참여하게 되는데, 첫 번째로 이용기관 등의 자동차공매에서 입찰참가 이후의 절차 즉 낙찰 받은 후에는 낙찰일로부터 7일 이내에 계약체결과 계약체결일로부터 7일 이내 대금납부하고 완납 시(3,000만원 미만은 7일 이내 잔금납부) 소유권이전 및 말소촉탁서를 수령하여 매수자 주소지 관할 시·군·구청의 차량등록과 담당자에 갖다 주면 자동차등록원부 상의 압류채권 등의 말소와 동시에 소유권이전등록이 이루어지고 매수자는 이러한 등록원부를 발급 받아서 차량이 보관되어 있는 이용기관에 갖다 주고 자동차를 인도 받으면 된다. 그러나 이용기관 등이 시·군·구청인 경우에는 매각 이후 계약체결부터 자동차 인수까지의 모든 절차가 시·군·구청 내에서 모두가 이루어진다. 두 번째로 압류자동차공매절차는 압류재산 매각절차와 같이 진행되는데 낙찰 받고 ⇨ 매각결정과 동시에 매각결정통지서 발급 ⇨ 매각대금완납증명서(잔대금영수증) ⇨ 소유권이전 및 말소촉탁서 수령 ⇨ 매수자 주소지 관할 시·군·구청의 차량등록과 담당자에 갖다 주면 ⇨ 자동차등록원부상의 압류채권 등을 말소와 동시에 소유권이전등록 ⇨ 매수자는 이러한 등록원부를 발급받아서 차량이 보관되어 있는 압류관서 등에 갖다 주고 자동차를 인도 받는 절차로 마무리가 된다.

손에 잡히는
공매 투자의 정석

Chapter
9

압류재산 공매는 어떠한 절차로 진행되고 있나?

01 과세관청 등의 체납처분은 어떻게 진행하게 되나?

체납처분이란 과세관청(세무서장, 지방자치단체장, 국민건강보험공단기관장, 국민연금보험공단기관장, 고용 및 산재보험공단기관장) 등이 징수금의 납부 또는 납부 의무가 있는 자에 대하여 독촉 또는 최고를 하였음에도 그 독촉 또는 최고기한까지 납부하지 않았을 경우에 납세자의 재산을 직접 압류하거나 제3자의 경매나 공매 등의 절차에서 교부청구 등의 수단을 통해서 조세채권을 강제적으로 실현하는 강제징수절차입니다. 이러한 체납처분은 광의로 협의의 체납처분(압류 후 공매처분)과 참가압류, 교부청구 등으로 구분할 수 있습니다. 우리들이 입찰에 참여하게 되는 압류재산공매 등은 협의의 체납처분에 속하고, 협의의 체납처분은 다음과 같은 단계로 진행하게 됩니다.

(1) 체납처분의 1단계로 독촉 절차와 체납자의 재산 압류

과세관청 등은 조세·공과금채권 등의 체납이 있는 경우 체납자 등에게 일정한 기간 동안 납부할 것을 독촉하게 되고, 독촉이 있음에도 불구하고 납부하지 아니하면 체납자의 재산처분을 금지하기 위해 체납자의 재산을 압류하게 된다. 이러한 독촉 및 압류절차가 체납처분의 1단계이다.

(2) 체납처분의 2단계로 세무관서 등의 공매대행 의뢰

체납자의 재산을 1차적으로 압류하고, 2차적으로 징수기관이 위탁기관(KAMCO)에 국세징수법 제61조 제5항에 따라 한국자산관리공사(KAMCO)에 공매대행을 의뢰하고, 위임받은 한국자산관리공사(KAMCO)가 공매를 집행하는 절차가 체납처분의 2단계이다.

(3) 체납처분의 3단계로 공매 매각대금의 배분금으로 체납액 충당

공매처분에 의해 환가된 금액(공매 매각대금)을 가지고 법에서 정한 우선순위에 따른 배분절차에서 체납된 징수금을 회수하는 강제징수 절차가 체납처분의 3단계이다.

02 KAMCO의 공매대행 업무와 그에 따른 공매 매각절차

◆ 세무관서 등의 공매 실익분석 의뢰와 KAMCO에 공매대행 의뢰

(1) 세무관서 등의 공매 실익분석 의뢰

세무관서 등이 체납자의 재산을 압류하고, KAMCO에 공매 대행을 의뢰하기 전에 공매를 진행해도 남을 가망이 있는 가를 분석하기 위해서 먼저 KAMCO에 공매 실익분석을 의뢰한다.

(2) KAMCO의 공매 실익분석 방법과 실익분석 결과표 통지

세무관서 등이 KAMCO에 공매 실익분석을 의뢰하면, KAMCO는 등기사항전부증명서 등을 통한 약식감정 방법으로 분석해서 실익분석 결과표를 작성해서 통지하고 있다. 이 실익분석 결과표를 통지 받은 세무관서 등은 실익이 있으면 공매대행을 의뢰하여 공매절차가 진행되고, 실익이 없으면 공매를 진행하지 않게 된다.

(3) 세무관서 등의 KAMCO에 공매대행 의뢰서 통지

세무서장 등은 국세징수법 제61조 제5항에 따라 압류재산의 공매를 한국자산관리공사에 대행하게 하는 경우에는 기획재정부령으로 정하는 공매대행 의뢰서를 한

국자산관리공사에 보내야 한다(국세징수법 시행령 제68조의2, 1항)

◆ KAMCO의 공매대행 업무

세무서장 등은 압류재산을 대통령령으로 정하는 바에 따라 공매에 붙이고(국세징수법 제61조 1항), 공매는 원칙적으로 입찰의 방법에 의한다. 그리고 세무서장 등은 압류한 재산의 공매에 전문 지식이 필요하거나 그 밖에 특수한 사정이 있어 직접 공매하기에 적당하지 아니하다고 인정할 때에는 대통령령으로 정하는 바에 따라 한국자산관리공사로 하여금 공매를 대행하게 할 수 있으며 이 경우의 공매는 세무서장 등이 한 것으로 본다(국세징수법 제61조 5항). 5항에 따라 압류한 재산의 공매를 한국자산관리공사가 대행하는 경우에는 "세무서장"은 "한국자산관리공사"로, "세무공무원"은 "한국자산관리공사의 직원(임원을 포함한다. 이하 같다)"으로, "공매를 집행하는 공무원"은 "공매를 대행하는 한국자산관리공사의 직원"으로, "세무서"는 "한국자산관리공사의 본사·지사 또는 출장소"로 보고 있다. 이렇게 한국자산관리공사가 국세징수법 제61조 제5항 단서에 따라 세무관서 등으로 부터 공매대행을 받을 경우 실무의 절차로 공매대행을 받았다는 뜻과 자진납부를 최고하는 공매대행통지서를 체납자·이해관계인 등에게 송달해야 한다. 그런데도 불구하고 자진납부하지 아니할 경우에는 공매 준비절차로 환가에 대한 적부의 검토(실익분석=무잉여 여부의 판단), 매각예정가격 결정을 위한 감정평가, 공매기일의 지정과 공고 및 공매통지서를 송달하게 된다. 그 다음 매각절차로 공매기일을 열어 매각되면 매각결정을 하고, 매수인이 매각대금을 완납하면 체납자를 대위하여 매수인을 위하여 등기소에 권리이전과 제등기 말소를 촉탁하는 절차를 진행한다. 그리고 배분기일을 열어 공매위임관서와 배분에 참여할 수 있는 채권자 등에게 배분하는 절차로 공매가 마무리 된다.

◆ KAMCO의 공매대행에 따른 공매 매각절차

공매대행을 의뢰 받은 한국자산관리공사가 공매를 다음과 같은 절차로 진행한다.

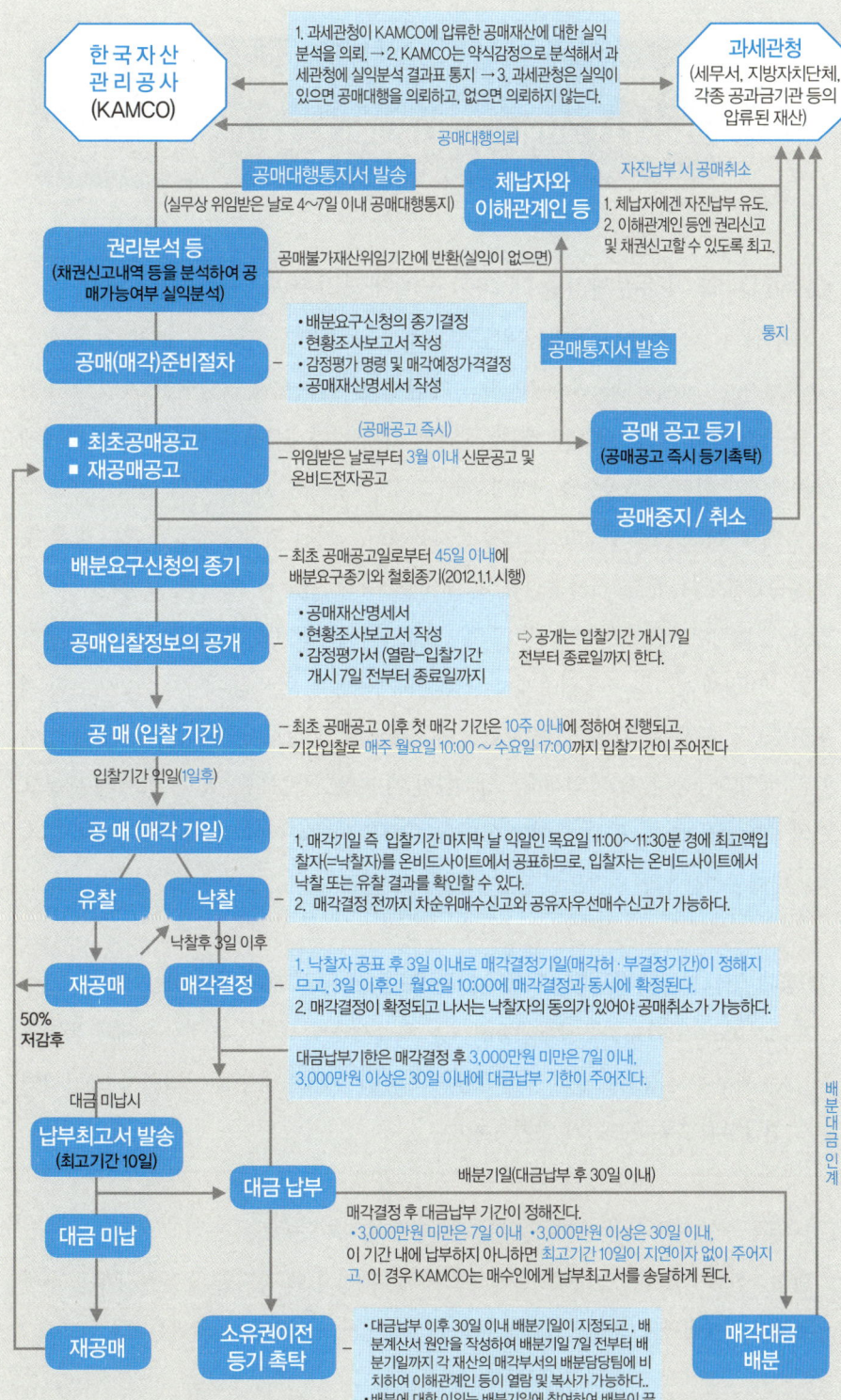

03 공매대행통지서에 대한 이해와 체납자 등에 공매대행의 통지

◆ 체납자와 이해관계인 등에 대한 공매대행의 통지

세무관서 등으로부터 공매를 위임받은 한국자산관리공사는 공매대행의 사실을 ① 체납자, ② 납세담보물 소유자, ③ 그 재산에 전세권·질권·저당권 또는 그 밖의 권리를 가진 자와 ④ 법 제39조 제1항 전단에 따라 압류재산을 보관하고 있는 자에게 통지하여야 한다(국세징수법 시행령 제68조의2, 2항). 여기서 그밖의 권리를 가진자란 공매대행통지서를 발송하기 전에 등기부에서 등기된 지분공매에서 다른 공유자, 가압류권자, 압류권자, 가처분권자, 강제경매신청자, 지상권, 지역권, 등기된 임차권, 가등기, 토지별도등기 등이다. ⑤ 그리고 국세징수법 제68조의2, 6항에 따라 1. 행정안전부(지방세 등으로 부동산소재지 관할 지자체 등), 2. 국세청(체납자주소지 관할 세무서 등), 3. 관세청, 4.「국민건강보험법」에 따른 국민건강보험공단, 5.「국민연금법」에 따른 국민연금공단, 6.「산업재해보상보험법」에 따른 근로복지공단의 장에게 배분요구의 종기까지 배분요구를 하여야 한다는 사실을 안내하여야 하므로 통지하고 있다. 공매대행통지는 일반우편으로 송달 하도록 되어 있다.

(1) 공매 대행통지서를 체납자와 납세담보물 소유자에게 통지하는 이유는?

한국자산관리공사가 공매대행통지서를 체납자와 납세담보물 소유자에게 통지하는 것은 세무관서 등으로부터 공매대행을 의뢰 받았다는 내용을 알리면서, 체납세액을 자진납부하도록 유도하기 위한 것이다.

(2) 공매 대행통지서를 이해관계인 등에게 통지하는 이유는?

한국자산관리공사가 공매대행통지서를 이해관계인 등에 통지하는 것은 세무관서 등으로부터 공매대행을 의뢰 받았다는 내용을 알리면서, 권리신고 및 채권신고를 최고하기 위한 것이다. 그래서 공매대행통지서 뒷면에 권리신고 및 배분요구서가 첨부되어 있다.

◆ 공매 대행통지서에 대한 이해

세무관서 등으로부터 공매대행을 받은 한국자산관리공사는 위임받은 날로부터 즉시(실무에서는 4~7일 이내) 이해관계인 등에게 이를 통지하게 되는데, 공매대행통지는 공매통지서와는 달리 일반우편으로 발송하게 되는데(실무에서는 배달증명으로 발송), ① 체납자 성명·주소·주민번호, ② 압류재산의 표시, ③ 압류 년 월 일 그리고 ④ 국세징수법 제61조 5항의 규정에 따라서 ○○년 ○○월 ○○일 위 압류재산의 공매를 의뢰받았기에 통지한다. 그리고 귀사가 본건 압류재산에 대하여 가지는 채권에 대한 계산서(뒷면붙임 서식참조)를 공매대행통지서 수령일로부터 10일 이내에 우리 공사에 제출하여 주기 바란다. ⑤ 압류에 관계된 체납세액의 내용(세목명, 납부기한, 국세 ○○원, 가산금 ○○원, 합계금액 ○○원) 등이 기재되어 있다는 내용을 기재해서 통지하게 된다.

◆ 실제 송달되었던 공매 대행통지서

(1) 공매 대행통지서 앞면

서울강서구청	관리번호	2007-0000-000	공매대행통지서		
수신	성 명				
	주 소	서울 영등포구 문래동5가 번지 아파트 동 호			
체납자	성 명		주민등록번호		
	상 호		사업자등록번호		
	주 소	서울 강서구 내발산동 704-○ 18/5 아파트 동 호			
압류재산의 표시		서울특별시 강서구 내발산동 704-○ 아파트 동 호 대지 지분(총면적 2,539.7㎡) 39.72㎡ 건물 84.6㎡			

압류년월일	2006.9.15

국세징수법 제61조 제5항 의 규정에 따라 07/06/05 위 압류재산의 공매를 의뢰받았기에 통지합니다. 아울러 귀사(하)가 본건 압류재산에 대하여 가지는 채권에 대한 계산서(붙임 서식참조)를 공매대행통지서 수령일로부터 10일 이내에 우리 공사에 제출하여 주시기 바랍니다.

압류에 관계된 체납세액의 내용

세목명	납부기한	국세	가산금	합 계
취득세 외 0건	2006.5.31	5,123,510	0	5,123,510

한국자산관리공사
취급점 : 조세정리 2부
20070612

귀 하

뒷면의 권리신고 및 배분요구서 양식을 활용하여 권리신고 및 배분요구서 제출바랍니다.

(2) 공매 대행통지서 뒷면

권리신고 및 배분요구서

관리번호		처 분 청	
체 납 자		주민등록번호	
압류재산의 표시			

권 리 현 황

구분	설정일자	설정금액	대출일자	실채권액(년 월 일 현재)			
				원 금	이 자	가지급금	계
담보권자							
	이자 및 가지급금 산출근거						
임차인	임대차(전세) 계약현황						
	전입일자 (사업자등록 신청일)	확정일자	계약일자	보 증 금			비 고 (월 세)

귀사의 공매 (공매대행)통지에 따라 위와 같이 권리신고서 및 배분요구서를 제출합니다.
붙임 : 권리입증서류 (채권원인서류) 사본 1부

200 . . .
신고인 : 성 명 :   (인)
주 소 :
전화번호 :

한국자산관리공사   귀중

〈권리(배분)요구서 작성시 주의사항〉
* 임차인은 채권입증서로서 임대차(전세)계약서 사본 및 주민등록등본(상가임차인인 경우에는 사업자등록증사본과 사업자등록증명원)을 첨부하여야 합니다.
* 월세가 있는 상가임차인인 경우에는 비고란에 월세를 기재하시기 바랍니다.
* 채권현황 및 이자, 가지급금 산출근거 기재란이 부족할 경우는 별지 첨부바랍니다.
* 전화번호는 핸드폰 등 실제 연락 가능한 전화번호를 기재바랍니다(법인인 경우에는 전화번호 우측에 담당자명 기재 바람).
* 법정 배분순위에 따라 배분금이 없는 경우도 있습니다.
* 권리신고 누락시 공매진행 내용의 통지 및 배분대상에서 제외 등 불이익이 있을 수 있사오니 이 점 유의하시기 바랍니다.

04 공매 가능 여부에 대한 권리분석

◇ **공매 가능여부에 대한 기본적인 권리분석 후 실익이 있는 경우**

등기부에 등기된 채권과 공매대행통지서를 송달받고 권리신고 및 배분요구한 채권자 등을 가지고 공매 위임기관에 대한 실익을 분석해서 실익이 있으면 공매절차를 진행하게 된다. 즉 공매위임기관에 실익이 있으면 감정평가를 의뢰하게 되고 이 평가액을 최초 매각예정가액으로 정하여 최초 공매공고를 하게 된다.

◇ **공매 가능여부에 대한 기본적인 권리분석 후 실익이 없는 경우**

공매 위임기관에 대한 실익이 없으면(공매불가재산 등은) 공매 위임기관 등에 반환하고 공매절차는 취소하게 된다.

05 압류재산 공매 준비절차는 어떻게?

◆ 공매물건 감정평가와 매각예정가격 결정

(1) 공매물건 감정평가

국세징수법은 세무서장 등이 압류재산을 공매에 붙이고자 할 때에는 그 재산의 매각예정가격을 정하여야 한다(징수법 제63조 1항). 이 경우 매각예정가격을 정하기 어려울 때에는 감정인에 평가를 의뢰하여 그 가액을 참고할 수 있다(동조 2항).

위 공사와 협약이 체결된 감정평가 기관은 온라인 자동감정시스템에 의해 평가를 의뢰 받게 되고 의뢰 받은 날로부터 15일 이내까지 공사에 온라인 통보하도록 하고 있다.

(2) 매각예정가격 결정

매각예정가격을 결정함에 있어서 감정평가업자의 평가가 불가능하거나 감정의뢰가 불필요한 재산에 대해서는 공매대행을 의뢰한 관서의 장(세무서장 등)과 협의하여 예정가격을 결정한다. 위임관서의 장은 감정인에게 평가를 의뢰하여 그 가액을 참고로 매각예정가격을 결정하는 경우에는 그 감정가액을 기초로 상하 각각 10% 범위 내에서 결정하게 되는데 실무상으로는 감정평가금액을 최초 최저매각가격으로 정한다. 국세징수법 제74조 4항은 통상 6회를 공매하여 유찰되거나 응찰자가 없는 경우에는 새로운 매각예정가격을 정하여(세무서장이 직접가격을 정하든 감정인의 평가를 참고하여 정하든) 공매를 할 수 있다(재공매).

◆ 공매대상 재산에 대한 현황조사(징수법 제62조의2)

① 세무서장은 제63조에 따라 매각예정가격을 결정하기 위하여 공매대상 재산의 현상(現狀), 점유관계, 차임 또는 보증금의 액수, 그 밖의 현황을 조사하여야 한다.

② 세무공무원은 제1항의 조사를 위하여 건물에 출입할 수 있고, 체납자 또는 건물을 점유하는 제3자에게 질문하거나 문서를 제시하도록 요구할 수 있다.

③ 세무공무원은 제2항에 따라 건물에 출입하기 위하여 필요한 때에는 잠긴 문을 여는 등 적절한 처분을 할 수 있다.

◆ 배분요구종기 결정과 이해관계인 등에 통지

(1) 배분요구종기 결정

국세징수법 제67조 2항 7호에 따라 세무서장 등이 공매를 하려면 배분요구종기를 정해서 공고해야 한다. 이렇게 반드시 공고해야 하는 배분요구종기는 절차에 필요한 기간을 고려하여 정하되, 최초의 입찰기일 이전으로 하여야 한다(징수법 제67조 5항). 공매실무에서는 최초 공매공고일로부터 45일 이내에 배분요구종기를 정해서 공고하고 있다.

(2) 배분요구의 종기 연기

공매공고에 대한 등기 또는 등록이 지연되거나 누락되는 등 대통령령으로 정하는 사유로 공매절차가 진행되지 못하는 경우 세무서장은 배분요구의 종기를 최초의 입찰기일 이후로 연기할 수 있다(징수법 제67조 5항 단서). 여기서 대통령령으로 정하는 사유는 다음 각 호로 이에 해당하는 사유가 발생하면 배분요구의 종기를 연기할 수 있다(시행령 제73조의4). 1. 공매공고의 등기 또는 등록이 지연되거나 누락된 경우, 2. 법 제68조에 따른 공매통지가 누락되는 등의 사유로 다시 법 제67조에 따른 공매공고를 하여야 하는 경우, 3. 그 밖에 이와 유사한 사유로 공매공고를 다시 진행하는 경우

(3) 이해관계인 등에 배분요구 통지와 배분요구 철회종기

세무서장 등은 공매공고의 등기 또는 등록 전에 등기되거나 등록된 채권자(배분여부와 상관 없이 자동 배분대상자)와 공매공고의 등기 이후에 등기된 채권자와 등기부에 등기되지 않았지만 배분에 참여할 수 있는 채권자(배분요구종기까지 배분요구를 해야만 배분참여가 가능) 등에게 배분요구의 종기까지 배분요구를 하여야 한다는 사실을 안내하여야 한다(징수법 제68조의2, 1항, 2항, 6항). 1항 및 2항에 따른 배분요구에 따라 매수인이 인수하여야 할 부담이 달라지는 경우 배분요구를 한 자는 배분요구의 종기가 지난 뒤에 이를 철회하지 못한다(3항).

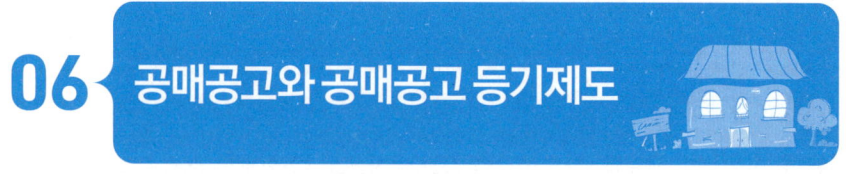

06 공매공고와 공매공고 등기제도

◆ 공매공고 절차 및 시기

한국자산관리공사가 공매 대상 목적물에 대한 공매가능 여부를 분석하여 실익이 없으면 위임기관에 반환하고, 실익이 있으면 공매대상 재산에 대한 감정평가 의뢰와 현황조사를 하고 이 금액을 기초로 매각예정금액과 매각조건 및 매각절차 등을 정하여 공매공고를 하게 된다.

이 공매공고(위임받은 날로부터 3월 이내)와 동시에 이해관계인(체납자 및 채권자 등)에게 공매통지서를 발송하게 된다.

공매공고 후 첫 매각기간은 10주 이내에 정하여 진행하게 된다.

자산관리공사가 공매를 대행하는 경우 공매공고는 본사·지사 게시판게시 및 전자자산처분시스템(온비드)을 통하여 공고하고 필요한 경우 일간신문에 게재한다(통상 매각금액이 500만원 이상인 경우 일간신문에 공고).

◆ 공매공고 등기제도 도입(징수법67조의2)

2012. 01. 01.부터 공매공고 등기제도가 시행되도록 국세징수법이 개정되어, 세무서장은 공매공고 후 즉시 공매공고등기를 촉탁해야 된다. 이에 따라 등기관은 공매공고 사실을 등기부에 기입해야 되는데, 공매중지, 매각결정취소, 압류해제 시에도 역시 세무서장 등이 그 등기의 말소를 촉탁하게 되면 등기관이 말소한다.

공매공고등기의 기입등기방법은 별도 기입등기를 주등기 형식으로 하는 것이 아니라 위임관서의 압류에 부기등기를 해서 매각절차를 진행하게 된다. 즉 압류관서가 강서세무서로 갑구에 순위번호가 5번 압류 (압류권자 강서세무서)라면 5-1번 공매공고등기[등기원인 2012년 0월 0일 공매공고(조세정리부)]로 기입등기 하게 된다.

그러나 압류등기를 하지 않고서도 공매로 매각되는 경우, 즉 납세담보된 근저당권에 기해서 공매로 매각되는 경우, 납세담보로 을구 5번에 세금 근저당권[근저당권자 (국) 또는 (세무서)]으로 등기된 경우, 5-1의 부기등기로 공매공고등기를 촉탁등기하여 공매절차가 진행하게 되므로 별도로 압류가 필요하지 않다.

◆ 공매공고와 임차인 등의 권리관계

(1) 대항력 유지 존속시한

공매대상 주택에서 대항력과 우선변제권을 갖추고 있었던 임차인은 공매절차에서 배분요구종기 시까지만 대항력을 유지하고 있었으면 최우선변제권과 확정일자부 우선변제권으로 우선해서 변제받을 수 있다.

여기서 잠깐만! 공매가 취소되면 임차인의 대항력은 다시 전입한 날을 기준으로 발생하게 되니 낙찰자가 잔금 납부할 때까지 대항력을 유지하거나 임차권등기를 하고 나서 주소지를 옮겨야 합니다.

(2) 소액보증금 중 일정액 우선변제 요건

공매공고등기 이전까지 대항요건을 갖추고 있어야 소액임차인으로 최우선변제금을 배분받을 권리가 있다.

여기서 잠깐만! 공매공고등기 이전에 경매개시결정 기입등기가 이루어지고 나서 공매로 매각되는 경우에는 경매개시결정 기입등기일 이전까지 대항요건을 갖추고 있어야 한다는 것이 대법원 판례입니다.

07 공매의 통지 대상과 공매통지서에 기재되어 있는 내용

◇ 공매의 통지

공매공고를 한 때에는 세무서장 등은 국세징수법 68조(공매통지) 규정에 의하여 그 내용을 ① 체납자, ② 납세담보물 소유자, ③ 공매재산이 공유물의 지분인 경우 공매공고의 등기 또는 등록 전일 현재의 공유자, ④ 공매재산에 대하여 공매공고의 등기 또는 등록 전일 현재 전세권·질권·저당권 또는 그 밖의 권리를 가진 자에게 통지하여야 한다. 여기서 그밖의 권리를 가진자란 공매공고등기 전에 등기부에 등기된 가압류권자, 압류권자, 가처분권자, 강제경매신청자, 지상권, 지역권, 등기된 임차권, 가등기, 토지별도등기 등이다. ⑤ 그리고 국세징수법 제68조의2, 6항에 따라 1. 행정안전부(지방세 등으로 부동산소재지 관할 지자체 등), 2. 국세청(체납자주소지 관할 세무서 등), 3. 관세청, 4.「국민건강보험법」에 따른 국민건강보험공단, 5.「국민연금법」에 따른 국민연금공단, 6.「산업재해보상보험법」에 따른 근로복지공단의 장에게 배분요구의 종기까지 배분요구를 하여야 한다는 사실을 안내하여야 하므로 통지하고 있다. 공매통지서는 공매대행통지서와 달리 배달증명으로 송달하고 있다.

김선생의 체납자 등에 대한 공매통지의 효력

세무서장 등의 압류재산공매에 있어서 체납자 등에 공매통지는 공매 실시의 요건은 아니지만 필수적인 절차로서 이를 위반한 경우에는 공매절차는 위법하지만 당연 무효가 아니고, 취소할 수 있는 행정행위로 볼 수 있습니다.

◆ 공매통지서에 기재되어 있는 내용

① 채권자, ② 체납자(성명, 주민번호, 주소), ③ 공매재산의 표시, ④ 일괄공고 연월일, ⑤ 공고게시판(www.onbid.co.kr), ⑥ 인터넷 입찰기관 및 개시일자와 매각예정가격(1회차~6회차 일괄공매통지), ⑦ 압류에 관계된 채납액의 내용(세목, 납부기한, 국세, 지방세 ○○원, 가산금 ○○원, 합계금액 ○○원), ⑧ 본건에 대한 귀사의 채권계산서를 현재까지 우리공사에 제출하지 아니한 경우 본 통지서 수령일로부터 10일 이내에 제출하여 주시고, 미제출시에는 향후 본건공매대금 배분시 불이익이 초래될 수 있다.

◆ 공매통지서 양식(실제 공매통지서가 송달되었던 내용)

서울강서구청	관리번호	2007-0000-000	공매 통지서

수신	성 명			
	주 소	서울 영등포구 문래동5가 번지 아파트 동 호 [채무자:]		
체납자	성 명		주민등록번호	-
	상 호		사업자등록번호	
	주 소	서울 강서구 내발산동 704-2 18/5 아파트 호		
공매재산의 표시	서울특별시 강서구 내발산동 704-2 아파트 호 대지 지분 39.72m² 건물 84.6m²			
일괄공고년월일	2007.8.1 공고게시판 인터넷(www.onbid.co.kr)			

인터넷입찰기간 및 개찰일시와 매각예정가격

회차	인터넷입찰기간	개찰일시	매각예정가격
1회차	2007.9.3 10:00~2007.9.5 17:00	2007.9.6 11:00	290,000,000
2회차	2007.9.10 10:00~2007.9.12 17:00	2007.9.13 11:00	261,000,000
3회차	2007.9.17 10:00~2007.9.19 17:00	2007.9.20 11:00	232,000,000
4회차	2007.10.1 10:00~2007.10.2 17:00	2007.10.4 11:00	203,000,000
5회차	2007.10.8 10:00~2007.10.10 17:00	2007.10.11 11:00	174,000,000
6회차	2007.10.15 10:00~2007.10.17 17:00	2007.10.18 11:00	145,000,000

수의계약			
공매장소	www.onbid.co.kr	공매방법	일반경쟁입찰

압류에 관계된 체납액의 내용

세 목	납부기한	국세, 지방세	가 산 금	계
취득세	2006.5.31	5,123,510	0	5,123,510

본건에 대한 귀사(하)의 채권 계산서를 현재까지 우리 공사에 제출치 아니한 경우는 본 통지서 수령일로부터 10일 이내에 제출하여 주시고, 미 제출시는 향후 본건 공매대금 배분시 불이익이 초래될 수 있습니다.

한국자산관리공사
취급점 : 조세정리 2부
20070801
귀 하

주의 : 1. 일괄공고의 내용을 통지한 경우에는 매 회차별 공매통지서는 별도로 발송하지 아니합니다.
     2. 통지내용에 변경이 있는 경우에는 새로운 통지를 합니다.
     3. 매각결정통지 전에 체납자 또는 제3자가 체납액을 완납하는 경우에는 국세징수법 제71조의 규정에 의하여 공매를 중지합니다.
     4. 이 통지서는 국세징수법 시행령 제69조제2항의 규정에 의한 수의계약에 관한 통지에 갈음합니다.

08 공매재산명세서의 작성 및 비치 등

◆ 공매재산명세서의 작성

세무서장은 공매재산에 대하여 제62조의2에 따른 현황조사를 기초로 다음 각 호의 사항이 포함된 공매재산명세서를 작성하여야 한다(국세징수법 제68조의3, 1항).
1. 공매재산의 명칭, 소재, 수량, 품질, 매각예정가격, 그 밖의 중요한 사항. 2. 공매재산의 점유자 및 점유 권원, 점유할 수 있는 기간, 차임 또는 보증금에 관한 관계인의 진술. 3. 제68조의2 제1항 및 제2항에 따른 배분요구 현황 및 같은 조 제4항에 따른 채권신고 현황. 4. 공매재산에 대하여 등기된 권리 또는 가처분으로서 매각으로 효력을 잃지 아니하는 것. 5. 매각에 따라 설정된 것으로 보게 되는 지상권의 개요 등.

◆ 공매물건에 대한 기본정보 제공

세무서장은 입찰 시작 7일 전부터 입찰 마감 전까지 세무서에 ① 공매재산명세서, ② 감정인이 평가한 가액에 관한 자료, ③ 그 밖에 입찰가격을 결정하는 데 필요한 자료 등을 갖추어 두거나 정보통신망을 이용하여 게시함으로써 입찰에 참가하려는 사가 열람할 수 있게 하여야 한다(국세징수법 제68조의3, 2항). 실무적으로 온비드에 게재해서 입찰자 누구나 자유롭게 열람할 수 있다.

09 공매진행의 취소 및 중지의 요건

◆ 공매의 취소 및 공고(징수법 제69조)

① 세무서장이 공매를 취소할 수 있는 사유

㉠ 해당 재산의 압류를 해제한 경우. ㉡ 체납처분을 유예한 때. ㉢ 법원이 체납처분에 대한 집행정지의 결정을 한 때. ㉣ 그 밖에 공매를 진행하기 곤란한 경우로서 대통령령으로 정하는 경우

② 제1항에 따라 공매를 취소 후 그 사유가 소멸되어 공매를 계속할 필요가 있다고 인정할 때에는 재공매할 수 있다.

③ 매각결정 기일 전에 공매를 취소한 때에는 그 공매의 취소를 공고하여야 한다.

◆ 공매의 중지(국세징수법 71조)

① 공매를 집행하는 공무원은 매각결정 기일 전에 체납자 또는 제3자가 그 체납액을 완납하면 공매를 중지하여야 한다. 이 경우 매수하려는 자들에게 구술이나 그 밖의 방법으로 알림으로써 제69조에 따른 공고를 갈음한다.

② 여러 재산을 한꺼번에 공매하는 경우에 그 일부의 공매대금으로 체납액 전액에 충당될 때에는 남은 재산의 공매는 중지하여야 한다.

③ 이밖에 위임관서의 장은 한국자산관리공사에 공매대행을 의뢰한 후 매각결정 전에 체납자 또는 제3자가 압류의 원인인 체납세액을 완납하거나 국세징수법 제53조(압류해제의 요건)에 규정하는 압류해제 사유가 발생 시 그 사실을 즉시 공매대행 중지요구서에 의거 위 공사에 통지하여야 하고, 이러한 사실 등이 추후에 확인된 경우에도 공매는 중지되고 취소해야 한다. 그러나 보류사유가 해소되어 공매속행이 필요한 경우 속행요청서를 송부하게 된다.

◆ 압류해제의 요건(국세징수법 제53조)

① 세무서장은 다음 각 호의 어느 하나에 해당하는 경우에는 그 압류를 즉시 해제하여야 한다. ⇨ 이하 생략 제53조 참조.

② 세무서장은 다음 각 호의 1에 해당하는 경우에는 압류재산의 전부 또는 일부에 대하여 압류를 해제할 수 있다. ⇨ 이하 생략 제53조 참조.

③ 위임관서의 장은 공매대행을 의뢰한 후 위와 같은 징수법상 사유 또는 그 이외에 다음과 같은 각 호의 1에 해당하는 사유가 발생시 즉시 위 공사에 그 사실을 통지하여야 하는데 이 경우 일시중지라는 뜻을 부기하여야 한다.

10. 공매 입찰 시 입찰자격의 제한

인터넷공매 입찰참가자 준수 규칙 제4조는 국세징수법 66조와 72조에 근거해서 다음과 같이 입찰자격을 제한하고 있다.

◆ 매수인의 제한(징수법66조)

체납자, 관련공무원(세무공무원) 및 공사 직원 등은 직접적으로든 간접적으로든 압류재산을 매수하지 못한다.

◆ 공매참가의 제한(징수법72조)

다음 각 호의 1에 해당하는 자는 입찰에 참가할 수 없다. 다만, 제1호 내지 제3호의 경우에는 그 사실이 있은 후 2년이 경과되지 아니한 자에 한한다.

① 입찰을 하고자 하는 자의 공매참가, 최고가격입찰자의 결정 또는 매수인의 매수대금납부를 방해한 사실이 있는 자

② 공매에 있어 부당하게 가격을 떨어뜨릴 목적으로 담합한 사실이 있는 자

③ 허위명의로 매수신청한 사실이 있는 자

④ 입찰장소 및 그 주위를 소란하게 한 자와 입찰을 실시하는 담당직원의 직무집행을 방해하는 자

⑤ 공사가 운영하는 온비드에 의하여 실시하는 공매(이하 "인터넷공매"라 한다)를 방해하기 위한 목적 등으로 온비드를 정상적으로 작동되지 않게 하거나 이와 유사한 행위를 한 자

⑥ 입찰가격의 유지나 특정인의 입찰을 위해 담합 등 입찰의 자유경쟁을 부당하게 저해하는 불공정 행위를 한 자

⑦ 업무담당자 등에게 직·간접적으로 뇌물이나 부당한 이익을 제공하는 행위를 한 사실이 있는 자

11 온비드에서 공매물건 입찰방법 종합정리

◆ 온비드 홈페이지에서 로그인 후 공매물건을 종류별로 검색하는 방법

(1) 온비드 홈페이지에서 로그인하면 다음과 같은 화면을 확인할 수 있다

(2) 온비드 화면에서 용도별검색 방법을 통한 공매물건 검색하는 방법
가) 용도별검색에서 부동산 공매물건을 검색하는 방법

온비드 홈페이지 상단 부동산 또는 동산/기타자산[자동차와 운송장비, 물품(기계), 물품(기타)] 등의 메뉴에서 용도를 부동산 을 선택해서 검색하면 ⇨ 좌측메뉴에 부동산 HOME이 나타나는데 이 타이틀에는 ⇨ 물건, 공고, 테마물건, 입찰결과 등이 나타난다. 여기서 물건을 선택하면 ⇨ 물건검색, 신규물건, 캠코 국유새산 전용관, 캠코 압류재산 전용관, 캠코 수탁·유입자산 전용관, 수의계약 가능물건 등의 세부항목을 확인할 수 있다. ⇨ 이 세부항목에서 물건검색을 선택해서 상세조건검색을 검색하면 다음과 같은 화면이 나타난다.

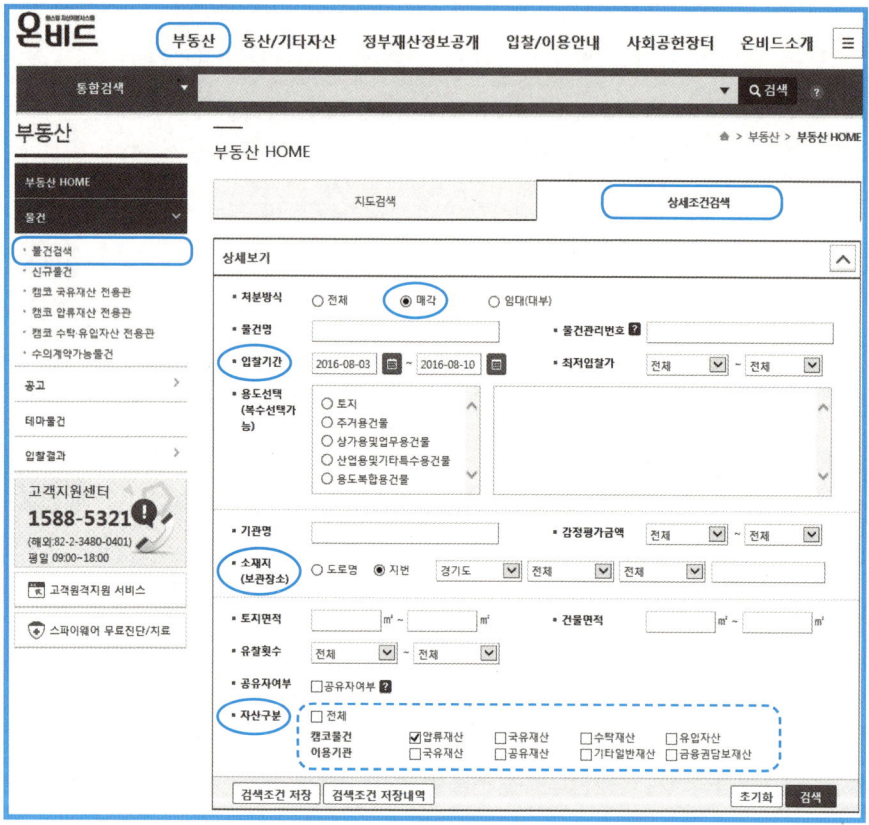

　이 화면에서 ① 처분방식과 ② 입찰기간, ③ 소재지(서울시, 경기도, 인천광역시... 등) 등을 선택하고, ⇨ ④ 자산구분(•캠코물건 - 압류재산, 국유재산, 수탁재산, 유입자산과 •이용기관 - 국유재산, 공유재산, 기타일반재산, 금융권담보재산)에서 압류재산을 선택해서 입찰할 공매물건을 검색하면 된다.

나) 용도별검색에서 동산 및 기타재산 공매물건을 검색하는 방법

　온비드 홈페이지 상단 부동산 또는 동산/기타자산[자동차와 운송장비, 물품(기계), 물품(기타)] 등의 메뉴에서 용도를 동산/기타자산 을 선택해서 검색하면 ⇨ 좌측메뉴에 동산/기타자산 HOME이 나타나는데 이 타이틀에는 ⇨ 물건, 공고, 테마물건, 입찰결과 등이 나타난다. 여기서 물건을 선택하면 ⇨ 물건검색, 신규물건, 금융권담보재산 전용관 전용관, 캠코 국유증권 전용관, 캠코 압류재산 전용관, 수의계약가능물건 등의 세부항목을 확인할 수 있다. ⇨ 이 세부항목 중에서 물건검색을 선택

후 상세조건검색 방법으로 ① 자동차와 운송장비, ② 물품(기계), ③ 물품(기타) 등을 확인할 수 있다.

온비드화면에서 확인하는 방법은 앞에서 용도별검색에서 부동산을 검색하는 방법과 같이 확인하면 되므로 지면상 생략했다.

◆ 본인이 입찰서를 작성하는 방법과 대리인 또는 공동으로 입찰하는 방법

(1) 본인이 입찰서를 작성하여 제출하는 방법

입찰서 작성 및 제출 화면에서 입찰방법은 ① 입찰방법 •본인, •대리입찰(서류제출방식), •공동입찰(전자서명방식, 서류제출방식)에서 〈본인〉을 체크하고 입찰서를 작성해서 제출하면 된다. 본인이 공매대상물건에 입찰하고자 하는 자는 입찰서에 입찰자 성명, 주소, 매각하고자 하는 재산의 명칭, 입찰가격, 입찰보증금 기타 필요한 사항을 기재하여 입찰마감 전까지 제출하여야 한다. ➡ ② 온비드화면에서 본인이 입찰하는 방법은 Chapter 3에서 05. 입찰할 공매물건에서 입찰서 제출과 입찰보증금 납부(119쪽)에 자세하게 기술되어 있으니 참고하면 된다.

(2) 대리인이 입찰서를 작성하여 제출하는 방법

입찰서 작성 및 제출 화면에서 ① 입찰방법 •본인, •대리입찰(서류제출방식), •공동입찰(전자서명방식, 서류제출방식)에서 **〈대리입찰〉을 체크하고** ➡ ②입찰자정보등록 하단의 "입찰자조회" 또는 입찰자정보 직접입력" 버튼을 클릭하여 입찰자(위임자)의 정보를 입력한다. 이후 나머지 입찰서를 작성하는 방법은 본인이 입찰서를 작성하는 방법으로 다음과 같이 작성하면 된다(대리행위는 개인이 개인 또는 법인을, 법인이 개인 또는 법인을 대리하는 것도 가능하다). 이렇게 입찰자가 대리인인 경우 입찰자 본인 인감이 첨부된 위임장이 필요하며 모든 행위는 대리인이 위임자의 이름으로 하여야 하므로 대리인의 도장으로 입찰하여야 한다. ➡ ③ 입찰서 제출과 입찰보증금을 납부했다면 ➡ 개인의 경우 대리입찰신청서와 인감증명서를 첨부해서 공매담당자에게 공매 마감시간인 수요일 17:00까지 직접방문해서 전달하거나 등기우편으로 송달해야 한다(대리입찰방법에서는 전자서명방식은 할 수 없고 서류제출방식만 인정된다).
▷ ④ 온비드화면에서 대리인이 입찰하는 방법은 Chapter 3에서 05. 입찰할 공매물건에서 입찰서 제출과 입찰보증금 납부(119쪽)에 자세하게 기술되어 있으니 참고하면 된다.

(3) 공동으로 입찰서를 작성하여 제출하는 방법

입찰서 작성 및 제출 화면에서 ① 입찰방법 •본인, •대리입찰(서류제출방식), •공동입찰(전자서명방식, 서류제출방식)에서 〈공동입찰〉을 체크하고 ▷ ② 입찰자정보등록 하단의 "입찰자조회" 또는 입찰자정보 직접입력" 버튼을 클릭하여 입찰자(위임자)의 정보를 입력한다. 이후 나머지 입찰서를 작성하는 방법은 본인이 입찰서를 작성하는 방법으로 다음과 같이 작성하면 된다. ▷ ③ 공동입찰서를 제출했다면 올바른 공동입찰이 되기 위해선 대표입찰자를 제외하고는 •〈전자서명방식〉으로 온비드에서 전자서명(온비드회원으로 공인인증서가 등록되어 있을 때) 또는 •〈서류제출방식〉으로 입찰마감 시간인 수요일 17:00까지 인감이 날인된 공동입찰서와 인감증명서를 등기우편으로 송달해서 도착하게 하거나 직접 방문해서 제출해야 한다. ▷ ④ 온비드화면에서 공동으로 입찰하는 방법은 Chapter 3에서 05. 입찰할 공매물건에서 입찰서 제출과 입찰보증금 납부(119쪽)에 자세하게 기술되어 있으니 참고하면 된다.

◆ 입찰참여 방법과 입찰 회수

한국자산관리공사에서는 입찰방법이 2004. 10. 01.부터 인터넷공매만을 실시하고 있다. 이는 지정된 공매기간까지 가격을 경쟁하여 최고가격응찰자에게 매각하는 경쟁 매매방식이다. 한국자산관리공사의 공매에 입찰하기 위해서 온비드 인터넷입찰서 작성 제출(입찰서에는 입찰금액과 환불계좌 즉 유찰시 입찰보증금을 돌려받는 계좌번호 입력) 및 공사지정계좌에 입찰 마감시간 전까지 입찰보증금을 입금하고, 입찰서가 이상 없이 제출되었음을 온비드사이트에서 나의 입찰내역이나 문자메시지 등으로 확인해야 한다.

(1) 압류공매인 경우 입찰절차

압류공매는 기간입찰로 월요일 10:00 ~ 수요일 17:00까지 3일간 입찰기간이 주어지고 입찰결과는 익일인 목요일 11:00 경에 공표하게 되며 매각결정 및 확정은 3일 이후인 월요일 오전 10:00 정각에 이루어진다. 매각결정이 확정되고 나서는 체납자의 일방에 의해서 취소가 불가능하고 낙찰자의 동의가 있어야만 취소가 가능하고, 매각결정서를 입찰서 작성 제출단계에서 전자송달을 신청한 경우에는 본인이 직접 온비드에 접속하여 교부 받을 수 있고 별도 서면교부는 하지 않는다.

(2) 공매물건별로 입찰참여 횟수의 제한

입찰자는 이미 입찰함에 투입한 입찰서(전자입찰의 경우 입찰서 제출)의 교환 변경 또는 취소는 할 수 없다.

① 국유재산 공매나 이용기관 등의 공매 절차는 1회 입찰만 가능하다(근거법령 국가를 당사자로 하는 계약에 관한 법률 제39조).

② 인터넷공매 중에서 국유재산과 이용기관재산 공매를 제외하고는 압류재산공매, 수탁재산공매, 유입자산공매 등은 인터넷입찰서 제출 후 보증금 납부 전까지 또는 납부 후라도 입찰 마감 전까지는 2회 이상 다시 입찰에 임할 수 있다.

㉠ 입찰서만 제출한 상태에서 동일한 물건에 재입찰하는 경우 – 입찰보증금 납부계좌에 입금한 입찰만 유효하고, 보증금이 납부되지 아니한 것은 무효 처리된다.

㉡ 입찰서 제출과 입찰보증금까시만 납부한 상태에서 동일한 물건에 재입찰하는 경우 – 낙찰대상물건은 그 입찰대상물건 중 높은 금액으로 입찰한 입찰서가 최고가 입찰자가 되고, 낮은 입찰가로 입찰한 입찰서는 입찰시 기재한 환급계좌로 환급받게 된다.

◆ 공매 입찰보증금(징수법 제65조)

(1) 공매 입찰보증금

공매에서 입찰보증금은 2016년 01월 01일부터 최초공매공고 물건부터는 매각예정가격의 100분 10 이상으로 입금하고 이는 후일 계약보증금으로 매수금액의 일부가 된다(2015. 12. 31. 까지 최초공매공고물건까지는 매수희망가의 100분의 10이다).

(2) 입찰보증금 납부 시 유의사항

① 납부 마감일 시까지 입찰보증금을 납부하지 않는 경우에는 입찰이 무효 처리된다.

② 입찰보증금이 1,000만원 이하인 경우만 일시납부만 인정되지만, 1,000만원을 초과하는 입찰보증금은 입찰 마감 시까지 수 차례로 나누어 입금할 수 있다.

③ 입찰보증금을 납부 시 타인명의로 송금할 수 있는가? 인터넷 입찰참가자는 온비드 상에서 입찰서 제출이 완료되면 입찰자에게 입찰보증금입금계좌가 부여되며 입찰자는 해당 계좌로 인터넷 입찰마감 전에 입찰보증금을 입금을 완료하면 되며 이때 다른 사람의 이름으로 지정된 계좌에 송금하는 경우도 가능하다.

(3) 낙찰자가 잔금을 납부하지 않을 경우 입찰보증금의 처리방법

① 국세징수법 제65조 4항 낙찰자 또는 경락자가 매수계약을 체결하지 아니한 때에는 입찰보증금은 체납처분비, 압류와 관계되는 국세·가산금 순으로 충당하고 잔액은 체납자에게 지급한다.

② 국세징수법 제78조 2항 매각결정을 한 후 매수인이 매수대금을 납부하기 전에 체납자가 매수인의 동의를 얻어 압류와 관련된 체납액 및 체납처분비를 납부하고 압류재산의 매각결정을 취소하는 경우에 계약보증금은 매수인에게 반환하고, 매수인이 매수대금을 지정된 기한까지 납부하지 아니하여 압류재산의 매각결정을 취소하는 경우에 계약보증금은 체납비, 압류와 관계되는 국세·가산금 순으로 충당하고 잔액은 체납자에게 지급한다.

③ 이는 경매에 있어서 입찰보증금이 배당재단에 편입되어 채권자들에게 배당되는 것과 차이가 있다.

◆ 공매물건의 첫공매와 유찰된 물건의 새공매

첫 매각기일에 처음으로 매각되는 물건과 매각기일에 매각절차가 진행되었는데 유찰된 물건 등은 매주 목요일 11:00에 종전 매각절차가 종료되고 나서 첫 매각기일 물건과 새공매물건을 정리해서 온비드사이트에서 입찰희망자들에게 공개하게 된다. 입찰기간은 다음주 월요일 10:00 ~ 수요일 17:00까지 3일간의 입찰기간이 주어진다. 그러므로 이러한 공매물건은 최초 열람 시부터 매각될 때까지 계속해서 온비드사이트에서 열람이 가능하다.

① 첫 매각기일에 처음으로 매각되는 물건 매각예정가격을, ② 매각절차가 진행되었는데 유찰된 물건은 매각예정가격에서 10%씩 저감하여 매각절차를 100분의 50에 달할 때까지 진행한다(최초 매각예정가격의 10%씩 정액으로 저감된다는 것이 법원경매에서 저감된 금액에서 20~30%씩 저감되는 것과 차이가 있다). 그리고 100분의 50까지 공매를 진행하였으나 매각되지 아니한 경우에는 재공매공고 후에 재공매 절차를 진행하게 된다. 이때 새로 시작하는 재공매 매각예정가격은 최초 매각예정가격에 100분의 50이 기준이 된다.

알아두면 좋은 내용

첫공매, 새공매, 재입찰, 재공매의 정의

① 첫공매는 첫 매각기일에 처음으로 매각되는 물건.

② 새공매에 대한 이해는 "국세징수법 제74조에서는 공매기일에 매각재산이 매각되지 아니한 경우 매각조건을 변경하여 새로이 공매를 실시하는 것과 매수인이 매각대금의 납부기한까지 대금을 납부하지 아니한 경우에 새로운 매각기일을 정해서 공매를 진행하는 것 모두를 재공매로 정의하고 있지만" 필자는 이중에서 전자의 것만을 새공매로 정의하고, 후자의 것을 재공매로 구분해서 이해를 돕고자 기술했다. 그리고 재입찰이 있는데 공매당일에 매수인이 없는 경우 당일 그 장소에서 가격변동이 없는 동일한 조건으로 재차 매각하는 방법인데 실무에서 적용되는 사례는 거의 없다.

③ 따라서 재공매는 매각기일을 열어 100분의 50에 달할 때까지 매각되지 않아 재공매공고 후에 다시 매각절차를 진행하는 것과 매수인이 매각대금의 납부기한까지 대금을 납부하지 않아 새로운 매각기일을 정해서 공매를 진행하는 것으로 이해하고 있으면 될 것이다.

◆ 입찰의 마감 및 개찰과 입찰보증금 반환

(1) 입찰의 마감 및 개찰

압류재산 인터넷공매에서는 월요일 10:00 ~ 수요일 17:00까지 3일간의 입찰기간이 주어지며, 익일 목요일 11시에 개찰해서 최고액입찰자(낙찰자)를 공표하고 있다. 그래서 입찰자들은 이 시간에 입찰결과를 온비드화면에서 나의온비드를 검색해서 확인할 수 있다.

(2) 입찰보증금 보관 및 반환

최고액입찰자(낙찰자) 1명의 입찰보증금만 위임기관의 보관계좌로 입금하고, 그 밖의 낙찰되지 못한 사람은 입찰서 제출 시에 기재한 환급계좌에 즉시 이체된다.

12 매각허부결정과 매각결정취소, 그리고 공매보증금 처리

◆ 매각결정의 효력과 교부방법

매각결정은 매각하는 재산에 대하여 체납자(국세기본법 제42조의 양도담보권자, 물상보증인 등을 포함한다)와 최고가청약자 등과의 사이에 매매계약이 성립하는 효과가 발생한다. 세무서 등의 압류공매인 경우 최고액입찰자(=낙찰자)를 온비드상에 공표(목요일 11:00 경)하고 3일 이후인 월요일 오전 10:00에 매각결정을 하게 되는데 매각결정 즉시 확정되는 효력이 발생한다. 매각결정서 교부 방법은 매각결정서를 입찰서 작성 제출단계에서 전자송달을 신청한 경우에는 본인이 직접 온비드에 접속하여 교부 받을 수 있고 별도 서면교부는 하지 않는다.

> 〈 체납자가 공매를 취소하는 방법 〉
> ❶ 매각결정이 확정되기 전에는 낙찰자의 동의 없이 체납자가 체납액을 변제 후 체납완납 증명서를 가지고 공매취소를 요청할 수 있고, ❷ 매각결정이 확정되고 나서는 낙찰자의 동의가 있어야만 공매를 취소할 수 있습니다.

◆ 공유자우선매수신고와 차순위매수신고를 하는 방법

(1) 공유자우선매수신고 방법

공매재산이 공유물의 지분인 경우 공유자는 매각결정 기일 전까지 공매보증금을 제공하고 매각예정가격 이상인 최고입찰가격과 같은 가격으로 공매재산을 우선매수 하겠다는 신고를 할 수 있다(징수법 제73조의2, 1항).

2015. 12. 31. 이전 최초공매공고분은 낙찰자가 결정되고 나서 매각결정기일 전까지만 가능하다. 그러나 2016. 01. 01. 이후 최초공매공고분 부터는 유찰 시에는 종전 매각예정금액으로 할 수 있고, 낙찰된 경우에는 낙찰가격으로 공유자우선매수신고를 다운받아 작성하고, 통장사본, 주민등록등본. 등기부등본을 지참해서 매각기일 전까지(월요일 오전 10:00 매각결정 전까지) 공매담당자에게 제출하면 된다. 이때 종전 낙찰자(최고액 입찰자)는 차순위매수신고인의 지위를 갖게 되므로 다음과 같은 선택을 해야 한다.

① 종전 최고액입찰자가 차순위매수신고인의 지위를 포기할 수 있는 기간은 공유자우선매수신청인에게 매각결정하기 전까지 할 수 있고, 차순위매수신고인의 지위 포기와 동시에 입찰보증금을 반환 받게 된다. 이때 제출하게 되는 서류가 최고액입찰자 지위 포기신청서이다.

② 차순위매수신고인의 지위를 유지하게 되면 매수인(공유지분우선매수청구권자)이 대금납부를 해야 차순위매수신고인 지위에서 벗어날 수 있고 이때 입찰보증금을 반환받게 된다.

(2) 차순위매수신고 방법

차순위매수신고를 할 수 있는 사람은 최고액입찰가격(낙찰가격) - 공매보증금 이상으로 입찰한 자가 차순위매수신고를 할 수 있다. 그 시기는 목요일 11;00 경에 최고액입찰자고 공표되고 나서 월요일 10:00 매각결정기일 전까지 공매보증금을 제공하고 차순위매수신고를 하면 된다(징수법 73조의3, 1항). 이러한 과정을 공매담당자를 통해서 전화로 차순위매수신고 가능 여부를 확인하고, 온비드 자료실에서 차순위매수신고서를 다운받아 작성하고와 신분증, 통장사본을 가지고 공매담당자에게 매각결정기일 전까지 제출하면 된다. 차순위 매수신고를 한 자가 둘 이상인 경우에 세무서장은 최고액의 매수신고자를 차순위 매수신고자로 정한다(2항).

◆ 매각결정여부의 통지와 매각결정취소, 그리고 공매보증금 반환은?

(1) 매각불허가결정

압류재산매각대행업무처리요령 제34조(매각결정여부의 통지)는 매각을 허용할 수 없는 때(즉 낙찰자 중에서 낙찰자에 해당되지 아니하는 자가 발견되거나, 기타 매각을 허용할 수 없는 사유가 있는 경우)에는 매각결정여부통지서를 작성하고 그 사실을 매각결정여부통지서에 의거 매수인 및 관할 세무서장 등에게 통지하여야 한다. 이 경우 매수인이 납부한 입찰보증금은 반환한다는 뜻을 표시해야 한다.

(2) 매각결정취소

가) 매각결정 이전에 공매취소 방법

공매에서 낙찰되지 않았거나 낙찰자가 결정되었더라도 매각결정되기 전까지는 체납자 또는 제3자가 국세징수법 제71조에 의거 압류에 관련된 세금 및 가산금과 체납분을 완납할 경우 공매를 중지해야 한다.

나) 매각결정 이후에 공매를 취소하는 방법

최고액입찰자(낙찰자)에게 매각결정되고 나서 매수인이 매수대금을 납부하기 전까지 체납자가 매수인의 동의를 얻어 압류와 관련된 체납액 및 체납처분비를 납부하고 매각결정의 취소를 신청하는 경우 공매는 취소된다.

다) 매수인이 대금을 납부하지 아니한 경우

매수인이 매각대금을 납부하지 아니하는 경우 매각결정은 취소되고 재공매절차가 이루어진다.

① 세무서장 등은 매각결정통지서에 정해진 납부기한(징수법 제75조 제2항)까지 매각대금의 납부가 없는 경우 다시 10일 내의 새로운 기한을 정하여 납부의 최고를 하고(징수법 시행령 제76조), 지정기한까지 매각대금을 납부하지 아니한 때에는 매각결정은 취소하여야 한다(징수법 제78조 제1항 제2호). 이 경우 10일 기한까지의 지연이자는 부과하지 아니한다.

② 압류재산의 매각결정을 취소하는 경우 앞의 나)에서는 공매보증금은 매수인에게 반환하고, 이 사례에 따라 압류재산의 매각결정을 취소하는 경우 공매보증금은 체납처분비, 압류와 관계되는 국세·가산금의 순으로 충당하고 그 남은 금액은 체납자에게 지급한다.

③ 매수인이 매각대금을 납부하지 아니하여 매각결정이 취소된 경우 당해 압류재산을 재공매해야 한다.

라) 공매와 경매가 중복해서 진행되는 절차에서 경매낙찰자가 먼저 대금 납부한 경우

법원에서 경매절차에 있는 물건을 자산관리공사에서 낙찰 받은 경우에 법원경매 매수자가 매각대금을 집행법원에 먼저 납부한 경우 공매절차는 취소된다. 이때 매수인은 공매보증금을 반환받을 수 있다.

마) 매각결정 이후 천재지변 기타 중대한 변동이 밝혀진 경우

공매의 경우에도 매수인이 매수신청을 한 후 압류재산의 훼손 기타 이유로 재산취득의 목적을 달할 수 없거나 재산취득에 많은 시간이 소요되는 등의 불이익이 예상되는 경우 국세징수법상 명문규정은 없으나 매각결정의 취소신청을 할 수 있다고 판단해야 한다.

13 매수대금 납부기한과 소유권이전 등기

◆ 매각결정과 매수대금 납부기한과 재공매

(1) 매각결정과 매수대금 납부기한

　세무서장 등의 매각결정은 소정의 사항을 기재한 서류로서 하며, 매각결정서를 매수인에게 교부하여야 한다. 이때 매각결정통지서에는 매수인에게 대금지급기한을 정하여 교부하게 되는데 매각결정일로부터 7일 이내가 원칙이지만 세무서장 등이 납부기한을 연장할 필요가 있다고 인정하는 때에는 30일 한도 내에서 연장할 수 있다(징수법 제75조 4항). 그러나 공매실무에서는 매각대금이 3,000만원 미만인 경우는 7일 이내의 납부기간을 정하며, 3,000만원 이상인 경우는 30일 이내로 납부기한을 정하여 매각결정통지서를 교부하게 된다. 이 경우 매각결정서는 매각결정을 증명하는 서면 이외에 권리이전을 증명하는 서면으로서 대금납부 후 등기이전의 등기촉탁서의 첨부서류로 된다. 매수인에게 매각결정통지를 한 때에는 그 사실을 소관세무서장에게 통지하여야 한다(징수법 제75조 3항).

(2) 매수대금의 납부최고

　대금납부기한 까지 납부하지 않은 경우 납부최고기한 10일이 지연이자 없이 주어진다. 이때 매수대금납부 최고서를 낙찰자에게 통지하게 된다. 따라서 낙찰자가 대금을 적법하게 납부할 수 있는 기간은 3,000만원 미만인 경우에는 7일 + 10일(납부최고기한)로 17일 이내에 납부가 가능하고, 3,000만원 이상인 경우에는 30일 + 10일(납부최고기한)로 최장 40일 이내에 지연이자 없이 납부가 가능하다(징수법 제76조).

(3) 재공매를 실시하게 되는 경우

　① 매각예정가격의 100분의 50의 금액까지 체감하여도 매각되지 아니한 경우 새

로운 매각예정가격을 결정하여 재공매할 수 있다. 따라서 매각예정가격의 100분의 50까지 공매를 진행하였으나 매각되지 아니한 경우에는 재공매공고 후에 재공매 절차를 진행하게 된다. 이때 새로 시작하는 재공매 매각예정가격은 최초매각예정가격의 100분의 50이 기준이 되고 2회차 이후 매 회차마다 이 매각예정가격의 10%씩 정액으로 저감된다는 것이 법원경매에서 저감되는 것과 차이가 있다.

② 그리고 매수인이 매각대금의 납부기한까지 대금을 납부하지 않아 새로운 매각기일을 정해서 공매를 진행하는 재공매가 있다.

◆ 공매에서의 소유권이전 절차

(1) 압류재산 공매에서의 소유권이전등기 절차

한국자산관리공사는 매수인이 매각대금을 완납하고, 그 증명서와 소유권이전에 필요한 서류를 첨부하여 소유권이전등기를 청구해 오면 ① 관할등기소 등에 소유권이전 및 매수인이 인수하지 아니한 제권리(말소기준권리 이후의 권리) 등의 말소 등을 촉탁하게 된다. ② 촉탁방법으로는 등기소에 등기우편으로 촉탁하는 데 3~4일이 소요된다. 금융기관 등의 잔금대출이나 긴급을 요할 경우 등의 사유로 당일 접수해야 하는 경우 당일 특급우편제도를 이용하게 되는데 이 경우 오전 12시 이전에 소유권이전등기신청에 관한 모든 절차가 마무리되어서 신청해야만 가능하다. ③ 매수인 또는 대리인이 신청서 제출 시 등기필증수령 요청서를 함께 제출하면 등기필증이 발급되면 수령요청서에 기재된 장소에서 수령할 수 있다.

국세징수법 제79조는 동법 시행령이 정하는 바에 따라 세무서장이 대위하여 소유권이전절차를 밟도록 하고 있으므로 세무서장 등은 매각대금을 완납한 매수인이 소유권이전등기청구에 의하여 등기·등록을 요하는 재산에 대해서 관할등기소 등에 소유권이전 및 매수인이 인수하지 아니한 제권리(말소기준권리 이후의 권리) 등의 말소 등을 촉탁하게 된다. 이 경우 한국자산관리공사가 공매를 대행한 경우라면 자산관리공사가 이러한 절차를 대행하게 된다.

(2) 압류재산 공매 소유권이전등기할 때 준비서류와 그 절차

이는 압류재산공매뿐만 아니라 국유재산, 수탁재산, 유입·유동화재산 등의 소유권이전준비서류 및 절차에서도 약간의 차이가 있겠지만 같은 순서로 이루어지므로 대표적으로 압류재산 소유권이전 방법만을 기재하였다(Chapter 3의 07. 공매종류별로 매수대금 납부와 소유권이전등기 방법(137쪽)을 참고하면 된다.

14 공매에서 배분절차는 어떻게 진행되나?

◆ 공매절차에서 배분이란

매각대금으로 배분에 참여한 각 채권자들에게 민법, 상법과 그 밖의 법률에 의한 우선순위에 따라 조세채권자 등(압류권자, 교부청구한 세금 및 공과금채권자)과 다른 채권자 등(•매각부동산에 설정등기된 전세권, 질권, 저당권, 가등기담보, 선순위가압류권자, •매각부동산 위의 권리자로 임차권자, 임금채권자, 기타 권리자 등)에게 세무서장(지방자치단체장 등) 등이 배분하는 것을 말하는데 이들로부터 위임받은 한국자산관리공사가 공매 또는 수의계약으로 매각하는 경우에는 자산관리공사가 배분을 하게 된다. 다만 국세기본법, 국세징수법, 민법, 기타 법령에 의하여 배분할 순위와 금액을 정하기 어려울 때 한국자산관리공사가 배분하는 경우에는 국세청장에 질의하여 배분계산서를 작성할 수 있다.

◆ 권리신고 및 배분요구 방법

공매공고 이전에 등기부에 등기된 채권자(채권신고대상채권자) 등은 자동배분 대상자가 되고, 그 이후에 등기된 채권자 등과 등기하지 않은 임차인, 조세 및 공과금 채권자 등은 배분요구의 종기까지 배분요구를 해야 배분에 참여할 수 있다(국세징수법

제68조의 2).

공매 실무에서 세무서장 등으로부터 공매를 위임받은 한국자산관리공사는 공매대행사실을 알리는 공매대행통지서를 체납자와 이해관계인에게 통지한다. 그 통지서 뒷면에 권리신고 및 배분요구 신청서가 첨부되어 있어서 공매대행통지서를 송달 받은 채권자 등이 이때부터 권리신고 및 배분요구를 할 수 있다. 이렇게 권리신고 및 배분요구한 채권자 등을 분석해서 실익이 있으면 감정평가와 현황조사를 진행하고, 그 과정에서 추가로 알게 된 임차인 등이 발생하면, 공매공고 후 공매통지서를 발송할 때 권리신고 및 배분요구하도록 통지하는 절차로 진행된다. 어쨌든 배분요구를 해야 배분에 참여할 수 있는 채권자 등은 공매대행통지서 또는 공매통지서를 받고 나서 배분요구종기일 전까지 권리신고 및 배분요구하면 된다.

◆ 공매 배분기일 지정 및 통보(징수법 제80조의2)

① 세무서장은 금전을 배분하려면 체납자, 제3채무자 또는 매수인으로부터 해당 금전을 받은 날부터 30일 이내에서 배분기일을 정하여 배분하여야 한다. 다만, 30일 이내에 배분계산서를 작성하기 곤란한 경우에는 배분기일을 30일 이내에서 연기할 수 있다(1항).

② 세무서장은 제1항에 따른 배분기일을 정하였을 때에는 체납자, 채권신고대상채권자 및 배분요구를 한 채권자에게 통지하여야 한다(2항).

◆ 배분계산서 작성 및 비치·열람

① 한국자산관리공사가 국세징수법 제80조 1항 2호 및 3호 대금을 배분할 때에는 배분계산서에 소정의 사항을 기재하여야 하며(징수법 시행령 제80조), 국세징수법 시행규칙 제53조의 별지 61호 서식으로 작성하고 이를 체납자에게 교부하여야 하며(징수법 제83조 1항 전단), 배분계산서를 작성함으로써 체납처분은 종결된다(징수법 제83조 2항).

② 위 공사는 배분의 정확성 및 공정성 확보를 위하여 배분기일 7일 전까지 배분계산서를 작성하여 위임세무서장 등에게 FAX로 송부해야 하고, 송부 받은 위임세무서장

등은 그 내용을 검토하여 배분기일 3일 전까지 배분에 대한 의견서를 위 공사에 FAX로 송부해야 한다. 송부가 없을 때 동의한 것으로 간주하고 배분을 진행하게 된다.

③ 위 공사의 공매실무는 이해관계인으로부터 채권원인서류·배분금지급동의서·채권 증서배서환부신청서를 받고 배분계산서 및 부기문을 교부하며, 임차인의 경우에는 매수인이 확인한 건물명도확인서를 받는다.

④ 배분계산서의 작성 시 매각재산에 대하여 전세권·질권 또는 저당권을 가진 자로부터 배분계산서의 열람청구가 있는 때에는 이에 응하여야 한다(징수법 제83조 4항). 이해관계인 등에게 열람은 배분계산서를 배분기일로부터 7일 전에 작성하고, 그때부터 배분기일까지 열람 및 복사신청이 가능하다.

◆ 배분금의 지급방법과 배분계산서에 대한 이의

(1) 배분금의 지급방법

배분계산서에 의하여 관계행정기관에게 배분금 지급 시에는 관계기관이 지정한 법인명의의 금융기관의 계좌에 입금하고, 사채권자인 경우의 배분금 지급은 무통장온라인 이체를 원칙으로 하므로 배분기일이 지정되면 각 배분받을 사채권자들에게 통장사본과 채권원인 서류를 함께 제출할 것을 최고하고 이 계좌에 송금함으로써 채권원인도 소멸하게 된다.

(2) 배분계산서에 대한 이의(징수법 제83조의2)

① 배분기일에 출석한 체납자등은 배분기일이 끝나기 전까지 자기의 채권에 관계되는 범위에서 제83조 1항에 따른 배분계산서 원안에 기재된 다른 채권자의 채권 또는 채권의 순위에 대하여 이의를 제기할 수 있다.

② 제1항에도 불구하고 체납자는 배분기일에 출석하지 아니하였을지라도 배분계산서 원안이 비치된 이후부터 배분기일이 끝나기 전까지 서면으로 이의를 제기할 수 있다.

③ 세무서장은 1항 및 2항에 따른 이의제기가 없거나 이의의 내용이 정당하다고 인

정하지 아니하는 때에는 배분계산서를 원안대로 즉시 확정한다.

④ 세무서장은 1항 및 2항에 따른 이의의 내용이 정당하다고 인정하거나 배분계산서 원안과 다른 체납자등의 합의가 있는 때에는 배분계산서 원안을 수정하여 배분계산서를 확정한다.

(3) 배분금전의 예탁(징수법 제84조)

① 세무서장은 배분한 금전 중 채권자 또는 체납자에게 지급하지 못한 것은「한국은행법」에 따른 한국은행(국고대리점을 포함한다)에 예탁(預託)하여야 한다.

② 세무서장은 제1항에 따라 예탁하였을 때에는 그 사실을 채권자 또는 체납자에게 통지하여야 한다.

◆ 배분금 지급절차 및 그에 종합적인 설명

한국자산관리공사의 공매의 경우에 낙찰자가 매수대금을 납부하면 30일 이내 배분기일 지정 후 이해관계인(각 채권자 등) 등에게 매각한 재산의 표시, 배분요구서의 제출시한, 기타 배분절차에 필요한 안내사항의 내용을 기재하여 통지(실무상 대금납부 후 1~2일 이내)하고 있다. 배분계산서원안 작성은 배분기일로부터 7일 이내에 작성하여 이 배분계산서를 위임관서(세무관서 등) 등에게 배분기일 3일 전까지 배분계산서 원안에 대한 동의 여부를 통지하고, 위임관서는 배분기일 3일 전까지 동의여부를 결정하여 통지하는 절차가 진행된다. 이해관계인 등에게 열람은 배분계산서를 배분기일로부터 7일 전에 작성하고, 그때부터 배분기일까지 열람 및 복사신청이 가능하다. 그리고 배분기일에 배분을 실시하게 되는데 배분에 대한 이의가 없으면 배분계산서는 확정되어 배분금을 지급한다. 그러나 배분계산서에 이의가 있으면 전액 배분이의가 있는지, 일부에 이의가 있는 지를 판단해서 일부가 이의가 있다면 없는 부분은 확정되어 지급하고, 이의가 있는 부분은 세무서장 등이 이의신청을 심사한 후 배분계산서를 확정하게 되는데 확정된 배분계산서에 대한 불복은 위임관서(세무서장)의 장에 제기해야 한다. 이때 세무관서 등은 배분이의 소송을 제기하여 확정될 때까지 이의제기된 배분금전을 위임관서 등의 보관금계좌에 입금하여 보관하고 있다.

손에 잡히는
공매 투자의 **정석**

Chapter 10

압류재산 공매로 성공한 15사례를 통해 실전능력을 향상하기

01 대림아파트를 압류재산 공매로 낙찰 받아 비과세로 팔았던 사례

　이 아파트는 서울시 성동구 응봉동에 소재하는 대림아파트로 아파트 면적이 최근 들어서 인기가 높은 28평형 소형아파트에 해당한다. 아파트 내부는 방 3개와 주방겸 거실 1개, 그리고 욕실 1개로 구성되어 있다. 인근에 버스정류장이 있고, 도보로 7분 거리에 지하철 5호선 "행당역"이 위치해 있다. 그리고 가까운 거리에 광희중학교가 있어서 양호한 교육환경과 인근에 한강공원 등이 위치하고 있어서 실수요자들이 거주를 희망하는 아파트이다. 그래서 정 소령 부부도 공매로 낙찰 받아서 입주하기로 결정하게 되었는데 이 아파트의 사진과 주변 현황도, 입찰정보 및 입찰결과 내역은 다음과 같다.

◆ **대림아파트의 사진과 내부 및 주변 현황도**

(1) 아파트의 사진과 내부 및 평면도

(2) 아파트 주변 현황도

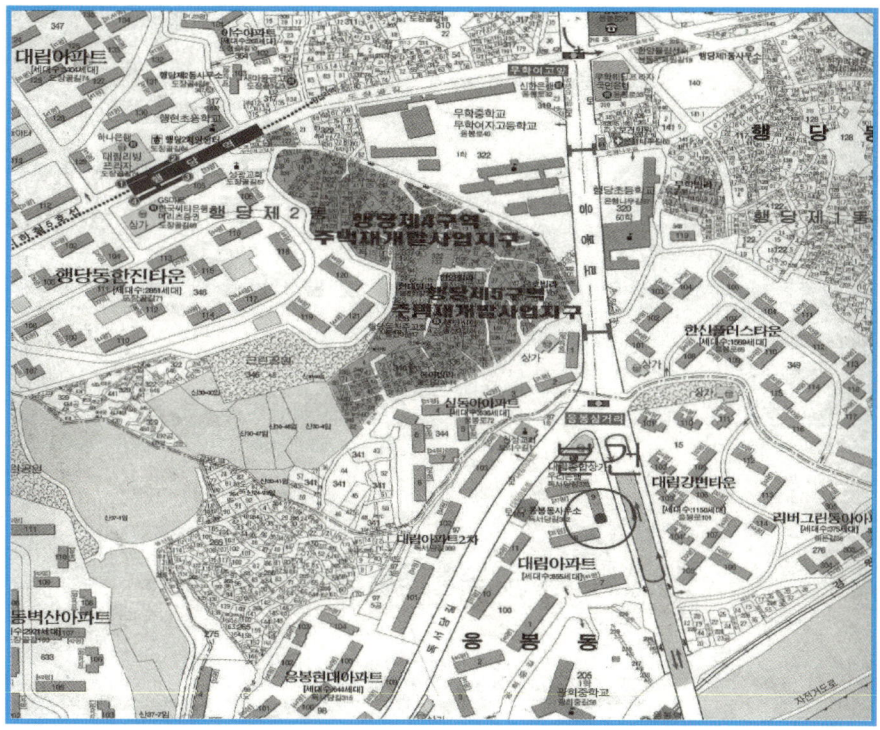

이들 정 소령 부부는 이 아파트를 공매로 낙찰 받아 거주하다가 비과세로 매각하면 높은 수익을 올릴 수 있다고 생각했다. 그래서 이 물건에 대해서 권리분석과 수익분석을 다음과 같이 하면 된다.

◆ **입찰할** 대림아파트의 온비드 입찰정보

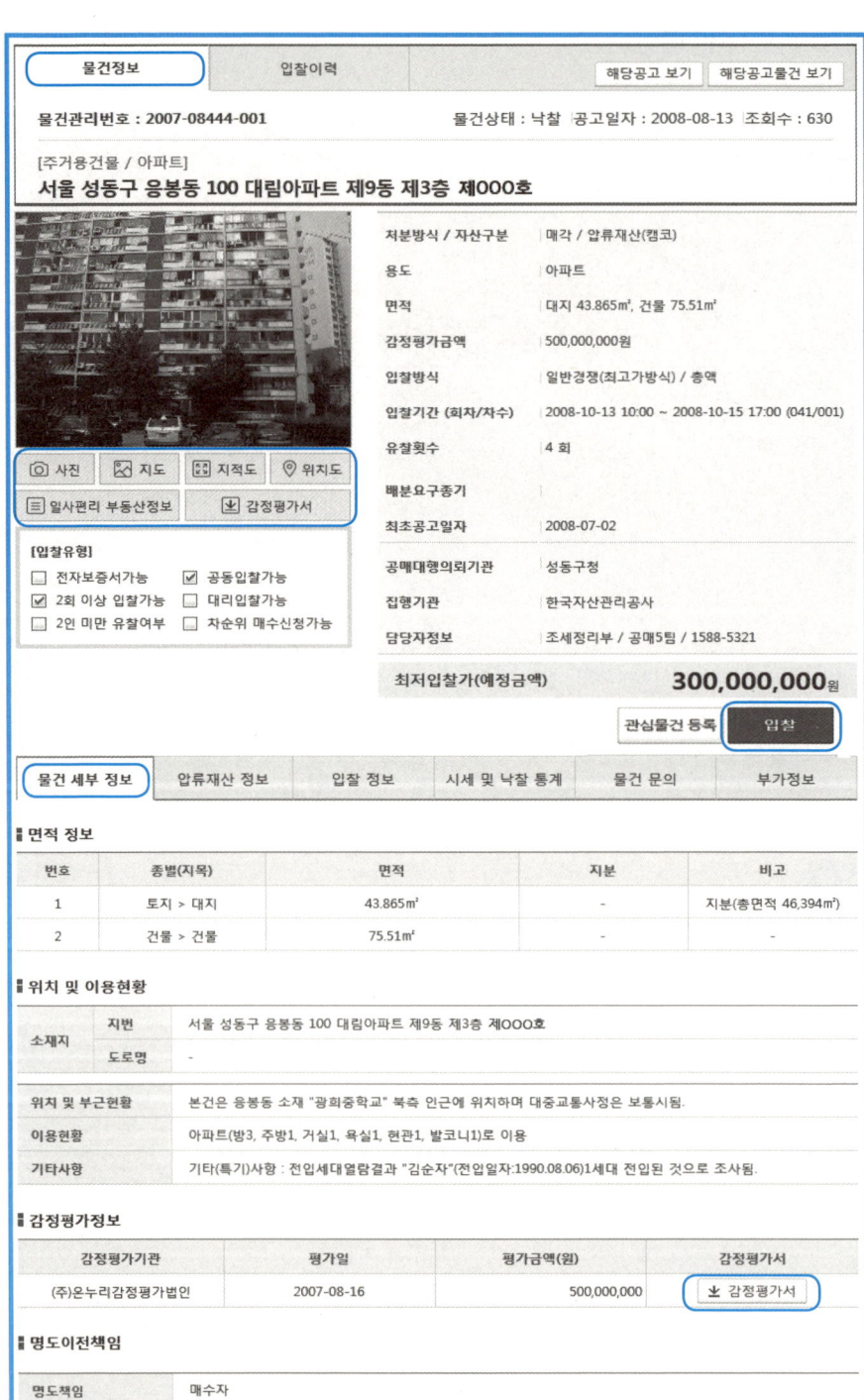

| 물건 세부 정보 | **압류재산 정보** | 입찰 정보 | 시세 및 낙찰 통계 | 물건 문의 | 부가정보 |

▌임대차 정보

임대차내용	성명	보증금(원)	차임(월세)(원)	환산보증금(원)	확정(설정)일	전입일
전입세대주	김미영	0원	0원	0원		1990/08/06

▌등기사항증명서 주요정보

번호	권리종류	권리자명	설정일자	설정금액(원)
1	위임기관	성동구청	-	미표시
2	근저당권	성동구청(근저당권)	1987/02/21	8,109,530원
3	근저당권	한양상호신용금고	1990/07/10	90,000,000원
4	근저당권	동진석유 (주)	1996/04/18	400,000,000원

▌공매재산에 대하여 등기된 권리 또는 가처분으로서 매각으로 효력을 잃지 아니하는 것

▌공매재산의 매수인으로서 일정한 자격을 필요로 하는 경우 그 사실

▌유의사항

▌권리분석 기초정보 (권리분석 기초자료는 입찰시작 7일전부터 제공됩니다)   🖨 권리분석 기초정보 인쇄

- 배분요구 및 채권신고현황 (배분요구서를 기준으로 작성하였으며, 신고된 채권액은 변동될 수 있습니다.)

번호	권리종류	권리자명	설정일	설정금액(원)	배분요구일	배분요구채권액(원)	말소가능여부	기타
1	임차인	김미영	-	0	배분요구없음	0	-	-
2	근저당권	성동구청(근저당권)	1987/02/21	8,109,530원	배분요구없음	0	-	-
3	근저당권	한양상호신용금고	1990/07/10	90,000,000원	2008/05/10	90,000,000원		
4	근저당권	동진석유 (주)	1996/04/18	400,000,000원	2008/04/25	400,000,000원		
5	위임기관	성동구청	1987/02/21		2008/01/30	15,278,500원		

- 점유관계

점유관계	성명	계약일자	전입일자(사업자등록신청일자)	확정일자	보증금(원)	차임(원)	임차부분
전입세대주	김미영	미상	1990/08/06	미상	0원	0원	

| 물건 세부 정보 | 압류재산 정보 | **입찰 정보** | 시세 및 낙찰 통계 | 물건 문의 | 부가정보 |

▌입찰 방법 및 입찰 제한 정보

전자보증서 사용여부	사용 불가능	차순위 매수신청 가능여부	신청 불가능
공동입찰 가능여부	공동입찰 가능	2인 미만 유찰여부	1인이 입찰하더라도 유효한 입찰로 성립
대리입찰 가능여부	대리입찰 불가능	2회 이상 입찰 가능여부	동일물건 2회 이상 입찰 가능

▌회차별 입찰 정보

입찰번호	회차/차수	구분	대금납부/납부기한	입찰기간	개찰일시	개찰장소	매각결정일시	최저입찰가(원)
220070844400 1	041/001	인터넷	일시불/낙찰금액별 구분	2008-10-13 10:00~ 2008-10-15 17:00	2008-10-16 11:00	전자자산처분시스템(www.onbid.co.kr) 공매재산명세	-	300,000,000

◆ **아파트를 낙찰 받으면 인수할 권리가 없이 안전할까?**

(1) 말소기준권리를 찾고 인수할 권리가 있는지를 확인해라

이 아파트를 낙찰 받으면 입찰한 금액 이외에 추가되는 권리나 인수할 권리가 있다면 그만큼 비싸게 사는 셈이 된다. 그래서 이러한 권리를 확인하기 위해서 앞의 온비드 물건정보내역 화면 중간 압류재산정보에서 임대차정보와 등기사항증명서 주요정보, 기타매수인이 인수할 권리 등을 확인하고, 입찰정보에서 공매재산명세서와 등기사항증명서를 직접 발급 받아 말소기준권리를 찾고, 인수할 권리가 있는가를 확인해야 한다.

말소기준권리보다 먼저 등기된 권리(가등기, 가처분, 전세권, 임대차등기 등)와 전입신고와 확정일자를 갖춘 임차인 등이 있는지를 확인해 인수할 권리가 있는지, 없는지를 분석해야 한다. 선순위로 등기된 권리가 없고 임차인만 있다면 선순위로 대항력이 있는지, 없는지를 분석하면 된다. 분석할 때 꼭 확인해야할 내용이 공매재산명세(이 화면은 지면상 생략함)와 임대차 정보내역(주민센터에서 전입세대열람을 통한 분석), 그리고 등기사항증명서를 발급 받아서 분석해야 한다.

이 아파트는 감정가 5억원이었는데 입찰하기 전에 시세를 조사해 보니 4억 ~ 4억5,000만원을 형성하고 있어서 시세보다 감정가가 높게 평가되어 있다는 사실을 알 수 있었다. 그렇다고 하더라도 아파트가 3억원으로 저감되어 매각절차가 진행되는 것은 또다른 이유가 있는 가를 확인해야 한다. 아마도 우리가 모르는 또다른 함정이 도사리고 있을 수도 있기 때문이다. 그런데 필자가 확인해 본 결과 선순위전입세대원이 있었지만, 체납자겸 소유자의 배우자였기 때문에 낙찰 받고 나서 인수할 권리가 없었다.

그런데도 가격이 이 만큼 하락하게 된 것은 부동산 경기가 좋지 않았던 이유와 공매로 매각되었기 때문이다. 경매로 매각되었다면 더 높은 가격으로 매각되었을 것이다. 그래서 정 소령 부부가 338,505,000원으로 2008년 10월 15일(수요일) 오전에 입찰서를 제출하고 다음날 입찰결과를 나의 온비드를 검색해서 낙찰결과를 확인했고

▷ 상세이동을 통해서 다음과 같이 상세입찰결과를 확인할 수 있었다.

◆ 정 소령이 2대1의 경쟁률을 뚫고 아파트를 낙찰 받았다

▌상세입찰결과

물건관리번호	2007-08444-001		
재산구분	압류재산(캠코)	담당부점	조세정리부
물건명	서울 성동구 응봉동 100 대림아파트 제9동 제3층 제OOO호		
공고번호	200808-00797-00	회차 / 차수	041 / 001
처분방식	매각	입찰방식/경쟁방식	최고가방식 / 일반경쟁
입찰기간	2008-10-13 10:00 ~ 2008-10-15 17:00	총액/단가	총액
개찰시작일시	2008-10-16 11:02	집행완료일시	2008-10-16 11:47
입찰자수	유효 2명 / 무효 0명(인터넷)		
입찰금액	338,505,000원/ 324,650,000원		
개찰결과	낙찰	낙찰금액	338,505,000원
감정가 (최초 최저입찰가)	500,000,000원	최저입찰가	300,000,000원
낙찰가율 (감정가 대비)	67.7%	낙찰가율 (최저입찰가 대비)	112.84%

▌대금납부 및 배분기일 정보

대금납부기한	2008-12-15	납부여부	납부
납부최고기한	2008-12-26	배분기일	2009-01-21

정 소령 부부는 다음날 온비드에서 입찰결과를 확인해서 낙찰 받은 사실을 알고 기뻐했다.

 선생님! 이 아파트는 거주하다가 얼마에 팔았어요?

4억5,000만에 팔았다고 하더군요. 낙찰금액의 70%를 5%로 대출을 받았으니 대출금은 236,953,500원이고 3년 동안 이자는 11,847,675원입니다. 그래서 현금 투자는 113,014,125원(낙찰금액 338,505,000원 + 취득 시 제비용 8,462,625원 + 명도비용 300만원 − 대출금액 236,953,500원) 투자해서 63,571,035원(4억5,000만원

– 취득금액 349,967,625원 – 대출이자 34,661,340원 – 매도 시 중개수수료 180만원) 소득을 올리게 되었습니다. 그런데 비과세로 팔았으니 양도소득세가 없어서 모두 이들 부부의 소득으로 현금투자대비 수익률은 56.25%가 됩니다.

> **김선생의 특별과외**
>
> **부동산투자로 소득이 발생하면 부족한 연봉과 월봉으로 계산해라**
>
> 부동산을 투자해서 수익이 발생하면 무조건 연단위로 소득을 나누어(63,571,035원/3년) 연봉 2,119만원으로 만들고, 그 연봉을 월단위로 나누어(2,119만원/12개월) 월봉 1,765,833원으로 계산하면 부족한 연봉도 채울 수 있지만, 월급과 같이 월봉으로 여겨지기 때문에 씀씀이를 줄일 수 있다.

정 소령 부부도 내집 마련해서 3년 동안 살다가 99,232,375원을 벌어 들였으니 성공한 셈입니다.

그런데 이 사례에서 양도소득세 비과세 기간을 3년으로 보고 있는 것이지요. 지금은 2년만 보유해도 비과세인데요?

지금은 1주택자가 2년 이상 보유하다가 팔면 양도세가 비과세가 됩니다. 그러나 정 소령 부부가 공매 투자로 내집 마련했다가 팔 당시에는 3년을 보유해야 비과세 되는 시절이라 3년을 가지고 비과세로 계산한 것입니다. 그리고 온비드 화면만은 현재 화면으로 바꾸어 놓았습니다.

"그렇게 하신 이유라도 있나요? 바꾸시냐고 고생하셨을 텐데요."

"옛날 화면으로 보시면 현재화면으로 입찰할 때 현장감이 떨어질 수 있을 것이라는 판단에서 그런 것입니다. 힘들더라도 독자를 배려하는 차원에서…"

"아하! 그러셨군요. 감사합니다."

02 상도동 다세대주택을 전세보증금으로 마련하다

박 영민 부부는 흑석동 중앙대학교 인근에서 24평형 아파트를 전세보증금 1억5,000만원에 임차해서 4년 동안 거주하고 있었다. 그런데 어느 날 임대인에게 전화가 와서 보증금 5,000만원을 올려달라고 해서 다투게 되었다. 그래서 고민하던 중 이사갈 결심을 하고 주변지역 전세물건을 찾아다니게 되었는데 주변 전세 시세가 2억 정도 형성하고 있어서 임대인이 보증금을 올리자고 한 말이 어느 정도 수긍이 갔었다. 전세가 2억으로 나온 물건도 물건이지만 현재 살고 있는 물건보다 한참 못 미치는 주택으로 그냥 올려주고 살까하는 생각해 봤지만 다투고 이사를 간다고 공언까지 한 상태라 이러지도 저러지도 못하고 고민만 하고 있던 중 부동산중개업소에서 전화가 왔다. 전세물건은 찾을 수 없지만, 아는 지인으로부터 7호선 숭실대입구 전철역 인근 다세대주택이 공매로 나왔다는 내용과 주택 내부가 올 수리 되어 있어서 낙찰 받아서 입주하면 손볼 곳이 없다는 내용이다. 그런데 공매로 사면 돈이 많이 필요할 텐데 어떻게 사느냐고 얘기하니 이 다세대주택은 전세 시세가 2억 정도 가는데, 공매로 감정가가 2억4,400만원에서 시작해서 지금은 30% 떨어져서 1억708만원에 매각이 진행되고 있다고 했다. 그래서 회사업무가 정리되자마자 현장으로 달려갔다. 부동산중개업소에서 말한 그대로 지하철 7호선 숭실대입구역에서 4~5분 거리에 위치하고 주변은 대단지 아파트와 우수한 교육환경, 그리고 인근에 4호선 이수역이 위치하고 있었다. 박 영민 부부는 함께 주변을 돌아다니면서 이러한 주택을 내 집으로 만들 수 있다면 오랜 기간 동안 이사 가지 않고 거주할 수 있으면서 시세차익도 노려볼 수 있다고 생각해서 입찰에 참여하기로 마음을 정했다.

◆ 비발디캐슬 다세대주택의 사진과 내부 및 주변 현황도

(1) 비발디캐슬 다세대주택의 사진과 내부 현황

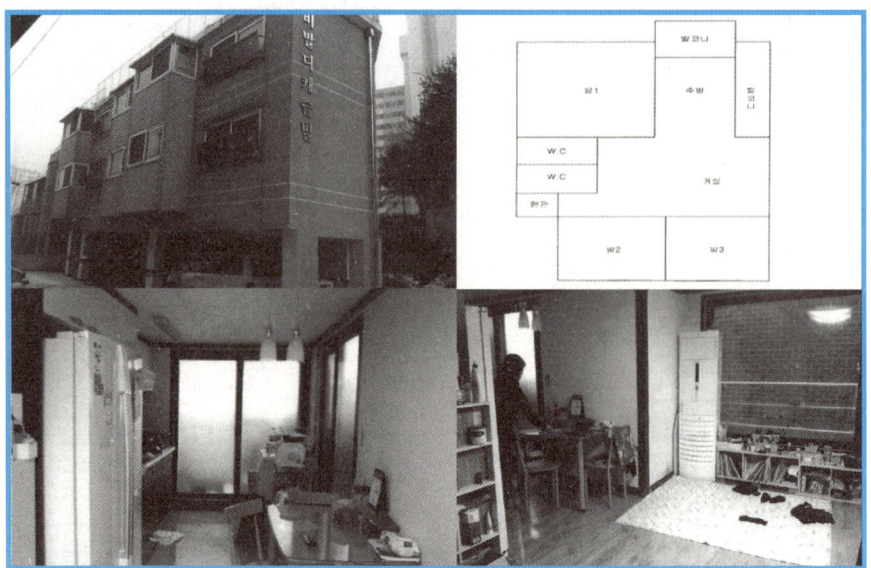

(2) 비발디캐슬 다세대주택의 주변 현황도

이 주택은 24평형 이면서도 방 3개와 거실겸 1개 그리고 욕실이 2개인 점이 마음에 들었다. 자녀들이 초등학교를 다니다 보니 아침이면 화장실 전쟁을 하고 있던 것을 자주 지켜보고 안타까워 한 적이 한두 번이 아니다. 그래서 박 영민 부부는 이 주택에 입찰하기로 마음을 정했다. 그래서 다음과 같이 인수할 권리가 있는 가를 분석하게 되었다.

◆ 비발디캐슬 다세대주택의 입찰정보 내역

위치 및 이용현황

소재지	지번	서울 동작구 상도동 134-253 외 2필지 비발디캐슬 제2층 제○○○호

위치 및 부근현황	서울특별시 동작구 상도동 소재 "숭실대입구역" 남측 인근에 위치하며, 지하철 및 버스정류장 소재로 대중교통 양호한 편임.
이용현황	현황 다세대주택인 주거용으로 이용중임.
기타사항	-

감정평가정보

감정평가기관	평가일	평가금액(원)	감정평가서
(주)건일예셋감정평가법인	2013-12-20	244,000,000	⬇ 감정평가서

명도이전책임

명도책임	매수자

물건 세부 정보 | **압류재산 정보** | 입찰 정보 | 시세 및 낙찰 통계 | 물건 문의 | 부가정보

임대차 정보

임대차내용	성명	보증금(원)	차임(월세)(원)	환산보증금(원)	확정(설정)일	전입일
임차인	이정수	120,000,000	0	120,000,000	2006-08-08	2006-07-14

등기사항증명서 주요정보

번호	권리종류	권리자명	설정일자	설정금액(원)
1	위임기관	국민건강보험공단 서울지역본부	-	미표시
2	가압류	김영미	2006-11-16	17,600,000
3	가압류	이수민	2006-11-16	0
4	가압류	박수길	2006-11-16	0
5	근저당권	김미영	2006-12-13	90,000,000
6	근저당권	신용보증기금	2007-09-07	40,976,734
7	압류	동작구청(세무1과)	2012-01-18	미표시

■ 공매재산에 대하여 등기된 권리 또는 가처분으로서 매각으로 효력을 잃지 아니하는 것

■ 공매재산의 매수인으로서 일정한 자격을 필요로 하는 경우 그 사실

■ 유의사항

■ 권리분석 기초정보 (권리분석 기초자료는 입찰시작 7일전부터 제공됩니다)   🖨 권리분석 기초정보 인쇄
• 배분요구 및 채권신고현황 (배분요구서를 기준으로 작성하였으며, 신고된 채권액은 변동될 수 있습니다.)

번호	권리종류	권리자명	설정일	설정금액(원)	배분요구일	배분요구채권액(원)	말소가능 여부	기타
:	:	<이하 내용은 지면상 생략했음>	:	:				

입찰번호	회차/차수	구분	대금납부/납부기한	입찰기간	개찰일시	개찰장소	매각결정일시	최저입찰가(원)
2201210360001	016/001	인터넷	일시불/낙찰금액별구분	2014-04-21 10:00~2014-04-23 17:00	2014-04-24 11:00	전자자산처분시스템(www.onbid.co.kr) 공매재산명세	2014-04-28 10:00	170,800,000

박 영민 부부는 이 다세대주택에 입찰하고자 김 선생을 방문했다.

저희 부부가 이 다세대주택을 입찰하고 싶은 데 권리에 하자가 있는 가와 입찰서를 제출하는 방법에 대해서 선생님께 도움을 받고자 방문했습니다.

음, 먼저 공인인증서가 있나요? 범용으로...

"회사에서 제가 금융업무를 담당하고 있어서 범용공인인증서를 가지고 있습니다."

먼저, 인수할 권리가 있는 지를 확인해 보겠습니다. 비발디캐슬 다세대주택의 입찰정보 내역과 물건상세정보, 압류재산정보, 입찰정보를 확인하고, 그 다음으로 공매재산명세서를 확인해 보니 임차인 이정수는 말소기준권리보다 먼저 대항요건을 갖추고 있어서 대항력이 있군요. 그러나 배분요구를 해서 전액 배분받고 소멸되므로 낙찰자가 인수할 권리는 없습니다. 다음은 입찰서를 작성해 보겠습니다. 입찰은 두 사람이 공동으로 입찰하시겠어요? 영민씨 단독으로 입찰하겠어요?

"공동으로 하겠어요. 집 사람도 기분 좋게 그렇지..."

"영민씨가 온비드 회원가입하고 공인증서 등록절차를 마쳐 보세요."

"회원가입과 공인인증서도 등록했어요."

"그러면 입찰서를 제출해 보자고요. 먼저 얼마에 입찰서를 쓰냐를 고민해야 겠군요. 제가 판단하기에는 이 정도 물건이면 1억8,500만원 정도는 써야할 것 같아요."

"저희들도 그렇게 생각했어요. 그런데 그 정도만 쓰면 낙찰 받을 수 있을 까요? 전세 시세가 2억 정도 간다고 하던데…, 저희들은 꼭 낙찰 받아 입주하고 싶어요."

"그렇다면 조금 더 쓰시지요. 186,321,000원으로 합시다."

"네, 그렇게 입찰서를 제출하고 입찰보증금도 납부했습니다. 지금부터는 어떻게 해야 되나요?"

"입찰절차를 간단히 설명하면 월요일 10:00 ~ 수요일 17:00 까지 입찰기간이 주어지고, 이 기간 내에 입찰서와 입찰보증금을 납부해야 합니다. 그리고 다음날 목요일 오전 11시에 낙찰자를 결정해서 온비드 상에서 공표하게 되고 그때로부터 3일 이후인 월요일 오전 10시에 매각결정을 하게 됩니다. 입찰기간이 마지막 날인 오늘(수요일) 입찰서를 제출 했으니 내일(목요일) 오전 11시에 입찰결과를 확인할 수 있어요. 그때까지 좋은 꿈꾸세요. 좋은 일이 있을 거예요."

◆ **박 영민 부부가 4대 1의 경쟁을 뚫고 공매로 낙찰 받았다**

입찰결과			
물건관리번호	2012-10360-001	조회수	450
물건명	서울 동작구 상도동 134-253 외 2필지 비발디캐슬 제2층 제○○○호		
입찰자수	유효 4 명 / 무효 0 명 (인터넷)		
입찰금액	186,321,000원, 181,100,000원, 178,900,000원, 175,900,000원		
개찰결과	낙찰	낙찰금액	186,321,000원
물건누적상태	유찰 3 회 / 취소 0 회 입찰이력보기		
감정가격 (최초 최저입찰가)	244,000,000원	낙찰가율 (감정가격 대비)	76.4%
최저입찰가	170,800,000원	낙찰가율 (최저입찰가 대비)	109.1%

"선생님 저희 부부가 4대 1의 경쟁을 뚫고 공매로 낙찰 받았습니다. 너무 기뻐요. 다음은 어떻게 해야 하나요.

축하합니다. 3일 이후인 월요일 10:00에 매각결정이 확정되면 온비드에서 매각결정서를 발급 받으면 됩니다. 그 매각결정서에 잔금납부기한 즉 매각결정서를 발급 받은 날로부터 30일 이내에 잔금 납부기한과 그때로부터 10일 간의 납부최고기간이 주어지니 최장 40일 안에만 잔금을 납부하면 됩니다.

"그 집에 세입자가 살고 있는데 명도 문제는 어떻게 해야 합니까?"

"임차인은 전액 배분 받게 되므로 명도문제는 어려움이 없을 거예요. 임차인이 배분받기 위해서 낙찰자의 명도확인서가 필요합니다. 집을 비워주고 나서 명도확인서를 받을 수 있으니 비워주지 않을 수는 없는 거지요. 이번엔 처음이고 하니 다음 주 토요일에 명도 하러 제가 함께 가도록 하죠."

〈그래서 토요일 오후에 만나서 박 영민 부부가 낙찰 받은 주택을 방문했다.〉

명도 하러 갈 때는 두 가지 서류를 준비해야 합니다. 임차인이 있을 때 명도합의가 이루어지면 명도합의각서를 작성하게 명도합의각서 양식 2부, 주택에 임차인이 없을 때 점유자에게 연락 바란다는 내용을 기술한 양식 2부를 가지고 가야 합니다. 그래서 임차인이 없다면 연락처를 기재해서 하나는 현관 밑에 두고, 다른 하나는 우편함에 두고 와야 임차인이 확인하고 연락을 하게 됩니다. 이때 전화로 만날 날짜를 정해서 명도를 합의하면 됩니다. 주택내부도 확인하고, 제가 초인종을 눌러보죠. 딩동댕, 딩동댕...

"누구시죠", "이 주택을 공매로 낙찰 받은 사람입니다"

"어서 오세요. 그렇지 않아도 오늘 쯤 오실 줄 알고 기다리고 있었습니다."

〈이들 일행은 커피 한잔을 마시면서 이런 저런 얘기를 하다가 본론을 꺼내기 시작했다〉

"이사 준비는 잘 되고 있으신지요?", "저희들은 전액 배분 받는다고 해서 배분 시기에 맞춰 이사 가려고요. 그런데 배분 받는 시기가 언제 쯤 되죠?" "낙찰 받은 날짜가 2014. 04. 24. 그리고 매각결정이 04. 29. 이고, 이 날로부터 30일 후에 잔금을 납부하게 되니 05. 29. 이 잔금납부 일이 됩니다. 그때로부터 또다시 30일 이후에 배분기일이 되니 06월 29일에서 30일 정도가 되겠어요. 정확한 것은 낙찰자가 잔금 납부하면 배분기일을 정해서 임차인에게 통지가 오니 그 서류를 확인하면 됩니다. 궁금하다면 공매담당자에게 직접 전화해서 확인하는 방법도 있고요."

"그러면 되는 군요. 선생님 감사합니다. 궁금한 내용이 있으면 전화해도 괜찮겠어요." "네, 그렇게 하세요"

03 다가구주택을 전세금으로 내 집 마련과 월세소득 올리기

이번엔 다가구주택에 관한 이야기입니다. 다가구주택에서 소유자가 거주하는 공간을 제외하고 나머지 주택 부분을 임대 하면 별도 추가 자금 없이도 기존 전세보증금으로 내 집을 마련할 수도 있습니다. 보너스로 월세소득도 얻을 수 있어서 다가구주택은 요즘 정년퇴직한 분들의 로망이 되고 있습니다. 원룸이나 고시텔 등은 공급과잉으로 인해서 공실이 발생하고 있고, 그러한 상황은 계속 이어질 전망이지만 다가구주택에서 임대소득은 소액투자로 이어지면서도 세금 절세효과(주택 월세는 부가세가 면세이다)까지 있어서 평생 직장생활만 한 분들의 마음을 빼앗고 있지요. 평생 마련한 아파트 한 채, 높은 전세보증금으로 주택을 임차해서 거주하시던 분들은 그 주택에서 거주목적은 달성할 수 있어도 추가적인 수익을 만들 수는 없습니다. 그러나 조금만 생각을 바꿔 아파트를 팔아서, 또는 기존 전세금으로 다가구주택을 구입하면 주택일부에서 거주하면서도 나머지 공간에서 임대수익을 얻을 수 있어서 다가구주택의 인기가 높아지고 있는 것입니다. 즉 4층짜리 다가구주택을 전세가로 구입해서 4층 전체는 주인 세대가 거주하고 나머지 1~3층은 임대를 하게 되는 사례가 증가되고 있는 추세로 이러한 현상은 전세보증금을 가지고 내 집도 마련하고 임대소득도 발생하므로 기존 아파트 전세금으로 다가구주택을 사서 월 100만원에서 150정도 소득을 내기도 합니다. 요즘 같이 저금리 시대에 은행에 넣어 둔다고 이자가 붙는 것도 아니고, 나이 들어 딱히 가질 수 있는 직장도 변변찮은 상황에서 진화되고 있는 사회 양상이고, 이러한 변화는 계속될 전망이라 다음과 같이 다가구주택 사례를 분석해 보기로 했습니다. 이 다가구주택의 사진과 주변 현황도, 입찰정보 및 입찰결과 내역은 다음과 같습니다.

◇ 다가구주택의 사진과 내부 및 주변 현황도

(1) 다가구주택의 사진과 내부 및 평면도

(2) 다가구주택 주변 현황도

〈박 선생은 얼마 전까지 교직에 몸담고 있다가 교장 선생님으로 정년퇴직한 분이다.〉

선생님 이 다가구주택을 공매로 낙찰 받아 거주하면서 임대소득을 얻으려고 하는데 낙찰 받고 인수할 권리나 금액이 있는지 분석 좀 부탁드려요.

8분 거리에 지하철 장안평역도 있고 주변학군도 괜찮은 데요. 인근에 서울시립대와 초중 고등학교도 위치하고 있어서요.

"네 이미 제 집사람과 현장 조사를 했어요. 선생님께서 말씀하시던 부동산 시세와 임대시세 그리고 주택 현황도 조사를 했고요. 다만 인수할 권리에 대해서 걱정이 됩니다."

"그럼 지금부터 분석을 해 보겠습니다."

◆ **다가구주택의 입찰정보 내역**

[입찰유형]		최초공고일자	2013-06-05
☐ 전자보증서가능	☑ 공동입찰가능	공매대행의회기관	구로세무서
☑ 2회 이상 입찰가능	☐ 대리입찰가능	집행기관	한국자산관리공사
☐ 2인 미만 유찰여부	☐ 차순위 매수신청가능	담당자정보	조세정리부 / 공매1팀 / 1588-5321

최저입찰가(예정금액) 537,478,000원

관심물건 등록 / 입찰

| 물건 세부 정보 | 압류재산 정보 | 입찰 정보 | 시세 및 낙찰 통계 | 물건 문의 | 부가정보 |

▌면적 정보

번호	종별(지목)	면적	지분	비고
1	토지 > 대	195.7㎡	-	-
2	건물 > 건물	253.2㎡	-	-
3	건물 > 미등기건물	8.7㎡	-	-

▌위치 및 이용현황

소재지	지번	서울 동대문구 장안동 000-00
위치 및 부근현황		서울시 동대문구 장안동 소재 안평초등학교 북측 인근에 위치, 본건까지 차량의 접근 가능, 대중교통 사정은 보통시 됨.
이용현황		주택으로 이용중임.
기타사항		-

▌감정평가정보

감정평가기관	평가일	평가금액(원)	감정평가서
(주)감정평가법인세종	2013-05-03	767,824,700	↓ 감정평가서

▌명도이전책임

명도책임	매수자

| 물건 세부 정보 | **압류재산 정보** | 입찰 정보 | 시세 및 낙찰 통계 | 물건 문의 | 부가정보 |

▌임대차 정보

임대차내용	성명	보증금(원)	차임(월세)(원)	환산보증금(원)	확정(설정)일	전입일
임차인	정시민	13,000,000	0	13,000,000	2002-12-06	1995-09-13
임차인	김미숙	35,000,000	0	35,000,000	2010-11-01	2010-11-01
임차인	김영민	100,000,000	0	100,000,000	2011-07-15	2011-07-15
임차인	임철희	150,000,000	0	150,000,000	2011-07-19	2011-07-19

등기사항증명서 주요정보

번호	권리종류	권리자명	설정일자	설정금액(원)
1	위임기관	구로세무서	-	미표시
2	근저당권	(주)우리은행[장안북지점]	2009-09-10	120,000,000
3	압류	구로구청(징수과)	2011-12-07	미표시
4	근저당권	황소리	2012-03-30	71,250,000

공매재산에 대하여 등기된 권리 또는 가처분으로서 매각으로 효력을 잃지 아니하는 것

공매재산의 매수인으로서 일정한 자격을 필요로 하는 경우 그 사실

유의사항
감정서상 임차인이 있는 것으로 조사되고, 전입세대 열람결과 임차인의 대항력이 있을 수 있사오니 사전조사 후 입찰 바람

권리분석 기초정보 (권리분석 기초자료는 입찰시작 7일전부터 제공됩니다)   권리분석 기초정보 인쇄

- 배분요구 및 채권신고현황 (배분요구서를 기준으로 작성하였으며, 신고된 채권액은 변동될 수 있습니다.)

번호	권리종류	권리자명	설정일	설정금액(원)	배분요구일	배분요구채권액(원)	말소가능 여부	기타
:	:	:	<이하 내용은 지면상 생략했음>	:	:			

| 물건 세부 정보 | 압류재산 정보 | **입찰 정보** | 시세 및 낙찰 통계 | 물건 문의 | 부가정보 |

입찰 방법 및 입찰 제한 정보

전자보증서 사용여부	사용 불가능	차순위 매수신청 가능여부	신청 불가능
공동입찰 가능여부	공동입찰 가능	2인 미만 유찰여부	1인이 입찰하더라도 유효한 입찰로 성립
대리입찰 가능여부	대리입찰 불가능	2회 이상 입찰 가능여부	동일물건 2회 이상 입찰 가능

회차별 입찰 정보

입찰번호	회차/차수	구분	대금납부/납부기한	입찰기간	개찰일시	개찰장소	매각결정일시	최저입찰가(원)
2201304563003	035/001	인터넷	일시불/낙찰금액별 구분	2013-08-26 10:00~ 2013-08-28 17:00	2013-08-29 11:00	전자자산처분시스템(www.onbid.co.kr) 공매재산명세	2013-09-02 10:00	537,478,000

이 다가구주택은 감정가 767,824,700원인데 537,478,00원까지 떨어졌군요. 느낌이 좋은데요. 시세는 얼마가고 임대시세는 어떻게 되죠.

부동산을 잘 모르는 저희 부부들도 그러한 느낌이 왔어요. 그래서 용기를 내서 부탁드리는 거예요. 믿을 곳이란 선생님 밖에 없어서…. 다가구주택의 시세는 다섯 군데 중개업소를 들렀는데 7억 정도 이야기 합니다. 그리고 전세 시세는 지하는 01호 4,000만원(방 2개), 02호 4,000만원(방 2개), 그리고 1층 101호는 1억원(방 3개),

102호는 7,000만원(방 2개), 2층 201호는 1억1,000만원(방 3개), 202호도 8,000만원(방 2개) 가고 3층 전체는 넓어서 1억5,000만원(방 3개)은 족히 받을 수 있답니다. 시세 조사하다가 이 다가구주택을 맡아서 관리하고 있는 부동산을 알게 되었고 그 사장님이 그렇게 말씀 하시니 틀림 없을 거예요. 그러니 전세금만 해도 5억9,000만원이 됩니다.

그러니 583,880,000원에 낙찰 받으면 전세만 놔도 남는 장사가 되겠지만 3층 전체는 저희들이 사용하려고요.

"교장 선생님은 지금 사시는 아파트의 전세보증금은 얼마나 되죠?"

"전세보증금은 3억이고 그동안 모아둔 돈 1억 정도 더 있어요. 이 돈으로 거주하면서 월세 소득을 받아 보려는 계산입니다."

"그렇다면 먼저 인수할 금액이 있는 가를 확인하기 위해서 예상배분표를 작성해 보겠습니다. 583,880,000원에 입찰해서 낙찰 받는다고 계산해서 공매비용 17,516,400원(매각금액의 약 3% 정도)을 빼고 나면 배분할 금액은 566,363,600원이 되니 이 금액으로 1순위로 임차인들이 최우선변제금으로 ① 정시민 1,300만원 + 김미숙 2,000만원 받고(최우선변제금 1) - 소액임차인결정기준: 우리은행 근저당권, 2순위로 동대문구 재산세 78만원(당해세 우선변제금), 3순위로 우리은행이 1억2,000만원, 4순위로 김미숙 500만원(최우선변제금 2) - 소액임차인결정기준: 김영민과 임철희 확정일자, 황소리 근저당권, 5순위로 구로구청 취득세 385만원(법정기일 2010. 09. 10.), 6순위로 김미숙이 확정일자부 우선변제권으로 나머지 임자보승금 1,000만원 받고, 7순위로 공매위임관서인 구로세무서가 부가세로 1억5,000만원(법정기일 2011. 03. 25.)을 받고, 8순위로 김영민이 확정일자부 우선변제금으로 1억원 전액 배분받고, 9순위로 임철희가 확정일자부 우선변제금으로 143,733,600원으로 배분이 종결될 것 같으니 대항력 없는 임철희만 보증금 1억5,000만원 중 6,266,400원 정도 못 받고 다른 임차인은 전액 배분받게 됩니다. 그래서 낙찰자는 인수할 금액도 없고 명도 시에도 비용을 별도로 들이지 않고도 임차인들을 내 보낼 수 있다고 판단됩니다. 물론 재계약한다면 다시 살게 할 수도 있지만... 그러한 판단은 교장 선생님이 결정할 몫이죠."

"그렇군요. 인수할 금액도 없고 명도도 깔끔하고, 그런데 선생님 이제 교장 선생님이란 호칭 떼어 주세요. 정년퇴직한 지가 언제인데…. 임대수익은 어떻게 계산하면 될까요?"

"박 선생님이 583,880,000원에 낙찰 받고 등기비용 1,000만원 정도 계산하면 총 취득금액은 593,880,000원이 됩니다. 그리고 취득해서 전부 전세를 놓게 되면 전세금의 합계는 앞에서 계산한 바와 같이 5억9,000만원이니 3,880,000원으로 사게 되는 것입니다. 그런데 사서 거주하면서 임대소득을 얻고자 하신다니 일단 박 선생님거주하고 계신 전세보증금 3억원과 그동안 모안둔 돈 1억원을 적극 활용하는 방법입니다. 그러니 추가로 들어갈 돈은 193,880,000원인데 이 금액은 임차보증금으로 대체하거나 은행에서 대출받는 방법 어느 것으로 해도 좋습니다. 추천한다면 은행대출을 적극 권장하고 싶군요. 왜냐하면 은행 금리는 3% 정도 인데 반해서 주택 월세는 6% 정도 되니 이 차익만 연 3%가 나게 되니까요. 그래서 지하 01호는 보증금 500만원에 월세 25만원. 02호도 보증금 500만원에 월세 25만원. 그리고 1층 101호는 보증금 2,000만원에 월세 50만원, 102호는 보증금 2,000만원에 월세 40만원, 2층 201호는 보증금 2,000만원에 월세 55만원, 202호는 보증금 2,000만원에 월세 50만원으로 임대한다고 생각하면 전세보증금의 합계는 9,000만원이 되니 은행에서 1억원만 추가로 대출받으면 될 것 같습니다. 그러면 투자금은 5억 정도가 되지만 본인이 전세 사는 부분을 1억5,000만원을 빼고 은행대출금 1억원을 빼면 실제로 현금 투자는 2억5,000만원 투자해서 매월 2,166,670(월세합계 245만원-대출금 1억 이자 283,330원)을 받게 되니 연봉은 2,600만원이고 현금 투자대비 수익률은 10.4%가 된다. 그리고 월세가 계속해서 오르고 있다는 사실을 감안해 본다면 박 선생님은 올바른 투자를 하고 있는 것입니다."

"그렇게 계산해 주시니 머리에 쏙 들어 오는 군요. 선생님 말씀대로 583,880,000원에 입찰하겠습니다."

◇ **박 선생이 다가구주택을 단독으로 낙찰 받고 기뻐하고 있다**

입찰결과			
물건관리번호	2013-04563-003	조회수	336
물건명	서울 동대문구 장안동 OOO-OO		
입찰자수	유효 1명 / 무효 3명 (인터넷)		
입찰금액	583,880,000원		
개찰결과	낙찰	낙찰금액	583,880,000원
물건누적상태	유찰 3회 / 취소 0회 [입찰이력보기]		
감정가격 (최초 최저입찰가)	767,824,700원	낙찰가율 (감정가격 대비)	76%
최저입찰가	537,478,000원	낙찰가율 (최저입찰가 대비)	108.6%

　박 선생이 다가구주택을 낙찰 받고 기뻐하고 있다. 정년 퇴직후 무기력증에 빠져 있던 자신이 긴 터널을 빠져 나와 활력을 찾고 있는 자신을 발견할 수 있었기 때문이다.

04 재건축대상 아파트를 낙찰 받아 분양권자의 지위를 승계해 수익을 올린 사례

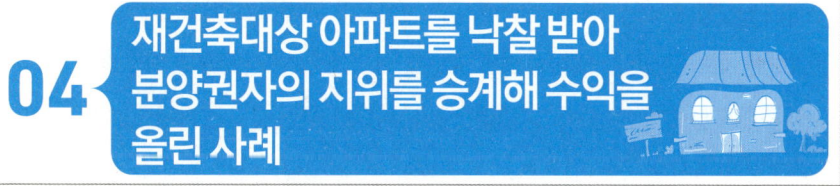

◇ **재건축대상 아파트에 입찰할 때 알고 있어야할 내용은?**

　이 아파트는 성남시 수정구 신흥동에 위치하고, 가까이에 지하철 8호선 남한산성입구역이 있다. 그리고 재건축대상으로 이미 관리처분계획에 따라 분양신청까지 마친 상태이다. 이 아파트를 공매로 낙찰 받으면 종전 소유자가 조합에 동의했나(조합원), 동의하지 않았나(비조합)와 조합에 동의했더라도 분양신청을 했는지, 하지 않았는지 등을 확인하고, 했더라도 매수인이 조합원의 지위와 분양권을 승계할 수 있는지를 분석해야 한다. 그리고 건물이 재건축으로 철거하기 전인지, 철거 후인지를 확인하고 입찰에 참여해야 한다.

첫 번째로 재건축 진행을 위한 조합설립에 동의하지 않았다면 비조합원으로 사업비를 부담하지 않아도 되는 매도청구대상자이다. **조합설립에 동의했는데 분양신청을 하지 않았다면** 조합원이면서 현금청산대상자가 된다. 이러한 현금청산대상자는 현금청산당시까지 사업비를 정산해서 부담해야 하나(이런 이유로 조합설립 동의 여부가 중요하다), 실무에서는 매도청구대상자와 같이 사업비를 부담시키지 않고 현금 청산하는 경우가 많다. 그런데 이러한 보상을 결정할 때 감정가로 결정하게 되고, 이에 이의가 있을 때 사업시행자인 조합을 상대로 이의신청을 할 수 있고, 협의가 이루어지지 않으면 그 다툼을 가지고 법원에 매도청구 소송 등을 진행하게 된다. 어쨌든 공매낙찰자는 이러한 지위를 그대로 승계할 수밖에 없다.

두 번째로 분양신청을 했다면 OOO동, OOO호, 몇 평형대를 분양 받았는지와 청산금(추가부담금=종전아파트권리가액-신축아파트권리가액)을 확인해야 한다. 그리고 매수인이 조합원의 지위와 분양권을 승계할 수 있는 지를 분석해야 한다. 현재 도정법 제19조 2항에서는 주택투기과열지구 내에서만 금지하고 있고, 그 밖의 지역에서는 그러한 제한이 없다. 이 아파트를 공매로 낙찰 받을 당시에는 주택투기과열지구로 지정된 곳이 없어서 문제가 되지 않았으나 2017년 부동산 8·2대책으로 투기과열지구가 지정되어 시행 중에 있으므로 유의해야 한다. 그렇더라도 경매나 공매로 취득할 때에는 다음과 같이 승계가 가능하다.

세 번째로 재건축으로 건물 철거 전인지와 철거 후인지에 따라 다르게 분석해야 한다. 철거 전이라면 기본적으로 몇 동, 몇 호, 몇 평형대를 분양 받았는 지와 청산금만 확인하면 된다. 그러나 종전조합원이 이주하고 나서 건물이 철거되었다면 이주비(무상이주비)와 청산금 미납금, 지연이자, 시유지 등의 불하대금, 그리고 조합원분양권에 채권가압류 등이 있는 지 등을 사업시행자인 조합에서 확인하고 입찰해야 한다.

투기과열지구 내 조합원지위 양도와 조합원분양권 전매제한

투기과열지구 내에서 조합원지위 양도와 조합원분양권 전매 제한도 일반 매매로 취득하는 경우에 그렇다고 이해하면 된다. 그러나 법원경매나 Kamco 압류재산공매로 낙찰 받으면 이러한 제한 없이 분양권을 취득할 수 있다. 문제는 신탁공매로 낙찰 받는 경우도 해당 되느냐 인데 신탁공매는 이에 해당되지 않으므로 주의해야 한다.

⇨ 도시 및 주거환경정비법 시행령 제30조 제3항 도정법 제19조 제2항 제4호에서 "대통령령이 정하는 경우"란 다음 각 호의 어느 하나에 해당하는 경우를 말한다.(1~4호 내용은 생략함).

5. 국가·지방자치단체 및 금융기관에 대한 채무를 이행하지 못하여 주택재건축사업의 토지 또는 건축물이 경매 또는 공매되는 경우

◆ 신흥주공아파트의 사진과 주변 현황도

필자가 분양신청 여부를 확인해 본 결과 24평형대를 분양 신청했고, 추가로 부담하는 청산금이 발생하지 않는 아파트였다. 그야말로 종전아파트 권리가액과 신축아파트 권리가액이 똑 같아서 추가로 부담할 금액 없다는 뜻이다. 그래서 지인에게 입찰을 권유했고, 지인이 낙찰 받은 물건입니다. 이 아파트를 공매로 낙찰 받아 거주하다가 재건축으로 아파트가 철거되어 대체주택을 취득해서 이사하면 일시적 1주택과 1입주권 상태가 된다. 이때 매도전략으로 ① 일시적 1주택과 1입주권 상태에서 조합입주권을 먼저 매도하는 전략으로 비과세 혜택을 볼 수도 있고(종전아파트를 2년 이상 보유하다가 철거 된 경우). ② 신축 된 아파트에 동일세대원 전부가 입주해서 1년 이

상 거주하는 조건으로 대체주택을 신축아파트 준공일로부터 2년 이내에 매도해서 비과세 혜택을 볼 수 있다(대체주택 비과세요건). 그리고 재건축으로 입주한 아파트는 철거 전에 보유했던 기간과 신축해서 보유한 기간을 합산해서 2년 보유 후 매도하면 1가구 1주택자로 비과세 혜택을 보게 된다.

◆ 입찰할 신흥주공아파트의 온비드 입찰정보

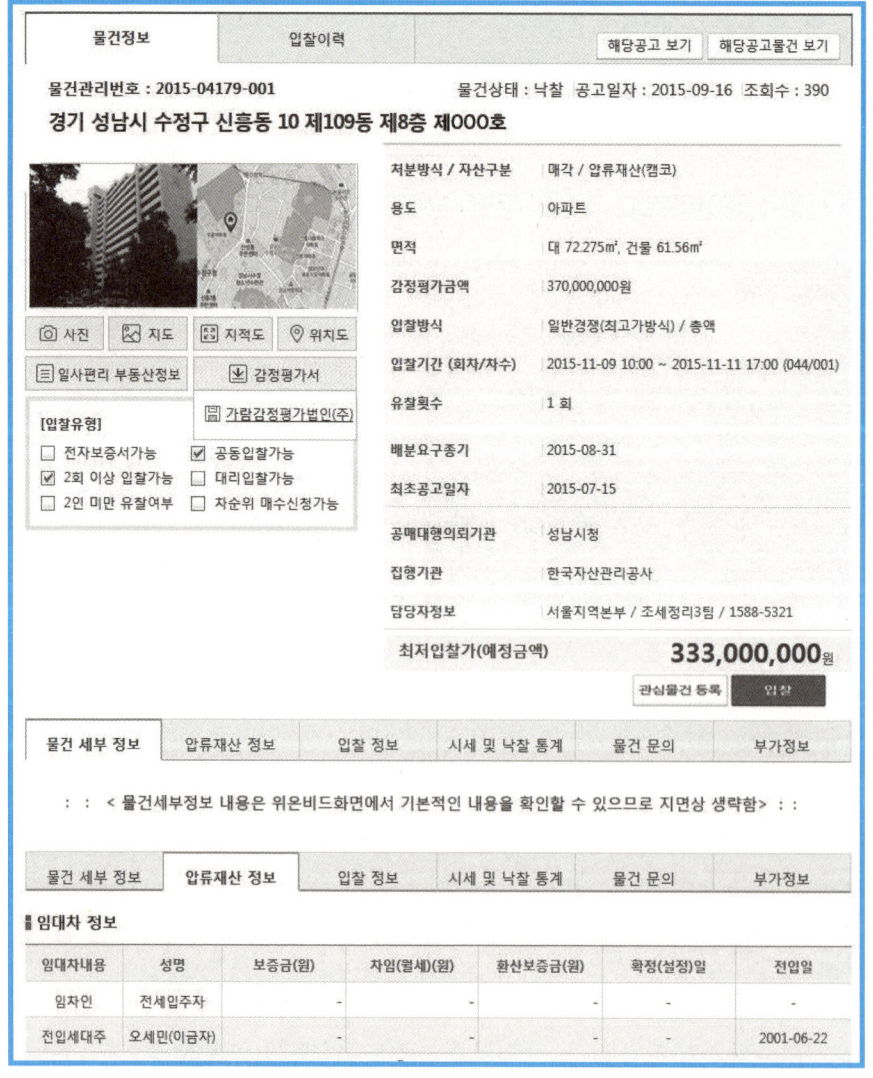

등기사항증명서 주요정보

번호	권리종류	권리자명	설정일자	설정금액(원)
1	위임기관	성남시청	-	미표시
2	근저당권	주식회사 우리은행	1999-06-15	144,000,000
3	근저당권	대화페인트공업주식회사	2004-12-16	67,266,345
4	가압류	주식회사 아해	2009-02-20	95,025,801

권리분석 기초정보 (권리분석 기초자료는 입찰시작 7일전부터 제공됩니다)

- 배분요구 및 채권신고현황 (배분요구서를 기준으로 작성하였으며, 신고된 채권액은 변동될 수 있습니다.)

번호	권리종류	권리자명	설정일	설정금액(원)	배분요구일	배분요구채권액(원)	말소가능 여부	기타
:	:	:	<이하 내용은 지면상 생략했음>		:	:		

입찰 방법 및 입찰 제한 정보

전자보증서 사용여부	사용 불가능	차순위 매수신청 가능여부	신청 불가능
공동입찰 가능여부	공동입찰 가능	2인 미만 유찰여부	1인이 입찰하더라도 유효한 입찰로 성립
대리입찰 가능여부	대리입찰 불가능	2회 이상 입찰 가능여부	동일물건 2회 이상 입찰 가능

회차별 입찰 정보

입찰번호	회차/차수	구분	대금납부/납부기한	입찰기간	개찰일시	개찰장소	매각결정일시	최저입찰가(원)
2201504179001	044/001	인터넷	일시불/낙찰금액별 구분	2015-11-09 10:00~ 2015-11-11 17:00	2015-11-12 11:00	전자자산처분시스템(www.onbid.co.kr) 공매재산명세	2015-11-16 10:00	333,000,000

◆ 아파트를 낙찰 받으면 인수할 권리가 없이 안전할까?

　이 아파트는 감정가 3억7,000만원이었는데 입찰하기 전에 시세를 조사해 보니 4억~4억500만원을 형성하고 있었다. 그리고 매매로 나온 아파트가 없어서 가격상승이 기대되는 아파트였다. 다음으로 아파트에서 인수할 권리를 확인해야 하는데 말소기준권리는 우리은행 근저당권으로 1999년 6월 15일로 대항력이 있는 임차인 등이 없었다. 그래서 앞에서와 같이 조합원지위를 승계할 수 있다는 사실과 체납자겸 소유자가 분양신청한 동 호수를 확인하게 되었는데 분양신청 평형대가 지인이 선호하는 소형 평형 아파트라 2015년 11월 11일(수요일) 오전에 입찰서를 제출하고 다음날 목요일 11시 30분경에 온비드화면에서 나의온비드를 검색해서 다음과 같이 낙찰결과를 확인할 수 있었다.

◇ 지인이 14대 1의 경쟁률을 뚫고 아파트를 낙찰 받았다

■ 상세입찰결과

물건관리번호	2015-04179-001		
재산구분	압류재산(캠코)	담당부점	서울지역본부
물건명	경기 성남시 수정구 신흥동 10 제109동 제8층 제OOO호		
공고번호	201509-01454-00	회차 / 차수	044 / 001
처분방식	매각	입찰방식/경쟁방식	최고가방식 / 일반경쟁
입찰기간	2015-11-09 10:00 ~ 2015-11-11 17:00	총액/단가	총액
개찰시작일시	2015-11-12 11:01	집행완료일시	2015-11-12 11:26
입찰자수	유효 14명 / 무효 1명(인터넷)		
입찰금액	362,080,800원/ 355,700,000원/ 355,290,000원/ 355,123,200원/ 352,373,486원/ 351,000,000원/ 350,110,000원/ 347,890,000원/ 347,179,999원/ 346,100,000원/ 343,999,000원/ 342,780,000원/ 341,270,000원/ 333,000,000원		
개찰결과	낙찰	낙찰금액	362,080,800원
감정가 (최초 최저입찰가)	370,000,000원	최저입찰가	333,000,000원
낙찰가율 (감정가 대비)	97.86%	낙찰가율 (최저입찰가 대비)	108.73%

■ 대금납부 및 배분기일 정보

대금납부기한	2015-12-16	납부여부	납부
납부최고기한	2015-12-28	배분기일	2016-01-27

지인은 다음날 온비드에서 입찰결과를 확인하고 낙찰 받은 사실을 알고 기뻐했다. 어쨌든 낙찰 받고 명도를 목적으로 이 아파트를 방문했는데 체납자겸 소유자가 모친이고, 그 자녀분들이 거주하고 있었다. 그래서 낙찰 받은 사실을 입증하는 서류를 보여 주면서 명도에 관한 협의를 진행해서 쉽게 명도할 수 있었던 사례이다. 독자분들도 재건축대상 아파트가 공매나 경매로 나오면 이러한 내용을 알고 입찰하면 될 것이다.

05 재개발구역 상가주택 2분의 1을 공매로 낙찰 받아 성공한 사례

이 상가주택은 지하1층과 지상1~2층은 근린상가이고 3층만 주택이다. 그리고 이 상가주택은 소유자가 2명으로 각 1/2씩 공유지분으로 되어 있는데 그 중 1/2지분만 공매가 진행된 물건이다. 이 지역은 LH공사가 주관하고 대림산업이 시공하는 재개발구역으로 2016년 12월 경에 4,800여 세대가 건립될 예정이다. 그래서 매수인은 다른 공유자와 협의해서 공동으로 분양을 신청하든가, 현금청산 받는 방법이 있는데 입찰 전에 확인해 본 결과 현금청산을 받더라도 감정가 정도의 금액으로 청산이 예상되는 물건이었다. 그렇게 판단하게 된 동기는 감정가가 6억700만원인데 반해서 시세는 6억8,000만원에서 7억원을 호가하고 있었기 때문이다.

앞의 02사례에서는 재건축대상 아파트 공매물건이고, 이 사례는 재개발대상 상가주택 공매물건이라는 점에서는 차이가 있지만, 재테크로 투자하는 목적에서 두 분야 모두 미래가치가 높은 분야이고, 실제 투자해서 높은 수익을 올릴 수 있었던 사례라 독자분들에게 소개하고자 기술했다.

◆ 도시 지분공매 절차에서 공매물건의 사진과 주변 현황도

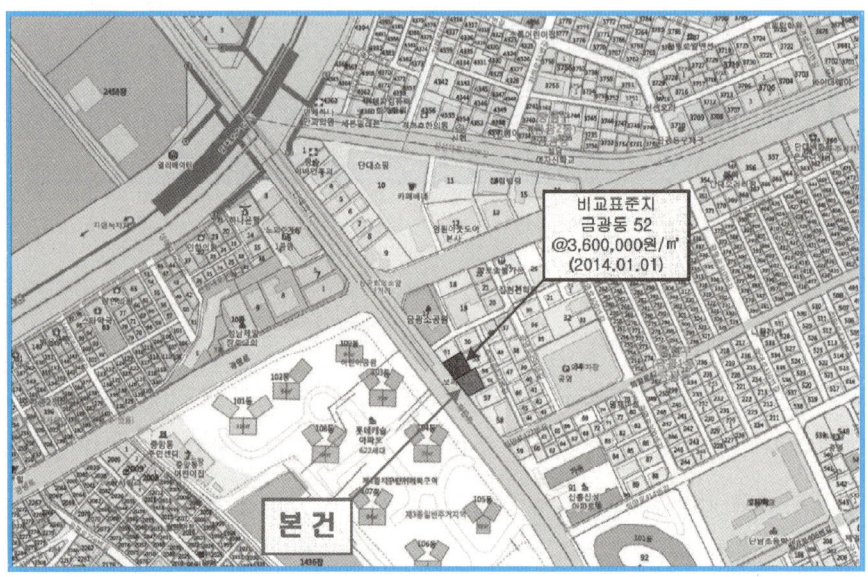

◇ 상가주택 2분의 1 지분 온비드공매 입찰정보 내역

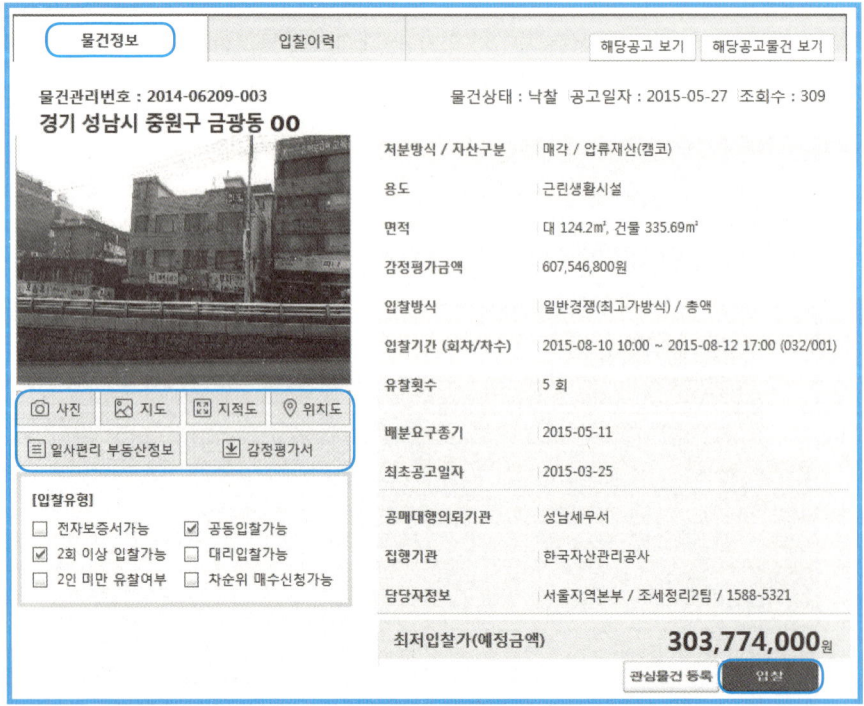

| 물건 세부 정보 | 압류재산 정보 | 입찰 정보 | 시세 및 낙찰 통계 | 물건 문의 | 부가정보 |

: : : < 물건세부정보 내용은 위온비드화면에서 기본적인 내용을 확인할 수 있으므로 지면상 생략함> : : :

| 물건 세부 정보 | **압류재산 정보** | 입찰 정보 | 시세 및 낙찰 통계 | 물건 문의 | 부가정보 |

■ 임대차 정보

임대차내용	성명	보증금(원)	차임(월세)(원)	환산보증금(원)	확정(설정)일	전입일
			조회된 데이타가 없습니다.			

■ 등기사항증명서 주요정보

번호	권리종류	권리자명	설정일자	설정금액(원)
1	위임기관	성남세무서	-	미표시
2	근저당권	문OO	2000-07-26	351,000,000
3	근저당권	농업협동조합중앙회	2001-08-20	39,000,000
4	가압류	주식회사국민은행(안산서기기업금융지점)	2004-05-27	123,516,791

■ 권리분석 기초정보 (권리분석 기초자료는 입찰시작 7일전부터 제공됩니다) 🖨 권리분석 기초정보 인쇄
• 배분요구 및 채권신고현황 (배분요구서를 기준으로 작성하였으며, 신고된 채권액은 변동될 수 있습니다.)

번호	권리종류	권리자명	설정일	설정금액(원)	배분요구일	배분요구채권액(원)	말소가능 여부	기타
		:	:	<이하 내용은 지면상 생략했음>	:	:		

| 물건 세부 정보 | 압류재산 정보 | **입찰 정보** | 시세 및 낙찰 통계 | 물건 문의 | 부가정보 |

■ 입찰 방법 및 입찰 제한 정보

전자보증서 사용여부	사용 불가능	차순위 매수신청 가능여부	신청 불가능
공동입찰 가능여부	공동입찰 가능	2인 미만 유찰여부	1인이 입찰하더라도 유효한 입찰로 성립
대리입찰 가능여부	대리입찰 불가능	2회 이상 입찰 가능여부	동일물건 2회 이상 입찰 가능

■ 회차별 입찰 정보

입찰번호	회차/차수	구분	대금납부/납부기한	입찰기간	개찰일시	개찰장소	매각결정일시	최저입찰가(원)
2201406209003	032/001	인터넷	일시불/낙찰금액별구분	2015-08-10 10:00~ 2015-08-12 17:00	2015-08-13 11:00	전자자산처분시스템(www.onbid.co.kr) **공매재산명세**	2015-08-17 10:00	303,774,000

◇ 지분공매 물건에 대한 권리분석과 배분표 작성

이 공매물건에서 특이한 것은 말소기준권리인 문OO의 근저당권(채무자 이소령 가명)은 이 상가주택의 공유자이다. 이 상가주택에는 대항력 있는 임차인 등이 없어서 공매로 낙찰 받으면 인수할 권리가 없다. 그런데도 가격이 이렇게 떨어진 이유는 지분으로 매각되는 물건이면서 공매물건이라 그런 것으로 판단된다. 아마도 경매물건이었다면 더 많은 분들이 관심을 가졌을 것이고, 이 상가주택이 가치가 높은 것을 알 수 있었던 경쟁자들로 인해서 필자는 낙찰 받지 못했을 것이다. 그나마 이러한 물건이 공매로 매각된 것은 필자에게 행운이다.

이 1/2 지분공매 예상배분표를 작성하면 매각대금 345,600,000원 - 공매비용 10,022,400원으로 배분금액은 335,577,600원이 된다. 이 금액을 가지고 배분하면 다음과 같다. 1순위 : 성남시 중원구청 재산세 168만원(당해세 우선변제금)

2순위 : 문OO 근저당 3억83만원(근저당권 우선변제금)

3순위 : 성남세무서 33,067,600원으로 배분절차가 종결된다.

◆ 지분공매에서 2대 1의 경쟁률을 뚫고 상가주택을 낙찰 받았다

■ 상세입찰결과

물건관리번호	2014-06209-003		
재산구분	압류재산(캠코)	담당부점	서울지역본부
물건명	경기 성남시 중원구 금광동 OO		
공고번호	201505-02060-00	회차 / 차수	032 / 001
처분방식	매각	입찰방식/경쟁방식	최고가방식 / 일반경쟁
입찰기간	2015-08-10 10:00 ~ 2015-08-12 17:00	총액/단가	총액
개찰시작일시	2015-08-13 11:08	집행완료일시	2015-08-13 11:45
입찰자수	유효 2명 / 무효 0명(인터넷)		
입찰금액	345,600,000원/ 333,770,000원		
개찰결과	낙찰	낙찰금액	345,600,000원
감정가 (최초 최저입찰가)	607,546,800원	최저입찰가	303,774,000원
낙찰가율 (감정가 대비)	56.88%	낙찰가율 (최저입찰가 대비)	113.77%

■ 대금납부 및 배분기일 정보

대금납부기한	2015-09-16	납부여부	납부
납부최고기한	-	배분기일	2015-10-14

◇ **매수 이후의 대응 현황**

낙찰 받고 나서 명도하러 갔다가 알게 된 사실은 10년 전부터 알고 지내던 친구와 이 상가주택을 공동으로 매수하게 되었다고 한다. 친구가 자금이 부족해서 공유자 문OO가 자금을 빌려주면서 근저당권을 설정한 것이라고도 했다. 그리고 본인은 3층에 거주하고 지분공매된 체납자는 2층에 거주하고 있다는 사실을 알 수 있었다.

매수인은 2층에 거주하고 있는 체납자를 명도하고 나서 공유자 문OO와 상의하여 체납자가 거주하고 있는 공간을 2억원에 전세를 놓았고, 분양 신청대신 현금청산을 선택했다. 입찰 전에도 분석한 바도 있지만 감정가 정도면 매수인은 1억1,000만원 투자해서 2억5,000만원 정도 시세차익을 보게 되므로 입찰에 참여할 때부터 양도세 절세를 목적으로 법인사업자 명의로 낙찰 받았다. 그리고 자금 마련은 공매대금의 70%을 금융기관 대출로 충당했으니 낙찰 받은 금액 345,600,000원 − 241,000,000원으로 등기비용까지 포함하면 현금은 1억1,000만원 정도 소요된 셈이다.

이 공매물건은 1년 정도 있다가 감정평가가 이루어 졌는데 공매감정가보다 10%가 증가된 6억5,000만원으로 평가되어 이 금액으로 현금청산되면 입찰 전에 예상했던 기대수익률보다 높은 3억원 정도로 성공적인 투자가 된다.

06 봉천동의 연립주택 2분의 1을 공매로 낙찰 받고 탈출하는 방법은?

이 공매물건은 소유자가 2명으로 각 1/2씩 공유지분으로 되어 있는데 그 중 1/2지분만 공매가 진행된 물건이다. 봉천동에 있는 이 연립주택은 지하철 2호선 서울대지하철역에서 도보로 5분에서 6분 거리에 있고, 주변은 주거지역으로 대형유통 시설과 학군 등이 발전해 있다. 감정가가 1억4,200만원인데 반해서 시세는 1억7,000만원으로 감정평가가 낮게 평가된 것을 현장답사를 통해서 확인할 수 있었다. 이렇게 감정가가 낮게 평가된 물건을 찾아서 입찰에 참가하는 것, 역시 재테크에서 성공하는 지름길이다.

◇ 토지 지분공매 절차에서 공매물건의 사진과 주변 현황도

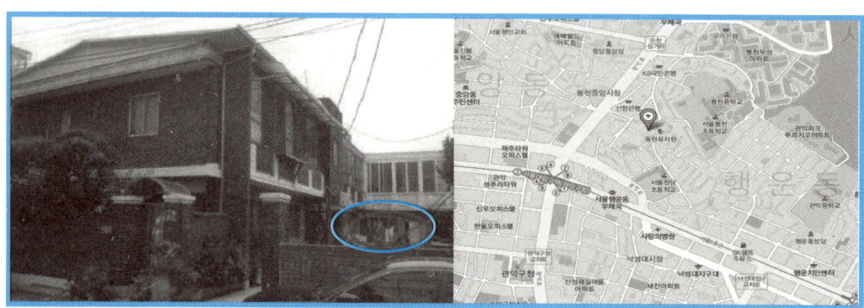

◇ 연립주택 2분의 1 지분 온비드공매 입찰정보 내역

| 물건 세부 정보 | 압류재산 정보 | 입찰 정보 | 시세 및 낙찰 통계 | 물건 문의 | 부가정보 |

: : < 물건세부정보 내용은 위온비드화면에서 기본적인 내용을 확인할 수 있으므로 지면상 생략함 > : :

| 물건 세부 정보 | 압류재산 정보 | 입찰 정보 | 시세 및 낙찰 통계 | 물건 문의 | 부가정보 |

■ 임대차 정보

임대차내용	성명	보증금(원)	차임(월세)(원)	환산보증금(원)	확정(설정)일	전입일
전입세대주	김OO(체납자)	-	-	-	-	2010-09-07
전입세대주	배OO(체납자모친)	-	-	-	-	2012-07-02

■ 등기사항증명서 주요정보

번호	권리종류	권리자명	설정일자	설정금액(원)
1	위임기관	관악세무서	-	미표시
2	공유자	김병구(공유자)	2011-03-31	0
3	근저당권	주식회사국민은행(봉천중앙지점)	2011-05-04	30,000,000
4	압류	국민건강보험공단(관악지사-징수부)	-	미표시
5	압류	관악구청(세무2과)	-	미표시

■ 권리분석 기초정보 (권리분석 기초자료는 입찰시작 7일전부터 제공됩니다)   🖨 권리분석 기초정보 인쇄

▪ 배분요구 및 채권신고현황 (배분요구서를 기준으로 작성하였으며, 신고된 채권액은 변동될 수 있습니다.)

번호	권리종류	권리자명	설정일	설정금액(원)	배분요구일	배분요구채권액(원)	말소가능 여부	기타
:	:	:	<이하 내용은 지면상 생략했음>	:	:

| 물건 세부 정보 | 압류재산 정보 | 입찰 정보 | 시세 및 낙찰 통계 | 물건 문의 | 부가정보 |

■ 입찰 방법 및 입찰 제한 정보

전자보증서 사용여부	사용 불가능	차순위 매수신청 가능여부	신청 불가능
공동입찰 가능여부	공동입찰 가능	2위 미만 유찰여부	1인이 입찰하더라도 유효한 입찰로 성립
대리입찰 가능여부	대리입찰 불가능	2회 이상 입찰 가능여부	동일물건 2회 이상 입찰 가능

■ 회차별 입찰 정보

입찰번호	회차/차수	구분	대금납부/납부기한	입찰기간	개찰일시	개찰장소	매각결정일시	최저입찰가(원)
2201506735001	046/001	인터넷	일시불/낙찰금액별 구분	2015-11-23 10:00~ 2015-11-25 17:00	2015-11-26 11:00	전자자산처분시스템(www.onbid.co.kr) 공매재산명세	2015-11-30 10:00	85,200,000

◇ 지분공매 물건에 대한 권리분석

이 연립주택은 아버지 소유였는데 부친이 사망하자 협의분할로 장남과 차남으로 공유등기하게 되었고, 그 이후에 차남 지분에 대해서 공매가 진행되었다. 그래서 이

주택은 임차인 등이 거주하고 있는 것이 아니라 체납자와 체납자의 모친이 거주하고 있어서 낙찰 받고 나서 인수할 권리는 없었다.

필자가 입찰에 참여하게 된 이유는 이 주택이 35년 이상 되었고, 주변 부동산을 방문해 본 결과 재건축이 준비 중에 있어서 시세가 3억4,000만원에서 3억5,000만원을 형성하고 있었기 때문이다. 그러니 절반이 1억7,000만원이라고 판단했다. 2분의 1지분을 9,800만원에 낙찰 받아 부당이득을 원인으로 다른 공유자를 상대로 채권가압류와 공유물분할청구 소송을 하게 되면 그 소송과정에서 협의가 이루어질 것이라는 판단에서였다.

◆ 필자가 연립주택을 6대 1의 경쟁률을 뚫고 낙찰 받았다

상세입찰결과

물건관리번호	2015-06735-001		
재산구분	압류재산(캠코)	담당부점	서울지역본부
물건명	서울시 관악구 봉천동 00-0, 제0층 제000호		
공고번호	201508-02388-00	회차 / 차수	046 / 001
처분방식	매각	입찰방식/경쟁방식	최고가방식 / 일반경쟁
입찰기간	2015-11-23 10:00 ~ 2015-11-25 17:00	총액/단가	총액
개찰시작일시	2015-11-26 11:04	집행완료일시	2015-11-26 12:04
입찰자수	유효 6명 / 무효 5명(인터넷)		
입찰금액	98,208,800원/ 93,100,000원/ 88,787,000원/ 87,487,000원/ 87,067,350원/ 86,487,000원		
개찰결과	낙찰	낙찰금액	98,208,800원
감정가 (최초 최저입찰가)	142,000,000원	최저입찰가	85,200,000원
낙찰가율 (감정가 대비)	69.16%	낙찰가율 (최저입찰가 대비)	115.27%

대금납부 및 배분기일 정보

대금납부기한	2015-12-30	납부여부	납부
납부최고기한	2016-01-11	배분기일	2016-02-04

◆ 매수 이후의 대응 현황

필자가 낙찰 받고 나서 이 주택을 방문해 체납자의 모친과 협의하는 과정을 거쳤으나 협의가 이루어지지 않아서 공유물분할청구 소송과 다른 지분권자인 김병구 지분에 주택사용료를 원인으로 채권가압류를 하게 되었다. 채권가압류를 하고 나서 다른 공유자 김병구에게서 연락이 와서 협의하는 과정을 가졌다. 필자는 이때 탈출 전략을 3개로 정하고 협상력을 높였다. **첫 번째로** 상대방지분을 감정가 이하로 매수하는 전략이다. 왜냐하면 감정가가 낮게 책정되어 있어서 감정가대로만 상대 지분을 매수할 수 있다면 3억4,000만원 짜리 연립주택을 2억4,000만원에 매수하는 것이기 때문이다. **두 번째로** 내 지분을 세금이 절세되는 방법으로 상대방에게 매도하는 방법인데 그도 감정가로만 팔수 있다면 성공적인 투자전략이다. **세 번째로** 제3자에게 매도해서 그 매매대금으로 지분 비율대로 나누는 것인데 그도 그다지 나쁜 전략은 아니다. 왜냐하면 재건축 기대감으로 매수자가 대기하고 있었기 때문이다. 어쨌든 상대방은 내 전략 중에서 첫 번째 방법을 선택했고 필자는 다른 지분까지 취득해서 성공적인 투자를 하게 되었다. 독자분 들도 이러한 지분공매물건이 나온다면 필자와 같이 투자하면 될 것이다.

07 대항력 있는 임차인 미배분금 인수할 때 양도 시 취득가액으로 인정받으려면?

 공매에서 성공투자 비법

낙찰자의 인수금액 확인절차와 양도세 신고 시 취득가액에 포함하기 위해 어떻게 하나?

대항력 있는 임차인의 미배분금은 1차적으로 공매집행기관에서 발급한 배분표를 통하여 확인하고 2차적으로는 임대차계약서상에 배분금 표시 사항 등을 보고 확인하면 된다. 대항력 있는 임차인의 미배분금을 지급 시에는 임차보증금 인수확인서(인감증명서가 첨부)를 받음과 동시에 임대차계약서(자산관리공사가 배분금을 표시하여 반환한 계약서)를 받아서 함께 보관하고 있다가 양도소득세신고 시에 첨부해서 취득가액으로 신고하면 된다.

◆ 일신건영아파트의 사진과 주변 현황도

◇ 공매 입찰대상 물건분석 내역

주 소	면 적	공매가진행과정	1) 임차인조사내역 2) 기타 청구	등기부상의 권리관계
경기 고양시 일산서구 일산동 972-○ 일산휴먼빌 2차 203동 000호 체납자겸 소유자 : 박민석 공매위임기관 : 고양세무서 공매집행기관 : 자산관리공사 〈공매의뢰 : 08.08.10〉 〈공매공고 : 08.09.24〉	건물 84.9297㎡ 대지 11,470.7㎡ 분지 41.258㎡	감정가 3억2,00만원 최저가 1차 3억2,00만원 유찰 2차(10% 저감) 2억8,8000만원 유찰 3차(10% 저감) 2억5,600만원 유찰 4차(10% 저감) 2억2,400만원 유찰 5차(10% 저감) 1억9,200만원 (2008.11.13) 낙찰 206,709,000원	1) 임차인내역 ① 명미순 전입 07.05.14. 확정 07.05.14. 보증 110,000,000원 배분 2) 기타청구 ① 일산서구청 재산세 350,000원 (법정 08.07.10) 취득세 1,880,000원 (법정 08.01.21) ② 고양세무서 양도소득세 37,930,860원 (법정 06.05.31) 부가세 57,060,000원 (법정 07.04.25) ③ 덕양구청 재산세 570,000원 (법정 07.07.10) ④ 근로복지공단 산재보험료 170만원 (납부기한 07.09.30)	소유자 박민석 2008.01.21. 근저당 국민은행 2008.01.21. 70,800,000원 압류 고양세무서 2008.01.21. 압류 고양시일산서구청 08.01.22. 압류 고양시덕양구청 08.01.31. 압류 근로복지공단 고양지사 2008.07.07. 압류공매 고양세무서 청구금액 94,990,860원

◇ 공매물건에 대한 분석 및 배분표 작성

이 공매물건은 자산관리공사가 고양세무서로부터 공매를 위임받아 매각한 공매물건으로 말소기준권리는 국민은행의 근저당권으로 2008. 01. 21.이 된다. 따라서 임차인 명미순은 대항력이 있어서 미배분금이 발생하면 낙찰자가 인수해야 한다.

매각금액이 206,709,000원이고 공매비용이 6,499,903원이므로 배분금은 200,209,097원이다. 따라서 배분표를 작성해보면 다음과 같이 된다.

1순위 : 일산서구청 350,000원(당해세우선변제 1)

2순위 : 고양세무서 37,930,860원(양도소득세)+57,060,000원(부가세)= 94,990,860원(조세채권의 우선변제 2)

3순위 : 명미순 104,868,237원(확정일자우선변제 3)으로 배분이 종결된다. 왜냐하면 고양세무서의 조세채권액의 법정기일이 임차인의 확정일자보다 빨라서 대항력 있는 명미순 임차인보다 먼저 배분 받기 때문이다. 따라서 대항력 있는 임차인 명미순의 미배분금 5,131,763원은 낙찰자가 인수해야 한다. 그래서 낙찰자의 총 취득금액은 206,709,000원+인수금액 5,131,763원으로 211,840,763원이다. 그리고 위 배분사례에서 살펴봐야 할 점은 덕양구청의 재산세는 당해세가 아니므로 배분순위에서 법정기일에 따라 배분순위가 정해졌어야 하나 조세채권 상호간에는 법정기일로 우선순위가 정해지는 것이 아니라 압류선착주의를 적용받게 되어 고양세무서가 먼저 배분받게 된 것이다.

◆ **건영 아파트에 입찰해서 단독으로 낙찰 받았다**

명미순의 미배분금 5,131,763원을 인수해야 하므로 206,709,000원에 입찰해서 다음과 같이 단독으로 낙찰 받았다.

상세입찰결과

물건관리번호	2006-26538-002		
재산구분	압류재산(캠코)	담당부점	조세정리부
물건명	경기 고양시 일산서구 일산동 1687 일신건영2차아파트 제203동 제1층 제000호		
공고번호	200809-01549-00	회차 / 차수	045 / 001
처분방식	매각	입찰방식/경쟁방식	최고가방식 / 일반경쟁
입찰기간	2008-11-10 10:00 ~ 2008-11-12 17:00	총액/단가	총액
개찰시작일시	2008-11-13 11:03	집행완료일시	2008-11-13 11:21
입찰자수	유효 1명 / 무효 0명(인터넷)		
입찰금액	206,709,000원		
개찰결과	낙찰	낙찰금액	206,709,000원
감정가 (최초 최저입찰가)	320,000,000원	최저입찰가	192,000,000원
낙찰가율 (감정가 대비)	64.6%	낙찰가율 (최저입찰가 대비)	107.66%

대금납부 및 배분기일 정보

대금납부기한	2009-01-12	납부여부	납부
납부최고기한	2009-01-23	배분기일	2009-02-12

◆ 낙찰자의 인수금액 확인절차와 양도세 신고 시 취득가액에 포함하기 위한 조건

(1) 낙찰자의 인수금액 확인 절차

　대항력 있는 임차인의 미배분금은 1차적으로 공매집행기관에서 발급한 배분표를 통하여 확인하고 2차적으로는 임대차계약서상에 배분금표시사항 등을 보고 확인하면 된다.

　이 차액이 낙찰자의 인수금액이다. 이러한 임대차계약서는 다음과 같이 자산관리공사에서 계약서에 배분금을 표시하고 조세정리부장이 날인하여 계약서를 다시 임차인에게 반환하고 있다.

① 한국자산관리공사가 채권자에게 반환한 임대차계약서

　공매 집행기관 등은 채권을 전액 배분받지 못한 채권자 등에게 채권원인증서에 배분금액을 표시하고 채권자 등에게 반환하게 된다. 따라서 채권자 등은 미배분금액에 대해서 이 채권원인증서를 가지고 또 다시 채무자에게 청구할 수 있다. 그러나 이 공매사건에서 임차인은 대항력이 있어서 미배분금은 채무자가 부담하는 것이 아니라 낙찰자가 인수해야 한다.

아파트 임대차(전세) 계약서

본 아파트에 대하여 임대인과 임차인 쌍방은 다음과 같이 합의하여 임대차계약을 체결한다.
1. 아파트의 표시

소재지	경기 고양시 일산서구 일산동 ○○○ 외 5필지 일산휴먼빌2차 203동 ○○○호					
토지	지목	대			면적	41,258㎡
건물	구조	철근콘크리트조	용도	주거용	면적	84,9297㎡
임대할부분	전체				면적	

2. 계약내용
제조 [목적] 위 부동산의 임대차에 있어 임대인과 임차인은 보증금을 다음과 같이 지불키로 한다.

보증금	金 일억일천만 (₩110,000,000)　　　　원정
계약금	金 오백만(₩5,000,000)　　원정은 계약시에 지불하고,
중도금	金 일천오백만(₩15,000,000)　원정은 2007년 03월 31일에 지불하며,
잔　금	金 구천만(₩90,000,000)원정은 2007년 05월 31일에 지불하기로 함

제2조 임대인은 위 아파트를 임대차 목적대로 사용·수익할 수 있는 상태로 하여 2007년 05월 31일까지 임차인에게 인도하며, 임대차 기간은 인도일로부터 24개월로 한다.
제3조 임차인은 임대인의 동의 없이는 위 아파트의 용도나 구조 등을 변경하거나 전대·임차권 양도 또는 담보제공을 하지 못하며 임대차 목적 이외의 용도에 사용할 수 없다.
제4조 임대인은 아파트 인도시까지 부과되는 공과금(관리비, 사용료 등)을 정산하여야 한다.
제5조 임대차 계약이 종료한 경우 임차인은 위 아파트를 원상으로 회복하여 임대인에게 반환한다. 이러한 경우 임대인은 보증금을 반환한다.
제6조 임차인이 임대인에게 중도금(중도금이 없을 때에는 잔금)을 지불하기 전까지는 임대인은 계약금의 배액을 상환하고, 임차인은 계약금을 포기하고 이 계약을 해제할 수 있다.
제7조 임대인 또는 임차인이 본 계약상의 내용에 대하여 불이행이 있을 경우 그 상대방은 불이행한 자에 대하여 서면으로 이행을 최고하고 계약을 해제할 수 있으며, 불이행 한 자에게 계약해제에 따른 손해배상을 각각 상대방에게 청구할 수 있다.
제8조 중개수수료는 본 계약의 체결과 동시에 당사자 쌍방이 각각 지불하며, 중개업자의 고의나 과실 없이 본 계약 당사자 사정으로 본 계약이 해약되어도 중개수수료는 지급하며 중개업자는 중개대상물확인설명서를 작성하고 업무보증관계증서(공제증서 등) 사본을 첨부하여 거래당사자 쌍방에게 교부한다.

> 세장수법상의 체납처분절차에 의하여 매각된 압류재산의 매각대금을 다음과 같이 배분함.
> 체납자 : 박○○
> 채권자 : 명○○
> 배분기일 : 2009.02.12
> 배분금액 : 금 104,868,237원
> 2009.02.12
> 한국자산관리공사 조세정리 부장
>
> 전입신고필   확정일자 265호
> 2007년 5월 14일   2007년 5월 14일
> 고양시 일산서구 일산1동장

[특약사항]
① 현재 미등기 상태의 임대차 계약이며 실 융자금 일억원 상태임
② 중도금일은 임대인과 임차인 협의하에 4월 10일까지 연장할 수 있다.
③ 거래상의 하자시 글로벌공인에서 책임을 지기로 한다.
④ 기타사항은 주택임대차보호법 및 부동산거래관행에 따른다.
⑤ 2007년5월 1687번지로 바뀜

본 계약을 증명하기 위하여 계약 당사자가 이의 없음을 확인하고 각자 서명·날인한다.
2007년 00월 00일

임대인	주 소	경기도 고양시 덕양구 주교동 ○○○ 청송○○ ○○○동 ○○○호					
	주민등록번호	000000-0000000	전화	010-0000-000	성명	박○○	(인)
	대 리 인	주민등록번호		전화		성명	(인)
임차인	주 소	경기도 고양시 일산구 백석동 1135 백송마을 ○○○동 ○○○호					
	주민등록번호	000000-0000000	전화	010-0000-000	성명	병○○	(인)
	대 리 인	주민등록번호		전화		성명	(인)
중개업자	사무소소재지	경기도 고양시 덕양구 주교동 ○○○ 1층 000호					
	등 록 번 호	0000-00000		사무소명칭	○○○공인중개사사무소		
	전화번호	000-000-0000		대표자성명	김○○	(인)	

(2) 양도세 신고 시 취득가액에 포함하기 위한 조건

보 증 금 인 수 확 인 서

임차인 : 명 ○ ○ (주민번호 : 000000-0000000)
주 소 : 일산 서구 일산동 97-31 외 51필지 일산 휴먼빌라 ○○○동○○○호
매수자(낙찰자) : 박 ○ ○(주민번호 : 000000-0000000)
주 소 : 서울시 서초구 반포동 ○○번지 반포○○아파트 ○○○동○○○호

제 목 : 선순위 임차인 명○○ 미배분금 5,131,763원 지급에 관한 건

상기 선순위 임차인이 자산관리공사에서 배분금 104,868,237원을 배분받고 미배분금 5,131,763원(총 임차보증금 110,000,000원-104,868,237원=5,131,763원)은 상기 매수자(공매 낙찰자)에게 지급받았음을 확인합니다.
2009. 02. 01
     확인자 : 임차인 명 ○ ○ (인)
     매수자(낙찰자) : 박 ○ ○ (인)
※ 위 미배분금 입금계좌 : 농협 000000-00-000000
  예금주 명 ○ ○ Tel : 000-0000-0000
(단 위 확인서는 농협계좌에 입금과 동시에 효력이 발생합니다)
별첨 : 1. 인감증명서 1부   -끝-

대항력 있는 임차인의 미배분금을 지급 시에는 이와 같이 임차보증금 인수확인서(인감증명서가 첨부된)를 받음과 동시에 한국자산관리공사가 채권자에게 반환한 임대차계약서를 받아서 함께 보관하고 있다가 양도소득세신고 시 함께 제출하면 인수금액을 취득가액으로 인정받을 수 있다.

08 매각결정 확정 전에 공유자우선 매수신청으로 차순위매수신고인이 된 사례

 공매에서 성공투자 비법

매각결정이 확정되기 전에 공유자우선매수신청으로 소유권을 취득하지 못하게 된 사연

　공매로 지분을 낙찰 받고 매각결정서를 교부받기 전에 공유자우선매수청구권으로 낙찰자가 차순위매수신고인의 지위에 놓이게 되었고, 그에 따라 최고액입찰자지위포기신고서를 제출한 사례이다.

◆ 신정동 다가구주택의 사진과 주변 현황도

◆ 신정동 다가구주택의 온비드공매 입찰정보 내역

주 소	면 적	공매가 진행과정	1) 임차인내역 2) 기타청구	등기부상의 권리관계
서울시 양천구 신정동 ○○ ○ (단독주택) 체납자겸 소유자 : **이용준** **지분공매** 공매위임 관서 : **인** **천세무서** 공매진행 기관 : **자산관리** **공사**	대지 91.2㎡ 주택 1층 52.44㎡ 2층 44.76㎡ 지층 48.24㎡ 〈재개발 예정지역〉 시세 평당 1,500~ 1,700만원 (이용준지분만 압류공매) *이용준 지분 대지 19.542 중 의 91.2㎡(14분 의 3 지분) 건물 145.4㎡ 중의 27.24㎡ (6분의 1 지분)	감정가 107,680,940원 최저가 1차 107,680,940원 유찰 2차(10% 저감) 96,913,000원 유찰 3차(10% 저감) : : 5차(10% 저감) 64,609,000원 유찰 6차(10% 저감) 53,841,000원 낙찰 67,208,000원 〈2007.8.30〉 〈공유자우선매수〉 〈2007.8.30〉	(1) 임차인내역 ① 이철민 전입 07.5.22. 확정 × 배분요구 ○ 보증 300만원 ② 이만기 전입 99.2.26. 확정 99.2.26. 배분요구 ○ 보증 1,800만원 (2) 기타청구 ① 인천세무서 부가세(법정 2000.1.25~ 2000.10.25) 18,720,450원	공유자 (건물) (토지) 지분1/6 지분3/14 이용준 ××××-×××× 지분1/6 지분5/14 김덕준 ××××-×××× 지분1/6 지분2/14 이영민 ××××-×××× 지분1/6 지분2/14 홍승민 ××××-×××× 지분1/6 지분2/14 홍계영 ××××-×××× 1991.5.27.(상속) 이용준지분압류 인천세무서 2001.12.12. 압류공매 인천세무서 청구 18,720,450원 〈공매의뢰 07.4.30〉 〈공매공고 07.6.20〉

(1) 공매물건에 대한 분석

위 공매사건에서 말소기준권리는 인천세무서의 압류로 2001.12.12.이다. 이는 이용준지분에 대한 공매로 낙찰되더라도 건물은 1/6지분, 대지는 3/14지분만 소유하게 되는 공유지분에 대해 공매가 진행되는 사건이다. 그래서 입찰자 없이 매각금액이 낮은 가격으로 매각된 사건으로 그러나 온선한 수백이었을 경우 평낭 1,500~1,700만원의 시세를 유지하는 재개발예정지역이었으므로 공유지분을 낙찰 받더라도 투자에 대한 수익성이 예상되었다. 또한 이 주택은 2003년 12월 30일 이전(2010.7.15. 부터는 권리산정기준일을 기준으로 한다)에 분할된 주택이나 단독·다가구주택이 이와 같이 공동 소유한 경우에 하나의 분양대상자격이 주어진다. 따라서 분양받을 경우 공동분양대상자가 되어 분양된 주택의 각 지분별로 공동소유자가 되기 때문에 기존 공유지분권자에게 매각하든가, 기존 공유지분권을 별도 매입하여 전체를 소유하든가 아니면 공동분양대상자로서 분양받고 제3자에게 매각하여 지분비율에 따른 매각대금을 받을 것을 예상할 수 있다. 이 또한 협의가 안 될 경우 법원에 공유지분분할청구소송을 제기하여 경매매각대금에서 각 지분별로 분할할 수 있다. 따라서 어떠한 방법으로 진행하든 간에 낮은 가격으로 매수할 수만 있다면 좋은 투자가 될 것이다.

(2) 예상배분표를 작성하여 보자!

배분금이 65,208,000원(67,208,000원 - 공매집행비용 200만원)이므로 1순위 : ① 이철민 3,000,000원 + ② 이만기 1,600만원(최우선변제금 1)(최우선변제금지급기준이 되는 담보물권(저당권, 담보가등기, 전세권 등) 등이 없어서 배분시점을 기준으로 소액임차인을 계산하면 4,000만원 이하인 경우 1,600만원을 우선적으로 변제 받게 된다)

2순위 : 이만기 2,000,000원(우선변제금 1)

3순위 : 인천세무서 18,720,450원(우선변제금 2)

배분잔여금 25,487,550원은 채무자겸 소유자인 이용준에게 배분되어야 할 것이다.

◇ 이 다가구주택은 필자가 3대 1의 경쟁을 뚫고 낙찰 받았다

상세입찰결과

물건관리번호	2007-00540-003		
재산구분	압류재산(캠코)	담당부점	조세정리2부
물건명	서울 양천구 신정동 0000-0		
공고번호	200706-01302-00	회차 / 차수	044 / 001
처분방식	매각	입찰방식/경쟁방식	최고가방식 / 일반경쟁
입찰기간	2007-08-27 10:00 ~ 2007-08-29 17:00	총액/단가	총액
개찰시작일시	2007-08-30 11:02	집행완료일시	2007-08-30 11:23
입찰자수	유효 3명 / 무효 2명(인터넷)		
입찰금액	67,208,000원 / 56,789,000원 / 54,143,000원		
개찰결과	낙찰	낙찰금액	67,208,000원
감정가 (최초 최저입찰가)	107,680,940원	최저입찰가	53,841,000원
낙찰가율 (감정가 대비)	62.41%	낙찰가율 (최저입찰가 대비)	124.83%

대금납부 및 배분기일 정보

대금납부기한	2007-10-30	납부여부	납부
납부최고기한	2007-11-10	배분기일	2007-12-07

◆ **최고액입찰자지위포기신고서를 제출한 사례**

이 공매사건에서 공유지분권자들이 공유자우선매수신청이 들어와 필자(낙찰자)가 차순위 지위에 놓이게 되었고 다음과 같이 최고액입찰자지위 포기신고서를 제출하여 입찰보증금을 환급받았다. 만일 포기하지 않으면 공유자우선매수신청자가 잔금을 납부할 때까지 보증금을 환급받지 못하게 되므로 어쩔 수 없는 선택이었다.

최고액입찰자 지위 포기 신고서

위 임 기 관	인천세무서	관 리 번 호	2007-00540
체 납 자	이용준	공 매 일 자	2007.8.30.
매각 예정 가격	53,841,000	최고입찰가격	67,208,000
납부공매보증금	6,720,800	보증금납부일	2007.8.30.
매각재산의 표시	서울특별시 양천구 신정동 ○○○○-○대지(지분) 19,542㎡ 건물(지분) 24.24㎡　　　　　　　　　　미등기건물(지분) 3㎡		

1. 위 압류재산에 대하여 공매입찰에 참가하여 최고액입찰자로 결정되었으나, 이 사건 압류재산의 공유자가 국세징수법 제73조의2에 따라 매각결정통지 이전에 체납자의 공유지분을 최고입찰가격과 동일한 가격으로 우선매수청함에 따라 우선매수권이 부여된 공유자에게 매각결정하였으므로, 본인은 최고액입찰자의 지위를 포기하고자 하오니 납부된 공매보증금을 아래의 계좌로 환급하여 주시기 바란다.
2. 최고액입찰자의 지위 포기서를 공사에 접수한 이후에는 최고액입찰자 지위 포기 의사에 관한 취소나 철회는 불가능함을 확인한다.
3. 공매보증금 환급용 계좌정보

은행명	예금주	계좌번호	공매보증금
	(주)대신투자		6,720,800원

2007년 8월 30일

최고액입찰자 성명 :　　　　　　인
주소 :
주민(법인)등록번호 :
전화번호 :

한 국 자 산 관 리 공 사 귀중

09 공매로 낙찰 받고 나서 채무자 요청으로 매각결정 취하에 동의해 준 사례

공매에서 성공투자 비법

채무자 요청에 따라 매각결정 취하에 동의해준 사례다

아파트 명도문제에 관해 이야기를 하고 나오고 얼마 안 돼, 체납자로부터 다음날 만나자고 연락이 왔다. 다음날 만나서 첫마디가 공매를 취소해 달라고 했고, 필자가 취소할 수 없다고 하자, 상대방으로부터 공매비용 얘기가 나왔고 공매비용 정도로 협의를 하고 취소해준 사례이다. 이 공매는 다음 공매물건 분석표를 보면 알 수 있듯이 소액으로 공매가 진행되었다.

◇ 목동 아파트의 사진과 주변 현황도

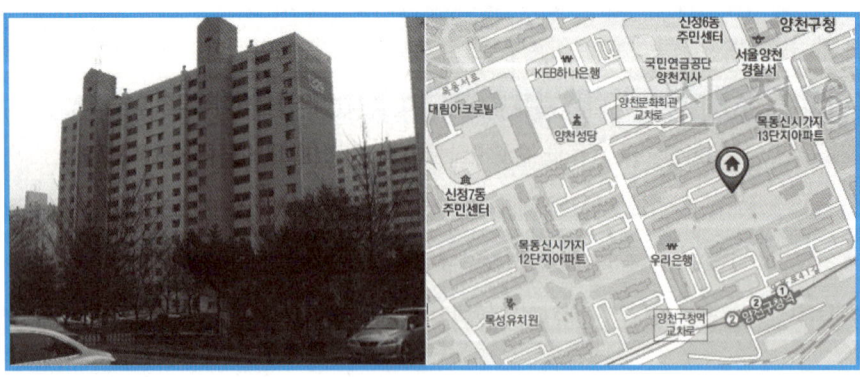

◆ 공매 입찰대상 물건분석표

주 소	면 적	공매가 진행과정	1) 임차인내역 2) 기타청구	등기부상의 권리관계
서울시 양천구 신정동 ○○○ 목동신시가지 아파트 제○○동 제12층 제○○호 체납자겸 소유자 : **이승복** 공매위임관서 : **양천구청** 공매집행기관 : **자산관리공사**	대지 53.02㎡ (총면적 162,139. 700㎡) 건물 70.73㎡ (아파트 27평형)	감정평가 7억원 〈2007.1.26〉 최저가 1차 7억원 유찰 2차(10% 저감) 6억3,000만원 유찰 3차(10% 저감) 5억6,000만원 낙찰 5억6,509만원 〈2007.05.17〉	1) 임차인 ① 이승복 전입 90.12.10. 〈임차인이 아니고 소유자임〉 2) 기타청구 ① 양천구청 재산세 (법정 04.09.10) 780,000원 취득세 (법정 05.01.31) 4,879,000원	소유자 이승복 1990.12.05. 근저당 국민은행 01.04.04. 1억 4,100만원 근저당 국민은행 02.05.15. 4,800만원 근저당 국민은행 05.01.28. 6,500만원 압류 서울시양천구청 05.08.10. 가압류 국민은행 06.12.13. 5,438만5천원 압류공매의뢰 양천구청 청구 5,659,000원 〈공매의뢰 07.01.15〉 〈공매공고 07.03.28〉

◆ 공매물건에 대한 분석 및 배분표 작성

이 압류공매사건은 말소기준권리가 국민은행 2001. 04. 04.이다. 그러나 이 아파트에는 임차인이 없고 채무금액이 적어 배분잉여가 예상된다. 나중에 알게 된 사실이지만 공매진행이 송달되지 않아서 한국자산관리공사가 공시송달로 공매를 진행시킨 사건이다. 압류소세채권금액노 5,659,000원으로 필사가 아파트를 방문했을때 채무자가 상당히 놀라는 모습이었다. 압류공매는 매각결정이 확정되고 나서 공매를 취소하려면 체납자가 낙찰자의 동의를 얻어 체납액을 상환하고 취소시킬 수 있다. 낙찰자의 동의가 없으면 스스로 취소할 수는 없다.

그러면 예상배분표를 작성하여 보자!

배당금액이 (565,090,000원 − 공매집행비용 1,650만원)548,590,000원이므로 1순위 : 양천구청 780,000원(당해세 우선변제권 1)

2순위 : 국민은행 254,000,000원(우선변제권 2)

3순위 : 양천구청 4,879,000원(우선변제권 3)

배분잉여금이 288,931,000원은 소유자에게 배분된다. ∵ 압류공매의 매각절차에서 저당권부채권보다 후순위 가압류권자나 강제경매신청채권자 또는 집행권원에 의한 배분요구권자는 배분에서 배제시키는 것을 원칙으로 한다. 물론 선순위가압류나 전 소유자 가압류는 배분절차에 참여할 수 있다. 따라서 국민은행 가압류채권액은 배분잉여에 가압류할 수밖에 없고 그렇게 되면 공매위임관서인 세무서장 등의 보관계좌에 입금하여 보관하고 있다가 국민은행이 본안 소송절차를 거쳐서 추심하면 지급해야 한다.

 김 선생의 도움말

이 시기에는 가압류 등의 일반채권는 배분에 참여할 수 없었다.

가압류권자와 집행권원에 의해 배분요구한 일반채권자들은 그동안 배분에 참여할 수 없었다가 <u>2012. 01. 01.</u> 부터 참여가 가능하도록 국세징수법이 개정되어 현재는 참여가 가능하다.

◆ 이 아파트를 필자가 단독으로 낙찰 받았다

상세입찰결과

물건관리번호	2006-23211-001		
재산구분	압류재산(캠코)	담당부점	조세정리2부
물건명	서울 양천구 신정동 327외 1필지 목동신시가지아파트 제1329동 제12층 제0000호		
공고번호	200703-01076-00	회차 / 차수	029 / 001
처분방식	매각	입찰방식/경쟁방식	최고가방식 / 일반경쟁
입찰기간	2007-05-14 10:00 ~ 2007-05-16 17:00	총액/단가	총액
개찰시작일시	-	집행완료일시	2007-05-17 11:47
입찰자수	유효 1명 / 무효 0명(인터넷)		
입찰금액	565,090,000원		
개찰결과	낙찰	낙찰금액	565,090,000원
감정가 (최초 최저입찰가)	700,000,000원	최저입찰가	560,000,000원
낙찰가율 (감정가 대비)	80.73%	낙찰가율 (최저입찰가 대비)	100.91%

대금납부 및 배분기일 정보

대금납부기한	2007-07-16	납부여부	미납
납부최고기한	2007-07-28	배분기일	매각취소결정

필자가 공매로 낙찰 받고 명도하러 이 아파트를 방문하게 되었는데 채무자가 공매로 매각된 사실을 모르고 있었다. 아파트 명도문제에 관해 이야기를 하고 나오고 얼마 안 돼, 체납자로부터 다음날 만나자고 연락이 왔다. 다음날 만나서 첫마디가 공매를 취소해 달라고 했고, 필자가 취소할 수 없다고 하자, 상대방으로부터 공매비용 얘기가 나왔고 공매비용 정도로 협의를 하고 취하동의서를 작성해 주었던 사례이다. 이렇게 소액으로 공매가 진행되었고 체납자겸 소유자가 공매를 취소해달라고 요청이 온다면 앞에서와 같은 방법으로 취소해주고도 수익을 올릴 수 있는 기회가 될 수 있을 것이다.

10 농지가 공매와 경매로 경합되는 사례에서 어떻게 하면 되나?

◆ 농지가 공매로 매각되는 경우

(1) 농지 공매물건의 위치와 주변 현황도

(2) 농지의 온비드공매 물건정보 내역

(3) 이 농지를 공매로 낙찰 받아 소유권을 취득하려면

공매와 경매가 경합할 때 잔금을 먼저 납부한 사람이 소유권을 취득한다. 따라서 공매절차에서 낙찰 받고 경매 낙찰자 보다 먼저 잔금을 납부했다면 공매낙찰자가 소유권을 취득하게 된다.

그런데 농지를 취득할 때 유의할 점이 농지취득자격증명서를 발급받는 문제인데 경매에서는 매각허가 전까지 제출하면 되지만, 공매에서는 소유권이전등기 신청 시 첨부해서 소유권을 이전받으면 된다. 그런데 간혹 공매 낙찰자가 사전에 확인하지 않고 대금납부 직전에 확인하여 발급이 불가대상이라고 하면 소송을 통해 소유권을 취득할 수밖에 없는데 승소해서 소유권을 취득하기가 쉽지 않다.

다음 〈김선생 한마디〉 사례는 잔금을 납부하고 농취증을 발급받지 못해 소유권을 취득하지 못하고 있는 상태에서 농지 가격이 올라 다른 사람에게 체납자가 매각한 것을 두고 무효임을 소송으로 다투었으나 농취증을 발급받지 못한 상태에서는 적법하게 소유권을 취득하지 못했고, 그러한 상태에서 체납자(=채무자)의 매매행위는 적법하다는 대법원 판결이 있다.

공매에서 농지취득자격증명 신청은 낙찰 받고 3일후에 매각결정이 나면 매각결정서를 발급받아 그 때부터 소유권이전등기할 때까지 언제든지 발급신청이 가능하므로, 입찰하기 전에 발급가능 여부를 확인하고 매각결정서가 발급되면 그 때부터 미리 농취증을 받아 소유권이전등기 시에 첨부해야만 다음 〈김선생 한마디〉와 같은 사례가 발생하지 않는다.

 김선생 한마디

잔금을 납부하고 농취증을 발급받지 못한 상태에서 체납자의 매매행위

공매절차에서 농지를 매수하고 대금을 완납한 매수인이 농지취득자격증명을 발급받지 못한 이상 여전히 소유권을 취득하지 못한 상태에 있었다고 봐야 하므로, 공매대상 농지의 원소유자가 그 농지에 관한 소유권자였다고 할 것이어서 원소유자가 체납액을 납부한 후 제3자에게 그 농지를 매도함으로써 그로부터 제3자 앞으로 경료된 소유권이전등기는 무권리자로부터 경료 받은 무효의 등기라고 볼 수 없다(대법 2000다65147).

◆ 농지가 경매로 매각되는 경우

(1) 농지의 경매 물건정보 내역

2013타경767 (4) · 수원지방법원 본원 · 매각기일: **2013.11.22(金) (10:30)** · 경매 8계 (전화: 031-210-1268)

소 재 지	경기도 화성시 장안면 사곡리 000-0 외 1필지 도로명주소검색					
물건종별	농지	감 정 가	119,021,000원	오늘조회: 1 2주누적: 0 2주평균: 0 조회동향		
				구분	입찰기일	최저매각가격	결과
토지면적	2429㎡(734.772평)	최 저 가	(49%) 58,321,000원	1차	2013-09-25	119,021,000원	유찰
				2차	2013-10-25	83,315,000원	유찰
건물면적		보 증 금	(10%) 5,840,000원	3차	2013-11-22	58,321,000원	
매각물건	토지 매각	소 유 자	문○○	낙찰: 81,000,000원 (68.06%) (입찰1명, 낙찰: 문소령)		
개시결정	2013-01-07	채 무 자	문○○	매각결정기일: 2013.11.29 - 매각허가결정 대금지급기한: 2014.01.09		
사 건 명	강제경매	채 권 자	대성개발에스비(주)	대금납부 2013.12.18 / 배당기일 2014.05.12 배당종결 2014.05.12		

● 매각토지.건물현황 (감정원: 정일감정평가 / 가격시점: 2012.10.09)

목록		지번	용도/구조/면적/토지이용계획	㎡당 단가	감정가	비고
토지	1	사곡리 000-1	농림지역, 농림진흥구역<농지법>, 성장관리권역<수도권정비계획법>, <...>	답 1991㎡ (602.278평)	49,000원	97,559,000원	표준지공시지가: (㎡당)33,000원
	2	사곡리 000-2	위와같음	답 438㎡ (132.495평)	49,000원	21,462,000원	
			면적소계 2429㎡(734.772평)		소계 119,021,000원	
감정가			토지: 2429㎡(734.772평)		합계 119,021,000원	토지 매각

● 임차인현황 (배당요구종기일: 2013.08.20)

===== 조사된 임차내역 없음 =====

● 토지등기부 (채권액합계: 448,550,698원)

No	접수	권리종류	권리자	채권금액	비고	소멸여부
1	2007.11.29	소유권이전(상속)	문○○		협의분할에 의한 상속	
2	2009.02.16	근저당	조암농협	70,000,000원	말소기준등기	소멸
3	2012.05.21	압류	화성세무서			소멸
4	2012.09.05	공매공고	화성세무서		한국자산관리공사2012-12676-001	소멸
5	2012.11.27	가압류	대성개발에스비(주)	64,839,894원		소멸
6	2012.11.30	가압류	김○○	156,855,402원		소멸
7	2012.11.30	가압류	대성개발에스비(주)	156,855,402원		소멸
8	2013.01.07	강제경매	대성개발에스비(주)	청구금액: 188,490,932원	2013타경767	소멸
9	2013.06.27	압류	화성시			소멸

(2) 이 농지를 경매로 낙찰 받아 소유권을 취득하려면

이 농지는 일반 매매가 아니라 경매(또는 공매)로 매각되므로 토지거래허가구역 내에 있는 농지라도 허가가 면제되므로 전매제한도 없다. 전매제한은 토지거래허가를 받는 농지만 해당된다. 그렇다고 하더라도 농지이므로 농지취득자격증명을 받아야 한다. 경매에서 농지취득자격증명은 낙찰 받고 매각허가 전까지 제출해야 되므로 입찰하기 전에 화성시 장안면 사무소를 방문해서 확인해본 결과 가능하다는 통보를 받을 수 있었다.

이때 함께 확인해야 되는 사항이 농지 임차인 여부다.

2013. 01. 01.부터 농지법 제24조의2 개정으로 농지 임차인 보호제도가 생겼기 때문이다. 농지 임차인이 대항요건(농지소재 시·구·읍·면의 장의 확인과 농지인도)을 갖추면 다음날 오전 0시부터 대항력이 있어서 인수할 수도 있다. 물론 말소기준 이후의 임차인이면 소멸되는 것은 주택임차인과 같지만 주택임차인 처럼 배당요구해 우선해서 변제받을 권리는 없고 대항력만 있다. 그래서 일반 매매로 매매되면 또는 경매(공매)절차에서 말소이전에 대항요건을 갖춘 경우 새로운 소유자에게 대항력을 주장할 수 있게 되었다.

이 농지는 채무자가 농사를 짓고 있어서 임차인이 없었다.

 이 농지를 낙찰 받더라도 유의할 점이 농지취득자격증명과 임차인 이외에도 또 한 가지가 있다.

공매와 경합해서 매각절차가 진행되고 있기 때문이다.

이때 잔금을 먼저 잔금을 납부한 사람이 소유권을 취득하게 되는데, 이 농지는 시세가 1억2천만원 정도를 형성하고 있어서 8,100만원에 낙찰 받았고, 입찰보증금 영수증과 동시에 최고가매수신고인을 증명하는 서류를 받아 장안면 사무소에 농지취득자격증명서를 신청해서 적법하게 소유권을 취득할 수 있었던 물건이다.

그리고 공매절차는 앞에서와 같이 2012. 12. 06. 까지 진행되다가 남을 가망이 없어서 중지 되었는데, 공매는 중지되었다가 다시 처음부터 공고하고 입찰절차가 진행되므로 유의해서 살펴봤지만 공매절차가 진행되지 않아 경매로 낙찰 받았던 사례이다. 왜 이렇게 공매가 진행되는 것에 관심을 가지고 있었냐 하면 그 이유는 공매 낙찰자가 잔금을 먼저 납부하면 소유권을 취득하지 못하게 될 상황과 공매로 사면 더 싸게 살수 있다는 판단 때문이었다. 경매로 낙찰 받은 사람이 공매로 낙찰 받았다면 경매가 취소되기 때문에 입찰보증금을 반환 받을 수 있어서, 공매와 경매가 중복해서 진행되면 이러한 틈새를 잘 활용만 할 수 있으면 돈을 벌 수 있는 기회로 만들 수 있을 것이다.

 다음은 농지와 농지취득자격증명에 대해서 이해하기로 하자!

◆ 농지의 의의와 농지취득자격증명이란

(1) 농지의 의의와 농지취득자격증명 대상면적

매매나 경매로 농지 즉 논·밭·과수원 등을 취득하고자 하는 도시인 또는 비영농인은 그 농지면적이 1,000㎡ 이상 되어야 하고 농지취득자격증명을 받아야 한다. 단 주말체험, 영농용도일 경우는 1,000㎡ 미만인 경우에도 농지취득자격증명을 취득할 수 있는데 이때 1,000㎡는 세대원 모두를 합산한 면적을 말한다.

(2) 농지취득자격증명 신청방법

농업경영 목적으로 농지를 취득하는 경우에는 농업경영계획서를 작성하여 시·구·읍·면장에게 증명발급을 신청하고, 농업경영 이외의 목적으로 취득하는 경우 즉 시험, 연구, 실습용, 농지전용, 주말체험영농 등으로 이용하고자 하는 경우에는 농지취득자격증명발급 신청시 농업경영계획서 제출의무가 면제된다.

① 법원경매에서는 매각허가결정 전(낙찰받고 7일후)까지 농지취득자격증명서를 법원에 제출해야 한다. 제출하지 못할 경우에 입찰보증금이 몰수되므로 입찰하기 전부터 농취증 발급가능 여부를 확인하여 신속히 발급받을 수 있도록 준비해야 한다.

② 경매 이외에 일반 매매나 공매절차에서는 농지취득자격증명은 소유권이전시에 첨부하여야 될 사항이지 매각결정 전 또는 계약체결 전까지 제출해야 되는 것은 아니

다. 그렇다고 하더라도 공매집행기관 등이 소유권이전등기 촉탁 시까지 농취증을 첨부하지 아니하면 소유권이전등기를 할 수 없다는 점을 주의해야 된다.

(3) 관할 발급관청과 경매집행법원의 농지에 대한 해석 차이

농지는 그 법적지목 여하에도 불구하고 실제의 토지현상이 농작물의 경작 또는 다년생식물재배지로 이용되는 토지를 말한다. 그런데 법원과 농지취득 발급대상 시·군청이 농지에 대한 해석이 다소 차이가 있다. 관할허가관청은 위와 같은 경우 발급하고 있으나 지목이 농지이더라도 현황이 주거지거나 공장용지를 사용할 경우 발급대상이 아니다. 그러나 경매법원은 지적법상 농지이면 농지취득자격증명을 요청한다. 이때 농취증 발급기관에 농취증발급을 신청하게 되면 이 토지는 발급대상이 아님을 증명하는 서류를 발급해 준다. 이 서류를 제출해서 소명하면 된다.

 김선생 한마디

농지자격증명을 발급받지 않고 농지를 취득할 수 있는 경우

상속에 의하여 농지를 취득하거나 또는 담보농지 취득 그리고 농지법 제36조제2항 및 제37조의 규정에 의하여 농지의 전용에 관한 허가 협의 신고를 거친 농지를 취득하는 경우로서 도시계획법 제2조제1항제2호의 규정에 의한 도시계획구역 안에 주거, 상업, 공업지역 또는 도시계획시설 예정지로 지정 또는 결정된 농지, 도시계획구역안의 녹지지역, 개발제한구역 및 도시개발예정지구 안의 농지로서 도시계획법 제4조의 규정에 의한 토지형질변경허가를 받은 농지 등이 있다.

11 건물 전부와 대지 2분의 1을 공매로 낙찰 받아 성공한 사례

다가구주택에서 건물 전부와 대지 2분의 1만 공매로 매각되는 사례에서 필자가 낙찰 받아 성공한 사례이다. 이러한 사례에서는 낙찰 받지 못한 대지 2분의 1을 어떻게 처리하느냐가 성공의 지름길이 될 수 있다. 그 과정에서 잊지 말아야할 내용은 건물이 법정지상권이 성립여부다. 만일 법정지상권이 성립되지 않는다면 건물이 철거의 위험 속에 빠질 수 있기 때문이다.

◆ 다가구주택 공매물건의 사진과 주변 현황도

　이 다가구주택은 건물은 전체가 매각되고, 토지는 2분의 1 지분만 공매로 매각되는 사례이다. 구로동에 있는 이 주택은 지하철 2호선 구로디지털역에서 도보로 8분 거리에 있다. 주변은 주거지역으로 대형유통 시설과 학군 등이 발전해 있다. 감정가가 3억1,363만원인데 반해서 시세는 3억8,000만원(평당 1,700만원×22.55평)으로 감정평가가 낮게 평가된 것을 현장답사를 통해서 확인할 수 있었다. 이렇게 감정가가 낮게 평가된 물건을 찾아서 입찰에 참가하는 것, 역시 재테크에서 성공하는 지름길이다. 그런데 이 물건은 최저매각가가 250,907,000원으로 저감되었다. 아마도 건물은 선제이시만 토지가 2분의 1만 매각되는 관계로 건물이 법정지상권이 성립되지 않을 것을 염려해서, 즉 건물 철거의 위험 때문에 그랬을 것이라 판단했다. 어쨌든 필자가 257,080,000원으로 단독 입찰해서 낙찰 받고 체납자겸 소유자에게 팔아서 높은 수익을 올렸던 사례이다. 그래서 그 과정을 다음과 같이 독자 분들에게 소개하고자 한다.

◆ 다가구주택 건물전부와 대지 2분의 1지분 온비드 입찰정보 내역

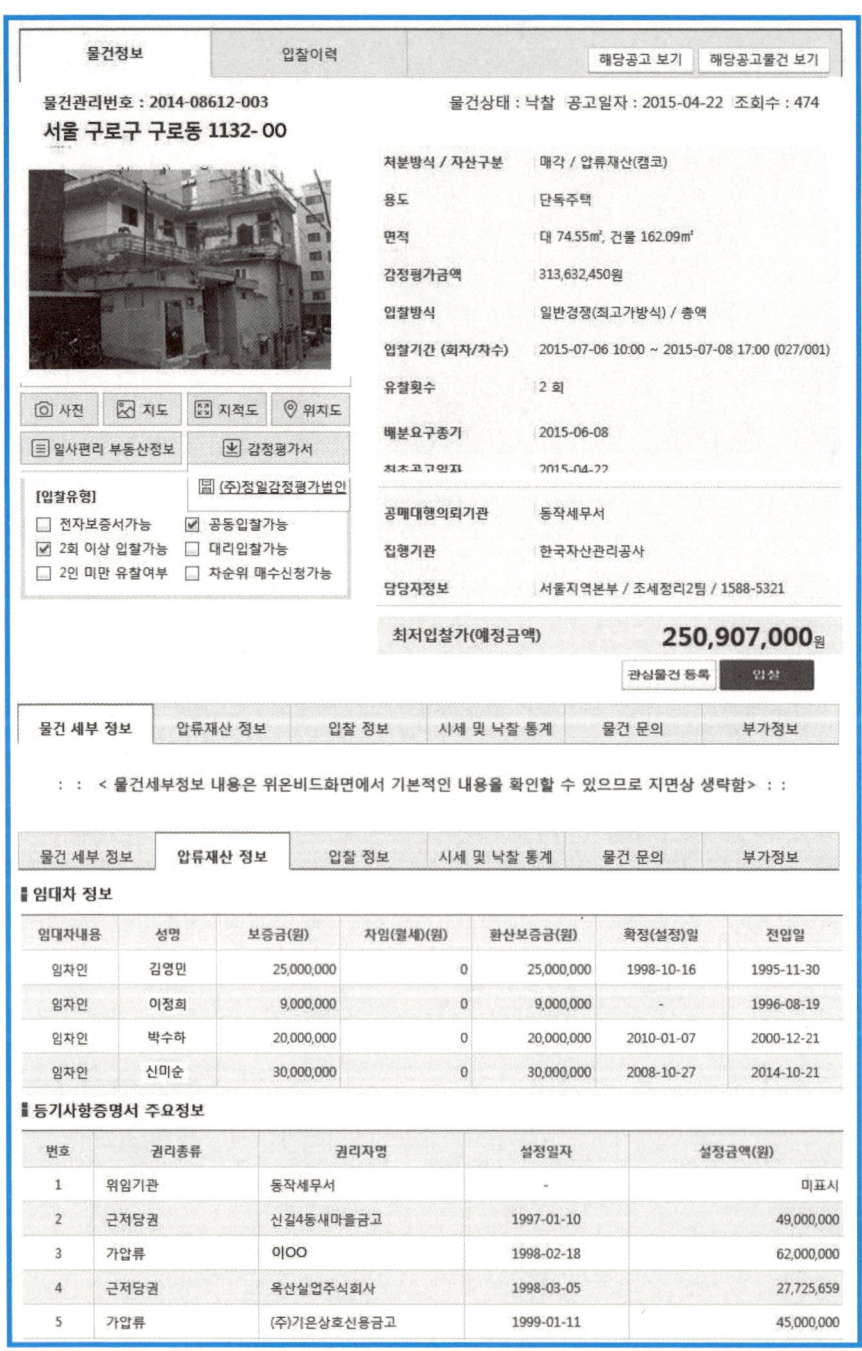

권리분석 기초정보 (권리분석 기초자료는 입찰시작 7일전부터 제공됩니다)							권리분석 기초정보 인쇄	
▪ 배분요구 및 채권신고현황 (배분요구서를 기준으로 작성하였으며, 신고된 채권액은 변동될 수 있습니다.)								
번호	권리종류	권리자명	설정일	설정금액(원)	배분요구일	배분요구채권액(원)	말소가능 여부	기타
		: :	<이하 내용은 지면상 생략했음>		: :			

물건 세부 정보	압류재산 정보	입찰 정보	시세 및 낙찰 통계	물건 문의	부가정보

▪ 회차별 입찰 정보

입찰번호	회차/차수	구분	대금납부/납부기한	입찰기간	개찰일시	개찰장소	매각결정일시	최저입찰가(원)
2201408612003	027/001	인터넷	일시불/낙찰금액별 구분	2015-07-06 10:00~ 2015-07-08 17:00	2015-07-09 11:00	전자자산처분시스템(www.onbid.co.kr) 공매재산명세	2015-07-13 10:00	250,907,000

◆ 건물전부와 대지 2분의 1 지분공매 물건에 대한 권리분석

이 다가구주택은 공동소유였는데 체납자겸소유자인 신OO이 공유물분할청구 소송을 통해서 전체를 소유하게 되었다. 그런데 왜! 건물전체와 토지는 2분의 1만 나오게 된 것일까?

필자가 권리분석을 하는 과정에서 확인한 사항은 다음과 같다.

신OO이 공유물분할청구 소송을 진행하기 전에 공동소유자 김OO 지분에 가등기가 있었고, 그 가등기 있는 상태에서 신OO이 말소하지 않고 소유권을 가져왔기 때문이다. 그러한 사정을 모르고 있는 동작세무서에선 가등기가 없는 토지 2분의 1과 건물 전체만 공매를 진행하게 된 것이다. 가등기에 기해 본등기를 하게 되면 매각절차가 무효가 되므로 그렇게 매각절차를 진행한 것이라는 사실을 낙찰 받고 확인할 수 있었다. 그리고 이 주택은 임차인 등이 거주하고 있어서 예상배분표를 작성해 보니 1순위로 ① 김영민 1,200만원 + ② 이정희 900만원 + ③ 박수하 1,200만원 + ④ 신미순 1,200만원을 최우선변제금으로 배분 받고, 2순위로 구로구청이 재산세 58만원을 당해세로 배분 받고, 3순위로 ① 가압류 이OO, ② 신길4동 새마을금고, ③ 김영민, ④ 동작세무서 등이 순위가 상호 모순관계에서 있어서 순환흡수배분 절차로 배분하게 되는데 이 과정에서 대항력 있는 임차인 김영민이 확정일자부 우선변제권으로 1,300만원을 배분 받게 되어 낙찰자가 인수할 금액은 없었다. 이러한 사실을 확인하고, 주택 시세 3억8,000만원(평당 1,700만원×22.55평)을 257,080,000원으로 단

독으로 입찰해서 낙찰 받았다. 이 배분 절차에서는 현행법상 소액임차인도 순환흡수 배분 절차에 참여 시켜야 했는데도 불구하고 그러한 과정을 생략한 오류가 있었던 공매물건이다.

◇ 이 주택은 법정지상권이 성립한다. 그런데도 낙찰 받은 이유는?

이 주택은 말소기준권리를 기준으로 판단하면 토지가 체납자 신OO과 다른 공유자 김OO 두 사람 소유이고, 그 두 사람 중 일부지분이 공매로 매각되므로 법정지상권이 성립되지 않는다. 그렇지만 현재 체납자 신OO가 김OO 지분을 이OO의 가등기가 있는 상태에서 소유권을 가져 왔기 때문에 체납자 신OO에 대해선 관습법상 법정지상권이 성립한다. 다만 가등기권자 이OO가 본등기를 하게 되면 관습법상법정지상권이 성립되지 않을 뿐이다. 그런데 가등기가 형식적으로 소멸되지 않고 등기부에 등기된 권리이므로 본등기를 하고 건물을 철거를 하기란 어려울 것이라 판단했다.

필자는 그러한 상황에 대비해서 두 가지 대비책을 마련했었다.

<u>첫</u> 번째로 낙찰 받고 나서 김OO가 본등기해서 건물철거 소송을 하기 전에 토지만을 상대로 공유물분할청구 소송을 진행해서 그 과정에서 다른 지분을 매도 청구하는 방법이다. 대법원 판례에 의하면 공유물분할청구 소송에서 다른 지분을 매도 청구하는 것 역시 현물분할로 인정해서 그에 따라야 한다고 판단하고 있다. 이 방법으로 매도청구하면 적정하고도 합리적인 가격은 종전 공매에서 매수할 당시 감정가가 될 것이다. 그런데 앞에서 설명한 바와 같이 감정가가 낮게 책정되어 있으니 그 가격으로 매수할 수 있다면 성공적이다.

<u>두</u> 번째로 본등기를 하고 건물철거 소송을 진행하더라도 그 과정에서 매도청구하면 법원은 건물철거를 판단하지 않고, 건물소유자에게 매수할 수 있도록 조정하는 것을 필자가 볼 수 있었다. 특히 이 사례는 토지 2분의 1과 건물전체를 소유하고 있기 때문에 그렇게 판단하게 될 가능성이 높다.

◆ 필자가 다가구주택을 단독으로 받았다

■ 상세입찰결과

물건관리번호	2014-08612-003		
재산구분	압류재산(캠코)	담당부점	서울지역본부
물건명	서울 구로구 구로동 1132- ○○		
공고번호	201504-01756-00	회차 / 차수	027 / 001
처분방식	매각	입찰방식/경쟁방식	최고가방식 / 일반경쟁
입찰기간	2015-07-06 10:00 ~ 2015-07-08 17:00	총액/단가	총액
개찰시작일시	2015-07-09 11:02	집행완료일시	2015-07-09 11:12
입찰자수	유효 1명 / 무효 2명(인터넷)		
입찰금액	257,080,800원		
개찰결과	낙찰	낙찰금액	257,080,800원
감정가 (최초 최저입찰가)	313,632,450원	최저입찰가	250,907,000원
낙찰가율 (감정가 대비)	81.97%	낙찰가율 (최저입찰가 대비)	102.46%

■ 대금납부 및 배분기일 정보

대금납부기한	2015-08-12	납부여부	납부
납부최고기한	2015-08-24	배분기일	2015-09-23

◆ 매수 이후의 대응 현황

낙찰 받고 나서 체납자 신○○과 협의하는 과정에서 체납자 신○○이 필자가 낙찰 받은 건물과 토지 2분의 1을 매수할 의사가 강력했다. 그래서 매매 계약서를 작성했다. 그런데 계약금 이외에 중도금과 잔금을 지급하지 못했다. 그 이유는 주택 전체에 대해서 금융기관에서 대출을 받아야 하는데 토지 2분의 1에 대해서 가등기가 있었기 때문이다. 그래서 가등기권자에게 말소를 의뢰하니 처음엔 2,000만원을 요구했다. 준다고 하니 4,000만원을 요구한다. 그래서 가등기말소청구 소송과 형사로 고소까지 했더니 고소취하 조건으로 가등기를 말소해서 대출을 받을 수 있었다. 그냥 2,000만원을 준다고 할 때 받았으면 돈을 벌 수 있었는데 고집 부리다가 놓치게 된 사례이다. 어쨌든 필자는 금융기관 대출금으로 매매 잔금을 수령할 수 있었다. 이렇게 마무리가 되어 높은 수익을 올릴 수 있었던 사례이다.

12. 경매가 진행되고 있는 것을 공매 낙찰자가 먼저 대금 납부하여 소유권을 취득한 사례

 공매에서 성공투자 비법

공매와 경매가 동시에 중복하여 진행되는 경우 먼저 낙찰 받아 대금납부한 자가 소유권을 취득하게 되고, 그 상대집행절차는 취소된다.

◆ 아파트의 사진과 지도 및 주변 현황도

◆ 경남아파트 공매물건 분석표

주 소	면 적	공매가 진행과정	1) 임차인조사내역 2) 기타청구	등기부상의 권리관계
경기도 안양시 동안구 호계동 ○○○ 번지 경남아파트 제306동 제○○호 체납자겸 소유자 : 김문기 공매위임 관서 : 안양세무서 공매집행 기관 : 자산관리 공사	대지 46.47㎡ 총면적 26,372,500 ㎡ 건물 전용면적 84.9㎡ (33평형) 대지 46.47㎡ 총면적 26,372,500 ㎡ 건물 전용면적 84.9㎡ (33평형)	감정가 3억7,000만원 〈2005.8.26〉 최저가 1차 3억7,000만원 유찰 2차(10% 저감) 3억3,300만원 유찰 3차 2억9,600만원 낙찰 3억2,570만원 〈2005.12.8〉	1) 임차인 ① 최순애 전입 94.8.30. 확정 × 배분 × 보증 × 2) 기타청구 ① 압류 만안구청 취득세 (법정 04.8.31) 7,875,300원 ② 압류 동안구청 재산세 497,300원 (법정 04.7.10) ③ 임의경매 중소기업은행 청구금액 2억1,000만원 (2005.4.6. 사건접수)	소유자 김문기 1994.11.15. 근저당 중소기업은행 1999.6.28. 150,000,000원 근저당 중소기업은행 2003.3.27. 60,000,000원 근저당 진영철 2004.7.7. 100,000,000원 압류 안양시만안구청 2005.1.11. 압류 안양세무서장 2005.4.6. 임의경매개시결정 중소기업은행 2005.4.13.(수원지방 법원 2005타경18435) 압류 안양시동안구청장 2005.4.15. 압류공매 안양세무서 청구금액 44,879,000원 ① 부가세 24,089,500원 (법정 04.1.25~04.4.25) ② 부가세 20,789,500원 (법정 04.7.31) 〈공매공고 : 05.10.26〉

◆ 공매물건에 대한 분석 및 배분표 작성

이 공매사건은 안양세무서에서 위임한 압류공매로서 말소기준권리는 중소기업은행이다. 그런데 중소기업은행에서도 이미 임의경매가 진행되고 있는 것으로 경매와 공매가 중복하여 진행된 사건이다. 경남아파트는 평촌 무궁화마을에 위치하고 근처에 유명학원 등이 위치하고 있어서 시세가 4억원 정도였다. 그런데도 불구하고 다른 입찰자들이 입찰에 참여하지 않은 것은 선순위로 전입한 세대원 최순애가 있어서 그렇다. 선순위 전입세대원이 임차인이라면 임차보증금은 최소한 1억5천만원이 예상되기 때문이다. 소유자 김문기가 퇴거한 관계로 최순애가 김문기 처인데도 부부관계로 인식할 수 있는 근거도 없었고 중소기업은행 측에서도 확인해주지 않아서 근저당권자 진영철에게 전화를 걸어 최순애는 임차인이 아니고 김문기의 처라는 사실을 확인하고 입찰하게 되었다.

배분금액은 (325,700,000원 - 공매집행비용 9,454,000원)316,246,000원이므로

1순위 : 동안구청 497,300원(당해세우선변제권 1)

2순위 : 중소기업은행 210,000,000원(우선변제 2)

3순위 : 안양세무서 24,089,500원(우선변제 3)

4순위 : 근저당 진영철 81,659,200원(우선변제 4)

그러나 3순위 안양세무서는 1차적으로 법정기일에 따라 근저당권 등에 우선해서 배분 받았지만 안양세무서보다 선순위 압류권자가 있어서 조세채권 끼리는 선순위 압류권자가 후순위 참가압류 또는 교부청구를 압류선착주의에 의해서 흡수한다. 따라서 선순위압류 만안구청이 7,875,300원을 우선 배분 받고, 나머지는 안양세무서가 16,214,200원을 배분 받는다.

그래서 최종 배당결과는 가) 동안구청 497,300원. 나) 중소기업은행 210,000,000원. 다) 만안구청 7,875,300원. 라) 안양세무서 16,214,200원. 마) 근저당 진영철 81,659,200원이다. 배분은 이 같이 종결되며 낙찰자 (주)대산투자는 인수할 금액이 없었다.

2005. 12. 08. 낙찰 받고 60일 후인 2006. 02. 07. 잔금을 납부하였다. 그리고 명도는 아파트 방문 시 김문기 자녀가 있어서 자녀에게 명도에 관하여 상의 하자는 내용의 문서를 전달했다. 보름 후에 연락이 와서 이사비용 주고 명도한 사건이다.

표면적으로 선순위 임차인이 있는 것 같아 보이지만 자세히 분석해 보면 부부 관계나 부모라는 사실을 확인할 수 있다. 이러한 사실을 근저당권자(금융기관), 등기부등본, 주민센터 전입세대열람 서류, 관리사무소, 경비 등을 통해서 대항력 있는 임차인이 거주하는 것이 아니라는 사실을 확인할 수 있다면 뜻밖의 높은 수익을 얻을 수 있다. 어쨌든 이 아파트는 4억5천만원까지 가격이 상승했고, 매도해서 높은 시세차익을 얻을 수 있었던 사례이다.

13 지상에 다세대주택이 있는 대지지분이 공매로 매각된 경우

◆ 한국자산관리공사의 지분공매 입찰정보 내역

캠코공매물건

상담전화 : 1588-5321

[물건명/소재지] : 서울 성북구 길음동 000-0

기본정보
- 물건종류 : 부동산
- 처분방식 : 매각
- 물건상태 : 낙찰
- 조회수 : 532

기관정보
- 입찰집행기관 : 한국자산관리공사
- 담당자 : 조세정리부 / 공매1팀
- 연락처 : 02-3420-5126 /

물건정보

소재지(지번)	서울 성북구 길음동 000-0		
소재지(도로명)			
물건관리번호	2010-12592-001	재산종류	압류재산
위임기관	성북구청		
물건용도/세부용도	대지	입찰방식	일반경쟁
면적	대지 134.8㎡ 지분(총면적 157.9㎡)		
배분요구종기		최초공고일자	2010/08/25

감정정보

감정평가금액	417,880,000 원	감정평가일자	2010/08/03	감정평가기관	(주)온누리감정평가법인	감정평가서 >
위치및부근현황	서울특별시 성북구 길음동 소재 "현대벽화점" 북서측 인근에 위치하며, 대중교통사정은 보통시됨.					
이용현황	인접도로 대비 안정시진 토지로서, 현황 다세대주택이 건부지로 이용중임.					
기타사항	(1) 등기부등본상 공유자 지분 157.9분의 134.8 임승순임. (2) 본건 지상에 임승순의 소유 건물은 없는 것으로 조사됨.					

임대차정보

임대차내용	이 름	보증금	차임(월세)	환산보증금	확정(설정)일	전입일
감정서상 표시내용 또는 신고된 내용이 없습니다.						

등기사항증명서 주요 정보

순번	권리종류	권리자명	등기일	설정액(원)
1	위임기관	성북구청		미표시
2	근저당권	이정기	2006/12/04	400,000,000 원
3	가압류	이정기	2007/09/27	500,000,000 원
4	전소유자압류	성북구청(체납자 이광호)		0 원

입찰이력정보

입찰번호	처분방식	물건관리번호	개찰일시	최저입찰가	낙찰가	낙찰율	입찰결과	입찰상세
201012592001	매각	2010-12592-001	2011/05/26 11:00	208,940,000	210,160,000	100.6%	낙찰	보기

◆ 재개발구역 내의 토지 지분공매 입찰대상 물건분석표

KAMCO의 입찰정보내역과 감정평가서, 등기부등본, 건축물대장, 전입세대열람 등을 통해서 물건분석표를 작성하면 다음과 같다.

주소	면적	공매가 진행과정	1) 임차인내역 2) 기타청구	등기부상 권리관계
서울시 성북구 길음동 000-0번지 체납자 겸 소유자 : 임미순지분 압류공매 공매위임관서 : 성북구청 공매집행기관 : 자산관리 공사 (관리번호 : 2010-12592-001) 공매담당자 (02)3420-5126.	대지 57.9㎡ 중134.8㎡ 임미순 지분 압류공매 (토지 면적의 85.37%만 공매가 진행된 경우) (지상에 타인 소유로 추정 되는 다세대 주택 건물은 매각 대상에서 제외) 성북구 길음동 소재 "현대백화점" 북 서측에 위치하며, 주택재개발 예정지로 2종 일반주거 지역, 재정비 촉진지구	감정가 417,880,000원 (10.08.03) 최저가 1차 417,880,000원 유찰 (10%저감) 2차(10% 저감) 376,092,000원 유찰 (10%저감) : : 6차(10% 저감) 208,940,000원 낙찰 210,160,000원 (2011.05.26.)	1) 임차인 토지만 매각된 경우로 임차인 없음 2) 기타청구 ① 성북구청 재산세460만원 (법정 07.09.10.) ② 강남세무서 부가세 570만원 (법정 06.10.25.) ③ 서대문세무서 소득세 1,548만원 (법정 07.5.031.) ④ 국민건강 134만원 (납부 09.7.10.)	소유권이전 이광기 03.11.13. 소유권일부이전 157.9분의 23.1㎡ 정남기(3.3), 이종기(3.3) 정형기(3.3), 김정기(3.3) 고재기(3.3), 강귀기(3.3) 김태기(3.3) 03.12.03. 이광기 지분 압류 성북구청 05.04.26. 이광기 지분 전부이전 임미순 157.9분의 134.8 05.05.25. 임미순 지분 근저당 이정기 4억원 06.12.04. 임미순 지분 압류 강남세무서 07.09.04 임미순 지분 가압류 이정기 5억원 07.09.27. 임미순 지분 압류 성북구청 08.01.03. 임미순 지분 압류 서대문세무서 08.04.23. 임미순 지분 압류 서대문구청 08.06.24. 임미순 지분 압류 국민건강 10.01.28. 압류공매 : 성북구청 청구 460만원 〈공매공고 2011.03.03〉

◆ **토지 지분공매 물건의 현황도와 제시 외 지상의 다세대주택 사진**

◆ **이 지분공매 물건에서 배분표를 작성하면 다음과 같다**

　매각대금이 210,160,000원이고 공매비용이 6,304,800원이면 배분금액은 203,855,200원이다.

　1순위 : 성북구청 460만원(재산세 우선변제금 1)

　2순위 : 강남세무서 570만원(우선변제금 2)

　3순위 : 이정기 근저당권 193,555,200원(우선변제금 3)으로 배분절차가 종결되고 매수인은 인수권리가 없다.

◆ **공매물건을 낙찰 받는 경우 대응방법을 분석해 보자!**

　① 토지와 건물이 준공 시부터 소유자가 다른 경우는 물론 권리산정기준일 이후에 달라지는 경우도 건축물을 소유하는 경우는 물론 토지소유자도 일정 면적(90㎡) 이상이면 단독분양대상자가 될 수 있다. 이 토지매수지분은 134.8㎡이고 권리산정기준일 이전에 공유 분할되었으므로 분양대상자가 될 수 있고, 지분도 크므로 많은 청산금의 부담 없이 중대형의 신축아파트를 분양받을 수 있는 데 비해서 그 지분을 매수하는 210,160,000원은 적은 편이다.

　② 지상의 다세대주택의 각 구분소유자 등에게 자신의 전유면적 비율에 해당되지 못하는 면적의 소유로 그 부족분에 대해서 지료청구가 가능할 것으로 판단되어, 재개발 전까지는 지료로 수익성을 창출하고 재개발 시 신축된 아파트분양권을 얻게 된

다면 성공적인 투자가 될 수 있다.

③ 지료를 지급하지 않는다면 그를 원인으로 하여 그 집합건물에 대해서 강제경매를 신청하여 그 매각대금에서 채권(지료의 채권)을 회수하든가, 집합건물을 매수하면 된다.

이렇게 생각하고 투자해야 성공할 수 있다. 그래서 지인에게 소개해서 입찰해서 다음과 같이 단독으로 낙찰 받았다.

입찰결과			
물건관리번호	2010-12592-001	조회수	533
물건명	서울 성북구 길음동 000-0		
입찰자수	유효 1명 / 무효 0명 (인터넷)		
입찰금액	210,160,000원		
개찰결과	낙찰 (매각결정(낙찰자))	낙찰금액	210,160,000원
물건누적상태	유찰 5회 / 취소 18회 입찰이력보기		
감정가격 (최초 최저입찰가)	417,880,000원	낙찰가율 (감정가격 대비)	50.3%
최저입찰가	208,940,000원	낙찰가율 (최저입찰가 대비)	100.6%

대지 지분을 낙찰 받고 나서 지상 건물구분소유자들과 협의를 하게 되었다. 그 과정에서 협의가 이루어져서 대지 지분을 구분소유자들에게 매각하고 탈출할 수 있었던 사례이다.

14 압류당시 대지사용권이 성립하지 않아 분리처분이 가능한 사례

◇ 이 사건에 대한 기본적인 사실관계

① 피고들과 제1심 공동 피고들 46인은 이 사건 토지 및 서울 마포구 성산동 000번지 대 422㎡, 000번지 대 370㎡, 000번지 대 1,038㎡ 등 4필지 위에 오피스텔을 건축하기로 하고 마포구청장의 건축허가를 받아 건축공사를 시행했다.

② 당초 이 사건 토지의 400/814 지분을 피고 OOO가, 414/814 지분을 망 OOO가 각 소유하고 있었는데 OOO가 사망함에 따라 그 상속인들인 한OO, 이OO, 이OO, 이OO가 2007. 3. 6. 이 사건 토지 지분에 관하여 상속을 원인으로 소유권이전등기를 경료 했다.

③ 그리고 이 사건 토지 지분에 관하여 다음과 같이 공매가 진행되자 원고가 2008. 1. 3. 에 낙찰 받아 2008. 3. 19. 공매를 원인으로 하는 소유권이전등기를 마쳤다.

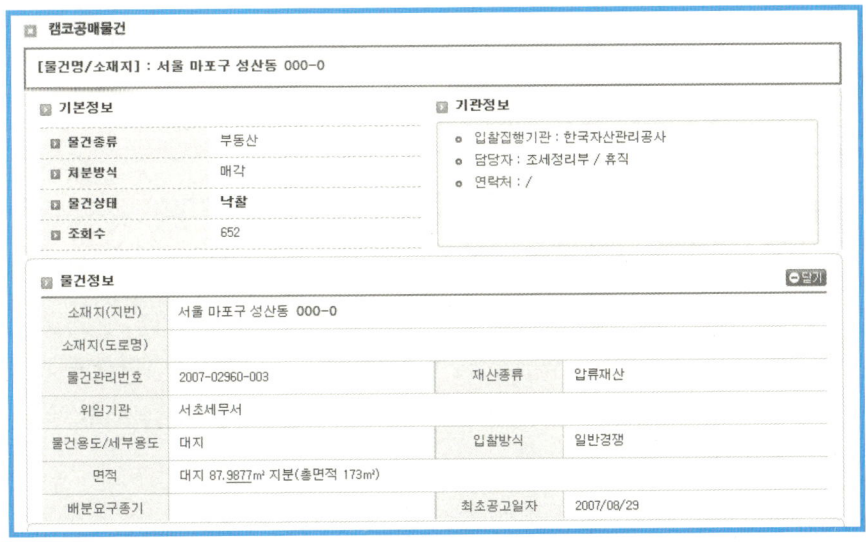

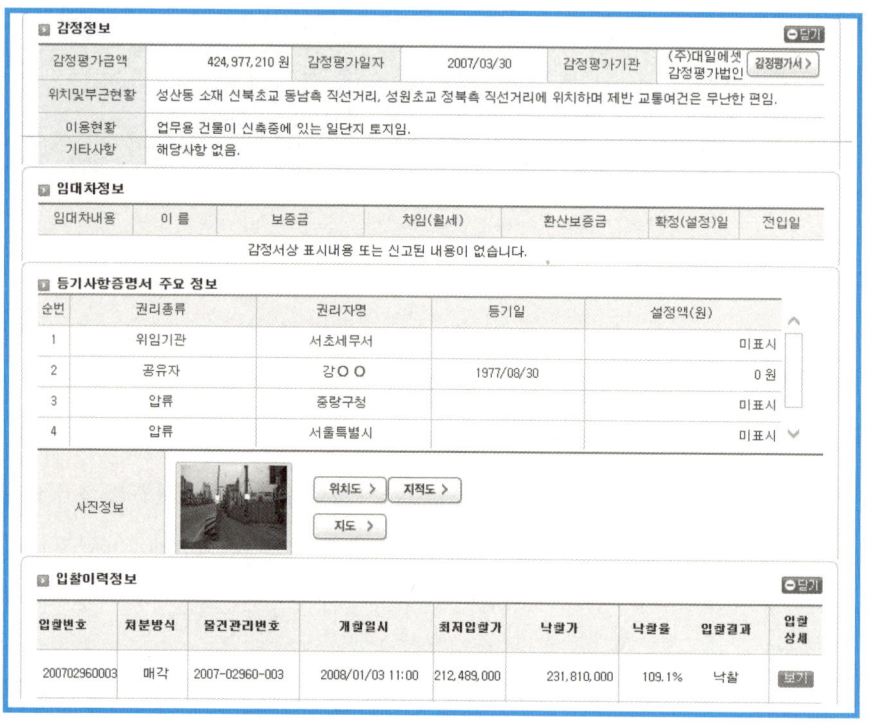

④ 이사건 토지 등 4필지 위에 건축된 10층 아파트의 각 전유부분에 관하여 2009. 4. 9. 가처분등기의 촉탁으로 피고들 및 제1심 공동 피고들 명의의 소유권보존등기가 마쳐졌다(한OO의 지분은 3/414, 이OO, 이OO, 이OO의 지분은 각 2/414이고, 피고들 및 나머지 제1심 공동 피고들 지분은 각 1/46이다)

◆ 원고의 건물철거, 토지인도 및 부당이득반환에 대한 판단

① 앞서 인정한 사실에 의해 피고들은 이 사건 토지 위에 건물을 소유함으로써 그 부지인 이 사건 토지 중 다툼이 발생하는 부분을 점유하고 있음을 알 수 있다. 따라서 특별한 사정이 없는 한 피고들은 각자 원고에게 이 사건 다툼이 발생하는 부분 내 건물을 철거하고 이 사건 해당 토지를 인도하며, 위 토지에 해당하는 부당이득을 반환할 의무가 있다.

② 부당이득의 액수는 제1심 감정인 OOO의 임료감정 결과에 의해 원고가 이 사건

토지 지분을 매수한 2008. 3. 14. 부터 2009. 8. 13. 까지의 이 사건 토지의 차임 합계액은 20,461,100원, 2009. 8. 14.부터 2010. 8. 13. 까지의 차임은 월 1,069,950원인 사실이 인정되고, 그 이후의 차임도 같은 액수일 것으로 추인된다. 그러므로 피고들이 반환하여야할 부당이득의 액수는 2008. 3. 14. 부터 2010. 8. 13. 까지는 20,461,100원 + 7,489,650원(1,069,950원×7개월)이고, 그 다음날부터는 토지를 인도할 때까지 월 1,069,650원의 비율에 의한 금원이 된다.

◇ 법정지상권이 성립한다는 주장에 대한 법원의 판단

피고들은 이 사건 토지의 소유자이던 OOO가 이 사건 건물을 건축하여 그 소유권을 취득함으로써 토지와 건물이 동일인의 소유였는데, 그 후 원고가 OOO의 토지지분을 취득하였으므로 관습상의 법정지상권이 성립한다고 주장한다. 그러나 토지의 공유자중의 1인이 공유토지 위에 건물을 소유하고 있다가 토지지분만을 전매함으로써 단순히 토지공유자의 1인에 대하여 관습상의 법정지상권이 성립된 것으로 볼 사유가 발생하였다고 하더라도 당해 토지 자체에 관하여 건물의 소유를 위한 관습상의 법정지상권이 성립된 것으로 보게 된다면 이는 마치 토지공유자의 1인으로 하여금 다른 공유자의 지분에 대하여서까지 지상권설정의 처분행위를 허용하는 셈이 되어 부당하다 할 것이므로 위와 같은 경우에 있어서는 당해 토지에 관하여 건물의 소유를 위한 관습상의 법정지상권이 성립될 수 없다(대법 86다카2188 판결 참조). 따라서 설령 OOO가 이 사건 건물을 취득하였더라도 이 사건 토지의 공유자 중 1인인 OOO의 이 사건 토지 지분의 처분으로는 이 사건 건물의 소유를 위한 관습상의 법정지상권이 성립될 수 없다.

◆ 공매로 매수한 대지 지분이 또 다시 경매로 매각되고 있다

2013타경14701 • 서울서부지방법원 본원 • 매각기일 : 2014.06.24(火) (10:00) • 경매 1계 (전화:02-3271-1321)

소재지	서울특별시 마포구 성산동 000-0 도로명주소검색							
					오늘조회: 1 2주누적: 3 2주평균: 0 조회동향			
물건종별	대지	감정가	432,910,800원	구분	입찰기일	최저매각가격		결과
				1차	2014-02-04	432,910,800원		유찰
토지면적	87.99㎡(26.617평)	최저가	(41%) 177,320,000원	2차	2014-03-11	346,329,000원		유찰
				3차	2014-04-15	277,063,000원		유찰
건물면적	건물은 매각제외	보증금	(10%) 17,740,000원	4차	2014-05-20	221,650,000원		유찰
				5차	2014-06-24	177,320,000원		
매각물건	토지만 매각이며, 지분 매각임	소유자	(주)OO인베스트	낙찰 : 188,000,100원 (43.43%) (입찰1명, 낙찰:홍OO)				
개시결정	2013-07-19	채무자	(주)OO인베스트	매각결정기일 : 2014.07.01 - 매각허가결정				
				대금지급기한 : 2014.08.19				
사건명	임의경매	채권자	이근O	대금납부 2014.08.13 / 배당기일 2014.09.22				
				배당종결 2014.09.22				

■ 매각토지.건물현황 (감정원 : 안국감정평가 / 가격시점 : 2013.07.24)

목록	지번	용도/구조/면적/토지이용계획	㎡당 단가 (공시지가)	감정가	비고
토지	성산동 000-0	제2종일반주거지역, 가축사육 제한구역<가축분뇨의 관리 및 이용에 관...	대 87.99㎡ (26.617평)	4,920,000원 (3,657,000원)	432,910,800원	표준지공시지가: (㎡당)3,700,000원 ▶전체면적 173㎡중 (주)OO인베스 토지분 414/814 매각 ▶소유권 행사에 제한 받는 가격:303,037,560원
감정가		토지:87.99㎡(26.617평)		합계 432,910,800원	토지만 매각이며, 지분 매각임

■ 임차인현황 (배당요구종기일 : 2013.10.08)

===== 조사된 임차내역 없음 =====

■ 토지등기부 (채권액합계 : 179,343,014원)

No	접수	권리종류	권리자	채권금액	비고	소멸여부
1(갑10)	2008.03.19	한지O,이상O,이상O,이상O 지분전부이전	(주)OO인베스트		공매, 지분 414/814	
2(을1)	2008.08.13	(주)OO인베스트지분전부근저당	이근O	85,000,000원	말소기준등기	소멸
3(갑12)	2012.10.31	(주)OO인베스트지분가압류	이근O	94,343,014원	2012카단52042	소멸
4(갑14)	2013.01.17	(주)OO인베스트지분압류	서울특별시마포구			소멸
5(갑16)	2013.07.19	(주)OO인베스트지분임의경매	이근O	청구금액: 85,000,000원	2013타경14701	소멸
건물등기부		※주의 : 건물은 매각제외		채권최고액	비고	소멸여부
	☞ 건물등기부는 전산발급이 되지않아 등재하지 못함.					

주의사항: ▶채무자겸소유자는 이 사건 토지지분을 공매로 취득하였고, 위 지상건물의 소유자들에 대해 건물철거 등 소송을 제기하여 승소확정판결 받음(서울서부지법 2008가단104607, 서울고법 2010나121338, 대법원 2012다24064우). 3. 위 서울고법 항소심판결의 판결이유에 의하면, "피고들을 포함한 건축주들이 구분소유자로서 각 전유부분을 소유하기 위해 대지사용권을 취득하였다고 보기 어렵다"고 함.

채무자겸소유자가 위 지상건물의 소유자들에 대해 건물철거 등 소송을 제기하여 승소확정판결 받았으나 부당이득반환과 건물을 철거하지 못하고 또다시 경매가 나온 이유는 집합건물전체를 대상으로 철거판결을 받았다면 철거가 가능하겠지만(실무적으로 이러한 경우도 상당한 건물소유자들의 저항이 예상된다), 이 사례와 같이 대지 일부 지분을 가진 사람의 철거소송을 하는 과정에서 법원 대부분은 철거를 판단하지 않고 있으나 이 판결은 그야말로 법리적으로만 판단해서 판결을 했으나 그 철거판결문을 가지고 강제집행하려면 집행문을 별도 부여받아야 하는데 집행문을 부여하는 담당판사가 집행문부여를 거부했기 때문이다.

이러한 이유로 해서 집합건물에서 대지 지분이 공매로 매각될 때 가격만 싸다고 낙찰 받을 것이 아니라 두 가지 관점에서 유의해야 한다.

첫 번째는 그 대지 지분에 해당하는 집합건물 소유자(구분소유자)가 누구인가(구분호수가 ○○○호)를 정확하게 파악하고, 두 번째로 그 집합건물에 소유자가 거주하면서 등기부에 등기된 채권이 없는 지, 임차인이 거주하면서 등기된 채권 등이 많은 지를 분석해야 한다. 만일 대지지분에 해당하는 구분 호수를 알 수 없거나 알 수 있더라도 대항력 있는 임차인이 거주하고 등기부에 등기된 채권도 많다면 집합건물에서 건물철거가 어려운 점을 감안해서 경매를 신청할 수밖에 없는데 해봐야 무잉여가 되기 때문에 낭패를 볼 수밖에 없게 된다. 그렇다면 대지지분이 싸게 나온 물건에서 성공하려면 구분호수를 정확하게 파악하고, 그 구분 호수에서 등기된 채권이나 임차인 등이 없는 물건을 선택해야 건물소유자와 협의로 해결을 빨리 볼 수 있다. 해결이 안 된다고 하더라도 부당이득을 원인으로 강제경매를 신청할 수 있어서 투자수익을 기대할 수 있다.

15. 집합건물의 대지 일부지분을 낙찰 받았으나 무효가 돼 실패한 사례

◆ 대지 지분을 공매로 낙찰 받았던 공매 입찰대상물건 내역

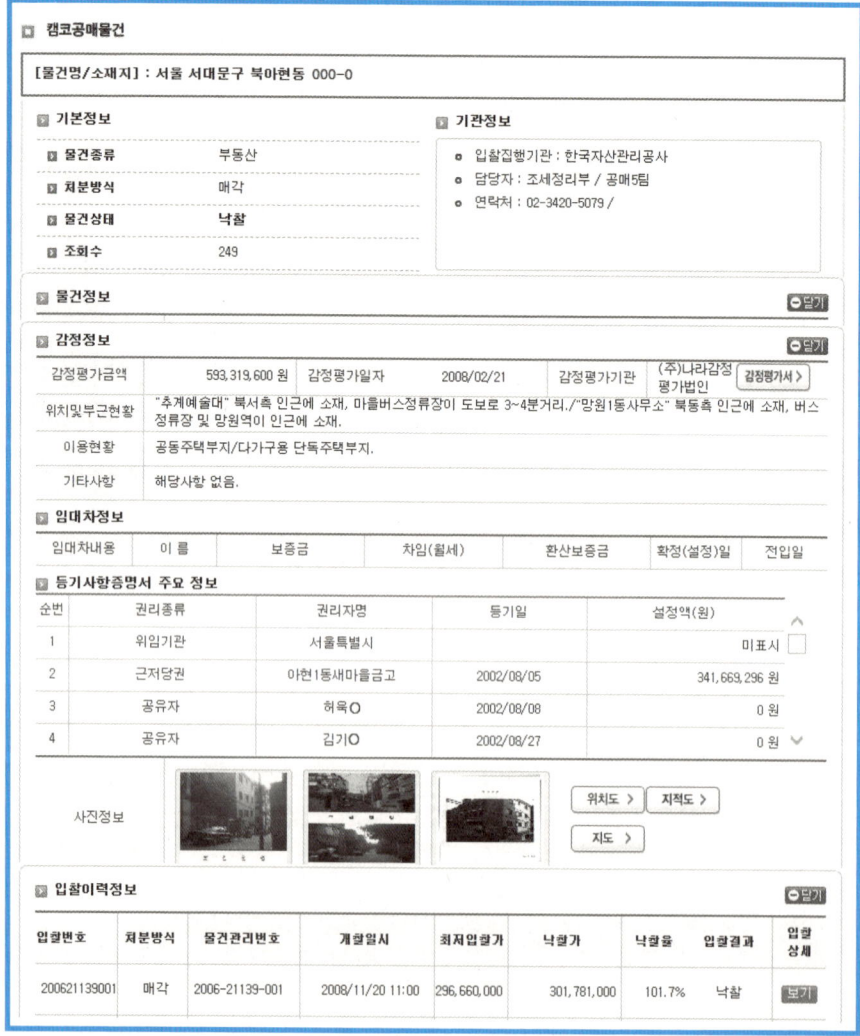

이 공매절차에서 2008. 11. 20. 이 사건 지분 소유권을 취득하고, 2008. 11. 28. 원고 김소령 앞으로 13/265.5 지분, 선정자 이소령, 박소령 앞으로 각 101.77/265.50 지분소유권 이전등기를 마쳤다.

◇ 공매낙찰자들은 다음과 같이 토지사용료 청구소송을 진행했다

공매낙찰자는 2008. 11. 28.부터 2009. 9. 27.까지 사이의 이 사건 지분 216.54㎡에 대한 기간임료는 32,430,000원이고, 월임료는 3,243,000원으로 계산해서 각 구분소유자들(피고)에게 다음과 같이 토지 사용료 청구소송을 진행하게 되었다.

제1심 판결 서울서부지방법원 2010. 6. 29. 선고 2008가단107828 판결, 환송전 판결 서울고등법원 2010. 12. 30. 선고 2010나77899 판결, 환송판결 대법원 2012. 10. 25. 선고 2011다12392 판결, 파기환송 판결 서울고등법원 2013. 4. 4. 선고 2012나89728 판결, 다음 환송심 상고로 대법 2013. 11. 14. 선고 2013다33577 판결로 마무리가 된 사례인 데 그 판결내용은 다음과 같다.

집합건물의 부지 전체에 대하여 대지권이 성립한 이후에는 구분소유자의 대지사용권은 규약으로 달리 정한 경우가 아니면 전유부분과 분리하여 처분할 수 없으므로(집합건물법 제20조), 집합건물의 분양자가 전유부분 소유권은 구분소유자들에게 모두 이전하면서도 대지는 일부 지분에 관하여만 소유권이전등기를 하고 나머지 지분을 그 명의로 남겨 둔 경우에 그 분양자 또는 그 보유지분을 양수한 양수인이 구분소유자들에 대하여 공유지분권을 주장할 수 있으려면, 전유부분과 대지사용권을 분리 처분할 수 있도록 규약에서 달리 정하였다는 등 특별한 사정이 있어야 한다(대법 2011다12392 참조).

이 사건 건물의 소유를 위하여 이 사건 대지 전체에 대하여 이미 대지사용권이 성립하였지만 그 대지사용권을 이 사건 건물 전유부분과 분리 처분할 수 있도록 정한 규약이 있음을 인정할 증거는 없다는 이유로, 이 사건 지분에 대한 서울 서대문구의 압류는 전유부분과 대지의 분리처분이라는 결과를 낳게 하는 것으로서 집합건물법 제20조 제2항에 반하여 효력이 없고, 위 압류에 이은 공매처분도 권리자의 직접적인 처분행위는 아니지만 권리자를 대신하여 세무관서 등이 하는 매매로서 금지되는 처분에 해당하므로, 결국 원고들이 위 공매를 원인으로 하여 이 사건 지분에 관하여 마친 소유권이전등기는 원인무효라고 판단하였습니다.

◆ 대지 지분을 낙찰 받아 소송을 진행했지만 무효가 되는 사례들

이 공매낙찰자들이 집합건물소유자들을 상대로 토지사용료 청구소송을 진행했으나 공매로 대지 지분을 취득한 자체가 전유분분과 분리처분하는 것을 위반한 것(집합건물법 제20조에 의한 분리처분 금지)에 해당되어 무효가 된 사례이다(대법원 2013다33577 판결).

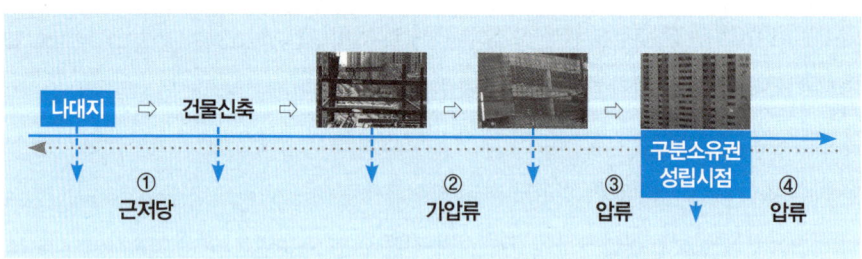

집합건물법 제20조(전유부분과 대지사용권의 일체성) ① 구분소유자의 대지사용권은 그가 가지는 전유부분의 처분에 따른다. ② 구분소유자는 그가 가지는 전유부분과 분리하여 대지사용권을 처분할 수 없다. 이 규정에 따라 구분소유권이 성립되기 전의 토지별도등기인 ①·②·③의 채권자가 경매나 공매를 신청하는 경우에는 분리처분이 가능하나 이 사례와 같이 ④가 공매를 신청하는 경우에는 무효로 소유권을 취득하지 못하게 된다.

Chapter 11

수탁재산과 유입자산 공매는 어떻게 찾아서 입찰하면 되나?

수탁재산 공매와 유입자산 공매란?

　수탁재산 공매는 금융기관 및 공공기관 등의 비업무용 재산을 한국자산관리공사가 수탁 받아 공매를 진행하는 물건과 양도소득세 감면대상물건을 수탁 받아 공매를 진행하는 물건이 있다. 유입자산 공매는 한국자산관리공사 명의로 유입한(낙찰 받은) 재산을 한국자산관리공사가 직접 일반인에게 공개경쟁 입찰방식으로 공매를 진행하는 물건이다.

　이들 공매물건은 소유자들이 명도까지 책임지고 매각하게 되므로 매각조건만 공매공고문과 공매담당자를 통해서 확인하고 낙찰 받으면 압류공매보다 안전한 공매이다.

01 금융기관과 공공기관 등의 수탁재산 공매

◆ 수탁재산 공매란?

　금융기관이 연체대출금을 회수하기 위하여 법원경매를 통해 금융기관 명의로 유입(경매로 낙찰 받음)한 후 한국자산관리공사(KAMCO)에 매각 의뢰된 재산과 공공기관이 소유하고 있는 비업무용재산으로 한국자산관리공사에 매각의뢰된 재산이다. 즉, 금융기관소유 비업무용 재산과 공공기관소유 비업무용 재산 등을 금융기관 또는 공공기관 등으로부터 위임을 받아 한국자산관리공사가 일반인에게 공개경쟁 입찰방식으로 매각하는 부동산을 수탁재산 공매라 한다.

◆ 수탁재산의 매각 흐름도

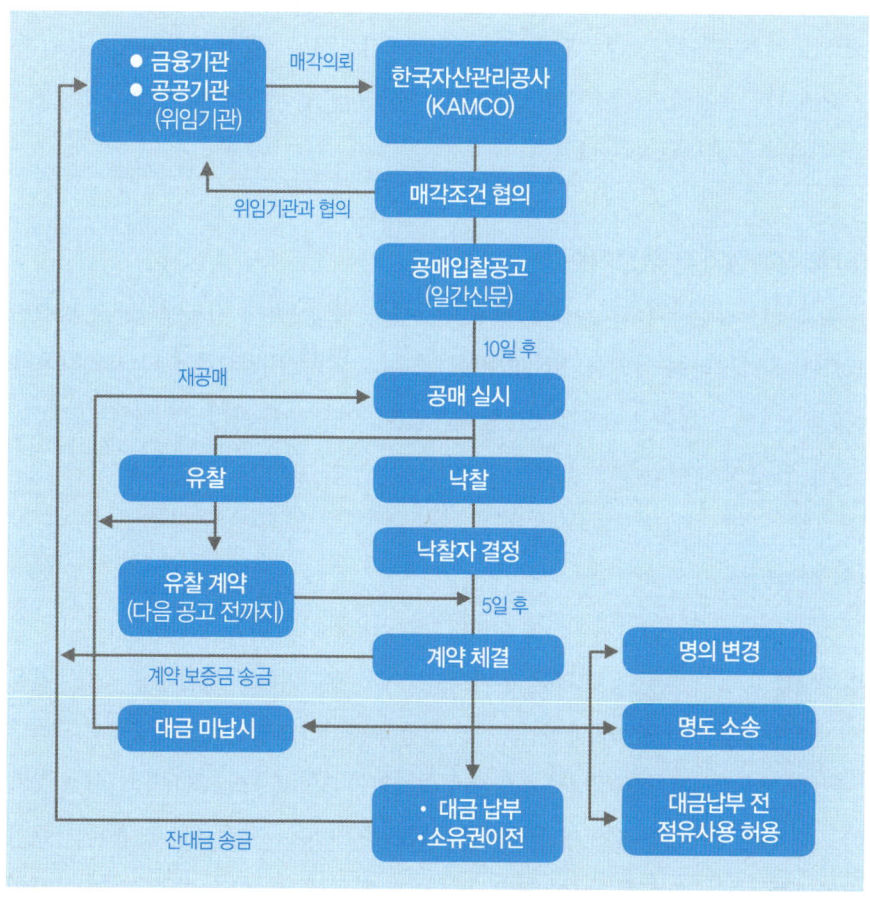

◆ 금융기관과 공공기관 등의 수탁재산 매각방법

(1) 매각방법

　공매부동산의 소재지, 종별, 공매예정가격과 개별적인 부대조건을 일간지 신문에 공고한 후 일반경쟁입찰을 통하여 처분하는 제도이다. 그런데 이러한 업무를 한국자산관리공사가 위탁받아 온비드(위임기관 요청 시 신문 등)에 의하여 공고 후 공매 또는 유찰계약 방법으로 매각하고 있다.

(2) 공매공고

공매공고는 입찰 전일부터 역산하여 10일 전에 온비드(위임기관 요청시 일간신문 등에 공고)에 게재한다. 그래서 응찰자는 onbid.co.kr 사이트를 방문하여 일시금의 최저매매가격, 물건내용, 감정가격, 입찰방법, 계약체결 및 부대조건(수탁재산 입찰공고문 참조) 등을 확인할 수 있다.

(3) 매각예정가격 책정기준

최초에는 감정가격으로 하고 2회차 이후로는 매 공매 시 최초매각예정 가격의 10/100에 해당하는 금액을 저감하여 실시한다. 그러나 위임기관에 따라 체감율을 5% 또는 10%로 정해서 다르게 진행할 수도 있다. 이 내용은 온비드 입찰정보와 공매공고문을 통해서 확인하면 된다.

(4) 입찰방법

① 입찰에 참여하려면 온비드에 회원가입과 실명확인을 위한 공인인증기관의 공인인증서를 등록해야 한다. 그다음 온비드화면에서 로그인하고 입찰대상 공매물건을 찾아서 입찰하는 과정에서 공인인증서로 실명을 확인하고 입찰서를 제출하면 된다.

② 대리인이 입찰자를 대리하여 입찰에 참여하거나 공동명의로 인터넷입찰에 참가하고자 하는 경우에는 인터넷 입찰기간 마감시간 전까지 공동입찰신청서 또는 대리입찰신청서를 공사에 제출해야 하고, 대표입찰자 또는 대리인 명의로 인터넷입찰에 참가해야 한다.

③ 입찰보증금은 입찰금액의 10% 이상을 인터넷입찰 마감시간 전까지 온비드 지정 예금계좌에 입금해야 유효하다(입찰보증금은 10%로 정하는 것이 일반적이지만, 위임기관에 따라 공고문에서 입찰할 때 보증금을 5%와 계약할 때 5%를 추가 납부하는 조건으로 매각할 수도 있다. 이 내용은 공매공고문을 통해서 확인할 수 있다.).

④ 입찰보증금이 1,000만원을 초과하는 경우에는 분할납부가 가능하다(인터넷입찰 마감시간 전까지 여러 번 나누어 납부할 수 있다).

⑤ 온비드화면에서 입찰하는 방법은 Chapter 3에서 05. 입찰할 공매물건에서 입

찰서 제출과 입찰보증금 납부(119쪽)와 이장 다음 04번에 자세하게 기술되어 있으니 참고하면 된다.

(5) 유찰계약(수의계약)

① 입찰을 실시해도 매각되지 아니한 경우

전 회차 공매조건 이상으로 입찰절차를 종료한 후 다음 공매공고 전까지 할 수 있다.

② 낙찰자가 계약을 체결하지 아니한 경우

낙찰조건 이상으로 낙찰취소 후 다음 공매공고 전까지 할 수 있다.

◆ 낙찰자 결정과 계약체결 방법

(1) 낙찰자결정 방법

매각예정가격 이상인 최고액의 입찰자를 낙찰자로 정하고, 동일가격 입찰자가 2인 이상인 때에는 즉시 온비드에 의한 무작위 추첨으로 낙찰자를 결정하게 된다.

(2) 계약체결 방법과 계약보증금 처리

낙찰자는 낙찰일로부터 5일 이내에 신분증과 주민등록등본 1통을 지참하여 매매계약을 체결하여야 하며, 이에 응하지 않을 경우에는 낙찰은 무효로 하고 입찰보증금은 매도사에게 귀속된다. 이때 계약보증금은 입찰할 때 납부한 보증금을 계약금으로 하고, 입찰보증금을 10% 미만으로 납부한 경우에는 계약체결 시에 추가 납부해야 한다.

◆ 매각대금 납부기한과 대금완납 전 점유사용 및 소유권이전

(1) 매각대금 납부방법과 할부납부조건

① 매각대금 납부방법

㉠ 6개월 일시불이란 – 매매계약체결일로부터 6개월 이내에 계약보증금을 제외한

잔금을 전액 납부하는 방법.

ⓒ 6개월 균등(할부금)이란 – 매매잔금을 매매계약체결일로부터 소정의 할부기간 내에 최장 6개월마다 균등하게 납부하는 방법이다. 예) 2년 6개월 균등이란 – 4회에 분할 납부한다.

② 매각대금 할부납부조건(매각예정가격기준)

㉠ 5억 미만 – 주택·임야(2년 이내), 상가빌딩(3년 이내), 공장·선박 등(5년 이내)

ⓒ 5억~30억 미만 – 주택·임야(3년 이내), 상가빌딩(5년 이내), 공장·선박 등(7년 이내)

㉢ 30억 이상 – 주택·임야(5년 이내), 상가빌딩(7년 이내), 공장·선박 등(10년 이내)

(2) 대금납부 전 점유사용

① 매매대금의 1/3 이상 선납할 경우 점유사용(사전사용)이 허용된다. 단 공장 내의 기계, 기구대금은 전액 선납 또는 사용에 대한 별도의 담보제공이 필요하다.

② 사전입주가 허용되지 않는 경우

기업소유의 부동산, 금융기관이 현재 임대 중이거나 점유자를 상대로 소송 중인 경우이다.

(3) 대금완납 전에도 소유권이전이 가능하다

금융기관의 지급보증서, 예금·적금증서, 국공채·금융채 이행보증보험증권을 담보제공시 ➪ 소유권이전하여 사용·처분할 수 있고 은행담보로도 활용이 가능하다.

(4) 매수자 명의변경(대금완납 전 명의 변경가능)

① 할부대금이 완납 전이라도 매수자명의를 다른 사람으로 변경이 가능하다. 그러나 위임기관에 따라서 명의변경을 불허가하는 경우도 있다.

② 명의변경 승낙기준

㉠ 신청일 현재 최초 도래하는 할부금의 납부기일이 3개월 이후인 경우 명도책임을 매수자로 하고 최초 도래하는 할부금 선납

ⓒ 신청일 현재 최초 도래하는 할부금의 납부기일이 3개월 미만인 경우 명도책임을 매수자로 하고 최초 도래하는 할부금의 선납과 최종할부금의 납부기일을 3개월 단축한다.
　ⓒ 일시급 재산의 경우 : 할부급 재산에 준한다.
　③ 명의변경시점에서 매수희망인은 당초 계약자가 지급한 금액에 대한 취득세를 납부하여야 하며 그 이후부터는 할부금 지급일마다 30일 이내에 할부금 금액에 대한 취득세를 납부하여야 한다.
　④ 명의변경 시 토지거래허가, 임야매매증명, 농지취득자격증명 등의 규제가 있는 경우에는 허가절차를 다시 밟아야 한다.
　⑤ 매수자 명의변경 시 제출서류
　㉠ 법인 : 신청서, 정관, 대표자 및 이사의 인감증명서, 이사회회의록
　㉡ 개인 : 신청서, 계약 탈퇴자 및 잔류매수자의 인감증명서

(5) 대금 선납 시 감면

　잔대금의 전액 또는 일부를 3개월 이상의 할부금을 선납하면 정기예금 이자상당액을 대금에서 감액해준다.

(6) 담보대출융자 가능

　공매 의뢰자가 금융기관일 때 당해금융기관에서 융자도 가능하다.

(7) 매수대금 지연이자와 매매 계약해제

　① 매수대금 납부기한까지 대금을 지급하지 아니할 때에는 그 익일부터 지급지연액에 대하여 매각위임 금융기관의 연체이율을 적용한 지연손해금을 위임기관(=매도인)에게 가산 지급해야 한다.
　② 매수대금 납부기한을 30일 이상을 연체한 때에는 위임기관(=매도인)은 계약을 해제할 수 있다. 다만, 대금불납에 따른 계약해제 시기는 위임기관의 재산매매계약 해제기준에 의한다.

◆ 낙찰 받고 나서 소유권을 취득하는 방법

(1) 낙찰 받았을 때(수의계약 포함) 매매 계약체결과 계약보증금 처리

낙찰 후 5일 이내에 주민등록등본, 주민등록증, 도장을 갖추어서 매매계약서를 작성한다. 이 기간 내에 체결하지 않으면 계약보증금은 위임기관에 귀속된다.

(2) 토지거래허가지역

① 계약체결 전 한국자산관리공사에 토지거래허가신청 및 신고에 필요한 서류를 제출하면 한국자산관리공사가 행정관청에 신청하여 ⇨ 허가 후 5일 이내에 매매계약을 체결한다.

② 허가를 받고도 5일 이내에 계약체결을 하지 않으면 보증금은 반환받지 못한다.

③ 불허가되면 낙찰(수의)계약은 무효이고 보증금을 반환받는다.

(3) 농지취득자격증명

등기신청 시 필요한 것이므로 계약체결 후에 받는다. 단 증명을 발급받지 못하면 소유권이전등기가 되지 못하므로 입찰하기 전에 취득가능 여부를 확인해야 한다. 농지취득자격증명서를 발급 받지 못하면 소유권이전등기가 불가하므로 소유권을 취득할 수 없다.

(4) 부동산거래실거래신고

매매계약서 작성일로부터 주택투기지역은 15일 이내, 이외의 지역은 60일 이내에 매매계약실거래신고를 시·군·구청에 하여야 한다.

(5) 매수대금 납부와 소유권이전등기

대금완납 후에는 매각의뢰기관에서 소유권이전에 필요한 서류를 교부받아 등기소에 소유권이전신청을 하면 모든 절차가 끝난다.

그리고 수탁재산공매에서 소유권이전등기를 하는 방법은 Chapter 3의 07. 공매종류별로 매수대금 납부와 소유권이전등기 방법(137쪽)을 참고하면 된다.

(6) 해제된 계약의 부활

매매계약해제 이후에도 차기공고 전일까지 연체이자와 감정료 등의 부대비용을 납부할 경우 계약부활이 가능하다.

(7) 명도책임

특별한 경우를 제외하고는 명도는 위임기관(=매도인)이 책임지고 있다.

① 위임기관은 매매대금 완납 후에 매매목적물을 현존 상태대로 매수인에게 인도한다.

② 명도 또는 인도소송이 법원에 계속 중이거나 집행관의 명도 또는 인도집행 장애로 인하여 명도가 지연되는 때에는 위임기관은 그 지체의 책임을 지지 아니한다. 다만, 최종할부금 납부기일까지 명도소송이 종료되지 아니하거나 명도집행 장애로 인하여 매매목적물의 명도 또는 인도가 지연될 경우에는 최종 잔대금 납입기일을 명도완료 시까지 연장할 수 있다.

(8) 매각수수료

매각대금의 1%(계약 시 0.5%, 잔금납부 시 0.5%)이다.

◆ 수탁재산을 구입할 때 알고 있어야할 내용 핵심체크

① 공매공고문 "물건별 부대조건 등 공지사항"을 정확하게 파악해야 한다.
② 명도책임이 공사인지 매수자인지 책임관계를 파악해야 한다.
③ 공매 응찰 전 반드시 다음과 같은 공부를 열람해야 한다.

㉠ 토지이용계획확인원(도시계획저촉여부, 건축허가구분여부, 용도지역·지구 등 확인, 개발제한구역여부확인), ㉡ 토지대장, ㉢ 임야대장, ㉣ 건축물관리대장, ㉤ 지적도(토지의 면적과 경계·위치 등 확인), ㉥ 환지예정지(확정증명원), ㉦ 등기부등본(소유자, 지번, 지목, 면적 등 확인)(대장과 면적의 차이가 없는지 여부), ㉧ 매각토지지상의 등기

및 미등기건물이 있는 경우 – 공사에서 제시하지 않은 건물의 소유권이 누구인지 또한 건물철거가 가능한지, 건물이 없을 경우 새로운 건축이 가능한지 등을 살펴보아야 한다.

ⓩ 공장 – 공장신고나 허가가능여부 및 기계기구 수량의 증감내용 또는 기계기구의 사용가능여부 등을 확인

ⓩ 상가, 아파트 – 관리비는 원칙적으로 전소유자가 부담하나 체납이 있을 경우 분쟁의 소지가 있으므로 관리비체납사실을 확인한다.

ㅋ 임야 – 지상에 식재된 수목의 소유권취득여부, 입목등기가 되어있는지 여부 등을 확인.

ㅌ 토지거래허가지역 – 토지는 토지거래허가를 받아야하고, 임야는 임야매매증명서를, 농지이면 농지취득자격증명서를 받아야 계약이 가능하다. 그러나 토지거래허가지역이라도 3번 이상 유찰된 물건을 구입 시에는 면제된다.

02 양도세 감면대상 물건에 대한 수탁공매

◆ 매각 위임대상주택

한국자산관리공사에 매각을 의뢰하면 양도한 것과 동일하게 인정되어 양도소득세의 비과세 또는 중과제외 혜택을 받을 수 있을 뿐만 아니라 부동산 매각전문공기업인 KAMCO의 공신력을 바탕으로 부동산 전문사이트인 온비드를 통해 매각되므로 일반매각보다 빠르고 유리하게 매각할 수 있다.

(1) 1세대 1주택의 특례로 비과세가 적용되는 주택

1세대 1주택자가 기존주택 취득일로 부터 1년 이상 경과한 후에 새로운 주택을 취득하여 1세대 2주택이 된 경우에 새로 취득한 주택 취득일로 부터 3년 이내에 2년 이상 보유한 기존 주택을 양도하면 일시적 2주택으로 보아 양도소득세가 비과세가 된다(소득세법 155조).

　이 밖에도 소득세법 시행규칙 제72조(1세대1주택의 특례) 제1항은 다른 주택을 취득한 날부터 3년이 되는 날 현재 ㉠ 한국자산관리공사에 매각을 의뢰한 경우(수탁재산 공매), ㉡ 법원에 경매를 신청한 경우, ㉢ 국세징수법에 의한 공매가 진행되는 경우 등이면 보유기간에 관계없이 3년 이후에 매각되더라도 9억까지는 비과세 혜택을 받을 수 있다.

(2) 조합원입주권을 소유한 1세대 1주택의 특례로 비과세 적용되는 주택

　국내에 1주택을 소유한 1세대가 그 주택을 양도하기 전에 조합원입주권을 취득함으로써 일시적으로 1주택과 1조합원입주권을 소유하게 된 경우 종전의 주택을 취득한 날부터 1년 이상이 지난 후에 조합원입주권을 취득하고 그 조합원입주권을 취득한 날부터 3년 이내에 종전의 주택을 양도하는 경우에는 이를 1세대 1주택으로 보아 비과세 혜택을 받게 된다.

　이 밖에도 소득세법 시행규칙 제72조(1세대1주택의 특례) 제1항은 조합원입주권을 취득한 날부터 3년이 되는 날 현재 ㉠ 한국자산관리공사에 매각을 의뢰한 경우(수탁재산 공매), ㉡ 법원에 경매를 신청한 경우, ㉢ 국세징수법에 의한 공매가 진행되는 경우 등이면 보유기간에 관계없이 3년 이후에 매각되더라도 9억까지는 비과세 혜택을 받을 수 있다.

(3) 부득이한 사유가 있어 비사업용 토지로 보지 아니하는 토지

　소득세법 시행규칙 제83조의5 및 법인세법 시행규칙 제46조의2는 다음에 해당하는 토지에 대하여는 해당 각 호에서 규정한 날을 양도일로 보아 영 제168조의6의 규정을 적용하게 되는데 그중에서 한국자산관리공사에 매각을 위임한 토지는 매각을 위임한 날을 기준으로 비사업용 토지에 해당하는지 여부를 판단하게 된다.

◆ 매각의뢰 접수 시 구비서류

① 부동산매각의뢰 신청서(소정양식)
② 토지·건축물의 등기필증 및 등기부등본
③ 토지·건축물대장등본
④ 지적도 및 토지이용계획 확인서
⑤ 매각의뢰자 주민등록등본
⑥ 점유·임대차 현황보고서(소정양식)
⑦ 당해주택에 대한 세무서 또는 세무사가 확인한 양도소득세계산서
⑧ 매각비용예납 : 감정수수료 등

◆ 양도세 감면대상 수탁재산 매각 흐름도

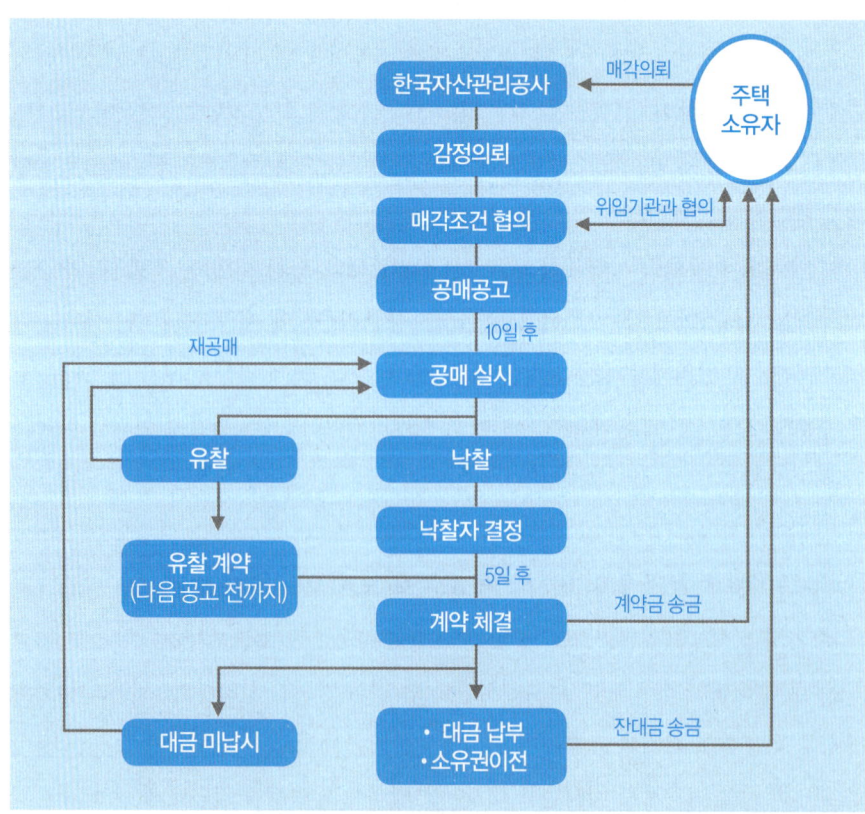

◆ 양도세 감면대상 수탁재산 매각방법

(1) 매각방법

공매부동산의 소재지, 종별, 공매예정가격과 개별적인 부대조건을 일간지 신문에 공고한 후 일반경쟁입찰을 통하여 처분하는 제도이다. 그런데 이러한 업무를 한국자산관리공사가 위탁받아 온비드(위임기관 요청 시 신문 등)에 의하여 공고 후 공매 또는 유찰계약 방법으로 매각하고 있다.

(2) 공매공고

공매공고는 입찰 전일부터 역산하여 10일 전에 온비드(위임기관 요청시 일간신문 등에 공고)에 게재한다. 그래서 응찰자는 onbid.co.kr 사이트를 방문하여 일시금의 최저매매가격, 물건내용, 감정가격, 입찰방법, 계약체결 및 부대조건 등(수탁재산 입찰공고문 참조) 등을 확인할 수 있다.

(3) 매각예정가격 책정기준

최초에는 감정가격으로 하고 2회차 이후로는 매 공매 시 최초매각예정 가격의 10/100에 해당하는 금액을 저감하여 실시한다. 그러나 위임기관에 따라 체감율을 5% 또는 10%로 정해서 다르게 진행할 수도 있다. 이 내용은 온비드 입찰정보와 공매공고문을 통해서 확인하면 된다.

(4) 입찰방법

① 입찰에 참여하려면 온비드에 회원가입과 실명확인을 위한 공인인증기관의 공인인증서를 등록해야 한다. 그다음 온비드화면에서 로그인하고 입찰대상 공매물건을 찾아서 입찰하는 과정에서 공인인증서로 실명을 확인하고 입찰서를 제출하면 된다.

② 대리인이 입찰자를 대리하여 입찰에 참여하거나 공동명의로 인터넷입찰에 참가하고자 하는 경우에는 인터넷 입찰기간 마감시간 전까지 공동입찰신청서 또는 대리입찰신청서를 공사에 제출해야 하고, 대표입찰자 또는 대리인 명의로 인터넷입찰에 참가해야 한다.

③ 입찰보증금은 입찰금액의 10% 이상을 인터넷입찰 마감시간 전까지 온비드 지정 예금계좌에 입금해야 유효하다(입찰보증금은 10%로 정하는 것이 일반적이지만, 위임기관에 따라 공고문에서 입찰할 때 보증금을 5%와 계약할 때 5%를 추가 납부하는 조건으로 매각할 수도 있다. 이 내용은 공매공고문을 통해서 확인할 수 있다.).
④ 입찰보증금이 1,000만원을 초과하는 경우에는 분할납부가 가능하다(인터넷입찰 마감시간 전까지 여러 번 나누어 납부할 수 있다).
⑤ 온비드화면에서 입찰하는 방법은 Chapter 3에서 05. 입찰할 공매물건에서 입찰서 제출과 입찰보증금 납부(119쪽)와 이장 다음 04번에 자세하게 기술되어 있으니 참고하면 된다.

(5) 유찰계약(수의계약)

① 입찰을 실시해도 매각되지 아니한 경우
전 회차 공매조건 이상으로 입찰절차를 종료한 후 다음 공매공고 전까지 할 수 있다.
② 낙찰자가 계약을 체결하지 아니한 경우
낙찰조건 이상으로 낙찰취소 후 다음 공매공고 전까지 할 수 있다.

◆ 낙찰자 결정과 계약체결 방법

(1) 낙찰자결정 방법

매각예정가격 이상인 최고액의 입찰자를 낙찰자로 정하고, 동일가격 입찰자가 2인 이상인 때에는 즉시 온비드에 의한 무작위 추첨으로 낙찰자를 결정하게 된다.

(2) 계약체결 방법과 계약보증금 처리

낙찰자는 낙찰일로부터 5일 이내에 신분증과 주민등록등본 1통을 지참하여 매매계약을 체결하여야 하며, 이에 응하지 않을 경우에는 낙찰은 무효로 하고 입찰보증금은 매도자에게 귀속된다. 이때 계약보증금은 입찰할 때 납부한 보증금을 계약금으로 한다.

◇ 매각대금 납부와 소유권이전등기, 그리고 명도책임은?

(1) 매수대금 납부와 소유권이전등기

매각대금은 3개월 일시불로 납부해야 한다. 매수인이 대금완납 후에는 매각의뢰기관에서 소유권이전에 필요한 서류를 교부받아 등기소에 소유권이전신청을 하면 모든 절차가 끝난다. 그리고 수탁재산공매에서 소유권이전등기를 하는 방법은 Chapter 3의 07. 공매종류별로 매수대금 납부와 소유권이전등기 방법(137쪽)을 참고하면 된다.

(2) 명도책임은 매도자에 있다

위임자(=매도인)는 매수인이 매매대금을 완납하면 매매목적물을 현존 상태대로 매수인에게 인도해야 된다.

(3) 매각수수료

매각대금의 1%(계약 시 0.5%, 잔금납부 시 0.5%)이다.

03 한국자산관리공사의 유입자산 공매

◇ 유입자산 공매란?

"금융기관부실자산 등의 효율적 처리 및 한국자산관리공사의 설립에 관한 법률" 및 "동법 시행령"에 의거 금융기관의 구조개선을 위하여 부실채권정리기금으로 KAMCO(한국자산관리공사)가 인수한 금융기관 부실채권을 회수하는 과정에서 법원경매를 통해 KAMCO 명의로 유입한 재산과 부실징후기업을 지원하기 위해 기업

체로부터 취득한 재산으로 이러한 재산을 KAMCO가 소유자로 일반인에게 공개경쟁 입찰방식으로 공매절차를 진행하게 된다.

◆ 유입자산의 매각방법

(1) 매각방법

한국자산관리공사가 운영하는 인터넷공매입찰 전문사이트인 온비드(www.onbid.co.kr)를 통하여 인터넷 공매방법으로 매각하고 있다. 이는 전국 어디에서나 인터넷으로 쉽게 입찰에 참여할 수 있는 편리한 제도이다.

(2) 공매공고

공매공고는 연 3회 이상 입찰집행기일을 기준으로 15일 전에 온비드에 게재한다. 그래서 응찰자는 onbid.co.kr 사이트를 방문하여 일시금의 최저매매가격, 물건내용, 감정가격, 입찰방법, 계약체결 및 부대조건(유입자산 입찰공고문 참조) 등을 확인할 수 있다.

(3) 매각예정가격 책정기준

최초에는 감정가격으로 하고 2회차 이후로는 매 공매 시 최초매각예정 가격의 10/100에 해당하는 금액을 저감하여 실시한다. 그러나 한국자산관리공사가 저감율을 5% 또는 10%로 다르게 진행할 수도 있다. 이 내용은 온비드 입찰정보와 공매공고문을 통해서 확인하면 된다.

(4) 입찰방법

① 입찰에 참여하려면 온비드에 회원가입과 실명확인을 위한 공인인증기관의 공인인증서를 등록해야 한다. 그다음 온비드화면에서 로그인하고 입찰대상 공매물건을 찾아서 입찰하는 과정에서 공인인증서로 실명을 확인하고 입찰서를 제출하면 된다.

② 대리인이 입찰자를 대리하여 입찰에 참여하거나 공동명의로 인터넷입찰에 참가

하고자 하는 경우에는 인터넷 입찰기간 마감시간 전까지 공동입찰신청서 또는 대리입찰신청서를 공사에 제출해야 하고, 대표입찰자 또는 대리인 명의로 인터넷입찰에 참가해야 한다.

③ 입찰보증금은 입찰금액의 10% 이상을 인터넷입찰 마감시간 전까지 온비드 지정 예금계좌에 입금해야 유효하다(입찰보증금은 10%로 정하는 것이 일반적이다. 그러나 한국자산관리공사가 공고문에서 입찰할 때 보증금을 5%와 계약할 때 5%를 추가 납부하는 조건으로 매각할 수도 있다. 이 내용은 공매공고문을 통해서 확인할 수 있다.).

④ 입찰보증금이 1,000만원을 초과하는 경우에는 분할납부가 가능하다(인터넷입찰 마감시간 전까지 여러 번 나누어 납부할 수 있다).

⑤ 입찰의 성립 – 경쟁입찰은 1인 이상의 유효한 입찰이다.

⑥ 온비드화면에서 입찰하는 방법은 Chapter 3에서 05. 입찰할 공매물건에서 입찰서 제출과 입찰보증금 납부(119쪽)와 이장 다음 04번에 자세하게 기술되어 있으니 참고하면 된다.

(5) 유찰계약(수의계약)

일정한 조건을 갖춘 자에게 부동산의 매수 기회를 우선적으로 부여하여 매매계약을 체결하는 매각방법이다.

① 연고자로부터 계약요청이 있는 경우 : 공사가 정한 조건 이상

② 입찰을 실시하였으나 미 매각된 물건에 매수요청이 있는 경우 : 공고된 최저매매가격이상으로.

③ 낙찰 취소된 물건에 매수요청이 있는 경우 : 낙찰조건 이상으로

④ 유찰계약기간 : 다음 공매공고 전일까지

⑤ 유찰계약절차 : 유찰계약체결요청서 제출 및 매매가격의 10% 이상 계약 보증금 납부.

㉠ 경합이 있는 경우 지명경쟁입찰에 의하며 통보 후 7일 이내에 실시, ㉡ 연고자와 일반인 경합은 연고자우선, 연고자간 경합은 채무관계 연고자가 우선한다.

(6) 분양

대단위 임야 및 농지 또는 집합건물, 레저, 전원주택지로서 분양에 의하는 것이 용이하다고 판단되는 경우의 매각방법이다.

◆ 낙찰자 결정과 계약체결 방법

(1) 낙찰자결정 방법

매각예정가격 이상인 최고액의 입찰자를 낙찰자로 정하고, 동일가격 입찰자가 2인 이상인 때에는 즉시 온비드에 의한 무작위 추첨으로 낙찰자를 결정하게 된다.

(2) 계약체결 방법과 계약보증금의 처리

낙찰자는 낙찰일로부터 5일 이내에 신분증과 주민등록등본 1통을 지참하여 매매계약을 체결하여야 하며, 이에 응하지 않을 경우에는 낙찰은 무효로 하고 입찰보증금은 한국자산관리공사에 귀속된다. 이때 계약보증금은 입찰할 때 납부한 입찰보증금을 계약금으로 한다.

◆ 매각대금 납부기한과 대금완납 전 점유사용 및 소유권이전

(1) 매매대금의 납부기한

① 일시금 납부

계약체결일로부터 1개월 내에 납부해야 한다.

② 할부납부와 지급지연손해금

㉠ 매매대금에서 계약보증금을 차감한 금액을 납부기간에 대하여 기금채권발행금리에 해당하는 이자를 가산한 금액을 6개월 단위로 균등 분할하여 납부함(동산의 경우 일시급에 의함)

㉡ 대금연체 시 연체발생 시점의 기금채권발행금리를 기준으로 연체이율에 해당하는 지연손해금을 납부해야 한다. 지급지연손해금은 연체이율 상한금리는 연 17%

로 하되, 기간별 연체이율 다음과 같다

연체기간	연체이율
1개월 미만	부실채권정리기금채권발행금리 + 3%P
1개월 이상 3개월 미만	부실채권정리기금채권발행금리 + 6%P
3개월 이상	부실채권정리기금채권발행금리 + 9%P

(2) 대금납부 전 점유사용 방법

① 매매대금의 1/3 이상 선납하거나 대금완납 전 소유권이전을 위한 담보를 제시한 경우

② 기계수리비가 매매대금의 1/3 이상 소요되어 매수자가 직접 수리하여 사용하는 경우

③ 점유사용 중 매매계약이 해약되는 경우 - 점유사용료를 징수(매매대금에 부동산 10%, 기계기구 및 시설물은 14.2%의 사용료를 매1년마다 징수한다)

(3) 대금완납 전 소유권이전(매수자 명의변경)

소유권취득 후 등기를 하지 않고 제3자에게 처분하는 미등기전매와는 구별되며 이는 공사법상 "부실자산 등의 정리촉진을 위한 특례(제45조의3)"에 의거 부동산등기 특례조치법 제2조 및 제4조를 적용받기 때문이다.

① 매수인이 매매대금의 1/2 이상을 납부하고 잔대금납부보장책으로 매매목적물에 대하여 다음 각호의 기준에 의한 근저당권 설정을 요청할 시는 매매대금 완납 이전에도 甲은 소유권이전을 승낙할 수 있다.

1. 설정순위 : 제1순위

2. 설정금액 : 매매잔대금의 130%

3. 설정 및 말소비용 부담 : 매수인

② 매수인의 명의변경 요청은 한국자산관리공사(매도인)의 소정양식인 명의변경 신청서에 의하며, 매도인은 매수인의 명의변경요청에 대하여 명의변경승낙조건 및 기준에 적합할 경우 이를 승낙할 수 있다.

③ 매수자 명의변경계약을 체결 시에는 동법 제3조 1항 및 제4조에 의거 매수자는 원매매계약서에 매수자 명의변경계약서를 합철하여 검인받고, 공사는 동 변경내용을

부동산 소재지 관할시장, 군수, 구청장에게 통보한다.

(4) 대금 선납 시 감면

잔대금의 전액 또는 일부를 3개월 이상의 할부금을 선납하면 정기예금 이자상당액을 대금에서 감액해준다.

(5) 대금납부기한의 연장

① 매수인의 자금사정 등으로 대금납부기한 연장이 필요한 경우에는 1회에 한하여 기존 대금납부기한을 포함하여 1년까지 연장할 수 있다.

② 제1항의 연장기간에 대하여는 부실채권정리기금채권발행금리에 해당하는 이자를 가산한다.

③ 제1항에 따라 대금납부기한을 변경하는 경우에는 매수인은 공사 소정 양식의 부동산매매계약 변경계약체결요청서를 제출하여야 하며, 기간 연장에 따른 매매대금의 증액부분에 대한 10%의 계약보증금을 추가로 납부해야 한다.

(6) 매매 계약해제와 계약의 부활

① 대금납부최고 등의 조치에도 불구하고 부동산을 2개월 이상, 동산은 1개월 이상 매매대금을 납부하지 아니한 경우 매매계약은 해제된다.

② 매수자가 해약의사를 분명히 표시한 경우도 해제된다.

③ 해약처리 후 중도금반환 및 계약금, 보증금(지연손해금 등)은 공사에 귀속된다.

④ 계약의 부활 – 매매계약해지 후 60일 이내에 매수자가 연체된 매매대금과 지연손해금 및 제비용을 납입할 경우 재공매를 중지하고 해제된 계약을 부활할 수 있다.

◆ 낙찰 받고 나서 소유권을 취득하는 방법

(1) 낙찰 받았을 때(수의계약 포함) 매매 계약체결과 계약보증금

낙찰 후 5일 이내에 주민등록등본, 주민등록증, 도장을 갖추어서 매매계약서를 작성한다. 이 기간 내에 체결하지 않으면 계약보증금은 한국자산관리공사에 귀속된다.

(2) 토지거래허가지역

① 계약체결 전 한국자산관리공사에 토지거래허가신청 및 신고에 필요한 서류를 제출하면 한국자산관리공사가 행정관청에 신청하여 ➪ 허가 후 5일 이내에 매매계약을 체결한다.

② 허가를 받고도 5일 이내에 계약체결을 하지 않으면 보증금은 반환받지 못한다.

③ 불허가되면 낙찰(수의)계약은 무효이고 보증금을 반환받는다.

(3) 농지취득자격증명

등기신청 시 필요한 것이므로 계약체결 후에 받는다. 단 증명을 발급받지 못하면 소유권이전등기가 되지 못하므로 입찰하기 전에 취득가능 여부를 확인해야 한다. 농지취득자격증명서를 발급 받지 못하면 소유권이전등기가 불가하므로 소유권을 취득할 수 없다.

(4) 부동산거래실거래신고

매매계약서 작성일로부터 주택투기지역은 15일 이내, 이외의 지역은 60일 이내에 매매계약실거래신고를 시·군·구청에 하여야 한다.

(5) 매수대금 납부와 소유권이전등기

대금완납 후에는 한국자산관리공사에 소유권이전에 필요한 서류를 교부받아 등기소에 소유권이전등기를 신청하면 된다. 그리고 유입자산공매에서 소유권이전등기를 하는 방법은 Chapter 3의 07. 공매종류별로 매수대금 납부와 소유권이전등기 방법(137쪽)을 참고하면 된다.

(6) 해제된 경우의 계약의 부활

매매계약해제 이후에도 차기공고 전일까지 연체이자와 감정료 등의 부대비용을 납부할 경우 계약부활이 가능하다.

(7) 유입자산의 명도책임

한국자산관리공사가 부담함을 원칙으로 한다. 그러나 경우에 따라서는 매수자가 부담할 수도 있으니 공매공고 내용을 확인해야 한다.

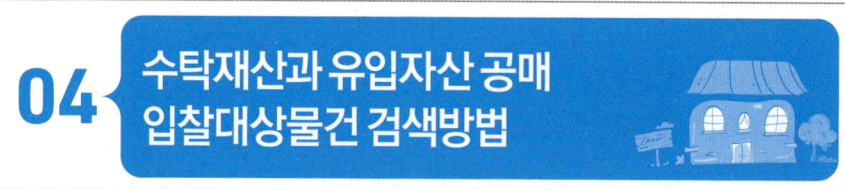

◆ 온비드 홈페이지에서 로그인 후 공매물건을 종류별로 검색하는 방법

(1) 온비드 홈페이지에서 로그인하면 다음과 같은 화면을 확인할 수 있다

(2) 온비드 화면에서 용도별검색 방법을 통한 공매물건 검색하는 방법

가) 용도별검색에서 부동산 공매물건을 검색하는 방법

온비드 홈페이지 상단 부동산 또는 동산/기타자산[자동차와 운송장비, 물품(기계), 물품(기타)] 등의 메뉴에서 용도를 부동산 을 선택해서 검색하면 ⇨ 좌측메뉴에 부동산 HOME이 나타나는데 이 타이틀에는 ⇨ 물건, 공고, 테마물건, 입찰결과 등이 나타난다. 여기서 물건을 선택하면 ⇨ 물건검색, 신규물건, 캠코 국유재산 전용관, 캠코 압류재산 전용관, 캠코 수탁·유입자산 전용관, 수의계약 가능물건 등의 세부항목을 확인할 수 있다. ⇨ 이 세부항목에서 물건검색을 선택해서 상세조건검색을 검색하면 다음과 같은 화면이 나타난다.

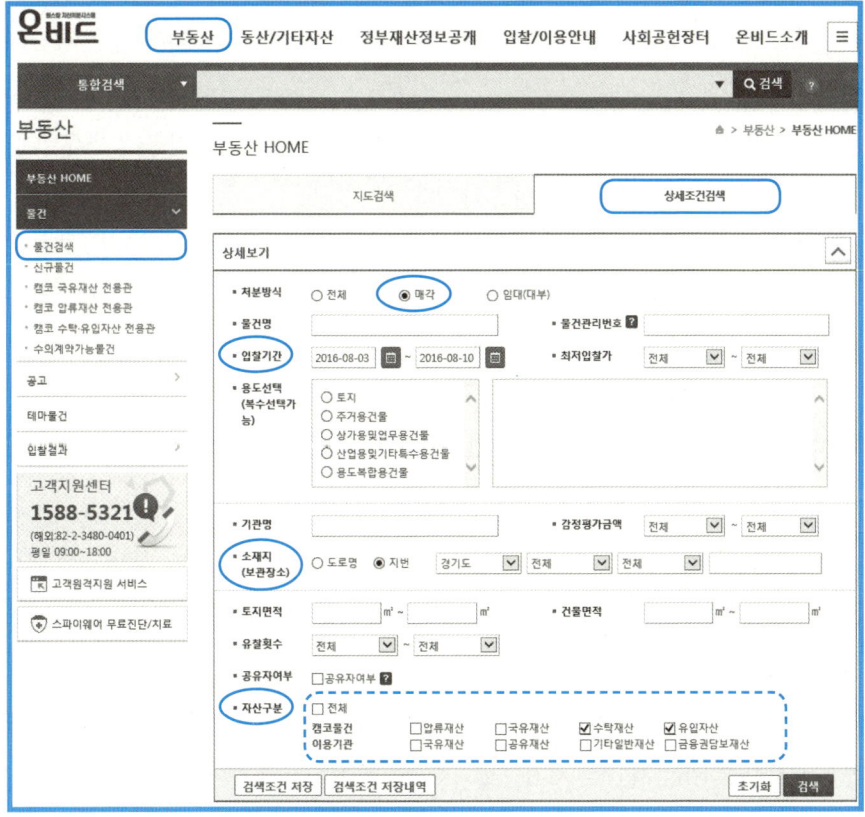

이 화면에서 ① 처분방식과 ② 입찰기간, ③ 소재지(서울시, 경기도, 인천광역시... 등)

등을 선택하고, ⇨ ④ 자산구분(•캠코물건 – 압류재산, 국유재산, 수탁재산, 유입자산과 •이용기관 – 국유재산, 공유재산, 기타일반재산, 금융권담보재산)에서 수탁재산 또는 유입자산을 선택해서 입찰할 수탁재산 또는 유입자산 공매물건을 검색하면 된다.

나) 용도별검색에서 동산 및 기타재산 공매물건을 검색하는 방법

온비드 홈페이지 상단 부동산 또는 동산/기타자산[자동차와 운송장비, 물품(기계), 물품(기타)] 등의 메뉴에서 용도를 동산/기타자산 을 선택해서 검색하면 ⇨ 좌측메뉴에 동산/기타자산 HOME이 나타나는데 이 타이틀에는 ⇨ 물건, 공고, 테마물건, 입찰결과 등이 나타난다. 여기서 물건을 선택하면 ⇨ 물건검색, 신규물건, 금융권담보재산 전용관, 캠코 국유증권 전용관, 캠코 압류재산 전용관, 수의계약 가능물건 등의 세부항목을 확인할 수 있다. ⇨ 이 세부항목 중에서 물건검색을 선택 후 상세조건검색 방법으로 ① 자동차와 운송장비, ② 물품(기계), ③ 물품(기타) 등을 확인할 수 있다.

온비드화면에서 확인하는 방법은 앞에서 용도별검색에서 부동산을 검색하는 방법과 같이 확인하면 되므로 지면상 생략했다.

이렇게 검색해서 입찰할 금융기관 등의 수탁재산 또는 유입자산 공매물건을 찾았다면 다음과 같이 분석해서 입찰하면 된다.

(3) 본인이 입찰서를 작성하는 방법과 대리인 또는 공동으로 입찰하는 방법

입찰서 작성 및 제출 화면에서 입찰방법은 ① 입찰방법 ⇨본인, ⇨대리입찰(서류제출방식), ⇨공동입찰(전자서명방식, 서류제출방식)에서 〈본인〉을 체크하고 입찰서를 작성해서 제출하면 된다. 본인이 공매대상물건에 입찰하고자 하는 자는 입찰서에 입찰자 성명, 주소, 매각하고자 하는 재산의 명칭, 입찰가격, 입찰보증금 기타 필요한 사항을 기재하여 입찰마감 전까지 제출하여야 한다. ⇨ ② 온비드화면에서 본인이 입찰하는 방법은 Chapter 3에서 05. 입찰할 공매물건에서 입찰서 제출과 입찰보증금 납부(119쪽)에 자세하게 기술되어 있으니 참고하면 된다. ⇨ ③ 대리인 또는 공동으로 입찰하는 방법도 마찬가지이다.

05 에너지관리공단의 수탁재산 공매 물건에 입찰하기

◆ 온비드 입찰정보 내역

| 물건정보 | 입찰이력 | | 해당공고 보기 | 해당공고물건 보기 |

물건관리번호 : 2012-00125-001 물건상태 : 낙찰 공고일자 : 2014-06-12 조회수 : 832

경남 창원시마산회원구 양덕동 153-8번지 한진오피스텔 제0000-0호

처분방식 / 자산구분	매각 / 수탁재산(캠코)
용도	오피스텔
면적	대지 19.115㎡, 건물 119.275㎡
감정평가금액	125,000,000원
입찰방식	일반경쟁(최고가방식) / 총액
입찰기간 (회차/차수)	2014-06-24 10:00 ~ 2014-06-26 17:00 (006/01)
공매대행의뢰기관	에너지관리공단
집행기관	한국자산관리공사
담당자정보	금융자산관리부 / 이창식 / 02-3420-5013

[사진] [지도] [지적도] [위치도]
[일사편리 부동산정보] [감정평가서]

[입찰유형]
- ☐ 전자보증서가능   ☑ 공동입찰가능
- ☑ 2회 이상 입찰가능 ☑ 대리입찰가능
- ☐ 2인 미만 유찰여부   ☐ 차순위 매수신청가능

최저입찰가(예정금액) 61,250,000원

[관심물건 등록] [입찰]

| 물건 세부 정보 | 입찰 정보 | 시세 및 낙찰 통계 | 물건 문의 | 부가정보 |

▮ 면적 정보

번호	종별(지목)	면적	지분	비고
1	토지 > 대지	19.115㎡	-	-
2	건물 > 건물	119.275㎡	-	-

위치 및 이용현황

소재지	지번	경남 창원시마산회원구 양덕동 153-8번지 한진오피스텔 제○○○○-○호
위치 및 부근현황		경상남도 창원시 마산회원구 양덕동 소재 한진오피스텔 제11층 제1104-6호로서 제반 교통환경은 보통시되며 마산고속버스터미널 인근으로 부근은 상업용건물 및 은행 등이 혼재함.
이용현황		현황 공실 상태임

감정평가정보

감정평가기관	평가일	평가금액(원)	감정평가서
나라감정평가법인	2013-10-17	125,000,000	⬇ 감정평가서

명도이전책임 및 부대조건

명도이전책임	매도자

물건 세부 정보	입찰 정보	시세 및 낙찰 통계	물건 문의	부가정보

입찰 방법 및 입찰 제한 정보

전자보증서 사용여부	사용 불가능	차순위 매수신청 가능여부	신청 불가능
공동입찰 가능여부	공동입찰 가능	2인 미만 유찰여부	1인이 입찰하더라도 유효한 입찰로 성립
대리입찰 가능여부	대리입찰 가능	2회 이상 가능여부	동일물건 2회 이상 입찰 가능

회차별 입찰 정보

입찰번호	회차/차수	구분	대금납부/납부기한	입찰기간	개찰일시	개찰장소	최저입찰가(원)
077	006/001	인터넷	일시불/60일	2014-06-24 10:00~ 2014-06-26 17:00	2014-06-27 11:00	전자자산처분시스템(www.onbid.co.kr)	61,250,000

◆ **이 오피스텔을 입찰대상으로 선정하게 된 이유는?**

온비드 입찰정보내역 화면 중간부분에서 물건정보와 감정평가서, 매각물건의 사진 정보, 위치도 및 지도를 다음과 같이 분석해서 내가 사고자하는 목적에 맞으면서도 돈이 되는 물건을 찾아야 한다.

① 오피스텔의 사진

② 오피스텔 주변 현황도

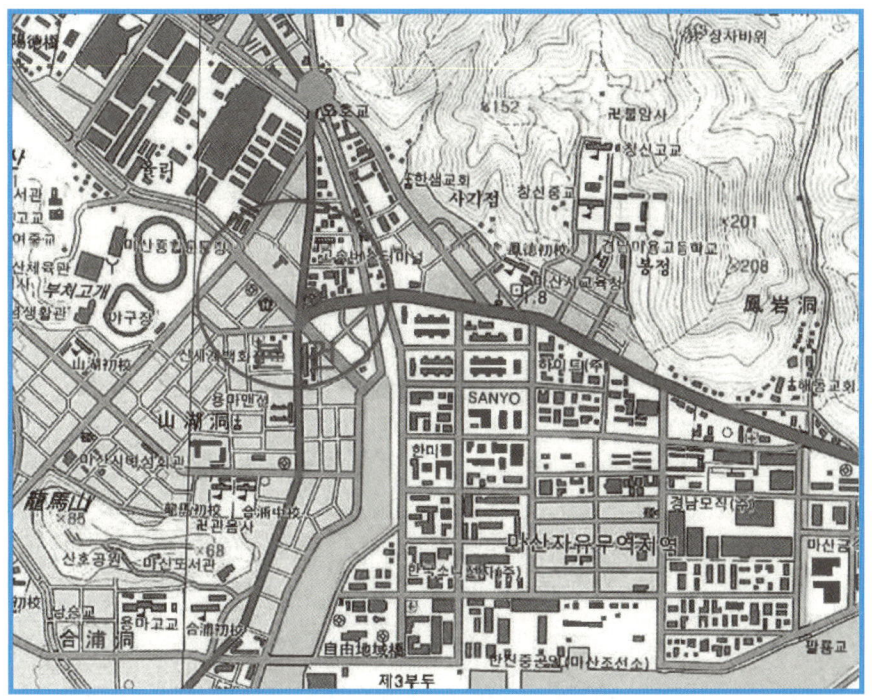

매각물건의 오피스텔의 사진과 주변 현황도를 보면 알 수 있듯이 이 오피스텔은 창원시 마산회원구 함포로에 있고, 주변이 버스 등의 대중교통과 재래시장 및 상가 등이 발달한 상업지대이다. 그리고 우수한 학군 등이 근접해 있어서 학부모와 직장인들이 선호하는 곳으로 높은 실수요가 예상되고 그러한 실수요증가가 미래가치를 끌어 올릴 수 있다는 판단 하에 이 오피스텔을 선정한 것으로 판단된다. 그리고 마음에 드는 것은 시세가 1억원 정도 가고 있는데 공매로 매각되는 가격이 6,125만원으로 떨어져 있어서, 7,360만원에 낙찰 받으면 임대수익을 올리거나 바로 팔아도 기대수익이 예상되므로 입찰했을 것이다. 그리고 이 오피스텔을 낙찰 받으면 인수할 권리나 금액은 없는지를 확인해야 하는데 이 물건은 에너지관리공단이 소유하다가 비업무용재산으로 분리해 한국자산관리공사에 공매를 의뢰한 수탁재산공매 이므로 압류재산공매와 같이 권리의 하자는 발생하지 않고 안전하게 소유권을 취득할 수 있으나 매각기관 마다 다른 조건으로 매각할 수도 있으니 반드시 공매공고 내용을 확인해야 한다. 그래서 그러한 조건을 확인하기 위해서 온비드 입찰정보내역 상단 공매 공고정보를 클릭해서 다음과 같이 확인하고 입찰에 참여하면 된다.

◆ 2014년 제6회 수탁재산 공매공고문과 매각조건 확인하기

온비드화면 우측상단 "해당공고 보기"를 검색해서 다음과 같이 공매공고문을 확인해 보니 이 오피스텔은 에너지관리공단에서 직원들의 숙소로 사용하다 그 이용가치를 다해서 비업무용재산으로 분리해서 매각하는 재산이므로 현황은 공실로 되어있고 명도책임도 에너지관리공단이 하는 조건이다.

2014년 제6회 수탁재산 공매공고

- 공매재산의 표시 및 매각조건 : 공고재산의 표시 목록과 같습니다.
- 일 반 조 건

　　① ~ ⑤ 내용은 지면상 생략함
- 명도책임 : 매도자의 책임

　(단, 6, 9, 10, 16~18, 29~36, 38, 42~56, 58, 60~62, 64, 66, 68, 72~74, 76, 78~80, 82~112번 물건은 매수자 책임입니다)
- 토지거래허가 대상 : 16, 54
- 입찰 및 개찰의 일시와 장소

인터넷 입찰 기간	개찰일시	입찰 및 개찰 장소	비고
2014.6.24 10:00 ~ 2014.6.26 17:00	2014. 6.27 11:00	온비드(www.onbid.co.kr)	

- 입찰방법

　① 입찰에 참여하려는 자는 반드시 온비드에 회원가입 및 실명확인을 위한 공인인증기관의 공인인증서를 등록하여야 합니다.

　② 대리인이 입찰자를 대리하여 입찰에 참여하거나 공동명의로 인터넷입찰에 참가하고자 하는 경우에는 인터넷 입찰기간 마감시간 전까지 우리공사 소정의 공동입찰신청서 또는 대리입찰신청서를 공사에 제출하여야 하며, 대표입찰자 또는 대리인 명의로 인터넷입찰에 참가하여야 합니다.

　③ 미성년자가 입찰에 참여하려는 경우 친권자(법정대리인)의 동의서를 인터넷 입찰기간 마감시간 전까지 제출하여야 합니다.

　④ 입찰진행시 온비드의 장애 및 기타 사유로 인하여 입찰진행이 어려운 경우에는 입찰이 연기 또는 중지될 수 있습니다.
- 입찰보증금

　① 입찰금액의 10% 이상을 인터넷입찰 마감시간 전까지 온비드 지정 예금계좌에 입금하여야 유효합니다.

　② ~ 생략함.

　③ 입찰보증금이 1,000만원을 초과하는 경우에는 분할납부가 가능합니다.

　④ ~ 생략함.

- 낙찰자 결정
 ① ~ ② 생략함.
- 계약체결
 ① 낙찰자는 낙찰일로부터 5일 이내에 신분증과 주민등록등본 1통을 지참하여 매매계약을 체결하여야 하며, 이에 응하지 않을 경우 낙찰은 무효로 하고 입찰보증금은 매도자 귀속으로 합니다.
 ② ~ 생략함
 ③ 국토의계획및이용에관한법률에 의한 토지거래허가 대상과 외국인토지법에 의한 토지취득신고 물건에 대하여는 낙찰일로부터 5일이내에 우리공사와 토지거래허가 또는 신고 절차를 완료하여야 하며 동 절차를 이행하지 않을시 낙찰은 무효로 하고 입찰보증금은 매도자 귀속으로 처리됩니다.
 ④ 토지거래허가대상중 우리공사에서 3회 이상 유찰된 부동산은 토지거래허가가 면제됩니다.
 ⑤ 부동산 거래신고는 매수자 책임으로 하며 계약체결일로부터 60일 이내에 신고절차를 완료하여야 합니다.
- 유의사항
 ① ~ ⑦ 생략함.
 ⑧ 입찰에서 매각되지 않은 물건은 다음 공매 공고 전까지 위 공매조건 이상으로 유찰계약요청을 할 수 있습니다. 단, 양도소득세 관련재산은 매각의뢰자의 사전 동의가 있어야 유찰계약 체결이 가능합니다.

2014년 6월 12일
한국자산관리공사 금융자산관리부장

그리고 공매담당자의 도움을 받아 내부를 확인해 보았더니 공단이 수리해서 사용하다가 매각하고 있어서 내부가 깨끗해서 별 수리 없이 사용하거나 매각할 수 있다는 점이 마음에 들어 입찰에 참여한 것 같다.

잠깐만, 입찰하기 전에 이러한 내용을 확인해야 한다

이 수탁재산 공매는 에너지관리공단의 비업무용재산을 한국자산관리공사가 매각을 의뢰받아 공매를 진행하고 있어서 금융자산관리부 담당자인 이창식을 통해서 오피스텔 내부와 인수할 임차인 등이 있는 가를 공매 담당자와 공매공고문을 통해서 확인하고 입찰에 참여해야 한다.

이 공고문을 확인하니 입찰방법을 다음과 같이 정하고 있었다.

① 입찰자는 반드시 온비드에 회원가입 및 실명확인을 위한 공인인증기관의 공인인증서를 등록해야 한다.

② 입찰자를 대리하여 입찰에 참여하거나 공동명의로 인터넷입찰에 참가하고자 하는 경우에는 인터넷 입찰기간 마감시간 전까지 우리공사 소정의 공동입찰신청서 또는 대리입찰신청서를 공사에 제출해야 하며, 대표입찰자 또는 대리인 명의로 인터넷입찰에 참가해야 한다.

③ 입찰금액의 10% 이상을 인터넷입찰 마감시간 전까지 온비드 지정 예금계좌에 입금해야 한다.

④ 입찰보증금이 1,000만원을 초과하는 경우에는 분할납부가 가능.

⑤ 낙찰자는 낙찰일로부터 5일 이내에 신분증과 주민등록등본 1통을 지참하여 매매계약을 체결해야 하며, 이에 응하지 않을 경우에 낙찰은 무효로 하고 입찰보증금은 매도자 귀속한다.

⑥ 국토의 계획 및 이용에 관한 법률에 의한 토지거래허가 대상에 의한 토지취득신고 물건에 대하여는 낙찰일로부터 5일 이내에 우리공사와 토지거래허가 또는 신고절차를 완료해야 하며 동 절차를 이행하지 않을시 낙찰은 무효로 하고 입찰보증금은 매도자 귀속으로 처리한다(토지거래허가대상중 우리공사에서 3회 이상 유찰된 부동산은 토지거래허가가 면제된다).

⑦ 부동산 거래신고는 매수자 책임으로 하며 계약체결일로부터 60일 이내에 신고절차를 완료해야 한다.

⑧ 입찰에서 매각되지 않은 물건은 다음 공매 공고 전까지 위 공매조건 이상으로 유찰계약(수의계약) 요청을 할 수 있다. 단 양도소득세 관련재산은 매각의뢰자의 사전 동의가 있어야 유찰계약체결이 가능하다.

그래서 입찰에 참여해도 인수할 권리가 없어서 다음과 같이 입찰해서 낙찰 받게 되었다고 한다.

◆ 이 오피스텔은 5대 1의 경쟁을 뚫고 홍길동이 낙찰 받았다

입찰결과

물건관리번호	32012-00125-001	조회수	821
물건명	경남 창원시 마산회원구 양덕동 153-8번지 한진오피스텔 제0000-0호		
입찰자수	유효 5명 / 무효 0명 (인터넷)		
입찰금액	73,600,000원, 69,000,000원, 68,235,000원, 63,333,333원, 63,320,000원		
개찰결과	낙찰	낙찰금액	73,600,000원
물건누적상태	유찰 14회 / 취소 0회 [입찰이력보기]		
감정가격 (최초 최저입찰가)	125,000,000원	낙찰가율 (감정가격 대비)	58.9%
최저입찰가	61,250,000원	낙찰가율 (최저입찰가 대비)	120.2%

공매정보

자산구분	수탁재산	담당부점	금융자산관리부
회차/차수	006 - 01	개찰일시	2014/06/27 11:04

06 국방기술품질원의 수탁재산 공매 물건에 입찰하기

◆ 럭키아파트 온비드 입찰정보 내역

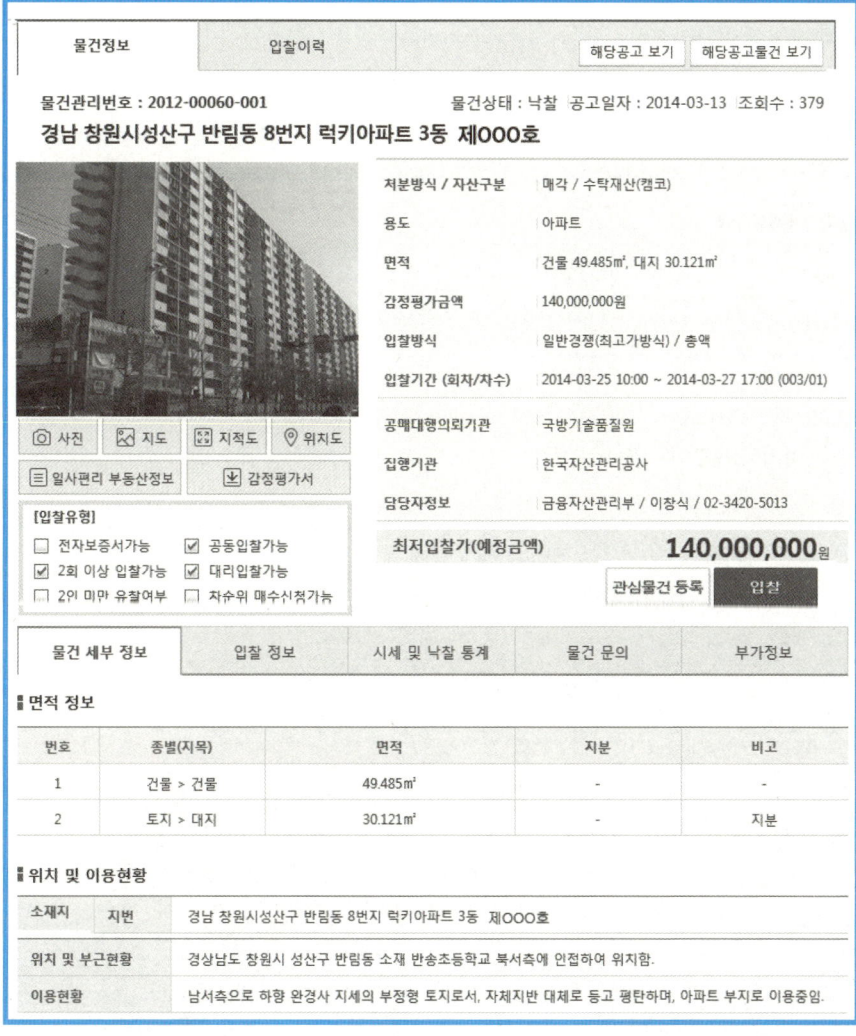

감정평가정보

감정평가기관	평가일	평가금액(원)	감정평가서
(주)미래새한감정평가	2012-03-22	140,000,000	⬇ 감정평가서

명도이전책임 및 부대조건

명도이전책임	매수자
	- 임차인 있음, 월 임차료 51,650원, 임대차기간 2011.12.1부터 2013.11.30까지, 매수인은 위 임차계약을 승계하여야 함.

| 물건 세부 정보 | 입찰 정보 | 시세 및 낙찰 통계 | 물건 문의 | 부가정보 |

입찰 방법 및 입찰 제한 정보

전자보증서 사용여부	사용 불가능	차순위 매수신청 가능여부	신청 불가능
공동입찰 가능여부	공동입찰 가능	2인 미만 유찰여부	1인이 입찰하더라도 유효한 입찰로 성립
대리입찰 가능여부	대리입찰 가능	2회 이상 입찰 가능여부	동일물건 2회 이상 입찰 가능

회차별 입찰 정보

입찰번호	회차/차수	구분	대금납부/납부기한	입찰기간	개찰일시	개찰장소	최저입찰가(원)
091	003/001	인터넷	일시불/2개월	2014-03-25 10:00~ 2014-03-27 17:00	2014-03-28 11:00	전자자산처분시스템(www.onbid.co.kr)	140,000,000

① 럭키아파트의 사진

② 럭키아파트 주변 현황도

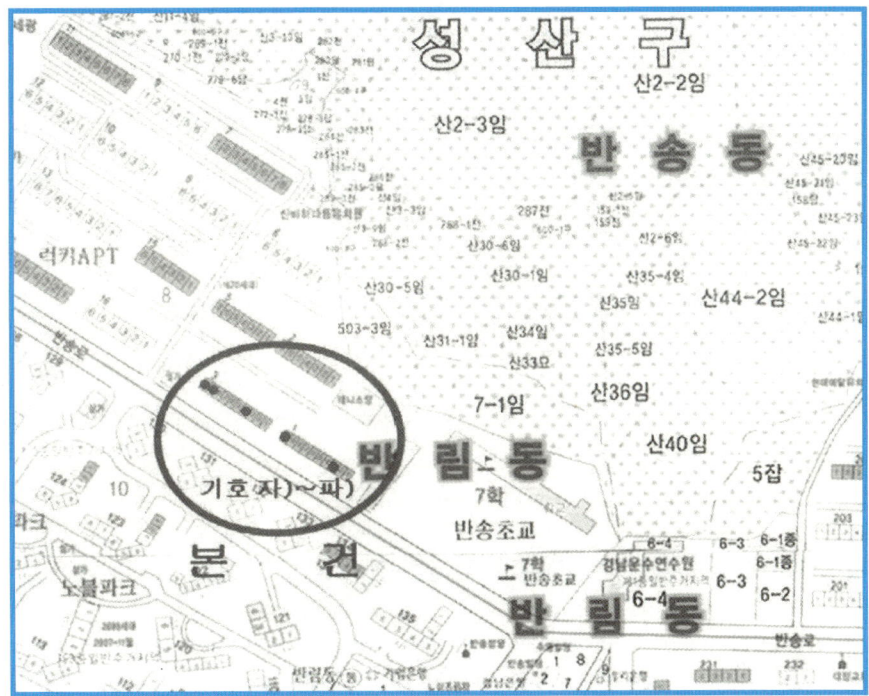

◆ 이 아파트를 입찰대상으로 선정하게 된 이유는?

공고문을 확인해 보니 이 아파트는 국방기술품질원에서 직원들의 숙소로 사용하다 그 이용가치를 다해서 비업무용재산으로 분리해서 매각하려 했다가 매각되지 않아서 임대하고 있다 매각하는 조건으로 현 임대차기간(2011. 12. 01. ~2013. 11. 30.)을 승계하는 조건이다. 이러한 상황에서는 임차인이 묵시적갱신을 주장할 수도 있어서 공매담당자의 도움을 받아 임차인과 명도문제를 상의하고 입찰에 참여해야 한다. 어쨌든 공매담당자의 도움을 받아 임차인을 만나서 명도를 협의한 결과 낙찰자가 잔금을 납부하면 이사 가기로 했고, 아파트 내부를 확인해 보았더니 국방기술품질원이 입주할 때 수리해서 그런지 깨끗해서 마음에 들어 입찰에 참여했다고 한다.

잠깐만, 입찰하기 전에 이러한 내용을 확인해야 한다

이 수탁재산 공매는 국방기술품질원의 비업무용재산을 한국자산관리공사가 매각을 의뢰받아 공매를 진행하고 있어서 금융자산관리부 담당자인 이창식을 통해서 오피스텔 내부와 인수할 임차인 등이 있는가를 공매 담당자와 공매공고문을 통해서 확인하고 입찰에 참여해야 한다.

◆ 2014년 제3회 수탁재산 공매공고문과 매각조건 확인하기

〈앞의 05. 에너지관리공단의 수탁재산 공매물건에 입찰하기의 공매공고문을 참고하면 되므로 지면상 생략했지만, 입찰자는 온비드화면 우측상단에서 "해당공고 보기"를 클릭해서 확인하고 입찰에 참여하는 것을 잊지 말아야 한다.〉

◆ 이 아파트는 2대 1의 경쟁을 뚫고 이순신이 낙찰 받았다

입찰결과

물건관리번호	32012-00060-001	조회수	374
물건명	경남 창원시성산구 반림동 8번지 럭키아파트 3동 제OOO호		
입찰자수	유효 2명 / 무효 0명 (인터넷)		
입찰금액	141,500,000원, 140,000,000원		
개찰결과	낙찰	낙찰금액	141,500,000원
물건누적상태	유찰 22회 / 취소 0회 입찰이력보기		
감정가격 (최초 최저입찰가)	140,000,000원	낙찰가율 (감정가격 대비)	101.1%
최저입찰가	140,000,000원	낙찰가율 (최저입찰가 대비)	101.1%

공매정보

자산구분	수탁재산	담당부점	금융자산관리부
회차/차수	003 - 01	개찰일시	2014/03/28 11:13

07 상봉1동 새마을금고가 매각을 의뢰한 수탁재산 공매

◇ 아파트의 사진과 내부 및 주변 현황도

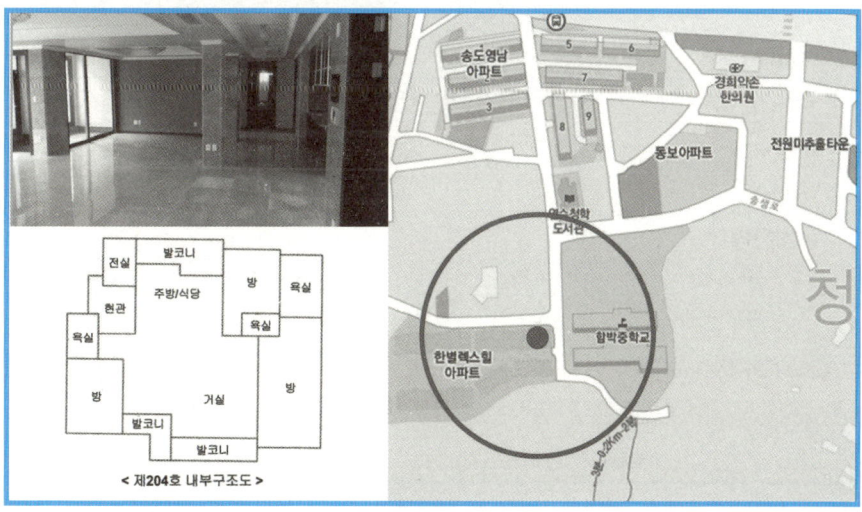

< 제204호 내부구조도 >

◆ 입찰자가 없어서 공고 후 재매각 되는 온비드 입찰정보

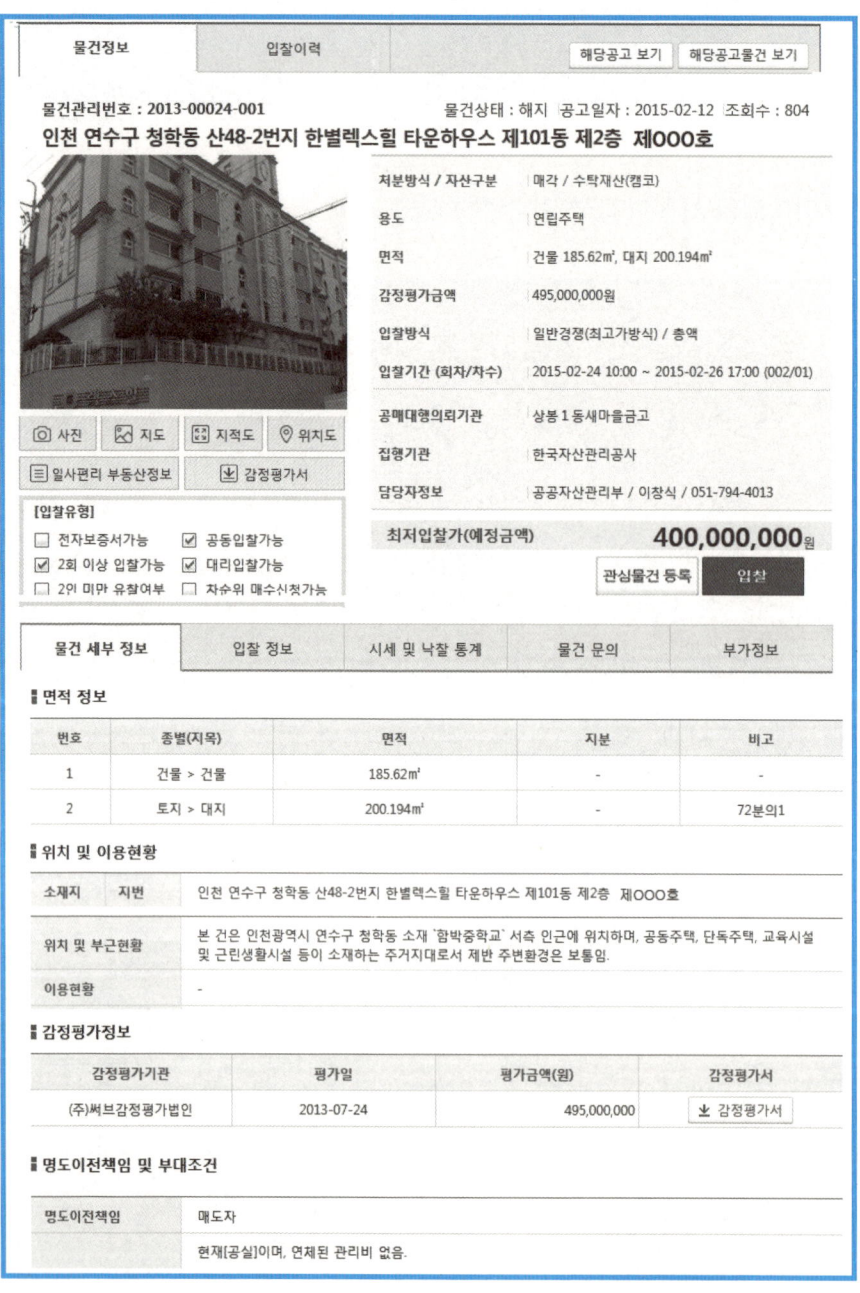

| 물건 세부 정보 | 입찰 정보 | 시세 및 낙찰 통계 | 물건 문의 | 부가정보 |

■ 입찰 방법 및 입찰 제한 정보

전자보증서 사용여부	사용 불가능	차순위 매수신청 가능여부	신청 불가능
공동입찰 가능여부	공동입찰 가능	2인 미만 유찰여부	1인이 입찰하더라도 유효한 입찰로 성립
대리입찰 가능여부	대리입찰 가능	2회 이상 입찰 가능여부	동일물건 2회 이상 입찰 가능

■ 회차별 입찰 정보

입찰번호	회차/차수	구분	대금납부/납부기한	입찰기간	개찰일시	개찰장소	최저입찰가(원)
011	002/001	인터넷	일시불/1개월	2015-02-24 10:00~ 2015-02-26 17:00	2015-02-27 11:00	전자자산처분시스템(www.onbid.co.kr)	400,000,000

◆ 유찰계약(수의계약) 체결이 가능한 시기는 언제?

■ 입찰이력정보 ●닫기

입찰번호	처분방식	물건관리번호	개찰일시	최저입찰가	낙찰가	낙찰율	입찰결과	입찰상세
001	매각	32013-00024-001	2014/10/31 11:00	405,000,000			인터넷 입찰 준비중	보기
003	매각	32013-00024-001	2014/09/26 11:00	405,000,000			유찰	보기
003	매각	32013-00024-001	2014/08/22 11:00	412,000,000			유찰	보기

　　입찰에서 매각되지 않은 물건은 다음 공매 공고 전까지 위 공매조건 이상으로 유찰계약(수의계약) 요청을 할 수 있는데, 단 양도소득세 관련재산은 매각의뢰사의 사전 동의가 있어야 유찰계약체결이 가능하다.

그래서 이 아파트에서 유찰계약을 체결할 수 있는 시기는 2014. 09. 26. 유찰된 날로부터 다음 공고일(2014. 10. 16.) 이전까지인 2014년 10월 15일까지 신청할 수 있다고 생각하면 된다.

08 양도세 감면대상 우남아파트 수탁재산 공매에 입찰하기

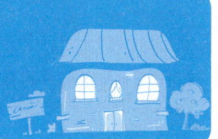

◆ 우남아파트 온비드 입찰정보 내역

물건정보 | 입찰이력 | 해당공고 보기 | 해당공고물건 보기

물건관리번호 : 2011-00135-002 　 물건상태 : 낙찰 | 공고일자 : 2013-04-11 | 조회수 : 256

서울 성북구 상월곡동 55-56번지 우남아파트 101동 제OOOO호 (양도소득세관련재산)

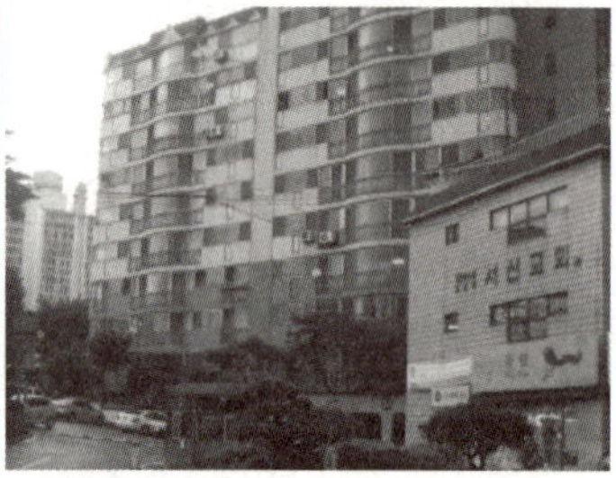

사진 | 지도 | 지적도 | 위치도

일사편리 부동산정보 | 감정평가서

처분방식 / 자산구분	매각 / 수탁재산(캠코)
용도	아파트
면적	대지 61.36㎡, 건물 162.3㎡
감정평가금액	580,000,000원
입찰방식	일반경쟁(최고가방식) / 총액
입찰기간 (회차/차수)	2013-04-23 10:00 ~ 2013-04-25 17:00 (004/01)
공매대행의뢰기관	양도소득면제
집행기관	한국자산관리공사
담당자정보	금융자산관리부 / 김희선 / 02-3420-5626

[입찰유형]

- ☐ 전자보증서가능
- ☑ 공동입찰가능
- ☑ 2회 이상 입찰가능
- ☑ 대리입찰가능
- ☐ 2인 미만 유찰여부
- ☐ 차순위 매수신청가능

최저입찰가(예정금액) **493,000,000원**

관심물건 등록 | 입찰

물건 세부 정보 | 입찰 정보 | 시세 및 낙찰 통계 | 물건 문의 | 부가정보

▮ 면적 정보

번호	종별(지목)	면적	지분	비고
1	토지 > 대지	61.36㎡	-	-
2	건물 > 건물	162.3㎡	-	-

▮ 위치 및 이용현황

소재지	지번	서울 성북구 상월곡동 55-56번지 우남아파트 101동 제OOOO호

위치 및 부근현황	성북구 상월곡동 소재 월곡중학교 남서측에 위치하며, 제반 대중교통 이용여건은 무난함.
이용현황	아파트(방5,거실1,주방1,욕실겸화장실2,발코니3,다용도실1,보일러실1)
기타사항	-

감정평가정보

감정평가기관	평가일	평가금액(원)	감정평가서
대일에셋감정평가법인	2011-07-28	580,000,000	↓ 감정평가서

명도이전책임 및 부대조건

명도이전책임	매도자
	- 본건은 양도소득세 감면적용을 위해 소유자의 의뢰로 매각하는 물건입니다. - 소유자가 제시한 매각물건의 특징 : 6호선 상월곡역 1분 거리 초역세권. 최고편리, 전사백이(1,402호)의 길조가 어린 살기좋은 집. 매각시 현 소유자가 매수자와 전세계약(보증금 2억3천만원) 할 수 있는 조건도 가능함. ※ 유의사항-입찰에서 매각되지 않을 경우 다음 공매공고 전까지 위 공매조건 이상으로 유찰 계약 요청할 수 있으나, 매각의뢰자의 사전동의가 있어야 유찰계약 체결이 가능합니다.

| 물건 세부 정보 | **입찰 정보** | 시세 및 낙찰 통계 | 물건 문의 | 부가정보 |

입찰 방법 및 입찰 제한 정보

전자보증서 사용여부	사용 불가능	차순위 매수신청 가능여부	신청 불가능
공동입찰 가능여부	공동입찰 가능	2인 미만 유찰여부	1인이 입찰하더라도 유효한 입찰로 성립
대리입찰 가능여부	대리입찰 가능	2회 이상 입찰 가능여부	동일물건 2회 이상 입찰 가능

회차별 입찰 정보

입찰번호	회차/차수	구분	대금납부/납부기한	입찰기간	개찰일시	개찰장소	최저입찰가(원)
056	004/001	인터넷	일시불/3개월	2013-04-23 10:00~ 2013-04-25 17:00	2013-04-26 11:00	전자자산처분시스템(www.onbid.co.kr)	493,000,000

◆ 우남아파트의 사진과 주변현황도

(1) 우남아파트의 사신과 내부현황

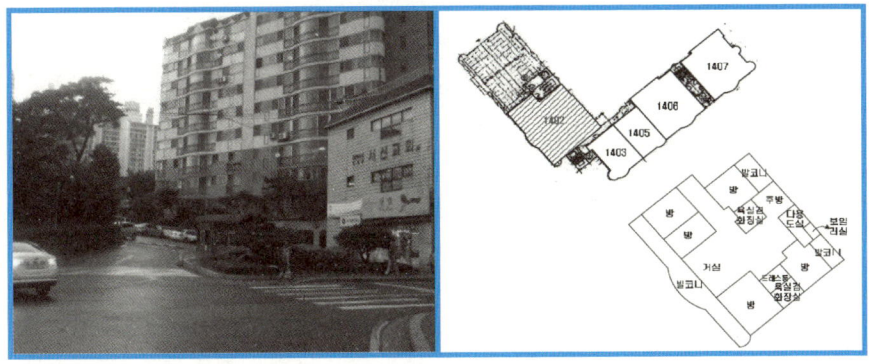

(2) 우남아파트 주변 현황도

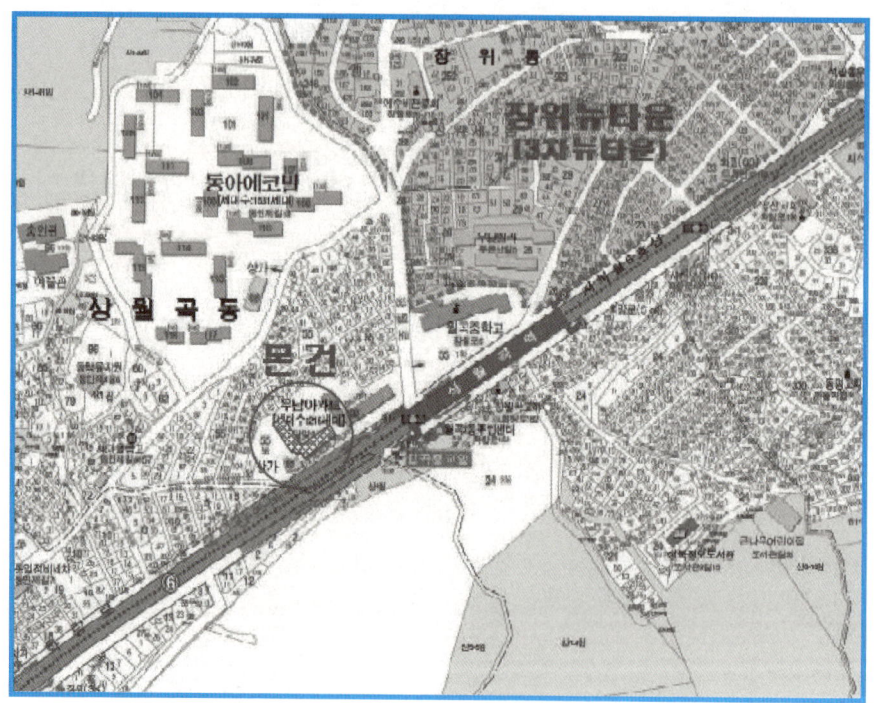

◇ **수탁재산 공매가 유찰 되었다가 재매각 시 유찰계약을 할 수 있는 시기**

입찰에서 매각되지 않은 물건은 다음 공매 공고 전까지 위 공매조건 이상으로 유찰계약(수의계약) 요청을 할 수 있는데, 단 양도소득세 관련재산은 매각의뢰자의 사전 동의가 있어야 유찰계약체결이 가능하다.

따라서 매각의뢰자의 동의를 얻어 유찰계약을 체결할 수 있는 시기는 2013. 03. 29. 유찰된 날로부터 다음 공고일(2013. 04. 11.) 이전까지인 2013년 04월 10일까지 신청할 수 있다.

◇ 이 아파트를 입찰대상으로 선정하게 된 이유는?

 공고문을 확인해 보니 이 아파트는 양도소득세 감면적용을 위해 소유자의 의뢰로 매각하는 물건으로 소유자가 제시한 매각조건은 매각 시 현 소유자가 매수자와 전세계약(보증금 2억3,000만원) 할 수 있는 조건도 가능하다고 함. 매수자가 입주를 원할 때 언제든지 이사 가기로 하는 조건까지 달고 있고, 공매담당자의 도움을 받아 아파트 내부를 확인해 보았더니 소유자가 거주하고 있던 집이고 매도의사가 강한 탓인지 수리해 놓고 있어서 깨끗한 집이 마음에 들었다고 한다. 그리고 주변 부동산에서 문의해 본 결과 아파트 시세가 5억5,000만원 정도 여서 4억9,300만원에 낙찰 받더라도 2년 거주 후 팔게 되면 양도차익에 대한 비과세 혜택을 볼 수 있고, 역세권이라 아파트 가격 상승도 예상할 수 있어서 입찰하기로 결심을 했다고 한다.

> **잠깐만, 입찰하기 전에 이러한 내용을 확인해야 한다**
>
> 이 양도세 감면대상 수탁재산 공매물건을 한국자산관리공사가 매각을 의뢰 받아 공매를 진행하고 있어서 금융자산관리부 담당자인 이창식을 통해서 우남 아파트 내부와 매매조건을 공매 담당자와 공매공고문, 그리고 매도자를 통해서 확인하고 입찰에 참여해야 한다.

◇ 2013년 제4회 수탁재산 공매공고문과 매각조건 확인하기

〈앞의 05. 에너지관리공단의 수탁재산 공매물건에 입찰하기의 공매공고문을 참고하면 되므로 지면상 생략했지만, 입찰자는 온비드화면 우측상단에서 "해당공고 보기"를 클릭해서 확인하고 입찰에 참여하는 것을 잊지 말아야 한다.〉

◇ 이 아파트를 단독으로 강감찬이 낙찰 받았다

입찰결과

물건관리번호	32011-00135-002	조회수	254
물건명	서울 성북구 상월곡동 55-56번지 우남아파트 101동 ○○○○호 (양도소득세관련재산)		
입찰자수	유효 1명 / 무효 0명 (인터넷)		
입찰금액	493,000,000원		
개찰결과	낙찰	낙찰금액	493,000,000원
물건누적상태	유찰 3회 / 취소 0회 [입찰이력보기]		
감정가격 (최초 최저입찰가)	580,000,000원	낙찰가율 (감정가격 대비)	85%
최저입찰가	493,000,000원	낙찰가율 (최저입찰가 대비)	100%

공매정보

자산구분	수탁재산	담당부점	금융자산관리부
회차/차수	004 - 01	개찰일시	2013/04/26 11:07

국유재산 매각공매와 임대공매에서 성공적인 투자비법!

01 국유재산 매각공매는 어떻게 진행되고 있나?

 국유재산공매는 어떠한 공매가 있나?

국유재산 중 일반재산의 관리와 처분을 한국자산관리공사가 담당하고 있다. 그래서 한국자산관리공사가 국유일반재산을 일반인에게 매각하거나(매각공매) 임대하고(대부공매) 있다. 그리고 납세자가 세금을 현금대신 유가증권 등으로 납부한 경우(국세물납유가증권)에 한국자산관리공사가 관리·처분하고 있는 유가증권 공매가 있다.

◆ 국유재산 관리

(1) 국유재산이란?

국가가 행정목적을 수행하기 위해 필요로 하여 소유하고 있는 일체의 재산(광의) 및 국가의 부담이나 기부의 체납, 법령 또는 조약에 따라 국가 소유로 된 재산(협의)를 말한다.

(2) 국유재산의 범위

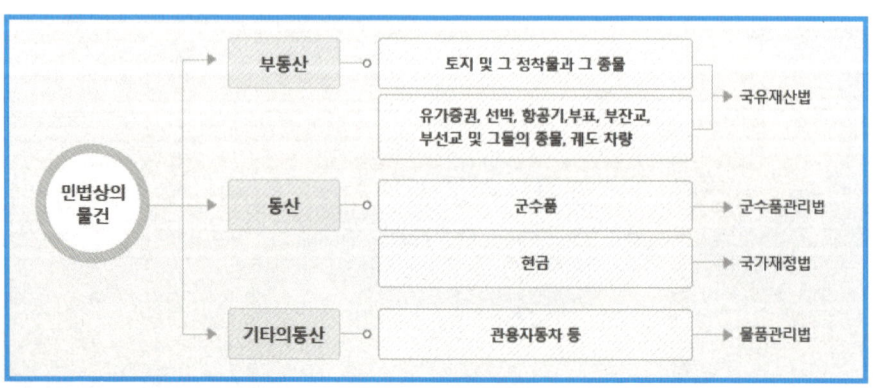

(3) 국유재산의 분류

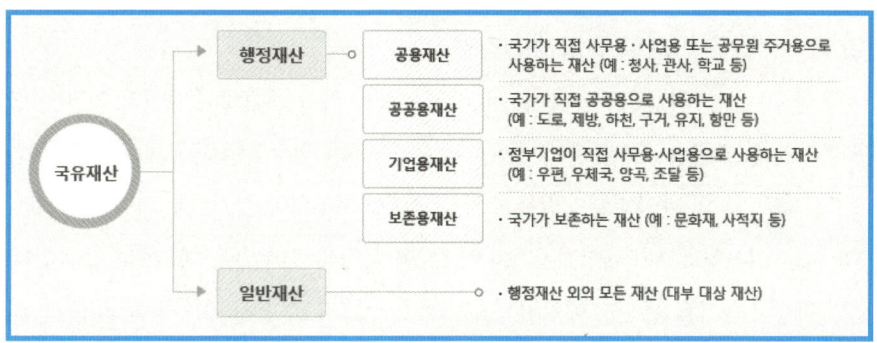

(3) 국유재산 관리기관

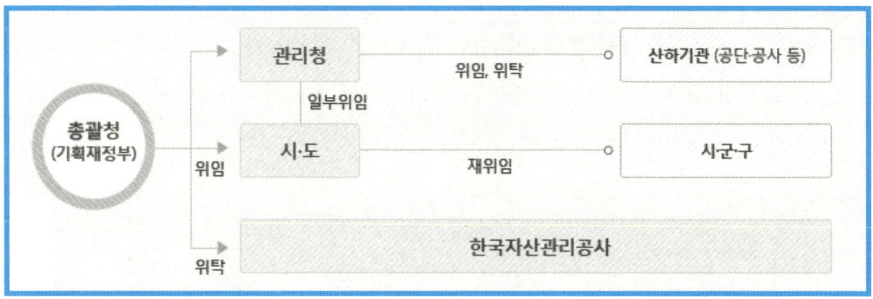

(4) 국유재산관리

　국유재산법 시행령 개성안(대통령령 제24495호, 2013.4.5(2013.6.19사 시행)에 따라 국유일반재산의 지자체 위임조항이 삭제되어 현재는 한국자산관리공사에서 국유일반재산 전체에 대해서 관리와 처분을 담당하고 있다.

◆ 매수신청과 국유재산 관리계획 수립과 매각결정

(1) 매수신청서 접수 시 준비서류

　(가) 개인 : ① 신분증, ② 주민등록등본, ③ 인감증명서
　(나) 법인 : ① 법인등기부등본, ② 법인인감증명서, 그리고 대리인이 신청하는 경우

에는 위임장과 위임용 인감증명서를 매수신청서 접수할 때 함께 제출해야 한다.

(2) 국유재산 관리계획 수립과 매각결정

① 현재는 한국자산관리공사에서 국유일반재산 전체에 대해서 관리와 처분을 담당하고 있다. 그래서 국유재산에 대해서 매수신청서가 접수되면 한국자산관리공사가 매각심의위원회의 관리계획 심의를 거쳐 매각대상 여부를 종합적으로 판단하게 된다.

② 매수신청일로부터 매각결정까지 약 1개월 이내에 매각기준부합 여부 및 매각방법의 적정성 심사를 통해서 매각결정을 내리고, 이 매각결정에 의해서 한국자산관리공사가 온비드에서 경쟁입찰방식으로 일반인에게 매각하고 있다.

(3) 매각의 제한

① 국가 및 지방자치단체가 행정목적 수행 상 필요한 경우
② 당해 재산의 매각으로 인하여 인근 잔여재산의 효용가치가 감소하는 경우
③ 상수원보호구역 내의 국유지 또는 소유자 없는 부동산 공고를 거쳐 취득한 후 10년이 경과되지 아니한 재산
④ 도시계획에 저촉되는 재산
⑤ 기타 법령에 의하여 매각이 제한된 재산 등

◆ 국유재산 매각공매절차 흐름도

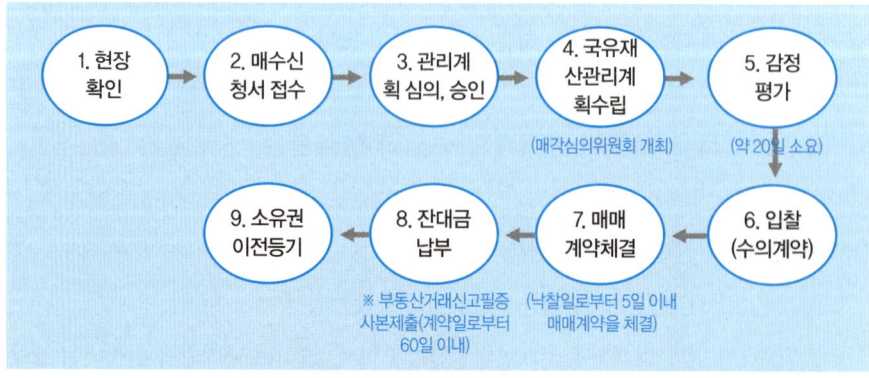

◆ 국유재산 매각공매 방법

(1) 매각방법

한국자산관리공사는 국유일반재산의 위치, 규모, 형태, 용도 등으로 보아 보존이 부적합하고 장래 행정목적으로의 활용가치가 없는 재산에 대하여 매각하는 것이 필요하다고 판단되는 경우에 '국유재산관리계획'에 계상하여 매각하고 있다. 매각방법은 온비드에 의하여 공고 후 공매 또는 유찰계약 방법으로 매각하고 있다.

(2) 공매공고

공매공고는 입찰 전일부터 역산하여 15일 전에 온비드에 게재한다. 그래서 응찰자는 onbid.co.kr 사이트를 방문하여 일시금의 최저매매가격, 물건내용, 감정가격, 입찰방법, 계약체결 및 부대조건 등(국유재산 입찰공고문 참조) 등을 확인할 수 있다.

(3) 매각재산 가격결정 방법

① 결정방법 : 2개 감정평가법인(대장가격이 3,000만원 이상은 2개의 감정평가, 미만인 경우 1개 감정평가기관)에게 의뢰한 평가액을 가지고 산술평균한 금액

② 적용기간 : 감정평가일로부터 1년

③ 2회 이상 경쟁입찰을 실시해도 낙찰자가 결정되지 아니하는 경우에 3회부터 경쟁입찰을 실시할 때마다 최초매각예정가격의 100분의 10에 해당하는 금액을 체감하여 최고 80%(국가가 활용할 가치가 없는 재산으로서 관리기관에서 정한 잡종재산의 경우에는 10분의 50)까지 체감하여 매각한다. 이 내용은 온비드 입찰정보와 공매공고문을 통해서 확인하면 된다.

(4) 입찰방법

① 입찰에 참여하려면 온비드에 회원가입과 실명확인을 위한 공인인증기관의 공인인증서를 등록해야 한다. 그다음 온비드화면에서 로그인하고 입찰대상 공매물건을 찾아서 입찰하는 과정에서 공인인증서로 실명을 확인하고 입찰서를 제출하면 된다.

② 대리인이 입찰자를 대리하여 입찰에 참여하거나 공동명의로 인터넷입찰에 참가하고자 하는 경우에는 인터넷 입찰기간 마감시간 전까지 공동입찰신청서 또는 대리입찰신청서를 공사에 제출해야 하고, 대표입찰자 또는 대리인 명의로 인터넷입찰에 참가해야 한다.

③ 입찰보증금은 입찰금액의 10% 이상을 인터넷입찰 마감시간 전까지 온비드 지정 예금계좌에 입금해야 유효하다(이렇게 입찰보증금은 10%로 정하는 것이 일반적이지만, 국유일반재산을 관리하고 있는 한국자산관리공사가 공고문에서 입찰할 때 보증금을 5%와 계약할 때 5%를 추가 납부하는 조건으로 매각하기도 한다. 이 내용은 공매공고문을 통해서 확인하면 된다.).

④ 입찰보증금이 1,000만원을 초과하는 경우에는 분할납부가 가능하다(인터넷입찰 마감시간 전까지 여러 번 나누어 납부할 수 있다).

(5) 유찰계약(수의계약)

유찰계약은 수의계약과 같은 표현이고 국유재산법 시행령 제43조 3항에 따라 다음과 같은 사항에서 진행된다.

① 국가지분 토지면적이 일정 면적 이하(특별시·광역시 300㎡, 기타 시 500㎡, 기타 1,000㎡)인 토지를 공유지분권자에게 매각할 경우

② 2회에 걸쳐 유효한 입찰이 성립되지 아니한 경우

③ 좁고 긴 모양으로 되어 있으며 폭이 5m 이하로서 국유지 이외의 인접 사유토지와 합필이 불가피한 토지

④ 좁고 긴 모양으로 되어 있는 폐도, 폐구거, 폐하천으로서 인접 사유토지와 합필이 불가피한 토지

⑤ 농업진흥지역 안의 농지로서 시 이외의 지역에 위치한 재산을 10,000㎡ 이하의 범위 안에서 5년 이상 계속 경작한 실경작자에게 매각하는 경우

⑥ 일단의 토지 면적이 시 지역은 1,000㎡, 시 이외 지역은 2,000㎡ 이하로서 '89.1.24. 이전부터 국유 이외의 건물이 있는 토지

⑦ 건축법(제49조제1항)에 의한 최소분할면적에 미달하는 일단의 토지로서 그 경

계선의 2분의 1 이상이 사유토지와 접하여 있는 경우 등

◆ 낙찰자 결정과 계약체결 방법

(1) 낙찰자결정 방법

매각예정가격 이상인 최고액의 입찰자를 낙찰자로 정하고, 동일가격 입찰자가 2인 이상인 때에는 즉시 온비드에 의한 무작위 추첨으로 낙찰자를 결정하게 된다.

(2) 계약체결 방법과 계약보증금 처리

매수인인 낙찰자는 입찰공고에서 정한 기일인 5일 이내에 신분증과 주민등록등본 1통을 지참하여 매매계약을 체결해야 한다. 낙찰일로부터 5일 이내 매매계약을 체결하지 않을 경우에는 낙찰을 무효로 하고 입찰보증금은 국가에 귀속된다. 그리고 매수자는 공인중개사의 업무 및 부동산거래신고에 관한 법률 제27조에 의거 계약체결일로부터 60일 이내에 부동산의 소재지를 관할하는 기초자치단체의 장에게 부동산 거래내용을 신고하고 그 신고필증사본을 공사에 제출해야 한다. 이때 계약보증금은 입찰할 때 납부한 보증금을 계약금으로 하고, 입찰보증금을 10% 미만으로 납부한 경우에는 계약체결 시에 추가 납부해야 한다.

◆ 잔금납부기한과 국유재산 소유권이전

(1) 매각잔금 납부

1,000만원 이하는 매매계약 체결일로부터 60일 이내에 일시납부.

1,000만원 초과 시 매매계약 체결일로부터 3년 이내 분할 납부조건(2017년 11월 신규취급금액 기준 연 1.62% 이자 적용).

분할납부 매수자 선택가능

　분할납부 방법은 1년 단위로 3회 분할 납부, 6개월 단위로 6회 분할납부, 3개월 단위로 분할 납부를 선택 할 수 있다. 이밖에도 예외규정으로 납부기한 5년 이내 규정(매각잔금의 연 1.62% 이자적용), 납부기한 10년 이내 규정(연 1.30% 이자적용), 납부기한 20년 이내 규정(연 0.81% 이자적용) 등이 있다.
　※ 기획재정부고시 제2013-15호에 따라 국유재산법 시행령 제71조제3항의 규정에 따른 분할 납부 등에 적용하는 이자율은 매 분기별로 각각 직전 분기 중 전국은행연합회에서 가장 마지막으로 공시하는 신규취급액기준 COFIX로 하고 있다. 그래서 공시하는 시기에 따라 신규취급액기준 이자율이 달라지므로 확인하고 계산해야 한다.

은행연합회 ● COFIX 통계

공시일	잔액기준 COFIX	신규취급액기준 COFIX	대상월
2017/11/15	1.62	1.62	2017/10
2017/10/16	1.61	1.52	2017/09
:	:	:	:

　그리고 매각 대금을 장기로 분납하는 경우에는 10년 이내는 단기 이자율 1.62%에서 80%를 저감한 1.30%로 하고, 20년 이내는 단기 이자율 1.62%에서 50%를 저감한 0.81%를 적용한다.

(2) 대금 미납 시에 연체료는?

　① 매수자가 납부기한이 지난 후 잔대금을 내는 경우에는 그 잔대금에 대하여 「국유재산법」 제73조에 따라 연체료를 함께 내야 한다.
　② 연체기간별 연체료는 1개월 미만은 연 12%, 1개월 이상 ~ 3개월 미만은 연 13%, 3개월 이상 ~ 6개월 미만은 연 14%, 6개월 이상은 연 15%이다(국유재산법 시행령 제72조).

(3) 국유재산공매에서 소유권이전

　① 매각재산의 소유권이전은 매각대금이 완납된 이후 이전함이 원칙이다.
　② 도시재개발구역 안의 토지매각 시 분할납부의 경우 매각대금 완납 전에 이전 가능. 단, 저당권설정 등 채권확보가 필수
　③ 계약체결일로부터 60일 이내에 관할 시·군·구청장에게 부동산거래신고를 하고 그 신고필증 사본을 제출해야 한다. 그러나 압류재산공매나 법원경매절차에서는 부동산거래신고가 면제 된다.
　④ 국유재산공매에서 소유권이전등기를 하는 방법은 Chapter 3의 07. 공매종류별로 매수대금 납부와 소유권이전등기 방법(137쪽)을 참고하면 된다.

02 국유재산 대부(임대)공매에 관해서 알아보는 시간이다

◆ **국유재산 대부공매란?**

① 법률의 규정에 의해 국가가 국가 이외의 자에 대해 사법상의 계약을 체결하여 사용·수익하게 하는 것

② 민법상의 임대와 유사한 것으로 국유재산 중 일반재산의 임대를 말한다.

③ 한국자산관리공사가 국유일반재산을 입찰의 방법 또는 유찰계약(수의계약) 방법으로 일반인에게 임대하는 부동산이다.

④ 대부계약체결방법은 정보공개, 입찰공고, 입찰참가 및 낙찰자결정은 한국자산관리공사 온비드시스템에서 일괄적으로 이루어지며 대부계약은 낙찰된 금액 중 보증금을 제외한 잔대금 및 주민등록등본 등 관련서류를 지참하여 입찰공고에서 정한 기일(5일) 이내에 공사를 방문하여 체결하게 된다.

◆ **국유재산 대부(임대)공매절차 흐름도**

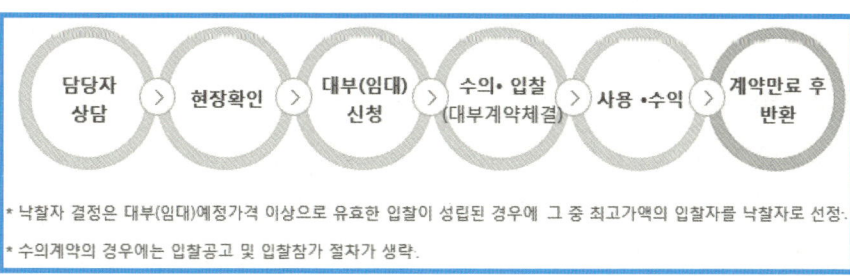

* 낙찰자 결정은 대부(임대)예정가격 이상으로 유효한 입찰이 성립된 경우에 그 중 최고가액의 입찰자를 낙찰자로 선정:
* 수의계약의 경우에는 입찰공고 및 입찰참가 절차가 생략.

◆ **국유재산 대부(임대)공매 방법**

(1) 대부공매 방법

국유재산 중 일반재산의 관리와 처분을 한국자산관리공사가 담당하고 있다. 그래서 한국자산관리공사가 국유일반재산을 일반인에게 임대하고(대부공매) 있다. 이때 임대방법은 온비드에 의하여 공고 후 공매 또는 유찰계약 방법으로 임대하고 있다.

(2) 공매공고

공매공고는 입찰 전일부터 역산하여 15일 전에 온비드에 게재한다. 그래서 응찰자는 onbid.co.kr 사이트를 방문하여 일시금의 최저매매가격, 물건내용, 감정가격, 입찰방법, 계약체결 및 부대조건 등(국유재산 입찰공고문 참조) 을 확인할 수 있다.

(3) 대부(임대)기간 및 대부료 산정방법

경쟁입찰에 의하여 낙찰된 대부물건은 첫해의 대부료는 최고입찰가로 결정되고, 대부 계약 기간은 대부계약 체결일로부터 5년 이내 이며, 대부기간을 초과하지 아니하는 범위에서 종전의 대부계약을 1회에 한해서 갱신할 수 있다. 이때 1년 단위로 재산정된 대부료를 납부해야 한다. 따라서 2차년도 이후의 연간대부료는 국유재산법의 관련규정에 의하여 결정되며 매 차년도 시작 1개월 전에 피대부자에게 공지하고 있다. 그러나 주거용이나 농지 그리고 수의계약으로만 대부할 수 있는 경우에는 갱신 횟수가 1회의 제한이 없이 계속해서 갱신하여 사용이 가능하다. 갱신을 요청하는 경우에는 종전 대부기간이 끝나기 1개월 전에 신청해야 된다. 이러한 대부 계약기간 종료 후에는 재산을 반납하고 다시 입찰을 통하여 낙찰 받아야 한다.

(가) 대부(임대)기간
① 10년 이내 – 조림을 목적으로 하는 토지와 그 정착물
② 5년 이내 – 조림목적 이외에 토지 및 그 정착물(상업, 주거, 경작용)
③ 1년 이내 – 기타의 물건

(나) 대부료 산정 방법
① 연간대부료는 재산가액에 사용요율을 곱해서 결정한다.
㉠ 주거용 – 재산가액의 2% 이상(기초 수급자의 경우 1%)
㉡ 경작용 – 경작용재산가액의 1% 이상과 최근 공시된 해당 시도의 농가별 단위면

적당 농업총수익의 10분의 1에 해당 하는 금액 중 적은 금액으로 한다.
　ⓒ 기타(상업용) - 재산가액의 5% 이상

> 〈재산가액은 어떻게 결정하나?〉
> • 토지(당해연도 개별공시지가 X 면적), • 건물(단독주택은 개별주택가격, 공동주택은 공동주택가격, • 그 이외의 건물은 시가표준액(시가표준액이 없는 경우 감정평가금액))

② 대부공매에서 대부예정금액은 연간대부료로 정하고, 일반경쟁입찰을 2회 이상 실시하여도 낙찰되지 아니한 재산에 대하여는 세 번째 입찰부터 최초 대부료 예정가격의 100분의 20을 최저한도로 하여 매회 100분의 10의 금액만큼 그 예정가격을 낮추는 방법으로 저감하여 공매한다. 다만 관리기관인 한국자산산리공사의 관리계획에 따라 다음과 같이 저감하여 매각할 수도 있다(다음 사례는 물건관리번호 2010-091592-137호의 실제 공고문에서 발췌한 내용이다).

회차	차수	입찰기간	개찰일자	계약체결일	적용율
23	01	2014.06.16 10:00~ 2014.06.17 18:00	2014.06.18 10:00	2014.06.25한	100%
24	01	2014.06.23 10:00~ 2014.06.24 18:00	2014.06.25 10:00	2014.07.02한	100%
25	01	2014.06.30 10:00~ 2014.06.01 18:00	2014.07.02 10:00	2014.07.09한	90%
26	01	2014.07.07 10:00~ 2014.07.08 18:00	2014.07.09 10:00	2014.07.16한	80%
27	01	2014.07.14 10:00~ 2014.07.15 18:00	2014.07.16 10:00	2014.07.23한	70%
28	01	2014.07.21 10:00~ 2014.07.22 18:00	2014.07.23 10:00	2014.07.30한	60%
:	:	:	:	:	:
31	01	2014.08.11 10:00~ 2014.08.12 18:00	2014.08.13 10:00	2014.08.21한	30%
32	01	2014.08.18 10:00~ 2014.08.19 18:00	2014.08.20 10:00	2014.08.27한	20%

(4) 입찰방법

① 입찰에 참여하려면 온비드에 회원가입과 실명확인을 위한 공인인증기관의 공인인증서를 등록해야 한다. 그다음 온비드화면에서 로그인하고 입찰대상 공매물건을 찾아서 입찰하는 과정에서 공인인증서로 실명을 확인하고 입찰서를 제출하면 된다.

② 대리인이 입찰자를 대리하여 입찰에 참여하거나 공동명의로 인터넷입찰에 참가하고자 하는 경우에는 인터넷 입찰기간 마감시간 전까지 공동입찰신청서 또는 대리입찰신청서를 공사에 제출해야 하고, 대표입찰자 또는 대리인 명의로 인터넷입찰에 참가해야 한다.

③ 입찰보증금은 대부하고자하는 금액의 10% 이상을 인터넷입찰 마감시간 전까지 온비드 지정 예금계좌에 입금해야 유효하다.

④ 입찰보증금이 1,000만원을 초과하는 경우에는 분할납부가 가능하다(인터넷입찰 마감시간 전까지 여러 번 나누어 납부할 수 있다).

(5) 유찰계약(수의계약)

① 입찰결과 유찰된 물건 중 전, 답, 주거용 건물에 대해서는 입찰종료 후 차기 입찰기일 전까지 금번 공고한 대부예정가격 이상으로 수의계약을 신청할 수 있으며, 기타물건에 대하여는 2회 이상 유찰된 물건에 한하여 동일한 조건으로 수의계약을 신청할 수 있다.

② 개찰 일 이후부터 차기 입찰기일 전일 사이에 수의계약체결을 희망하는 자는 금번 입찰공고 내용에서 정한 연간대부예정가격의 10% 이상을 계약보증금으로 지정계좌에 입금하고 대부신청서를 제출하여야 하며, 우선 입금·납부한 자를 당사자로 선정한다.

③ 계약보증금의 납부 전에 수의계약 희망자가 2인 이상 경합하는 경우에는 입찰의 방법으로 대부받을 자를 결정한다.

④ 계약대상자로 선정된 자는 입금일로부터 5영업일 이내에 대부료 잔금납입 후 신분증, 주민등록등본 1통 및 인장을 지참하여 대부계약을 체결하여야 하며 이에 응하지 않을 경우에는 수의계약 의사가 없는 것으로 간주하여 계약보증금은 국고에 귀

속된다.

◆ 낙찰자 결정과 잔금납부

(1) 낙찰자결정 방법

온비드 시스템에서 전자적 방법으로 일괄개찰하여 대부예정가격 이상의 유효한 입찰이 성립한 경우에 한하여 그 중 최고가액의 입찰자를 낙찰자로 결정한다. 동일한 최고가격으로 입찰한 자가 2인 이상인 경우에는 온비드 시스템에 의한 무작위추첨으로 낙찰자를 결정한다.

(2) 대부료 납부방법

연간 대부료는 전액 선납하는 것이 원칙(시행령 제27조 1항)이다. 다만 연간 대부료가 100만원을 초과하는 경우에는 연 4회 이내에서 분할납부할 수 있으며 이 경우 잔액에 대하여 연 1.62%의 이자가 추가되며 또한 연간 대부료가 1,000만원 이상의 경우에는 연간 대부료의 100분의 50에 해당하는 금액을 대부계약일까지 보증금으로 예치하거나 이행보증조치를 하여야 한다(분할납부 시 이자적용은 전국은행연합회에서 신규취급액 기준금리로 공시하는 이자율로, 2017년 11월에 공시한 이자율은 연 1.62%이다.).

◆ 잔금납부 후 대부계약 체결과 사용방법

(1) 잔금납부 후 대부계약 체결

① 낙찰자는 낙찰일로부터 5영업일 이내에 대부료 잔금 납입 후 신분증, 주민등록등본1통 및 인장을 지참하여 대부계약을 체결하여야 하며, 이에 응하지 않을 경우에는 낙찰을 무효로 하고 입찰보증금은 국고에 귀속된다.

② 부가가치세법 시행령 개정으로 2007년 1월 1일부터 국유재산 대부료에 대하여 대부료의 10%가 부가가치세로 과세되는 바, 연간대부료 이외에 부가가치세를 추가로

부담하여야 한다. 다만, 실제사용용도가 전, 답, 과수원, 목장용지, 임야, 염전 및 상시 주거용 주택(사업을 위한 주거용은 제외)과 이에 부수되는 토지(주택의 연면적 또는 건물이 정착된 면적의 5배(도시지역 밖의 토지의 경우 10배 중 넓은 면적에 한함)는 면세대상이므로 제외된다.

(2) 대부계약 체결과 사용방법

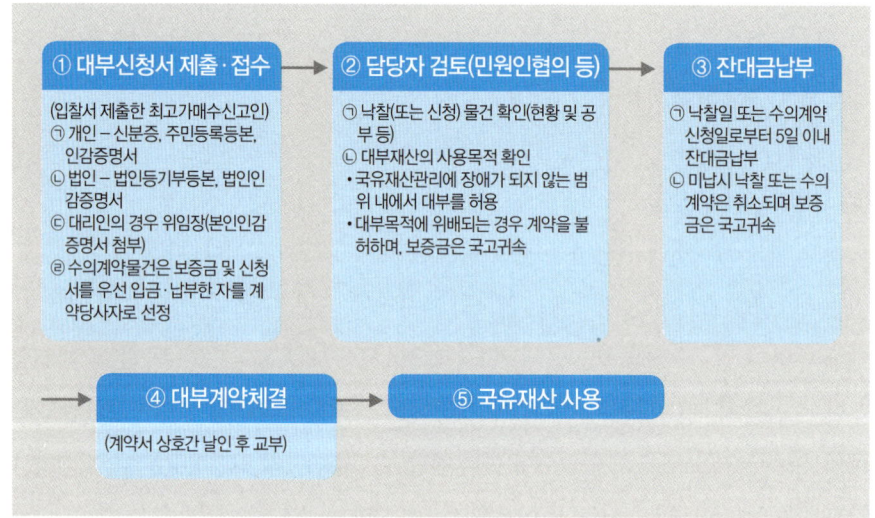

◆ 대금 미납 시에 연체료와 대부계약의 해지

(1) 대금 미납 시의 연체료

① 낙찰자가 납부기한이 지난 후 잔대금을 내는 경우에는 그 잔대금에 대하여「국유재산법」제73조에 따라 연체료를 함께 내야 한다.

② 연체기간별 연체료는 1개월 미만은 연 12%, 1개월 이상 ~ 3개월 미만은 연 13%, 3개월 이상 ~ 6개월 미만은 연 14%, 6개월 이상은 연 15%이다(국유재산법 시행령 제72조).

(2) 대부계약의 해지

① 정당한 사유 없이 납부기한을 3개월 이상 경료한 때에는 대부계약이 해지된다.

② 대부재산의 전대 또는 권리의 처분

③ 대부목적의 변경, 대부재산의 원상변경

④ 국가가 공용, 공공용으로 필요한 경우 등이다.

◆ 대부(임대) 계약 중 유의사항

① 대부계약내용을 준수하여야 하며, 대부받은 재산에 대하여 아무런 연고권을 주장할 수 없다.

② 대부재산을 잘 보존해야 하며, 재산관리 소홀로 손해가 발생 시 배상 및 원상복구 의무가 있다.

③ 통상의 수선에 소요되는 비용 및 기타 승인을 받지 아니한 개보수로 인하여 발생한 비용 등은 청구하지 못한다.

④ 대부계약 해지를 원할 시 1개월 전에 신청해야 한다.

⑤ 2007. 01. 01 부터 부가가치세법 개정으로 대부료에 별도의 부가가치세가 부과된다. 다만 주거용, 경작용 등의 경우에는 제외된다.

03 국유재산 유가증권 공매 절차는 어떻게 진행 되나?

◆ 국세물납이란?

조세는 금전납부가 원칙이나 일정요건을 충족할 경우 금전 이외의 재산으로 조세를 납부할 수 있는데, 이를 물납이라 한다. 물납이 가능한 조세에는 국세 중에는 상속세, 증여세, 법인세, 양도소득세 및 종합부동산세가 있으며, 지방세 중에는 재산세가 있다. 부동산과 유가증권의 가액이 2분의 1을 초과하고 납부세액이 1천만원을 넘는 경우 그 부동산과 유가증권으로 현금대신 세금을 낼 수 있도록 하고 있는데 이 납부한 정부소유 부동산 또는 증권을 한국자산관리공사가 정부로부터 위탁받아 관리하고 있는데 부동산인 경우 앞에서 설명한 1번 내용이고, 이번에는 유가증권 공매에 관해서 알아보는 시간이다.

◆ 국세물납 유가증권의 종류

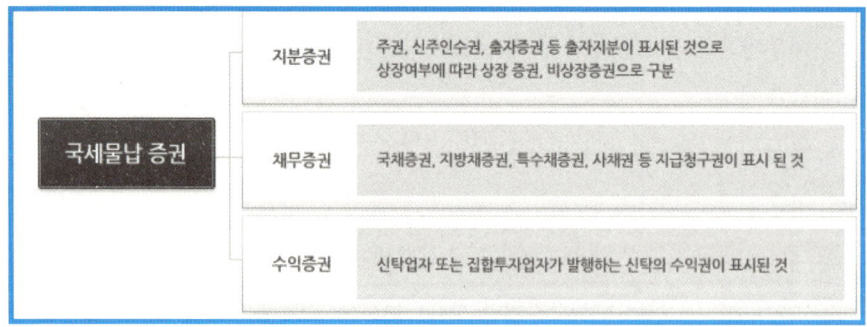

◆ 국세물납 유가증권 관리기관

① 납세자가 물납한 유가증권은 국유잡종재산(주주 : 國)(기획재정부)으로서 기획재정부는 국세물납유가증권의 관리 및 처분을 한국자산관리공사에 위임·위탁

② 한국자산관리공사는 관할세무서로부터 해당 유가증권 및 관련서류를 인계받아 국세물납 유가증권의 관리 및 처분 업무를 수행

③ 유가증권물납(납세자) ⇒ 유가증권수납(국세청) ⇒ 유가증권관리/처분(한국자산관리공사)

◆ 국세물납 증권 관리·처분 흐름도

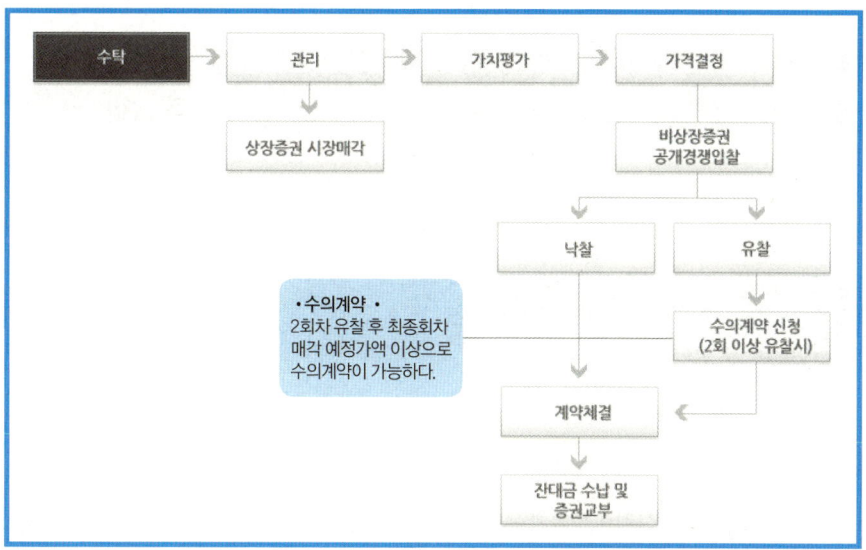

◆ 국세물납증권 매각방법

(1) 상장증권
  - 증권시장(유가증권시장 및 코스닥시장)을 통하여 시장가격으로 매각한다.

(2) 비상장증권
  ① 원칙 : 온비드를 이용한 경쟁입찰방식으로 매각한다.
  ② 예외 : 수의계약방식(2회에 걸쳐 유효한 입찰이 성립되지 아니한 경우)

2회에 걸쳐 유효한 입찰이 성립되지 아니한 경우 최종회차 매각 예정가액 이상으로 수의계약이 가능하다. 이때 차기 공고 전일까지 수의계약이 가능하며, 차기 매각 예정가격(평가가액) 결정 후 수의계약은 불가능하다.

◆ 비상장증권 매각절차와 준비서류

(1) 일반경쟁입찰 절차

(2) 유찰(수의계약) 절차

(3) 준비서류

① 개인 – ㉠ 매수신청서, ㉡ 매수자(대리인)신분증 및 도장, ㉢ 매수자 주민등록등본
② 법인 – ㉠ 매수신청서, ㉡ 법인등기부등본, ㉢ 법인인감증명서, ㉣ 이사회결의서사본(원본대조필), ㉤ 대표이사(대리인)신분증 및 도장

◆ 잔대금납부 및 증권 교부

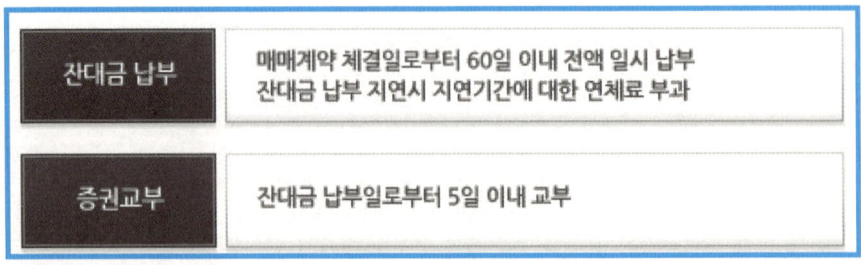

04 국유재산 매각공매와 임대공매 입찰대상물건 검색방법

◆ 온비드 홈페이지에서 로그인 후 공매물건을 종류별로 검색하는 방법

(1) 온비드 홈페이지에서 로그인하면 다음과 같은 화면을 확인할 수 있다

(2) 온비드 화면에서 용도별검색 방법을 통한 공매물건 검색하는 방법

가) 용도별검색에서 부동산 공매물건을 검색하는 방법

온비드 홈페이지 상단 부동산 또는 동산/기타자산[자동차와 운송장비, 물품(기계), 물품(기타)] 등의 메뉴에서 용도를 동산/기타자산 을 선택해서 검색하면 ⇨ 좌

측메뉴에 부동산 HOME이 나타나는데 이 타이틀에는 ▷ 물건, 공고, 테마물건, 입찰결과 등이 나타난다.

여기서 물건을 선택하면 ▷ 물건검색, 신규물건, 캠코 국유재산 전용관, 캠코 압류재산 전용관, 캠코 수탁·유입자산 전용관, 수의계약 가능물건 등의 세부항목을 확인할 수 있다. ▷ 이 세부항목에서 물건검색을 선택해서 상세조건검색을 검색하면 다음과 같은 화면이 나타난다.

이 화면에서 ① 처분방식으로 매각 또는 임대, ② 입찰기간, ③ 소재지(서울시, 경기도, 인천광역시... 등) 등을 선택하고, ▷ ④ 자산구분(•캠코물건 - 압류재산, 국유재산, 수탁재산, 유입자산과 •이용기관 - 국유재산, 공유재산, 기타일반재산, 금융권담보재산)에서 국유재산 매각공매 또는 임대공매를 선택해서 입찰할 국유재산 공매물건

을 검색하면 된다.

나) 용도별검색에서 동산 및 기타재산 공매물건을 검색하는 방법

온비드 홈페이지 상단 부동산 또는 동산/기타자산[자동차와 운송장비, 물품(기계), 물품(기타)] 등의 메뉴에서 용도를 동산/기타자산 을 선택해서 검색하면 ⇨ 좌측메뉴에 동산/기타자산 HOME이 나타나는데 이 타이틀에는 ⇨ 물건, 공고, 테마물건, 입찰결과 등이 나타난다. 여기서 물건을 선택하면 ⇨ 물건검색, 신규물건, 금융권담보재산 전용관 전용관, 캠코 국유증권 전용관, 캠코 압류재산 전용관, 수의계약 가능물건 등의 세부항목을 확인할 수 있다. ⇨ 이 세부항목 중에서 물건검색을 선택 후 상세조건검색 방법으로 ① 자동차와 운송장비, ② 물품(기계), ③ 물품(기타) 등을 확인할 수 있다.

온비드화면에서 확인하는 방법은 앞에서 용도별검색에서 부동산을 검색하는 방법과 같이 확인하면 되므로 지면상 생략했다.

이렇게 검색해서 입찰할 국유재산 매각공매 또는 임대공매 물건을 찾았다면 다음과 같이 분석해서 입찰하면 된다.

(3) 본인이 입찰서를 작성하는 방법과 대리인 또는 공동으로 입찰하는 방법

입찰서 작성 및 제출 화면에서 입찰방법은 ① 입찰방법 •본인, •대리입찰(서류제출방식), •공동입찰(전자서명방식, 서류제출방식)에서 〈본인〉을 체크하고 입찰서를 작성해서 제출하면 된다. 본인이 공매대상물건에 입찰하고자 하는 자는 입찰서에 입찰자 성명, 주소, 매각하고자 하는 재산의 명칭, 입찰가격, 입찰보증금 기타 필요한 사항을 기재하여 입찰마감 전까지 제출하여야 한다. ⇨ ② 온비드화면에서 본인이 입찰하는 방법은 Chapter 3에서 05. 입찰할 공매물건에서 입찰서 제출과 입찰보증금 납부(119쪽)에 자세하게 기술되어 있으니 참고하면 된다. ⇨ ③ 대리인 또는 공동으로 입찰하는 방법도 마찬가지이다.

05 영종주공아파트를 국유재산 공매로 낙찰 받아 성공한 사례

◆ 영종주공아파트의 입찰정보 내역

| 물건정보 | 입찰이력 | | 해당공고 보기 | 해당공고물건 보기 |

물건관리번호 : 2009-072016-611　　　　물건상태 : 낙찰　공고일자 : 2014-10-13　조회수 : 328

인천 중구 운서동 2788-6 영종주공@ 제1002동 제000호

처분방식 / 자산구분	매각 / 국유재산(캠코)
용도	기타주거용건물
면적	토지 61.771㎡ / 건물 59.64㎡
최초예정가액	181,000,000원
감정평가금액	181,000,000원
입찰방식	일반경쟁(최고가방식) / 총액
입찰기간 (회차/차수)	2014-10-20 10:00 ~ 2014-10-21 18:00 (040/001)
유찰횟수/입찰진행횟수	0 회 / 1 회
집행기관	한국자산관리공사
담당자정보	인천지역본부 / 최운범 / 032-509-1564
최저입찰가(예정금액)	**181,000,000원**

[사진] [지도] [지적도] [위치도]
[일사편리 부동산정보] [감정평가서]

[입찰유형]
☑ 전자보증서가능　　☑ 공동입찰가능
☐ 2회 이상 입찰가능　☑ 대리입찰가능
☐ 2인 미만 유찰여부　☐ 차순위 매수신청가능

[관심물건 등록] [입찰]

| 물건 세부 정보 | 압류재산 정보 | 입찰 정보 | 시세 및 낙찰 통계 | 물건 문의 | 부가정보 |

▌면적 정보
· 토지면적　61.771㎡　　· 건물면적　59.64㎡

번호	종별(지목)	면적	지분	비고
1	건물 > 영종주공@ 1002-201	59.64㎡	-	-

▌위치 및 이용현황

소재지	지번	인천 중구 운서동 2788-6 영종주공@ 제1002동 제000호
	도로명	-

위치 및 부근현황	영종도 공항신도시에 위치함.
이용현황	주거용으로 이용중임.
기타사항	기타(특기)사항 : 현황대로 매각하므로 필히 현장확인을 요하며 담당자에게 연락하신분에 한하여 입찰 전주 금요일 1회에 한하여 현장개방(잔대금완납후 입실가능하며, 잔대금은 일시납임)-아파트 관리비선수금 있음 건축년도 : 2001 층수 : 10 구조형태 : 철근콘크리트조
조사일자	2013-09-11

▎감정평가정보

감정평가기관	평가일	평가금액(원)	감정평가서
조회된 데이타가 없습니다.			

▎명도이전책임 및 부대조건

명도책임	매수자

| 물건 세부 정보 | 입찰 정보 | 시세 및 낙찰 통계 | 물건 문의 | 부가정보 |

▎입찰 방법 및 입찰 제한 정보

: : 중간생략함 : :

▎회차별 입찰 정보

입찰번호	회차/차수	구분	대금납부/납부기한	입찰기간	개찰일시	개찰장소	최저입찰가(원)
041	040/001	인터넷	-/60	2014-10-20 10:00~ 2014-10-21 18:00	2014-10-22 10:30	지정정보처리장치(온비드):입찰진행자 PC	181,000,000
041	041/001	인터넷	-/60	2014-10-27 10:00~ 2014-10-28 18:00	2014-10-29 10:30	지정정보처리장치(온비드):입찰진행자 PC	181,000,000
041	042/001	인터넷	-/60	2014-11-03 10:00~ 2014-11-04 18:00	2014-11-05 10:30	지정정보처리장치(온비드):입찰진행자 PC	162,900,000
041	043/001	인터넷	-/60	2014-11-10 10:00~ 2014-11-11 18:00	2014-11-12 10:30	지정정보처리장치(온비드):입찰진행자 PC	144,800,000
041	044/001	인터넷	-/60	2014-11-17 10:00~ 2014-11-18 18:00	2014-11-19 10:30	지정정보처리장치(온비드):입찰진행자 PC	126,700,000
041	045/001	인터넷	-/60	2014-11-24 10:00~ 2014-11-25 18:00	2014-11-26 10:30	지정정보처리장치(온비드):입찰진행자 PC	108,600,000
041	046/001	인터넷	-/60	2014-12-01 10:00~ 2014-12-02 18:00	2014-12-03 10:30	지정정보처리장치(온비드):입찰진행자 PC	90,500,000

이 같이 입찰대상 아파트를 찾았으면 캠코공매물건 입찰정보 내역에서 첫 번째로 이 아파트가 어디에 위치하고, 면적 등은 적당한 크기인가를 소재지와 아파트면적 그리고 아파트 사진정보, 위치도 및 지도를 확인해야 합니다.

◆ 아파트의 사진과 지도 및 주변 현황도

① 아파트의 사진과 내부 현황도

② 아파트 지도 및 주변 현황도

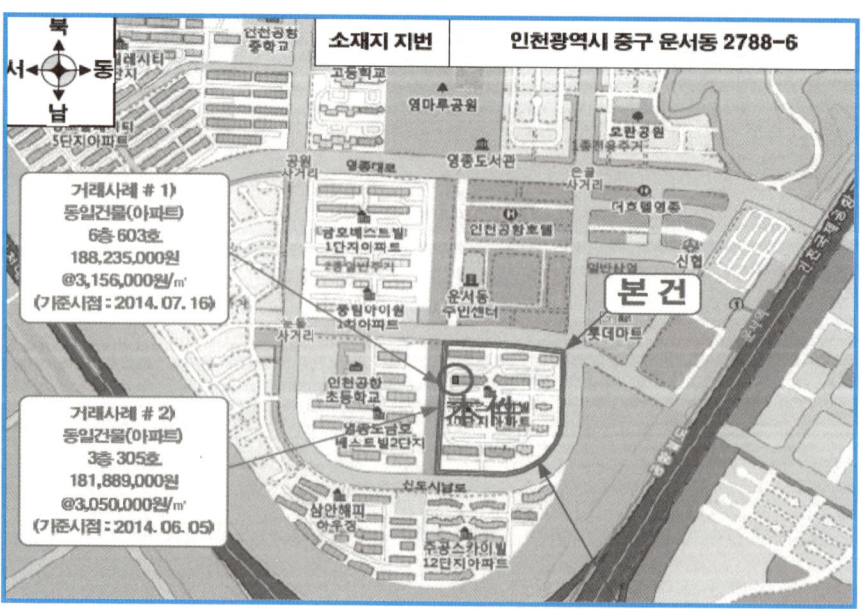

 주공아파트 내부는 확인할 수 없나요?

있습니다. 두 번째로 아파트 내부를 확인하려면 아파트의 입찰정보 내역에서 중간부분을 보면 ⇨ 기타 사항란 "현황대로 매각하므로 필히 현장 확인을 요하며 담당자에게 연락하신분에 한하여 입찰 전주 금요일 1회에 한하여 현장 개방(잔대금 완납 후 입실 가능하며, 잔대금은 일시 납임) 그리고 아파트 관리비 선수금이 있음" 이 표시 되어 있으니, 입찰하실 분들은 이 담당자와 연락해서 아파트 내부를 확인하면 되고, 그리고 이밖에도 매각절차에서 궁금한 내용이 있다면 상단 메뉴 오른쪽 공매담당자를 통해서 문의하면 됩니다.

 아하 그렇게 하면 되는 군요.

"세 번째로 어떠한 조건으로 공매가 진행되는가를 확인해야 합니다. 왜냐하면 공매는 매각기관마다 다른 조건으로 매각하는 경우가 많기 때문에 일반적으로 매각된다고 생각하고 공매공고 내용을 확인하지 않고 낙찰 받았다가 낭패를 볼 수 있기 때문이죠. 그래서 온비드 아파트의 입찰정보 내역 좌측 상단 공매공고 메뉴를 검색해서 공매공고 내역을 다음과 같이 확인해야 합니다."

◇ 2014년 제21회 국유재산 매각공고문과 매각조건 확인하기

온비드화면 우측상단 "해낭공고 보기"를 검색해서 다음과 같이 공매공고문을 확인해 보니 이 아파트는 국가소유 재산이기 때문에 국유재산 공매로 매각되고 있군요.

2014년 제12회 국유재산 대부 입찰 공고

1. 입찰물건의 표시

    물건의 목록과 같음

2. 입찰참가 자격

    가. 모든 사람(내외국인 및 법인포함)의 참여가 가능합니다.

    나. 대리인이 입찰에 참가하고자 하는 경우에는 입찰마감일까지 대리입찰신청서(입찰자의 날인 및 인감증명이 첨부된 위임장)를 작성하여 한국자산관리공사 재산관리부에 제출하여야 합니다.

    다. 2인 이상이 공동명의로 입찰에 참여하고자 하는 경우에는 입찰마감일까지 공동입찰참가신청서(공동입찰자의 날인 및 인감증명이 첨부된 위임장)를 한국자산관리공사 재산관리부에 제출하고 대표입찰자 명의로 입찰에 참여해야 합니다.

    라. 민법상 만 19세 미만의 미성년자 명의로 입찰에 참가 하고자 하는 경우에는 입찰마감일까지 법정대리인의 미성년자 입찰참가동의서를 한국자산관리공사 재산관리부에 제출하여야 합니다.

3. 입찰 및 개찰

회차	차수	입찰기간	개찰일자	계약체결일	적용율
40	01	2014.10.20 10:00~2014.10.21 18:00	2014.10.22 10:00	2014.10.29한	100%
41	01	2014.10.27 10:00~2014.10.28 18:00	2014.10.29 10:00	2014.11.05한	100%
42	01	2014.11.03 10:00~2014.11.04 18:00	2014.11.05 10:00	2014.11.12한	90%
43	01	2014.11.10 10:00~2014.11.11 18:00	2014.11.12 10:00	2014.10.19한	80%
44	01	2014.11.17 10:00~2014.11.18 18:00	2014.11.19 10:00	2014.10.26한	70%
45	01	2014.11.24 10:00~2014.11.25 18:00	2014.11.26 10:00	2014.12.03한	60%
46	01	2014.12.01 10:00~2014.12.02 18:00	2014.12.03 10:00	2014.12.10한	50%

※ 낙찰자발표 : 한국자산관리공사 전자자산처분시스템(http://www.onbid.co.kr)

4. 입찰방법 – 생략함.

5. 입찰 참가 전 준비사항

    입찰자는 입찰 참가 전까지 온비드(www.onbid.co.kr) 회원가입 후 공인인증기관으로부터 전자입찰용(범용) 공인인증서를 발급받아 온비드에 등록하여야 합니다.

6. 입찰예정가격 및 입찰보증금.

    가. 일반경쟁입찰을 두 번 실시하여도 낙찰되지 아니한 재산에 대하여는 세 번째 입찰부터 최초 매각 예정가격의 100분의 80(국가가 활용할 가치가 없는 재산으로서 보존하기에 적합하지 않은 재산의 경우에는 100분의 50)을 최저한도로 하여 매회 100분의 10의 금액만큼 그 예정가격을 낮추는 방법으로 조정합니다.

    나. ~ 다항은 생략함.

7. 입찰의 무효 및 취소
　가. ~ 다항은 생략함.
8. 낙찰자 결정방법
　가. 온비드 시스템에서 전자적 방법으로 일괄개찰하여 매각예정가격 이상의 유효한 입찰이 성립한 경우에 한하여 그 중 최고가액의 입찰자를 낙찰자로 결정합니다.
　나. 동일한 최고가격으로 입찰한 자가 2인 이상인 경우에는 온비드 시스템에 의한 무작위 추첨으로 낙찰자를 결정합니다.
9. 계약체결 및 대금납부방법
　가. 낙찰자는 낙찰일로부터 5영업일 이내에 신분증, 주민등록등본1통 및 인장을 지참하여 매매 계약을 체결해야 하며 이에 응하지 않을 경우에는 낙찰을 무효로 하고 입찰보증금은 국고에 귀속됩니다.
　나. 매매계약 체결일로부터 60일 이내에 잔대금 전액을 납부해야 하며, 미납시 매매 계약은 해지(해제)되고 입찰보증금은 국고에 귀속됩니다. 다만, 토지에 한하여 매각대금이 1천만원을 초과하는 경우에는 그 매각대금을 3년 이내의 기간에 걸쳐 나누어 낼 수 있으나, 개별 물건정보에서 매매계약 조건이 일시납 조건(계약일로부터 60일이내 잔금 납부)일 경우는 분할납부가 되지 않습니다. 또한, 분할납부시에는 매각대금 잔액에 대해서는 국유재산법에서 정한 이자가 추가되며, 연부취득(2년이상 분할납부)하는 경우, 계약금 납부시 포함하여 분할 대금 납부시마다 60일이내 취득세 신고 및 납부를 하여야 합니다.
　다. 외국인등이「외국인토지법」제4조제2항의 규정에 의하여 토지거래허가를 받아야 하는 경우에는 시장.군수 또는 구청장에게서 토지취득허가증을 교부받는 날로부터 5영업일 이내에 매매계약을 체결하여야 하며, 외국인등이 토지취득허가증을 받지 못한 경우에는 낙찰취소 또는 수의계약요청을 무효로 하고 보증금은 낙찰자 또는 수의계약 요청자에게 반환됩니다.
　라. 농지법등 관계법령에 의하여 농지취득자격증명이 필요한 경우 등 취득(소유권등기)이 제한되는 사항은 매수자가 갖추어야 할 요건이므로 사전확인 후 응찰하시기 바랍니다.
10. 물건별 부대조건 – 생략함.
11. 공통조건
　가 ~ 마항은 생략함.
　바. 매매계약의 당사자는 공인중개사의 업무 및 부동산거래신고에 관한법률 제27조에 의거 매매계약 체결일로부터 60일 이내에 부동산의 관할기초자치단체의 장에게 부동산거래내용을 신고할 의무가 있습니다.

12. 수의계약 안내

가. 금번 매각 입찰결과 2회에 걸쳐 유효한 입찰이 성립되지 아니한 물건에 대해서는 입찰종료 후 차기 입찰기일 전까지 공고된 매각예정가격 이상으로 수의계약이 가능합니다.

나. 개찰일 이후부터 차기 입찰기일 전일 사이에 수의계약 체결을 희망하는 자는 금번 입찰공고내용에서 정한 매각예정가격의 10% 이상을 계약보증금으로 지정계좌에 입금하고 매수신청서를 제출하여야 하며, 우선 입금·납부한 자를 당사자로 선정합니다.

다. 계약보증금의 납부 전에 수의계약 신청인이 2인 이상 경합하는 경우에는 매수희망가격을 제출받아 최고가격을 제시한 자를 계약당사자로 결정합니다.

라. 계약대상자로 선정된 자는 입금일로부터 5영업일 이내에 신분증, 주민등록등본1통 및 인장을 지참하여 매매계약을 체결하여야 하며 이에 응하지 않을 경우에는 수의계약 의사가 없는 것으로 간주하여 계약보증금은 국고에 귀속됩니다.

마. 매매계약 체결일로부터 60일 이내에 잔대금전액을 납부해야 하며, 미납시 수의계약 의사가 없는 것으로 간주하여 계약보증금은 국고에 귀속됩니다. 다만, 토지에 한하여 매각대금이 1천만원을 초과하는 경우에는 그 매각대금을 3년 이내의 기간에 걸쳐 나누어 낼 수 있으나, 개별 물건정보에서 매매계약 조건이 일시납(계약일로부터 60일이내 잔금 납부)일 경우는 분할납부가 되지 않습니다. 또한, 분할납부시에는 매각대금 잔액에 대해서는 국유재산법에서 정한 이자가 추가되며, 계약금 납부시 포함하여 분할 대금 납부시마다 60일이내 취득세 신고 및 납부를 하여야 합니다.

2014년 10월 13일
한국자산관리공사 국유재산기획실장

"이 공매 공고문 중에서 꼭 알고 있어야할 내용만 정리하고 나머지는 생략 했으니 참고하세요. 이렇게 입찰 및 개찰방식, 입찰참가 전에 준비할 사항, 입찰예정가격 및 입찰보증금, 낙찰자결정방법, 그리고 낙찰 받고 나서 계약체결 및 대금납부방법을 확인하고 나서 입찰에 참여해야 합니다."

잠깐만! 선생님 이 국유재산 공매물건도 권리분석과 수익분석을 해야지요?

"국유재산 공매물건은 압류재산 공매와 같이 권리분석이 필요하지 않아요. 국가소유 재산을 매각하는 것이므로 권리에 하자가 있을 수는 없어요. 다만 매각조건에서 다를 수 있으니 방금 분석했던 것처럼 공매공고문을 자세히 분석하고 입찰하면 됩니

다. 그리고 수익분석 방법은 앞에서 여러 번 거론 했으니 생략하겠습니다."

 이 아파트의 시세를 조사해 보니 2억원 정도 입니다. 그리고 최저매각예정금액이 1억8,100만원이니 1억8,600만원으로 입찰에 참여하겠습니다.

 "박 사장님도 이제 선수가 되셨군요."

 "선생님 온비드 회입 가입과 범용공인인증서 등록하고 입찰서도 제출했습니다. 그리고 입찰보증금도 납부하고요."

 "수고했습니다. 입찰결과를 기다려 봅시다."

◆ 박 사장이 주공아파트를 단독으로 낙찰 받아서 축하하고 있다

상세입찰결과			
물건관리번호	2009-072016-611		
재산구분	국유재산(캠코)	담당부점	물건정보참조
물건명	인천 중구 운서동 2788-6 영종주공@ 제1002동 제000호		
공고번호	201410-00750-00	회차 / 차수	040 / 001
처분방식	매각	입찰방식/경쟁방식	최고가방식 / 일반경쟁
입찰기간	2014-10-20 10:00 ~ 2014-10-21 18:00	총액/단가	총액
개찰시작일시	2014-10-22 10:33	집행완료일시	2014-10-22 13:08
입찰자수	유효 1명 / 무효 1명(인터넷)		
입찰금액	186,000,000원		
개찰결과	낙찰	낙찰금액	186,000,000원
감정가 (최초 최저입찰가)	181,000,000원	최저입찰가	181,000,000원
낙찰가율 (감정가 대비)	102.76%	낙찰가율 (최저입찰가 대비)	102.76%

 선생님 제가 낙찰 받았어요.

 축하드립니다. 5일 이내에 한국자산관리공사에 가서 계약하는 것 잊지 마세요.

06 김 사장이 국유재산 공매로 현대아파트를 낙찰 받아 성공한 사례

◆ 현대아파트의 입찰정보 내역

위치 및 부근현황	백운역에서 서쪽으로 30m 떨어진 지점에 위치함
이용현황	아파트로 이용중
기타사항	기타(특기)사항 : 현황대로 인도하는 조건이며, 반드시 현장확인 후 입찰하시기 바랍니다. 현장확인은 매주 목요일 3시까지로 사전연락 (032-509-1572 박도호 과장) 요함. 건축년도 : 1989 층수 : 9 구조형태 : 철근콘크리트조 인입시설정보 : 전기 가스승강상수도하수도
조사일자	2014-09-15

▌감정평가정보

감정평가기관	평가일	평가금액(원)	감정평가서
		조회된 데이타가 없습니다.	

▌명도이전책임 및 부대조건

명도책임	매수자

물건 세부 정보	입찰 정보	시세 및 낙찰 통계	물건 문의	부가정보

▌입찰 방법 및 입찰 제한 정보

: :   중간생략함   : :

▌회차별 입찰 정보

입찰번호	회차/차수	구분	대금납부/납부기한	입찰기간	개찰일시	개찰장소	최저입찰가(원)
036	040/001	인터넷	-/60	2014-10-20 10:00~ 2014-10-21 18:00	2014-10-22 10:30	지정정보처리장치(온비드):입찰진행자 PC	329,000,000
036	041/001	인터넷	-/60	2014-10-27 10:00~ 2014-10-28 18:00	2014-10-29 10:30	지정정보처리장치(온비드):입찰진행자 PC	329,000,000
036	042/001	인터넷	-/60	2014-11-03 10:00~ 2014-11-04 18:00	2014-11-05 10:30	지정정보처리장치(온비드):입찰진행자 PC	296,100,000
036	043/001	인터넷	-/60	2014-11-10 10:00~ 2014-11-11 18:00	2014-11-12 10:30	지정정보처리장치(온비트):입찰진행자 PC	263,200,000
036	044/001	인터넷	-/60	2014-11-17 10:00~ 2014-11-18 18:00	2014-11-19 10:30	지정정보처리장치(온비드):입찰진행자 PC	230,300,000
036	045/001	인터넷	-/60	2014-11-24 10:00~ 2014-11-25 18:00	2014-11-26 10:30	지정정보처리장치(온비드):입찰진행자 PC	197,400,000
036	046/001	인터넷	-/60	2014-12-01 10:00~ 2014-12-02 18:00	2014-12-03 10:30	지정정보처리장치(온비드):입찰진행자 PC	164,500,000

이와 같이 입찰대상 아파트를 찾았으면 캠코공매물건 입찰정보 내역에서 첫 번째로 이 아파트가 어디에 위치하고, 면적 등은 적당한 크기인가를 소재지와 아파트면적 그리고 아파트 사진정보, 위치도 및 지도를 확인해야 합니다.

◆ 아파트의 사진과 주변 현황도

① 아파트의 사진

② 아파트 주변 현황도

현대아파트 내부는 확인할 수 없나요?

있습니다. 두 번째로 현대아파트 내부를 확인하려면 아파트의 입찰정보 내역에서 중간부분을 보면 ⇨ 기타 사항란 "현황대로 인도하는 조건이며, 반드시 현장 확인 후 입찰하시기 바랍니다. 현장 확인은 매주 목요일 3시까지로 사전 연락 (032-509-1572 박도호 과장) 요함" 이 표시 되어 있으니, 입찰하실 분들은 이 담당자와 연락해서 아파트 내부를 확인하면 되고, 그리고 이밖에도 매각절차에서 궁금한 내용도 이 공매담당자를 통해서 문의하면 되고요.

 아하 그렇게 하면 되는 군요.

"세 번째로 어떠한 조건으로 공매가 진행되는가를 확인해야 합니다. 왜냐하면 공매는 매각기관마다 다른 조건으로 매각하는 경우가 많기 때문에 일반적으로 매각된다고 생각하고 공매공고 내용을 확인하지 않고 낙찰 받았다가 낭패를 볼 수 있기 때문이죠.

그래서 온비드 아파트의 입찰정보 내역 좌측 상단 공매공고 메뉴를 검색해서 공매공고 내역을 다음과 같이 확인해야 합니다."

◇ 2014년 제21회 국유재산 매각공고문과 매각조건 확인하기

〈앞의 05. 영종주공아파트를 국유재산 공매로 낙찰 받아 성공한 사례에서 2014년 제21회 국유재산 매각공고문과 매각조건 확인하기를 참고하면 되므로 지면상 생략했지만, 입찰자는 온비드화면 우측상단에서 "해당공고 보기"를 클릭해서 확인하고 입찰에 참여하는 것을 잊지 말아야 한다.〉

이 아파트는 국가소유 재산이기 때문에 국유재산 공매로 매각되고 있군요. 그리고 2014년 제21호 국유재산 매각 입찰 공고문을 확인해야 하지만, 앞에서 주공아파트에서 설명한바 있어서 이 내용을 참고하면 되므로 지면상 생략했어요. 그러나 입찰하실 분들은 꼭 확인하고 입찰에 참여하셔야 합니다.

 네, 확인해 봤습니다.

 이렇게 입찰 및 개찰방식, 입찰참가 전에 준비할 사항, 입찰예정가격 및 입찰보증금, 낙찰자결정방법, 그리고 낙찰 받고 나서 계약체결 및 대금납부방법을 확인하고 나서 입찰에 참여해야 합니다.

 선생님, 알겠습니다. 이제 입찰에 해야겠는데 입찰가는 얼마를 쓰면 될까요?

 이 아파트는 52평형 아파트로 감정가에 비해 낮은 3억원에 거래되고 있으니 279,000,900원에 입찰하도록 하세요.

 저도 그 정도 가격에 써야 낙찰 받을 것 같았어요
　선생님 온비드 회입가입과 범용공인인증서 등록하고 입찰서도 제출했습니다. 그리고 입찰보증금도 납부하고....

 수고했습니다. 입찰결과를 기다려 봅시다.

◇ 김 사장이 주공아파트를 9대 1의 경쟁률을 뚫고 낙찰 받았다

상세입찰결과

물건관리번호	2014-091689-007		
재산구분	국유재산(캠코)	담당부점	물건정보참조
물건명	인천 부평구 산곡동 산 37-4 외15필지 현대아파트 301동 제OOO호		
공고번호	201410-00750-00	회차 / 차수	043 / 001
처분방식	매각	입찰방식/경쟁방식	최고가방식 / 일반경쟁
입찰기간	2014-11-10 10:00 ~ 2014-11-11 18:00	총액/단가	총액
개찰시작일시	2014-11-12 10:32	집행완료일시	2014-11-12 11:38

입찰자수	유효 9명 / 무효 0명(인터넷)		
입찰금액	279,000,900원/ 278,000,000원/ 276,010,000원/ 274,899,000원/ 273,312,000원/ 273,300,000원/ 271,150,000원/ 265,360,000원/ 265,320,000원		
개찰결과	낙찰	낙찰금액	279,000,900원
감정가 (최초 최저입찰가)	329,000,000원	최저입찰가	263,200,000원
낙찰가율 (감정가 대비)	84.8%	낙찰가율 (최저입찰가 대비)	105%

〈김 사장이 9대 1의 경쟁률을 경쟁률을 뚫고 낙찰 받아서 기뻐하고 있다〉

07 정 사장이 국유재산 공매로 토지를 낙찰 받아 건물을 신축하려 한다

◆ 봉천동 토지의 입찰정보 내역

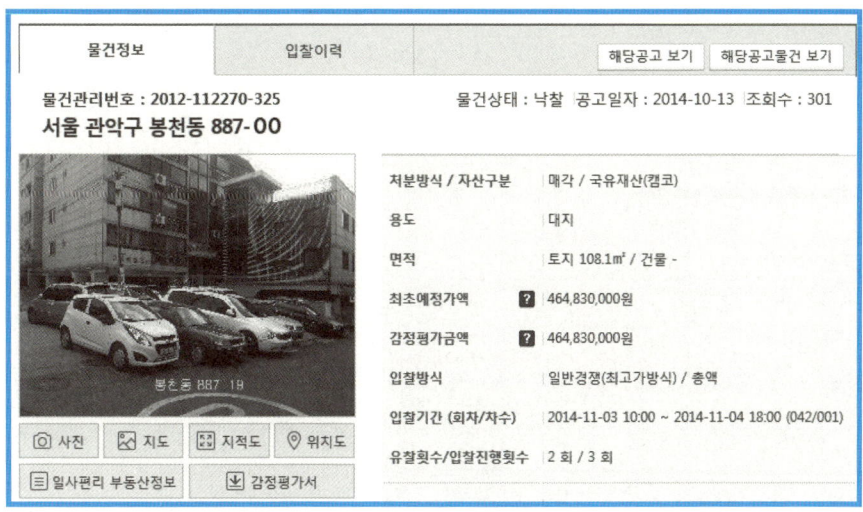

[입찰유형]
- ☑ 전자보증서가능
- ☑ 공동입찰가능
- ☐ 2회 이상 입찰가능
- ☑ 대리입찰가능
- ☐ 2인 미만 유찰여부
- ☐ 차순위 매수신청가능

집행기관	한국자산관리공사
담당자정보	재산조사부 / 최종만 / 02-2015-8066
최저입찰가(예정금액)	**418,347,000**원

관심물건 등록 / 입찰

물건 세부 정보 | 입찰 정보 | 시세 및 낙찰 통계 | 물건 문의 | 부가정보

▪ 면적 정보
· 토지면적 | 108.1㎡ · 건물면적 | -

번호	종별(지목)	면적	지분	비고
1	토지 > 대	108.1㎡	-	-

▪ 위치 및 이용현황

소재지	지번	서울 관악구 봉천동 887-19
	도로명	-
위치 및 부근현황		지하철2호선 서울대입구역 6번출구에서 북서쪽으로 600미터 지점에 위치함.
이용현황		불특정다수의 주차장으로 이용중.
기타사항		기타(특기)사항 : 본건 매각대금은 일시납 조건이며, 현황(불특정다수인이 주차장으로 사용 중) 상태로 인수 조건이므로 입찰 전 현장확인 후 입찰에 참가 요망 물건담당자 최종만 과장(전화:02-2015-8066)
조사일자		2014-09-04

▪ 감정평가정보

감정평가기관	평가일	평가금액(원)	감정평가서
조회된 데이타가 없습니다.			

▪ 명도이전책임 및 부대조건

명도책임	매수자

물건 세부 정보 | 입찰 정보 | 시세 및 낙찰 통계 | 물건 문의 | 부가정보

▪ 입찰 방법 및 입찰 제한 정보
: : 중간생략함 : :

▪ 회차별 입찰 정보

입찰번호	회차/차수	구분	대금납부/납부기한	입찰기간	개찰일시	개찰장소	최저입찰가(원)
031	040/001	인터넷	-/60	2014-10-20 10:00~2014-10-21 18:00	2014-10-22 10:30	지정정보처리장치(온비드):입찰진행자 PC	464,830,000
031	041/001	인터넷	-/60	2014-10-27 10:00~2014-10-28 18:00	2014-10-29 10:30	지정정보처리장치(온비드):입찰진행자 PC	464,830,000
031	042/001	인터넷	-/60	2014-11-03 10:00~2014-11-04 18:00	2014-11-05 10:30	지정정보처리장치(온비드):입찰진행자 PC	418,347,000
031	043/001	인터넷	-/60	2014-11-10 10:00~2014-11-11 18:00	2014-11-12 10:30	지정정보처리장치(온비드):입찰진행자 PC	371,864,000
031	044/001	인터넷	-/60	2014-11-17 10:00~2014-11-18 18:00	2014-11-19 10:30	지정정보처리장치(온비드):입찰진행자 PC	325,381,000
031	045/001	인터넷	-/60	2014-11-24 10:00~2014-11-25 18:00	2014-11-26 10:30	지정정보처리장치(온비드):입찰진행자 PC	278,898,000
031	046/001	인터넷	-/60	2014-12-01 10:00~2014-12-02 18:00	2014-12-03 10:30	지정정보처리장치(온비드):입찰진행자 PC	232,415,000

이와 같이 입찰대상 토지를 찾았으면 캠코공매물건 입찰정보 내역에서 첫 번째로 이 토지가 어디에 위치하고, 건물을 신축하기에 면적은 적당한 크기인가를 소재지와 토지면적 그리고 토지 사진정보, 위치도 및 지도 등을 가지고 확인해야 합니다.

◆ 아파트의 사진과 주변 현황도

① 토지 및 주변의 사진

② 봉천동 토지의 주변 현황도

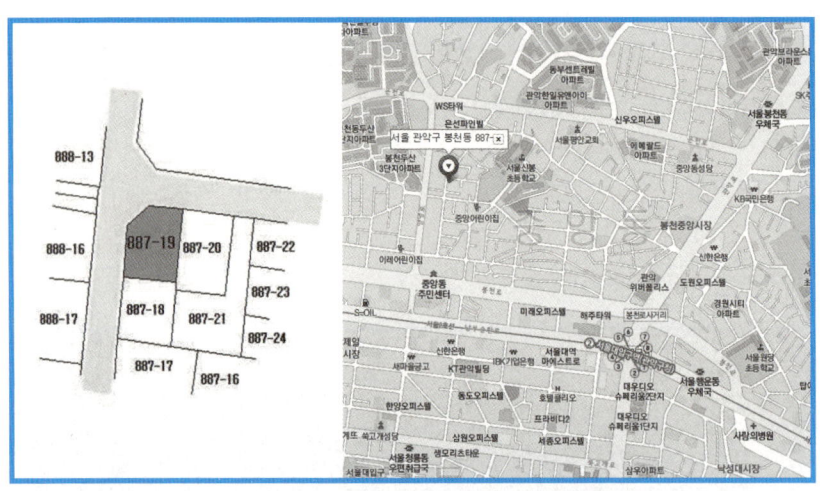

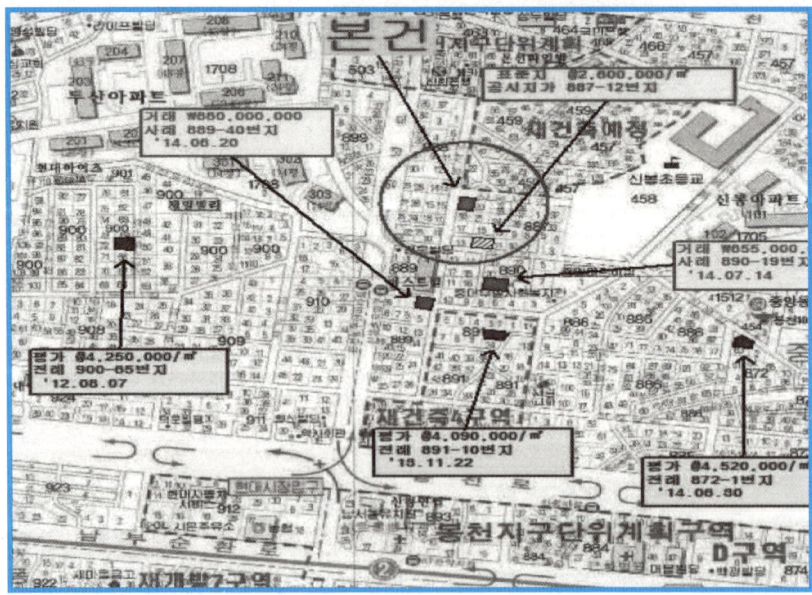

 선생님 제가 이 토지를 사서 건물을 짓고 싶어요.

 그럼 서울시 관악구 봉천동에 있는 물건은 정 사장님이 입찰하는 것으로 결정하지요. 다른 분들 이의가 없겠죠.

 네, 정 사장님 축하드려요.

뭘 낙찰 받은 것도 아닌데, 홍 대리의 축하는 너무 일러...

 잘 되실 거예요. 국유재산 공매는 관심을 가지는 분들이 적다고 선생님께서 말씀하셨고, 또 주택이 없는 토지를 사서 건물을 짓고자하는 분들은 많지 않을 거예요.

선생님, 제가 현장조사와 건축설계사 등을 만나서 설계를 떠봤는데 생각보다 좋은 땅이더군요. 좋은 땅 소개 해주셔서 감사합니다.
그런데 입찰가를 얼마를 써야 될 까요?

시세가 4억8천에서 5억원 정도고, 국유재산 공매라는 점, 그리고 건물을 신축할 사람이 그리 많지 않다는 점을 고려할 때 최저가에서 조금 더 쓰면 될 것 같군요.

선생님 말씀처럼 최저가가 418,347,000원에서 80만원 정도 너 써서 4억 1,920만원에 입찰서를 제출했고 입찰보증금도 납부했습니다.

 좋은 결과가 있을 겁니다. 어젯밤 제 꿈에서 정 사장님이 낙찰 받으시던데요.

◇ 정 사장이 봉천동 토지를 단독으로 낙찰 받아서 기뻐하고 있다

상세입찰결과			
물건관리번호	2012-112270-325		
재산구분	국유재산(캠코)	담당부점	물건정보참조
물건명	서울 관악구 봉천동 887-○○		
공고번호	201410-00750-00	회차 / 차수	042 / 001
처분방식	매각	입찰방식/경쟁방식	최고가방식 / 일반경쟁
입찰기간	2014-11-03 10:00 ~ 2014-11-04 18:00	총액/단가	총액
개찰시작일시	2014-11-05 10:30	집행완료일시	2014-11-05 10:53
입찰자수	유효 1명 / 무효 0명(인터넷)		
입찰금액	419,200,000원		
개찰결과	낙찰	낙찰금액	419,200,000원
감정가 (최초 최저입찰가)	464,830,000원	최저입찰가	418,347,000원
낙찰가율 (감정가 대비)	90.18%	낙찰가율 (최저입찰가 대비)	100.2%

 선생님 제가 낙찰 받았어요.

 축하드립니다. 이제 건물 짓는 일만 남았군요. 참 5일 이내에 한국자산관리공사에 가서 계약하는 것 잊지 마세요.

 벌써 전화가 왔어요. 신분증과 도장 가지고 5일 이내에 와서 계약하라고요.

08 민기가 대부공매로 아파트를 낙찰 받아 신혼집을 마련하다

◆ 대부(임대)공매 아파트의 입찰정보 내역

물건정보	입찰이력		해당공고 보기	해당공고물건 보기

물건관리번호 : 2010-091592-137 물건상태 : 낙찰 공고일자 : 2014-06-09 조회수 : 1135

인천 부평구 산곡동 293 우성아파트 제116동 제0000호

처분방식 / 자산구분	임대(대부) / 국유재산(캠코)
용도	아파트
면적	토지 37.67㎡ / 건물 72.94㎡
최초예정가액	❓ 2,660,000원
감정평가금액	2,660,000원
입찰방식	일반경쟁(최고가방식) / 총액
입찰기간 (회차/차수)	2014-06-16 10:00 ~ 2014-06-17 18:00 (023/001)
유찰횟수/입찰진행횟수	0 회 / 1 회
집행기관	한국자산관리공사
담당자정보	인천지역본부 / 박도호 / 032-509-1572

최저입찰가(예정금액) **2,660,000원**

[입찰유형]
- ☑ 전자보증서가능 ☑ 공동입찰가능
- ☐ 2회 이상 입찰가능 ☑ 대리입찰가능
- ☐ 2인 미만 유찰여부 ☐ 차순위 매수신청가능

물건 세부 정보	입찰 정보	시세 및 낙찰 통계	물건 문의	부가정보

■ 면적 정보
- 토지면적 : 37.67㎡
- 건물면적 : 72.94㎡

번호	종별(지목)	면적	지분	비고
1	토지 > 대	37.67	-	-
2	건물	72.94	-	-

■ 위치 및 이용현황

소재지	지번	인천 부평구 산곡동 293 우성아파트 제116동 제0000호
위치 및 부근현황		인천시 부평구 산곡동에 위치해 있으며, 주택/상가혼재지역으로 부평시장역에서 도보로 10분 거리에 위치.
이용현황		주거용(우성아파트116동 제0000호)-공실
기타사항		기타(특기)사항 : 현황대로 인도하는 조건이며, 반드시 현장확인 후 입찰하시기 바랍니다. 현장확인은 매주 목요일 3시까지로 사전연락(담당자:박도호 509-1572) 요망 건축년도 : 1990 층수 : 15 구조형태 : 철근콘크리트조 인입시설정보 : 전기 가스승강상수도하수도난방
조사일자		2013-05-08

■ 감정평가정보

감정평가기관	평가일	평가금액(원)	감정평가서
	조회된 데이타가 없습니다.		

■ 명도이전책임 및 부대조건

명도책임	물건별상이(기타사항참조)

물건 세부 정보	입찰 정보	시세 및 낙찰 통계	물건 문의	부가정보

■ 입찰 방법 및 입찰 제한 정보

: : 중간생략함 : :

■ 회차별 입찰 정보

입찰번호	회차/차수	구분	대금납부/납부기한	입찰기간	개찰일시	개찰장소	최저입찰가(원)
155	024/001	인터넷	-/5	2014-06-23 10:00~ 2014-06-24 18:00	2014-06-25 10:00	지정정보처리장치(온비드):입찰진행자 PC	2,660,000

입찰대상 아파트를 찾았으면 캠코공매물건 정보내역에서 첫 번째로 이 임대아파트가 어디에 위치하고, 면적 등은 적당한 크기인가를 소재지와 아파트면적 그리고 아파트 사진정보, 위치도 및 지도를 확인해야 합니다.

◇ 대부(임대)아파트의 사진과 지도 및 주변 현황도

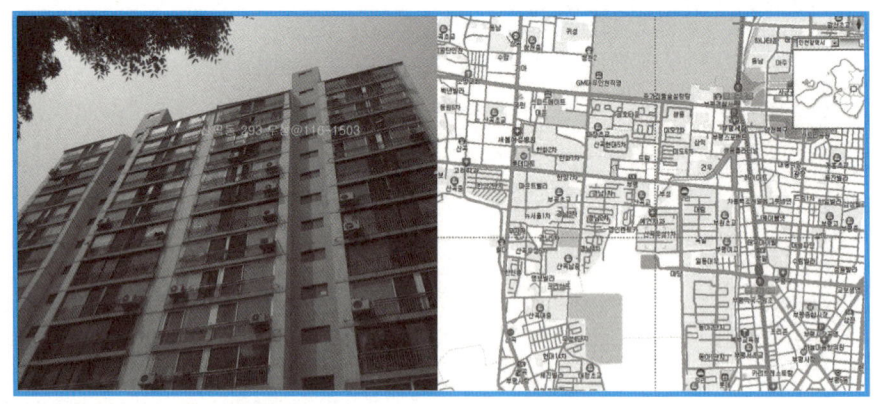

임대아파트내부는 확인할 수 없나요?

있습니다. 두 번째로 아파트 내부를 확인하려면 아파트의 입찰정보 내역에서 중간부분을 보면 ⇨ 기타 사항란 "현황대로 인도하는 조건이며 반드시 현장을 확인하고 입찰에 참여하시기 바랍니다. 현장 확인은 매주 목요일 3시까지로 사전연락(담당자 박도호 509-1572) 요함" 이 담당자가 임대공매물건 담당자로 내부 확인을 위해 전화했다고 말을 하면 내부를 확인할 수 있는 열쇠를 가지고 있는 분에게 연락해서 확인할 수 있도록 합니다. 그리고 이밖에도 매각절차에서 궁금한 내용이 있다면 상단 메뉴 오른쪽 공매담당자를 통해서 문의하면 되고요.

"그렇게 하면 되는 군요. 제가 공매담당자에게 연락해서 아파트 내부를 확인하고 오겠습니다." "결혼할 분과 함께 가는 것도 잊지 마시고요."

"여자 친구와 함께 다녀왔는데 마음에 든다는 군요. 지금부터는 어떻게 해야 되죠?"

"세 번째로 어떠한 조건으로 공매가 진행되는가를 확인해야 합니다. 왜냐하면 공매는 매각기관마다 다른 조건으로 매각하는 경우가 많기 때문에 공매공고 내용을 확인하지 않고 낙찰 받았다가 낭패를 볼 수 있기 때문입니다. 그래서 온비드 아파트의 입찰정보 내역 좌측 상단 공매공고 메뉴를 검색해서 공매공고 내용을 다음과 같이 확인해야 합니다."

◆ 2014년 제12회 국유재산 대부 입찰 공고문과 대부조건 확인하기

온비드화면 우측상단 "해당공고 보기"를 검색해서 다음과 같이 공매공고문을 확인해 보니 이 공매공고 정보내역을 보니 이 아파트는 국가소유 재산이기 때문에 국유재산 대부공매로 매각되고 있군요.

2014년 제12회 국유재산 대부 입찰 공고

1. 입찰물건의 표시
　물건의 목록과 같음

2. 입찰참가 자격
　가. 모든 사람(내외국인 및 법인포함)의 참여가 가능합니다
　나. 대리인이 입찰에 참가하고자 하는 경우에는 입찰마감일까지 대리입찰신청서(입찰자의 날인 및 인감증명이 첨부된 위임장)를 작성하여 한국자산관리공사 재산관리부에 제출하여야 합니다.
　다. 2인 이상이 공동명의로 입찰에 참여하고자 하는 경우에는 입찰마감일까지 공동입찰참가신청서(공동입찰자의 날인 및 인감증명이 첨부된 위임장)를 한국자산관리공사 재산관리부에 제출하고 대표입찰자 명의로 입찰에 참여해야 합니다.
　라. 민법상 만 19세 미만의 미성년자 명의로 입찰에 참가 하고자 하는 경우에는 입찰마감일까지 법정대리인의 미성년자 입찰참가동의서를 한국자산관리공사 재산관리부에 제출하여야 합니다.

3. 입찰 및 개찰

회차	차수	입찰기간	개찰일자	계약체결일	적용율
23	01	2014.06.16 10:00~2014.06.17 18:00	2014.06.18 10:00	2014.06.25한	100%
24	01	2014.06.23 10:00~2014.06.24 18:00	2014.06.25 10:00	2014.07.02한	100%
25	01	2014.06.30 10:00~2014.07.01 18:00	2014.07.02 10:00	2014.07.09한	90%
26	01	2014.07.07 10:00~2014.07.08 18:00	2014.07.09 10:00	2014.07.16한	80%
27	01	2014.07.14 10:00~2014.07.15 18:00	2014.07.16 10:00	2014.07.23한	70%
28	01	2014.07.21 10:00~2014.07.22 18:00	2014.07.23 10:00	2014.07.30한	60%
29	01	2014.07.28 10:00~2014.07.29 18:00	2014.07.30 10:00	2014.08.06한	50%
30	01	2014.08.04 10:00~2014.08.05 18:00	2014.08.06 10:00	2014.08.13한	40%
31	01	2014.08.11 10:00~2014.08.12 18:00	2014.08.13 10:00	2014.08.21한	30%
32	01	2014.08.18 10:00~2014.08.19 18:00	2014.08.20 10:00	2014.08.27한	20%

※ 낙찰자발표 : 한국자산관리공사 전자자산처분시스템(http://www.onbid.co.kr)

4. 입찰방법 – 생략함.

5. 입찰 참가 전 준비사항

입찰자는 입찰 참가 전까지 온비드(www.onbid.co.kr) 회원가입 후 공인인증기관으로부터 전자입찰용(범용) 공인인증서를 발급받아 온비드에 등록하여야 합니다.

6. 입찰예정가격 및 입찰보증금.

가. 대부 입찰 예정가격은 대부받고자 하는 최저 연간대부료이며, 최고가격으로 낙찰된 연간대 부료는 해당 국유재산에 대한 연간사용료로서 대부계약 만료 시 전세 또는 임대보증금과 같이 반환되는 것이 아니므로 유의하시기 바랍니다. 일반경쟁입찰을 두 번 실시하여도 낙찰되지 아니한 재산에 대하여는 세 번째 입찰부터 최초 대부료 예정가격의 100분의 20을 최저도로 하여 매회 100분의 10의 금액만큼 그 예정가격을 낮추는 방법으로 조정합니다.

나. ~ 다항은 생략함.

7. 입찰의 무효 및 취소

가. ~ 다항은 생략함.

8. 낙찰자 결정방법

가. 온비드 시스템에서 전자적 방법으로 일괄개찰하여 대부예정가격 이상의 유효한 입찰이 성립한 경우에 한하여 그 중 최고가액의 입찰자를 낙찰자로 결정합니다.

나. 동일한 최고가격으로 입찰한 자가 2인 이상인 경우에는 온비드 시스템에 의한 무작위 추첨으로 낙찰자를 결정합니다.

9. 계약체결 및 대금납부방법

가. 낙찰자는 낙찰일로부터 5영업일 이내에 대부료 잔금 납입 후 신분증, 주민등록등본1통 및 인장을 지참하여 대부계약을 체결해야 하며 이에 응하지 않을 경우에는 낙찰을 무효로 하고 입찰보증금은 국고에 귀속됩니다.

나. 부가가치세법 시행령개정으로 2007년1월1일부터 국유재산 대부료에 대하여 대부료의 10%가 부가가치세로 과세되는 바, 연간대부료 이외에 부가가치세를 추가로 부담하여야 합니다. 다만, 실제사용용도가 전, 답, 과수원, 목장용지, 임야, 염전 및 상시 주거용 주택(사업을 위한 주거용은 제외)과 이에 부수되는 토지(주택의 연면적 또는 건물이 정착된 면적의 5배(도시지역 밖의 토지의 경우 10배 중 넓은 면적에 한함)는 면세대상이므로 제외됩니다.

다. 대부 계약 기간은 대부계약 체결일로부터 5년 이내 이며, 대부기간을 초과하지 아니하는 범위에서 종전의 대부계약을 갱신할 수 있으나 주거 및 경작을 목적으로 하는 경우가 아니면 1회만 갱신할 수 있습니다.

라. 2차년도 이후의 연간대부료는 국유재산법의 관련규정에 의하여 결정되며 매 차년도 시작 1개월 전에 피대부자에게 공지합니다.

마항~ 바항 내용은 생략함.

사. 대부료는 일시불 선납이 원칙이나, 연간대부료가 100만원을 초과하는 경우에는 연6회 이내에서 나누어 낼 수 있으며 이 경우 남은 금액에 대해서는 국유재산법에서 정한 이자가 추가됩니다.

- 연간대부료가 1,000만원 이상의 경우에는 연간대부료의 100분의 50에 해당하는 금액을 대부계약일까지 보증금으로 예치하거나 이행보증조치를 하여야 합니다. ~ 이하 내용은 생략함.

10. 물건별 부대조건 – 생략함.

11. 공통조건 가 ~ 차항은 생략함.

12. 수의계약 안내

가. 입찰결과 유찰된 물건 중 전, 답, 주거용 건물에 대해서는 입찰종료 후 차기 입찰기일 전까지 금번 공고한 대부예정가격 이상으로 수의계약을 신청할 수 있으며, 기타물건에 대하여는 2회 이상 유찰된 물건에 한하여 동일한 조건으로 수의계약을 신청할 수 있습니다.

나. 개찰 일 이후부터 차기 입찰기일 전일 사이에 수의계약체결을 희망하는 자는 금번 입찰공고 내용에서 정한 연간대부예정가격의 10% 이상을 계약보증금으로 지정계좌에 입금하고 대부신청서를 제출하여야 하며, 우선 입금·납부한 자를 당사자로 선정합니다.

다. 계약보증금의 납부 전에 수의계약 희망자가 2인 이상 경합하는 경우에는 입찰의 방법으로 대부받을 자를 결정합니다.

라. 계약대상자로 선정된 자는 입금일로부터 5영업일 이내에 대부료 잔금납입 후 신분증, 주민등록등본 1통 및 인장을 지참하여 대부계약을 체결하여야 하며 이에 응하지 않을 경우에는 수의계약 의사가 없는 것으로 간주하여 계약보증금은 국고에 귀속됩니다.

2014년 6월 9일

한국자산관리공사 국유재산기획실장

이렇게 공매공고 정보내역에서 입찰 및 개찰방식, 입찰참가 전에 준비할 사항, 입찰예정가격 및 입찰보증금, 낙찰자결정방법, 그리고 낙찰 받고 나서 계약체결 및 대금납부방법을 확인하고 나서 입찰에 참여해야 합니다.

알겠습니다. 이제 입찰에 참여해야겠는데 입찰가는 얼마를 쓰면 될까요?

"전에 입찰했던 금액이 있으니 참고해 볼까요? 2010년 10월 13일에 낙찰되었던 금액은 다음 입찰결과와 같이 7,139,800원이었습니다."

▶ 입찰결과

물건관리번호	2010-091592-137	조회수	843
물건명	인천 부평구 산곡동 293 우성아파트 제116동 제OOOO호		
입찰자수	유효 13 명 / 무효 3 명 (인터넷)		
입찰금액	7,139,800원, 6,240,000원, 6,000,000원, 5,410,000원, 5,201,000원, 5,100,000원, 4,800,000원, 4,700,000원, 4,680,000원, 4,550,000원, 4,500,000원, 4,250,000원, 4,200,000원		
개찰결과	낙찰	낙찰금액	7,139,800원
물건누적상태	유찰 0 회 / 취소 0 회 입찰이력보기		
감정가격 (최초 최저입찰가)	4,100,000원	낙찰가율 (감정가격 대비)	174.1%
최저입찰가	4,100,000원	낙찰가율 (최저입찰가 대비)	174.1%

▶ 공매정보

자산구분	국유재산	담당부점	국유재산기획실
회차/차수	020 - 001	개찰일시	2010/10/13 11:15
집행완료일시	2010/10/13 11:17		
입찰일시	2010/10/11 10:00 ~ 2010/10/12 18:00		
입찰방식	일반경쟁		

"그러니 이번엔 6,020,000원으로 입찰해 보세요. 한 달에 50만원 정도 월세를 내고 산다고 생각하면 괜찮은 것 같아서."

"네, 저희들도 그렇게 생각했어요. 선생님! 온비드 회입가입과 범용공인인증서 등록하고 입찰서도 제출했습니다. 그리고 입찰보증금도 납부하고요."

"수고했습니다. 입찰결과를 기다려 봅시다."

◆ **민기가 아파트를 대부공매로 낙찰 받아 기뻐하고 있다**

입찰결과			
물건관리번호	2010-091592-137	조회수	1115
물건명	인천 부평구 산곡동 293 우성아파트 제116동 제OOOO호		
입찰자수	유효 16 명 / 무효 1 명 (인터넷)		
입찰금액	6,020,000원, 5,210,000원, 4,360,000원, 4,089,000원, 4,010,000원, 3,890,000원, 3,780,000원, 3,711,000원, 3,270,000원, 3,210,000원, 3,165,000원, 3,111,000원, 3,070,000원, 3,010,000원, 2,718,000원, 2,700,000원		
개찰결과	낙찰	낙찰금액	6,020,000원
물건누적상태	유찰 0 회 / 취소 0 회 입찰이력보기		
감정가격 (최초 최저입찰가)	4,100,000원	낙찰가율 (감정가격 대비)	146.8%
최저입찰가	2,660,000원	낙찰가율 (최저입찰가 대비)	226.3%
공매정보			
자산구분	국유재산	담당부점	국유재산기획실
회차/차수	023 - 001	개찰일시	2014/06/18 10:17
집행완료일시	2014/06/18 10:29		
입찰일시	2014/06/16 10:00 ~ 2014/06/17 18:00		
입찰방식	일반경쟁		

"선생님 저희들이 임대공매로 낙찰 받았습니다. 무려 16대 1의 경쟁률을 뚫고 낙찰 받았어요." "축하합니다. 그다음 계약체결과 잔금납부는 공매공고 내용을 분석할 때 살펴본 내용 "9. 계약체결 및 대금납부방법"을 참고하면 됩니다. 그리고 궁금한 것은 공매담당자와 상의하시고, 담당자 전화번호 알고 있죠? 그리고 국유재산 임대공매에서 대부기간과 대부료 납부방법은 다음〈김 선생 도움말〉처럼 하면 됩니다."

 **김 선생의 도움말**

국유재산 임대공매에서 대부료 납부 방법

① 대부료는 일시불로 선납하는 것이 원칙이나 연간 대부료가 100만원을 초과하는 경우에는 연 6회 이내에 나누어 낼 수 있으며 이 경우 남은 금액에 대해서는 국유재산법에서 정한 이자가 추가된다.

연간 대부료가 1,000만원 이상인 경우에는 연간 대부료의 100분의 50에 해당하는 금액을 대부계약일까지 보증금으로 예치하거나 이행보증 조치를 하여야 한다.

② 제출된 보증금은 계약일로부터 정기예금으로 예탁되며 이 보증금은 마지막 연도 최종 분납금을 납부하거나 대부기간 동안의 모든 대부료를 중도에 선납한 경우 또는 대부료 연체 등으로 대부계약을 해제 또는 해지한 경우에는 대부료 및 연체료를 정산한 후 반환하게 된다.

09 단독주택을 대부공매로 2,300만원에 낙찰 받아 부모님을 모시다

박 사장은 서울 종로구에 있는 단독주택을 대부(임대)공매로 2,300만원에 낙찰 받았다. 이 단독주택은 1층과 2층이 각 방 3개와 거실겸 주방 1개 욕실 1개로 구성되어 있어서 시골에 계신 부모님을 모시기에 적합했기 때문이다. 그동안 부모님을 모시려는 생각을 계속해 왔으나 주택이 협소하다 보니 그럴 수도 없었다. 이제부터 1년에 2,300만원만 지급하면 된다는 생각으로 기뻐했다.

이 단독주택의 사진과 주변 현황도, 입찰정보 및 입찰결과 내역은 다음과 같다.

◆ 대부(임대)공매 단독주택의 사진과 주변 현황도

◆ 대부(임대)공매 단독주택의 입찰정보 내역

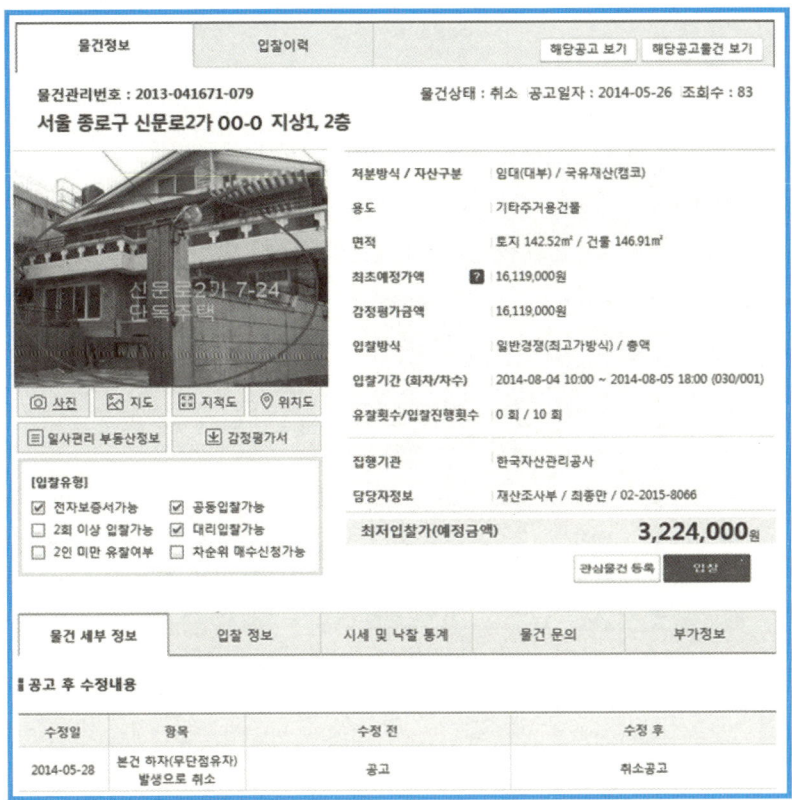

면적 정보

· 토지면적 142.52㎡   · 건물면적 146.91㎡

번호	종별(지목)	면적	지분	비고
1	토지 > 대	142.52	-	-
2	건물 > 단독주택	146.91	-	-

위치 및 이용현황

소재지	지번	서울 종로구 신문로2가 7-24 지상1, 2층
	도로명	서울특별시 종로구 송월길 14-9 (신문로2가)
위치 및 부근현황		서대문역 4번출구 강북삼성병원 뒷편 경희궁공원 남측 인근에 위치
이용현황		과거 주거용으로 사용하였으며, 2014.02.10부터 공실임
기타사항		기타(특기)사항 : 본건 지층, 1층, 2층으로 구성된 단독주택 중 1층 및 2층을 일괄 대부하는 건으로 기존 임차인의 대부계약 해지로 2014.02.10부터 공실 상태임. 연간 대부료는 낙찰일로부터 5영업일 이내 일시납 납부(분할납부 불가) 조건이며 기한내 미납시 입찰보증금은 국고에 귀속됩니다. 물건담당자 최종만 과장 ☎ 02)2015-8066 건축년도 : 0
조사일자		2014-02-18

감정평가정보

감정평가기관	평가일	평가금액(원)	감정평가서
		조회된 데이타가 없습니다.	

물건 세부 정보 | **입찰 정보** | 시세 및 낙찰 통계 | 물건 문의 | 부가정보

입찰 방법 및 입찰 제한 정보

: : 중간생략함 : :

회차별 입찰 정보

입찰번호	회차/차수	구분	대금납부/납부기한	입찰기간	개찰일시	개찰장소	최저입찰가(원)
029	021/001	인터넷	-/5	2014-06-02 10:00~ 2014-06-03 18:00	2014-06-05 10:00	지정정보처리장치(온비드):입찰진행자 PC	16,119,000
029	022/001	인터넷	-/5	2014-06-09 10:00~ 2014-06-10 18:00	2014-06-11 10:00	지정정보처리장치(온비드):입찰진행자 PC	16,119,000
029	023/001	인터넷	-/5	2014-06-16 10:00~ 2014-06-17 18:00	2014-06-18 10:00	지정정보처리장치(온비드):입찰진행자 PC	14,508,000
029	024/001	인터넷	-/5	2014-06-23 10:00~ 2014-06-24 18:00	2014-06-25 10:00	지정정보처리장치(온비드):입찰진행자 PC	12,896,000
029	025/001	인터넷	-/5	2014-06-30 10:00~ 2014-07-01 18:00	2014-07-02 10:00	지정정보처리장치(온비드):입찰진행자 PC	11,284,000
029	026/001	인터넷	-/5	2014-07-07 10:00~ 2014-07-08 18:00	2014-07-09 10:00	지정정보처리장치(온비드):입찰진행자 PC	9,672,000
029	027/001	인터넷	-/5	2014-07-14 10:00~ 2014-07-15 18:00	2014-07-16 10:00	지정정보처리장치(온비드):입찰진행자 PC	8,060,000
029	028/001	인터넷	-/5	2014-07-21 10:00~ 2014-07-22 18:00	2014-07-23 10:00	지정정보처리장치(온비드):입찰진행자 PC	6,448,000
029	029/001	인터넷	-/5	2014-07-28 10:00~ 2014-07-29 18:00	2014-07-30 10:00	지정정보처리장치(온비드):입찰진행자 PC	4,836,000
029	030/001	인터넷	-/5	2014-08-04 10:00~ 2014-08-05 18:00	2014-08-06 10:00	지정정보처리장치(온비드):입찰진행자 PC	3,224,000

◇ 2014년 제11회 국유재산 대부 입찰 공고문과 대부조건 확인하기

온비드화면 우측상단 "해당공고 보기"를 검색해서 다음과 같이 공매공고문을 확인해 보니 이 공매공고 정보내역을 보니 이 단독주택은 국가소유 재산이기 때문에 국유재산 대부공매로 매각되고 있군요.

〈앞의 08. 민기가 임대공매로 아파트를 낙찰 받아 신혼집을 마련하다 사례에서 2014년 제12회 국유재산 대부 입찰 공고문과 대부조건 확인하기를 참고하면 되므로 지면상 생략했지만, 입찰자는 온비드화면 우측상단에서 "해당공고 보기"를 클릭해서 확인하고 입찰에 참여하는 것을 잊지 말아야 한다.〉

"이렇게 공매공고 정보내역에서 입찰 및 개찰방식, 입찰참가 전에 준비할 사항, 입찰예정가격 및 입찰보증금, 낙찰자결정방법, 그리고 낙찰 받고 나서 계약체결 및 대금납부방법을 확인하고 나서 입찰에 참여해야 합니다."

  선생님 입찰가는 얼마로 하면 될까요?

"최저입찰예정가가 16,119,000원이지만 월세로 산다고 생각하고, 2,300만원 정도에 입찰하세요. 한 달에 월세 191만원 정도 부담하지만 1층과 2층 주택 전체를 사용한다고 생각하면 저렴한 비용이라는 생각이 듭니다."

"그렇게 하겠습니다."

◇ 박 사장이 단독주택을 대부공매로 낙찰 받아 기뻐하고 있다

■ 상세입찰결과

물건관리번호	2013-041671-079		
재산구분	국유재산(캠코)	담당부점	물건정보장조
물건명	서울 종로구 신문로2가 OO-O 지상1, 2층		
공고번호	201403-01207-00	회차 / 차수	012 / 001
처분방식	임대(대부)	입찰방식/경쟁방식	최고가방식 / 일반경쟁
입찰기간	2014-03-24 10:00 ~ 2014-03-25 18:00	총액/단가	총액
개찰시작일시	2014-03-26 10:25	집행완료일시	2014-03-26 10:41
입찰자수	유효 4명 / 무효 0명(인터넷)		
입찰금액	23,000,000원/ 16,500,000원/ 16,250,000원/ 16,200,000원		
개찰결과	낙찰	낙찰금액	23,000,000원
감정가 (최초 최저입찰가)	16,119,000원	최저입찰가	16,119,000원
낙찰가율 (감정가 대비)	142.69%	낙찰가율 (최저입찰가 대비)	142.69%

박 사장은 단독주택을 임대공매로 4대 1의 경쟁을 뚫고 낙찰 받아 기뻤다. 부모님도 모실 수 있게 되었지만 주변에 지하철 서대문역이 위치하고 있어서 직장 출퇴근도 현재 거주하고 있는 곳보다 가까워졌기 때문이다. 그리고 더 기쁜 마음은 1년에 2,300만원만 내고 살면서 임대기간 5년이 지나도 계속적으로 거주할 수 있다는 조항이었다.

 **김선생의 알아두면 좋은 내용**

국유재산 대부공매에서 대부기간

대부계약기간은 대부계약 체결일로부터 5년 이내이며, 대부기간을 초과하지 아니하는 범위 내에서 종전의 대부계약을 갱신할 수 있으나 주거나 경작을 목적으로 하지 않는 경우에는 1회만 갱신할 수 있다. 따라서 주거나 경작을 목적으로 임대공매로 낙찰 받은 경우에는 기간 한정 없이 갱신하여 사용할 수 있다.

그리고 임대료가 2,300만원이라 50%인 1,150만원 계약 시 보증금으로 예치하고 납부하고 임대료를 나누어 낼 수 있다는 것이다.

 **김 선생의 도움말**

국유재산 대부공매에서 대부료 납부 방법

① 대부료는 일시불로 선납하는 것이 원칙이나 연간 대부료가 100만원을 초과하는 경우에는 연 6회 이내에 나누어 낼 수 있으며 이 경우 남은 금액에 대해서는 국유재산법에서 정한 이자가 추가된다.

연간 대부료가 1,000만원 이상인 경우에는 연간 대부료의 100분의 50에 해당하는 금액을 대부계약일까지 보증금으로 예치하거나 이행보증 조치를 하여야 한다.

② 제출된 보증금은 계약일로부터 정기예금으로 예탁되며 이 보증금은 마지막 연도 최종 분납금을 납부하거나 대부기간 동안의 모든 대부료를 중도에 선납한 경우 또는 대부료 연체 등으로 대부계약을 해제 또는 해지한 경우에는 대부료 및 연체료를 정산한 후 반환하게 된다.

박 사장은 행복해 보였습니다. 적은 돈으로 넓은 집으로 이사 가게 되었고, 열심히 일만 하면 부모님도 평생 모실 수 있었으니.

좋은 분들 이군요. 요즘 부모님 안 모시려고 적은 집으로 이사 간다고 하던데...

그렇게 생각하는 것이 잘 못된 생각이지요. 우리 세대는 부모님도 모시고, 아드님도 모시는 시대인데.

"그러게 말입니다. 불행한 세대, 아니 행복한 세대입니다."

10 이 과장은 한강맨션을 대부공매로 2,100만원에 낙찰 받았다

이 과장 가족들은 42평형 아파트에서 3대가 모여 살아서 거주공간이 협소하여 어려움을 겪고 있었다. 그래서 고민 하던 중에 이 한강맨션이 내부공매로 나온 것을 알게 되었고, 평형대가 너무 넓어서 그런지 입찰자가 없어서 계속 떨어지는 것을 낮은 가격에 낙찰 받았다. 아파트 전용면적이 178.78㎡(65평형)로 이 과장 3대 가족에게는 알맞은 크기의 아파트였다. 그리고 주변에 한강이 위치하고 있어서 부모님들이 운동하기에 적합했고, 주변에 대중교통이 발달되어 있어서 본인의 출퇴근과 자녀들의 학교통학이 편리한 점이 맘에 들었다. 이 한강맨션의 사진과 주변 현황도, 입찰정보 및 입찰결과 내역은 다음과 같다.

◆ 대부(임대)공매 한강맨션의 사진과 주변 현황도

◆ 대부(임대)공매 한강맨션의 입찰정보 내역

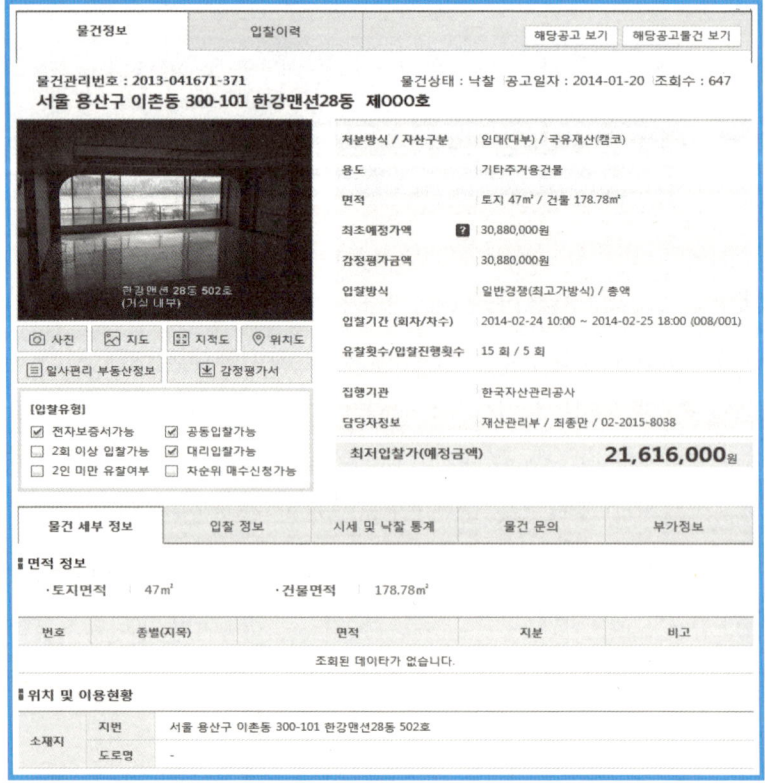

위치 및 부근현황	이촌1동주민센터 옆 한강맨션 28동에 위치
이용현황	국세물납 주거용 아파트로 현재 공실상태임
기타사항	기타(특기)사항 : 본건 2회에 걸쳐 낙찰자가 본계약을 체결하지 않아 계약금이 국고 귀속된 물건(사유:내부시설 노후화 등)이나, 본건 2013.02.27 국세물납 후 현재까지 공실상태로, 내부시설(전기, 보일러,수도 등)은 정상 작동중임. 본건 연간대부료 납부는 일시납 조건임을 유념하시기 바라오며, 입찰시 현장확인 요망(담당자: 최종만 과장 / 전화: 02-2015-8038) 건축년도 : 1971 층수 : 5 구조형태 : 철근콘크리트조 주변현황 : 아파트단지 및 빌라등이 혼재되어 있는 주거지역
조사일자	2013-04-10

감정평가정보

감정평가기관	평가일	평가금액(원)	감정평가서
조회된 데이타가 없습니다.			

명도이전책임 및 부대조건

명도책임	물건별상이(기타사항참조)

입찰 방법 및 입찰 제한 정보

: : 중간생략함 : :

회차별 입찰 정보

입찰번호	회차/차수	구분	대금납부/납부기한	입찰기간	개찰일시	개찰장소	최저입찰가(원)
011	004/001	인터넷	-/5	2014-01-27 10:00~ 2014-01-28 18:00	2014-01-29 10:00	지정정보처리장치(온비드):입찰진행자 PC	30,880,000
011	005/001	인터넷	-/5	2014-02-03 10:00~ 2014-02-04 18:00	2014-02-05 10:00	지정정보처리장치(온비드):입찰진행자 PC	30,880,000
011	006/001	인터넷	-/5	2014-02-10 10:00~ 2014-02-11 18:00	2014-02-12 10:00	지정정보처리장치(온비드):입찰진행자 PC	27,792,000
011	007/001	인터넷	-/5	2014-02-17 10:00~ 2014-02-18 18:00	2014-02-19 10:00	지정정보처리장치(온비드):입찰진행자 PC	24,704,000
011	008/001	인터넷	-/5	2014-02-24 10:00~ 2014-02-25 18:00	2014-02-26 10:00	지정정보처리장치(온비드):입찰진행자 PC	21,616,000
011	009/001	인터넷	-/5	2014-03-03 10:00~ 2014-03-04 18:00	2014-03-05 10:00	지정정보처리장치(온비드):입찰진행자 PC	18,528,000
011	010/001	인터넷	-/5	2014-03-10 10:00~ 2014-03-11 18:00	2014-03-12 10:00	지정정보처리장치(온비드):입찰진행자 PC	15,440,000
011	011/001	인터넷	-/5	2014-03-17 10:00~ 2014-03-18 18:00	2014-03-19 10:00	지정정보처리장치(온비드):입찰진행자 PC	12,352,000
011	012/001	인터넷	-/5	2014-03-24 10:00~ 2014-03-25 18:00	2014-03-26 10:00	지정정보처리장치(온비드):입찰진행자 PC	9,264,000
011	013/001	인터넷	-/5	2014-03-31 10:00~ 2014-04-01 18:00	2014-04-02 10:00	지정정보처리장치(온비드):입찰진행자 PC	6,176,000

◆ 2014년 제2회 국유재산 대부 입찰 공고문과 대부조건 확인하기

온비드 화면 우측상단 "해당공고 보기"를 검색해서 다음과 같이 공매공고문을 확인해 보니 이 공매공고 정보내역을 보니 이 주택은 국가소유 재산이기 때문에 국유재산 대부공매로 매각되고 있군요.

〈앞의 08. 민기가 임대공매로 아파트를 낙찰 받아 신혼집을 마련하다 사례에서 2014년 제12회 국유재산 대부 입찰 공고문과 대부조건 확인하기를 참고하면 되므로 지면상 생략했지만, 입찰자는 온비드 화면 우측상단에서 "해당공고 보기"를 클릭해서 확인하고 입찰에 참여하는 것을 잊지 말아야 한다.〉

이렇게 공매공고 정보내역에서 입찰 및 개찰방식, 입찰참가 전에 준비할 사항, 입찰예정가격 및 입찰보증금, 낙찰자결정방법, 그리고 낙찰 받고 나서 계약체결 및 대금납부방법을 확인하고 나서 입찰에 참여해야 합니다.

이 과장은 1년에 21,621,000원이니 현재 전세보증금을 정기예금 통장에 입금하고 이자 2%를 받으면 400만원이니, 이 금액을 빼고 나면 17,621,000원이 되니까, 한 달에 1,468,416원이 지출된다고 생각했습니다. 그래서 생활비를 절약하고 현재보다 넓은 곳에서 편안하게 사는 것이 낫다는 판단 하에 입찰하게 되었다고 합니다.

◆ 이 과장이 한강맨션을 대부공매로 낙찰 받았다

■ 상세입찰결과

물건관리번호	2013-041671-371		
재산구분	국유재산(캠코)	담당부점	물건정보참조
물건명	서울 용산구 이촌동 300-101 한강맨션28동 제OOO호		
공고번호	201401-01237-00	회차 / 차수	008 / 001
처분방식	임대(대부)	입찰방식/경쟁방식	최고가방식 / 일반경쟁
입찰기간	2014-02-24 10:00 ~ 2014-02-25 18:00	총액/단가	총액
개찰시작일시	2014-02-26 10:08	집행완료일시	2014-02-26 10:17
입찰자수	유효 1명 / 무효 0명(인터넷)		
입찰금액	21,621,000원		
개찰결과	낙찰	낙찰금액	21,621,000원
감정가 (최초 최저입찰가)	30,880,000원	최저입찰가	21,616,000원
낙찰가율 (감정가 대비)	70.02%	낙찰가율 (최저입찰가 대비)	100.02%

〈이 과장은 입찰하기 전에 남편과 함께 대부공매 담당자의 도움을 받아 한강맨션 내부를 확인할 수 있었는데 올수리가 되어 있었고 주택내부가 넓어서 마음에 들었다. 그래서 입찰해서 단독으로 낙찰 받아 입주해서 현재 거주하고 있다.〉

Chapter
13

다양한 이용기관재산 공매에서 실전투자는 어떻게 해야 하나?

01 이용기관재산 공매는 어떻게 진행되고 있나?

◆ 이용기관 등은 어떠한 기관 등이 있나?

이용기관의 매각 물건의 분류는 기본적으로 국유재산, 공유재산, 기타일반재산, 금융권담보재산 이상 4가지로 분류하며, 매각 물건에 대한 실질적인 분류 결정은 공고를 등록하는 이용기관에서 결정하게 된다.

① 국유재산 공매 – 국가기관(국유재산), 지방자치단체(시·군·구·읍·면·주민센터 등의 재산) 등이 소유하고 있는 비업무용 재산 등을 온비드에 이용기관으로 회원가입해서 직접 매각하는 것을 말한다.

② 공유재산 공매 – 국가 또는 지방자치단체가 출자·출연한 기관과 기타의 공공기관 등이 있으며 이들 이용기관 등을 보면 행정자치부, 기획예산처, 정보통신부, 국방부, 경찰청 등의 중앙행정기관과 서울특별시 등의 지방자치단체 및 교육기관, 한국전력공사, 서울메트로, 한국철도공사, 한국가스공사 등의 이용기관 등이 있다. 이들 공공기관 등의 비업무용재산을 이용기관으로 회원가입해서 직접 매각하는 것을 말한다.

③ 기타일반재산 공매 – 이용기관이 보유하고 있던 불용품(업무용 자동차, OA 기기, 사무용 가구 등) 및 불용품을 제외한 모든 기타재산(동산)을 온비드에 이용기관으로 회원가입해서 직접 매각하는 절차를 말한다. 신탁회사 공매물건도 기타일반재산으로 등록해서 공매를 진행하고 있다.

④ 금융권담보재산 – 금융기관 소유의 동산 및 양도담보재산 등으로 금융기관이 담보로 잡은 물건 중 온비드에 이용기관으로 회원가입해서 직접 매각하는 것을 말한다(보통 중장비, 공장기계설비 등).

이밖에도 이용법인으로 금융기관, 한국증권선물거래소 유가증권·코스닥시장 상장법인 등 공사가 온비드 이용을 승인한 법인인데 이러한 법인 중에서 인터넷입찰공고의 등록 가능 법인은 은행, 증권, 보험, 신탁, 한국주택금융공사(한국토지신탁, 생보부동산신탁, 대한토지신탁, KB부동산신탁, 다올부동산신탁, 코람코자산신탁 등)이 있는데, 이러한 이용법인 등은 금융기관 등을 제외하고 신탁회사나 개인기업 등은 온비드를 통해서 매각하는 방법과 자체적으로 직접 공매를 진행하는 방법을 병행하고 있다. 그 매각절차를 진행하는 방법에도 이용법인이 온비드에서 공매공고 후 입찰절차를 진행하는 방법(온비드에서 낙찰자까지 결정한다)과 온비드에서 공매공고만 하고 그다음 입찰절차는 이용법인 본사에서 현장 입찰방식으로 입찰절차를 진행하는 방법이 있다. 어쨌든 이 이용법인 등이 온비드를 통해서 입찰하는 방법은 다음장 신탁재산 등의 공매절차에서 설명해 놓았으니 참고하면 된다.

◇ 이용기관재산 등에 대한 매각 또는 대부(임대)공매 방법

이용기관 등이 한국자산관리공사 온비드사이트에 자신의 정보를 제공하기 위하여 이용기관 회원 가입 후 온비드사이트의 전자처분시스템을 이용하여 보유 또는 관리 중인 재산과 물품의 관리·처분을 위한 입찰공고를 등록하고, 전자입찰을 통해서 이용기관 재산에 대한 매각 또는 임대(대부)하는 공매절차이다. 한국자산관리공사에 입찰등록수수료(면제임)와 낙찰수수료(법에서 정한 일정 수수료율 적용)를 지급하고 직접 매각 또는 임대하는 이용기관재산의 공매가 있다. 예를 들어 낙찰금액이 2억원이라면 ⇨ 수수료율이 1억원 초과 ~ 3억원 이하이면 (낙찰금액-1억원) × 0.05% + 650,000원이므로 ⇨ 이용기관의 낙찰수수료는 700,000원이 된다(자세한 내용은 공매수수료 편을 참고하면 된다.).

이러한 이용기관 등의 매각재산으로는 아파트·다세대·연립주택·단독(다가구)주택·상가·오피스텔·공장·토지·자동차·기계·골프회원권·유가증권·동물·기타 불용품 등의 매각이 대상이 되는 공매물건이 있고, 대부재산은 아파트·토지·지하철상가·학교매점운영권·주차장운영권·기타 시설 등의 다양한 종류의 공매물건이 있다.

(1) 이용기관재산의 입찰 또는 유찰계약(수의계약)

공개경쟁 입찰방식에 의한 매각방식을 원칙으로 하고 있지만 각 기관별로 정한 방법에 따라서 일정횟수 이상 입찰자가 없어서 유찰되는 경우 유찰계약(수의계약)방식으로도 매각 할 수 있다.

수의계약은 입찰을 실시해도 매각되지 않는 경우 전 회차 공매조건 이상으로 다음 공매공고 전까지 할 수 있다. 보통의 경우 2회에 거쳐 유효한 입찰이 성립되지 아니한 경우 종전 공매조건(종전 최저매각금액) 이상으로 수의계약을 할 수 있는 제도이다. 수의계약 절차는 수의계약 체결요청서 제출 및 매매가격의 10% 이상 계약보증금을 납부하면 되는데 경합이 있는 경우 지명경쟁입찰에 의하며 통보 후 10일 이내에 계약을 체결하면 된다. 특히 이용기관 매각방식 등은 이용기관별로 다소 차이가 있으므로 이용기관 매각 공고문 등을 반드시 참고해서 입찰에 참여해야 한다.

(2) 온비드사이트에서 낙찰 받고 이후의 절차

이용기관 등이 온비드사이트의 전자처분시스템을 이용하여 매각 또는 대부로 매각되면 그 이후의 모든 절차 즉 계약체결에서 대금납부 후 소유권이전등기절차까지 직접 이용기관 등이 진행하게 된다. 앞에서 기술한 한국자산관리공사 공매대행 물건은 온비드사이트의 전자처분시스템을 통한 전자입찰방식에 의해서 모든 절차가 이루어져서 대금납부 후 소유권이전등기 및 배분절차까지 한국자산관리공사가 대행하게 된다.

그러나 이용기관재산 등의 공매절차는 온비드사이트의 전자처분시스템을 일정율의 낙찰수수료를 지급하고 매각절차까지만 이용하고 그 이후의 모든 절차는 이용기관 등이 직접 진행하게 된다는 차이가 있다.

02 이용기관재산의 매각공매

국유재산매각은 매수신청서가 접수되면 관리계획수립(매각심의위원회개최)하여

심의, 승인을 거친 다음 감정평가를 의뢰 그 금액으로 매각예정금액을 정하여 매각하고, 공유재산은 매각계획수립(공유재산심의회 심의)하고 관리계획을 반영한 다음 감정평가를 의뢰하여 그 평가액을 매각예정금액으로 정하게 되고 그 이후의 절차는 다음과 같다.

◆ 이용기관재산 등의 매각공매 흐름도

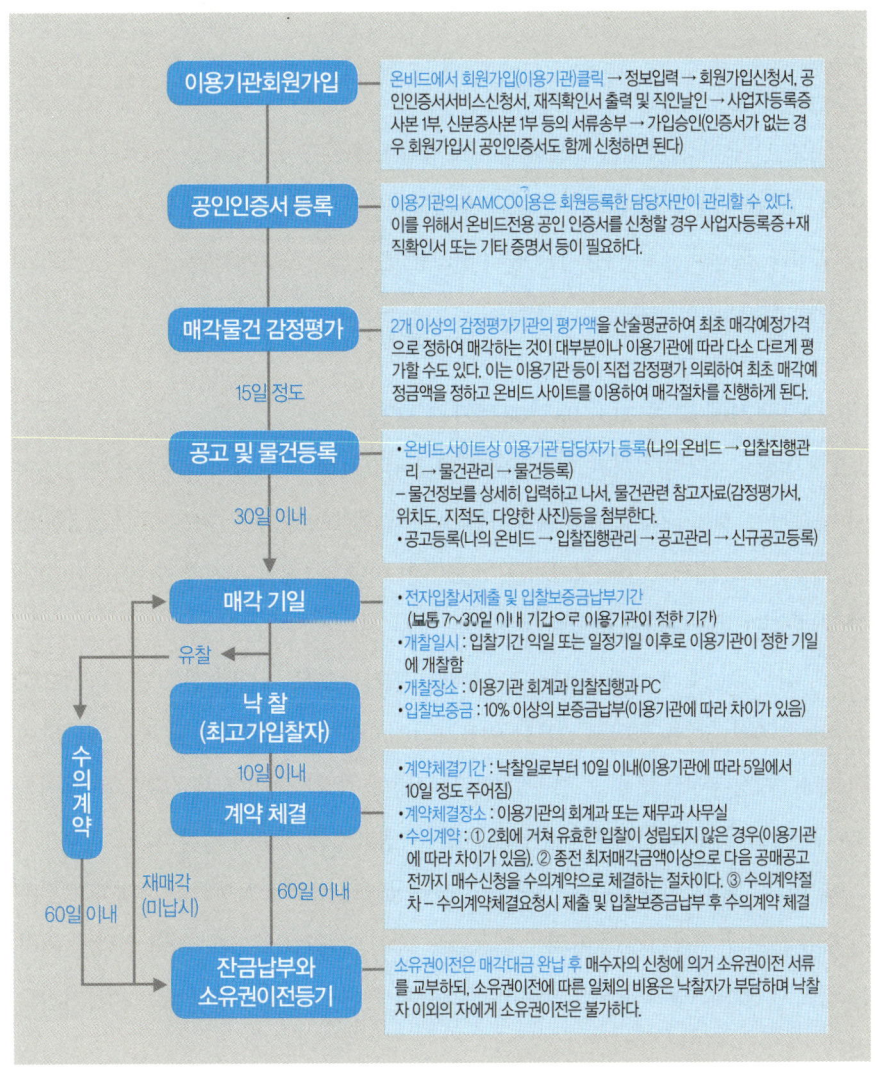

◆ 이용기관재산 매각공매 방법

(1) 매각방법

　이용기관 등이 한국자산관리공사 온비드사이트에 자신의 정보를 제공하기 위하여 이용기관 회원 가입 후 온비드사이트의 전자처분시스템을 이용하여 보유 또는 관리 중인 재산과 물품의 관리·처분을 위한 입찰공고를 등록하고, 전자입찰을 통해서 이용기관 재산에 대해 매각하는 공매절차이다.

(2) 공고방법

　이용기관에 따라 차이가 있으나 온비드사이트에 전자공고만으로 공고하는 이용기관이 대부분이나 전자공고·신문공고·자체홈페이지 등에 공고를 병행하는 이용기관 등이 있다. 실무적으로 이용기관 등의 공고는 온비드사이트에서만 공고하는 것으로 공매절차를 진행하고 있는 실정이다.

(3) 감정평가에 따른 최초 매각예정가격 결정

　2개 이상의 감정평가기관의 평가액을 산술평균하여 최초 매각예정가격으로 정하여 매각하는 것이 대부분이나 이용기관에 따라 다르게 평가할 수도 있다. 즉 500만원 이상은 2개 이상의 감정평가기관, 500만원 미만은 1개의 감정평가기관에서 평가한 금액을 가지고 매각금액으로 정할 수도 있다.

　실무상으로는 2개 이상의 감정평가기관의 평가액으로 계산한 산술평균금액으로 최초매각예정금액을 정하고 있으나 이용기관에 따라서 감정평가 비용까지 계산하여 최초매각예정금액으로 하는 경우도 있고, 그밖에 감정가액이 시세보다 많은 차이를 보이면 이 금액에 시가를 반영하여 최초매각예정금액을 정하여 매각하기도 한다.

　이러한 감정평가서는 온비드 화면의 입찰대상물건 정보에 첨부하여 공개하는 경우가 대부분이나 이용기관에 따라서 이용기관 등이 자체적으로 보관하고 열람을 원하는 입찰 대상자가 있으면 직접 방문하는 경우에 한해서 열람을 하고 있는 이용기관도 있다.

(4) 입찰방법

① 입찰에 참여하려면 온비드에 회원가입과 실명확인을 위한 공인인증기관의 공인인증서를 등록해야 한다. 그다음 온비드화면에서 로그인하고 입찰대상 공매물건을 찾아서 입찰하는 과정에서 공인인증서로 실명을 확인하고 입찰서를 제출하면 된다.

② 대리인이 입찰자를 대리하여 입찰에 참여하거나 공동명의로 인터넷입찰에 참가하고자 하는 경우에는 인터넷 입찰기간 마감시간 전까지 공동입찰신청서 또는 대리입찰신청서를 공사에 제출해야 하고, 대표입찰자 또는 대리인 명의로 인터넷입찰에 참가해야 한다.

③ 입찰보증금은 입찰금액의 10% 이상을 인터넷입찰 마감시간 전까지 온비드 지정 예금계좌에 입금해야 유효하다(이렇게 입찰보증금은 10%로 정하는 것이 일반적이지만, 국유일반재산을 관리하고 있는 한국자산관리공사가 공고문에서 입찰할 때 보증금을 5%와 계약할 때 5%를 추가 납부하는 조건으로 매각하기도 한다. 이 내용은 공매공고문을 통해서 확인하면 된다.).

④ 입찰보증금이 1,000만원을 초과하는 경우에는 분할납부가 가능하다(인터넷입찰 마감시간 전까지 여러 번 나누어 납부할 수 있다).

(5) 유찰계약(수의계약)

① 2회에 거쳐 유효한 입찰이 성립되지 않은 경우(이용기관에 따라 차이가 있음).

② 종전 최저매각금액이상으로 다음 공매공고 전까지 매수 신청을 수의계약으로 체결하는 절차이다.

③ 수의계약절차 – 수의계약체결요청시 제출 및 입찰보증금납부 후 수의계약 체결

◆ 입찰기간, 개찰일시 및 개찰장소

① 입찰기간은 이용기관에 따라 7일~30일 이내의 기간이 주어진다.

② 개찰일시는 입찰기간 익일 또는 일정기일 이후로 이용기관이 정한 기일에 개찰하고 있다.

③ 개찰장소는 이용기관의 회계과 입찰집행관 PC 또는 재무과 입찰집행관 PC에

서 하고 있다.

◆ 낙찰자 결정과 입찰보증금 납부 방법

(1) 낙찰자 결정 방법

　입찰은 2인 이상 유효한 입찰로 성립 유효한 입찰로서 예정가격이상 최고액입찰자를 낙찰자로 결정하고, 최고액입찰자가 2인 이상 동가인 때에는 온비드에 의한 무작위 추첨으로 최고액입찰자를 결정하게 된다. 입찰결과는 한국자산관리공사 전자자산처분시스템 온비드에서 확인할 수 있으며 낙찰·유찰결과여부 확인은 입찰자 본인의 책임사항이다.

(2) 입찰보증금 납부 방법

　입찰참가자는 입찰금액의 10% 이상의 입찰보증금을 납부(보증금액은 이용기관에 따라 다소 차이가 있음)하여야 한다. 그러나 이용기관에 따라서 입찰 시에 5%의 입찰보증금으로 매각하는 이용기관 등이 있을 수 있는데 이러한 경우는 10일 이내 계약체결 시에 나머지 5%를 추가 납부하여 계약금을 10%로 하고 있다. 납부계좌는 입찰자에게 온비드상 입찰화면에서 부여된 가상계좌에 보증금 전액을 한 번에 전자입찰서 접수마감 일시까지 납부해야한다. 그러나 2010. 04월부터는 온비드 전자처분시스템 변경에 따라서 1,000만원 이하의 입찰보증금은 일시 입금해야 되나 1,000만원 초과되는 입찰보증금은 여러 번에 거쳐서 입찰 마감시한 까지 입찰보증금을 전액 입금하면 되도록 변경되었다. 이는 국유재산, 압류재산, 유입자산, 수탁재산, 이용기관 등의 재산 공매절차에서 모두가 해당된다.

◆ 계약체결 방법과 대금납부 후 소유권이전 방법

(1) 계약체결 방법과 계약보증금의 처리

　① 계약보증금은 입찰할 때 납부한 보증금을 계약금으로 한다. 다만 입찰보증금이

10% 미만인 경우에는 계약할 때 추가로 납부해야 한다.

② 계약체결기간은 낙찰일로부터 10일 이내(이용기관에 따라 5일에서 10일로 정함)에 신분증과 주민등록등본 1통을 지참하여 매매계약을 체결하여야 하며, 이에 응하지 않을 경우에는 낙찰은 무효로 하고 입찰보증금은 매도자(이용기관)에게 귀속된다.

③ 계약체결 장소는 이용기관의 회계과 사무실에서 계약체결하게 된다.

(2) 부동산 실거래신고와 신고대상이 아닌 경우

① 부동산 실거래신고

공인중개사의 업무 및 부동산 실거래신고에 관한법률 제27조에 의거 거래당사자(매도인 및 매수인), 중개업자는 계약체결일로부터 60일 이내에 부동산 소재지 관할 시장·군수·구청장에게 공동으로 신고해야 한다.

② 부동산 실거래신고대상이 아닌 사례(국토해양부고시 2009-719호)

㉠ 법원경매로 취득하는 경우 ㉡ 체납압류부동산을 공매로 취득하는 경우이다. 그러나 압류재산매각 이외에 국유재산이나 수탁재산 또는 다른 재산 등을 자산관리공사에 위탁하여 온비드사이트를 통해 매각하는 경우와 이용기관 등의 재산 공매절차에서 낙찰 받은 경우는 계약 체결일로부터 60일 이내에 실거래 신고해야 된다. 이밖에 신탁회사 또는 개인 사기관 등의 공매로 취득하는 경우도 마찬가지이다.

(3) 매각대금 납부와 소유권이전등기, 그리고 명도책임은?

① 매각대금은 계약체결일로부터 60일 이내(이용기관에 따라 다소 차이가 있다.) 매각대금을 납부해야 한다.

② 소유권이전은 매각대금 완납 후 매수자의 신청에 의거 소유권이전 서류를 교부하되, 소유권이전에 따른 일체의 비용은 낙찰자가 부담하며 낙찰자 이외의 자에게 소유권이전은 불가하다.

③ 소유권이전등기를 하는 방법은 Chapter 3의 07. 공매종류별로 매수대금 납부와 소유권이전등기 방법(137쪽)을 참고하면 된다.

④ 명도는 공고문이나 입찰대상 물건정보 란에는 매수자 책임으로 되어 있는 경우

가 대부분이나 이용기관 등의 재산을 매각하는 공매절차에서는 이용기관 등이 보유하고 있으므로 특별한 경우를 제외 하고는 이용기관 등이 인도하여 주는 경우가 대부분이다. 이러한 내용은 공매공고문을 통해서 확인하면 된다.

03 이용기관재산 등의 대부(임대)공매

이용기관재산의 대부절차는 대부 신청서가 제출되거나 이용기관 등이 대부가 필요하다고 판단되면 대부계획을 수립하고 대부 심사를 거쳐서 대부료의 산정 및 납부시기를 결정하게 된다. 이러한 대부료와 대부절차 등을 온비드사이트를 이용하여(사전에 온비드사이트에 이용기관회원 가입하고 공인인증서 등록을 마친 담당자만 관리가 가능) 온비드에 물건을 등록하고, 공고하는 절차를 진행한다. 따라서 대부물건을 공고 후 입찰기간이 주어지게 되는데 낙찰자선정은 이 기간이 끝난 다음날 또는 이용기관 등이 특별히 정한 날에 공표한다. 이 내용은 공매공고문에 자세하게 기재되어 있다.

◆ 이용기관재산 등의 대부(임대)공매 절차

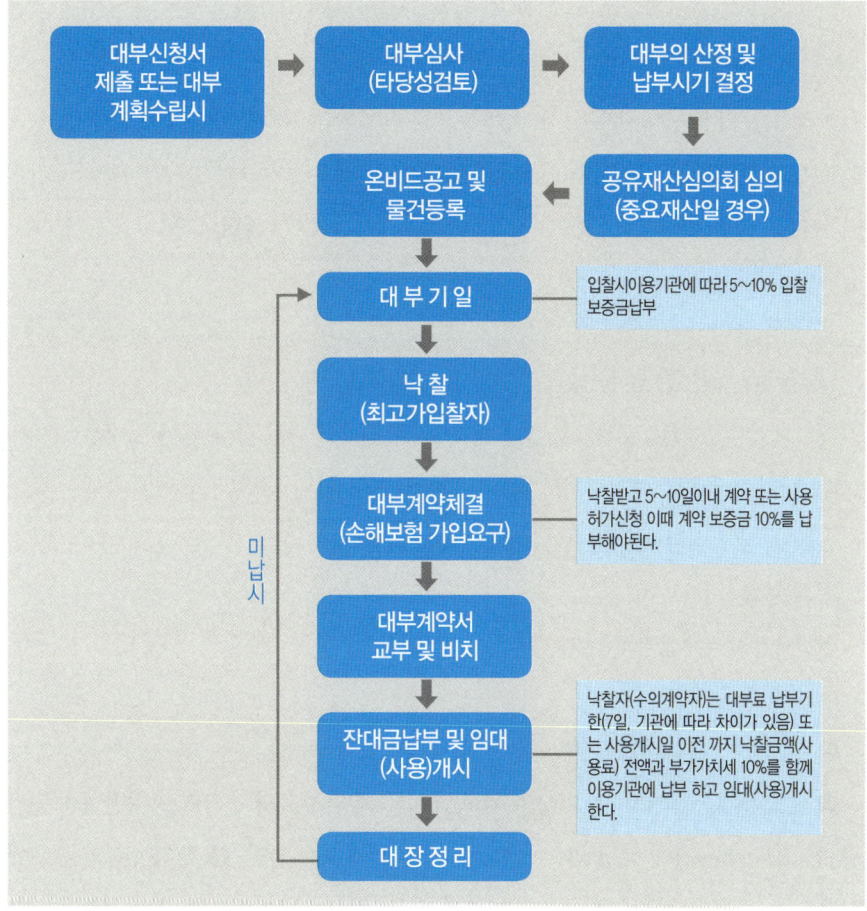

◆ 이용기관재산 등의 대부(임대)공매 방법

(1) 매각방법

　　이용기관 등이 한국자산관리공사 온비드사이트에 자신의 정보를 제공하기 위하여 이용기관 회원 가입 후 온비드사이트의 전자처분시스템을 이용하여 보유 또는 관리 중인 재산과 물품의 관리를 위한 입찰공고를 등록하고, 전자입찰을 통해서 이용기관 재산을 대부하는 공매절차이다.

(2) 공매공고 방법

이용기관 등에 따라 차이가 있을 수 있으나 대부분의 이용기관 등의 대부공매 공고는 온비드사이트에서만 공고하는 방법으로 공매절차를 진행하고 있는 실정이다. 즉 이용기관 등이 대부료의 산정 및 납부시기를 결정하고 이러한 대부료와 대부절차 등을 온비드사이트를 이용하여(사전에 온비드사이트에 이용기관회원 가입하고 공인인증서 등록을 마친 담당자만 관리가 가능) 온비드에 물건을 등록하고, 공고하는 절차를 진행하게 된다.

(3) 대부료(사용료) 산정방법

대부계약을 체결(사용허가를 받은 자)한 자가 납부하여야 할 첫째연도 대부료(사용료)는 낙찰가격으로 하며 지정 기일 내 납부하여야 한다. 둘째연도 이후의 대부료는 다음의 산식에 의하여 산정한다.

① 대부료산정

연간대부료=재산가액(토지평가액 + 건물평가액) × 사용요율 × 사용일수(365일)

㉠ 사용요율

❶ 주거용 – 재산가액의 2% 이상(기초 수급자의 경우 1%) ❷ 경작용재산가액의 1% 이상과 최근 공시된 해당 시도의 농가별 단위면적당 농업 총수익의 10분의 1에 해당 하는 금액 중 적은 금액으로 한다. ❸ 행정목적의 수행에 사용하는 경우 – 2.5%. ❹ 공무원의 후생목적으로 사용하는 경우 – 4%. ❺ 기타(상업용) – 재산가액의 5% 이상

㉡ 재산가액

❶ 토지 = 면적(㎡) × 당해연도 개별공시지가. ❷ 건물 = 면적(㎡) × 건물시가표준액(또는 1개의 감정평가금액)

② 다음해 1년 대부료 재산정 방법

당해연도 재산가액 × (입찰에 의하여 결정된 첫 해의 사용료 ÷ 입찰당시의 재산가액)

(4) 입찰방법

① 입찰에 참여하려면 온비드에 회원가입과 실명확인을 위한 공인인증기관의 공인인증서를 등록해야 한다. 그다음 온비드화면에서 로그인하고 입찰대상 공매물건을 찾아서 입찰하는 과정에서 공인인증서로 실명을 확인하고 입찰서를 제출하면 된다.

② 대리인이 입찰자를 대리하여 입찰에 참여하거나 공동명의로 인터넷입찰에 참가하고자 하는 경우에는 인터넷 입찰기간 마감시간 전까지 공동입찰신청서 또는 대리입찰신청서를 공사에 제출해야 하고, 대표입찰자 또는 대리인 명의로 인터넷입찰에 참가해야 한다.

③ 입찰보증금은 입찰금액의 10% 이상을 인터넷입찰 마감시간 전까지 온비드 지정 예금계좌에 입금해야 유효하다(이렇게 입찰보증금은 10%로 정하는 것이 일반적이지만, 국유일반재산을 관리하고 있는 한국자산관리공사가 공고문에서 입찰할 때 보증금을 5%와 계약할 때 5%를 추가 납부하는 조건으로 매각하기도 한다. 이 내용은 공매공고문을 통해서 확인하면 된다.).

④ 입찰보증금이 1,000만원을 초과하는 경우에는 분할납부가 가능하다(인터넷입찰 마감시간 전까지 여러 번 나누어 납부할 수 있다).

(5) 유찰계약(수의계약)

① 2회에 거쳐 유효한 입찰이 성립되지 않은 경우(이용기관에 따라 차이가 있음).

② 종전 최저대부금액이상으로 다음 공매공고 선까지 내부신청을 수의계약으로 체결하는 절차이다.

③ 수의계약절차 – 수의계약체결요청시 제출 및 입찰보증금납부 후 수의계약 체결

◆ 입찰기간, 개찰일시 및 개찰장소

① 입찰기간은 이용기관에 따라 7일~30일 이내의 기간이 주어진다.
② 개찰일시는 입찰기간 익일 또는 일정기일 이후로 이용기관이 정한 기일에 개찰함
③ 개찰장소는 이용기관의 회계과 입찰집행관 PC에서 한다.

◆ 낙찰자 결정과 입찰보증금 납부 방법

(1) 낙찰자 결정 방법

입찰은 1인 이상 유효한 입찰로 성립 유효한 입찰로서 예정가격 이상 최고액입찰자를 낙찰자로 결정하고, 최고액입찰자가 2인 이상 동가인 때에는 온비드에 의한 무작위 추첨으로 최고액입찰자를 결정하게 된다. 입찰결과는 한국자산관리공사 전자자산처분시스템 온비드에서 확인할 수 있으며 낙찰·유찰결과 여부 확인은 입찰자 본인의 책임사항이다.

(2) 입찰보증금 납부 방법

입찰참가자는 입찰금액의 10% 이상의 입찰보증금을 납부(보증금액은 이용기관에 따라 다소 차이가 있음)하여야 한다. 그러나 이용기관에 따라서 입찰 시에 5%의 입찰보증금으로 대부하는 이용기관 등이 있을 수 있는데 이러한 경우는 10일 이내 계약체결 시에 나머지 5%를 추가 납부하여 계약금을 10%로 하고 있다.

◆ 계약체결(사용허가 신청)방법과 대금 납부 후 임대 개시

(1) 계약체결(사용허가 신청) 방법과 계약보증금의 처리

① 계약보증금은 입찰할 때 납부한 보증금을 계약금으로 한다. 다만 입찰보증금이 10% 미만인 경우에는 계약할 때 추가로 납부해야 한다.
② 계약체결기간은 낙찰일로부터 10일 이내(이용기관에 따라 5일에서 10일로 정함)에 신분증과 주민등록등본 1통을 지참하여 대부계약을 체결하여야 하며, 이에 응하지 않을 경우에는 낙찰은 무효로 하고 입찰보증금은 대부기관에 귀속된다.
③ 계약체결 장소는 이용기관의 회계과 사무실에서 계약체결하게 된다.

(2) 사용허가 기간과 허가기간 이후

대부물건의 사용기간은 이용기간 등에 따라서 1년에서 5년으로 사용허가기간이 다양한데 이는 공고문에 자세히 기재되어 있다. 보통의 경우는 2년이 많으며 1년간은 낙찰금액을 대부료로 하고 다음 해는 당해연도 재산가액 x 입찰에 의하여 결정된 첫 해의 사용료 ÷ 입찰당시의 재산가액을 가지고 산정하게 된다.

 사용허가기간이 2년인 경우 이 기간 이후에는 경우 처음 대부공매 입찰당시 처럼 또다시 입찰절차에 참여해서 낙찰을 받아야하고, 기존 운영권자에게 연고권 등의 권리는 주어 지지 않는다

04 이용기관재산 매각공매와 임대공매 입찰대상물건 찾기

◆ 온비드 홈페이지에서 로그인 후 공매물건을 종류별로 검색하는 방법

(1) 온비드 홈페이지에서 로그인하면 다음과 같은 화면을 확인할 수 있다

(2) 온비드 화면에서 용도별검색 방법을 통한 공매물건 검색하는 방법

가) 용도별검색에서 부동산 공매물건을 검색하는 방법

온비드 홈페이지 상단 부동산 또는 동산/기타자산[자동차와 운송장비, 물품(기계), 물품(기타)] 등의 메뉴에서 용도를 부동산 을 선택해서 검색하면 ⇨ 좌측메뉴에 부동산 HOME이 나타나는데 이 타이틀에는 ⇨ 물건, 공고, 테마물건, 입찰결과 등이 나타난다. 여기서 물건을 선택하면 ⇨ 물건검색, 신규물건, 캠코 국유재산 전용관, 캠코 압류재산 전용관, 캠코 수탁·유입자산 전용관, 수의계약 가능물건 등의 세부항목을 확인할 수 있다. ⇨ 이 세부항목에서 물건검색을 선택해서 상세조건검색을 검색하면 다음과 같은 화면이 나타난다.

이 화면에서 ① 처분방식으로 매각 또는 임대, ② 입찰기간, ③ 소재지(서울시, 경기도, 인천광역시… 등) 등을 선택하고, ⇨ ④ 자산구분(•캠코물건 – 압류재산, 국유재산, 수탁재산, 유입자산과 •이용기관 – 국유재산, 공유재산, 기타일반재산, 금융권담보재산)에서 이용기관재산의 매각공매 또는 임대공매를 선택해서 입찰할 이용기관재산 공매물건을 검색하면 된다.

나) 용도별검색에서 동산 및 기타재산 공매물건을 검색하는 방법

온비드화면에서 확인하는 방법은 앞에서 용도별검색에서 부동산을 검색하는 방법과 같이 확인하면 되므로 지면상 생략했다.

이렇게 검색해서 입찰할 이용기관재산 매각공매 또는 임대공매 물건을 찾았다면 다음과 같이 분석해서 입찰하면 된다.

(3) 본인이 입찰서를 작성하는 방법과 대리인 또는 공동으로 입찰하는 방법

입찰서 작성 및 제출 화면에서 입찰방법은 ① 입찰방법 •본인, •대리입찰(서류제출방식), •공동입찰(전자서명방식, 서류제출방식)에서 〈본인〉을 체크하고 입찰서를 작성해서 제출하면 된다. 본인이 공매대상물건에 입찰하고자 하는 자는 입찰서에 입찰자 성명, 주소, 매각하고자 하는 재산의 명칭, 입찰가격, 입찰보증금 기타 필요한 사항을 기재하여 입찰마감 전까지 제출하여야 한다. ⇨ ② 온비드화면에서 본인이 입찰하는 방법은 Chapter 3에서 05. 입찰할 공매물건에서 입찰서 제출과 입찰보증금 납부(119쪽)에 자세하게 기술되어 있으니 참고하면 된다. ⇨ ③ 대리인 또는 공동으로 입찰하는 방법도 마찬가지이다.

05 한국감정원의 소유 아파트가 이용기관 매각공매로 진행되고 있다

다음 상계주공아파트는 한국감정원이 이용기관으로 매각공매 절차가 진행되고 있는 가운데 어느 시기에 어떻게 입찰해서 낙찰 받으면 되는가를 분석하면 된다.

◆ 상계주공아파트가 이용기관 공매로 매각되고 있다

(1) 상계주공아파트의 입찰정보 내역

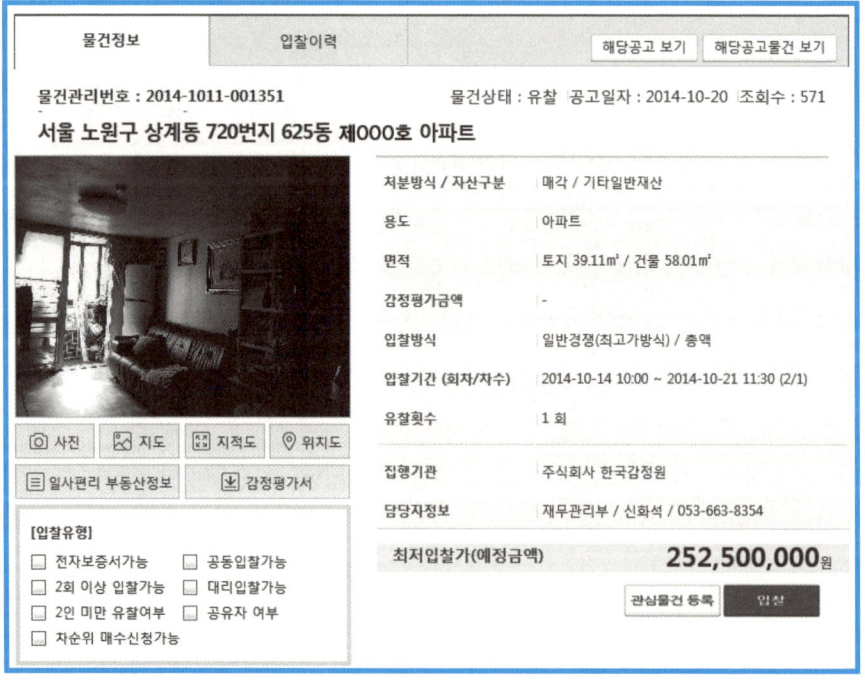

| 물건 세부 정보 | 입찰 정보 | 시세 및 낙찰 통계 | 부가정보 |

■ 면적 정보

| ·토지면적 | 39.11㎡ | ·건물면적 | 58.01㎡ |

번호	종별(지목)	면적	지분	비고
		조회된 데이타가 없습니다.		

■ 위치 및 이용현황

소재지	지번	서울 노원구 상계동 720번지 625동 701호
	도로명	서울특별시 노원구 노해로 508, 625동 701호 (상계동 , 상계주공6단지아파트)
위치 및 부근현황		상계중학교 북서측 인근, 부근은 대단위 아파트단지 및 근린생활시설 등이 소재하는 주거지대
이용현황		주거용
기타사항		담당자전화번호 : 053-663-8453

■ 감정평가정보

감정평가기관	평가일	평가금액(원)	감정평가서
	조회된 데이타가 없습니다.		

■ 명도이전책임 및 부대조건

명도책임	매수자(낙찰자)
부대조건	현 임대차계약 승계, 기타조건 입찰공고문 참조

| 물건 세부 정보 | 입찰 정보 | 시세 및 낙찰 통계 | 부가정보 |

■ 입찰 방법 및 입찰 제한 정보

: : 중간생략함 : :

■ 회차별 입찰 정보

입찰번호	회차/차수	구분	대금납부/납부기한	입찰기간	개찰일시	개찰장소	최저입찰가(원)
001	002/001	인터넷	분할납부/계약일로부터 1개월	2014-10-14 10:00~ 2014-10-21 11:30	2014-10-22 09:30	한국감정원 입찰집행관 PC	252,500,000

이와 같이 입찰대상 아파트를 찾았으면 캠코공매물건 입찰정보 내역에서 첫 번째로 이 아파트가 어디에 위치하고, 면적 등은 적당한 크기인가를 소재지와 아파트면적 그리고 아파트 사진정보, 위치도 및 지도를 확인해야 한다.

(2) 아파트의 사진과 지도 및 주변 현황도

① 아파트의 사진과 내부 현황도

② 아파트 지도 및 주변 현황도

주공아파트 내부는 확인할 수 없나요?

있습니다. 두 번째로 아파트 내부를 확인하려면 아파트의 입찰정보 내역에서 중간부분을 보면 ⇨ 기타 사항란 "현 임대차계약 승계, 기타조건 입찰 공고문 참고"라 고 기재되어 있으니 다음과 같이 공매공고정보와 그 하단에 첨부된 공매공고문을 확인해 봐야 합니다.

(3) 한국감정원 소유 부동산 매각공고문

한국감정원 소유 부동산 매각공고문(2회차)

1. 입찰에 부치는 사항, 2. 부가가치세 관련 사항, 3. 입찰방법 등은 지면상 생략함.
4. 대금납부방법

물건 번호	매매대금 납부방법					
	계약보증금		중도금		잔금	
	금액	납부	금액	납부	금액	납부
1~14	매매대금의 10%	계약 체결시	매매대금의 40%	계약일로부터 15일	매매대금의 50%	계약일로부터 1개월

5. 입찰일정, 6. 입찰참가자격, 7. 입찰서 제출 – 이 내용은 생략함.
8. 입찰보증금
   ① 입찰하실 금액의 10/100 이상에 해당하는 입찰보증금을 입찰서 제출 마감시간까지 온비드에서 부여하는 가상계좌로 일시납부(분할납부 불가)하여야 합니다.
   ② – 생략함.
9. 입찰보증금의 귀속 – 이 내용은 생략함.
10. 계약체결
   낙찰자는 낙찰일로부터 7일 이내에 우리 원이 정하는 계약서 서식에 의하여 계약을 체결하여야 하며, 기한 내에 계약체결하지 아니할 경우에는 낙찰을 무효로 하고 입찰보증금은 우리 원에 귀속됩니다.
11. 계약체결 시 구비서류~ 17. 기타사항은 생략함
18. 특약사항
   ① 매각재산 중 현재 임대중인 부동산에 대하여 낙찰자는 잔금일로부터 10일 이전에 임대차 계약내용 등을 우리 원 및 임차인과 협의하여 승계하여야 하며, 인도이후 이와 관련한 행정사항 등에 대하여 우리 원은 어떠한 책임을 지지 아니 합니다.
   ② 임대차 내역은 공고문에 첨부된 매각대상 부동산 내역의 임대차내역에서, 임대차기간 2014년 5월 16일부터 2016년 5월 15일까지 승계하는 조건이고 입차보증금 1억3,000만원은 매각대금에서 공제후 잔금을 지불하는 조건임을 확인할 수 있습니다.

확인해 보니 알 수 있지요. 그리고 현황대로 매각하므로 필히 아파트 내부를 확인하고 입찰에 참여해야 합니다. 아파트 내부 확인을 위해서는 공매담당자와 협의해서 확인하면 됩니다.

아하 그렇게 하면 되는 군요.

"세 번째로 어떠한 조건으로 공매가 진행되는 가를 공매공고문과 공매담당자를 통해서 확인해야 합니다. 왜냐하면 공매는 매각기관마다 다른 조건으로 매각하는 경우가 많기 때문에 일반적으로 매각된다고 생각하고 공매공고 내용을 확인하지 않고 낙찰 받았다가 낭패를 볼 수 있기 때문이죠. 공매공고 정보내역을 보니 이 아파트는 한국감정원 소유 아파트로 이용기관 공매로 매각되고 있군요. 이렇게 입찰 및 개찰방식, 입찰참가 전에 준비할 사항, 입찰예정가격 및 입찰보증금, 낙찰자결정방법, 그리고 낙찰 받고 나서 계약체결 및 대금납부 방법을 확인하고 나서 입찰에 참여해야 합니다."

잠깐만! 선생님 이 이용기관 공매도 국유재산 공매처럼 권리분석은 생략해도 되는 거지요. 이용기관이 자기들 물건을 파는 것이니…

"이용기관재산 공매물건은 국유재산공매처럼 권리분석이 필요하지 않아요. 이용기관이 한국감정원으로 사옥으로 사용하다가 필요하지 않게 된 물건을 공매로 매각하는 것이므로 권리에 하자가 있을 수는 없어요. 다만 매각조건에서 다를 수 있으니 방금 분석했던 것처럼 공매공고문을 자세히 분석하고 입찰하면 됩니다. 그리고 수익분석은 앞에서 여러 번 거론 했으니 이제 생략해도 되고…"

이 아파트는 감정가가 2억5,250만원인데 요즘 소형평형이고 9.1 부동산대책으로 인해서 가격이 많이 올라 2억8,000만원에서 2억9,000만원 갑니다. 그래서 임차인을 안고 사면 보증금 1억3,000만원을 제외하고 잔금을 납부하게 되니 1억2,250만원 만 있으면 되고요. 큰아들 명의로 사면 무주택자로 비과세 혜택도 볼 수 있을 것 같아서 입찰에 참여하고 싶습니다.

"그래요. 2년만 보유해도 비과세 혜택을 보니 좋은 선택인 것 같습니다. 입찰가는 감정가에서 조금 높여 2억5,508만원 쓰세요."

"네, 끝에 700원도 더 써야지요. 선생님 말씀처럼 10원차이로 떨어진 사람도 있으니. 그리고 뭐니 뭐니 해도 동순위가 나오면 기분 나쁠 것 같아요."

"박 선생님은 교직에서 평생 몸담아서 그런지 꼼꼼하시군요. 지나가는 말로 한 내용도 놓치지 않고 챙기고 있으니, 정 사장님도 배워야 겠어요."

 알겠습니다.

"선생님 온비드 회입가입과 범용공인인증서 등록하고 입찰서도 제출했습니다. 그리고 입찰보증금도 납부하고…."

"수고했습니다. 입찰결과를 기다려 봅시다."

◆ 박 사장이 상계주공아파트를 단독으로 낙찰 받았다

상세입찰결과

물건관리번호	2014-1011-001351	기관명	주식회사 한국감정원
물건명	서울 노원구 상계동 720번지 625동 제OOO호 아파트		
공고번호	201410-00816-02	회차 / 차수	002 / 001
처분방식	매각	입찰방식/경쟁방식	최고가방식 / 일반경쟁
입찰기간	2014-10-14 10:00 ~ 2014-10-21 11:30	총액/단가	총액
개찰시작일시	2014-10-22 09:34	집행완료일시	2014-10-22 09:35
입찰자수	유효 1명 / 무효 0명(인터넷)		
입찰금액	255,080,700원		
개찰결과	낙찰	낙찰금액	255,080,700원
감정가 (최초 최저입찰가)	252,500,000원	최저입찰가	252,500,000원
낙찰가율 (감정가 대비)	101.21%	낙찰가율 (최저입찰가 대비)	101.21%

선생님 제가 단독으로 낙찰 받았어요.

축하합니다. 박 사장님, 좋은 아파트를 낙찰 받으셨어요.

06 이용기관 공매로 김 선생이 부천시 소유 토지를 낙찰 받은 사례

이 사례는 부천시 원미구에 있는 토지로 낙찰 받을 때에는 재개발구역으로 지정되지 않아서 건축이 가능 했었다. 그런데 잔금을 납부하고 나서 한 달 정도 있다가 원미뉴타운 구역으로 지정되어 건축이 제한된 토지이다. 그러다보니 재개발구역으로 시세가 오르는 장점도 있었지만 건물을 신축하지 못하는 단점도 있었다.

◆ 온비드 입찰물건 정보 내역

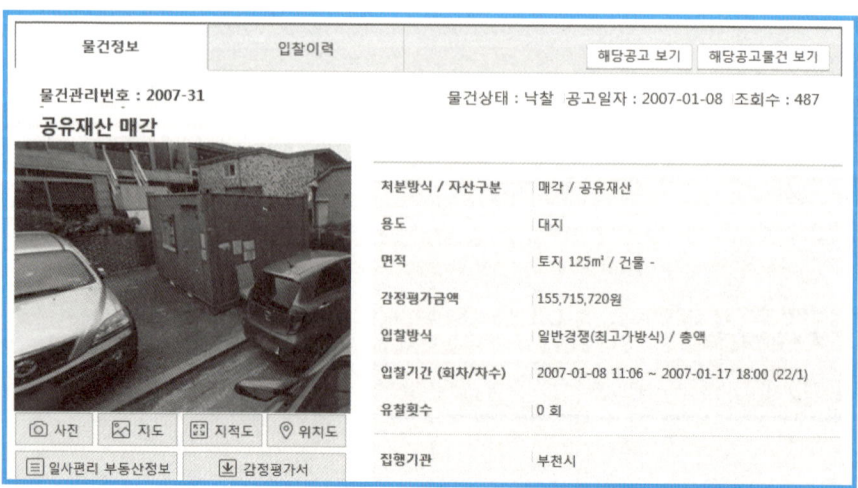

[입찰유형]
- ☐ 전자보증서가능
- ☐ 공동입찰가능
- ☐ 2회 이상 입찰가능
- ☐ 대리입찰가능
- ☑ 2인 미만 유찰여부
- ☐ 공유자 여부
- ☐ 차순위 매수신청가능

담당자정보 | 회계과 / 고은경 / 032-320-2725

최저입찰가(예정금액) **155,715,720**원

관심물건 등록 | 입찰

| 물건 세부 정보 | 입찰 정보 | 시세 및 낙찰 통계 | 부가정보 |

▎면적 정보

· 토지면적 : 125㎡   · 건물면적 : -

번호	종별(지목)	면적	지분	비고
조회된 데이타가 없습니다.				

▎위치 및 이용현황

소재지	지번	-
	도로명	-

위치 및 부근현황	-
이용현황	-

기타사항	장부금액 : 84,375,000 취득금액 : 84,375,000 취득일자 : 2004-04-28 담당자전화번호 : 032-320-2725

▎감정평가정보

감정평가기관	평가일	평가금액(원)	감정평가서
조회된 데이타가 없습니다.			

▎명도이전책임 및 부대조건

명도책임	-

| 물건 세부 정보 | 입찰 정보 | 시세 및 낙찰 통계 | 부가정보 |

▎입찰 방법 및 입찰 제한 정보

: :   중간생략함   : :

▎회차별 입찰 정보

입찰번호	회차/차수	구분	대금납부/납부기한	입찰기간	개찰일시	개찰장소	최저입찰가(원)
20073108	022/001	인터넷	일시불로 납부/공고문 참조	2007-01-08 11:06~ 2007-01-17 18:00	2007-01-18 10:00	부천시청 회계과 입찰집 행관 PC	155,715,720

◆ 부천시 소유 토지 사진 및 지적도

◆ 부천시 소유 토지 공매물건 분석

① 공매입찰공고, ② 감정평가서, ③ 각종 공부열람(등기부등본, 대장, 지적도, 토지이용계획확인원 등), ④ 주민센터에서 전입세대열람 등을 통하여 다음과 같이 공매물건의 제반권리 등을 정리하면 다음과 같다.

주 소	면 적	공매가 진행과정	1) 임차인조사내역 2) 기타청구	등기부상의 권리관계
경기도 부천시 원미구 원미동 ○○○ -○○	대지 125㎡ (원미뉴타운지역) (재정비촉진지역)	감정가 155,715,720원 최저가 1차 155,715,720원 낙찰(금액확인불가) 그러나 단독입찰로 유찰되었음. 공유재산매각은 입찰자가 2인 이상이어야만 유효한 입찰이다. 2차 155,715,720원 낙찰 177,080,000원 입찰자수 2명 〈207.1.18〉	1) 임차인내역 〈나대지로 임차인 없음〉	소유자 조민구 2002.8.20. 소유자 부천시 공공용지의 협의취득 2004.4.28. 시유재산 매각공매 신청 부천시 〈매각공매 공고일 207.1.8〉

이 공매물건은 부천시청 보유 시유재산을 한국자산관리공사 온비드사이트를 이용하여 공매 매각절차에 따라서 매각한 것인데 1차에서 입찰자가 있었다. 그러나 단독입찰로 유찰되었고, 2차에서 2인 이상의 입찰로 우리 회사가 낙찰 받을 수 있었다.

국가나 지방단치단체 소유 공매물건에 입찰할 때에는 2인 이상 입찰이 있어야 매각이 유효하기 때문이다. 이러한 시유재산 공매 부동산은 명도가 매도자 책임이므로 낙찰자에게 유리한 조건이다. 어쨌든 다음과 같이 낙찰 받았던 사례이다.

상세입찰결과

물건관리번호	2007-31	기관명	부천시
물건명	공유재산 매각		
공고번호	200701-00218-00	회차 / 차수	022 / 001
처분방식	매각	입찰방식/경쟁방식	최고가방식 / 일반경쟁
입찰기간	2007-01-08 11:06 ~ 2007-01-17 18:00	총액/단가	총액
개찰시작일시	-	집행완료일시	2007-01-18 11:06
입찰자수	유효 2명 / 무효 1명(인터넷)		
입찰금액	177,080,000원/ 163,320,000원		
개찰결과	낙찰	낙찰금액	177,080,000원
감정가 (최초 최저입찰가)	155,715,720원	최저입찰가	155,715,720원
낙찰가율 (감정가 대비)	113.72%	낙찰가율 (최저입찰가 대비)	113.72%

이 물건을 낙찰 받고 나서 부천시와 7일 이내에 계약을 체결하고 잔금 납부하는 과정은 다음 시유재산 공매공고문을 참고하면 알 수 있다.

시유재산 매각 재입찰 공고

1. **매각재산의 표시(입찰에 부치는 사항)**
   (본문 내용은 생략함)
2. **입찰·개찰의 일시 및 개찰장소**
   가. 전자입찰서 접수개시 일시 : 2007. 1. 8(월) 09:00
   나. 전자입찰서 접수마감 일시 : 2007. 1. 17(수) 18:00
   다. 개찰일시 : 2007. 1. 18(목) 10:00
   라. 개찰장소 : 부천시청 회계과 입찰집행관 PC

3. 참가방법 : 전자입찰
4. 입찰서 제출, 5. 입찰참가 자격, 6. 입찰보증금, 7. 매각방법 : 일반경쟁입찰
   (본문 내용은 생략함)
8. 낙찰자 결정
   가. 입찰은 2인 이상 유효한 입찰로 성립
   나. 유효한 입찰로서 예정가격 이상 최고금액 입찰자를 낙찰자로 결정
   다. 최고금액 입찰자가 2인 이상 동가인 때에는 온비드에 의한 무작위 추첨으로 낙찰자 결정
   라. 입찰결과는 한국자산관리공사 전자자산처분시스템 온비드에서 확인할 수 있으며 낙찰 여부 확인은 입찰자 본인의 책임사항입니다.
9. 입찰보증금 처리방법
   가. 낙찰자로 결정될 경우 전액 계약보증금으로 전환
   나. 유찰자의 입찰보증금은 입찰서 제출 시 지정한 환불계좌로 이자 없이 환불되며, 별도의 송금수수료가 발생될 경우에는 입찰보증금에서 이를 공제
   다. 낙찰자가 계약기간 내 계약을 체결하지 않을 경우에는 예치한 입찰보증금은 전액 우리 시에 귀속됩니다.
10. 입찰의 무효 (본문 내용은 생략함)
11. 계 약
    가. 계약체결기간 : 낙찰일로부터 7일 이내
    나. 계약체결장소 : 부천시청 회계과(2층)
    다. 구비서류
12. 매각대금납부방법 – 현금 또는 자기앞 수표로 우리시 시금고에 납부【연번 : 1~7번】
    가. 계약금 : 계약체결시 매매금액의 10% 납부
    나. 잔 금 : 계약체결일로부터 60일 이내
13. 소유권이전소유권이전은 매각대금 완납 후 매수자의 신청에 의거 소유권이전 서류를 교부하되, 소유권이전에 따른 일체의 비용은 낙찰자가 부담하며 낙찰자 이외의 자에게 소유권이전은 불가합니다.
14. 추가정보 사항
    가. 한국자산관리공사 전자자산처분시스템 "온비드"이용에 관한 사항
    – 전화번호 : 온비드 콜센타 : 1588-5321
    나. 입찰에 관한 진행사항 확인 : http//www.onbid.co.kr "온비드" 시스템상
    다. 도시계획에 관한 사항 : 부천시 도시계획과 032)320-2372
    〈~이하 생략〉

07 잠실고등학교 매점이 임대공매로 진행되고 있다

다음은 잠실고등학교가 이용기관으로 학교 매점을 임대공매하고 있는 가운데 어느 시기에 어떻게 입찰해서 낙찰 받으면 되는가를 분석해 보겠다.

◆ 잠실고등학교 학교매점이 임대공매 되고 있다

(1) 잠실고등학교 학교매점의 입찰정보 내역

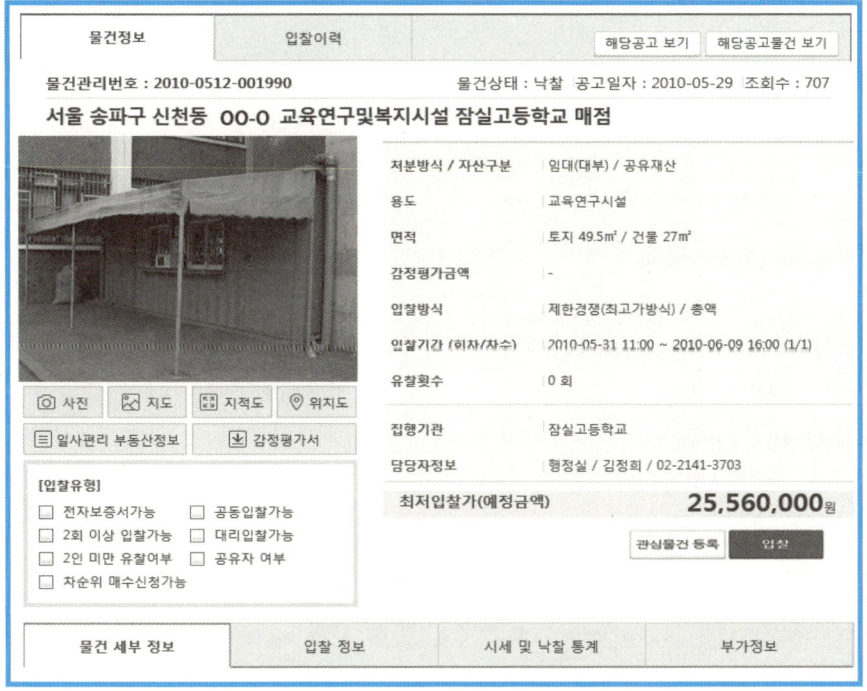

면적 정보

·토지면적 : 49.5m² ·건물면적 : 27m²

번호	종별(지목)	면적	지분	비고
1	기계기구 > 교육연구및복지시설	0m²	-	-

위치 및 이용현황

소재지	지번	서울 송파구 신천동 17-1
	도로명	-
위치 및 부근현황		잠실파크리오 아파트 단지 내 입주, 인근 성내역 인접
이용현황		본교 학생 대상, 학생수 1892명(2010.4.1 기준)
기타사항		건축년도 : 1993 층수 : 1/1 구조형태 : 컨테이너 담당자전화번호 : 02-2141-3703

감정평가정보

감정평가기관	평가일	평가금액(원)	감정평가서
조회된 데이타가 없습니다.			

명도이전책임 및 부대조건

명도책임	학교장

| 물건 세부 정보 | **입찰 정보** | 시세 및 낙찰 통계 | 부가정보 |

제한경쟁 입찰참가 자격안내

자격제한조건	없음(모든 회원 입찰가능)
지역제한조건	경기도,서울특별시
기타제한조건	

입찰 방법 및 입찰 제한 정보

: : 중간생략함 : :

회차별 입찰 정보

입찰번호	회차/차수	구분	대금납부/납부기한	입찰기간	개찰일시	개찰장소	최저입찰가(원)
201012	001/001	인터넷	일시불/계약일로 7일이내	2010-05-31 11:00~ 2010-06-09 16:00	2010-06-10 11:00	본교 행정실 집행관 PC	25,560,000

(2) 학교매점 사진과 주변 현황도

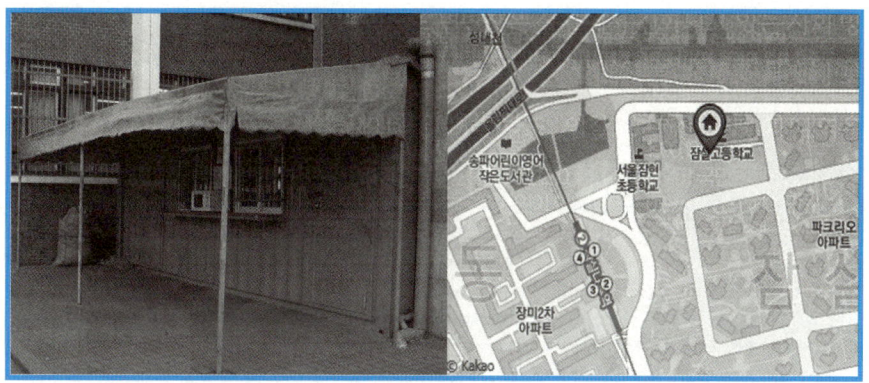

(3) 잠실고등학교 행정재산(매점)사용허가 전자입찰 공고

잠실고등학교 행정재산(매점) 사용허가 입찰 공고

1. 입찰에 부치는 사항.

   가. 건 명 : 잠실고등학교 행정재산(매점) 사용허가 전자입찰

   나. 사용허가 재산현황

소재지	사용면적	용도	학교현황 및 기타사항
서울시 송파구 신천동 00-0	부지 49.5㎡	매점	• 학생수 1,892명(50학급) • 매점구조물(컨테이너박스, 27㎡) • 학사일정 : 205일(중간·기말고사, 수련 활동 기간 등 포함)

   나. 사용허가기간 . 2년 (2010. 7. 1 ~ 2012. 6.30, 2년)

   라. 예정가격 : 금이천오백오십육만육천원정(₩25,560,000, 부가가치세 별도)

   마. 허가조건 : 붙임 '허가조건'에 따름

2. 입찰방법. 3. 입찰방법 – 이 내용은 생략함.

3. 입찰서 제출 및 보증금 납부 일시 : 2010. 5. 31(월) 11:00 ~ 2010. 6. 9(수) 16:00

4. 입찰(개찰) 일시 및 장소 : 가. 일 시 : 2010. 6.10(목) 오전 11:00

   나. 장 소: 잠실고등학교 행정실 입찰집행관 PC

5. 입찰참가자격. 6. 입찰 참가방법 – 이 내용은 생략함.

7. 입찰서 제출

   가. 입찰서는 "온비드"의 인터넷입찰공고를 이용하여 입찰서로 제출해야 한다.

   나항 ~ 마항은 생략함.

8. 입찰보증금 및 수수료

　가. 입찰금액의 100분의 5에 해당하는 입찰보증금을 전자입찰마감 시간까지 "온비드" 입찰 화면에서 입찰자 에게 부여된 "신한은행" 또는 "외환은행" 보증금 계좌 납부하여야 한다.
　나항 ~ 바항은 생략함
9. 낙찰자 결정방법 ~ 12. 사용료 산정방법은 생략함.
13. 사용허가 및 대금납부 방법
　가. 낙찰자는 낙찰일로부터 5일 이내에 잠실고등학교 행정실에 비치된 행정재산(매점) 사용허가 신청서에 다음 서류를 첨부하여 제출하여야 합니다. 기한 내에 허가신청서를 제출하지 않을 시에는 입찰보증금을 우리학교에 귀속된다.
　나항 ~ 다항은 생략함.
14. 청렴계약 이행각서 제출 - 이 내용은 생략함.
15. 기타 유의사항
　가항 ~ 나항은 생략함
　다. 입찰공고, 입찰결과, 낙찰자 결정 등 문의 사항
　기타 입찰에 관한 사항은 우리 학교 행정실(02-2141-3703)로 문의하기 바란다.

◆ 학교매점 임대공매 물건분석

　이 공매물건은 잠실고등학교 행정재산(매점) 대부를 위한 공매절차로 잠실고등학교가 자산관리공사의 온비드사이트를 이용하여 공매 대부절차를 진행하는 것으로 행정재산(매점)을 대부하는 과정에서 권리분석은 그다지 문제가 되지 않지만 물건분석이 중요하다. 특히 이 물건은 계약기간 동안 대부료를 지급하고 학교매점을 운영해서 영업이익을 올리는 것이 목적이므로 학생 수와 매출액, 매출액 대비 수익률 등을 잘 분석해야 한다. 이때 학교에서 교육 기간 동안 외출 등이 허락되는 가 등은 수익분석에 있어서 중요한 요인이 될 수 있다. 만일 학생들이 학업기간 중에 외출이 허용되게 된다면 수업시간 이외에 특히 점심시간 등을 이용하여 외부 마켓 등에서 구입이 가능하게 되어 학교매점의 매출액 감소를 가져올 수 있기 때문이다. 이러한 사항 등을 잘 판단하고 입찰에 참여해야 한다. 간혹 대부공매절차에서 입찰가를 너무 높게 써서 1년간의 매점 운영료가 수익을 능가하는 경우가 있어서 2년 동안 매점 운영권이 있음에도 불구하고 1년만 운영하고 포기하는 경우도 있다. 필자가 확인한 바에 따르면 이 매점도 1년 전 입찰에서 과다한 금액으로 입찰하여 포기하는 것으로 판단된다.

 음, 그렇게 분석하면 되겠군요. 초기투자비용이 적어서 좋은 것 같습니다. 이 임대공매물건은 제가 입찰해도 되겠지요?

정 사장님, 그렇게 하셔도 됩니다.

〈김 선생은 다음날 정 사장이 현장을 확인하고 마음에 들어서 입찰서와 보증금을 납부했다는 연락을 받았다.〉

◆ 정 사장이 학교매점을 13대 1의 경쟁을 뚫고 낙찰 받았다

상세입찰결과

물건관리번호	2010-0512-001990	기관명	잠실고등학교
물건명	서울 송파구 신천동 OO-O 교육연구및복지시설 잠실고등학교 매점		
공고번호	201005-02100-00	회차 / 차수	001 / 001
처분방식	임대(대부)	입찰방식/경쟁방식	최고가방식 / 제한경쟁
입찰기간	2010-05-31 11:00 ~ 2010-06-09 16:00	총액/단가	총액
개찰시작일시	2010-06-10 11:22	집행완료일시	2010-06-10 11:40
입찰자수	유효 13명 / 무효 2명(인터넷)		
입찰금액	43,100,000원/ 41,260,000원/ 40,000,000원/ 36,510,000원/ 33,197,900원/ 33,000,001원/ 32,550,000원/ 31,357,000원/ 28,900,000원/ 28,670,000원/ 28,562,100원/ 28,000,000원/ 27,100,000원		
개찰결과	낙찰	낙찰금액	43,100,000원
감정가 (최초 최저입찰가)	-	최저입찰가	25,560,000원
낙찰가율 (감정가 대비)	-	낙찰가율 (최저입찰가 대비)	168.62%

 정 사장님 축하합니다. 13대 1의 경쟁률을 뚫는 것은 어려운 일인데 대단합니다.

학생 수가 많아서 장사가 되겠는 걸요. 그래서 조금 더 썼어요.

 축하드려요. 저도요. 한턱 쏘세요.

 선생님 학생들이 한턱내라는데 함께 하시죠.

"오늘은 즐거운 하루가 되겠군요. 정 사장님이 낙찰 받고, 모든분들이 참여하는 회식자리니…"

Chapter 14

부동산 신탁재산과 기타 공기관재산 공매 실전투자 방법은?

01 부동산 신탁기관의 업무와 어떠한 신탁회사 등이 있나?

◇ 신탁의 정의

신탁법 제2조에서는 "신탁"이란 신탁을 설정하는 자(이하 "위탁자"라 한다)와 신탁을 인수하는 자(이하 "수탁자"라 한다) 간의 신임관계에 기하여 위탁자가 수탁자에게 특정의 재산(영업이나 저작재산권의 일부를 포함한다)을 이전하거나 담보권의 설정 또는 그 밖의 처분을 하고 수탁자로 하여금 일정한 자(이하 "수익자"라 한다)의 이익 또는 특정의 목적을 위하여 그 재산의 관리, 처분, 운용, 개발, 그 밖에 신탁 목적의 달성을 위하여 필요한 행위를 하게 하는 법률관계를 말한다.

◇ 신탁회사 등의 업무와 어떠한 기관 등이 있나?

(1) 신탁회사의 업무

신탁법, 신탁업법, 증권투자신탁업법을 기초로 하여 불특정 다수인으로부터 금전 또는 부동산 등을 포함한 재산권을 수탁한 후 일정 신탁보수를 수취하고, 신탁의 목적에 따라 동 재산권을 관리·개발·처분하는 행위를 하고 있다. 이러한 신탁업을 영위하는 기관으로는 금전 등을 수탁 받는 은행, 증권사와 부동산을 전문으로 수탁 받는 부동산신탁회사가 있다. 이들 기관은 자산관리, 자금관리, 부동산금융상품, 신탁상품(토지신탁, 담보신탁, 관리신탁, 처분신탁, 투자자문, 대리사무, 분양관리신탁, 국·공유지신탁, 프로젝트대출) 등 다양한 업무를 하고 있다.

(2) 부동산신탁이란?

부동산신탁이란 신탁재산으로 부동산을 수탁하고, 신탁회사에서 수탁 받은 부동산을 관리·개발·처분한 후 발생한 수익 또는 잔존부동산을 위탁자가 지정한 수익자에게 교부하여 주는 제도이다. 금전을 수탁하여 이를 운용한 후 맡긴 원금과 운용수익(이자 등)을 배당하는 금전신탁과 동일한 것으로 신탁의 대상이 금전이 아닌 부동산관련 권리라는 점에 차이가 있다. 이러한 신탁은 개인, 기업, 부동산개발업자 등 모든 부동산소유자가 이용할 수 있으며, 토지신탁, 담보신탁, 관리신탁, 처분신탁, 투자자문, 대리사무, 분양관리신탁, 국·공유지신탁, 프로젝트대출 등이 있다.

(3) 어떠한 신탁회사 등이 있나?

대한토지신탁, 생보부동산신탁, 한국자산신탁, 한국토지신탁, KB부동산신탁, 코람코자산신탁, 국제자산신탁, 하나다올자산신탁, 아시아신탁, 무궁화신탁 등이 있다.

02 공매대상 부동산 신탁재산은?

다양한 신탁재산 중에서 공매로 나오는 상품은 ① 금융기관에서 부동산 PF 대출 시에 부동산신탁회사의 담보신탁, 분양관리신탁 또는 토지신탁 상품을 널리 이용하고 있는데 이 물건과 ② 신탁회사에 저분을 의뢰한 처분신탁 등이 공매대상이 되고 있다.

◆ 부동산 담보신탁이란?

① 부동산소유자(위탁자)가 자신 또는 타인의 채무 내지는 책임의 이행을 보장하기 위해 자기소유의 부동산을 담보로 제공할 목적으로 이용하는 신탁이다. 신탁회사(수탁자)는 신탁계약을 통해 부동산소유자로부터 부동산을 수탁 받아 일정기간 동안 채권자(우선수익자)를 위하여 수탁부동산의 담보가치가 유지·보전되도록 관리하다가 위탁자가 채무를 상환하면 수탁부동산을 위탁자에게 환원하게 된다. 그러나 채무가

불이행되면 대출 금융기관이 환가를 요청하게 되고, 이 경우 신탁회사가 부동산을 환가하여 그 처분대금으로 채권자에게 채무를 변제하고 잔여금은 위탁자에게 교부한다.

② 신탁계약에 의하여 위탁자가 수탁자에게 소유권이전 신탁등기를 하면 소유권이 넘어가면서 발생하는 수익자 개념으로 이와 같이 수탁자에게 부동산소유권을 맡기고 수탁자는 위탁자에게 수익증권(또는 수익권증서로 부르기도 한다)을 발급해주고 위탁자는 이를 신탁회사와 협약이 체결된 금융기관에 담보로 제공하여 대출을 받게 되므로 위탁자가 채무자가 되어 대출을 받게 된다.

③ 소유권이 신탁에 의해 보호되므로 압류 등의 각종 권리 설정 등이 배제되어 재산권을 안전하게 보전/관리할 수가 있어서 채권관리가 용이하다.

④ 대출금이 상환되지 아니하는 경우 저당권 설정 시에는 장기간의 경락지연 등으로 비용 및 매각가격의 하락이 예상되나 담보신탁의 경우 신탁회사가 공매처리하게 되어 기간 단축은 물론 상대적으로 고가의 매각이 가능하다.

⑤ 우선수익자의 채권회수금액은 신탁부동산의 매각대금에서 우선수익권 한도범위 내에서 이루어지는데 담보신탁에 의한 대출금액은 통상 감정평가액의 70% 정도가 대출금액이며 이 대출금액의 130% 정도가 담보가액이 된다.

⑥ 신탁회사가 발행하는 수익증권의 효력은 일종의 담보부채권으로서 우선수익자의 지위를 증명하고 증거증권의 효력이 있다. 여기에는 채권최고액이 표시된다.

〈담보신탁과 근저당권과의 비교〉

구 분	근저당	담보신탁
담보권 설정 방식	• 근저당권 설정 • 등기부상 '을구' 표시사항	• 신탁등기(소유권이전) • 등기부상 '갑구' 표시사항
채권회수방법	• 법원경매	• 신탁회사 공매
채권실행절차	• 절차 복잡/장기간 소요 • 일반공개시장에서의 경매 • 담보부동산의 고가 매각가능	• 절차간편/단시간 소요 • 일반공개시장에서의 공매 • 담보부동산의 고가 매각가능
파산재단 구성여부	• 파산재단에 포함	• 파산재단에서 제외
신규임대차, 후순위 권리 설정 등	• 배제 불가	• 배제가능 • 담보가치유지에 유리

추가대출실행	• 가능	• 불가능
소요경비	• 등록세, 교육세 : 채권 최고액의 0.24% • 채권 : 채권 최고액의 1%	• 등록세, 교육세, 채권 매입면제 • 신탁보수(근저당권설정비용보다 저렴)

◆ 분양관리신탁과 토지신탁으로 계약을 하면 어떤 장점이 있나?

(1) 분양관리신탁과 토지신탁이란?

① 우리나라는 피분양자의 보호를 위해「건축물의 분양에 관한 법률」에 의거 공동주택을 제외한 오피스텔, 상가 등의 건축물을 선분양하기 위한 요건을 정하고 있다. 여기서 선분양하기 위한 요건은 ㉠ 금융기관으로부터 분양보증을 받는 경우와 ㉡ 신탁회사와 분양관리신탁 및 자금관리대리사무계약을 체결하는 경우를 말한다. 이때 신탁에도 불구하고 분양사업자의 지위는 위탁자에게 그대로 계속 유지할 수 있다. 따라서 오피스텔, 상가 등의 건축물을 신축하여 분양하고자 한다면 ○○신탁회사 등과 분양관리신탁 및 자금관리대리사무계약을 체결하고 건물을 신축 후 분양하면 된다.

② 위탁자가 소유하고 있는 토지를 신탁회사에 토지신탁하면, 신탁회사(수탁자)는 위탁자가 원하는 개발형태 (아파트, 주상복합, 오피스텔 등)에 따라 건설자금의 조달 및 건축물의 건설, 분양, 유지·관리 업무를 수행한 후 발생되는 신탁수익을 위탁자에게 지급하는 방식이다. 토지신탁은 건설자금의 조달주체에 따라 차입형토지신탁(신탁회사가 자금조달)과 관리형토지신탁(위탁자가 자금조달)으로 구분하고 있다.

(2) 신탁회사 등과 분양관리신탁 등을 체결하면 어떠한 장점이 있나?

① 신탁회사와 계약 체결하면 후 수수료가 금융기관의 분양보증수수료보다 훨씬 저렴하다. ② 금융기관으로부터 분양보증을 받는 경우 위탁자의 사업부지는 언제든 채권자로부터의 법률적 제한권리에 노출되어 있는데 반해 신탁회사와 분양관리신탁을 체결하면 위탁자의 사업부지를 안전하게 보호할 수가 있다. ③ 신탁회사와의 자금관리대리사무계약을 통해 해당 사업의 분양수입금 수납 및 사업비의 집행 등 자금관

리업무를 신탁회사에 위임하게 된다. 신탁회사는 고도의 공신력과 자금관리의 투명성을 통해 피분양자의 신뢰도를 제고하게 되며, 이는 위탁자 사업에 도움이 될 수 있다.

④ 이밖에도 건축물의 선분양을 위한 다른 방법으로 "토지신탁"을 활용할 수 있다. 법에서는 신탁회사가 분양사업자로 되는 신탁계약이 체결된 경우" 착공신고 후 별도의 신탁계약을 요하지 아니한다고 규정하고 있다.

(3) 수탁사는 분양관리 과정에서 미분양이 발생하면 공매로 매각한다

분양관리신탁과 토지신탁 등의 계약을 체결하면 수탁사 등이 분양까지 관리한다.

이 과정에서 미분양물건이 발생하면 공매로 처분해서 분양대금에 합산하고, 이 대금으로 금융기관 등의 PF대출금 상환과 사업정산 후 위탁자에게 수익금을 교부하는 절차로 마무리하게 된다. 그러니 우리들이 입찰하는 공매물건은 수탁사의 분양관리 과정에서 나오는 미분양물건이라고 이해하면 된다.

◆ 부동산 처분신탁이란?

부동산의 처분방법이나 절차에 어려움이 있는 부동산 또는 대형 고가의 부동산을 효율적으로 처분할 필요가 있을 때 신탁회사에 부동산 매각을 의뢰하면 신탁회사가 일정 처분신탁 비용을 받고 부동산을 처분하여 그 처분대금을 수익자에게 교부하는 제도이다.

이와 같이 처분신탁으로 등기된 경우 위탁자를 채무자로 하는 채권자는 더 이상 신탁등기 이후에 가처분이나 가압류 압류 등의 등기를 할 수가 없어서 소유권이 안전하게 보전할 수 있다. 그런데 채권자 등이 자신의 채권보전을 위해서 위탁자와 수탁자에 대한 채권가압류를 할 수가 있다. 이 경우 배당잉여금(매각대금)에 대해서 수탁자는 가압류권자를 위해서 공탁하게 된다. 이러한 상황에 접하면 위탁자는 신탁계약을 해지할 수도 있으므로 채권가압류와 소유권이전청구권 가압류도 함께 하는 것이 좋은 방법이다. 이밖에도 매수인이 지정되어 있는 경우에도 장래에 대해서 소유권을 안전하게 보호하기 위해서도 이용하고 있다. 그러니 우리들이 입찰하는 공매물건은 수탁사가 위탁자로부터 매각을 의뢰받은 물건을 공매로 매각하는 것이라고 이해하면 된다.

03 부동산 신탁신청과 정산 방법, 그리고 공매 실행과정

◇ 부동산 담보신탁 신청과 신탁재산의 반환, 또는 우선수익자의 환가요청

(1) 담보신탁 신청 방법

① 금융기관 등에 대출상담 및 신청서 접수(대출금융기관과 채무자겸 소유자간에 대출 가부와 조건 등을 상담 후 신청서 접수) ⇨ ② 담보부동산 가격조사 및 평가(대출 승낙 시 신탁회사가 감정평가사 등에게 담보부동산 가격조사 의뢰) ⇨ ③ 조사분석서 작성(감정평가사 등이 가격조사 및 평가 내용을 기초로 유효담보금액 파악하여 조사분석서 대출금융기관에 교부) ⇨ ④ 금융기관과 대출조건 확정 후 금전대출계약서 작성 ⇨ ⑤ 수익증권 발행 의뢰(대출조건 확정 후 신탁계약조건 확인하여 수탁자에게 수익증권 발행의뢰) ⇨ ⑥ 부동산 담보신탁계약체결 및 신탁등기(위탁사와 수탁사인 신탁회사 간 서면으로 부동산 담보신탁계약서를 작성 후 위탁자에게 계약서 원본 교부하고, 관할 등기소에 부동산 담보신탁계약서를 첨부하여 신탁등기를 마친다.) ⇨ ⑦ 수익증권 발행하여 금융기관에 교부(대출금융기관에 수익증권과 등기필 부동산 담보신탁계약서 원부 복사본을 첨부하여 교부한다) ⇨ ⑧ 금융기관이 위탁자에게 담보신탁대출 실행(대출 내용을 신탁회사에 통지한다) ⇨ ⑨ 수탁자의 담보신탁 부동산 관리(매 1년에 2회 점검하여 그 내용을 대출금융기관에 통지하고 있다.)

(2) 담보신탁 절차도

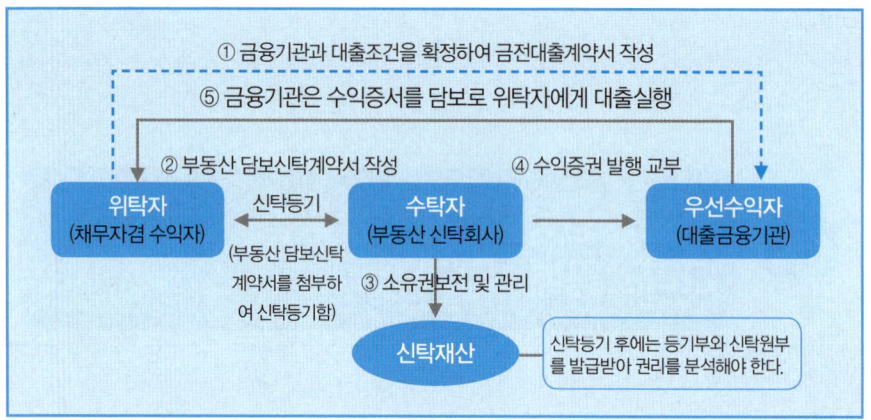

이렇게 위탁자(채무자)가 대출금융기관(우선수익자)에 담보신탁 대출을 요청 시 대출금융기관이 담보감정을 통하여 평가액의 60 ~ 70%의 수익증권을 기 약정된 신탁회사에 요청하면서 위탁자와 수탁자간의 신탁계약을 체결하는 절차로 이어진다.

(3) 채무 상환 시 신탁재산의 환원

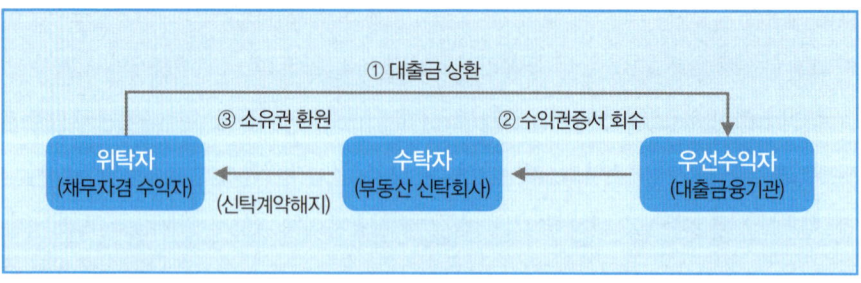

(4) 채무 불이행 시 우선수익자의 환가요청으로 공매 실행

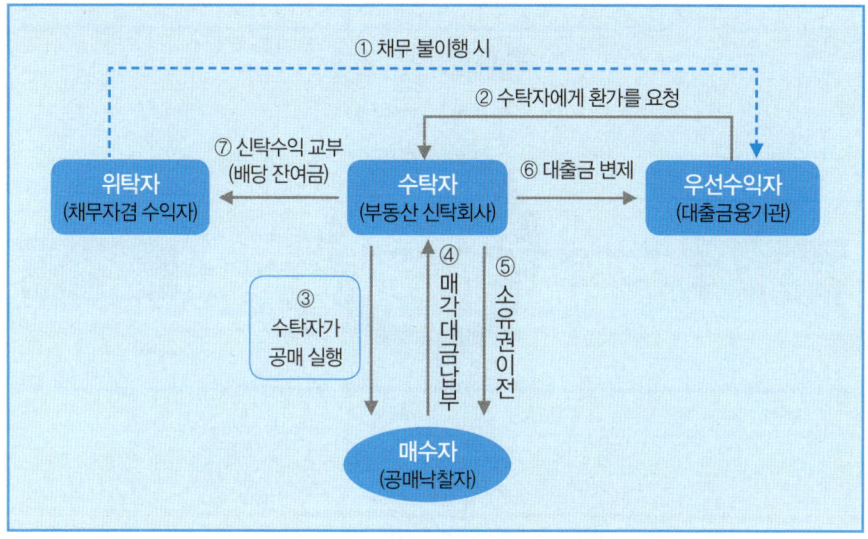

▷ 공매실행 후 배분잉여금이 있는 경우 위탁자에게 지급해야 한다. 따라서 위탁자에게 받을 채권이 있는 자 등은 배당잉여금에 대해서 가압류(압류)할 수 있다.

◆ 분양관리신탁 절차와 분양관리 후에 PF대출금 상환 및 사업정산

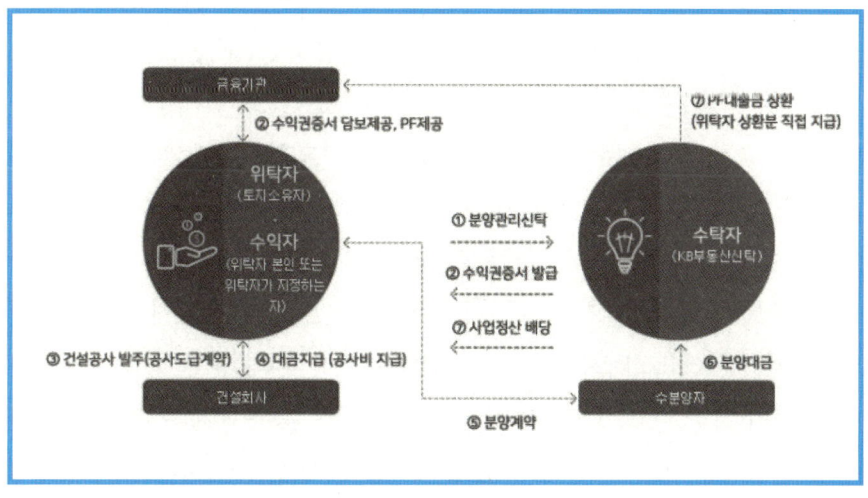

◆ 처분신탁 절차와 수탁사가 매각 후 매매대금으로 수익교부

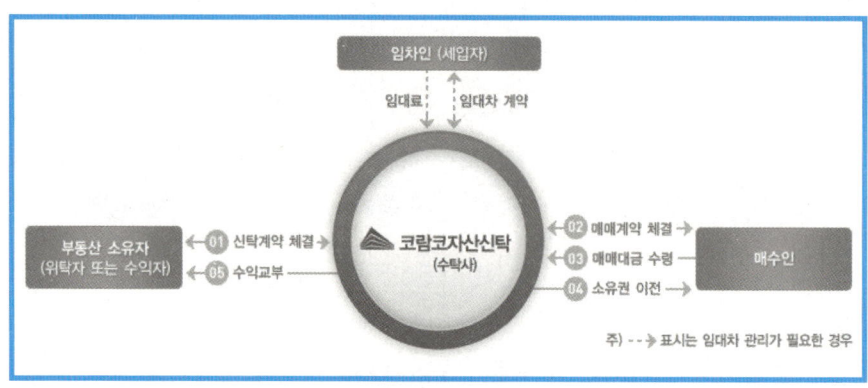

04 부동산 신탁재산과 기타 공기관재산 등의 공매 진행절차

　부동산 신탁재산과 기타 공공기관재산 등(즉 부동산 신탁회사, 일반금융기관, 정부공공기관, 일반개인기업 등이 자체공매 실시하는 경우)의 공매절차는 민사집행법에 따르는 법원경매와 국세징수법에 따르는 공매절차에 비교하면 단순한 절차에 의하여 진행된다. 그렇다고 하더라도 넓은 틀에서 보면 같은 방법이고 협의부분에서 공매집행기관 별로 차이가 있다. 매각방식이나 매각장소, 계약체결방법 및 체결기간, 첨부서류 등의 각 기관별로 차이가 있을 뿐 기본 절차는 법으로 정해져 있는 방식을 취하고 있다. 그리고 공매집행기관에 따라 한국자산관리공사 온비드에서 입찰절차를 진행하는 인터넷공매와 집행기관 본사회의실에서 입찰절차를 진행하는 현장공매가 있다. 이러한 내용 등은 다음 Chapter 15(온비드에서 신탁재산 공매로 낙찰 받아 성공한 사례)와 Chapter 16(신탁기관 등의 현장공매에서 낙찰 받아 성공한 사례)을 참고하면 된다. 따라서 부동산 신탁회사와 기타 공기관 등이 집행하는 공매절차를 다음과 같이 기술하였다.

◆ 신탁재산 등의 공매 흐름도

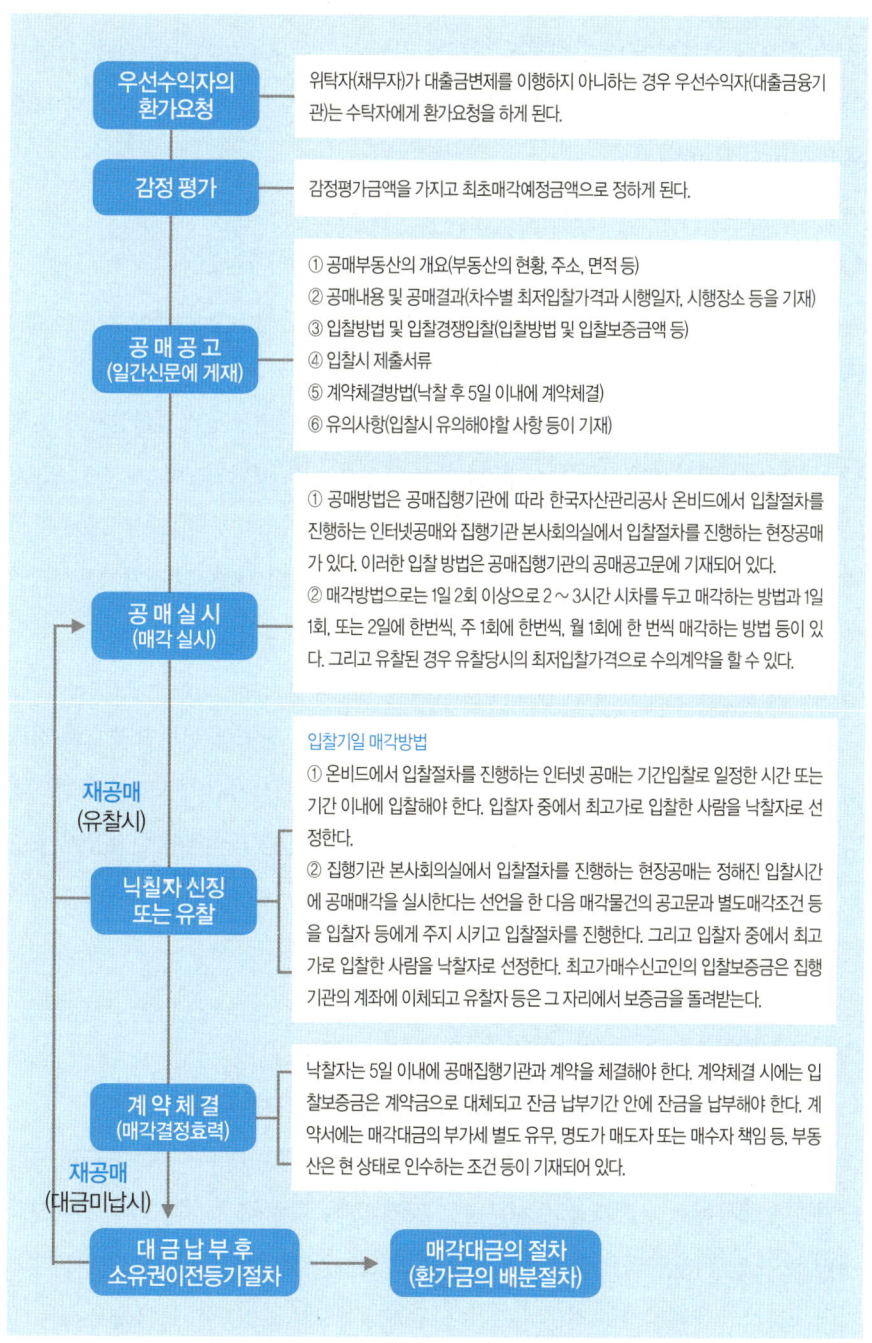

이 공매절차가 담보신탁재산 공매절차를 기준으로 했기 때문에 신탁재산 중에서 분양관리신탁과 처분신탁, 그리고 기타 공공기관 등의 공매의 매각절차와 차이가 있을 수 있으나 기본적인 매각 방식은 이렇게 진행되고 있다고 이해하면 된다. 그리고 이 장에서 다루고 있는 공매물건에서는 담보신탁이 대부분을 차지하고 있으니 기준으로 삼아도 무방하다.

◆ 신탁재산 등의 공매에 입찰할 때 알고 있어야할 내용은?

(1) 온비드 인터넷공매와 현장공매로 매각하는 방법

공매방법은 공매집행기관에 따라 한국자산관리공사 온비드에서 입찰절차를 진행하는 인터넷공매와 집행기관 본사회의실에서 입찰절차를 진행하는 현장공매가 있다.

① 온비드 인터넷공매는 신탁기관 등이 한국자산관리공사 온비드사이트에 자신의 정보를 제공하기 위하여 이용기관 회원 가입 후 온비드사이트의 전자처분시스템을 이용하여 보유 또는 관리 중인 재산 등의 처분을 위해 입찰공고를 등록하고, 전자입찰을 통해서 신탁재산 등을 매각하는 공매절차이다.

② 현장공매는 신탁기관 본사회의실에서 입찰절차를 진행하는 현장공매로 정해진 입찰시간에 공매매각을 실시한다는 선언을 한 다음 매각물건의 공고문과 별도매각조건 등을 입찰자 등에게 주지 시키고 입찰절차를 진행한다. 이러한 현장공매는 법원경매와 같이 매각절차를 진행하지만 공매물건이 많지 않은 관계로 신속하게 진행된다.

(2) 신탁재산 등의 공매 입찰공고 내용

(가) 신탁기관 등이 온비드로 공매절차를 진행하는 입찰공고 내용

신탁기관 등에 따라 차이가 있으나 온비드사이트에 전자공고만으로 공고하는 신탁기관이 대부분이나 전자공고·신문공고·자체홈페이지 등에 공고를 병행하는 신탁기관 등도 있다. 실무적으로 신탁기관 등의 공고는 온비드사이트와 자체기관홈페이지에 공고하고 공매절차를 진행하고 있다. 우리가 공고문을 반드시 확인해야 하는 이유는 공매가 어떠한 매각조건으로 매각되는 가를 확인하기 위해서다. 그러한 공고문은 다음과 같다.

신탁부동산 공매공고

1. 공매대상물건 및 최저매매가격

1) 목적부동산 : 서울특별시 금천구 독산동 OOO-OO 스카이빌 제OOO호

구분	층	호수	전유 면적(㎡)	용도
1	제3층	제OOO호	29.85	공동주택

2) 공매일시 및 최저매매가격

(단위 : 원, 부가가치세 없음)

구분	공매일시(응찰가능일시)	온비드 개찰일시	최저매매가격
1차 공매	2016. 03.28. 10:00 ~ 12:00	2016. 03. 29. 10:00	174,000,000
2차 공매	2016. 03.28. 14:00 ~ 16:00	2016. 03. 29. 14:00	156,600,000
3차 공매	2016. 03.30. 10:00 ~ 12:00	2016. 03. 31. 10:00	140,940,000
4차 공매	2016. 03.30. 14:00 ~ 16:00	2016. 03. 31. 14:00	126,846,000
5차 공매	2016. 04.01. 10:00 ~ 12:00	2016. 04. 04. 10:00	114,616,400

※ 인터넷 공매의 특성상, 각 일자별 공매가 유찰된 경우에 한하여 다음 차수 공매실시 전 영업일 18시까지 전차 공매조건이상으로 수의계약이 가능합니다.

2. 공매 관련 사항

1) 공매장소 : 인터넷 전자입찰(www.onbid.co.kr)
2) 명도책임 : 공매목적물에 대한 인도 및 명도 책임은 매수자 부담
3) 공매공고 : 온비드 게시판(www.onbid.co.kr) 및 당사 홈페이지(www.reitpia.com)
4) 공매방법
- 본 공매입찰은 한국자산관리공사(KAMCO)가 관리운영하는 전자자산처분시스템(온비드)을 이용한 인터넷 전자입찰로 입찰참가자는 입찰참가전에 반드시 온비드에 회원가입 및 실명확인을 위한 공인인증서를 등록하여야 하며, "온비드"이용방법 및 인터넷 입찰참가자 준수규칙 등을 준수해야 합니다.
- 입찰의 성립 : 공개경쟁입찰 방식으로 1인 이상의 유효한 입찰로서 성립합니다.
- 개찰 일시 : 상기 표 참조

- 낙찰자 결정 : 최저매매가격 이상 응찰자중 최고금액 응찰자에게 낙찰합니다. 다만, 최고금액 입찰자가 2인 이상인 경우에는 온비드시스템에 의한 무작위 추첨으로 낙찰자를 결정합니다. (입찰자는 낙찰여부를 온비드의 입찰결과 화면 등을 통하여 직접 확인할 수 있습니다.
- 대리인이 입찰자를 대리하여 입찰 참가 불가합니다.

5) 입찰보증금
- 입찰금액의 10% 이상을 인터넷입찰마감시간 전까지 "온비드"지정계좌에 입금하여야 합니다.(공매개찰 결과 유찰자의 입찰보증금은 입찰서 제출시 지정한 환불예금계좌로 입찰일 익일에 이자없이 환불되며, 별도의 송금수수료가 발생될 경우에는 입찰보증금에서 이를 공제합니다.).

6) 토지거래허가 등과 제세공과금
- 매수자는 관계법령에 의거 매각대상물건의 매매계약허가, 토지거래허가 등의 적합여부를 확인한 후 응찰해야 하며, 매매계약 체결에 따른 소유권이전 관련비용(이전비용 및 제세공과금 등)과 토지거래허가, 부동산 거래계약신고, 용도변경 등 인.허가의 책임 및 추가비용은 매수자가 부담해야 합니다.
- 잔금납부와 관계없이 잔금납부 지정일 이후 발생하는 공매목적물에 대한 제세공과금 및 관리비 등 일체의 비용은 약정에 따라 매수자가 부담합니다.

7) 계약체결 및 대금납부
- 낙찰자는 당사가 정한 계약서에 의하여 낙찰일로부터 5영업일 이내에 매매계약을 체결하여야 하며, 계약시 입찰보증금을 전액 계약금보증금으로 대체하고, 계약을 체결하지 않을 경우에는 낙찰을 취소하고, 입찰보증금은 매도자에게 귀속됩니다.
- 대금납부방법

구 분	금 액	시 기	비 고
계약금	매매금액의 10%	계약 체결시(입찰보증금 대체)	-
잔 금	매매금액의 90%	계약체결일로부터 30일 이내	-

8) 입찰의 무효 및 취소 - 이 내용은 지면상 생략함.

9) 공매목적물 인도 및 명도 책임과 소유권 이전
- 공매목적물에 대한 인도 및 명도 책임은 매수인이 부담합니다.
- 입찰일 기준으로 공매물건에 대한 제한권리(가처분, 가압류, 소송, 유치권, 점유권, 임대차 등)는 매수자가 직접 공부의 열람 및 현지답사 등으로 확인하고 인지한 상태에서 매수자의 책임과 비용으로 정리하며, 이를 이유로 계약을 해지할 수 없고 매도인은 일체의 하자담보 책임을 부담하지 아니합니다.

- 입찰일로부터 소유권이전일까지 공매목적물에 제한권리 설정, 소송 등 소유권이전에 제한을 가하는 권리가 추가로 설정된 경우에는 매도자 책임으로 정리하되, 미정리로 소유권이전이 불가능할 경우 낙찰을 무효로 하고, 매도자는 기 납부된 대금을 이자없이 원금만 반환하며, 이 경우 낙찰자는 일체의 이의를 제기하지 못합니다.
- 매매계약 체결에 따른 소유권이전등기 비용과 책임은 매수자가 부담합니다.
- 매수자는 부동산거래계약신고(계약체결일로부터 60일 이내)를 필하여야 하며, 이를 위반하여 매도자에 발생한 손해에 대해 손해배상책임을 부담합니다.
- 매수자는 잔금납부일을 기준으로 공매물건의 현상 그대로를 인수하며 물적 하자, 이해관계자들(유치권자 등)의 정리 및 임대차승계, 임대보증금반환 등은 매수자 책임으로 합니다.

10) 기타사항 – 이 내용은 지면상 생략함.

3. 안내사항 – 이 내용은 필자가 간단하게 요약정리한 내용이다.

- 본 공매공고는 신탁관계인의 사정 등에 의하여 별도 공고 없이 임의로 취소 또는 변경할 수 있고 공매물건의 원인채무 변제 등으로 인하여 취소될 수 있다.
- 인터넷 전자입찰의 경우 개찰이 익영업일 이후에 가능하기 때문에 1일 2차수 공매진행시 전차에서 낙찰자가 있더라도 다음 차수 공매가 자동으로 진행된다. 공매실시 후 익영업일 개찰 결과, 전차에서 낙찰자가 결정되는 경우 다음 차수 응찰자는 응찰이 자동으로 취소된다. 이 경우 입찰보증금은 입찰서 제출시 지정한 환불예금계좌로 개찰일 익일에 이자없이 환불된다.
- 낙찰자는 낙찰일 이후 5영업일 안에 당사에 방문해 매매계약을 체결해야 한다.
- 공매 관련내용은 당사 입찰참가자 준수규칙에 의하며, 동 규칙 및 매매계약서 등은 당사에 비치되어 있사오니 방문을 통해 사전에 열람 바라며, 세부사항은 아래로 문의하기 바란다.
- 현장설명은 별도로 실시하지 않으며 미확인으로 인한 책임은 매수자에게 있다.
- 공매 관련 기타내용은 당사 인터넷 홈페이지 www.reitpia.com "공매정보"에서 확인바란다.
- 공매관련 세부사항 문의처 : TEL (02)528-0508 FAX (02)528-0472

대한토지신탁 (주)

(나) 신탁기관 등이 현장공매로 공매절차를 진행하는 입찰공고 내용

신탁기관 등에 따라 차이가 있으나·신문공고·자체기관홈페이지에 공고하고 공매절차를 진행하고 있는데 그 공매공고문은 다음과 같다.

신탁부동산 공매공고

1. 공매대상물건   (한국토지공사 공고문 참조한 내용임 : 매일경제 2010.06.07.)

소재지	구분	지번	지목	용도 및 구조	면적(㎡)			비고
					분양	전유	공용	
경기도 분당구 서현동	상가	OOO-O	대	업무시설(오피스텔) 철근콘크리트구조	331.672	153.458	178.214	분당풍림 아이원플러스 오피스텔 제층 제OOO호

2. 회차별 공매예정가격

회차	공매예정가격(원)				
	매매금액	토지가	건물가	공급가액	부가세
7회차	1,421,604,675	398,580,750	930,021,750	1,328,602,500	93,002,175
8회차	1,279,444,208	358,722,675	837,019,575	1,195,742,250	83,701,958

3. 접수기한 및 공매일시

구분	접수기한	공매일시	비고
7회차	2010. 6. 16 오후 13:30	2010. 6. 16 오후 14:00	
8회차	2010. 6. 23 오후 13:30	2010. 6. 23 오후 14:00	

4. 접수 및 입찰장소 – 당사 사업관리본부 회의실

5. 공매방법 : 일반경쟁입찰 (단독응찰도 유효)

   ① 공매예정가격이상 최고가 응찰자에게 낙찰

   ② 최고가 응찰자가 2인 이상인 경우에는 즉시 최고가 응찰자들을 대상으로 최고가 응찰가격 이상으로 재입찰하여 최고가격 입찰자를 낙찰자로 결정

   ③ 7회차 유찰 시에는 다음 회차 공매 접수기한 전까지, 8회차 유찰 시에는 다음 공매공고일 전일까지 각 유찰 회차의 공매조건으로 수의계약할 수 있음

   ④ 계약체결 미이행 또는 계약후 잔금 미납으로 계약이 해제될 경우 낙찰회차 차순위 응찰가격 이상으로 별도 공고 없이 수의계약할 수 있으며 수의계약체결 후 30일 이내로 잔대금 납부기일을 지정할 수 있음

6. 입찰참가시 입찰보증금 – 공매예정가격의 5%이상 (유찰자의 입찰보증금은 이자없이 반환함)

   • 필자의 조언 – 신탁회사에 따라 입찰보증금을 5%가 아닌, 앞의 (가) 공고문과 같이 10%로 할 수도 있는데, 10%로 정해서 공매를 진행하는 사례가 더 많다.

7. 계약체결기간

　　낙찰일로부터 5영업일이내에 매매계약을 체결[계약체결시 매매대금의 10%이상 납부(입찰보증금 포함)]하여야 하며, 낙찰자가 기한 내 매매계약을 체결하지 않을 경우 낙찰은 무효로하고 입찰보증금은 신탁재산으로 귀속됨

8. 대금납부기간 및 방법 – 대금납부기간은 계약체결일로부터 30일 이내 납부

　　① 공매예정가격이상 최고가 응찰자에게 낙찰

9. 입찰 신청서류

　　① 입찰참가신청서(당사소정양식) 1부, ② 인감증명서(법인은 사용인감계 포함) 1부 및 인감도장, ③ 주민등록등본(개인) 또는 법인등기부등본(법인) 1부, ④ 위임장(대리인에 한함) 1부, ⑤ 법인의 경우 정관 1부, ⑥ 입찰보증금 납부영수증(공매예정가격에 대한 5%이상의 금액을 접수시한 마감시까지 당사계좌로 예치)(농협 : 계좌번호 : 347-0001-9244-51, 예금주 : (주)한국토지신)

10. 기타 유의사항 – 이 내용은 필자가 간단하게 요약정리한 내용이다.

　　① 입찰에 응할 시는 공매공고 및 입찰유의서, 계약조건 등 필요한 사항을 사전숙지 후 응찰하여야 하며 이를 이해하지 못한 책임은 응찰자에 있다.

　　② 매매목적물의 공부 및 지적부상 하자나 행정상의 규제 또는 수량의 상이 등에 대하여는 당사는 책임을 지지 않는다.

　　③ 매수이전과 관련하여 발생하는 소유권이전등기비용 등 모든 비용과 책임은 매수인이 부담하며 매도인은 책임지지 않는 조건이다.

　　④ 매수인은 잔금납부일 기준으로 하여 매매목적물의 현상 그대로 인수하며, 이해관계인들(유치권자, 임차권자 및 압류권자 등)의 정리는 매수인 부담으로 하며 매도인은 책임지지 않는 조건임.

　　⑤ 본 매매목적물들에 대한 정확한 현황조사 및 각종 권리제한사항(압류, 가압류 등)은 매수인이 부담하고 이에 대해 매도인에게 일체의 이의를 제기하지 않는 조건이다.

　　⑥ 기타 매매목적물에 임차인 및 무단 점유자 등이 있을 경우 그들에 대한 현황조사 및 임차보증금반환, 임차인 및 무단 점유자등의 명도 등의 문제는 매수인의 책임과 비용으로 처리하며 이에 대해 매도인에게 일체의 이의를 제기하지 않는 조건이다.

　　⑦ 매수인은 매매계약서 검인 및 실거래가격신고를 거쳐 소유권이전등기를 경료하여야 하며, 위탁자의 체납 조세로 인하여 매매계약서 검인이나 등기접수가 거부되는 경우 매수인의 책임과 비용부담으로 해결하여야 한다.

⑧ 본 매매목적물에 대하여 가압류 및 압류등기 등이 존재하거나 향후 발생될 가능성이 있는 바, 이에 대한 말소책임은 매수인이 부담하며, 매도인에 대해서는 소송제기 등 일체의 이의를 제기하지 않는 조건이다.
⑨ 일부 부동산에 대한 가압류 및 압류등기 등에 의하여 향후 매수인이 소유권을 상실하게 되더라도 매수인이 납부한 매매대금 및 이에 대한 이자금은 반환되지 않으며, 이와 관련하여 매수인은 매도인에 대하여 소송제기 등 일체의 이의를 제기하지 않는 조건이다.
11. 기타 자세한 내용상담 – 사업관리본부 사업관리2팀(02-3451-1019)으로 문의

한국토지신탁 (주)

(3) 감정평가에 따른 최초 매각예정가격 결정

신탁기관 등은 감정평가기관의 평가액을 최초 매각예정가격으로 정하여 매각하는 것이 대부분이나 신탁기관 등에 따라 다르게 평가할 수도 있다. 이러한 감정평가서는 온비드 화면의 입찰대상물건 정보에 첨부하여 공개하는 경우가 대부분이나 신탁기관에 따라서 자체적으로 보관하고 열람을 원하는 입찰대상자가 있으면 직접 방문하거나 이메일 등으로 제공하기도 한다. 이러한 내용은 공매담당자와 상의해서 확인하면 된다. 본사에서 자체적으로 공매를 진행하는 현장공매 역시 같은 방법으로 확인하면 된다.

(4) 신탁기관 등의 공매에서 입찰하는 방법

(가) 신탁기관 등의 온비드공매에서 입찰하는 방법

① 입찰에 참여하려면 온비드에 회원가입과 실명확인을 위한 공인인증기관의 공인인증서를 등록해야 한다. 그다음 온비드화면에서 로그인하고 입찰대상 공매물건을 찾아서 입찰하는 과정에서 공인인증서로 실명을 확인하고 입찰서를 제출하면 된다.

② 대리인이 입찰자를 대리하여 입찰에 참여하거나 공동명의로 인터넷입찰에 참가하고자 하는 경우에는 인터넷 입찰기간 마감시간 전까지 공동입찰신청서 또는 대리입찰신청서를 공사에 제출해야 하고, 대표입찰자 또는 대리인 명의로 인터넷입찰에 참가해야 한다. 그러나 신탁재산 등의 공매절차에서는 대리인이 입찰하거나 공동입

찰 등에 대해서 제한을 주고 매각절차를 진행하는 기관도 많다. 이러한 내용은 공매 공고문을 통해서 확인하면 된다.

③ 입찰보증금은 입찰금액의 10% 이상을 인터넷입찰 마감시간 전까지 온비드 지정 예금계좌에 입금해야 유효하다(이렇게 입찰보증금은 10%로 정하는 것이 일반적이지만, 신탁기관 등에 따라서 공고문에서 입찰할 때 보증금을 5%와 계약할 때 5%를 추가 납부하는 조건으로 매각하기도 한다. 이 내용은 공매공고문을 통해서 확인하면 된다.).

④ 온비드에서 입찰절차를 진행하는 인터넷 공매는 기간입찰로 일정한 시간 또는 기간 이내에 입찰해야 한다. 입찰자 중에서 최고가로 입찰한 사람을 낙찰자로 선정한다. 그래서 공고문 3. 안내사항에서 인터넷 전자입찰의 경우 개찰이 익영업일 이후에 가능하기 때문에 1일 2차수 공매진행시 전차에서 낙찰자가 있더라도 다음 차수 공매가 자동으로 진행된다. 공매실시 후 익영업일 개찰 결과, 전차에서 낙찰자가 결정되는 경우 다음 차수 응찰자는 응찰이 자동으로 취소된다. 이 경우 입찰보증금은 입찰서 제출시 지정한 환불예금계좌로 개찰일 익일에 이자없이 환불된다. 라는 규정을 두고 있는 것이다.

⑤ 최고가매수신고인의 입찰보증금은 집행기관의 계좌에 이체되고, 낙찰 받지 못한 사람(=유찰자)들은 온비드 인터넷공매에서 입찰서를 작성할 때 기재했던 환급계좌로 이체된다.

⑥ 매각방법으로는 1일 2회 이상으로 2~3시간 시차를 두고 매각하는 방법과 1일 1회(하루한번씩 신행하는 방법), 또는 2일에 한번씩, 주 1회에 한번씩, 월 1회에 한 번씩 매각하는 방법 등이 있다. 그리고 유찰된 경우 유찰당시의 최저입찰가격으로 수의계약을 할 수 있다. 이러한 내용 등은 다음에 기술한 공매 공고문 등에 기재되어 있다.

⑦ 온비드화면에서 입찰하는 방법은 Chapter 3에서 05. 입찰할 공매물건에서 입찰서 제출과 입찰보증금 납부(119쪽)과 다음 Chapter 15와 Chapter 16에서도 기술되어 있으니 참고하면 된다.

(나) 신탁기관 등의 현장공매에서 입찰하는 방법

① 집행기관 본사회의실에서 입찰절차를 진행하는 현장공매는 정해진 입찰시간에

공매매각을 실시한다는 선언을 한 다음 매각물건의 공고문과 별도매각조건 등을 입찰자 등에게 주지 시키고 입찰절차를 진행한다. 그리고 입찰자 중에서 최고가로 입찰한 사람을 낙찰자로 선정한다.

② 최고가매수신고인의 입찰보증금은 집행기관의 계좌에 이체되고, 낙찰받지 못한 사람(=유찰자)들은 온비드 인터넷공매는 환급계좌로, 현장공매는 입찰장에서 보증금을 돌려 받는다.

③ 매각방법으로는 1일 2회 이상으로 2~3시간 시차를 두고 매각하는 방법과 1일 1회(하루한번씩 진행하는 방법), 또는 2일에 한번씩, 주 1회에 한번씩, 월 1회에 한 번씩 매각하는 방법 등이 있다. 그리고 유찰된 경우 유찰당시의 최저입찰가격으로 수의계약을 할 수 있다. 이러한 내용 등은 다음에 기술한 공매 공고문 등에 기재되어 있다.

(5) 유찰계약(수의계약)

① 2회에 거쳐 유효한 입찰이 성립되지 않은 경우(신탁기관에 따라 차이가 있다).

② 종전 최저매각금액이상으로 다음 공매공고 전까지 매수신청을 수의계약으로 체결하는 절차이다.

③ 수의계약절차 – 수의계약체결요청서 제출 및 입찰보증금납부 후 수의계약 체결

◆ 낙찰자 결정과 계약체결 방법

(1) 낙찰자 결정 방법

최저매각예정가격이상으로 입찰한 사람 중에서 최고가로 매수신청한 사람을 낙찰자로 결정한다. 다만 최고가매수신고인이 2인 이상 동가인 때에는 온비드에 의한 무작위 추첨으로 낙찰자를 결정하게 된다. 입찰결과는 한국자산관리공사 전자자산처분시스템 온비드에서 확인할 수 있으며 낙찰·유찰결과여부 확인은 입찰자 본인의 책임사항이다. 현장입찰의 경우에는 최고가매수신고인이 2인 이상 동가인 때에는 재입찰 방식 등으로 결정하게 된다.

(2) 계약체결 방법과 계약보증금 처리

① 계약체결기간은 낙찰일로부터 5일 이내에 신분증과 주민등록등본 1통을 지참하여 매매계약을 체결하여야 한다. 이에 응하지 않을 경우에는 낙찰은 무효로 하고 입찰보증금은 매도자(신탁기관)에게 귀속된다.

② 계약보증금은 입찰할 때 납부한 보증금을 계약금으로 한다. 다만 입찰보증금이 10% 미만인 경우에는 계약할 때 추가로 납부해야 한다.

③ 계약체결 장소는 신탁기관 등의 본사 사무실에서 공매담당자와 계약을 체결하면 된다.

◆ 부동산 실거래신고와 대금납부 후 소유권이전 방법

(1) 계약체결 후에 부동산 실거래신고

매수자는 공인중개사의 업무 및 부동산거래신고에 관한 법률 제27조에 의거 계약체결일로부터 60일 이내에 부동산의 소재지를 관할하는 기초자치단체의 장에게 부동산거래내용을 신고하고 그 신고필증사본을 공사에 제출해야 한다.

알아두면 좋은 내용

부동산 실거래신고대상이 아닌 사례(국토해양부고시 2009-719호)

① 법원경매로 취득하는 경우, ② 체납압류부동산을 공매로 취득하는 경우이다. 그러나 압류재산매각 이외에 국유재산이나 수탁재산 또는 다른 재산 등을 자산관리공사에 위탁하여 온비드사이트를 통해 매각하는 경우와 이용기관 등의 재산 공매절차에서 낙찰 받은 경우는 계약 체결일로부터 60일 이내에 실거래 신고해야 된다. 이밖에 신탁회사 또는 기타 공기관 등의 공매로 취득하는 경우도 마찬가지이다.

---

(2) 매각대금 납부와 소유권이전등기, 그리고 명도책임은?

① 매각대금은 계약체결일로부터 30일 이내 매각대금을 납부해야 한다.

② 소유권이전은 매각대금 완납 후 매수자의 신청에 의거 소유권이전 서류를 교부

하되, 소유권이전에 따른 일체의 비용은 낙찰자가 부담하며 낙찰자 이외의 자에게 소유권이전은 불가하다.

③ 소유권이전등기를 하는 방법은 Chapter 3의 07. 공매종류별로 매수대금 납부와 소유권이전등기 방법(137쪽)을 참고하면 된다.

④ 명도는 공고문이나 입찰대상 물건정보 란에는 매수자 책임으로 되어 있는 경우가 대부분이어서 유의해야 한다. 그래서 다음장에서와 같이 공매대상물건에 누가 거주하고 있나를 확인하고 입찰에 참여해야 한다.

05 신탁재산 등의 공매에서 권리분석 방법은?

◆ 신탁재산 공매에서 입찰할 때 유의할 내용은?

(1) 압류재산 공매 등은 말소기준권리를 기준으로 소멸주의를 택하고 있다

매각절차가 국세징수법으로 진행되는 압류재산 공매와 민사집행법으로 진행되는 법원경매는 매각결정 방식으로 소멸주의를 택하고 있다. 그래서 말소기준권리를 기준으로 선순위는 매수인의 부담으로 남고, 후순위의 권리 등은 소멸한다. 그러나 이 두 매각절차를 제외하고는 계약체결방식을 택하고 있어서 소멸주의가 아닌 인수주의를 택하고 있다. 그래서 국유재산, 수탁재산, 유입자산, 이용기관재산 등의 공매와 신탁재산 등의 공매는 인수주의를 택하고 있다.

(2) 신탁재산 공매 등에서 인수주의란 어떤 의미일까?

여러분이 부동산 중개업소에서 부동산을 살 때 매수대상 아파트에 거주하는 임차인과 등기부에 등기된 채권이 있다면 매매계약서를 작성할 때 어떻게 하겠는가?

첫 번째, 별도 특약으로 매수인이 인수하기로 하고 매매대금에서 그만큼 공제하고 잔금을 지급하기로 한다는 내용을 계약서 특약사항란에 명기하고 계약을 그대로 이행할 수 있다. 두 번째, 별도 특약으로 매수인이 잔금을 지급하기 전에 말소하는 조건 또는 매매대금으로 상환하고 말소하기로 한다는 내용을 계약서 특약사항란에 명기하고 계약을 그대로 이행할 수 있다. 이러한 내용이 신탁재산 공매에서 인수주의라 이해하면 된다.

(3) 신탁재산 공매에서 매수인의 부담으로 남는가, 아닌가가 성공을 좌우한다

대부분은 신탁등기 전 선순위 채권자 등을 소멸시키고 신탁등기하고 우선수익자 등이 위탁자에게 대출하므로 매수인 부담으로 매각하는 사례는 그리 많지 않다.

그러나 간혹 소멸하지 아니하고 신탁등기 전의 임차인이나 채권자 등이 존재하는 경우도 신탁등기를 하는 경우가 있어서 유의해야 한다. 이렇게 신탁등기 이전에 대항요건을 갖춘 임차인과 등기된 선순위 채권자 등이 있으면 신탁재산 공매에서는 매수인(=낙찰자) 인수조건으로 매각하는 경우가 대부분이다. 그리고 신탁등기 이후에 신탁회사(수탁자)가 임대인으로 계약한 임차인도 낙찰자 승계조건으로 매각하기도 한다. 이렇게 인수조건으로 매각하게 된다면 공매기관에서는 매각금액에서 그 부분(임차보증금 인수금액)만큼 감액하고 매각하기도 하고, 그러한 조건 없이 매수인 인수조건으로 매각하기도 하니 매각조건을 자세하게 확인해야 한다.

<u>신탁재산 공매에서 권리분석은</u> 첫 번째로 앞에서와 같은 매각조건은 공고문과 공매담당자를 통해서 확인해야 한다. 두 번째로 등기사항증명서와 주택에서 수탁사에 대항할 수 있는 권리가 있는 데도 불구하고 모든 책임을 매수인 부담으로 매각했다면 그 모든 책임은 매수인의 부담으로 남는다. 이러한 손해를 예방하려면 권리분석할 때 수탁사에 대항할 수 있는 권리가 있는 가를 분석해야 한다. 물론 그러한 권리가 있더라도 매각대금에서 지급하고 말소하는 매각조건으로 공매를 진행했다면 인수하지 않아도 된다.

(4) 신탁공매에서 말소기준과 유사한 권리가 있다?

신탁재산 공매에서는 압류재산 공매와 같이 말소기준권리는 없지만 신탁등기 이후의 권리는 등기된 권리이든, 부동산을 점유하고 있는 권리이든 특별한 사정(수탁사와 계약 또는 수탁사와 우선수익자의 동의를 얻어 위탁자가 계약한 경우 등)이 없는 한 수탁사에 대항할 수 없으므로 신탁공매 절차에서 말소 또는 명도대상이다. 이러한 내용은 신탁원부와 법률 그리고 대법원 판례를 통해서 확인할 수 있도록 다음에 기술해 놓았으니 참고하면 된다.

◆ 신탁재산 등의 공매에서 권리분석은 어떻게 하면 되나?

(1) 권리분석이란?

권리분석은 신탁공매로 낙찰을 받았을 경우에 내가 입찰서에 기재한 매수희망가격 이외에 추가로 인수하게 되는 권리나 금액 등이 있는 가 등을 분석하는 것이다. 그래서 인수할 권리 등이 없다면 매수희망가가 취득가가 되지만, 있다면 그만큼 부담을 안고 사게 된다는 사실을 이해하고 매수희망가를 정해야 한다. 신탁재산 등의 공매에서 권리분석은 공적장부를 통해서 확인하는 방법과 수탁사의 공매담당자, 그리고 우선수익자(대출금융기관)를 통해서 확인하는 방법이 있다.

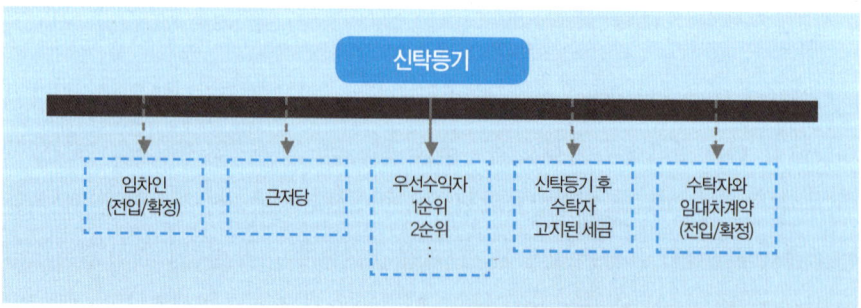

(2) 공적장부를 통해서 권리를 분석하는 방법

① 등기사항증명서와 신탁원부 확인

등기소에서 등기사항증명서를 발급받을 때 신탁원부를 포함해서 발급 받아 첫 번째로 수탁사로 등기된 신탁등기일과 그 이전에 소유자(위탁자)를 확인한다. 그리고 신탁원부에서 대출을 실행한 금융기관(우선수익자) 등의 채권금액과 이자 등을 확인한다.

부동산등기법 제124조에 의하면 신탁원부는 등기부의 일부로 보고 그 기재는 등기로 본다고 규정하고 있으며 동법 제21조에 의하면 누구든지 수수료를 내고 등기부(=등기사항증명서와 신탁원부)를 열람 또는 그 등본이나 초본의 발급을 청구할 수 있다고 규정되어 있다.

② 주민센터 등에서 전입세대열람과 신탁등기일을 기준으로 대항력 유무 판단

전입세대열람 등을 통해서 공매대상주택에 거주하는 세대원을 확인한다. ⇨ 전입세대원이 위탁자 본인이거나 그 가족구성원이라면 신탁사에 대항할 수 없다. 그러나 제3자가 대항요건을 갖추고 있다면 대항력이 있을 수 있다. 신탁등기일을 기준으로 신탁등기 이전에 대항요건을 갖춘 임차인은 대항력이 있어서 매수자가 인수해야 한다. 이후에 갖추고 있으면 대항력이 없어서 명도대상이다.

③ 신탁등기 이후에 수탁사 등과 계약한 임차인은 어떻게 분석해야 하나?

신탁등기일 이후에 대항요건을 갖추고 있더라도 수탁사 등과 임대차계약을 했다면 대항력이 있다. 이러한 경우에는 두 가지로 나누어 볼 수 있다. 수탁사가 임대인이 되면서 임대차보증금을 수탁사 법인계좌에 보관하는 방법, 또는 1순위 우선수익자의 채권을 상환하는 방법이다.

첫 번째 방법은 신탁기관이 보관하고 있는 신닥재산인 임대차보증금으로 반환히게 되므로 신탁재산 공매와 무관하다. 이러한 경우는 임차인이 대항력을 주장할 것인지(매수인 인수조건으로 매각), 계약을 해지하고 보증금을 반환받고 이사 나갈 것인지의 문제만 남는다. 그러나 두 번째의 상황이라면 임차인은 주택임대차보호법상 대항력이 있어서 대항력으로 계속 거주하는 방법을 택할 수도 있고, 대항력을 스스로 포기하고 배당요구해서 배당에 참여가 가능하다(이러한 법적 근거는 임대차기간 중에도 소유자가 변경되면 임차인은 계약해지권을 가지고 있기 때문이다). 공매절차에서 배당요구해서 미배당금이 발생하면 수탁자의 책임으로 남게 된다. 이렇게 대항력을 주장하느냐 우선변제권을 주장하느냐에 따라서 매각대금에서 배당하고 말소할 것인지 또는 매수인 부담으로 매각할 것인지를 매각조건으로 정해서 공매를 진행하게 되므로 공매 공고문과 공매담당자를 통해서 매각조건을 정확하게 판단하고 입찰에 참여해야 한다.

④ 건축물대장과 건물 현황도 및 평면도를 확인해라!

이러한 서류는 민원24와 주민센터 등에서 발급받아 확인할 수 있다. 이렇게 분석하는 것은 신탁공매에서 감정평가서를 확인할 수 없는 경우가 많고, 확인이 가능하더라도 약식감정서로 인해서 자세하게 확인할 수 없는 경우가 많다. 그리고 불법건축물 등으로 인해서 이행강제금 등의 부과가 따를 수도 있기 때문이다.

(3) 수탁사의 공매담당자, 그리고 우선수익자를 통해서 확인하는 방법

앞에서와 같은 방법으로 확인할 수 없을 때에는 수탁사의 공매담당자와 우선수익자(대출금융기관 등)를 통해서 확인해서 권리를 분석하면 된다. 특히 우선수익자는 대출심사단계에서 전입세대 열람 등을 통해서 대항력 유무를 판단하고 대출을 실행하게 되므로 공매대상 부동산에 대해서 자세한 내용을 알고 있다. 우선수익자의 전화번호는 수탁사에 문의해서 확인하면 된다.

◆ 신탁재산 공매 매각대금에서 배당 우선순위 결정 방법

신탁재산이라 함은 ① 수탁자가 신탁목적에 따라 관리·처분하는 재산, ② 재산권으로서 신탁부동산과 수탁자가 임대인으로서 취득·보관하는 임대차보증금, ③ 신탁부동산의 매각대금 및 매각절차와 관련하여 발생되는 위약금, 신탁재산에 속하는 금전의 운용에 의하여 발생한 이익 그 밖에 이에 준하는 것으로 한다.

(1) 0순위

신탁부동산 보전·관리 및 공매절차에 따른 비용

① 부동산의 보전·관리 및 공매절차에 따른 비용

② 신탁재산에 관한 조세·공과금, 신탁보수, 신탁부동산의 유지관리비, 금융비용, 그 밖의 신탁사무의 처리에 필요한 제비용(이 금액에는 처분잔대금 수납 약정일까지 신

탁등기 이후에 수탁자 명의로 고지된 재산세 등 당해서 포함된다)(신탁원부 15조 1항)

③ 위탁자가 수탁자에게 지급해야할 신탁보수(신탁원부 제27조 1항)

> **알아두면 좋은 내용**
>
> **지방세법 제119조의2**(신탁재산에 대한 특례)
>
> 신탁법에 따라 수탁자 명의로 등기된 신탁재산에 대한 재산세가 체납된 경우에는 재산세가 체납된 해당 재산에 대해서만 압류할 수 있다(2014.1.1. 개정). 그러나 위탁자에 대한 조세채권을 가지고 수탁자 소유의 신탁재산을 압류하거나 그 신탁재산에 대한 집행법원의 경매절차에서 배당을 받을 수 없다(대법원 2010다67593 판결)

(2) 1순위

신탁등기 이전에 대항요건을 갖춘 임차인의 소액보증금 중 일정액(주임법 제8조, 상임법 제14조)

주택임차인이 임대인과 임대차계약하고 대항력을 갖춘 다음 임대인이 임차주택을 신탁법에 따라 신탁한 경우 수탁자는 임대인의 지위를 승계한다(대법 2000다70460).

그러나 다음과 같은 사례는 최우선변제권을 갖지 못한다.

① 신탁등기 후에 수탁자 동의 없이 임대차계약을 체결한 임차인

② 신탁등기 전에 발생한 임금채권이고 최우선변제금에 해당하더라도 신탁등기 선에 가압류 등의 보전처분을 하지 않았다면 배당에 참여할 수 없다. 왜냐하면 신탁재산은 근로기준법 제38조 제2항에서 정의하고 있는 사용자의 총재산에 해당하지 않기 때문이다.

(3) 2순위

신탁등기 전에 설정된 근저당권, 담보가등기, 전세권, 임대차보증금(주임법 제3조의2, 상임법 제5조), 등기된 임차권 등

– 이들 간의 우선순위는 등기된 채권은 등기일을, 미등기전세는 확정일자 효력발

생일을 기준으로 우선순위를 정하게 된다.

(4) 3순위

수탁자에 대항력을 갖춘 임차인의 임대차보증금반환채권 중 1~2순위가 아닌 것

신탁등기 이후의 임대차계약에서 위탁자의 요청으로 우선수익자의 동의를 거쳐 신탁회사(수탁사)를 임대인으로 계약한 경우에는 수탁사가 반환의무가 있다. 이러한 경우에도 수탁사가 임대차보증금을 법인계좌에 보관하는 경우에는 보관된 신탁재산에서 지급하게 되니 공매로 매각된 재산에서 배당하는 것과는 조금 다르다. 그렇지만 신탁원부 약정에 따라 우선수익자의 동의를 거쳐 임대차보증금을 1순위 우선수익자의 채권을 상환한 경우라면 임차인은 이 순서에 따라 공매배당금에서 배당에 참여해야 한다. 그러나 실무에서는 이러한 상황이 발생하지 않고 임대차보증금으로 우선수익자의 채권을 상환하고 부동산 담보신탁관계를 종료하고 있다.

(5) 4순위

우선수익자의 채권 – 우선수익자(대출금융기관) 상호간의 우선순위는 부동산 담보신탁계약서 원부에서 정한 우선순위에 따른다. 이러한 내용은 부동산 담보신탁계약서 원부를 법원등기과 또는 등기소에서 발급받아 확인하면 된다.

〈부동산 담보신탁계약서 원부를 확인해라!〉
다음에 첨부한 부동산 담보신탁계약서 원부와 별지를 확인하면
① 신탁원본 및 신탁수익의 1순위 우선수익자
② 신탁원본 및 신탁수익의 2순위 우선수익자.
③ 신탁원본 및 신탁수익의 3순위 우선수익자… 순으로 우선순위가 기재되어 있는 것을 확인할 수 있다.

(6) 6순위

배당잔여금이 있는 경우 위탁자 등에게 교부한다.

알아두면 좋은 내용

수탁자가 신탁부동산을 환가하여 정산하는 경우의 충당순서(신탁원부 제21조)

① 신탁부동산의 처분대금의 정산은 다음 각호의 순서에 의한다.
　1. 부동산의 보전·관리 및 공매절차에 따른 비용
　2. 제15조 제1항의 제비용 및 제27조에 의한 신탁보수
　3. 신탁등기 전 소액임대차보증금(주임법 제8조, 상임법 제14조) 중 일정액
　4. 신탁등기 전에 설정된 근저당권, 담보가등기, 전세권, 임대차보증금(주임법 제3조의2, 상임법 제5조), 등기된 임차권 등 – 이들 간의 우선순위는 민법 등의 규정에 따른다.
　5. 수탁자에게 반환의무가 있는 임대차보증금 중 2호와 3호에 해당하지 않는 것(즉 수탁자에 대항력을 갖춘 임차인의 임대차보증금반환채권을 말한다).
　6. 우선수익자의 채권(지연손해금, 이자, 원금의 순서로 충당)
　7. 순차 배당하고 잔여액이 있으면 수익자에게 지급(수익자가 없으면 위탁자에게 지급)

② 신탁부동산 매각과 관련하여 수탁자가 받은 계약보증금(계약해제 시 위약금 포함), 중도금, 잔금 등은 이해관계인에게 지급할 때까지 수탁자가 관리하며 그 운용수익금은 제항의 정산대금에 산입한다.

③ 처분대금 등의 정산 시기는 수탁자가 처분대금을 전부 수납한 이후로 한다.

④ 제1항 7호의 금액은 위탁자 또는 수익자가 매수인에게 신탁부동산을 명도한 후에 양수인의 인수확인서를 수탁자에게 제시하였을 때 지급한다.

⑤ 신탁법 제21조 제1항 단서에서 규정한 신탁부동산이 처분되어 수탁자가 그 처분대금 중 일부를 수령하였을 경우 제1항의 규정에 의하여 정산한다.

◇ 신탁등기 된 주택 등에서 임대차계약서 작성 방법과 유의사항

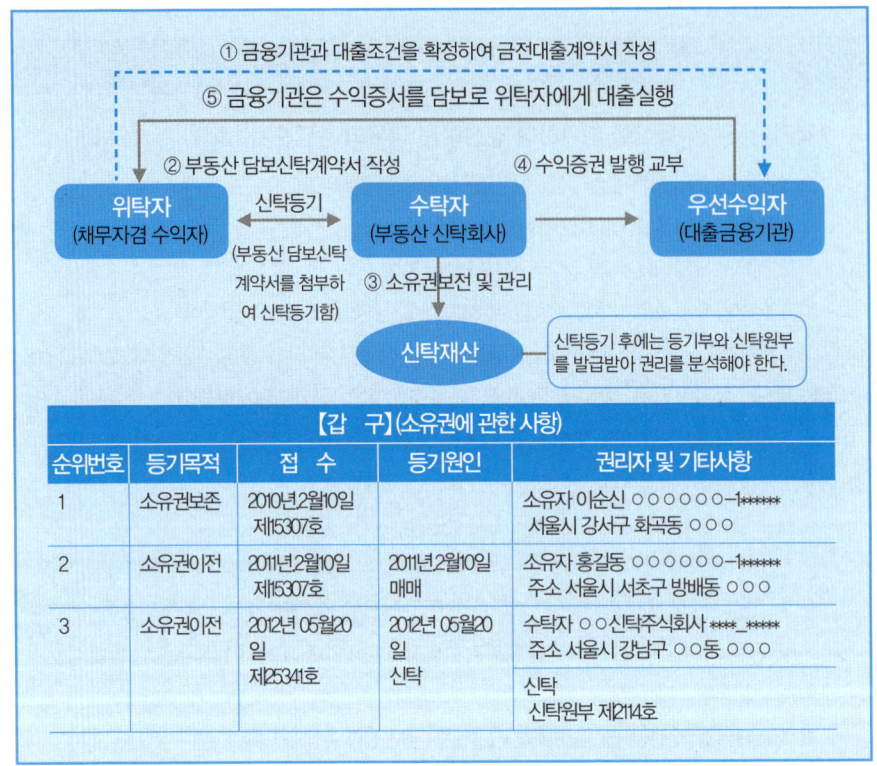

신탁등기된 주택이나 상가 또는 토지는 위탁자에게 소유권이 있다. 다만 신탁회사는 위탁자와 신탁계약을 통해 부동산을 수탁받아 일정기간 동안 채권자(우선수익자)를 위하여 수탁부동산의 담보가치가 유지·보전되도록 관리하다가 위탁자가 채무를 상환하면 수탁부동산을 위탁자에게 환원하게 되는 것이므로, 주택이나 상가에서 위탁자 또는 수탁자 누구와 계약을 체결하여도 적법해서 주임법 및 상임법의 보호를 받을 수 있다는 것이 대법원의 판례이다. 문제는 위탁자와 수탁자 간의 작성한 신탁계약서 원부에 수탁자와 우선수익자의 동의를 거쳐서 작성하기로 약정하고 동의를 거치지 아니한 것에 대해서 수탁자와 우선수익자에게 대항할 수 없도록 신탁원부와 법원 판결내용 등이 있다.

> ### 알아두면 좋은 내용
>
> <u>부동산 담보신탁계약서 원부 제11조 제2항</u> "신탁기간 중에 체결되는 새로운 임대차계약은 수탁자 명의로 하되, 수익자 및 우선수익자의 동의가 있는 경우에는 임대인을 위탁자 명의로 할 수 있다. 단, 수탁자의 명의로 체결된 것이 아니거나, 우선수익자의 동의 없이 위탁자가 임의로 체결한 임대차계약은 수탁자에게 그 효력을 주장할 수 없다."고 규정하고 있기 때문이다(한국자산신탁 (주)의 담보신탁계약서 원부 중 일부). 이렇게 대부분의 신탁기관 등이 이러한 문구를 신탁원부에서 규정하고 있다.

① <u>수원지방법원 2009. 12. 22. 선고 2009가단18799 손해배상사건</u>(2심 : 서울고등법원 2010. 7. 14.선고 2010나8039호)도 <u>신탁회사 동의 없이 위탁자와 임의로 임대차계약을 하고 그 임차보증금을 다른 곳에 유용하고, 케이비신탁에게 지급하지 않은 상태에서 2007. 4.경 부도가 났고, 케이비신탁은 원고의 임차권을 인정할 수 없다</u>면서 원고에게 이 사건 아파트에서 퇴거를 통보하였고, 아파트에서 명도 당하게 된 임차인(원고)이 공동중개인들에게 손해배상책임을 청구한 사건이다.

② 담보신탁계약이 체결되어 신탁회사 앞으로 건물이 신탁등기가 마쳐지면 신탁회사가 건물의 소유자이므로 의뢰인(위탁자)이 체결하는 임대차계약은 임대인의 소유가 아닌 부동산에 관한 것이고, 신탁회사의 사전승낙을 받지 아니하고 임의로 체결한 임대차계약은 소유자인 신탁회사에게 효력을 주장할 수 없다는 사실을 성실·정확하게 실명할 의무가 있고, 만일 중개업자가 고의나 과실로 이러한 의무를 위반하여 임차의뢰인에게 재산상의 손해를 발생하게 한 때에는 공인중개사법 제30조에 의하여 이를 배상할 책임이 있다고 한 사례(인천지방법원 2016. 5. 10. 선고 2015가단206774 판결).

③ 신탁원부에 기재된 신탁조항에 위배된 임대차/분양계약을 무효로 본 사례

신탁계약의 <u>신탁조항 및 특약사항들은 피고들이 이 사건 각 계약을 체결할 당시 이미 이 사건 각 아파트에 관한 등기부에 첨부되어 있는 신탁원부에 기재되었으므로, 원고는 위 신탁조항 및 특약사항으로 피고들에게 대항할 수 있다</u> 할 것인데, 이 사건 신탁계약의 특약사항 제6조 제2항에 따른 공동1순위 우선수익자의 동의가 있었다는

점을 인정할 증거가 없으므로, 피고들은 이 사건 각 계약이 가진 임대차계약으로서의 효력으로 원고에게 대항할 수 없다고 판단하였다(대법원 2013. 12. 12.선고 2012다109682 건물명도 등 판결)

이러한 내용 등을 종합해 보면 신탁등기 된 주택에 임대차계약을 체결할 경우에 수탁자의 동의를 얻지 못한 임대차로 임대차보호법상 대항력과 확정일자를 갖추었더라도 수탁자는 이를 인정하지 않을 것이고 임차인은 주임법상 대항력 없이 명도 당할 수밖에 없다. 그러므로 다음과 같은 절차로 진행하는 것이 임차인의 지위를 안전하게 지킬 수 있다.

㉮ 등기부를 확인해 보니 앞에서와 같이 신탁등기가 되어 있다면 등기소에서 신탁원부를 포함한 등기사항증명서를 발급 받아 수탁자와 우선수익자, 신탁재산의 관리(제10조) 및 임대차9제11조) 내용을 확인해야 한다. 신탁원부 제10조에서 정한 규정에 따라 위탁자를 임대인으로 하는 임대차계약서를 작성하는 경우에는 수탁자와 우선수익자의 동의를 얻어 계약서를 작성하면 주임법상 또는 상임법상 대항력과 우선변제권이 발생한다.

이때에도 임차보증금을 수탁자가 보관하게 되는지, 아니면 1순위 우선수익자의 대출금을 상환하게 되는 지 등과 계약기간 종료 시에 반환 방법 등을 꼼꼼히 확인해야 한다.

㉯ 위탁자의 요청으로 수탁자(신탁회사)를 임대인으로 해서 임대차계약서를 작성하는 경우에도 수탁자가 사전에 우선수익자(금융기관)의 동의를 얻어 임대차계약서를 작성하도록 신탁원부에서 규정하고 있다. 이러한 경우에도 임차보증금을 수탁자(신탁회사)의 법인계좌로 이체 받아 보관하는지, 아니면 1순위 우선수익자의 채권을 상환하였는지를 확인하고 수탁자의 법인계좌에 보관하는 조건이라면 안전하다. 어쨌든 수탁자를 임대인으로 하는 임대차라면 설령 1순위 우선수익자의 채권을 상환했더라도 신탁회사가 임대인이므로 임차인의 권리를 안전하게 지킬 수 있을 것이다.

> **알아두면 좋은 내용**
>
> 부동산 담보신탁계약서 원부 제10조 제2항 "위탁자 또는 수익자는 수탁자의 사전 승낙이 없는 경우에는 신탁부동산에 대하여 임대차 등 권리의 설정 또는 그 현상을 변경하는 등의 방법으로 신탁부동산을 훼손 또는 그 가치를 저감하는 행위를 하여서는 아니 된다."고 규정하고 있기 때문이다(한국자산신탁 (주)의 담보신탁계약서 원부 중 일부). 이렇게 대부분의 신탁기관 등이 이러한 문구를 신탁원부에서 규정하고 있다.

◆ 부동산 담보신탁계약서 원부

이 부동산 담보신탁계약서 원부는 한국자산신탁주식회사의 계약서를 발췌한 내용이다 필자가 여러 신탁기관 등의 부동산 담보신탁계약서를 확인 해보았는데 대부분이 이러한 문구로 신탁원부에서 구성하고 있었다.

부동산등기법 제124조에 의하면 신탁원부는 등기부의 일부로 보고 그 기재는 등기로 본다고 규정하고 있으며 동법 제21조에 의하면 누구든지 수수료를 내고 등기부(=등기사항증명서와 신탁원부)를 열람 또는 그 등본이나 초본의 발급을 청구할 수 있다고 규정되어 있다.

부동산 담보신탁계약서

제1조 (신탁목적) 이 신탁계약의 목적은 위탁자 또는 수익자(채무자가 따로 있는 경우에는 이를 포함한다.)가 우선수익자에 대하여 부담하는 채무 내지 책임을 담보하기 위하여 수탁자가 신탁부동산을 보전·관리하고, 위탁자 또는 수익자의 채무불이행시 신탁부동산을 처분하여 정산하는 데 있다.

제2조 (용어의 정의) 1. "위탁자"라 함은 신탁부동산의 소유자로서 수익자의 이익을 위하여 신탁을 설정한 자.
2. "수익자"라 함은 신탁계약에 따라 신탁이익을 향유하고, 신탁제비용을 부담하는 자를 말한다.
3. "우선수익자"는 수익한도금액 범위내에서 다른 수익자보다 우선해 신탁이익을 받을 수 있는 자를 말한다.
4. "수익권"이라 함은 신탁계약에 의하여 신탁이익을 향유할 수 있는 수익자의 기본적인 권리를 말한다.
5. "수익권증서"라 함은 수익자의 지위를 증명하기 위하여 수탁자가 발행하는 증서를 말한다.

6. "신탁이익"이라 함은 신탁재산의 운용으로 발생한 제수입에서 비용(지출)을 차감한 잔여신탁재산으로서, 신탁종료 시 수익자 및 우선수익자에게 귀속되는 이익을 말한다.

제3조 (신탁기간) – 생략함.

제4조 (신탁등기) ① 위탁자는 신탁계약을 체결한 후 지체 없이 수탁자에게 신탁부동산에 관하여 신탁을 원인으로 한 소유권이전등기 및 신탁등기절차를 이행하여야 한다. ②항은 생략함.

제5조 (신탁원본) – 생략함.

제6조 (신탁재산) – 신탁재산이라 함은 수탁자가 신탁목적에 따라 관리·처분하는 재산 또는 재산권으로서 신탁부동산과 수탁자가 임대인으로서 취득·보관하는 임대차보증금, 신탁부동산의 매각대금 및 매각절차와 관련하여 발생되는 위약금, 신탁재산에 속하는 금전의 운용에 의하여 발생한 이익 그 밖에 이에 준하는 것으로 한다.

제7조 (수익자와 우선수익자) – 생략함.

제8조 (수익권증서) ① 수탁자는 수익자의 요청이 있는 경우에는 신탁의 수익권을 증명하기 위하여 수익권증서를 수익자에게 교부할 수 있고, 수익권증서는 지분비율로 분할하여 작성할 수 있다.

② 수익권증서의 한도금액은 신탁부동산의 담보가격 내에서 발행하는 것을 원칙으로 한다. 다만, 우선수익자가 조사분석의 생략을 요청하는 경우에는 채무자와 우선수익자간의 담보설정 요청금액으로 발행할 수 있다.

③-④항은 생략함.

⑤ 우선수익자는 수익권증서를 수탁자의 사전 동의없이 타인에게 양도하거나 담보의 목적으로 할 수 없다.

제9조 (우선수익자의 수익권) ① 우선수익자가 갖는 수익권의 범위는 이 사업과 관련된 우선수익자와 채무자(별지 2)간의 여신거래약정, 공사도급계약 등으로부터 발생하여 증감·변동되는 위탁자 또는 수익자에 대한 우선수익자의 채권의 원금, 이자 및 지연손해금 등에 한 한다.

② 우선수익자는 수익권증서에 기재된 별지 2의 금액을 최고한도로 하여 수익자보다 먼저 신탁이익을 얻을 권리가 있다.

③ 우선수익자 상호간의 신탁이익의 지급은 그 순위에 의하며, 후순위 우선수익자는 선순위 우선수익자의 동의 없이는 신탁부동산의 매각을 요구할 수 없는 등 선순위 우선수익자의 권리를 침해할 수 없다.

④-⑤항 생략.

제10조 (신탁부동산의 관리) ① 위탁자 또는 수익자는 신탁부동산을 계속 점유사용하고, 신탁부동산에 대한 실질적인 보존 및 일체의 관리행위를 할 수 있으며, 이에 따른 일체의 비용을 부담한다.

② 위탁자 또는 수익자는 수탁자의 사전 승낙이 없는 경우에는 신탁부동산에 대하여 임대차 등 권리의 설정 또는 그 현상을 변경하는 등의 방법으로 신탁부동산을 훼손 또는 그 가치를 저감하는 행위를 하여서는 아니 된다.

③-④항 생략.

제11조 (임대차) ①항 생략.

② 신탁기간 중에 체결되는 새로운 임대차계약은 수탁자 명의로 하되, 수익자 및 우선수익자의 동의가 있는 경우에는 임대인을 위탁자 명의로 할 수 있다. 단, 수탁자의 명의로 체결된 것이 아니거나, 우선수익자의 동의 없이 위탁자가 임의로 체결한 임대차계약은 수탁자에게 그 효력을 주장할 수 없다.

③-④항 생략.

제12조 (보험계약) – 생략함

제13조 (사무관리 및 하자담보책임) ①-②항 생략.

제14조 (신탁재산에 속하는 금전의 운용) – 생략함

제15조 (신탁사무처리비용의 부담) – 생략함

제16조 (신탁계산) – 생략함

제17조 (신탁부동산 처분사유) ① 수탁자는 다음 각호의 1에 해당하는 경우에는 신탁기간 종료 전이라도 제1순위 우선수익자 또는 선순위 우선수익자의 동의를 얻은 후순위 우선수익자의 요청으로 신탁부동산을 처분할 수 있다.

1. 위탁자 또는 수익자가 우선수익자와 사이에 체결한 여신거래약정, 공사도급계약 등을 위반한 때
2. 위탁자 또는 수익자가 이 신탁계약을 위반한 때
3. 위탁자가 금융거래정지를 받거나 부도를 낸 때 또는 회생절차개시 내지 파산을 신청한 때와 이를 위한 보전처분을 신청한 때
4. 위탁자 명의로 부동산개발사업을 진행하는 것이 불가능하다고 판단되어 우선수익자가 요청하는 경우
5. 그 밖의 법률 규정의 개·폐 등 제도의 변경 또는 경제사정의 변화, 신탁부동산의 담보가치 하락 등으로 우선수익자가 채무자에 대하여 채권의 전부 만족을 얻는 것이 불가능하다고 판단할 때.

② 제1항의 경우 수탁자가 위탁자와 수익자의 신고된 주소로 처분예정 사실을 등기우편으로 통지하면, 이 통지가 통지일로부터 2영업일 후에 위탁자와 수익자에게 도달한 것으로 보며, 위탁자와 수익자는 신탁부동산의 처분예정사실을 사전에 인지하지 못한 이유 등으로 수탁자의 처분행위에 대하여 이의를 제기하지 않기로 한다.

제18조 (처분방법 등) ① 제17조의 규정에 의한 신탁부동산의 처분은 공개시장에서 경쟁을 통하여 처분하는 것을 원칙으로 하며, 제19조에서 규정한 예정가격 이상을 제시한 매수희망자 중 가장 높은 금액을 제시한자를 신탁부동산의 매수인으로 결정한다.

② 수탁자는 신탁부동산의 처분공고를 일간신문에 게재하거나 전자자산처분시스템(온비드(onbid))에 등록하는 방법으로 할 수 있다.

③ 제1항의 규정에 의하여 공개경쟁입찰이 유찰되었거나 또는 1순위 우선수익자 또는 선순위 우선수익자의 동의를 얻은 후순위 우선수익자의 요청이 있는 경우, 수탁자는 제1순위 우선수익자, 선순위 우선수익자의 동의를 얻은 후순위 우선수익자 또는 그들이 지정하는 자에게 제19조에서 규정한 예정가액(순차 체감된 예정가액을 포함)으로 신탁부동산의 소유권을 이전할 수 있다.

④ 신탁기간 중 분양권자(위탁자)가 신탁부동산을 분양하여 피분양자가 지정된 계좌로 분양대금을 완납한 경우, 수탁자는 신탁부동산 중 분양대상물건의 소유권을 직접 피분양자에게 이전할 수 있다.
⑤ 수탁자가 직접 피분양자에게 신탁부동산의 소유권을 이전할 경우 분양자(매도인)로서 부담하는 하자담보책임은 수익자가 부담하는 것으로 한다.

제19조 (예정가격) ① 수탁자는 신탁부동산의 처분예정가격을 수익권증서 상 수익한도금액 또는 분양대상물건의 최초분양가액으로 한다. 다만, 수익자 또는 우선수익자의 요청에 의하여 신탁부동산 가액에 관한 별도의 감정평가를 하는 경우 동 감정평가금액(2개 이상의 감정평가기관에 의하여 감정평가가 있을 경우 각 감정평가액의 평균액)을 예정가격으로 할 수 있다.
② 신탁부동산이 제1항의 규정에 의한 예정가격 또는 순차적으로 이루어지는 공매예정가격으로 매각되지 아니할 경우, 신탁부동산의 다음 공매 예정가격은 전차 공매 예정가액의 10% 해당액 범위 내에서 차감한 금액으로 한다.

제20조 (처분대금 납부기한) ① 신탁부동산 처분대금의 납부기한은 원칙적으로 매매계약을 체결한 날로부터 60일 이내로 한다. ② 수탁자는 3회 이상 공매를 하여도 신탁부동산이 처분되지 아니할 경우 우선수익자의 요청에 의하여 처분조건을 변경하거나 처분대금의 납부기한을 연장하여 분할 납부하게 할 수 있다.

제21조 (처분대금 등 정산방법) ① 신탁부동산의 처분대금의 정산은 다음 각호의 순서에 의한다.
 1. 부동산의 보전·관리 및 공매절차에 따른 비용
 2. 제15조 제1항의 제비용 및 제27조에 의한 신탁보수
 3. 신탁등기 전 소액임대차보증금(주임법 제8조, 상임법 제14조) 중 일정액
 4. 신탁등기 전에 설정된 근저당권, 담보가등기, 전세권, 임대차보증금(주임법 제3조의2, 상임법 제5조), 등기된 임차권 등 – 이들 간의 우선순위는 민법 등의 규정에 따른다.
 5. 수탁자에게 반환의무가 있는 임대차보증금 중 2호와 3호에 해당하지 않는 것(즉 수탁자에 대하여 대항력을 갖춘 임차인의 임대차보증금반환채권을 말한다).
 6. 우선수익자의 채권(지연손해금, 이자, 원금의 순서로 충당)
 7. 순차 배당하고 잔여액이 있으면 수익자에게 지급(수익자가 없으면 위탁자에게 지급)
② 신탁부동산 매각과 관련하여 수탁자가 받은 계약보증금(계약해제 시 위약금 포함), 중도금, 잔금 등은 이해관계인에게 지급할 때까지 수탁자가 관리하며 그 운용수익금은 제1항의 정산대금에 산입한다.
③ 처분대금 등의 정산 시기는 수탁자가 처분대금을 전부 수납한 이후로 한다.
④ 제1항 제7호의 금액은 위탁자 또는 수익자가 매수인에게 신탁부동산을 명도한 후에 양수인의 인수확인서를 수탁자에게 제시하였을 때 지급한다.
⑤ 신탁법 제21조 제1항 단서에서 규정한 사유로 신탁부동산이 처분되어 수탁자가 그 처분대금 중 일부를 수령하였을 경우 그 대금은 제1항의 규정에 의하여 정산한다.

제22조 (추가 담보신탁) – 생략함.
제23조 (인도의무) – 생략함.
제25조 (신탁종료) – 생략함.
제26조 (신탁종료시 신탁이익의 지급) – 생략함.

제27조 (신탁보수) ① 위탁자는 수탁자에게 별지 3에 의하여 정해진 방법 및 시기에 신탁보수를 지급하여야 한다.
  ②-⑤항은 생략함.
제28조 (통지사항) – 생략함.
제29조 (소송처리 등) – 생략함.
제30조 (비밀유지의무) – 생략함.
제31조 (진술과 보장) – 생략함.
제32조 (신탁계약의 특약 및 변경) ① 신탁계약에 규정하지 아니한 사항과 신탁계약의 내용과 달리 정하고자 하는 사항이 있는 경우에 특약을 할 수 있다.
  ② 수탁자는 신탁계약 체결 후 우선수익자, 수탁자와 합의하여 서면으로 신탁계약의 내용을 변경할 수 있다. 수익권 또는 우선수익권에 질권자가 있는 경우 수익자 또는 우선수익자는 신탁계약의 내용변경에 관하여 질권자의 동의서를 수탁자에게 제출하여야 한다.
제33조 (세무와 회계 등) – 생략함.
제34조 (관할법원) – 생략함.

이 신탁계약의 체결사실 및 그 내용을 증명하기 위하여 이 신탁계약서 ( )통을 작성하여 위탁자, 수탁자가 각 1통씩 보관한다.

년   월   일

위탁자
– 이하 주소, 이름 등은 생략함.
수탁자
– 이하 법인명, 주소, 대표이상 등은 생략함.

[별지에 기재되는 내용]
1. 별지 1 – 신탁보수료 산정 – 이 내용은 지면상 생략함
2. 별지 2 – ① 신탁원본 및 신탁수익의 1순위 우선수익자. ② 신탁원본 및 신탁수익의 2순위 우선수익자. ③ 신탁원본 및 신탁수익의 3순위 우선수익자 순으로 우선순위가 기재 되는데 이러한 신탁계약내용과 우선순위 등은 등기과 또는 등기소에서 신탁원부을 발급받아 확인할 수 있다.

[별지 2]
1. 신탁기간 : 신탁등기일로부터 신탁 종료일 까지
2. 수익자

신탁원본 및 신탁수익의 우선수익자		
1순위	법인명(성명)	○○○새마을금고
	법인(주민)등록번호	244144-******
	주소	서울특별시 강동구 ○○○로 ○○길 ○○, (둔촌동)

신탁원본 및 신탁수익의 수익자	
법인명(성명)	○○○
법인(주민)등록번호	590104-******
주소	서울특별시 서초구 사평대로 52길 ○○, (서초동)

3. 채무자
　법인명(성명) : ○○○
　법인(주민)등록번호 : 590104 - ******
　주　소 : 서울특별시 서초구 사평대로 52길 ○○, (서초동)
4. 수익증서발행금액 : 一金 299,000,000원整
5. 신탁원본가액 : 一金 330,000,000원整

　　　　　　　　　　이　하　여　백

06 기타 공기관 등의 현장공매

◆ 예금보험공사(공적자금운영)(www.kdic.or.kr)

(1) 금융기관 파산과 공적자금회수방법

　금융기관이 보험사고 발생 등으로 부실화될 경우 예금보험공사는 예금자보호를 위하여 출자예금대지급 등의 방식으로 자금을 지원하게 된다. 해당 금융기관은 3자 매각방식 등에 의해 회생하거나 청산절차 등을 거쳐 시장에서 퇴출하는 방식으로 정리된다. 이때 시장에서 퇴출되는 금융기관은 파산절차를 통해 잔여자산을 환가(현금화)하여 채권자들에게 분배(배당)한 후 소멸하게 된다. 예금보험공사가 부실한 금융기관에 예금대지급 등으로 지급한 금액은 원칙적으로 금융기관이 예금자에게 지급할 예금 등을 공사가 대신 지급한 것이므로 파산한 금융기관에 대하여 공사의 채권이 발생하게 되며 공사는 금융기관 파산시 동채권을 근거로 하여 파산절차에 참여하여 파산배당을 수령함으로써 공적자금을 회수하는 것이다.

(2) 파산배당절차

① 파산배당은 파산관재인이 파산재단에 속하는 자산을 환가하여 얻은 금전을 각 파산채권자의 채권순위 파산채권금액에 따라 평등한 비율로 분배하는 절차이다. 즉, 파산채권신고 등 절차를 통해 확정된 채권은 파산재단 자산환가절차를 통해 파산배당으로 채권자들에게 배분하게 된다.

② 파산배당절차를 진행시키기 위해서는 파산채권자의 채권신고가 있어야 하고, 신고된 채권에 대한 시부인 조사를 거쳐 확정된 파산채권에 대하여 파산관재인이 파산배당을 실시하게 된다.

③ 파산 이후 채권자는 개별적인 행사가 불가능하고 확정된 채권에 대하여 파산배당을 수령하게 되므로, 파산채권신고 및 배당절차에 참가하는 것은 파산절차상 어느 절차보다도 중요하다고 볼 수 있다.

◆ 정리금융공사(www.rfc.or.kr)

설립목적은 정리금융공사(RFC)는 예금자 등의 보호 및 금융제도의 안정성 유지를 위하여 예금자보호법 제36조의3 규정에 따라 '99. 12. 27. 설립된 정리금융기관으로서, 부실금융기관이 보유하고 있던 부실자산의 신속한 정리를 통해 공적자금 회수전담기구로서 역할을 수행목적으로 한다. 공매정보는 위 공사 사이트에서 확인할 수 있다.

◆ 나라신용정보(www.naracredit.com)

나라신용정보는 1999년 출범 예금보험공사의 부실채권관리 및 회수는 물론 일반

금융채권 및 상사채권의 추심과 신용조사 등을 담당하여 온 곳으로 주요사업으로는 채권의 추심, 신용조사, 민원서류의 대행과 부동산관리 등을 하고 있다. 공매정보는 위 공사 사이트에서 확인 할 수 있다.

◆ 농협자산관리공사(www.acamco.co.kr)

(1) 농협자산관리공사의 주요업무
① 조합, 중앙회의 부실자산매입 및 매각.
② 인수한 부실자산보전, 추심 및 임대차조사.
③ 부실자산보전, 추심 및 임대차조사 수임
④ 담보부동산 및 비업무용자산매입, 대여, 개발, 처분 및 공매
⑤ 부실조합의 자산관리, 매각 및 매매중개

(2) 공매대행업무
농협구조개선에 관한 법률 제30조 제6호에 근거하여 일선 지역농협 및 중앙회와 계열사가 보유하고 있는 업무용 및 비업무용자산에 대한 공매업무를 대행함으로써 농협자산매각을 효율적으로 지원하고 있으며 체계화된 매각시스템을 통해 현재 각 농협마다 산별적으로 이루어지고 있는 매각업무를 일원화함은 물론 매각의 투명성 확보와 동시에 조기매각을 통한 농업협동조합의 수익창출에 기여하고 있다.

(3) 공매진행절차
입찰방식, 낙찰자의 결정, 입찰보증금, 계약체결방식, 입찰준비서류 등은 위 사이트에서 공매물건 검색 후 공고란을 확인하면 된다.

◆ 산림청의 공매
산림청의 도시주변 자투리땅 중 산림경영에 적합지 않은 땅은 산림청에서 직접 공매한다.

① 공매는 매년 2회에 걸쳐 실시되는데 경우에 따라서는 여러 번 실시되기도 한다.

② 일반입찰과 같이 최저가를 정해놓고 최고가격에서 낙찰된다.

③ 입찰에 참가신청을 원하는 사람은 참가신청서, 인감증명서, 인감도장, 입찰금액의 5%에 해당하는 현금이나 자기앞수표를 준비해야 한다.

④ 계약은 낙찰일로부터 7일 이내에 해야 하며, 인감도장과 주민등록증을 지참해야 한다.

⑤ 대금납부기일은 계약체결 후로부터 60일 이내다.

⑥ 산림청산하 30여개 국유림관리소에서 관할 수역 토지에 대한 공고 입찰계약 등 매각절차를 모두 집행한다.

◆ 각 금융기관보유 부실재산 정리를 위한 직접공매

각 금융기관보유 부실재산정리를 위하여 각 금융기관 등이 자체적으로 신문에 공고 후 공매 입찰방식으로 매각하는 방법이다. 농협자산관리공사, 우리SB자산관리, 새마을금고, 상호저축은행, 이밖에도 기타 은행 및 금고 등에서 보유 중인 부동산을 공개입찰방식으로 매각하는 방식을 취하여 부실자산을 정리하고 있다. 이러한 공매물건은 자체 홈페이지 또는 신문광고를 통해서 확인할 수 있다.

◆ 개인기업 등의 비업무용자산을 정리하기 위한 직접공매

일반기업 등이 자체적으로 신문에 공고 후 공매 입찰방식으로 매각하는 공매가 있다. 이러한 공매물건은 자체 홈페이지 또는 신문광고를 통해서 확인할 수 있다.

손에 잡히는
공매 투자의 정석

Chapter 15

신탁재산 공매물건을 온비드에서 낙찰 받아 성공한 사례

01 신탁재산 공매물건을 온비드 화면에서 찾는 방법

◆ **온비드에서 신탁재산 공매는 어떻게 진행되나?**

　온비드 인터넷공매는 신탁기관 등이 한국자산관리공사 온비드사이트에 자신의 정보를 제공하기 위하여 이용기관 회원 가입 후 온비드사이트의 전자처분시스템을 이용하여 보유 또는 관리 중인 재산 등의 처분을 위해 입찰공고를 등록하고, 전자입찰을 통해서 신탁재산 등을 매각하는 공매절차이다. 그래서 다음과 같이 온비드에서 입찰대상물건을 찾아서 입찰해야 한다.

◆ **온비드 홈페이지에서 로그인하면 다음 화면을 확인할 수 있다**

◆ 온비드 화면을 검색해서 신탁재산 공매물건을 찾는 방법

온비드 홈페이지 상단 부동산 또는 동산/기타자산[자동차와 운송장비, 물품(기계), 물품(기타)] 등의 메뉴에서 용도를 부동산 을 선택해서 검색하면 ⇨ 좌측메뉴에 부동산 HOME이 나타나는데 이 타이틀에는 ⇨ 물건, 공고, 테마물건, 입찰결과 등이 나타난다. 여기서 물건을 선택하면 ⇨ 물건검색, 신규물건, 캠코 국유재산 전용관, 캠코 압류재산 전용관, 캠코 수탁·유입자산 전용관, 수의계약 가능물건 등의 세부항목을 확인할 수 있다. ⇨ 이 세부항목에서 물건검색을 선택해서 상세조건검색을 검색하면 다음과 같은 화면이 나타난다.

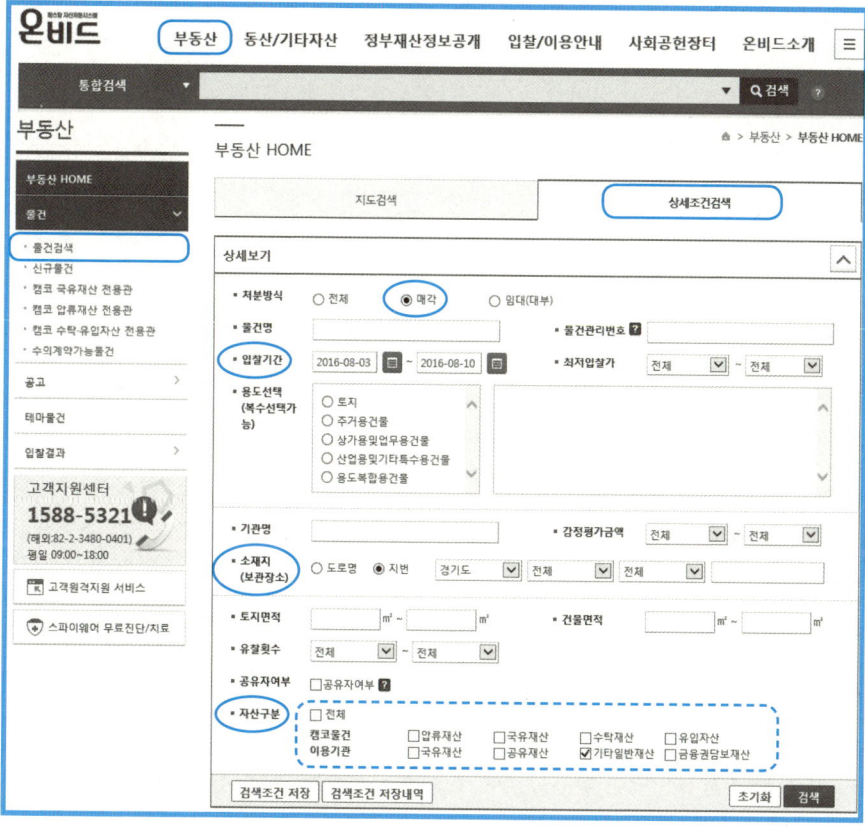

이 화면에서 ① 처분방식으로 매각 또는 임대, ② 입찰기간, ③ 소재지(서울시, 경기도, 인천광역시... 등) 등을 선택하고, ⇨ ④ 자산구분(•캠코물건 − 압류재산, 국유재

Chapter 15 신탁재산 공매물건을 온비드에서 낙찰 받아 성공한 사례 **571**

산, 수탁재산, 유입자산과 •이용기관 – 국유재산, 공유재산, 기타일반재산, 금융권담보재산)에서 기타일반재산을 선택해서 입찰할 신탁재산 공매물건을 찾으면 된다.

02 신탁공매로 분당 아파트를 낙찰 받아 내집 마련에 성공한 사례

이 사례는 경기도 성남시 분당에 있는 아파트로 감정가 6억5,400만원으로 신탁공매로 매각되는 물건입니다. 신탁공매는 이렇게 온비드에서 신탁법인이 이용기관으로 회원가입과 공인인증서 등록 절차를 거쳐서 매각절차를 진행하는 공매물건과 다음 16장 사례와 같이 신탁기관에서 직접 현장공매를 진행하는 공매가 있습니다. 그래서 두 가지 사례를 15장과 16장에 나누어 기술하게 되었고, 어쨌든 이 사례는 필자가 지인에게 소개해서 낙찰 받아 거주하고 있는 아파트입니다.

그래서 신탁재산 공매물건을 온비드 신탁공매와 현장 신탁공매로 나누었군요?

그렇습니다. 이 아파트는 현장답사를 통해서 시세조사를 해 보았더니 5억 8,000만원 정도로 감정가가 시세보다 높게 형성되어 있었습니다(신탁재산 공매감정가는 시세보다 10% 정도 높게 평가된 사례가 많음). 그래서 513,268,000원에 입찰하기로 했습니다. 왜냐하면 이렇게 취득해서 거주하다가 비과세로 팔면 시세차익을 노려 볼 수 있는 지역이기 때문입니다. 이 아파트의 사진과 주변 현황도, 입찰정보 및 입찰결과 내역은 다음과 같습니다.

◆ 분당 청솔마을아파트의 사진과 주변 현황도

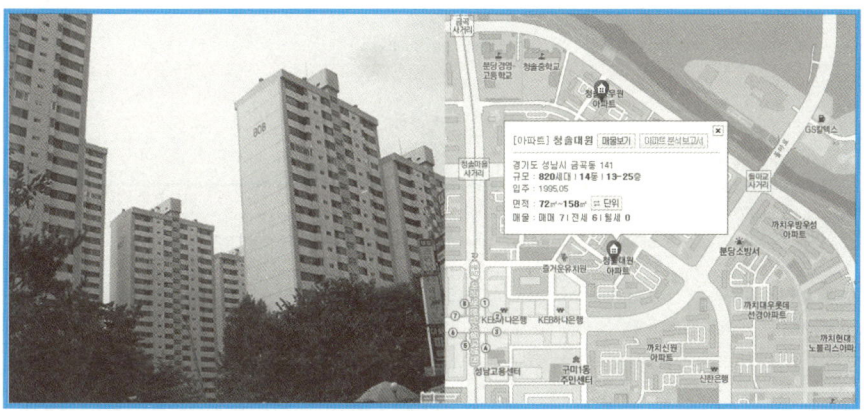

◆ 공매 입찰정보내역 물건분석

Chapter 15 신탁재산 공매물건을 온비드에서 낙찰 받아 성공한 사례

| 물건 세부 정보 | 입찰 정보 | 시세 및 낙찰 통계 | 부가정보 |

▍면적 정보
· 토지면적 | 47.46㎡   · 건물면적 | 84.97㎡

번호	종별(지목)	면적	지분	비고
		조회된 데이타가 없습니다.		

▍위치 및 이용현황

소재지	지번	경기 성남시 분당구 금곡동 141번지 청솔마을 810동 제OOO호
	도로명	경기도 성남시 분당구 미금로 215, 청솔마을 810동 제OOO호 (금곡동 , 청솔마을대원아파트)
위치 및 부근현황		주거시설
이용현황		주거시설
기타사항		담당자전화번호 : 02-528-0508

| 물건 세부 정보 | 입찰 정보 | 시세 및 낙찰 통계 | 부가정보 |

▍입찰 방법 및 입찰 제한 정보

전자보증서 사용여부	사용 불가능	차순위 매수신청 가능여부	신청 불가능
공동입찰 가능여부	공동입찰 가능	2인 미만 유찰여부	1인이 입찰하더라도 유효한 입찰로 성립
대리입찰 가능여부	대리입찰 불가능	2회 이상 입찰 가능여부	동일물건 2회 이상 입찰 불가능

▍회차별 입찰 정보

입찰번호	회차/차수	구분	대금납부/납부기한	입찰기간	개찰일시	개찰장소	최저입찰가(원)
001	001/001	인터넷	일시불/계약체결 후 30일내	2016-04-11 10:00~ 2016-04-11 12:00	2016-04-12 10:00	온비드	654,000,000
:	:	:	:	:	:		:
001	004/001	인터넷	일시불/계약체결 후 30일내	2016-04-14 14:00~ 2016-04-14 16:00	2016-04-15 14:00	온비드	476,766,000

◆ 신탁기관 등이 온비드로 공매절차를 진행하는 입찰공고 내용

　신탁기관 등에 따라 차이가 있으나 온비드사이트에 전자공고만으로 공고하는 신탁기관이 대부분이나 전자공고·신문공고·자체홈페이지 등에 공고를 병행하는 신탁기관 등도 있다. 실무적으로 신탁기관 등의 공고는 온비드사이트와 자체기관홈페이지에 공고하고 공매절차를 진행하고 있다. 우리가 공고문을 반드시 확인해야 하는 이유는 공매가 어떠한 매각조건으로 매각되는 가를 확인하기 위해서다. 그러한 공고문은 다음과 같다.

신탁부동산 공매공고

1. 공매대상물건 및 최저매매가격

1) 목적부동산 : 경기도 성남시 분당구 금곡동 141 청솔마을 제810동 제OOO호

구분	층	호수	전유 면적(㎡)	용도
1	제4층	제OOO호	84.97	공동주택

2) 공매일시 및 최저매매가격

(단위 : 원, 부가가치세 없음)

구분	공매일시(응찰가능일시)	온비드 개찰일시	최저매매가격
1차 공매	2016. 04.11. 10:00 ~ 12:00	2016. 04. 12. 10:00	654,000,000
2차 공매	2016. 04.11. 14:00 ~ 16:00	2016. 04. 12. 14:00	588,600,000
3차 공매	2016. 04.14. 10:00 ~ 12:00	2016. 04. 15. 10:00	529,740,000
4차 공매	2016. 04.14. 14:00 ~ 16:00	2016. 04. 15. 14:00	476,766,000

※ 인터넷 공매의 특성상, 각 일자별 공매가 유찰된 경우에 한하여 다음 차수 공매실시 전 영업일 18시까지 전차 공매조건이상으로 수의계약이 가능합니다.

2. 공매 관련 사항

1) 공매장소 : 인터넷 전자입찰(www.onbid.co.kr)

2) 명도책임 : 공매목적물에 대한 인도 및 명도 책임은 매수자 부담

3) 공매공고 : 온비드 게시판(www.onbid.co.kr) 및 당사 홈페이지(www.reitpia.com)

4) 공매방법

- 본 공매입찰은 한국자산관리공사(KAMCO)가 관리운영하는 전자자산처분시스템(온비드)을 이용한 인터넷 전자입찰로 입찰참가자는 입찰참가전에 반드시 온비드에 회원가입 및 실명확인을 위한 공인인증서를 등록하여야 하며, "온비드"이용방법 및 인터넷 입찰참가자 준수규칙 등을 준수해야 합니다.
- 입찰의 성립 : 공개경쟁입찰 방식으로 1인 이상의 유효한 입찰로서 성립합니다.
- 개찰 일시 : 상기 표 참조
- 낙찰자 결정 : 최저매매가격 이상 응찰자중 최고금액 응찰자에게 낙찰합니다. 다만, 최고금액 입찰자가 2인 이상인 경우에는 온비드시스템에 의한 무작위 추첨으로 낙찰자를 결정합니다. (입찰자는 낙찰여부를 온비드의 입찰결과 화면 등을 통하여 직접 확인할 수 있습니다.
- 대리인이 입찰자를 대리하여 입찰 참가 불가합니다.

5) 입찰보증금
- 입찰금액의 10% 이상을 인터넷입찰마감시간 전까지 "온비드"지정계좌에 입금하여야 합니다.(공매개찰 결과 유찰자의 입찰보증금은 입찰서 제출시 지정한 환불예금계좌로 입찰일 익일에 이자없이 환불되며, 별도의 송금수수료가 발생될 경우에는 입찰보증금에서 이를 공제합니다.).

6) 토지거래허가 등과 제세공과금
- 매수자는 관계법령에 의거 매각대상물건의 매매계약허가, 토지거래허가 등의 적합여부를 확인한 후 응찰해야 하며, 매매계약 체결에 따른 소유권이전 관련비용(이전비용 및 제세공과금 등)과 토지거래허가, 부동산 거래계약신고, 용도변경 등 인허가의 책임 및 추가비용은 매수자가 부담해야 합니다.
- 잔금납부와 관계없이 잔금납부 지정일 이후 발생하는 공매목적물에 대한 제세공과금 및 관리비 등 일체의 비용은 약정에 따라 매수자가 부담합니다.

7) 계약체결 및 대금납부
- 낙찰자는 당사가 정한 계약서에 의하여 낙찰일로부터 5영업일 이내에 매매계약을 체결하여야 하며, 계약시 입찰보증금을 전액 계약금보증금으로 대체하고, 계약을 체결하지 않을 경우에는 낙찰을 취소하고, 입찰보증금은 매도자에게 귀속됩니다.
- 대금납부방법

구 분	금 액	시 기	비 고
계약금	매매금액의 10%	계약 체결시(입찰보증금 대체)	-
잔 금	매매금액의 90%	계약체결일로부터 30일 이내	-

8) 입찰의 무효 및 취소 – 이 내용은 지면상 생략함.

9) 공매목적물 인도 및 명도 책임과 소유권 이전
- 공매목적물에 대한 인도 및 명도 책임은 매수인이 부담합니다.
- 입찰일 기준으로 공매물건에 대한 제한권리(가처분, 가압류, 소송, 유치권, 점유권, 임대차 등)는 매수자가 직접 공부의 열람 및 현지답사 등으로 확인하고 인지한 상태에서 매수자의 책임과 비용으로 정리하며, 이를 이유로 계약을 해지할 수 없고 매도인은 일체의 하자담보 책임을 부담하지 아니합니다.
- 입찰일로부터 소유권이전일까지 공매목적물에 제한권리 설정, 소송 등 소유권이전에 제한을 가하는 권리가 추가로 설정된 경우에는 매도자 책임으로 정리하되, 미정리로 소유권이전이 불가능할 경우 낙찰을 무효로 하고, 매도자는 기 납부된 대금을 이자없이 원금만 반환하며, 이 경우 낙찰자는 일체의 이의를 제기하지 못합니다.

- 매매계약 체결에 따른 소유권이전등기 비용과 책임은 매수자가 부담합니다.
- 매수자는 부동산거래계약신고(계약체결일로부터 60일 이내)를 필하여야 하며, 이를 위반하여 매도자에 발생한 손해에 대해 손해배상책임을 부담합니다.
- 매수자는 잔금납부일을 기준으로 공매물건의 현상 그대로를 인수하며 물적 하자, 이해관계자들(유치권자 등)의 정리 및 임대차승계, 임대보증금반환 등은 매수자 책임으로 합니다.

  10) 기타사항 – 이 내용은 지면상 생략함.

3. **안내사항** – 이 내용은 필자가 간단하게 요약정리한 내용이다.
   - 본 공매공고는 신탁관계인의 사정 등에 의하여 별도 공고 없이 임의로 취소 또는 변경할 수 있고 공매물건의 원인채무 변제 등으로 인하여 취소될 수 있다.
   - 인터넷 전자입찰의 경우 개찰이 익영업일 이후에 가능하기 때문에 1일 2차수 공매진행시 전차에서 낙찰자가 있더라도 다음 차수 공매가 자동으로 진행된다. 공매실시 후 익영업일 개찰 결과, 전차에서 낙찰자가 결정되는 경우 다음 차수 응찰자는 응찰이 자동으로 취소된다. 이 경우 입찰보증금은 입찰서 제출시 지정한 환불예금계좌로 개찰일 익일에 이자없이 환불된다.
   - 낙찰자는 낙찰일 이후 5영업일 안에 당사에 방문해 매매계약을 체결해야 한다.
   - 공매 관련내용은 당사 입찰참가자 준수규칙에 의하며, 동 규칙 및 매매계약서 등은 당사에 비치되어 있사오니 방문을 통해 사전에 열람 바라며, 세부사항은 아래로 문의하기 바란다.
   - 현장설명은 별도로 실시하지 않으며 미확인으로 인한 책임은 매수자에게 있다.
   - 공매 관련 기타내용은 당사 인터넷 홈페이지 www.reitpia.com "공매정보"에서 확인바란다.
   - 공매관련 세부사항 문의처 : TEL (02)528-0508 FAX (02)528-0472

대한토지신탁 (주)

◆ 이 신탁기관 아파트공매에서 권리분석은 어떻게 하면 되나?

(1) 권리분석이란?

권리분석은 신탁공매로 낙찰을 받았을 경우에 내가 입찰서에 기재한 매수희망가격 이외에 추가로 인수하게 되는 권리나 금액 등이 있는 가 등을 분석하는 것이다. 그래서 인수할 권리 등이 없다면 매수희망가가 취득가가 되지만, 있다면 그만큼 부담을 안고 사게 된다는 사실을 이해하고 매수희망가를 정해야 한다. 신탁재산 등의 공매에서 권리분석은 공적장부를 통해서 확인하는 방법과 수탁사의 공매담당자, 그리고 우선수익자(대출금융기관)를 통해서 확인하는 방법이 있다.

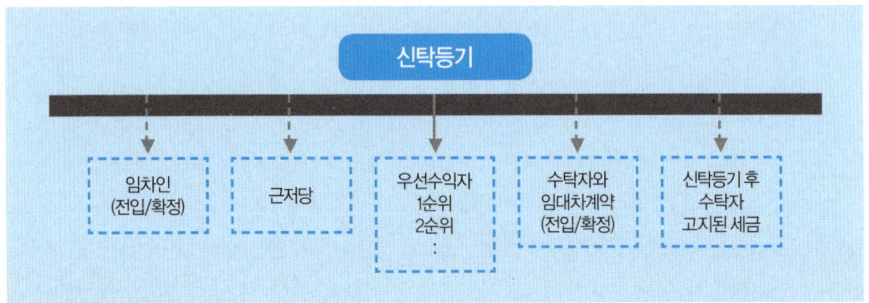

(2) 공적장부 등을 통해서 권리를 분석하는 방법

(가) 등기사항증명서와 신탁원부 확인

등기소에서 등기사항증명서를 발급받을 때 신탁원부를 포함해서 발급 받아 첫 번째로 수탁사로 등기된 신탁등기일과 그 이전의 소유자(위탁자)를 확인한다. 그리고 신탁원부에서 대출을 실행한 금융기관(우선수익자) 등의 채권금액과 이자 등을 확인한다.

① 등기사항전부증명서

【갑 구】(소유권에 관한 사항)				
순위번호	등기목적	접 수	등기원인	권리자 및 기타사항
1	소유권 이전	1996년8월19일 제111308호	1996년7월14일 매매	소유자 김영민 ○○○○○○—****** 서울시 강서구 화곡동 ○○○
2	소유권 이전	2001년3월3일 제12289호	2001년2월2일 매매	소유자 황길동 ○○○○○○—****** 경기도 성남시 분당구 미금로 215, 810동 ○○○호 (금곡동, 청송마을)
3	소유권 이전	2015년12월14일 제106496호	2015년12월14일 신탁	수탁자 대한토지신탁주식회사 ****—**** 서울시 강남구 영동대로 517, ~이하 주소생략
				신탁 신탁원부 제2115 3151호

② 신탁원부에서 위탁자와 수탁자, 그리고 우선수익자를 확인하고, 이들 간에 부동산 담보신탁계약과 대출금액과 이자내역 등을 확인한다.

부동산 담보신탁계약서

제1조 (신탁목적)

~ 이하 본문 내용은 14장 신탁원부를 확인하면 되므로 생략하기로 한다.

[별지 2]

1. 신탁기간 : 신탁계약 체결일로부터 우선수익자에 대한 채무변제 시까지
2. 수익자

신탁원본 및 신탁수익의 우선수익자		
1순위	법인명(성명)	오케이캐피탈대부 (주)
	법인(주민)등록번호	110111-******
	주 소	서울특별시 강남구 OOO로 OO길 OO, (삼성동, 프러스윈)
	우선수익한도액	육억원

신탁원본 및 신탁수익의 수익자	
법인명(성명)	황길동
법인(주민)등록번호	600104-******
주 소	경기도 성남시 분당구 미금로 215, 810동 OOO호 (금곡동, 청송마을)

3. 채무자

　법인명(성명) : 황길동

　법인(주민)등록번호 : 600104-******

　주 소 : 경기도 성남시 분당구 미금로 215, 810동 OOO호 (금곡동, 청송마을)

4. 계약일자 : 2015년 12월 14일

5. 계약당사자

　(가) 위탁자

　법인명(성명) : 황길동

　법인(주민)등록번호 : 600104-******

　주 소 : 경기도 성남시 분당구 미금로 215, 810동 OOO호 (금곡동, 청송마을)

(나) 수탁자

법인명(성명) : 대한토지신탁 (주)

법인(주민)등록번호 : 110111-******

주 소 : 서울시 강남구 영동대로 517, - 이하 주소 생략.

(다) 우선수익자

법인명(성명) : 오케이캐피탈대부 (주)

법인(주민)등록번호 : 1101114-******

주 소 : 서울특별시 강남구 OOO로 OO길 OO, (삼성동, 프러스윈)

-이 하 여 백-

(나) 주민센터 등에서 전입세대열람과 신탁등기일을 기준으로 대항력 유무 판단

전입세대열람 등을 통해서 공매대상주택에 거주하는 세대원을 확인한다. ⇨ 전입세대원이 위탁자 본인이거나 그 가족구성원이라면 신탁사에 대항할 수 없다. 그러나 제3자가 대항요건을 갖추고 있다면 대항력이 있을 수 있다. 신탁등기일을 기준으로 신탁등기 이전에 대항요건을 갖춘 임차인은 대항력이 있어서 매수자가 인수해야 한다. 이후에 갖추고 있으면 대항력이 없어서 명도대상이다.

전 입 세 대 열 람

행정기관 : 서울특별시 서초구 서초 4동   작업일시 : 2016년 4월 14일

페 이 지 :

주 소 : 경기도 성남시 분당구 미금로 215, 810동 OOO호 (금곡동, 청송마을)

순번	세대주 성명	전입일자	거주상태	최초전입자	전입일자	거주상태	동거인 수
			주 소				
11	황**	2001-03-03	거주자	황**	2001-03-03	거주자	
	경기도 성남시 분당구 미금로 215, 810동 OOO호 (금곡동, 청송마을)						

이 아파트는 전입일자가 2001년 03월 03일로 신탁등기일 2015년 12월 14일

보다 빨라서 임차인 등이 거주하고 있었다면 대항력이 있는 임차인이다. 그랬다면 인수하느냐, 아니면 매각대금으로 변제하고 소멸시키느냐를 확인하고 입찰에 참여해야만 한다. 다행히도 대항력 있는 임차인이 거주하는 것이 아니라 채무자겸 위탁자가 거주하고 있어서 매수인이 인수할 권리가 아니었다. 그러나 확인할 수 없는 경우에는 다음과 같이 우선수익자 등으로부터 확인하고 입찰에 참여하는 방법도 있다.

(다) 건축물대장과 건물 현황도 및 평면도를 확인해라!

이러한 서류는 민원24와 주민센터 등에서 발급받아 확인할 수 있다. 이렇게 분석하는 것은 신탁공매에서 감정평가서를 확인할 수 없는 경우가 많고, 확인이 가능하더라도 약식감정서로 인해서 자세하게 확인할 수 없는 경우가 많다. 그리고 불법건축물 등으로 인해서 이행강제금 등의 부과가 따를 수도 있기 때문이다.

(3) 수탁사의 공매담당자, 그리고 우선수익자를 통해서 확인하는 방법

앞에서와 같은 방법으로 확인할 수 없을 때에는 수탁사의 공매담당자와 우선수익자(대출금융기관 등)를 통해서 확인해서 권리를 분석하면 된다. 특히 우선수익자는 대출심사단계에서 전입세대 열람 등을 통해서 대항력 유무를 판단하고 대출을 실행하게 되므로 공매대상 부동산에 대해서 자세한 내용을 알고 있다. 우선수익자의 전화번호는 수탁사에 문의해서 확인하면 된다.

◇ 신탁재산 공매 매각대금에서 배당 우선순위 결정 방법

신탁재산을 공매로 매각했다면 다음과 같은 순서로 배당하면 된다.

(1) 0순위

신탁부동산 보전·관리 및 공매절차에 따른 비용

(2) 1순위

신탁등기 이전에 대항요건을 갖춘 임차인의 소액보증금 중 일정액(주임법 제8조,

상임법 제14조)

(3) 2순위

신탁등기 전에 설정된 근저당권, 담보가등기, 전세권, 임대차보증금(주임법 제3조의2, 상임법 제5조), 등기된 임차권 등

- 이들 간의 우선순위는 등기된 채권은 등기일을, 미등기전세는 확정일자 효력발생일을 기준으로 우선순위를 정하게 된다.

(4) 3순위

수탁자에 대항력을 갖춘 임차인의 임대차보증금반환채권 중 1~2순위가 아닌 것

신탁등기 이후의 임대차계약에서 위탁자의 요청으로 우선수익자의 동의를 거쳐 신탁회사(수탁사)를 임대인으로 계약한 경우에는 수탁사가 반환의무가 있다.

(5) 4순위

우선수익자의 채권 - 우선수익자(대출금융기관) 상호간의 우선순위는 부동산 담보신탁계약서 원부에서 정한 우선순위에 따른다. 이러한 내용은 부동산 담보신탁계약서 원부를 법원등기과 또는 등기소에서 발급받아 확인하면 된다.

(6) 6순위

배당잔여금이 있는 경우 위탁자 등에게 교부한다.

어쨌든 이 공매사례에서는 체납자겸 위탁자가 거주하고 있어서 배당의 의미가 없어서 생략했고, 다음과 같이 필자의 지인 임영신(가명)이 입찰에 참여해서 낙찰받았습니다.

◇ 임영신이 4대 1의 경쟁률을 뚫고 청솔마을아파트를 낙찰 받다

▌상세입찰결과

물건관리번호	2016-0311-002078	기관명	대한토지신탁주식회사
물건명	경기도 성남시 분당구 금곡동 141번지 청솔마을 아파트 810동 제OOO호		
공고번호	201603-02519-00	회차 / 차수	004 / 001
처분방식	매각	입찰방식/경쟁방식	최고가방식 / 일반경쟁
입찰기간	2016-04-14 14:00 ~ 2016-04-14 16:00	총액/단가	총액
개찰시작일시	2016-04-15 14:15	집행완료일시	2016-04-15 14:16
입찰자수	유효 4명 / 무효 0명(인터넷)		
입찰금액	513,268,000원/ 497,720,000원/ 483,600,000원/ 478,599,990원		
개찰결과	낙찰	낙찰금액	513,268,000원
감정가 (최초 최저입찰가)	-	최저입찰가	476,766,000원
낙찰가율 (감정가 대비)	-	낙찰가율 (최저입찰가 대비)	107.66%

이 아파트는 임영신이 513,268,000원에 낙찰 받아 2년 거주하다가 팔 생각으로 입찰에 참여했는데 이와 같이 4대1의 경쟁률을 뚫고 1등을 하게 되었습니다.

그 지역에 경매물건이 나와서 어제 현장답사를 다녀왔는데 신분당선의 영향으로 계속 오르고 있다고 합니다.

"본인도 지인을 통해서 연락을 받았습니다. 지금은 6억원에서 6억2,000만원까지 간다고 합니다."

03 벽산아파트를 신탁공매로 낙찰 받아 재테크로 성공한 사례

이 사례는 서울시 도봉구 방학동에 있는 아파트로 감정가 3억4,800만원에 신탁공매로 매각되는 물건입니다. 이 아파트는 현장답사를 통해서 시세조사를 해 보았더니 3억2,000만원 정도로 감정가가 시세보다 높게 형성되어 있다는 사실을 확인할 수 있었습니다(신탁재산 공매감정가는 시세보다 10% 정도 높게 평가된 사례가 많음). 그래서 268,788,000원에 입찰하기로 했습니다. 이 아파트의 사진과 주변 현황도, 입찰정보 및 입찰결과 내역은 다음과 같습니다.

◇ 도봉구 벽산아파트의 주변 현황도

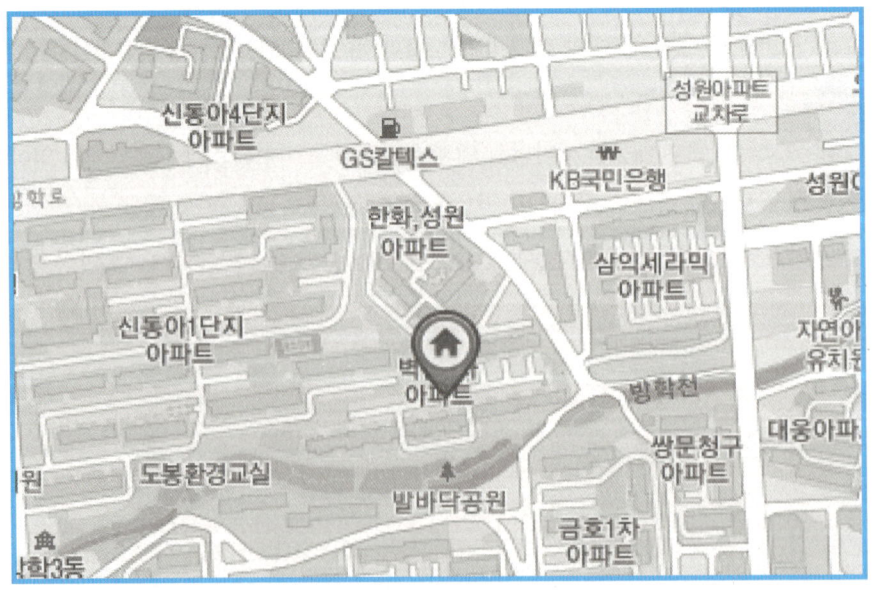

◆ 공매 입찰정보내역 물건분석

◆ 신탁기관 등이 온비드로 공매절차를 진행하는 입찰공고 내용

신탁기관 등에 따라 차이가 있으나 온비드사이트에 전자공고만으로 공고하는 신탁기관이 대부분이나 전자공고·신문공고·자체홈페이지 등에 공고를 병행하는 신탁기관 등도 있다. 실무적으로 신탁기관 등의 공고는 온비드사이트와 자체기관홈페이지에 공고하고 공매절차를 진행하고 있다. 우리가 공고문을 반드시 확인해야 하는 이유는 공매가 어떠한 매각조건으로 매각되는 가를 확인하기 위해서다. 그러한 공고문은 다음과 같다.

신탁부동산 공매공고

1. 공매대상물건 및 최저매매가격

1) 목적부동산 : 서울특별시 도봉구 방학동 275 벽산아파트 제1동 제OOO호

구 분	층	호 수	전유 면적(㎡)	용 도
1	제3층	제OOO호	84.96	공동주택

2) 공매일시 및 최저매매가격   (단위 : 원, 부가가치세 없음)

구 분	공매일시(응찰가능일시)	온비드 개찰일시	최저매매가격
1차 공매	2016. 06.20. 10:00 ~ 12:00	2016. 06. 21. 10:00	348,000,000
2차 공매	2016. 06.20. 14:00 ~ 16:00	2016. 06. 21. 10:10	313,200,000
3차 공매	2016. 06.22. 10:00 ~ 12:00	2016. 06. 23. 10:00	281,880,000
4차 공매	2016. 06.22. 14:00 ~ 16:00	2016. 06. 23. 10:10	253,692,000
5차 공매	2016. 06.24. 10:00 ~ 12:00	2016. 06. 27. 10:00	248,000,000

※ 인터넷 공매의 특성상, 각 일자별 공매가 유찰된 경우에 한하여 다음 차수 공매실시 전 영업일 18시까지 전차 공매조건이상으로 수의계약이 가능합니다.

2. 공매 관련 사항

1) 공매장소 : 인터넷 전자입찰(www.onbid.co.kr)
2) 명도책임 : 공매목적물에 대한 인도 및 명도 책임은 매수자 부담
3) 공매공고 : 온비드 게시판(www.onbid.co.kr) 및 당사 홈페이지(www.reitpia.com)
4) 공매방법 – 이하 생략함.

5) 입찰보증금
- 입찰금액의 10% 이상을 인터넷입찰마감시간 전까지 "온비드"지정계좌에 입금하여야 합니다.(공매개찰 결과 유찰자의 입찰보증금은 입찰서 제출시 지정한 환불예금계좌로 입찰일 익일에 이자없이 환불되며, 별도의 송금수수료가 발생될 경우에는 입찰보증금에서 이를 공제합니다.).

6) 토지거래허가 등과 제세공과금 – 이하 생략함.

7) 계약체결 및 대금납부
- 낙찰자는 당사가 정한 계약서에 의하여 낙찰일로부터 5영업일 이내에 매매계약을 체결하여야 하며, 계약시 입찰보증금을 전액 계약금보증금으로 대체하고, 계약을 체결하지 않을 경우에는 낙찰을 취소하고, 입찰보증금은 매도자에게 귀속됩니다.
- 대금납부방법

구분	금액	시기	비고
계약금	매매금액의 10%	계약 체결시(입찰보증금 대체)	–
잔금	매매금액의 90%	계약체결일로부터 30일 이내	–

8) 입찰의 무효 및 취소 – 이 내용은 지면상 생략함.
9) 공매목적물 인도 및 명도 책임과 소유권 이전 – 이 내용은 지면상 생략함.
10) 기타사항 – 이 내용은 지면상 생략함.

3. **안내사항** – 이 내용은 지면상 생략함.

공매관련 세부사항 문의처 : TEL (02)528-0508 FAX (02)528-0472

◇ 이 신탁기관 아파트공매에서 권리분석은 어떻게 하면 되나?

신탁재산 등의 공매에서 권리분석은 공적장부를 통해서 확인하는 방법과 수탁사의 공매담당자, 그리고 우선수익자(대출금융기관)를 통해서 확인하는 방법이 있다.

(1) 공적장부 등을 통해서 권리를 분석하는 방법

(가) 등기사항증명서와 신탁원부 확인

등기소에서 등기사항증명서를 발급받을 때 신탁원부를 포함해서 발급 받아 첫 번째로 수탁사로 등기된 신탁등기일과 그 이전의 소유자(위탁자)를 확인한다. 그리고 신탁원부에서 대출을 실행한 금융기관(우선수익자) 등의 채권금액과 이자 등을 확인한다.

① 등기사항전부증명서

【갑 구】(소유권에 관한 사항)				
순위번호	등기목적	접 수	등기원인	권리자 및 기타사항
1	소유권 이전	1995년4월8일 제19420호	1995년2월20일 매매	소유자 남기영 ○○○○○○-****** 서울시 강남구 서초동 ○○○
2	소유권 이전	2014년5월13일 제30353호	2014년4월14일 매매	소유자 진수미 ○○○○○○-****** 서울시 도봉구 방학로11길 36, 1동 ○○○호 (방학동, 벽산아파트)
3	소유권 이전	2015년9월7일 제7979호	2015년9월7일 신탁	수탁자 대한토지신탁주식회사 ****-***** 주소 서울시 강남구 영동대로 517, ~이하 주소생략
				신탁 신탁원부 제2115 1103호

② 신탁원부에서 위탁자와 수탁자, 그리고 우선수익자를 확인하고, 이들 간에 부동산 담보신탁계약과 대출금액과 이자내역 등을 확인한다.

부동산 담보신탁계약서

제1조 (신탁목적)

~ 이하 본문 내용은 14장 신탁원부를 확인하면 되므로 생략하기로 한다.

[별지 2]

1. 신탁기간 : 신탁계약 체결일로부터 우선수익자에 대한 채무변제 시까지
2. 수익자

신탁원본 및 신탁수익의 우선수익자		
1순위	법인명(성명)	경인파이낸스대부 (주)
	법인(주민)등록번호	110111-******
	주 소	서울특별시 서초구 남부순환로 ○○길 ○○
	우선수익한도액	316,680,000원

신탁원본 및 신탁수익의 수익자	
법인명(성명)	진수미
법인(주민)등록번호	○○○○○○-******
주 소	서울시 도봉구 방학로11길 36, 1동 ○○○호 (방학동, 벽산아파트)

3. 채무자

　법인명(성명) : 진수미

　법인(주민)등록번호 : ○○○○○○-*******

　주 소 : 서울시 도봉구 방학로11길 36, 1동 OOO호 (방학동, 벽산아파트)

4. 계약일자 : 2015년 OO월 OO일

5. 계약당사자

　(가) 위탁자

　법인명(성명) : 진수미

　법인(주민)등록번호 : ○○○○○○-*******

　주 소 : 서울시 도봉구 방학로11길 36, 1동 OOO호 (방학동, 벽산아파트)

　(나) 수탁자

　법인명(성명) : 대한토지신탁 (주)

　법인(주민)등록번호 : 110111-*******

　주 소 : 서울시 강남구 영동대로 517, - 이하 주소 생략.

　(다) 우선수익자

　법인명(성명) : 경인파이낸스대부 (주)

　법인(주민)등록번호 : 1101114-*******

　주 소 : 서울특별시 서초구 남부순환로 OO길 OO

　　　　　　　　　　　-이 하 여 백-

(나) 주민센터 등에서 전입세대열람과 신딕등기일을 기준으로 대항력 유무 판단

　전입세대열람 등을 통해서 공매대상주택에 거주하는 세대원을 확인한다. ⇨ 전입세대원이 위탁자 본인이거나 그 가족구성원이라면 신탁사에 대항할 수 없다. 그러나 제3자가 대항요건을 갖추고 있다면 대항력이 있을 수 있다. 신탁등기일을 기준으로 신탁등기 이전에 대항요건을 갖춘 임차인은 대항력이 있어서 매수자가 인수해야 한다. 이후에 갖추고 있으면 대항력이 없어서 명도대상이다.

전 입 세 대 열 람

행정기관 : 서울특별시 서초구 서초 4동   작업일시 : 2016년 6월 22일
페이지 :

주소 : 서울시 도봉구 방학로11길 36, 1동 ○○○호 (방학동, 벽산아파트)

순번	세대주 성명	전입일자	거주상태	최초전입자	전입일자	거주상태	동거인 수
			주	소			
1	최**	2010-05-10	거주자	최**	2010-05-10	거주자	
	서울시 도봉구 방학로11길 36, 1동 ○○○호 (방학동, 벽산아파트)						

이 아파트는 전입일자가 2010년 05월 10일로 신탁등기일 2015년 09월 07일보다 빨라서 임차인 등이 거주하고 있었다면 대항력이 있는 임차인이다. 그랬다면 인수하느냐, 아니면 매각대금으로 변제하고 소멸시키느냐를 확인하고 입찰에 참여해야만 한다.

다행히도 대항력 있는 임차인이 거주하는 것이 아니라 채무자겸 위탁자 진수미의 남편 최병철이 배우자 진수미와 함께 거주하고 있어서 매수인이 인수할 권리가 아니었다. 그러나 확인할 수 없는 경우에는 다음과 같이 우선수익자 등으로부터 확인하고 입찰에 참여하는 방법도 있다.

(다) 건축물대장과 건물 현황도 및 평면도를 확인해라!

이러한 서류는 민원24와 주민센터 등에서 발급받아 확인할 수 있다. 이렇게 분석하는 것은 신탁공매에서 감정평가서를 확인할 수 없는 경우가 많고, 확인이 가능하더라도 약식감정서로 인해서 자세하게 확인할 수 없는 경우가 많다. 그리고 불법건축물 등으로 인해서 이행강제금 등의 부과가 따를 수도 있기 때문이다.

(2) 수탁사의 공매담당자, 그리고 우선수익자를 통해서 확인하는 방법

앞에서와 같은 방법으로 확인할 수 없을 때에는 수탁사의 공매담당자와 우선수익자(대출금융기관 등)를 통해서 확인해서 권리를 분석하면 된다. 특히 우선수익자는

대출심사단계에서 전입세대 열람 등을 통해서 대항력 유무를 판단하고 대출을 실행하게 되므로 공매대상 부동산에 대해서 자세한 내용을 알고 있다. 우선수익자의 전화번호는 수탁사에 문의해서 확인하면 된다.

◆ 신탁재산 공매 매각대금에서 배당 우선순위 결정 방법

신탁재산을 공매로 매각했다면 다음과 같은 순서로 배당하면 된다.
〈여기서 배당순위는 앞에서 기술한바 있으므로 지면 상 생략했다.〉

어쨌든 이 공매사례에서는 체납자겸 위탁자 가족들이 거주하고 있어서 배당의 의미가 없어서 생략했고, 다음과 같이 필자의 지인 박해정(가명)이 입찰에 참여해서 낙찰 받았습니다.

◆ 박해정이 5대 1의 경쟁률을 뚫고 벽산아파트를 낙찰 받다

상세입찰결과

물건관리번호	2016-0600-001781	기관명	대한토지신탁주식회사
물건명	서울특별시 도봉구 방학동 275 1동 ○○○호 아파트		
공고번호	201606-07251-00	회차 / 차수	004 / 001
처분방식	매각	입찰방식/경쟁방식	최고가방식 / 일반경쟁
입찰기간	2016-06-22 14:00 ~ 2016-06-22 16:00	총액/단가	총액
개찰시작일시	2016-06-23 11:30	집행완료일시	2016-06-23 11:31
입찰자수	유효 5명 / 무효 1명(인터넷)		
입찰금액	268,788,000원/ 266,730,000원/ 263,600,000원/ 254,720,000원/ 254,560,000원		
개찰결과	낙찰	낙찰금액	268,788,000원
감정가 (최초 최저입찰가)	-	최저입찰가	253,692,000원
낙찰가율 (감정가 대비)	-	낙찰가율 (최저입찰가 대비)	105.95%

 이 아파트는 박해정이 3억2,000만원 정도 가는 아파트를 268,788,000원에

낙찰 받았다. 낙찰 받고 나서 채무자겸 위탁자 가족들을 만나 수차례 협의를 거쳤으나 협의가 이루어지지 않아서 점유이전금지 가처분과 부당이득을 포함해서 명도소송을 진행하게 되었다. 그 과정에서 명도도 이루어졌다. 그리고 명도하자마자 매수자가 있어서 바로 팔아 시세차익을 볼 수 있었던 사례이다.

Chapter 16

신탁기관에서 현장공매로 낙찰 받아 성공한 사례

01 신탁기관 홈페이지에서 현장공매 물건을 찾는 방법

◆ 신탁재산 현장공매는 어떻게 진행되고 있나?

<u>온비드 인터넷공매</u>는 신탁기관 등이 한국자산관리공사 온비드사이트에 자신의 정보를 제공하기 위하여 이용기관 회원 가입 후 온비드사이트의 전자처분시스템을 이용하여 보유 또는 관리 중인 재산 등의 처분을 위해 입찰공고를 등록하고, 전자입찰을 통해서 신탁재산 등을 매각하는 공매절차이다. 그래서 앞장에서 설명한 바와 같이 온비드에서 입찰대상물건을 찾아 입찰에 참여하면 된다.

<u>신탁기관 등의 현장공매</u>는 신탁기관 본사회의실에서 입찰절차를 진행하는 현장공매로 신탁공매 공고문에서 정한 입찰 시간에 공매매각을 실시한다는 선언을 한 다음 매각물건의 공고문과 별도매각조건 등을 입찰자 등에게 주지시키고 입찰절차를 진행한다. 이러한 현장공매는 법원경매와 같이 매각절차를 진행하지만 공매물건이 많지 않은 관계로 다음과 같이 신속하게 진행된다.

⑴ 공매공고문에 기재된 입찰장소(보통 신탁기관 본사회의실)와 입찰기일 및 입찰시간이 기재되어 있다. 그래서 입찰기일에 신탁기관 본사회의실에서 공매 입찰을 실시한다는 선언을 한 다음 ⇨ ⑵ 매각물건의 공고문과 별도매각조건 등을 입찰자 등에게 주지시키고, 입찰서를 작성하는 방법과 입찰 마감시간 고지하고 ⇨ ⑶ 입찰희망자에게 입찰서류를 교부하여 입찰서를 작성해서 제출하도록 한다. ⇨ ⑷ 입찰자희망자는 입찰서를 작성해서 공매담당자의 입찰자 본인확인 절차를 거쳐서 입찰함에 입찰서류를 넣는 방법으로 입찰절차가 마무리 된다. ⇨ ⑸ 입찰절차가 마무리 되면 종료를 선언하면서 입찰에 참여한 사람들 입회하에 입찰함을 개함한다. ⇨ 입찰결과를 확인해서 최고가로 입찰한 사람을 낙찰자로 결정한다. ⇨ ⑥ 낙찰자에겐 낙찰자를 증명하는 서류와 입찰보증금 영수증을 교부하고, 낙찰 받지 못한 사람은 그 자리에서 본인확인 절차를 거쳐서 입찰보증금을 반환하는 절차로 신탁기관재산 공매절차

가 종료된다.

◇ **신탁기관재산 공매물건은 어떻게 찾으면 되나?**

한국토지신탁, 대한토지신탁, 생보부동산신탁, 한국자산신탁, KB부동산신탁, 코람코자산신탁, 국제자산신탁, 하나다올자산신탁, 아시아신탁, 무궁화신탁 등의 많은 신탁기관 등이 있다. 이러한 신탁기관 등의 공매물건 매각 방법은 첫 번째, 온비드를 통해서 매각하는 방법으로 온비드 인터넷화면에서 입찰할 물건을 찾아서 분석하고 입찰서를 제출하면 된다.

두 번째, 신탁기관 본사 회의실에서 매각절차를 진행하는 현장공매는 신탁기관 자체홈페이지를 방문해서 입찰할 물건을 찾아서 분석하고 입찰하면 된다. 이때 공매 공고문을 통해서 매각조건과 입찰기일 및 입찰시간 등을 확인하고, 그 입찰기일 및 입찰시간에 입찰장소(보통 신탁기관 본사회의실)를 방문해서 현장에서 입찰하면 된다.

이렇게 신탁기관 등의 홈페이지를 방문해서 입찰할 공매물건을 찾는 방법에 대해서 모든 신탁기관에 대해서 설명하면 좋겠지만 지면이 부족한 관계로 대표로 한국토지신탁(주)의 홈페이지를 선택해서 공매물건을 찾는 방법에 대해서만 분석해 놓았다. 다른 신탁기관도 같은 방법으로 찾아서 입찰하면 되기 때문이다.

02 한국토지신탁 홈페이지에서 입찰할 다세대주택을 찾는 방법

◇ **한국토지신탁 홈페이지를 검색하면 다음 화면을 확인할 수 있다**

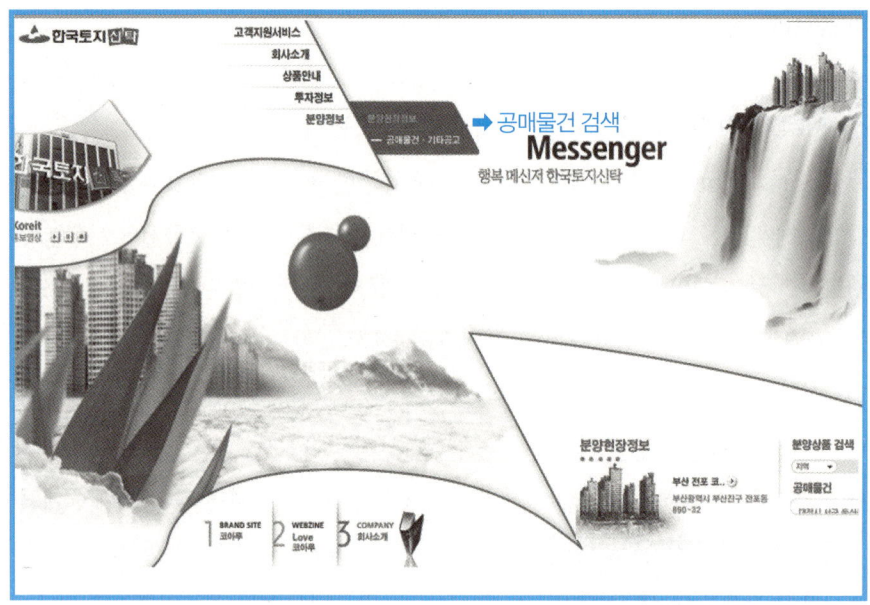

이 화면에서 분양정보를 검색해서 ▷ "공매물건·기타공고"를 클릭하면 다음과 같은 화면을 확인할 수 있다.

이 화면에서 입찰할 물건을 구로구 개봉동 양지세르빌 다세대주택 제OOO호를 찾아서 검색하면 다음과 같이 신탁재산 공매 공고문을 확인할 수 있다.

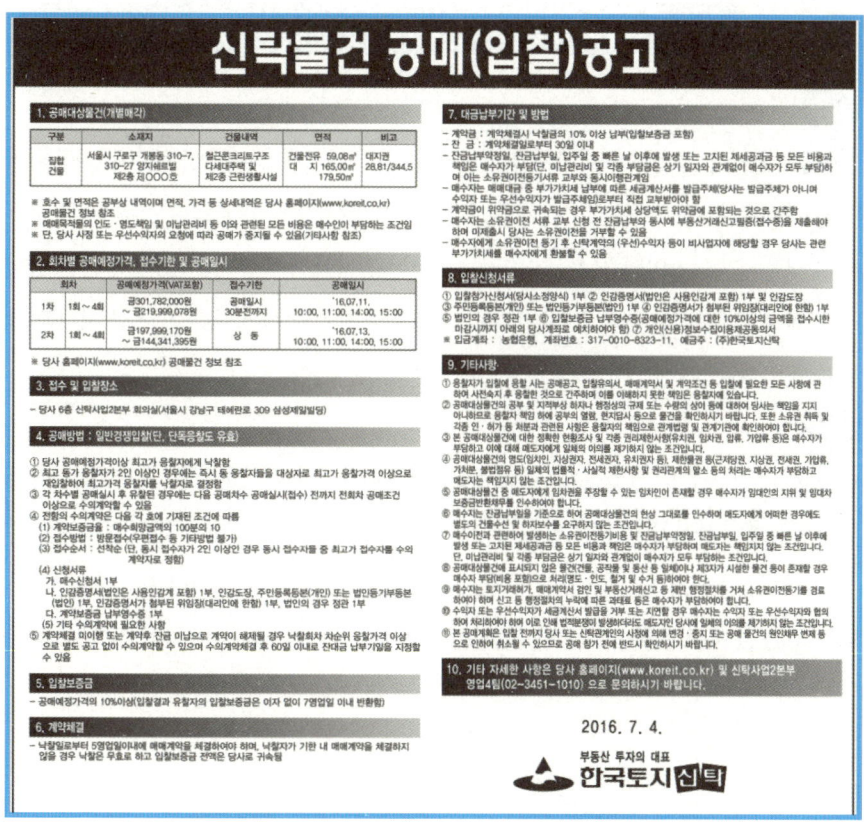

이러한 방법으로 공매물건으로 찾아서 권리분석 후 입찰에 참여하면 된다. 권리분석 후 입찰에 참여하는 방법은 실제 입찰사례인 다음 03번에서 05번을 참고하면 된다.

03 한국토지신탁에서 현장공매로 낙찰받고 매매해서 성공한 이야기

 이 신탁 공매물건은 필자가 수년 전에 한국토지신탁에서 현장공매로 낙찰 받았던 사례로, 감정가가 336,000,000원인데 168,840,000원에 낙찰 받아 팔아서 높은 수익을 올릴 수 있었습니다. 이 당시 시세는 감정가보다 높은 3억5,000만원 있었는데 이 가격으로 낙찰 받을 수 있었던 이유는 다른 분들이 공매를 모르던 시기라 그랬을 것입니다.

그런 시기도 있었군요? 지금 같으면 높게 매각되었을 텐데요?

신탁공매물건에 입찰하려면 공매물건부터 찾아야 한다. 그래서 한국토지신탁 홈페이지를 방문해서 입찰할 공매물건을 찾아 매각조건과 입찰정보를 확인해야 한다. 이 방법은 앞에서 설명한 내용을 참고하면 되므로 생략하고, 한국토지신탁에서 찾은 다세대주택을 분석하는 방법만 다음과 같은 순서로 분석해 놓았다.

◆ 한국토지신탁 다세대주택 공매공고

신탁공매 공고를 통한 매각조건과 입찰정보 내역을 확인하면 다음과 같다.

신탁물건 공매(입찰)공고

1. 공매대상물건

구분	소재지	지목(구조)	면적(㎡)	비고
건물	서울 강남구 논현동 ○○○-○, ○○○-○○ 제4층 ○○○호	철근콘크리트구조	79.62	

2. 회차별 공매예정가격, 공매일시 및 접수기한

회차	강남구 논현동 공매예정가격(원)	공매일시	접수기한
1차	336,000,000	2006. 4. 10. 14:00	2006. 4. 10. 12:00
2차	302,400,000	2006. 4. 17. 14:00	2006. 4. 17. 12:00
3차	272,160,000	2006. 4. 24. 14:00	2006. 4. 24. 12:00
4차	244,944,000	2006. 5. 3. 14:00	2006. 5. 3. 12:00

3. 공매 장소 : 당사 10층 부동산유통센터(공매접수는 14층 신탁사업1팀에서 함)

4. 공매방법 : 일반경쟁입찰(단독응찰도 유효)

　① 각 공매물건당(원주 금대리, 강남구 논현동 각각) 공매예정가격 이상 최고가 응찰자에게 낙찰

　② 최고가 응찰자가 2인 이상인 경우에는 즉시 재입찰하여 최고가격입찰자를 낙찰자로 결정

　③ 유찰시 다음 공매 시까지 본 회차 공매조건으로 수의계약할 수 있음.

5. 입찰보증금 : 응찰가격의 5% 이상(입찰결과 유찰자의 입찰보증금은 이자 없이 3일 이내 반환함)

6. 계약체결 : 낙찰일로부터 5일 이내에 매매계약을 체결하여야 하며, 낙찰자가 기한 내 매매계약을 체결하지 않을 경우 낙찰은 무효로 하고 입찰보증금은 당사에 귀속됨.

7. 대금납부기간 및 방법(60일 내 완납)

　– 계약금 : 계약체결시 매매대금의 10% 이상 납부(입찰보증금 포함)

　– 중도금 : 계약체결일로부터 30일 이내 40% 이상 납부

　– 잔금 : 계약체결일로부터 60일 이내 잔금납부

8. 입찰신청서류 – 이 내용은 지면상 생략함.

9. 기타사항

　– 본 물건에 대한 인도일 이후에 발생한 제세공과금은 매수자 부담임.

　– 입찰에 응할 시에는 공매공고 및 입찰유의서, 계약조건 등 필요한 사항을 사전숙지 후 응찰 하기 바람.

　– 본 공매계획은 입찰전까지 당사 사정에 의해 변경 또는 취소될 수 있음.

10. 기타 자세한 사항은 당사 부동산금융사업처 신탁사업1팀(02-3451-1167)으로 문의하기 바란다

◆ 입찰대상 공매물건 정리와 권리분석 및 배당표 작성

(1) 입찰대상 공매물건 정리

① 공매입찰공고, ② 감정평가서, ③ 각종 공부열람(등기사항전부증명서, 건축물대장, 토지이용계획확인원 등), ④ 주민센터에서 전입세대열람 등을 통하여 아래와 같은 공매물건의 제반권리 등을 정리해서 공매물건분석표를 작성한다.

주 소	면 적	공매가 진행과정	1) 임차인내역 2) 기타청구	등기부상의 권리관계
서울시 강남구 논현동 ○○○-○ 외 1필지 논현동 연립주택 제4층 제○○○호 (일명 하나센스빌 ○○○호) 채무자겸 위탁자: 이수자 공매집행기관: (주)한국토지신탁	대지 45.37㎡ (총면적 407.4㎡) 건물 철근콘크리트 전용면적 79.62㎡ (31평형 연립주택)	감정가 336,000,000원 (이 감정가가 최초 분양가격임) 최저가 1차 336,000,000원 유찰 10% 저감 2차 302,400,000원 유찰 10% 저감 : : : 6차 198,404,640원 유찰 10% 저감 7차 178,564,176원 유찰 10% 저감 8차 160,707,758원 낙찰 160,800,000원 +부가세 8,040,000원 =168,840,000원 〈2006.7.7〉	1) 임차인 ① 이수자 전입 2003.10.5. 확정 × 배분요구 × 보증금 × 이수자는 임차인이 아니고 전 소유자로 (주)금오건영에 매각한 전 소유자로 보증금 없이 월세만 지급하면서 점유자였음. 따라서 매각 시에는 명도하기로 함.	소유자 이수자 2003.9.29. 소유자 (주)금오건영 2004.5.12. 소유권이전수탁자 (주)한국토지신탁 2004.9.17.

(2) 위 공매물건에 대한 권리분석 및 배당표 작성

이러한 신탁회사의 공매물건은 임차인 인수조건 등 특별한 매각조건이 없는 한 낙찰자 책임 하에 점유자 등의 모든 문제를 해결해야 한다. 매각조건에서도 명도는 낙찰자 책임이었다. 점유자 이수자는 전 소유자로 위탁자 (주)금오건영과 임대차계약서를 작성한 선순위 임차인 여부를 자세하게 확인할 수 없는 상황이므로 이 같이 낮은 가격으로 떨어지게 되었다. 신탁등기되기 전에 전입신고한 대항력 있는 임차인이라면 낙찰자가 인수할 수도 있기 때문이다. 입찰당시 수탁자인 (주)한국토지신탁에서도 위탁자 (주)금오건영의 말만 믿고 무상거주라고 하였으나 실제 임차인이었다면 대항력 있는 임차인으로서 문제가 발생할 수 있다. ∵ 전소유자의 임차인의 대항력 발생은 (주)금오건영소유권이전일 2004. 5. 12. 익일인 5. 13. 오전 0시인데 수탁자의 소유권이전일은 2004. 9. 17이기 때문이다. 그러나 수탁자가 신탁등기를 하고 전입하였다면 대항력 없는 임차인이다. 어쨌든 위탁자 (주)금오건영의 무상거주를 조건으로 입찰에 참여하게 되었는데 명도하는 과정에서 선순위임차인으로 밝혀지게 되면 매매 계약을 해제할 목적으로 낙찰 받고 매매 계약서를 작성하기 전에 점유자 이수자를 만나서 대화를 나눈 결과 임차인이 아닌 것은 사실이었다. 따라서 이사비용을 주는 조건으로 명도합의서를 작성하고 신탁회사와 다음과 같이 매매 계약서를 작성하게 되었다. 독자분들도 이러한 문제에 대응하기 위해서 낙찰을 받고 잔금을 납부하기 전에 충분한 시간을 갖고 점유자를 방문하여 실제 상황을 확인하는 것이 중요하다.

배당금이 (1억6,080만원−공매집행비용 150만원)=1억5,930만원이므로 1순위 우선수익자인 금융기관이 159,300,000원(우선변제금 1)을 전액 배당 받게 된다. 수탁자 (주)한국토지신탁은 신탁계약서에 따라 위탁자 (주)금오건영과의 사이에서 수탁회사 관리비·신탁수수료 및 위탁자의 은행대출금 등을 공제한 후 잉여금이 있다면 채무자겸 소유자인 위탁자에게 지급해야 한다. 그리고 신탁공매는 낙찰 받고 5일 이내에 계약을 체결해야 하며 계약을 체결하지 않으면 입찰보증금은 몰수 된다. 이러한 내용 등은 이미 전장에서 수없이 기술한바 있으므로 생략했다.

◇ 공매낙찰 후 5일 이내에 공매부동산 매매계약서 작성

공매로 낙찰 받고 공매집행 한국토지신탁과 5일 이내에 매매계약서 작성하였고, 그 매매계약서는 다음과 같습니다.

부 동 산 매 매 계 약 서

위 부동산을 매매함에 있어 매도인 주식회사 한국토지신탁(이하 "갑"이라 함)과 매수인 ○○○(이하 "을"이라 함)은 다음과 같이 매매계약을 체결한다.

- 다 음 -

제1조 (매매대금) 위 부동산을 매매함에 있어 매매대금은 금 일억육천팔십만원정(₩160,800,000-)(부가세별도)으로 한다.

제2조 (대금지급시기)

① 을은 제1조의 매매대금을 다음과 같이 갑의 예금통장에 입금(국민은행 529401-01-104353 예금주 : (주)한국토지신탁)하기로 한다.

1. 계약금 금 일천육백팔만원정(₩16,080,000-)은 2006년 7월 7일에 지급
2. 중도금 금 육천사백삼십이만원정(₩64,320,000-)은 2006년 8월 6일까지 지급
3. 잔대금 금 팔천사십만원정(₩80,400,000-) 및 부가가치세 금 팔백사만원정(₩8,040,000-)은 2006년 9월 5일까지 지급

② 을이 제1항에서 정한 기일에 중도금 및 잔대금을 납부하지 아니할 때에는 그 다음 날로부터 지연금에 대하여 환가처분의뢰 금융기관의 신탁계정대출 연체이율을 적용한 지연손해금을 갑에게 가산지급하기로 하되, 30일 이상 연체한 때에는 갑은 계약을 해제할 수 있다.

제3조 (소유권이전)

① 을이 제2조에서 정한 매매대금과 기타 부담하여야 할 제비용 등을 완납하였을 때에는 갑은 을에게 소유권이전등기에 필요한 서류를 교부하여야 한다.

② 을이 제1항의 서류를 교부받은 때에는 부동산등기특별조치법이 정하는 기일 내에 이전등기를 완료하여야 하며, 이를 지연함으로 인해 발생하는 모든 책임은 을이 부담한다.

③ 갑은 을이 매매대금 및 제비용 완납전이라도 잔대금 등 전액을 충당할 수 있는 예금, 적금 또는 금융기관발행 지급보증서를 담보로 제공하였을 때에는 소유권이전등기에 필요한 서류를 교부할 수 있다.

〈뒷면 이하 계약서 생략〉

 현장 신탁공매는 이렇게 정리가 되는 군요.

04 한국자산신탁의 현장공매에서 1층 상가점포를 낙찰받아 임대한 사례

이 사례는 서울시 마포구 창전동 442 서강한화오벨리스크 109호 전용면적 33.38㎡(공동주택)이고 분양면적은 67.26㎡이다. 감정가 289,900,000원을 최초매각예정가격으로 시작해서 6차까지 저감되어 171,400,000원으로 매각절차가 진행되고 있었다. 이 상가를 현장답사를 통해서 시세를 조사해 보았더니 2억3,000만원 정도로 감정가가 시세보다 높게 형성되어 있다는 사실을 알 수 있었다. 이 상가의 사진과 주변 현황도, 입찰정보 및 입찰결과 내역은 다음과 같다.

◆ **마포 상가 109호의 사진과 주변 현황도**

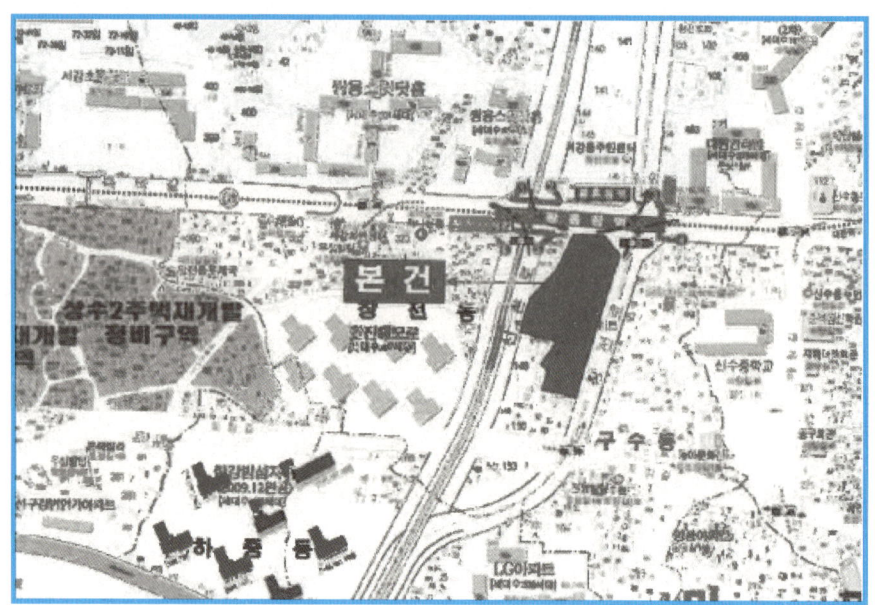

◆ 신탁기관 등이 온비드로 공매절차를 진행하는 입찰공고 내용

신탁부동산 공매공고

1. 공매대상 부동산의 표시 [개별 매각]

구분	소재지	지목(용도)	건물면적(㎡)	비고
1	서울시 서초구 양재동 12-10,12-11 한신휴플러스 지하 비105호	근생시설	34.12	
2	서울시 서초구 양재동 12-10,12-11 한신휴플러스 지하 비106호	근생시설	40.72	
3	서울시 서초구 양재동 12-10,12-11 한신휴플러스 지하 에이19호	근생시설	11.89	
4	서울시 서초구 양재동 12-10,12-11 한신휴플러스 지하 에이25호	근생시설	11.15	
5	서울시 서초구 양재동 12-10,12-11 한신휴플러스 지하 비7호	근생시설	15.94	
6	서울시 서초구 양재동 12-10,12-11 한신휴플러스 지하 비8호	근생시설	15.76	
7	서울시 마포구 창전동 442 서강한화오벨리스크 103호	공동주택	38.60	
8	서울시 마포구 창전동 442 서강한화오벨리스크 109호	공동주택	33.38	

2. 공매일정 및 회차별 최저입찰금액

(단위: 원)

호수	1차 2015.4.27 (월) 10:00	2차 2015.4.27 (월) 11:00	3차 2015.5.4 (월) 10:00	4차 2015.5.4 (월) 11:00	5차 2015.5.11 (월) 10:00	6차 2015.5.11 (월) 11:00	7차 2015.5.18 (월) 10:00	비고
한신휴플러스 비105호	297,700,000	268,000,000	241,200,000	217,100,000	-	-	-	
한신휴플러스 비106호	356,200,000	320,600,000	288,600,000	259,800,000	-	-	-	
한신휴플러스 에이19호	40,300,000	36,300,000	32,700,000	29,500,000	-	-	-	
한신휴플러스 에이25호	37,700,000	34,000,000	30,600,000	27,600,000	-	-	-	부가세 별도
한신휴플러스 비7호	94,900,000	85,500,000	77,000,000	69,300,000	-	-	-	
한신휴플러스 비8호	93,600,000	84,300,000	75,900,000	68,400,000	-	-	-	
한화오벨리스크 103호	280,800,000	252,800,000	227,600,000	204,900,000	184,500,000	166,100,000	149,500,000	
한화오벨리스크 109호	289,900,000	261,000,000	234,900,000	211,500,000	190,400,000	171,400,000	154,300,000	

※ 직전 회차 입찰에서 낙찰된 경우 다음 회차의 입찰은 실시하지 않습니다.
※ 각 회차별 일찰실시 후 유찰된 경우에는, 다음 회차 입찰실시 전까지 직전 회차 입찰조건이상으로 수의 계약할 수 있습니다.
※ 잔금납부시 건물가액의 10%를 부가치세로 별도 납부하셔야 합니다.

3. 입찰장소

1) 서울특별시 강남구 테헤란로 306(역삼동 706-1) 카이트타워 2층 공매장
2) 상기 입찰장소가 변경될 수 있으니 사전에 입찰장소를 반드시 확인하시기 바랍니다.

4. 입찰신청서류

1) 입찰서(당사 소정양식)
2) ① 본인임을 확인할 수 있는 서류(주민등록증 등의 신분증)
   ② 인감도장 및 인감증명서(사용인감계 포함)
   ③ 주민등록등본 또는 법인등기부등본
3) 대리인의 경우, 입찰행위(입찰보증금 납부 포함) 일체에 관하여 대리권 있음을 증명할 수 있는 위임장을 제출하여야 합니다.

5. 입찰방법 및 낙찰자 결정 – 이 내용은 지면상 생략함.

6. 계약체결 및 소유권이전

1) 낙찰자는 낙찰일로부터 5영업일 이내에 매매계약을 체결하여야 하며, 입찰보증금은 계약보증금으로 대체됩니다. 낙찰자가 낙찰일로부터 5영업일 이내에 매매계약을 체결하지 아니하는 경우에는, 낙찰은 취소되며, 입찰보증금은 매도인인 한국자산신탁(주)에 귀속됩니다.
2) 낙찰자는 매매계약체결일로부터 60일 이내에 잔금(매매대금 중 계약보증금을 제외한 전액)을 납부하여야 합니다.
3) 매매계약은 낙찰자 본인의 명의로 체결하여야 하며, 타인명의로의 계약 체결은 불가합니다. 또한, 매매계약체결 이후에는 매수자 명의변경이 불가하오니 유념하시기 바랍니다.
4) 낙찰자는 자신의 책임과 비용으로 매매계약서 검인, 부동산 거래계약 신고 및 소유권이전등기절차를 이행하여야 하며(일체의 등기비용 부담), 신고 등 행정절차의 누락에 따른 과태료(매도자에게 부과된 과태료 포함)는 매수자가 부담합니다.
5) 공매대상 부동산이 토지거래계약의 허가대상일 때에는, 매수자는 낙찰일로부터 5영업일 이내에 매수자의 책임으로 토지거래계약의 허가를 신청하여야 하며, 토지거래계약의 허가 통보를 받은 날로부터 5영업일 이내에 매매계약을 체결하여야 합니다. 만약, 토지거래계약 불허가의 통보를 받은 경우에는 낙찰은 취소되며, 입찰보증금은 이자없이 원금만 낙찰자에게 반환합니다.

7. 유의사항 – 이 내용은 지면상 생략함.
8. 안내사항 – 이 내용은 지면상 생략함.

공매관련 세부사항 문의처 : TEL (02)2112-6314

◆ 이 신탁기관 다세대주택에서 권리분석은 어떻게 하면 되나?

신탁재산 등의 공매에서 권리분석은 공적장부를 통해서 확인하는 방법과 수탁사의 공매담당자, 그리고 우선수익자(대출금융기관)를 통해서 확인하는 방법이 있다.

(1) 공적장부 등을 통해서 권리를 분석하는 방법

이 구분상가 109호는 위탁자가 점유하고 있는 것이 아니라 신탁등기일 이후에 위탁자와 상가건물임대차계약서를 작성하고 커피하우스를 운영하고 있었다. 상가임대차보호법상 대항요건(사업자등록과 건물인도)을 신탁등기일 이전에 갖추고 있었으면 대항력이 있는 임차인으로 낙찰자가 인수할 수도 있는 물건이다. 그러나 이 공매물건에서는 신탁등기일 이후에 대항요건을 갖추고 있었고, 수탁자와 우선수익자의 동의를 얻어 대항요건을 갖추고 있는 것이 아니어서 수탁사와 우선수익자에 대해서 대항력을 행사할 수 없었다. 그런 이유로 수탁사가 수차례 상가를 비우라고 통지했다고 한다. 어쨌든 이러한 상가건물임차인은 대항력이 없어서 낙찰자가 인수하지 않아도 된다. 그러나 확인할 수 없다면 다음과 같이 우선수익자 등으로부터 확인하고 입찰에 참여하는 방법도 있다.

(2) 수탁사의 공매담당자, 그리고 우선수익자를 통해서 확인하는 방법

앞에서와 같은 방법으로 확인할 수 없을 때에는 수탁사의 공매담당자와 우선수익자(대출금융기관 등)를 통해서 확인해서 권리를 분석하면 된다. 특히 우선수익자는 대출심사단계에서 사업자등록 열람 등을 통해서 대항력 유무를 판단하고, 대출을 실행하게 되므로 공매대상 부동산에 대해서 자세한 내용을 알고 있다. 우선수익자의 전화번호는 수탁사에 문의해서 확인하면 된다.

◆ 신탁재산 공매 매각대금에서 배당 우선순위 결정 방법

신탁재산을 공매로 매각했다면 다음과 같은 순서로 배당하면 된다.
〈여기서 배당순위는 앞에서 기술한바 있으므로 지면 상 생략했다.〉

◆ 낙찰받고 나서 어떻게 대응했나?

이 공매물건은 필자의 지인이 낙찰 받은 물건이다. 지인은 낙찰 받고 나서 5일 이내에 한국자산신탁을 방문해서 매매계약서를 작성했나. 그리고 필자에게 명도를 부탁해서 위임장을 가지고 현장을 방문해서 커피하우스를 운영하는 임차인과 협의를 하게 되었다. 대화가 쉽지 않아서 점유이전금지가처분과 명도소송을 병행해서 진행했다.

먼저 점유이전금지가처분결정문으로 집행관과 동행해서 상가점포를 방문해서 임차인에게 전달했다. 그리고 명도소송을 진행하는 과정에서 협의가 이루어져 명도를 할 수 있었다. 현재 임대보증금 1,000만원과 월세 100만원(부가세 별도)으로 임대하고 있다.

2억3,000만원 정도 가는 구분상가를 173,820,000원에 낙찰 받아서 월세 100만원을 받고 있어서 지인은 요즘 행복해 하고 있다.

손에 잡히는
공매 투자의 정석

공매로 낙찰 받고 명도는 이렇게 해야 성공한다

이번 시간은 『낙찰 받고 나서 명도는 이렇게 해라』에 대해서 강의를 하시는 구나!

네, 쉬는 시간에 선생님께 물어보니 그 동안 낙찰 받고 명도 했던 경험을 가지고 강의를 하신다던데요.

"명도가 어려워서 공매를 꺼린다는 말을 많이 들어 왔는데, 어떻게 해서 점유자를 내 보내면 되는지를 자세히 공부해 보자고, 민기 씨도 열심히 듣고"

네, 오늘 이 시간 때문에 바쁜 일 모두 제쳐 놓고 왔어요. ...이제 시작하시는 군요.

01 건물 명도도 전략이 필요하다

공매로 낙찰 받고 나서 3일 후에 매각결정이 확정된다. 이때부터 낙찰 받은 주택을 방문해 점유자가 있으면 낙찰자임을 증명하는 서류(매각결정문 사본)를 보여주고 건물명도에 관하여 협의하면 되는데, 20~30% 정도는 여기서 명도가 끝이 난다. 이때 낙찰자가 사용할 수 있는 카드는 이사비용이다. 이사비용은 건물 명도를 위해 소요되는 강제집행 비용, 그리고 2~3개월 소요기간 동안 지출비용(대출이자)을 계산해서 적정선에서 이사 날짜와 이사비용에 합의하고 합의각서를 작성하면 30~40일 이내에도 건물명도를 끝낼 수 있다. 이사비용은 매수인이 점유자에게 지급할 비용은 아니지만 법률적인 비용(강제집행절차에 소요되는 비용)을 들이는 것보다 협상카드로 이사비용으로 지급한다면 사회적으로도 건전한 비용으로 사용될 수 있는 금액이 될 수 있다. 그 비용은 매각대금의 1% 정도 내에서 입찰 전에 예상지급비용으로 산정하고 입찰에 참여하면 된다.

여기서 합의가 안 된다 해도 1~2주일 이내에 다시 만나거나 유선으로 협의하면 채무자 등도 변호사나 법무사 등의 상담을 통해서 건물명도를 계속 거부할 경우 강제집행 당하게 된다는 사실을 알고 그에 따라 이사비용이라도 조금 더 받고 이사를 가야겠다는 마음의 결정을 하고 나온다. 그러면 여기서 협의가 50~60% 결정되고 이 시기에 결정되지 못한다해도 1주일 정도 기다렸다 협의를 하면 70~80%는 합의가 이루어진다.

건물명도 협의과정은 점유자와 매수자 사이에서 협의에 의해서 결정하는 방법으로 대화의 기법이 필요하다. 이때 유의할 점은 처음 명도에서는 매수인이 긴장해서 제대로 대처하지 못하게 되므로 명도가 길어질 수도 있지만, 자주하다 보면 점유자의 생각을 알 수 있어서 대화로 쉽게 풀어 갈 수 있다. 매수인도 처음이지만 점유자도 이러한 일을 겪는 것에 대해 경험이 없기 때문에 당황하게 된다는 점을 이해하면서 접근하면 된다.

그리고 점유자도 건물을 비우고 이사를 가려면 이사할 시간과 돈도 필요하기 때문에 신속하게 협의가 이루어지지 못한다고 조급해 할 필요가 없다.

한 번 만나서 협의가 이루어지는 경우도 많이 있지만 한 번에 협의가 끝나는 것은 드물고 2~3번의 만남이 필요하다. 그래서 그 기간을 매각결정 이후부터 적극 대응하면 건물명도는 그만큼 빠르게 끝낼 수 있고, 금융비용도 줄일 수 있다.

명도에서 고수와 하수의 차이점은 명도 협의과정에서 냉정함을 잃지 않고, 점유자의 의도를 정확하게 파악해서 빠른 시기에 건물을 인도받느냐, 못 받느냐에 달려있다.

이때 냉정함이란 협의과정에서 웃음을 보이거나 점유자가 편하게 생각하지 못하게 하는 엄숙함이나 충분한 것이지, 점유자에게 함부로 내하는 것을 말하는 것이 아니므로 언행만큼은 조심해야 한다. 잘못된 언행으로 시비가 붙어 명도가 2~3개월 늦어지거나 대화 자체가 어려워져 강제집행 할 수밖에 없는 경우가 있는데 법 집행을 좋아하면 비용절감에도 도움이 안 되며 공매를 즐겁게 할 수도 없다. 공매를 잘 하려면 명도를 즐길 줄 알아야 한다. 고수는 명도란, 건물을 인도받는 것이지만 건물을 점유하고 있는 사람으로부터 인도받게 된다는 사실을 알고, 그 사람과 대화를 잘해서 해결하는 사람이다.

어쨌든 낙찰자가 대금납부하기 전에는 강제집행절차를 진행할 수 없는 시기이지만, 낙찰 받고 3일 이후부터 명도에 관한 협의를 계속 시도하므로 건물을 신속하게 명도 받을 수 있다.

어쨌든 앞에서와 같은 협의과정에서도 해결이 안 되었을 경우 20~30% 정도만이 강제집행절차에 들어가게 되는데 이 경우에도 건물명도소송과 점유이전금지가처분을 신청해서 명도소송 전에 가처분을 집안 거실 벽에 붙이면 20~30% 대상자 중에서 50%는 협의가 이루어진다. 그리고 나머지 50%도 명도소송을 진행해서 판결문을 만들고, 그 판결문을 보여주면서 약간의 이사비용을 주고 이사 나가도록 하는 것이 좋다. 이때 이사비용은 실제 이사비용으로 100만원 정도이면 충분하다. 점유자들이 강제집행당하는 것을 좋아할 사람은 없을 것이고, 매수인 역시 강제집행방법은 어쩔 수 없을 때 하게 되는 것이지 이를 즐길 필요까지는 없다. 강제집행절차는 가끔씩 부작용도 낳게 된다는 점을 고려한다면 더욱 그렇게 해야 한다. 혹자들은 그동안 많이 고생시켜서 강제집행한다고 하는데 이는 어리석은 행동이다.

'법 좋아하는 사람은 법으로 망한다.'는 속담이 있다. 즉 다툼이 발생 시 매사 법으로 해결하는 사람치고 잘되는 사람이 없다는 말이다. '대화를 좋아하는 사람은 좋은 사람을 얻을 수 있고, 그에 따라 불편함보다 즐거움을 얻을 수 있다'는 말도 있다. 그런 방법이 명도를 쉽게 하는 방법이다.

"선생님, 그런 속담이 어디 있어요, .."

"내가 만든 얘긴데, 좋은 내용이지요. 홍 대리는 나무보다 숲을 보는 지혜가 필요하군요." "네, ㅎㅎㅎ, ..."

02 점유자가 없거나 있어도 문을 열어 주지도 않으면 어떻게 하나?

집에 점유자가 없거나 있어도 대화 자체를 거부하는 경우에는 점유자에게 연락 바란다는 내용을 1통은 편지함에, 1통은 대문 밑에 꽂아둔다. 이렇게 해도 연락이 오지 않는다면 1~2주일 이내에 내용증명을 발송해야 한다. 이때에도 1통은 등기우편으로, 1통은 일반우편으로 발송한다. 등기우편은 사람이 없으면 반송되지만 일반우편은 우편함에 꽂혀있어서 언제든지 점유자가 볼 수 있기 때문이다. 이렇듯이 대금납부 전부터 적극대응하면 시간적인 비용도 줄일 수 있어서 잔금납부 전에도 건물을 인도받을 수도 있다.

이때 유의할 점은 점유자와 협의하는 과정과는 별도로 강제집행절차는 계속 진행시켜야 되므로 대금납부와 동시에 명도소송과 점유이전금지 가처분 등을 함께 진행해야 한다.

(1) 내용증명통보서

주택 명도 이행 통보서

수신 : 전소유자 홍 길 동
　　　우편번호 ○○○-○○○　서울시 동작구 노량진동 225-285 거성팔레스빌 비동 4층 제○○호
발신 : 현소유자 왕 수 철
　　　우편번호 ○○○-○○○　서울시 ○○○구 ○○○동 ○○○번지

제목 : 거성팔레스빌 비동 4층 제○○호 명도이행에 관한 건
　안녕하십니까? 상기인은 수신인이 점유하고 있는 거성팔레스빌 비동 4층 제○○호를 공매(관리번호 2017-1234-001호)로 낙찰 받고 2017년 10월 15일 잔금 납부하여 적법하게 소유권을 취득한 사람입니다.
따라서 전소유자 홍길동 사장님은 현소유자가 대금 납부하여 소유권을 취득한 2017년 10월 15일부터 점유하고 계신 다세대주택의 명도를 이행할 의무가 있습니다.
그런데 주택명도를 위해서 수차례 방문했으나 만나지 못했고 점유자 연락 바란다는 내용으로 전화번호를 남겼으나 연락이 없는 관계로 부득이 내용증명을 보내게 되었습니다. 본인은 현재 명도이행절차를 법적으로 진행하고 있으나 강제집행하는 것보다 현재 점유하고 계신분들과 원만한 협의가 이루어지길 바랍니다. 그동안 많은 시간을 드렸고 생각을 많이 해보셨을 줄 압니다.
2017년 10월 25일까지 이에 대한 답변 바랍니다(전화번호: ○○○-○○○○-○○○○).
이 기한까지 답변이 없을 시 부득이 하게 주택을 명도받기 위해서 강제집행절차를 진행할 것입니다.

2017년 10월 20일

발신인(소유자) : 왕 수 철　(인)

전소유자 : 홍 길 동　귀하

03 협의가 이루어져 명도합의각서를 작성하는 방법

명도합의가 이루어지는 경우 다음과 같이 명도이행에 관한 합의서를 작성해두어야 다툼을 줄일 수 있다. 합의서가 없고 명도비용으로 ○○○만원을 지급하기로 하면 관리비나 제세공과금 선수관리비 등을 공제하느냐, 마느냐에 따라 다툼이 발생할 수 있다.

명 도 합 의 각 서

갑(현소유자) : 왕 수 철 (주민등록번호 :   )
　　　　　　　서울시 ○○구 ○○동 ○○○번지 (전화번호 :   )
을(전소유자) : 홍 길 동 (주민등록번호 :   )
　　　　　　　서울시 동작구 노량진동 225-285 거성팔레스빌 비동 4층 제○○호(전화번호 :   )

제목 : 거성팔레스빌 비동 4층 제○○호 명도 합의에 관한 건
　상기 갑과 을은 거성팔레스빌 비동 4층 제○○호 명도에 관한 다음과 같은 사항을 합의한다.

- 다 음 -

1. 명도시기 : 2017년 11월 20일로 한다.
2. 명도에 대한 비용으로 갑은 을에게 ○○○만원을 지급하고 을은 이 날에 집을 명도해야 하며 이에 대한 모든 책임을 진다.
3. 을은 1항 기간까지 주택을 명도하기로 하고 이 기간에 비워주지 못할 시에는 계약은 해제된 것으로 하고 계약 위반에 따른 상대방에 손해배상 책임을 진다.
4. 을은 명도시 임차인 이형준(주민번호 :   )과 정화수(주민번호 :   )포함 모든 점유자들을 책임지고 명도하기로 한다.
5. 명도비용 중 우선적으로 관리비(도시가스, 수도료, 전기료 등) 및 제세공과금을 우선 공제 후 잔금을 지급하기로 한다. 이는 명도와 동시이행으로 한다.
6. 선수관리비는 명도비용에 포함시키기로 하며 갑이 승계 취득한다.
7. 위 1항에서 6항 내용은 갑과 을이 합의하였고, 이를 위반하는 상대방은 민·형사상책임을 지기로 한다.

2017년 10월 23일

갑(현소유자) : 왕 수 철　(인)
을(전소유자) : 홍 길 동　(인)

```
            영 수 증
일금 ㅇㅇㅇ원정을 명도비용으로 영수하였음을 확인한다.
입금방법 : 은행계좌번호 ㅇㅇㅇㅇㅇ-ㅇㅇㅇㅇㅇㅇ  예금주 : ㅇㅇㅇ

입금일시 : 2017년 ㅇㅇ월 ㅇㅇ일
영 수 자 : 홍 길 동   (서명날인)
```

※ 명도합의금 지급 시 유의해야할 내용 – 명도합의금은 점유자가 매수인에게 건물명도와 동시이행으로 지급하는 것이지 건물명도 전에 지급해서는 안 된다.

04 반드시 이사비용을 지급하거나 강제집행을 하는 것은 아니다

선생님, 주택을 명도받기위해서 입찰 전에 이사비용을 염두에 두고 입찰해야겠어요? 그래야 명도가 깔끔해지고요.

아닙니다. 반드시 이사비용이나 강제집행절차가 필요한 것이 아니고, 무혈입성하게 되는 경우도 있습니다.

"네, 그런 경우도 있어요?"

"이사비용을 지급하거나 강제집행이 필요한 점유자는 대항력이 없는 임차인으로 배분금이 없는 경우와 채무자가 점유하는 경우가 그렇지요. 배분받을 금액이 없어서 버티고자 하고, 조금만 버티면 이사비용을 준다는 소문이 공매시장에 퍼져 있어서 그렇습니다. 대항력 있는 임차인이 전액 배분받는 경우와 대항력이 없는 임차인이 배분받게 되는 경우에 명도는 이사비용 없이 무혈입성할 수 있습니다. 그러나 전액 배분

받지 못하게 되면 대항력이 있는 임차인은 낙찰자가 인수하게 돼 보증금의 손실이 없지만, 대항력이 없는 임차인은 소멸하게 되므로 손실이 발생하게 되고, 이때 명도가 어려워지므로 협상카드로 이사비용을 쓰게 되는 것이지요. 그렇다고 하더라도 소액임차인으로 4,000만원 이하의 임차인이 1,600만원을, 6,000만원 이하의 임차인이 2,000만원을, 또는 7,500만원 이하의 임차인이 2,500만원 등을 최우선변제금으로 배분받게 되면 배분금을 받기 위해서 낙찰자의 명도확인서가 있어야 하니 별도 이사비용이나 법적조치가 없어도 임차인을 명도할 수 있습니다."

아하, 그런 경우도 있군요. 임차인이 대항력이 없어도 소액임차인으로 최우선변제금을 받아야 명도가 쉬워지므로,.. 그래서 선생님이 권리분석의 마지막 장식이 배분이라고 하셨군요. 저는 그때 이해가 안 갔습니다. 배분은 공매담당자나 법원관계자가 짜면 되고 입찰자들은 그 배분표대로 받아들이면 되는 것 정도만 알았거든요. 정 사장님도 그랬죠?

나도 이상하다고 했어, 대항력이 있는 임차인은 낙찰자가 인수하게 되므로 알아야 하지만, 대항력이 없는 임차인은 알 필요가 없을 텐데, 하면서도 물어보지 못했는데 그게 아니었구나, "그러게요. 배분공부도 열심히 해야겠어요."

05 협의가 안 될때 법적으로 어떻게 하면 되나?

건물을 낙찰 받았다면 점유자를 내보내야 하는데 실무에서 점유자와 협의해서 명도비용을 지급하고 해결하는 방법이 많지만, 협의가 안될 때를 대비해서 경매에서는 인도명령신청해서 그 인도명령결정문을 가지고, 공매에서는 인도명령신청 제도가 없어서 건물명도(인도)청구소송을 통해서 그 판결문으로 점유자를 강제집행을 해야만 한다. 공매에서 인도명령제도가 없어서 명도소송을 진행하게 되므로 경매보다 공매를 꺼리고 있지만 그것은 잘못된 생각이다. 공매든, 경매든 대부분 강제집행보다는 이사비용을 주고 내 보내고, 배분받는 임차인이면 앞에서 설명한 바와 같이 무혈입성하게 되니 큰 걱정 안 해도 된다. 그런데 이러한 판결문 등으로 강제 집행하기 전에 점유자가 변경되면 또다시 이 같은 절차를 반복해야 하므로 점유이전금지가처분신청방법과 건물명도(인도)청구 소장 작성 방법에 대해서 기술하게 되었다.

◇ 경매에서 부동산의 인도명령 신청

인도명령신청은 경매로 낙찰 받고 매각대금을 납부한 경우 그 납부일로부터 6개월 이내에 채무자, 소유자, 부동산점유자에 대하여 매수인에게 부동산을 인도하도록 법원에 인도명령을 신청하여 그 인도명령결정문을 집행권원으로 집행관에게 인도집행을 위임하여 부동산을 인도받는 것을 말한다.

〈인도명령신청서 작성 방법과 인도명령신청서를 법원에 제출하는 방법은 지면상 생략했지만 네이버 까페 '김동희 부사모'와 홈페이지 'onbid119.com'에 있으니 참고해서 작성하시기 바란다〉

◇ 공매에서 건물명도청구 소송

건물명도(인도)청구소송은 경매에서 매수인에게 인수되는 권리로 말소권리보다 우선하는 대항력 있는 임차권, 지상권, 유치권 등은 인도명령신청대상이 아니므로 건물명도(인도)청구소송 대상이다.

그리고 공매의 경우 인도명령신청을 할 수 없으므로 건물명도청구소송을 해야 한다.

그런데 인도명령신청에 대해서는 잘 알고 있지만 명도(인도)청구소송에 대해서는 어렵게 생각하고 시간이 많이 소요되는 것으로 판단해서 공매를 꺼리는 경우가 있다. 하지만, 원고(낙찰자)가 소장을 제출해서 소장부본이 피고(점유자)에게 송달되면 재판기일이 열리게 되는데 송달만 신속하게 이루어지면 재판기일은 30일 이내에 정해지고, 그 기일에 다툼이 없으면 30일 이내에 판결 선고가 이루어지게 되므로 보통 명도소송은 3개월 이내에 결정이 난다.

〈건물명도(인도)청구소송에서 소장 작성방법과 법원에 제출하는 방법은 지면상 생략했지만 네이버 까페 '김동희 부사모'와 홈페이지 'onbid119.com'에 있으니 참고해서 작성하시기 바란다〉

◆ 점유이전금지가처분이란?

인도명령신청이나 명도청구소송이 진행되는 과정에서 점유가 타인에게 이전되면 결정문이나 판결문을 득해도 강제집행이 불가능하게 되어 또다시 판결을 득해야 하는 사례가 발생한다. 그래서 매수인은 소유권이전 등기 이후 인도명령신청, 명도소송과 동시에 점유이전금지가처분을 해 놓아야 한다. 그래야만 가처분 이후 점유자가 변경되어도 승계집행문을 부여받아 간단하게 강제집행을 할 수 있다.

〈점유이전금지가처분신청서 작성방법과 법원에 제출하여 결정문을 받는 방법은 지면상 생략했지만 네이버 까페 '김동희 부사모'와 홈페이지 'onbid119.com'에 있으니 참고해서 작성하시기 바란다〉

"손에 잡히는 공매 투자의 정석"을 마무리하면서 이 책을 애독해 주신 독자분들에게 감사드리며, 이 책으로 독자분들이 재테크로 성공하시기를 기원합니다!

김동희 교수의 인터넷방송 채널명 〈부동산 채움tv〉

김동희 교수가 새로 시작한 인터넷방송 〈유튜브〉, 〈아프리카tv〉, 〈네이버tv〉에서 "부동산 채움tv" 채널명으로 검색해서 시청하면 된다.

방송국 프로그램은

첫 번째, 매주 월요일 12:00~13:00, 임대차의 오해와 진실편, 전세금을 안전하게 지키는 비법, 현명한 임대차와 매매 계약서 작성비법
두 번째, 매주 수요일 12:00~13:00, 경매초보 탈출과 실전투자로 부족한 연봉 채워라!
세 번째, 매주 금요일 12:00~13:00, 공매초보 탈출과 실전투자로 부족한 연봉 채워라!

방송채널명은 3방송 〈유튜브〉, 〈아프리카tv〉, 〈네이버tv〉 모두 "부동산 채움tv"이다. 특히 유튜브와 아프리카tv로 저녁은 교육방송과 주간에 실생활에 유익한 내용을 가지고 생방송으로 진행되니 누구나 쉽게 방송을 시청할 수 있다.